Helmut Böttiger

# Die Gruppe 47

*Als die deutsche Literatur
Geschichte schrieb*

Helmut Böttiger

# Die Gruppe 47

*Als die deutsche Literatur
Geschichte schrieb*

Deutsche Verlags-Anstalt

# Inhalt

**Einleitung** Literatur zwischen Markt, Macht und Medien     9

**Vorspiel** Die Hex vom Bannwaldsee     18

1 »Wir harren, Christ, in dunkler Zeit.«     27
*Die allgemeine literaturpolitische Situation
im Nachkriegsdeutschland*

2 »Ausgespuckt von der Weltgeschichte.«     42
*Die diffuse Frühzeit der Gruppe*

3 Die Krieger-Kaste und der Kupfergeschmack
des Champagners     61
*Die zweite Tagung im November 1947 in Herrlingen*

4 »Wacht auf, eure Träume sind schlecht!«     77
*Günter Eich als Symbolfigur der Gruppe 47*

5 Unverwüstliche Abc-Schützen     94
*Richter, Andersch und die Vernetzungen in den Medien*

6 Fräulein Kafka     122
*Aichinger, Bachmann, Celan: Ein unvermutet
neues Abc*

7 Mit Bausch und Bogen     157
*Die kurze Episode der Zeitschrift* Die Literatur
*und die Rolle der Emigranten*

8 »Das Volk hat sich gefälligst zur Kunst
hinzubemühen!«     172
*Die Zeitschriften* Akzente *und* Texte und Zeichen
*sowie die großen Außenseiter Wolfgang Koeppen
und Arno Schmidt*

| | | |
|---|---|---|
| 9 | Einmal muss das Fest ja kommen<br>*Die Tagung am Cap Circeo und eine ungeahnte<br>neue Emigrationsbewegung* | 189 |
| 10 | »Um deine Hüften kringeln sich Lianen.«<br>*Raus aus dem Urwald: Die Gruppe 47 feiert<br>ihr zehnjähriges Bestehen und betritt Neuland* | 207 |
| 11 | Mit Kuhglocke und Hirschgeweih geht<br>die Nachkriegszeit zu Ende<br>*Günter Grass macht die Gruppe 47 zur zentralen Instanz<br>im bundesdeutschen Literaturbetrieb* | 228 |
| 12 | Riesensärge, Riesenzwerge<br>*Die Geschichte von Gisela Elsner und Klaus Roehler* | 248 |
| 13 | »Er spricht über dich wie über eine<br>neue Krankheit.«<br>*Der Siegeszug der Kritik* | 265 |
| 14 | Bei einem wirklichen Ärmel wieder<br>herauskommen<br>*Westberlin als Hauptstadt der deutschen Literatur* | 281 |
| 15 | »Geheime Reichsschrifttumskammer«<br>*Die Spiegel-Affäre als Weichenstellung<br>für die Gruppe 47* | 309 |
| 16 | Hase Igel Enzensberger<br>*Der Weg des »Chefideologen« der Gruppe 47* | 323 |
| 17 | »Es riecht nach Markenartikel.«<br>*Die deutsche Literatur-Nationalmannschaft gastiert<br>im schwedischen Sigtuna* | 339 |
| 18 | Lebensläufe<br>*Das Jahr 1965: Zwischen Sozialdemokratie und<br>jungen hungrigen Autoren* | 355 |

| | | |
|---|---|---|
| **19** | Beschreibungsimpotenz | 378 |
| | *Die Geburt der Popliteratur aus dem Geist der Gruppe 47: Princeton, 1966* | |
| **20** | Historische Gummiknüppel | 396 |
| | *Knallkörper und Pulvermühle: Die letzten Tage* | |
| **21** | Ein anachronistisches Monstrum | 419 |
| | *Auf Frühling folgt Winter: Das schier endlose Weiterleben der Gruppe 47* | |

**Anhang**

| | |
|---|---|
| Dank | 439 |
| Anmerkungen | 440 |
| Literaturverzeichnis | 459 |
| Abbildungsverzeichnis | 468 |
| Verzeichnis der Tagungen | 469 |
| Personenregister | 470 |

**Einleitung**
# Literatur zwischen Markt, Macht und Medien

Ein Gespenst geht um im deutschen Literaturbetrieb – das Gespenst der Gruppe 47. Obwohl sie seit fast einem halben Jahrhundert nicht mehr existiert, geistert sie noch immer durch die Debatten: mal als Popanz, mal als Vorbild, mal als abschreckendes Beispiel. Was es mit ihr auf sich hatte, wissen die meisten allenfalls noch durch Gerüchte und meinungsstarke Thesen. Großen Einfluss auf die Art und Weise, wie über diese Autorenvereinigung gesprochen wird, hat zudem die Tatsache, dass einige ihrer Protagonisten im Grunde bis heute den literarischen Diskurs bestimmen. Wenn Günter Grass, Marcel Reich-Ranicki oder Martin Walser auftreten oder anderweitig ihre Ansichten kundtun, findet das immer noch den stärksten Widerhall in den Medien. Sie sind Debattenkönige, Auslöser für Streitgespräche und Artikelserien. Sie mögen polarisieren, aber ihnen gehört immer noch die Aufmerksamkeit. Man wendet sich von ihnen ab, längst hat man Haltungen der Ablehnung oder der Verachtung kultiviert, aber ihre Namen sind nach wie vor Markenzeichen. Noch als 80- bis 90-Jährige schaffen sie es eher, im Mittelpunkt zu stehen, als die meisten Protagonisten der Autorengenerationen danach. Der Verdacht liegt nahe, dass sie die Mechanismen ihrer öffentlichen Wirkung bei der Gruppe 47 gelernt haben. Denn dort wurde die Literatur zum Betrieb, die Gruppentagungen waren eine Art Praktikum für rhetorische Mittel, für moderne Kommunikationstechniken, für die Praxis der Vernetzung, noch ehe überhaupt die Begriffe dafür gefunden wurden.

Die Ausgangsbedingungen hätten nicht idealer sein können: Man traf sich einmal, nur in den Anfängen auch zweimal im Jahr, drei Tage lang, und diese drei Tage waren der Katalysator des literarischen Lebens. Es gab keinerlei Konkurrenzveranstaltungen, keine Festivals oder sonstige Events – alles konzentrierte sich auf die jeweilige Tagung der Gruppe 47. Deshalb liegt es nahe, genauer hinzusehen, wie sich hier der Literaturbetrieb verdichtete, wie hier all das entwickelt wurde, was heute als selbstverständlich gilt – vor allem auch alle Aspekte der Medialisierung und Kommerzialisierung von Literatur. Es ist nicht überraschend, dass es eine Vielzahl von Studien und Analysen über die Gruppe 47 gibt. Vor allem in den ersten beiden Jahrzehnten nach ihrem Ende 1967 war sie ein viel diskutierter Gegenstand. Sie erzeugte eine unübersehbare Flut von wissenschaftlichen und von populären Arbeiten. Dabei wurde die immense Bedeutung der Gruppe für das gesellschaftliche und literarische Leben der Bundesrepublik als gegeben vorausgesetzt, man sezierte fieberhaft die diversesten Einzelaspekte. Merkwürdigerweise gibt es aber bis heute keine umfassende Gesamtdarstellung dieser Gruppe und ihrer Geschichte. Es mehren sich zwar polemische Zuspitzungen, aber neben der notwendigerweise gerafften Rowohlt-Monografie von Heinz Ludwig Arnold und seinem eher wissenschaftlich-systematisch ausgerichteten Göttinger »Text + Kritik«-Projekt existiert bisher kaum ein größer angelegter Versuch, die Gruppe 47 als Gesamtes zu betrachten. Dabei wäre es an der Zeit, die historische Distanz zu nutzen und die Gruppe 47 als hochinteressantes Phänomen nachzuzeichnen, als ein wichtiges Kapitel der Literaturgeschichte, ohne sofort in Parteigängertum oder hämische Ablehnung zu verfallen. Die Mitschnitte der Gruppendiskussionen, die in den Rundfunkarchiven liegen, wie auch die verdienstvolle Edition des Briefwechsels des Gruppenchefs Hans Werner Richter, die Sabine Cofalla 1997 vorgelegt hat, bieten schon seit geraumer Zeit eine solide Grundlage dafür.

Am entrücktesten ist mittlerweile wohl die gesellschaftliche Funktion, die die Gruppe gehabt hat und die heute vor allem mit der Person von Günter Grass identifiziert wird – mit jener Art moralischer Instanz, die er für sich in Anspruch nimmt. Man assoziiert mit der Gruppe 47 automatisch etwas sozialdemokratisch Leitartikelhaftes. Es blieb bei den Tagungen der Gruppe allerdings bis zum Schluss so, dass in den Diskussionen nur konkret über die gelesenen literarischen Texte verhandelt wurde. Es war ein Tabu, allgemein zu werden oder gar das engere Feld des Literarischen zu verlassen. Ein ironisches Statement Helmut Heißenbüttels, das oft zitiert wird, schien sich vor allem gegen eine dominierende sozialdemokratische Moral zu richten: »Versuchte man, den Durchschnitt aller Stile der Autoren der ›Gruppe 47‹ zu bilden, käme der von Siegfried Lenz heraus.«[1]

Dabei war das vor allem ein listiger Versuch Heißenbüttels, von der Funktion abzulenken, die die Gruppe für ihn selbst gehabt hat. Denn er war seit 1955 bei den Tagungen dabei und galt früh als eine Art Maskottchen der Gruppe – als experimenteller Autor, der zum Teil komische und groteske Wirkungen erreichte. Heißenbüttel galt bald als der Vorzeigeautor der modernen, mit der Sprache als Material operierenden Poesie und nutzte dies auch, wie seine Aussage zeigt, offensiv als exklusives Markenzeichen – die Gruppe 47 aber war das einzig mögliche Forum für ihn. Es gab kein anderes für jemanden mit seinem Profil. Es ist durchaus von einem gewissen Aussagewert, wenn Joachim Kaiser in seinem Bericht über die Tagung im schwedischen Sigtuna 1964, die allgemein als der Höhepunkt der Außenwirkung der Gruppe 47 angesehen wurde, den Satz schrieb: »Heißenbüttel schloß die Sigtuna-Tagung triumphal ab.«[2]

Günter Grass war zwar durch seinen überragenden Erfolg mit der *Blechtrommel* der berühmteste Autor der Gruppe, aber durch ihn und durch den vor allem einem reportagehaften Realismus verpflichteten Gruppeninitiator Hans Werner Richter wurde überdeckt, dass sich bald ganz andere Tonlagen entwickelt hatten. Grass, Richter und die wenigen verbliebenen alten Getreuen um den Chef befanden sich schon zu Beginn der sechziger Jahre ästhetisch in der Defensive. Das geschah nicht nur durch das »Maskottchen« Heißenbüttel, sondern vor allem durch Autoren wie Peter Weiss, Reinhard Lettau, Jürgen Becker oder auch Alexander Kluge. Kluge, Mitautor des »Oberhausener Manifests« des jungen deutschen Films 1962, wurde von Richter noch im gleichen Jahr zur Gruppentagung in Berlin eingeladen und war von diesem Zeitpunkt an einer der profiliertesten Autoren auf den Tagungen; er stand, neben seinen ungewohnten und die Normen sprengenden Collage-Texten, auch für die frühe Verbindung zum Film. Dass mit Hubert Fichte, Peter O. Chotjewitz oder Peter Handke auch die ersten deutschen Pop-Autoren vertreten waren und heftig diskutiert wurden, sei hier nur am Rande vermerkt.

Die Gruppe 47 war immer widersprüchlich und heterogen. Sie war weit mehr als ihr Gründer Hans Werner Richter und kann in den in ihr vertretenen literarischen Positionen keineswegs mit ihm gleichgesetzt werden. Richter selbst hielt sich seit Mitte der fünfziger Jahre weitgehend mit ästhetischen Urteilen zurück und fungierte nur noch als Organisator, Herbergsvater und Diskussionsleiter. Dabei bekannte er manchmal auch, dass er mit den Texten, die die literarische Bedeutung der Gruppe 47 erst ausmachen sollten, nicht so viel anfangen konnte – Texte, die mit der unmittelbaren Aufarbeitung der Generations- und Kriegserfahrung seiner Altersgruppe nichts mehr zu tun hatten. Doch Richter und auch Grass stehen, je mehr die konkreten Kenntnisse über die wahren Abläufe verschwinden, umso stärker im Mittelpunkt der Urteile. Ein typisches Beispiel ist das Bonmot vom »sozialdemokratischen Realismus«, das Martin Mosebach in einer Rede vom September 2011 bei der Schwedischen Akademie in Stockholm verwendete.[3] Das ist zwar hübsch pointiert, geht aber an den Texten, die in der Gruppe 47 in den fünfziger und sechziger Jahren als die zentralen diskutiert wurden, völlig vorbei. Dass sich in der Entwicklung der Gruppe 47 die Entstehung eines spezifischen bundesdeutschen Literaturbetriebs abzeichnete, lag nicht zuletzt daran, dass hier zum ersten Mal wichtige neue literarische Stimmen zu vernehmen waren. Die ästhetischen Auseinandersetzungen, die auf den Tagungen geführt wurden, die Positionen, die dabei aufeinanderprallten, sind ein wichtiges kulturgeschichtliches Zeugnis für die intellektuelle Entwicklung der Bundesrepublik. Selbst beim Umgang mit Schriftstellern wie Heimito von Doderer, Albert Vigoleis Thelen oder Paul Celan, die mittlerweile oft pauschal als Kronzeugen für die Beengtheit und Kurzsichtigkeit der Gruppe 47 genannt werden, muss das Urteil weitaus differenzierter ausfallen, wie in den folgenden Kapiteln gezeigt wird.

Zu einem eigenen Mythologem hat sich mittlerweile der Auftritt von Paul Celan bei der Frühjahrstagung 1952 an der Ostsee entwickelt. Oft kolportiert worden ist eine unsägliche Attacke Hans Werner Richters, die sich in der Rezeption schnell verselbständigt hat. Dieses Thema ist sehr komplex. Hier sei aber schon darauf hingewiesen, dass das Hauptproblem für Celan keineswegs die Gruppe 47 war. Außer Blick geraten ist in späteren Darstellungen, dass Celan genau registrierte, woher die aggressivsten Angriffe gegen seine Lyrik und seine Person kamen: von jenen einflussreichen Kritikern nämlich, die so etwas wie das Establishment darstellten und gleichzeitig als die heftigsten Gegner der Gruppe 47 in Erscheinung traten. Zwei Namen sind hier vor allem zu nennen: zum einen Günter Blöcker, dessen antisemitischer Verriss des Gedichtbands *Sprachgitter* 1959 zum wichtigsten Katalysator in Celans Verhältnis zum deutschen Literaturbetrieb wurde.[4] Zum anderen Hans Egon Holthusen: Er veröffentlichte in den sechziger Jahren einen zweiten folgenschweren Verriss Celans voller Ressentiments und mit einem engstirnigen Lyrikverständnis.[5]

Die Spuren der nationalsozialistischen Vergangenheit zeigten sich in den ersten Jahren der Bundesrepublik überall – sosehr man sie auch zu verdrängen versuchte. Auch die Mitglieder der Gruppe 47, so unbeteiligt sich die meisten wähnten, waren davon geprägt. Man muss die zeitgeschichtlichen Voraussetzungen dieser Autorenvereinigung sehr ernst nehmen: Sie durchlief sehr widersprüchliche Prozesse. Durch die marktbeherrschende Stellung der Gruppe 47 in den sechziger Jahren geriet aus dem Blick, dass sie bis Mitte der fünfziger Jahre eher unbedeutend war. Da herrschte noch eine ganz andere Stimmung, eine Form von »Hochkultur«, die dem »deutschen Geist« als etwas unbeschädigt Gebliebenem huldigte und in der religiöse Metaphern eine Hauptrolle spielten. Die Autoren, um die es damals hauptsächlich ging, hießen Hans Carossa, Ernst Wiechert, Werner Bergengruen, Stefan Andres oder Rudolf Alexander Schröder. Auf allen Feldern war die personelle Kontinuität zur Zeit des Nationalsozialismus unverkennbar, in der Politik wie in der Literatur. Offen nationalistische und antisemitische Töne waren im gesellschaftlichen Alltag bis hinauf in Ministerränge und die Führungsgremien der Akademien nichts Ungewöhnliches. Und auch die Anfänge der Gruppe 47 waren von jener deutschen Sprache durchdrungen, die der Nationalsozialismus bis ins Detail geprägt hatte. In der von Alfred Andersch und Hans Werner Richter gegründeten Zeitschrift *Der Ruf*, die so etwas wie die Keimzelle der Gruppe 47 darstellt, spürt man diese Einflüsse deutlich, und gerade in der Person von Alfred Andersch sind noch lange Zeit verschiedenste Einflüsse virulent: Er verehrte Ernst Jünger genauso wie Jean-Paul Sartre oder amerikanische Romanciers im Stile William Faulkners oder Thomas Wolfes.

Die Gruppe 47 war jedoch eines der wenigen Foren – und für Literatur im Grunde das einzige –, das abseits der offiziellen Sprachregelungen und Ressentiments neue Formen von demokratischer Öffentlichkeit einübte. Wie schwierig dieser Prozess war, kann man nur erkennen, wenn man sich die Rahmenbedingungen vergegenwärtigt. Im Umgang mit dem eigenen Verhalten während der Zeit des Nationalsozialismus zeigten sich die Unterschiede am deutlichsten. Frank Thiess zum Beispiel, ein völkisch-nationalistischer Bestsellerautor der damaligen Zeit und einer der dominierenden Literaturfunktionäre, stilisierte sich als großes Naziopfer, während Günter Eich als einer von wenigen der in Deutschland Verbliebenen von Anfang an zugab, kein Widerstandskämpfer gewesen zu sein. Auch in der Gruppe 47 waren die spezifisch deutschen Traumata, Ideologien und Verdrängungen anzutreffen. Bei den trotzig-selbstgefälligen älteren »inneren Emigranten« wie bei den jungen Landsern der Gruppe 47 gab es zudem eine prekäre Gemeinsamkeit: nämlich einen Affekt gegen die Emigranten, die vor den Nazis ins Ausland geflohen waren. Doch auch in diesem Punkt ist die Entwicklung in der Gruppe 47 nicht auf einen Nenner zu bringen. Richter lud zum Beispiel Walter Mehring, mit dem er ästhetische Gemeinsamkeiten hatte, durchaus zu einer Gruppentagung ein – es war aber ausgerechnet der blutjunge, von der Kritischen Theorie Adornos affizierte Joachim Kaiser, der den Emigranten Mehring dann während der Gruppendiskussion verprellte. Dass Richter die Emigranten fast programmatisch von der Selbstfindung der jungen, noch völlig unbekannten Gruppe 47 ausschloss, lag zum einen am Generationsunterschied, zum anderen an einer unterschiedlichen Definition der Rolle des Schriftstellers. Die Entwicklung der Beziehung Hans Werner Richters zum namhaften und in den Medien gut vernetzten Hermann Kesten ist durchaus symptomatisch. Ernst zu nehmen sind dabei die Erfahrungen, die Richter während seines eigenen, knapp einjährigen Exils in Paris Mitte der dreißiger

Jahre gemacht hatte: Die Selbstzerfleischung der demokratischen und linken Kräfte, die Kämpfe der Emigranten untereinander wirkten auf ihn abschreckend; er hatte einen Affekt gegen die polemischen Usancen am Ende der Weimarer Republik.

Hier lag auch sein Hauptmotiv dafür, weshalb die Gruppe 47 auf eine rein literarische Diskussion beschränkt sein sollte. Paradoxerweise trug aber gerade ihre gesellschaftspolitische Funktion erheblich zu ihrer Wirkung bei. Es wirkt im Rückblick fast zwangsläufig, dass diese 1967 überholt schien; die Gruppe 47 hatte zu diesem Zeitpunkt ihren Zweck erfüllt. Was sie aus heutiger Sicht aber immer noch aktuell macht, ist ihr Anteil an der Ausformung des literarischen Marktes. Dies war ein Aspekt, den Richter am Anfang nicht so recht überblickte, obwohl er als hochbefähigter Funktionär und Taktiker die Bedeutung der Medien erkannte und früh begann, Netzwerke zu knüpfen. Der literaturpolitische Erfolg der Gruppe 47, der mit Grass' *Blechtrommel*-Auftritt 1958 furios begann, überrollte Richter jedoch förmlich – kurz vorher hatte er noch daran gedacht, sich von der Literaturszene zurückzuziehen und sich ausschließlich gesellschaftspolitischen Tätigkeiten wie der außerparlamentarischen Opposition und dem »Kampf gegen den Atomtod« zu widmen. Als gewiefter Aktivist erkannte er dann allerdings sofort die Möglichkeiten, die der wachsende Einfluss der Gruppe 47 auch auf allgemeine bundesdeutsche Debatten und auf die eigene Rolle als Multiplikator mit sich brachte.

Die Erfindung des bundesdeutschen Literaturbetriebs, die aus anfangs intern geführten Werkstattgesprächen heraus geschah, ist das, was in allererster Linie von der Gruppe 47 geblieben ist. Hier wurden Literatur und Medien zueinander in Bezug gesetzt, hier entwickelten sich die Mechanismen von Erfolg und Misserfolg, von öffentlicher Resonanz. Und von daher ist es auch weniger Günter Grass, der als personifiziertes Symbol für die Gruppe 47 stehen könnte, sondern viel eher Hans Magnus Enzensberger. Ohne die Bühne der Gruppe 47 hätte sich Enzensberger nicht so virtuos seine unverwechselbare Medienpraxis aneignen können. Er stieß bereits 1955, als 25-Jähriger, dazu, und hier konnte er direkt umsetzen, was er schon früh in der Theorie als das wichtigste Pfund des zeitgenössischen Schriftstellers erkannt hatte: den Umgang mit der Öffentlichkeit. Er setzte dabei Zeichen, die bis heute in den Feuilletons gelten, er lieferte mit seinen Selbstdarstellungen, seinen Volten, seinen Debattenbeiträgen als Avantgardist des Zeitgeistes ständig die Maßstäbe für das Agieren bundesdeutscher Intellektueller. Enzensberger war zwar früh geprägt von der Kritischen Theorie Adornos, wollte aber dessen Analyse der »Kulturindustrie« nicht kampflos hinnehmen, sie war ihm zu »kulturpessimistisch«. Seine forcierte Auseinandersetzung mit dem, was er in Fortführung von Adorno »Bewusstseinsindustrie« nannte, hatte den Sinn, die Medien benutzen zu lernen, »sich auf ihr gefährliches Spiel einzulassen«[6] und sie im Sinne des Autors zu instrumentalisieren. Enzensberger wurde so zum Rollenvorbild für heutige Kulturjournalisten. Er witterte über Jahrzehnte hinweg immer als einer der Ersten, was in der Luft lag, und ist bis heute unumstritten ein Häuptling des Getümmels. In Enzensberger hatte die Gruppe 47 literaturpolitisch ihren besten Schüler.

In der Gruppe 47 und in ihrem Umfeld erlebte man zum ersten Mal, dass Literaturtreffen zu »Events« werden konnten. Die von Walter Höllerer nach 1960 in Westberlin veranstalteten Lesereihen, unter anderem in der Kongresshalle, gingen in die Offensive und brachten eine neue Dimension in die Vermittlung und Rezeption von Literatur: Hier war zum ersten Mal das Fernsehen dabei, hier wurden neue Formen der Präsentation erprobt, hier ließen sich Autoren öffentlich von Moderatoren befragen – etwas, was damals noch sehr ungewohnt und gewöhnungsbedürftig war. Der Literaturbetrieb erlebte eine unvorhergesehene Konjunktur.

Von diesem widersprüchlichen Prozess soll im Folgenden berichtet werden. Nach dem Ende der Gruppe 47, vor allem in den siebziger und achtziger Jahren, gab es in den Feuilletons ein immer wiederkehrendes Ritual, nämlich die Frage: Brauchen wir wieder eine Gruppe 47? Das Ende dieser Institution hinterließ im Betrieb eine große Lücke, es existierte ein merkwürdiger Phantomschmerz, und alle paar Jahre wiederholte sich diese Diskussion, oft mit einem Pro- und Kontra-Artikel als Vorläufer des heutigen Debattenfeuilletons. Marcel Reich-Ranicki inszenierte den Ingeborg-Bachmann-Wettbewerb in Klagenfurt bewusst in Anknüpfung an die Traditionen der Gruppe 47, Günter Grass organisierte den von ihm gestifteten Alfred-Döblin-Preis in Form von Werkstattlesungen und -diskussionen originalgetreu im Sinne Hans Werner Richters, und noch 1995 erschien ein Band mit »55 Fragebögen zur deutschen Literatur«, in dem zeitgenössische Schriftsteller gefragt wurden: »Brauchen wir eine neue ›Gruppe 47‹?«[7] Ungefähr zur selben Zeit veröffentlichte der Autor Hermann Kinder eine Streitschrift, in der die Gruppe 47 als Modellfall dafür beschrieben wurde, wie die Platzhirsche des Literaturbetriebs die nachkommenden Autoren förmlich erdrückten – auch lange nach ihrem Ableben schien sie immer noch existent zu sein.[8]

Das vorliegende Buch braucht indes an den emotionalen Auseinandersetzungen um die Gruppe 47 keinen Anteil mehr zu haben. Es beschreibt die Gruppe 47 aus einem mittlerweile unverkennbaren Abstand heraus – als ein historisches Phänomen, mit all seinen wichtigen und zum Teil auch zwiespältigen Folgen. Natürlich war dieses Phänomen unmittelbar zeitverhaftet und ist keineswegs direkt anschlussfähig an heutige literarische Praktiken. Aber einen gewissen Nachhall gibt es gelegentlich immer noch. So stellte Sibylle Lewitscharoff, eine der wichtigsten zeitgenössischen Autorinnen, 2011 in einer Fernsehdiskussion über Filmausschnitte von der Tagung der Gruppe 47 im Jahre 1963 fest: Diese Schriftsteller seien damals »wirklich davon durchdrungen gewesen, dass das Wort Gewicht hat, dass es überhaupt so etwas wie moralische Hintergrundprinzipien des Schreibens gibt«. Und: »Die Zeit ist vorangeschritten. Das kann man im Übrigen bedauern. Als Schriftsteller ist es ja nicht schön, in Systeme, die unglaublich multipel und divers sind, hineinzuschreiben. Wenn ich die Wahl hätte, offen gestanden: Ich wär lieber da dabei ...«[9]

Die Frage, ob man eine neue Gruppe 47 braucht, stellt sich heute schon lange nicht mehr. Aber manchmal taucht sie unvermutet wieder auf, wie ein Gespenst, von Mythen befrachtet, heftig attackiert oder nostalgisch verklärt. Insofern lohnt es sich durchaus, noch einmal genauer hinzuschauen: noch einmal zu fragen, was es mit dieser Gruppe auf sich hatte, die die Literaturgeschichte der Bundesrepublik so nachhaltig geprägt hat.

**Vorspiel**
# Die Hex vom Bannwaldsee

Dort, wo die Gruppe 47 gegründet wurde, steht heute ein Campingplatz. Das Haus von Ilse Schneider-Lengyel, das ein gutes Dutzend unbekannter Schriftsteller nach vielen Mühen im September 1947 erreichte und das im Briefkopf als »Gut Bannwaldsee« firmierte, ist ein niedriger, knapp zweistöckiger Bau mit sehr schrägen Wänden unter dem Dach. Heute wohnt dort die Betreiberin des Kiosks, der die Camper am Bannwaldsee versorgt, und es ist sorgsam mit einem Holzzaun versehen. Damals allerdings muss das Haus einen ganz anderen Eindruck gemacht haben, es stand völlig allein am See, wie eine Villa, und die Bewohnerin wohnte dort ebenfalls allein. Noch viele Jahre später geisterte sie als die »Hex vom Bannwaldsee« durch die Dorfgespräche im benachbarten Schwangau – eine geheimnisvolle, fremdartige Frau, die irgendwie künstlerisch tätig zu sein schien und mit den Leuten im Ort kaum etwas zu tun hatte. Selbst über ihr Geburtsjahr schwankten die Angaben – 1910 oder doch 1903? –, aber die hochgewachsene Frau hatte im Jahr 1947 offenkundig etwas Jugendlich-Altersloses an sich und löste ungewisse Ängste und Abwehrmechanismen aus. Sie fuhr mit wehenden langen Haaren auf einem Motorrad herum; sie lackierte ihre Fingernägel mit roter Farbe; sie trug ziemlich ausgefallene Kleider und, was in dieser Zeit und in dieser Gegend für eine Frau noch äußerst ungehörig war, lange Hosen, dazu viel und auffälligen Schmuck. Und die Männergeschichten, die sie in den Wirtshausgesprächen zwangsläufig haben musste, entfalteten naturgemäß ihre Eigendynamik.

Im Juli 1947 traf Ilse Schneider-Lengyel bei einem Schriftstellertreffen auf einem Adelssitz im oberbayerischen Altenbeuern unter anderem Hans Werner Richter, dem die ganze Veranstaltung nicht gefiel – man müsse so etwas anders machen, jünger, kritischer. Fraglich war für ihn nur der Ort – in der Nachkriegs- und Besatzungszeit galt es zu improvisieren. Für Ilse Schneider-Lengyel war es keine Frage, dass dieses Treffen bei ihr stattfinden könnte: Sie besaß das Haus am See samt Grundstück, und sie hatte auch die Fischrechte, was für die Verpflegung äußerst notwendig sein würde. 1945 war ihr Vater, ein bayrischer Oberforstmeister, gestorben. Sie hatte alles geerbt und war an den Bannwaldsee bei Füssen gezogen – nach einigen Jahren ethnologischer und künstlerischer Studien. Das »Andersartige«, das in den wenigen Erinnerungen an diese Frau immer wieder auftaucht, hat auch etwas mit ihrer Biografie zu tun: Nach der »Machtergreifung« der Nationalsozialisten floh sie aus Berlin nach Frankreich und bewegte sich dort in den Kreisen der surrealistischen Bewegung.

Ihre erste künstlerische Ausbildung erhielt sie in den zwanziger Jahren an der Photographischen Lehranstalt des Lette-Vereins in Berlin.[1] Dort entwickelte sie ein ausgeprägtes Interesse für das Fotografieren von Kunstwerken, besonders von Skulpturen. Daneben studierte sie Kunstgeschichte und Ethnologie, fand Kontakt zu den Protagonis-

Das Haus von Ilse Schneider-Lengyel am Bannwaldsee, ungefähr zur Zeit des Geschehens

ten des Bauhauses und lernte dabei den ungarisch-jüdischen Architekten und Maler László Lengyel kennen, den sie heiratete. Im Pariser Exil arbeitete sie als Fotografin für Zeitschriften, veröffentlichte aber auch etliche Kunstbände: über kultische Masken etwa, über griechische Terrakotten oder Michelangelo, Donatello und Rodin. Nach der Besetzung Frankreichs änderte sich die Pariser Kunstszene spürbar. Ilse Schneider-Lengyel kam immer öfter an den elterlichen Bannwaldsee und trennte sich schließlich auch von ihrem Ehemann. Ein Gerücht besagt, sie habe ihm sogar eine neue Frau besorgt.

Im Nachlass von Hans Werner Richter befindet sich eines ihrer künstlerischen Hauptwerke: *Die Welt der Maske*, 1934 im Piper-Verlag in München erschienen – ein weit gespanntes Panorama der menschlichen Verfremdungs- und Verstellungsrituale, über alle Kontinente hinweg, das vor allem von den vielen überraschenden Abbildungen lebt. Die Widmung an Richter überrascht weniger durch ihre Formulierung – »Für Hans Werner Richter herzlichst die Verfasserin, September 1948« –, sondern durch ihre Form: handschriftlich ausgeführte Druckbuchstaben, penibel geradlinig, fast wie mit einer Schablone geschrieben; eine unpersönlich wirkende, objektivierende Schrift. Und die Gedichte, die sie auf dem Schriftstellertreffen am Bannwaldsee vortrug, wirkten ebenfalls wie aus einer anderen Welt. 1952 erschien ihr Lyrikbändchen *September-Phase* in der von Alfred Andersch herausgegebenen Reihe »studio frankfurt«, in der fast gleichzeitig auch das Debüt *Die gestundete Zeit* von Ingeborg Bachmann herauskam. Im *Almanach der Gruppe 47*, der 1962 auf dem Höhepunkt des Einflusses dieser Schriftstellervereinigung veröffentlicht wurde, findet sich als erstes der fünf abgedruckten Gedichte Schneider-Lengyels das folgende:

Wort

sprechunfähig fliegen die hexen aus den häusern
der eisenriegel der hütten kommt aus dem boden
man schütze sich gegen die hauchlosen lider
der wenn-wölfe   das wort ist ein unerklärliches
geräusch krank wurde der mensch daran

Nur von fern scheinen die »hexen« dieses Gedichts eine Reaktion auf die Zuschreibungen der unmittelbaren Nachbarn Ilse Schneider-Lengyels zu sein, der Bauern in Schongau. Das Ganze ist viel eher ein Spiel, das die Autorin aus dem Paris der Surrealisten mitgebracht hat und für das im Deutschland der unmittelbaren Nachkriegszeit jede Grundlage und jegliches vorstellbare Umfeld fehlten. In der Nullnummer der nie erschienenen Zeitschrift *Der Skorpion*, die Hans Werner Richter in dieser Zeit konzipierte, schreibt Schneider-Lengyel über »Jean Paul Sartre, den Surrealismus und die Antisartristen«, und sie stellt fest, dass der Surrealismus »sich sartriert« habe: »Die Heideggersche Philosophie hat in Frankreich rostrote Blüten getrieben. Ein Herbst war bereits angebrochen. Dieser Herbst lag im Sturm zwischen einer zerstörten Wahrheit und einer noch nicht vorhandenen: Tabula rasa.«[2]

Masken, Bücher und Bilder bestimmten das Haus dieser schwer greifbaren, exotischen Frau, wie in mehreren Schilderungen nachzulesen ist. Und dass sie ihr Motorrad in jedem neuen Frühling mit einer neuen Farbe lackierte, irritierte die Füssener Landbevölkerung genauso, wie ihre surrealistischen Gedichte die Gruppe 47 irritierten: Sie nahm an den ersten sechs Treffen der Gruppe teil und dann noch einmal 1957. Als ferne Erinnerung geisterte sie auch durch die spätere Gruppengeschichte. Nicolaus Sombart war bereits am Bannwaldsee dabei: »Es hatte uns begrüßt eine grazile, dunkelhäutige Frau mit etwas schräggestellten Augen und dichtem, langem, schwarzem Haarschopf, in den ein buntgewebtes Band geflochten war. Eine Zauberin, wie sich herausstellte, der es gelang, diesen wilden Haufen, der da in ihr Reich hereinbrach, mit einem sanften, mysteriösen Lächeln zu bändigen. Sie hätte Melusine heißen müssen. (…) Sie war völlig anders als wir alle, eine für unsere damaligen Maßstäbe ganz undeutsche Erscheinung, ein Wesen, das einer fremden kosmopolitischen Kultursphäre angehörte. Sie war eine Frau ohne festen Wohnsitz und ohne feste Identität, flüchtig, heimatlos, unfassbar, undinenhaft.«[3]

Der avantgardistische Zeitschriftenmacher und Kleinverleger Rainer M. Gerhardt, der mit seiner Anknüpfung an die US-amerikanische Avantgarde seiner Zeit weit voraus war und ein radikal modernistisches Literaturkonzept verfolgte, annoncierte in seiner Reihe »galerie ubu« als Nummer 2 *Indianische Malerei,* »herausgegeben von Ilse Schneider-Lengyel«, und 1954 kündigte er von derselben Herausgeberin eine Veröffentlichung an, die einfach *Puppen* hieß. 1957, als sie zum letzten Mal bei der Gruppe 47 erschien, nahm der Berliner *Kurier* noch einmal Notiz von ihr: »eine begabte Übersetzerin von Negerlyrik, Bewunderin der wilden Tiere und des Dschungel und Trägerin von exotischem Schmuck, mit dem sie, reich versehen, auch jetzt wieder erschienen war«.[4] Doch danach taucht Ilse Schneider-Lengyel in der Literaturgeschichte nicht mehr auf.

In den sechziger Jahren besuchte sie mehrfach der junge, 1948 in Pfronten geborene Gerhard Köpf, der in Füssen aufs Gymasium ging – für einen versprengten, einsamen Literaturinteressierten in der näheren Umgebung barg die Existenzform Ilse Schneider-Lengyels gerade in dieser Zeit offenkundig ein großes Versprechen. In seinem Debütroman *Innerfern* aus dem Jahr 1983 beschreibt Köpf die Begegnung mit der fremden, anziehenden, andere Lebenswelten verkörpernden Frau, seiner »Jugendfreundin«, wie er sie rückblickend nennt. Und obwohl er seine Erinnerungen fiktiv einbettet – Ilse Schneider-Lengyel wird im Roman zur Kunstfigur »Karlina Piloti« –, gewinnt die reale Vorlage immer wieder deutliche Konturen: »Karlina trägt eine auffallend bunte, mit großem Fischgrätenmuster versehene Hose, deren untere Beine vom Knie an weit ausgestellt sind. Bügelfalte ist keine mehr da. An der Naht baumeln dafür links und rechts winzige Glöckchen, die bei jeder Bewegung, bei jedem der schnellen Schritte, einen fremden Klang hören lassen. Sie habe diese Hose, auf die hin man sie gelegentlich anspreche, aus Mexiko mitgebracht, daher auch die mexikanischen Stickereien, die mir erst jetzt auffallen. Ich finde die Kleidung einfach toll, großartig, überdies höchst riskant in dieser Gegend. Die Roana, ein ponchoähnliches Tuch mit kurzen Fransen, aus braungrauer Lamawolle mit unauffälligem Mäandermuster, das sie um die Schultern geworfen trägt, stamme aus Bolivien. Dazu ein andermal mehr.«[5]

Am 2. September 1947, eine Woche vor dem Treffen, schreibt Hans Werner Richter an Ilse Schneider-Lengyel: Wenn es ein oder zwei Personen mehr als die vorgesehenen zehn werden sollten, seien er und ein von ihm vielleicht mitgebrachter »Dr.« vom Münchner Rundfunk »bereit, irgendwo auf dem Fußboden oder Heuboden zu schlafen. Das wird wahrscheinlich allen Teilnehmern wenig ausmachen.«[6] Und er erinnert sich im Nachhinein in verwischten schwarz-weißen Sprachbildern, wie die Teilnehmer der Tagung von München aus zum Bannwaldsee reisten – man trieb im oberbayrischen Weilheim, weil es dort keinen Zug für die Weiterfahrt gab, einen alten Lkw mit Holzvergaser auf, der mehr schaukelte als fuhr, und saß auf der offenen Tragefläche.

Als man endlich am Ziel angekommen war, sprang Isolde Kolbenhoff sofort nackt in den See, worauf sich einige der zukünftigen Dichter schamhaft umdrehten, wie die Teilnehmerin Freia von Wuehlisch in ihren Tagebuchnotizen festhielt, andere dagegen mit »Wohlgefallen« der »jungen Venus« nachblickten.[7] Die ländliche Umgebung, Schloss Neuschwanstein und Schloss Hohenschwangau fast im Blickfeld, muss auf die Beteiligten sehr stimulierend gewirkt haben. Maria Friedrich, die Ehefrau des späteren dtv-Verlegers Heinz Friedrich, hat als Einzige über dieses erste Treffen der Gruppe 47 in der Presse berichtet: in einer kurzlebigen Frankfurter Gazette namens *Die Epoche*, und zwar unter ihrem Mädchennamen Maria Eibach. Ilse Schneider-Lengyels Anwesen wird dort nicht von ungefähr als »Fischgut« bezeichnet. Denn die Fische waren in dieser ausgehungerten Zeit vor allem für die Großstädter ein herausragendes Erlebnis. Walter Kolbenhoff erinnert sich etliche Jahre später: »Am Bannwaldsee angekommen, sahen wir das Haus, in dem wir alle schlafen sollten, ein einsam am See gelegenes kleines Haus. Wie wir die Nacht verbracht haben, weiß ich nicht, die meisten schliefen auf dem Boden, Richter als Häuptling natürlich kriegte ein Bett. Aber wir schliefen auf dem Boden. Dann kam das zweite Problem. Schlecht ausgeschlafen, hungrig, immer noch müde, wollten wir frühstücken. Was? Da hatte Frau Schneider-Lengyel für gesorgt, die war schon um vier Uhr aufgestanden, auf'n See rausgerudert und hatte Hechte und Barsche, und ich weiß nicht, wie die Fische heißen, gefangen. Die wurden gebraten, dann aßen wir jeder ein Stück Fisch, das war das erste Frühstück der Gruppe 47.«[8] Und Hans Werner Richter, aus Bansin auf der Ostseeinsel Usedom, spricht wiederholt von den Hechten, die er als eine »Delikatesse« empfand –

eine »ungewohnte, langentbehrte Mahlzeit«: »Noch bestand die tägliche Ration aus 1800 Kalorien, noch hatten viele wenig und oft nichts zu essen, noch war die Zeit der Reichsmarkscheine, die keinen Wert mehr besaßen, aber noch war auch alles ungeklärt, und niemand wußte, wohin der Weg morgen oder übermorgen führen würde.«[9]

Die Gastgeberin fuhr nicht nur morgens um vier Uhr auf den See hinaus, um Fische zu fangen. Sie brachte auf ihrem alten Motorrad auch einen Sack Kartoffeln, den sie schwarz in Füssen besorgt hatte. Und Maria Friedrich geb. Eibach schrieb gegen Ende ihres kurzen Artikels: »Als es fast wieder Tag wurde, las Schneider-Lengyel ihre surrealistischen Gedichte und brachte mit ihnen einen eigentümlichen Faktor in den Arbeitskreis hinein. Sie vermittelte dem erstaunten Ohr schillernde Eindrücke, die noch lange nachzuschwingen vermochten.«[10] Eine Erkenntnis jedenfalls war eindeutig: Während der zwei Tage am Bannwaldsee entwickelte sich eine Dynamik aus Lesen, Kritisieren und Sprechen, eine Mischung aus dem Barackenleben gerade erst vergangener Zeiten und dem bohemeartigen Vorgefühl eines kommenden Lebens. Der intensive Austausch schien auch durch die Abgeschiedenheit der Szenerie erst so richtig möglich geworden zu sein. Die Entrücktheit der Kunst- und Lebenswelt von Ilse Schneider-Lengyel konnte als Maßstab dienen – sie trat so zwar nicht mehr in Erscheinung, aber Hans Werner Richter suchte für die folgenden Treffen immer wieder solche entlegenen Orte, mitten in der Provinz, abseits der großen Städte aus. Ein halbes Jahr später, im Frühjahr 1948, fand das dritte Treffen der jetzt »Gruppe 47« genannten Vereinigung in Jugenheim an der Bergstraße statt, und Richter notiert auf einem späteren Blatt, dass vor allem diese Frühjahrstagung in der Pfalz für ihn die Erinnerung an eine unwiederholbare Boheme wachrufe, trotz der Kritik, die dabei an ihm als Autor geübt wurde: »eine Tagung, wie man sie sich heute kaum noch vorstellen kann: bohemehaft, schlampig, getragen von dem überschäumenden Lebensgefühl der ersten Nachkriegsjahre, mit den Hoffnungen dieser Zeit (...)«.[11]

Ruth Rehmann, die in den fünfziger Jahren zur Gruppe 47 stieß, beschreibt in ihrem autobiografisch geprägten Roman *Ferne Schwester* aus dem Jahr 2009 in einigen atmosphärisch sehr dichten Passagen, woraus sich dieses Bohemegefühl speiste. Die 1922 geborene Autorin lässt ihre Heldin, eine Sängerin, nach Kriegsende durch Deutschland streifen, und in Heidelberg stößt sie bei der Jobsuche auf ein Bartrio, die »Students«, die von der US-Army angeheuert werden, in »für US-Offiziere reservierten Etablissements« aufzutreten: »Kein Vorher, kein Nachher, keine Tiefe, nichts Gemeinsames außer ein paar Stunden Musik in einem der Wirklichkeit abgehobenen, ausgepolsterten Raum, in dem bei sanfter Beleuchtung gegessen, getrunken, getanzt wird, während draußen der Curfew die Straßen leerfegt. (…) Draußen, in der großen Unordnung zwischen Nicht-mehr-Krieg und Noch-nicht-Frieden, haben sie nichts miteinander zu tun. Jeder muss sehen, wie er zurechtkommt. Das Ineinanderstürzen von Endkriegs-Chaos und Besatzerordnung bringt irrwitzige Formen und Situationen hervor, darunter, wie Ostereier versteckt, Momente märchenhafter Leichtigkeit, in denen alles, alles möglich erscheint.«[12]

Ilse Schneider-Lengyel mit Fischreuse am See

Das passt zu dem Ton, den Gerhard Köpf in seiner Erinnerung an Ilse Schneider-Lengyel aufnimmt, die exotische Künstlerin am Bannwaldsee: »Sie erzählt von den Masken, erklärt und deutet, berichtet von Reisen und vom Fotografieren, welches sie eine Kunst nennt, die höchste Geduld fordere. Um die Eigenart der Maskenkunst zu begreifen, höre ich, müsse ich das pantomimische Element besonders beachten: Innenbewegung und Spannung, gröber und leiser schwingend, an- oder abschwellend, seien wichtig, der Rhythmus bringe durch

Spannung und Lösung formale Ordnung in die Gesichtszüge.« Und sie zeigt ihre Fotografien von Tänzerinnen auf griechischen Terrakotten: »Karlina Piloti spannt einen Bogen, auf dessen einer Seite ihr Motorrad, auf der anderen die grazilen Bewegungen der Tänzerinnen stehen. Geschwindigkeit und Flug, Bewegung und Anmut, höre ich sie schwärmen.«[13]

Bis 1950 war diese Exotin bei den Treffen der Gruppe 47 fast immer die einzige Frau. Doch sehr schnell stellte sich heraus, dass sie eine Außenseiterin blieb. Albrecht Knaus etwa schrieb in der *Neuen Zeitung* über die Frühjahrstagung 1950 in Inzigkofen: »Ilse Schneider-Lengyels Übersetzungen von Dichtungen australischer, indonesischer und amerikanischer Naturvölker riefen die erste ernste Diskussion über das Problem solcher Unternehmungen hervor. Ihre Erzählung ›Der Nomade‹, ein Prosastück von einer unheimlichen Dichte, aus einer höchst fragwürdigen Vorstellungswelt stammend, die etwa an Illustrationen von Max Ernst erinnert, war ebenfalls umstritten.«[14]

Ilse Schneider-Lengyel musste das Haus 1958 verkaufen, an einen Fabrikanten, der ab und zu kam und das Erdgeschoss in Beschlag nahm, während der ursprünglichen Besitzerin das Obergeschoss mit den Dachschrägen blieb. Irgendwann verliert sich ihre Spur. Dass sie 1972 im psychiatrischen Landeskrankenhaus auf der Insel Reichenau im Bodensee starb, ist die letzte fassbare Nachricht.

# 1 »Wir harren, Christ, in dunkler Zeit.«
## Die allgemeine literaturpolitische Situation im Nachkriegsdeutschland

Der französisch-elsässische Germanist Robert Minder war sichtlich verblüfft, als er im Jahr 1952 die aktuellen westdeutschen Lesebücher untersuchte: »Fielen dem Mann vom Mond solche Lesebücher in die Hände, er dächte: Ein reiner Agrarstaat muß dieses Deutschland sein, ein Land von Bauern und Bürgern, die in umhegter Häuslichkeit schaffen und werkeln und seit Jahrhunderten nicht mehr wissen, was Krieg, Revolution, Chaos ist.«[1]

Robert Minder war beileibe kein Polemiker. Er hielt einfach fest, was die Atmosphäre dieser Zeit ausmachte, was tonangebend war. Und in den ersten Jahren nach 1945 stand die soeben zurückliegende, industriell aufgerüstete Barbarei keineswegs im Vordergrund. Von der Erfahrung eines Zivilisationsbruchs durch die Nazis war kaum etwas zu spüren, es gab wenig Spuren, die auf eine deutsche Schuld hindeuteten. Die wichtigsten unter den deutschen Schriftstellern waren vor den Nationalsozialisten geflohen und lebten immer noch im Exil. Doch auch im NS-Staat waren literarische Texte geschrieben worden. Und deren Autoren waren alle noch da.

Sie traten nach der Währungsreform 1948 wieder in den Mittelpunkt, als nicht mehr ausschließlich die Besatzungsmächte die literarischen Neuerscheinungen lizenzierten und finanzierten. Die blühende Zeitschriftenszene der unmittelbaren Nachkriegsjahre verwelkte nach 1948 sofort. Die Generation der etwa 50- bis 70-Jährigen beherrschte jetzt die Zeitungen und den Buchmarkt. Sie nahm nahezu geschlossen eine »innere Emigration« für sich in Anspruch. Viel ist nun von den »Dämonen« die Rede, von der »dunklen Zeit«, von »Heimsuchung«.

Gertrud von le Fort dichtete: »Die Schuld ist ausgeweint.«[2] Als der größte zeitgenössische Lyriker galt Rudolf Alexander Schröder. Er war der Repräsentant der deutschen Gegenwartsliteratur und hielt fast jeden feierlichen Festvortrag. Am Silvesterabend 1951 wurde seine »Hymne an Deutschland« anlässlich der Neujahrsansprache des Bundespräsidenten Theodor Heuss in den Rundfunkanstalten gesendet, die nach dessen Willen auch die neue Nationalhymne werden sollte, und die erste Zeile enthält schon das ganze Credo: »Land des Glaubens, deutsches Land.« Schröders religiöse Dichtung drückte das deutsche Selbstgefühl um 1950 ideal aus. Seine *Geistlichen Gedichte* bestimmten die Feuilletons und waren ein Bestseller:

> Wir harren, Christ, in dunkler Zeit.
> Gib deinen Stern uns zum Geleit auf winterlichem Feld.
> Du kamest sonst doch Jahr um Jahr!
> Nimm heut auch unsre Armut wahr
> in der verworrnen Welt.[3]

Am wichtigsten war den Deutschen der deutsche »Geist«, der trotz des Hitlerregimes immer noch existiere. Das sahen die Emigranten naturgemäß etwas anders. Irmgard Keun schrieb 1947 in einem Brief aus Deutschland nach New York: »Der ganze Boden in Deutschland stinkt nach Mord und Leichen, und nun zieht sich ein Schleim von Frömmigkeit darüber hin. In der Ostzone beten sie anders herum.«[4]

Zur zentralen Symbolfigur wurde Thomas Mann. Zum Wortführer seiner Gegner schwang sich sofort nach der bedingungslosen Kapitulation Deutschlands der Schriftsteller Frank Thiess auf. Er veröffentlichte am 18. August 1945 in der *Münchener Zeitung* einen programmatischen Text mit dem Titel »Die innere Emigration« und der viel zitierten Passage, wonach die Exilanten »aus den Logen und Parterreplätzen des Auslands der deutschen Tragödie zuschauten«. Der wohl eindrucksvollste Beleg für das Verhältnis der meisten Deutschen zu Thomas Mann ist aber der Geburtstagsartikel, den die *Frankfurter Allgemeine Zeitung* am 6. Juni 1950 als Aufmacher im Feuilleton druckt – pünktlich zum 75. Geburtstag des Schriftstellers. Der Verfasser ist Gerhard

Nebel: »Es geht nicht an, in Geburtstags-Sentimentalität zu vergessen, was uns von Thomas Mann scheidet. Er tritt uns als Exponent einer bis zur Dummheit gehenden Abneigung gegen Deutschland entgegen, und diesem Affekt, der ihn zu verzehren scheint, antworten aus dem Volk, dem er einmal angehörte und von dessen Schicksal er sich nicht 1933, sondern 1945 trennte, Verachtung und Wut. Dieser Schriftsteller ist eine Linse, die die Strahlen der Partisanen-Bosheit sammelt – aber freilich einer besonders gearteten. Wie seinem Werk, seinem Denken, seiner Sprache alles Elementare fehlt, so ist auch dieser Haß kein flackerndes, sondern ein schwelendes Feuer, Vernichtungslust in Form von moralischen Urteilen, kein freier Ausbruch, sondern ein Würgen des Kloßes, der sich in der Kehle verklemmt hat. Zudem ist der Haß weltgeschichtlich nicht mehr aktuell, er gilt einer untergegangenen Gestalt des globalen Bürgerkrieges, in dem wir stehen, er ist Thomas Manns private Lust.«

Gerhard Nebel war mit dieser Tonlage nicht allein. Es gab fast ein Unisono. Eine Formulierung Thomas Manns fachte besonders den Hass an: In seiner »Antwort auf die inneren Emigranten« schrieb der Nobelpreisträger von 1929 am 28. September 1945 im New Yorker *Aufbau:* »Es mag Aberglaube sein, aber in meinen Augen sind Bücher, die von 1933 bis 1945 in Deutschland überhaupt gedruckt werden konnten, weniger als wertlos und nicht gut in die Hand zu nehmen. Ein Geruch von Blut und Schande haftet ihnen an. Sie sollten alle eingestampft werden.«

Der in Deutschland gebliebene und hoch angesehene Schriftsteller Otto Flake nahm diese Formulierung zum Anlass, ein groß angelegtes politisches Panorama zu entwerfen: »Autoren wie Wiechert oder Carossa oder, um in eigener Sache zu sprechen, ich selbst waren weit davon entfernt, Lektüre zu veröffentlichen, die nach *Blut und Schande* roch. (...) Der Deutsche war töricht genug, der modernen Welt die Gefahr vorzuleben, die ihr tatsächlich droht, die Maßlosigkeit nämlich, die auftritt, sobald man die Bindungen zerstört, in ihrer Verblendung waren die Deutschen bereit, eine Art satanischer Arbeitsteilung zu bejahen – dieselbe, die den allzu Beflissenen den Kloakendienst überlässt, während die anderen, die Hände in den Hosen, verächtlich zuschauen. Damit die Menschheit zur schrecklichsten der Erfahrungen kommen konnte, zu einer Lehre, die hoffentlich unvergessen bleibt, haben die Deutschen die Kastanien aus dem Feuer geholt.«[5] Diese Mischung aus Selbstmitleid, Trotz und Aggression entwickelte über Jahre hinweg ihre Dynamik und konnte im Laufe der fünfziger Jahre im Kalten Krieg als Antikommunismus gut eingebunden werden.

1948 erschien Thomas Manns monumentaler Roman *Doktor Faustus* in Deutschland. Er zielte mitten ins gegenwärtige deutsche Bewusstsein: Ausgangspunkt ist die Frage, wie deutsche Kultur und der Nationalsozialismus zusammengedacht werden können. In der deutschen Kritik gaben jene Meinungsträger den Ton an, die in den nächsten Jahren den kulturellen Diskurs in Deutschland maßgeblich bestimmen sollten, vor allem Friedrich Sieburg und Hans Egon Holthusen.

Friedrich Sieburg arbeitete von 1932 bis 1939 als Auslandskorrespondent der *Frankfurter Zeitung* in Paris. 1939 wurde er in den auswärtigen Dienst berufen und 1940 zum Botschaftsrat in Paris im besetzten Frankreich ernannt. In der Rede »Frankreich gestern und heute« vor der »Groupe Collaboration« im März 1941 erklärte Sieburg: »Ich bin durch das Leben in Frankreich zum Kämpfer und zum Nationalsozialisten erzogen worden.«[6] 1942 kehrte er nach Deutschland zurück. Er arbeitete wieder als Journalist und wurde Ehrenbegleiter von Marschall Pétain, dem Chef der französischen Kollaborationsregierung. Die französische Besatzungsmacht verhängte über Sieburg bis 1948 ein Publikationsverbot. In der Zeitung *Die Gegenwart* vom 15. Juli 1949 veröffentlichte er, in einer gewitzten Mischung aus Talleyrand und Heidegger, einen Aufsatz mit dem Titel »Frieden mit Thomas Mann«: »Wenn wir nicht ahnten, *was* es ist, so würden wir sagen, daß es Haß gegen Deutschland ist, der sein Leben während der Entstehung des Faust-Romans zu einem so beklemmenden Gespinst von Selbstquälerei, Gefühlsausbrüchen, Zweifeln und öffentlicher Geschäftigkeit macht. ›Für eine dezente liberal-demokratische Republik ist dieses Land verloren‹, notiert er kummervoll. Wer glaubte das auch außerhalb Kaliforniens nicht manchmal selbst, obwohl man die nicht minder kummervolle Frage hinzufügen darf, wie lange sich der Geschmack für eine solche ›Dezenz‹ überhaupt noch in der Welt halten wird. Es würde den großen ›Signalisierern‹ vielleicht Ehre machen, wenn sie Vermutungen dieser düsteren Art nicht zu sehr an ein einzelnes Land knüpften. Unversehens wird der Dichter dank dieser Verengung seines Blickfeldes zu einem Parteigänger, ja zu einem Parteipolitiker, zu einem amerikanischen natürlich.« Thomas Mann reagierte darauf in einem Brief an seinen Schweizer Freund Otto Basler: »Wenn Sie von deutscher Hysterie einen starken und greulichen, aber auch sehr komischen Eindruck haben wollen, so lesen Sie den Artikel von Friedrich Sieburg in der ›Gegenwart‹, einem Blatt der französischen Zone. Es ist monströs.«[7]

Hans Egon Holthusen machte nach dem Krieg eine große Karriere als Lyriker und Essayist, indem er sich flexibel den wandelnden Zeitströmungen in Deutschland anpasste. Im *Merkur*, der in dieser Zeit vehement die Belange der »inneren Emigration« vertrat, schrieb der 35-jährige Holthusen in den beiden ersten Heften des Jahrgangs 1949 einen langen Essay: »Die Welt ohne Transzendenz. Eine Studie zu Thomas Manns ›Dr. Faustus‹ und seinen Nebenschriften«, der im selben Jahr auch als eigenständiger Druck erschien. Darin heißt es: »Es kann nicht verschwiegen werden, daß es Taschenspielerei ist, den Namen Luthers mit den Verbrechen der Nazis in einem Atem zu nennen. Diese Untaten wurden im Namen Deutschlands begangen, aber wurde denn dieser Name nicht mißbraucht? Wo war ›Deutschland‹ in jenen Jahren? War es in der Reichskanzlei oder in den Zellen der Widerstandskämpfer? Etwa bei den Männern um den unvergesslichen Grafen Moltke, die mitten in einer satanischen Welt das Zeugnis eines bis in den Tod getreuen Christentums abgelegt haben, bis sie am Strick des Henkers ihre Passion vollenden mußten, während jemand anders auf kalifornischem Boden den Namen Luthers verdächtigte und die Theologie als Teufelswissenschaft ›entlarvte‹?«

Holthusens Frage »Wo war Deutschland in jenen Jahren?« kann man mit seiner eigenen Biografie ziemlich eindeutig beantworten. Er war seit 1933 SS-Mitglied, 1937 trat er auch der NSDAP bei. Im April 1940 schrieb er in der Monatszeitschrift *Eckart:* »Der Sinn unseres Marsches war ein Jahrtausend alt. ›Nach Ostland wollen wir reiten‹, hatten die niederdeutschen Ordensritter und Siedler des ottonischen und stauffischen Mittelalters gesungen, und heute war es dasselbe Lied, das uns geleitete ...«[8]

Hans Egon Holthusen wurde mit seinem Essayband *Der unbehauste Mensch* berühmt, seine Haltung und seine ästhetischen Prämissen wirken darauf etliche Jahre lang hegemonial. Hier wird sehr deutlich, in welchem Umfeld sich die Gruppe 47 in der frühen Bundesrepublik bewegte. Es galt nicht zuletzt ihr, was Holthusen 1952 im *Merkur* schrieb: »Wenn die ›grand old men‹ der deutschen Gelehrtenrepublik wie Rudolf Alexander Schröder und Ernst Robert Curtius einander über die Köpfe des profanum vulgus der literarischen Tagesproduktion hinweg zublinzeln und kleine kritische Blumensträuße darbringen, dann fällt gleichsam die ganze mittlere und jüngere Generation der heutigen deutschen Literatur als unerheblich unter den Tisch. Denn wo noch der strenge erzene Kontur eines Vergil-Verses als maßgebend angesehen wird, da ist ein moderner Romanschreiber nicht diskutabel.«[9]

Die Verrisse seines *Doktor Faustus* setzten Thomas Mann durchaus zu. Er konstatierte: »Deutschland ist arroganter und selbstgerechter als je. Die Holthusen, die mein Buch heruntermachen, glauben Literaturkritik zu treiben, sind aber in Wahrheit die Sprecher der deutschen Restauration – zum Alten-Unerträglichen.«[10]

Will man die Atmosphäre und die Vielfalt der literarischen Ausdrucksformen in der Nachkriegszeit einfangen, so stößt man auf ein Problem. Denn eigentlich möchte man nicht stehen bleiben bei der Rede vom Mief der Adenauerzeit, von der Restauration in den ersten Jahren der Bundesrepublik, also bei rituell wiederholten Formeln, die inzwischen ihrerseits drohen, einen gewissen Mief anzunehmen. Und dennoch: Wer sich mit dieser Zeit näher befasst, kommt an jenem Mief nicht vorbei. Unübersehbar werden die Schwierigkeiten, die jüngere, unbekannte Autoren hatten, wenn sie nach etwas Offenem suchten, sich ins Unbekannte vorwagten. Sie stießen dabei zwangsläufig auf die Herren des Diskurses. Der Bundeskanzler, Konrad Adenauer, hatte 1926 als Oberbürgermeister der Stadt Köln nach der Uraufführung von Béla Bartóks musikalischer Pantomime *Der wunderbare Mandarin* weitere Aufführungen untersagt; es hieß, das sei »sexuelle Musik par excellence«.[11] Und es konnte keine Rede davon sein, dass sich an diesem Kunstverständnis mittlerweile grundsätzlich etwas geändert hatte. Erinnert sei auch daran, dass der sogenannte »Gehorsamkeitsparagraph« erst 1957 gesetzlich abgeschafft wurde: Er sprach dem Ehemann das Recht zur Entscheidung aller das gemeinschaftliche eheliche Leben betreffenden Angelegenheiten zu.

Heute kennt man die damaligen Drahtzieher des Literaturbetriebs, die die herrschende Atmosphäre verkörperten, kaum noch. Sie sind von der später einsetzenden Wirkung der Gruppe 47 verdeckt worden. Um das Charakteristische dieser Jahre differenzierter betrachten zu können, lohnt es sich aber, zwei herausragende Protagonisten näher unter die Lupe zu nehmen.

Frank Thiess, geboren 1895, war bis Mitte der fünfziger Jahre einer der führenden deutschen Schriftsteller und ständig präsent. Mit einem Doppelroman über den neapolitanischen Tenor Enrico Caruso feierte er wahre Publikumstriumphe, das Buch erlebte etliche Auflagen und Buchclublizenzen. Thiess knüpfte damit nahtlos an den Erfolg von Rudi Schurickes Schlager über die »Caprifischer« an und wurde zum Avantgardisten deutscher Italiensehnsucht der fünfziger Jahre. 1950 ernannte der Schutzverband deutscher Autoren, die zentrale Schriftstellervereinigung, Frank Thiess in einem seltenen, feierlichen Akt zum Ehrenmitglied. Außerdem wählte man ihn auf der ersten Tagung der Deutschen Akademie für Sprache und Dichtung 1950 zum Vizeprasidenten. 1955 schließlich wurde er Vorsitzender der Sektion Literatur in der Akademie in Mainz und damit Nachfolger Alfred Döblins, der entsetzt ein »zweites Exil« in Frankreich angetreten hatte. Ein Schriftsteller wie Frank Thiess ist auf seine Weise repräsentativ für die deutsche Entwicklung. 1929 etwa hatte er geschrieben: »Die Demokratie hat in Deutschland die Mittagshöhe ihres Ruhms überschritten, ihre Ideenlosigkeit offenbart und die Sympathien der Jugend verloren.«[12] Die Weimarer Republik lehnte er ab, seine politische Haltung trug ständisch-elitäre, preußisch-junkerhafte Züge. Dabei verachtete er Hitler durchaus. Thiess fühlte sich dem kleinbürgerlichen Pöbel und der proletarischen Masse überlegen.

Frank Thiess' Haltung ist für die geistige Atmosphäre in den ersten Jahren der Adenauerrepublik besonders aufschlussreich. Er hatte mit der

NSDAP nichts zu tun, er war kein Nazi. Aber das ist nicht das Entscheidende. Viel wichtiger ist: Frank Thiess steht für eine bruchlose Kontinuität völkischer, deutschnationaler und antidemokratischer Strömungen von der Weimarer Republik über die Zeit des Nationalsozialismus bis zur Gründungsphase der Bundesrepublik. Seine Haltung ist somit symptomatisch für ein deutsches Bürgertum, das dem Nationalsozialismus den Boden bereitete. Nach 1945 begriffen sich dann viele Vertreter dieser Sphäre subjektiv als Widerstandskämpfer. Das wiederum hatte ganz konkrete politische Auswirkungen. Am 2. März 1947 schrieb Thiess an Luise Jodl, die Frau des Chefs des Wehrmachtführungsstabes Alfred Jodl, der bei den Nürnberger Kriegsverbrecherprozessen zum Tod durch Strang verurteilt werden sollte: »Vom Standpunkt der Pharisäer aus gesehen, wurde auch Jesus bestraft, doch die Christen wendeten diese ›Strafe‹ in ein Opfer, das er für die Sünden der Menschheit brachte, und so ging von Golgatha ein Strom des Lebens aus. Die Zelle des Generalobersten Jodl ist heute so groß wie ganz Deutschland, und die Richter über uns werden andere sein als die Männer in Nürnberg. Die Geschichte richtet immer anders als die Gegenwart.«[13]

Etwas anders verlief die Entwicklung von Kasimir Edschmid. Im Gegensatz zu Thiess war Edschmid der klassische Opportunist, der seine Positionen je nach Windrichtung wechseln konnte. Edschmid machte nach 1950 die Stadt Darmstadt, seinen Geburts- und Wohnort, zu einer Art Verwaltungshauptstadt der deutschen Literatur. Die Deutsche Akademie für Sprache und Dichtung, die ihren Sitz eigentlich in Stuttgart haben sollte, entschied sich dann doch überraschend für Darmstadt, weil Kasimir Edschmid dort relativ viel Geld ergattert hatte. Und nicht nur die Akademie, auch das bundesdeutsche PEN-Zentrum nahm 1951 seinen Sitz in Darmstadt – erster Generalsekretär war Kasimir Edschmid. Bei allen Intrigen in der Akademie gelang es Edschmid als Einzigem, ständig ein hoher Würdenträger zu bleiben, in den letzten Jahren vor seinem Tod 1966 war er sogar ihr Ehrenpräsident. Noch 1965 hielt er die Laudatio auf den Büchnerpreisträger Günter Grass.

Wie Thiess war Edschmid in der Weimarer Republik durch völkisches und deutschnationales Denken aufgefallen. 1932 veröffentlichte er den Roman *Deutsches Schicksal*, und die herausragendste Kritik stammte von Hanns Johst, der kurze Zeit später Präsident der NS-Reichsschrifttumskammer werden sollte. Johst verglich Edschmids Buch emphatisch mit Hans Grimms *Volk ohne Raum*.

Edschmid hatte jedoch einen Makel: Er war in seinen Anfängen ein Expressionist gewesen. Als Hitler an die Macht kam, suchte er deshalb umso heftiger den Schulterschluss. Am 15. Mai 1933 schrieb er an Hans Grimm: »Zu meinem Entsetzen sah ich, daß mein Name plötzlich auf einer Liste auftauchte, die zur Säuberung der Bibliotheken vorderhand bestimmt sein soll und infolgedessen ist es auch geschehen, daß in ein paar Städten meine Bücher verbrannt worden sind. Die Scham, der Schmerz und die Enttäuschung, die es mir bereitet hat, mich plötzlich mit der ganzen zersetzenden Literatengesellschaft zusammen zu sehen, gegen welche sich jede Faser in meinem Herzen wehrt, kann ich Ihnen nicht schildern. Wenn ich mir überlege, was ich seit Jahren von jener Seite her auszustehen hatte, weil meine Einstellung eben immer positiv für Deutschland war, weil ich nie auch nur die Spur einer marxistischen Bewegung hatte, wenn ich denke, daß ich immer wieder die Welt durchstreift habe von den Einkünften aus meiner Schriftstellerei, um für positive deutsche Dinge eintreten zu können – und wenn ich nun bedenke, daß Bücher wie *Deutsches Schicksal* von Jungens verbrannt worden sind, die diese Bücher nicht kennen und die unsere deutsche Hoffnung darstellen und dass unzählig viele Bücher von Autoren, die mich zerrissen haben und die absolut antideutsch eingestellt waren, nicht angetastet wurden, so erscheint mir dieser Wahnsinn unfaßbar. Können Sie sich vorstellen, was ich, der ich nicht außen stehen will und kann in dem Deutschland, das kommt, empfinde, wenn ich meinen Namen neben Namen wie Iwan Goll, Emil Ludwig, Rubiner, Toller usw. lese. Sie müssen mir glauben, daß dieser Tag einer der schlimmsten in meinem Leben war. Ich bin, solange ich denken kann, mit allen meinen Kräften gegen das destruktive Literatentum gesegelt. Das haben auch alle führenden Zeitungen von rechts festgestellt. Und ich kann nicht mehr atmen, wenn gegen alle Vernunft und gegen alle Gerechtigkeit mein Name mit den Leuten genannt wird, die ich verachtet habe. Mag man mich für einen Juden gehalten haben (ich habe den besten arischen Stammbaum, den man sich denken kann): solange es Gerechtigkeit und Männlichkeit gibt, muß ich versuchen, in dieser Sache nicht für mich als Person sondern für meine Ideen und für meine Haltung Gerechtigkeit zu finden.«[14] Edschmid kam mit seinem »besten arischen Stammbaum« tatsächlich glimpflich davon. Zwischen 1933 und 1941 publizierte er zehn Bücher. Und noch 1944 verhandelte er mit einem Protagonisten des engsten Führungszirkels der NSDAP, mit Baldur von Schirach, dem Reichsstatthalter in Wien, über ein repräsentatives Wien-Buch. Er besuchte von Schirach und dessen Frau privat. Einer der vielen, zum Teil langen Briefe, die Kasimir Edschmid an Baldur von Schirachs Ehefrau Henriette schrieb, endet mit den Worten: »Das Bild Ihrer Kinder steht in meinem Arbeitszimmer. Bitte umarmen Sie sie von uns.«[15]

Im Frühjahr 1950 erlebte Edschmid wegen seiner Kontakte mit Baldur von Schirach eine Überraschung: Die *Oberösterreichischen Nachrichten* hatten über seine Vergangenheit recherchiert. Mehrere deutsche Zeitungen, darunter die *Frankfurter Allgemeine Zeitung*, brachten die Nachricht. Edschmid veranlasste sofort Klageandrohungen und Gegendarstellungen. Er berief sich dabei auf Namen wie Carlo Mierendorff und Theodor Haubach, beide vor 1945 aktive und getötete Widerstandskämpfer gegen das Dritte Reich. In der *FAZ* schrieb Edschmid: »Ich habe in der Tat eine Besprechung mit Schirach gehabt und daraus kein Geheimnis gemacht, davon überall erzählt und das Ergebnis der amerikanischen Militärregierung in München mitgeteilt. Ich hatte diese Besprechung auf Wunsch meiner Freunde Mierendorff und Haubach, die über den Stand der Opposition bei Schirach informiert zu sein wünschten. Die Bemerkung, die Sie in diesem Zusammenhang weiterhin bringen, ›Er kam nicht nur einmal, er kam des öfteren‹ ist erlogen. Es hat nur eine Besprechung stattgefunden. Es hieße zum mindesten meine Intelligenz reichlich unterschätzen, wollte man glauben machen, daß ich als Autor, dem es seit Jahren verboten war, Bücher zu publizieren, im Jahre 1944 noch versucht hätte, als der Krieg längst verloren war, mich bei den Nazis anzubiedern.«

Heute ist die Deutsche Akademie für Sprache und Dichtung eine allgemein akzeptierte Institution, der von ihr verliehene Büchnerpreis gilt als die bedeutendste literarische Auszeichnung in Deutschland.

Doch auch in ihren ersten, unbekannten Jahren ist sie ein Modellfall, und zwar für den Geist der frühen Bundesrepublik. In ihr sammelten sich die typischen Protagonisten der Zeit: Intellektuelle wie Edschmid oder Thiess, die zwar nicht direkt der NSDAP zuzuordnen sind und sich zum Teil von Hitler abwandten, aber bereits der Weimarer Republik feindlich gegenüberstanden. In der Akademie fanden sich deutschnationale, antidemokratische, ständisch-dünkelhafte Positionen, die sich eher wider Willen den von außen aufgezwungenen demokratischen Strukturen anpassten. Alfred Döblin schreibt in seinen autobiografischen Aufzeichnungen über die ersten Begegnungen mit deutschen Geistesmenschen nach seiner Rückkehr nach Deutschland: »Vor diesen Leuten von Demokratie zu reden, war schwierig. Sie lächelten oder grinsten. Das Fräulein Demokratie kannten sie nun schon aus der Nähe.«[16]

Auf der ersten Tagung im Frühjahr 1950 wählte die Akademie den 70-jährigen Rudolf Pechel zum Präsidenten, den langjährigen Herausgeber der Monatszeitschrift *Deutsche Rundschau*. Auch Pechels Profil ist exemplarisch für die »moralischen Instanzen«, die nach 1945 für den Neubeginn standen: In den zwanziger Jahren gehörte er dezidiert zum antirepublikanischen Lager. In der NS-Zeit betonte er dann national- und christlich-konservative Überzeugungen und wurde 1942 verhaftet. Oskar Jancke, der die erste Tagung und die Präsidentenwahl vorbereitete, zog bei den entscheidenden Überlegungen Frank Thiess ins Vertrauen: »Für Pechel als Präsidenten spräche eine gewisse literarische Neutralität, sein Ansehen als Widerstandskämpfer und als Deutscher konservativer Prägung. Sie als Vizepräsident gäben (mit ihm) eindeutig dem Charakter der Akademie als einer deutschen Ausdruck, also einer Selbstbehauptung, mit der man zu rechnen hat.«[17]

Die entscheidende totalitäre Gefahr kam für Rudolf Pechel aus dem Osten. Nicht zuletzt dieser Antikommunismus überdeckte von vornherein eine tiefere Auseinandersetzung mit der unmittelbaren NS-Vergangenheit Deutschlands. Wie lautete doch die Formulierung Gerhard Nebels im Geburtstagsartikel für Thomas Mann? Der Zweite Weltkrieg sei »eine untergegangene Gestalt des globalen Bürgerkrieges, in dem wir stehen«. Seine heutige Gestalt, so legte Nebel dabei nahe, sei zweifellos der Kampf gegen den Kommunismus. Auf der Herbsttagung der Deutschen Akademie für Sprache und Dichtung 1950 hielt Präsident Rudolf Pechel eine Grundsatzrede, in der er die herrschende Stimmung im Westen auf den Punkt brachte. Im Protokoll heißt es: »Wenn es noch eines Anstoßes zum Eintritt in den Kampf für geistige Freiheit bedurft hätte, so böten ihn die Vorgänge im östlichen Deutschland; sie gingen in ihrer Roheit, Gemeinheit und Dummheit noch über das hinaus, was sich die Nationalsozialisten an Unterdrückung des freien Geistes geleistet hätten.«[18]

Das sah auch Frank Thiess so, der Vizepräsident. Seine Briefe wurden in dieser Zeit immer stürmischer. An Kasimir Edschmid etwa schrieb er: »Die Einheit Deutschlands in Ehren, doch man kann und darf sie nur auf Deutsche erstrecken, wobei ich ganz privat der Ansicht bin, daß Döblin, Zweig und Becher drei Juden und Emigranten sind, die gefühlsmäßig zusammengehören.«[19]

Die großen Dichternamen in der Anfangszeit der Akademie waren Rudolf Alexander Schröder und Werner Bergengruen. Aber es gab noch andere Gründungsmitglieder, die den Geist der frühen Jahre repräsentierten, etwa den Schriftsteller Werner von der Schulenburg. Dieser schrieb am 14. September 1951 an den Präsidenten Pechel: »Ich beobachte ein Vordrängen der jüdischen Autoren, vor allem der Ausländer, speziell in unserem Theater. Wir deutschen Bühnenautoren werden, bis auf einige Emigranten, überhaupt nicht gespielt, gespielt werden dagegen sehr viele Juden, die eine lebhafte Unterstützung in der deutschen Presse finden.«[20]

Dies ist die Situation in der frühen Bundesrepublik, dies ist die Grundstimmung der tonangebenden Kreise bis mindestens in die Mitte der fünfziger Jahre hinein. Die Gruppe 47 war längere Zeit eine atmosphärisch eindeutig oppositionelle, aber von den bestimmenden Funktionären und Kulturpolitikern kaum ernst genommene Randerscheinung. Angesichts von Stimmen in der damals etablierten Literaturszene wie derjenigen Werner von der Schulenburgs verwundert es, wenn Klaus Briegleb in einer Polemik schreibt, die Gruppe 47 habe in ihren Anfangsjahren »die Ausblendung der Shoah so gründlich betrieben wie keine andere kulturelle Agentur in der westdeutschen Nachkriegszeit«.²¹ In seiner unhistorischen Fixierung auf die Gruppe 47 als den geschlossenen Machtblock späterer Jahre verkennt Briegleb die zeitgeschichtlichen Konstellationen. Wenn man die Gründungs- und Frühgeschichte der Gruppe 47 in den Blick nimmt, ist es unvermeidlich, die deutsche Gesellschaft insgesamt wahrzunehmen. Die Kontinuität der NS-Ideologie war in der herrschenden politischen Klasse ebenso anzutreffen wie bei den hegemonialen literarischen Institutionen und Medien, und dies beleuchtet die Schwierigkeiten der weiteren Entwicklung, gerade auch von Gegenbewegungen wie der Gruppe 47. Erst langsam mehrten sich die Hinweise darauf, dass Mitte und Ende der fünfziger Jahre ein offeneres Klima herrschen könnte.

Das literarische Ereignis dieser Jahre war der kometenhafte Wiederaufstieg von Gottfried Benn. Er ist freilich ein Sonderfall, und das zeigt sich nicht zuletzt darin, dass Benn seine Zeit überlebt hat, dass man ihn heute noch liest. An Benn wird die gesamte Paradoxie der Entwicklung deutlich, er hat sowohl ein rückwärtsgewandtes als auch ein erstaunlich modernes Gesicht. 1933 hatte sich Benn den Nationalsozialisten begeistert angeschlossen, doch es dauerte nur etwas mehr als ein Jahr, bis auch er merkte, dass ihm seine expressionistische Vergangenheit zum Verhängnis werden konnte. 1935 tauchte er als Militärarzt bei der Reichswehr unter, er nannte das »die aristokratische Form der Emigrierung«.²² Nach 1945 glaubte Benn, zwischen allen Stühlen zu sitzen, und entwickelte eine Ästhetik vom Geist, der über den Dingen steht. Am ersten Weihnachtsfeiertag 1945 schrieb er über die beabsichtigte Wiedergründung der Preußischen Dichterakademie: »Meine Frage, welchen Sinn und Inhalt diese Akademie heute haben solle, wird mit ›Repräsentation‹ beantwortet. Gelächter, sage ich! Wer, für wen und was? 1933 wurden die Mitglieder auf Befehl der Faschisten gestrichen, heute auf Befehl der Antifaschisten, kommen morgen die Katholiken zur Macht, hängen wir eine Madonna an die Wand und legen Rosenkränze vor die Sitzungsteilnehmer – also: entweder es gibt die Kunst, dann ist sie autonom, oder es gibt sie nicht, dann wollen wir nach Hause gehn.«²³

Solche Sentenzen, die die Unabhängigkeit des großen, einzelnen Geistes betonen, entsprachen nach 1945 einem breiten Bedürfnis. Nach dem Krieg glaubte Benn zunächst, dass ein neues Buch von ihm im neuen, von den Besatzungsbehörden zur Demokratie zu erziehenden Deutschland kaum erscheinen könne. Doch sein suggestiver Ton, seine Sogwirkung, seine kunstvolle Beschwörung von Elite und Einsamkeit stifteten massenhaft Identifikationsmöglichkeiten. Benns Feilen am Artistischen, sein exklusiver Begriff des Ästhetischen bezogen ihre Dynamik vor allem daraus, der Geschichte und dem menschlichen Tun jeglichen höheren Sinn abzusprechen. Dieter Wellershoff nannte Benn in seiner Dissertation nicht ohne Grund den »Phänotyp dieser Stunde« – und das wurde der monologische Lyriker vor allem dadurch, dass er die Flucht seiner Zeitgenossen ins Unpolitische als die einzig angemessene Haltung definierte.

Es gibt allerdings eine Besonderheit bei Benn, die ihn über den allgemein herrschenden Ton hinaushebt. Er sprach im Gegensatz zu den raunenden und mystifizierenden Stimmen um ihn herum eine erfrischend klare Sprache. Benn neigte nicht zu großen Gefühlen. Aber da er sie trotz allem ständig in sich spürte, hebelte er sie durch eine zwischen Zynismus und abgründiger Weisheit ständig changierende Artistik immer wieder aus. Einmal schickte ihm sein Brieffreund Friedrich Wilhelm Oelze eine Liste mit Fragen zu den neuesten Manuskripten, und bei Oelzes Frage nach dem Begriff »Colt« entfährt es Benn: »*Colt* – aber, Herr Oelze! Lesen Sie keine Kriminalromane? Ich ständig, wöchentlich 6, Radiergummi fürs Gehirn – ein berühmter amerikanischer Revolver, ohne den kein Scotland Yardmann auftritt.«[24]

Damit ließ Benn die zeitgenössische deutsche Diskussion um »Geist« und Schicksal weit hinter sich. Benn hatte aber auch, und das unterscheidet ihn von den hohen Tönen um ihn herum, eine Neigung zum Schlager. Blumen und Pflanzen leisteten ihm immer wieder gute Dienste zur Seinsvergewisserung. Die Anemone kommt in seinen Gedichten vor und einmal auch die Eberesche, am meisten aber hatte es ihm die Rose angetan, und man kann sich das durchaus auch in einer anderen Form vorstellen, gesungen von der dunklen Stimme Zarah Leanders:

Wenn erst die Rosen verrinnen
aus Vasen oder vom Strauch
und ihr Entblättern beginnen,
fallen die Tränen auch.[25]

Der alte, zynische, sentimentale und ästhetisch faszinierende Benn erwies sich als äußerst zukunftsträchtig. Die nachfolgende Generation aber stand angesichts dessen vor einem Trümmerfeld. Sie kehrte mit Anfang, Mitte 30 aus den Schützengräben und den Kriegsgefangenenlagern nach Deutschland zurück und hatte noch nichts veröffentlicht. Die Gruppe 47 erwies sich schnell als das beinahe einzige Forum, in dem sie zu Wort kommen und nach ihrer eigenen Sprache suchen konnte. Literarische Kriterien waren dabei noch gar nicht recht entwickelt. Von der literarischen Moderne war man abgekoppelt gewesen, und so war man zunächst damit beschäftigt, die eigenen Landsererfahrungen mit diesen fremden Lektüren in Beziehung zu setzen. Aber dabei wurden Spielregeln erprobt, die für frischen Wind und für geistige Auseinandersetzung sorgten. Das war man in Deutschland nicht mehr gewohnt.

## 2 »Ausgespuckt von der Weltgeschichte.«
*Die diffuse Frühzeit der Gruppe*

Die Geschichte der Gruppe 47 beginnt in einem amerikanischen Kriegsgefangenenlager. Am 17. November 1944 veröffentlichte der »Obergefreite Hans Richter« in der Zeitung *Die Lagerstimme* im Camp Ellis im US-Bundesstaat Illinois ein Gedicht über die »Prisoners of War«, die Kriegsgefangenen:

> Der P.O.W.
>
> So nun vergeht des Lebens Lauf
> An jedem Morgen stehst du auf
> Und bist ein PoW.
>
> Unsanft wirst du vom Schlaf erweckt
> Bekuemmert naht sich dein Projekt
> Das Leben tut oft weh.
>
> Mit Haenden aber hebst du fleissig
> Die Schaufel schlicht auf vierunddreissig
> O Mittag komm' und geh'.
>
> Am Nachmittag der Blick zur Uhr
> Erhoeht die Qualen der Natur
> Sanft bist du wie ein Reh.
>
> Allein am Abend ist es nett
> Ermuedet sinkst du dann ins Bett
> --- Und bleibst ein – PoW.[1]

Dies ist, nach einigen wenigen Zeitungsgeschichten in den dreißiger Jahren, die erste nachweisbare literarische Veröffentlichung von Hans Werner Richter, dem Initiator der Gruppe 47. Sie lässt sowohl politische als auch ästhetische Rückschlüsse zu. Es geht in diesem Text keineswegs um Schuldgefühle, um eine deutsche Selbstbefragung, sondern um das grundlegende Gefühl, unschuldig verstrickt worden zu sein. Richter, der wenig später in Deutschland als führende Stimme der »jungen Generation« auftrat, war zu diesem Zeitpunkt bereits 36 Jahre alt. Geboren 1908 auf der Insel Usedom, machte er 1923 eine Buchhändlerlehre in Swinemünde und arbeitete ab 1927 in der Buchhandlung Gsellius in Berlin-Tempelhof. Während der Wirtschaftskrise wurde er arbeitslos, schlug sich zum Teil als Straßensänger durch und trat 1930 der KPD bei, aus der er allerdings 1932 wegen »trotzkistischen« Abweichlertums ausgeschlossen wurde. Im November 1933 emigrierte er nach Paris, kehrte jedoch nach einem Jahr wieder nach Berlin zurück, weil er in Frankreich seinen Lebensunterhalt nicht finanzieren konnte. In Berlin wohnte er zwei Jahre lang unangemeldet, lebte vor allem von seiner Freundin und wurde von der Gestapo verhört. Er versuchte sich als Journalist zu betätigen. Nachweisbar ist, dass während des Dritten Reiches sechs Kurzgeschichten von ihm in Zeitungen publiziert wurden. Am 26. Juli 1938 beantragte er die Aufnahme in die Reichsschrifttumskammer, die einige Erleichterungen mit sich gebracht hätte, wurde jedoch wegen der geringen Zahl von Veröffentlichungen »von der Mitgliedschaft befreit«.[2] 1940 erfolgte die Einberufung zur Wehrmacht. Richter war erwiesenermaßen ein Gegner Hitlers, die Frage einer »Fahnenflucht« stellte sich für ihn jedoch nie. Am 12. November 1943 kam er bei Monte Cassino in Italien in amerikanische Gefangenschaft, am selben Kriegsschauplatz, an dem sein späterer Mitstreiter Alfred Andersch einige Monate zuvor desertiert war.

Bis zum Ende des Krieges gab es in den US-Lagern deutscher Kriegsgefangener vielerorts noch eine »nationalsozialistische Lager-Gestapo«, einen Terror von hitlergläubigen Wehrmachtssoldaten, die in Einzelfällen Andersgesinnte sogar umbrachten. Nur 15 000 der 375 000 deutschen Kriegsgefangenen in den USA erklärten sich gegenüber den US-

Militärbehörden als Anti-Nazis; sie wurden zum Teil gesondert untergebracht. Richter machte durch seine Beiträge in der *Lagerstimme* auf sich aufmerksam und wurde im Mai 1945 ins Lager Fort Kearney verlegt, 60 Kilometer nördlich von New York an der Atlantikküste. Dort zogen die US-Militärs befähigte Gefangene zusammen. Und dort erschien auch die Kriegsgefangenenzeitschrift *Der Ruf*, in der die »Reeducation« der deutschen Soldaten im Vordergrund stand und die US-amerikanischen Werte von Freiheit und Demokratie propagiert wurden. Unter den Mitarbeitern waren mit Hans Werner Richter, Alfred Andersch, Walter Kolbenhoff, Walter Mannzen und Gustav René Hocke die Herausgeber und wichtigsten Mitarbeiter einer Zeitschrift, die ab April 1946 in München erscheinen und ebenfalls *Der Ruf* heißen sollte.

»Sanft bist du wie ein Reh«: Hans Werner Richter (3. v. l.) als Kriegsgefangener in Camp Ellis, Illinois, 1944

Sie waren in den USA allerdings zu unterschiedlichen Zeiten beim *Ruf* präsent und zunächst in verschiedenen Lagern untergebracht. Richter und Andersch begegneten sich in den USA noch nicht. Andersch verbrachte zudem die letzten acht Wochen noch in Fort Getty, einem speziellen Ausbildungslager. Dort wurden deutsche Gefangene für künftige Verwaltungsaufgaben in einem neuen Deutschland vorbereitet. Das war vermutlich auch einer der Gründe, warum Hans Werner Richter, geboren 1908, und Alfred Andersch, geboren 1914, die Herausgeber des späteren Münchener *Ruf*, die amerikanischen Demokratisierungsmaßnahmen unterschiedlich wahrnahmen. Fort Getty, wo herausragende amerikanische Professoren eine Art Sommeruniversität betrieben, wirkte auf Alfred Andersch enthusiasmierend, aber auch wie ein »goldener Käfig«. Am meisten jedoch begeisterten ihn die außergewöhnlichen Lernmöglichkeiten in dieser »Umerziehung in der Retorte«. Es handelte sich um eine Eliteschulung in einer Enklave, aber amerikanisch cool vermittelt, in selbstverständlicher Weise, ohne steife äußere Formen – schon dass man morgens mit Duke Ellingtons »Lady Be Good« geweckt wurde, faszinierte Andersch.[3]

Die USA-Erfahrung als Kriegsgefangener sollte Andersch, der als Parteikommunist angefangen hatte und als unorthodoxer Kommunist in der Bundesrepublik eine streitbare Rolle spielen sollte, zeitlebens prägen. In einem Aufsatz über zeitgenössische US-Autoren schrieb er am 15. Juni 1945 im US-*Ruf:* »So gehört auch Steinbeck zu jenen großen kritischen Autoren, welche die heutige Literatur Amerikas zu einer zugleich sehr amerikanischen und sehr überzeitlichen Kunstäußerung gestalten, einer Literatur, die keine billigen Lösungen für brennende Zeitfragen präsentiert, sondern die Schwere und Vielfältigkeit modernen Lebens bestehen läßt. In ihren besten Stücken ist sie bloße Darstellung, reines ›So sind wir‹. Doch gerade darin liegt ihre reinigende Kraft (…). Unnötig zu sagen, daß die Stärke zu solcher kritischen Verantwortung aus einem Leben in Freiheit herrührt.«[4]

Bei Hans Werner Richter lag der Akzent ein bisschen anders – auch wenn ihm die Verbindung von »Kritik« und dem »Leben in Freiheit« ebenfalls wichtig war. Er wandte sich, als beide in München den neuen *Ruf* redigierten, noch weitaus stärker als Andersch gegen Eingriffe der US-Militärbehörden, die nach dem Tod Präsident Roosevelts und in den ersten Vorboten der rigide antikommunistischen McCarthy-Ära häufiger wurden. Für Richter hatte die Verbindung von Freiheit und Sozialismus programmatischen Charakter, und das war mit den Demokratievorstellungen der US-Militärbehörden nicht vereinbar. Richter benutzte für diese Erfahrung auch in späteren Jahren stets das Bild, »zwischen den Stühlen« zu sitzen: Das war im Kriegsgefangenenlager so, wo er der schwindenden Minderheit der Nazigegner angehörte, und das wiederholte sich in seiner Publizistik. Zwischen den Blöcken, zwischen den kapitalistischen USA und der stalinistischen Sowjetunion, proklamierte er ein neutrales, sozialistisches Deutschland in Freiheit – das heißt: Es sollte diesen Weg ohne Reglementierungen durch die Besatzungsmächte gehen. Die Aufarbeitung der nationalsozialistischen Vergangenheit war für ihn zwar selbstverständlich, aber er selbst fühlte sich davon nicht betroffen. Damit stieß er bereits in Fort Kearney auf Widerstand, seine Artikel wurden des Öfteren zensiert. Richter erinnerte sich später an den Sommer 1945: »Das Ende des Krieges liegt vier Monate zurück. Es war für mich eine Befreiung – Befreiung aus dem Haß, der Angst, der erstickenden Enge einer brutalen Diktatur. Meine Freude ist dem Jubel der Sieger gleich. Ich fühle mich als Sieger. Aber mein Bewußtsein sagt mir, daß ich zu den Verlierern gehöre. (…) Wenn ich etwas für die Entwicklung in Deutschland tun wollte, dann konnte ich nur die Interessen der Verlierer vertreten, oder, mit anderen Worten: wir mußten unsere eigene Sache aufbauen, unter Umständen in Opposition zu den Besatzungsmächten.«[5]

Andersch hingegen betonte neben der auch für ihn selbstverständlichen Kombination von Freiheit und Sozialismus außerdem die amerikanische Definition von Demokratie, die ihn in Fort Getty geprägt hatte. Die Verbindung von Pragmatismus und Optimismus, die er dort antraf, bildete das absolute Gegenteil zu den deutschen geistigen Prägungen. Im amerikanischen *Ruf* schrieb Andersch über die USA sogar Sätze wie: »Das Wesen dieser Kultur ist Geöffnetheit, starker innerer Zwang zur Wandlung, zur ständigen kritischen Besinnung auf die menschliche Existenz und ihre Verpflichtung auf die Liebe, diesen dynamischen Kern des Christentums.«[6] Über Professor Thomas Vernon Smith, der amerikanische Geschichte und politische Wissenschaften unterrichtete, schrieb Andersch, dass er Demokratie als »eine Technik des schöpferischen Kompromisses« definierte: »Es leuchtete mir ein.«[7] Dies alles machte Andersch zu einer Art Musterschüler, und er verließ nach 500 Tagen Gefangenschaft die USA mit einem Zeugnis als »selected citizen of Germany« und einer Empfehlung des US-*Ruf*. Hans Habe, der Chefredakteur der *Neuen Zeitung* in München, des Organs der amerikanischen Militärregierung für die deutsche Bevölkerung, stellte ihn sofort für das Feuilleton ein – als Assistenten des Ressortleiters Erich Kästner.

Andersch begann seine Karriere im deutschen Literatur- und Kulturbetrieb vom Status her also weitaus privilegierter als Richter. Doch die Rolle, Erich Kästner in der *Neuen Zeitung* zuzuarbeiten, füllte ihn schon bald nicht mehr aus. Er hatte bereits in der Zeit des Nationalsozialismus als Werbefachmann gearbeitet und in der Frankfurter Mouson-Fabrik die entsprechende Abteilung geleitet – für die »Creme Mouson« etwa kreierte er den Spruch: »Rauhe, rissige Haut in Minuten gebessert«.[8] Schon früh zeigte sich sein Talent, Gelegenheiten aktiv zu suchen und zu nutzen, er verfügte über einen ausgeprägten Geschäfts- und Karrieresinn. Und so entwickelte er die Idee, den US-*Ruf* in Deutschland fortzuführen, mit der Zielgruppe der jungen Generation der Kriegsteilnehmer. Curt Vinz, der den *Ruf* in Fort Kearney verantwortet hatte, arbeitete mittlerweile bei einer Zeitung in Wiesbaden, und Andersch holte ihn nach München. Zusammen mit ihm und Erich Kuby, der bei der amerikanischen Zensurbehörde »Information Control Division« arbeitete, konzipierte er den neuen *Ruf*. Curt Vinz erhielt von der US-Militärregierung in München die dafür notwendige Lizenz. Andersch stellte seine Arbeit bei der *Neuen Zeitung* zunächst ein und rekrutierte die Mitarbeiter des neuen *Ruf* aus den ihm bekannten Mitarbeitern des alten US-*Ruf* und der *Neuen Zeitung*. Walter Kolbenhoff etwa hatte er in seinem ersten amerikanischen Kriegsgefangenenlager Ruston beim Baumwollpflücken kennengelernt und auch schon zur *Neuen Zeitung* geholt.

Kolbenhoff machte Andersch auf Hans Werner Richter aufmerksam, der sich gerade in Bad Pyrmont aufhielt, wo er seine Frau wiedergetroffen hatte. Schon in der vierten Nummer zeichnete Richter dann neben Andersch als Mitherausgeber. Trotz durchaus unterschiedlicher Ansätze harmonisierten die beiden gut. In einem Rundfunkbeitrag in den siebziger Jahren erinnert sich Richter an den Anfang des *Ruf*: »Alfred Andersch, der Herausgeber, kommt nur gelegentlich vorbei. Er arbeitet in der *Neuen Zeitung* unter Erich Kästner. Aus unserer ersten Begegnung in München – ich kannte ihn aus der Kriegsgefangenschaft nicht – ist eine kritische Freundschaft entstanden. Das erleichtert die Zusammenarbeit. Es gibt Gegensätze. Andersch will die Umerziehungspolitik der Amerikaner unterstützen, mehr oder weniger, mit Vorbehalten natürlich, ich wünsche härteste Kritik, klare Distanz zu den Besatzungsmächten und Ausnutzung aller demokratischen Rechte. Aber von vornherein ergibt sich eine fast ideale Zusammenarbeit.«[9]

In Richters »Portraits« der Gruppe 47, die er 1986 unter dem Titel *Im Etablissement der Schmetterlinge* veröffentlichte, klingt das Ganze allerdings um einiges schärfer: »Er war das Gegenteil von mir, der ich in keiner Hinsicht der Ordnung gewachsen war. Wo ich manches gehen ließ, aus Toleranz oder weil es mir lästig war oder auch vielleicht aus Nachlässigkeit, neigte er zur Strenge, die sich bis zu zornigen Ausbrüchen steigern konnte, manchmal eine Art Jähzorn, der ihn selbst irritierte.«[10]

Richter und Andersch waren sich darin einig, dass der Sozialismus die erstrebenswerte politische Zielvorstellung in Deutschland war – ein Sozialismus, der Wert auf die Freiheit des Individuums legte, aber die Verstaatlichung der Schlüsselindustrien zur Voraussetzung hatte. Das Prinzip der »Kritik« spielte für Richter zusätzlich eine besondere Rolle, es war für ihn das Signum des Demokratischen überhaupt. Im Deutschland des Jahres 1947 stand das noch nicht völlig im Zeichen des Ost-West-Konflikts: Kritik an den Besatzungsmächten war für Richter ein demokratisches Grundrecht jenseits aller tagespolitischen Rücksichtnahmen. Seine patriotischen Prägungen sind dabei aber keineswegs zu unterschätzen.

Der *Ruf* wurde nach sieben Monaten unter Andersch und Richter von den amerikanischen Besatzungsbehörden in dieser Form unterbrochen, die beiden Herausgeber wurden gezwungen, ihr Amt niederzulegen. Man warf ihnen deutschen Nationalismus vor, da sie für ein neutrales, sozialistisches Deutschland zwischen den Blöcken eintraten, vor allem aber auch »Nihilismus«. Erich Kuby, der den *Ruf* übernahm, sollte die Politik der Besatzungsmacht zuverlässig umsetzen, doch die Zeitschrift verlor an Bedeutung und stellte ihr Erscheinen bald darauf ein. Das Experiment eines neutralen, sozialistischen Deutschland – es war eine Vision, eine Utopie, die keine realen Vorbilder hatte, vorläufig nur als eine solche existierte und sich von der Möglichkeit einer Realisierung, falls diese jemals bestanden haben sollte, immer mehr entfernte.

Nach dem Ende des *Ruf* unter Andersch und Richter begann Andersch, in den Medien Karriere zu machen. Richter hingegen versuchte, die Mitarbeiter des *Ruf* für ein neues Projekt zu versammeln. Er hoffte, die Militärzensur durch eine Literaturzeitschrift besser umgehen zu können als mit der eindeutig politischen Stoßrichtung des *Ruf*. Diese Hinwendung zur Literatur sollte zur Gründung der Gruppe 47 führen. Im *Almanach der Gruppe 47*, der zum 15-jährigen Bestehen der Gruppe 1962 vorgelegt wurde, schreibt Richter im Rückblick: »Der Ursprung der Gruppe 47 ist politisch-publizistischer Natur. Nicht Literaten schufen sie, sondern politisch engagierte Publizisten mit literarischen Ambitionen.«[11]

Diese Stoßrichtung sollte für Richter stets charakteristisch bleiben. Literarische Ambitionen hatte er aber durchaus: 1949 erschien sein Roman *Die Geschlagenen*, der Richters Parteinahme für die »Verlierer« signalisiert, ein Roman über deutsche Kriegsgefangene und ihr Schicksal. Schon im *Ruf* hatte Richter neben politischen Artikeln auch einen programmatischen Aufsatz über die literarische Situation geschrieben: »Die Literatur im Interregnum«. Die unmittelbare Nachkriegszeit, als die Dinge im Fluss waren und der Charakter des zukünftigen Deutschland noch nicht feststand, definierte Richter hier als eine Zwischenzeit, in der die Literatur Signalwirkung haben konnte. Der *Ruf* sprach explizit für die »junge Generation«, und in deren Namen wandte sich Richter gegen die innere wie auch gegen die äußere Emigration. Die Generation, deren Erfahrung durch eine nationalsozialistisch geprägte Adoleszenz und durch den Krieg bestimmt wurde, müsse ihre eigene Stimme finden. Richter suchte nach einer Formel für das, worum es in der Literatur jetzt gehen müsse: »Es ist das blutige Erlebnis unserer Zeit und unseres Lebens, es ist die Fragwürdigkeit unserer geistigen Existenz, und es ist die Unsicherheit unserer seelischen Verwirrung, die den Realismus aus der bloßen Wahrnehmung des Objektiven ins Magische erhebt.«[12]

Dieser »magische Realismus«, den Richter proklamierte, war nicht genau definiert und stand etlichen Interpretationen offen. Außerdem war es gerade ein Modewort, es wurde in der Nachkriegszeit von verschiedenen Protagonisten an verschiedenen Stellen gebraucht. Der große Erfolgsroman *Die Stadt hinter dem Strom* des 51-jährigen Hermann Kasack etwa, der 1947 erschien und mit der Gruppe 47 überhaupt nichts zu tun hatte, wurde ebenfalls als »magischer Realismus« apostrophiert. Aber für Richter war dies eben ein Hilfsbegriff für das, was jetzt anstand und was er selbst noch nicht so genau zu fassen wusste: »Die Aufgabe einer neuen Literatur wird es sein, in der unmittelbaren Aussage dennoch hinter der Wirklichkeit das Unwirkliche, hinter der Realität das Irrationale, hinter dem großen gesellschaftlichen Wandlungsprozess die Wandlung des Menschen sichtbar werden zu lassen.«[13]

Richters »magischer Realismus« wollte mit den metaphysischen Welten der inneren Emigration nichts zu tun haben. Berührungspunkte gab es höchstens in einem imaginären Raum deutscher Romantik – einer Romantik, die bei Richter aber sofort Bodenhaftung bekam, zeitgeschichtliche Konturen. Seine Ruinen waren nicht diejenigen Caspar David Friedrichs, sondern es waren die Ruinen des Krieges: »Das Kennzeichen unserer Zeit ist die Ruine. Sie umgibt unser Leben. Sie ist das äußere Wahrzeichen der inneren Unsicherheit des Menschen unserer Zeit. Die Ruine lebt in uns wie wir in ihr. Sie ist unsere neue Wirklichkeit, die gestaltet werden will.«[14]

In Richters Bild der »Ruine« sind bereits die Konturen jener »Trümmerliteratur« erkennbar, zu der sich wenige Jahre später Heinrich Böll bekennen sollte. Ruinen und Trümmer waren ganz konkrete Gegenargumente zur »heilen Welt« (Werner Bergengruen) der vorherrschenden Lyrik dieser Zeit, sie waren die Insignien eines neuen Realismus, der nichts mehr mit Verklärung und Anrufung höherer Mächte zu tun hatte. Einen programmatischen Essay gegen die Literaturvorstellung der inneren Emigranten, gegen die ältere Generation und ihre Natur- und Glaubensbilder veröffentlichte im *Ruf* Gustav René Hocke. Er wandte sich im Namen eines neuen Realismus gegen die vorherrschende »Kalligraphie« und übernahm diesen Begriff aus einem italienischen Literaturstreit um 1900: Dort war es um den Gegensatz zwischen einer »rein ästhetischen Wortformkunst (Calligrafisti)« und dem Plädoyer für »Lebensnähe« und »Wahrhaftigkeit« der »Contenutisti« gegangen. Hocke war Curtius-Schüler und hatte das Dritte Reich als Korrespondent der *Kölnischen Zeitung* in Rom erlebt, er sollte auch bald wieder nach Rom zurückkehren. Er registrierte den Weg der inneren Emigranten zu einer »symbolistischen, pastoral-idyllischen, elegischegozentrischen oder manieriert-essayistischen Form« und warnte davor, diese »Introversion« über das Ende der Diktatur hinaus fortzusetzen:

»Der Blick wird schärfer. Allegorisch gesprochen: Angesichts des Leids korrigiert die Schönheit ihre Proportionen. Man sieht die Dinge, wie sie sind, und bezeichnet offen und ohne Arabesken, was man am Rande der Wege und Ruinen findet. Man schildert, aber nicht nur um zu schildern, ebensowenig wie man aus Vergnügen reist. Man schildert, um in dieser Wirklichkeit Antwort und Lösung zu finden. In Trümmern entdeckt man die ersten neuen Gesetze der soziologischen und psychologischen Wirklichkeit von heute.«[15]

Eine wichtige Etappe nach dem Ende seiner Tätigkeit für den *Ruf* und im Bestreben, sich jetzt vor allem literarisch zu orientieren, bildete für Hans Werner Richter ein vom neu gegründeten Stahlberg-Verlag ausgerichtetes Treffen neuer Autoren Ende Juli 1947 in Altenbeuern, auf dem Gut Hinterhör der Gräfin Ottonie Degenfeld-Schonburg. Die Autoritätsperson dieses Treffens war der 1878 geborene Rudolf Alexander Schröder – er hielt schon seit seinem ersten Buch am Jahreswechsel 1910/11 mit der Familie Degenfeld-Schonburg Kontakt und war, unter anderem zusammen mit Hugo von Hofmannsthal, ständiger Gast des Hauses gewesen. Nichtsdestotrotz stand das Treffen unter dem Motto »Ruf der Jugend«. Der eröffnende Festvortrag von Rudolf Alexander Schröder trug den Titel »Vom Beruf des Dichters in der Zeit«. Er enthält Passagen wie diese: »Ich habe gesagt, der innerste Sinn aller Kunst, heißt also ihre Sendung, ihr Ziel, ihr Telos oder doch wenigstens ihre Entelechia, ihr inneres Ausgerichtetsein nach diesem Ziel, mache sie zu einer Trösterin über die Vergänglichkeit des Daseins. Und nun nehme ich alle vorsichtshalber angebrachten Klauseln zurück und sage allen Ernstes, das, grade das sei unter jedem denkbaren Ausgangspunkt ihr Wesen und in ihm sei auch das weitere gegeben: Erhebung aus dem Vergänglichen, Rettung aus dem Vergänglichen ins Bleibende. Dies ›Bleibende‹ wiederum nach der höchsten in ihm ermöglichten Deutung verstanden als Spiegelung, als Abbild dessen, das wir freilich als die Hinfälligen und Sterbenden, die wir unsrer irdischen Mitgift nach selber sind, nur im Spiegel eines dunklen – weil unzureichenden – Worts auffangen und weitergeben können: *des Ewigen.*«[16]

Auf dem Programm des Treffens standen unter anderem: Sonntag, 10 Uhr: Andacht, gehalten von Dr. Rudolf Alexander Schröder,

11 Uhr: Vortrag Heinz Friedrich, »Meine Gedanken zur geistigen Lage der jungen Generation«, 17 Uhr: Tee-Einladung bei Gräfin Degenfeld. Montag, 15 Uhr: Vorlesung Heinrich Ringleb »Der Dichter und die Zeit«, 20 Uhr: Schuhplatteln im Dorf.

Hans Werner Richter erinnerte sich später: »Es war Abend, ein Juniabend, der eine laue Nacht ankündigte. Wir saßen auf dem Rasen vor dem Schloß unter einem Baum, der seine Blüten gerade abgeworfen hatte. Um mich herum ein paar junge Leute, die aus ihren Arbeiten oder besser aus ihren Versuchen gelesen hatten. Die meisten waren unzufrieden mit dem Verlauf der Tagung. Nein, das was sie gehört hatten, war nicht das, was sie sich unter Literatur vorstellten, einer neuen Literatur, einer Literatur der Gegenwart. Nur mir gefällt etwas. Es geht mir nicht aus dem Kopf: dieses Lesen und Kritisieren und Wiederlesen und Wiederkritisieren. Gewiß, es war hier nicht vorgegeben. Es hatte sich spontan entwickelt, und Rudolf Alexander Schröder konnte es nur schwer ertragen: diese offene Sprache, die oft brüskierend und beleidigend war, in der Wortwahl an die Landsersprache der vergangenen Kriegsjahre erinnernd: rauh, karg, die Dinge unmittelbar beim Namen nennend. Dieser Ton bestimmte natürlich nicht die Szenerie, aber manchmal brach er durch und bewirkte jene Unruhe, die ich in dieser Zeit und in dieser Situation für schöpferisch hielt. Hatte man nicht ein Jahrzehnt lang auf jede wirkliche Kritik verzichten müssen? Buchbesprechungen? Ja. Rezensieren? Ja. Aber Kritik? Doch war sie nicht notwendig, wenn eine neue andere Literatur entstehen sollte, war sie nicht notwendig zur Selbstbesinnung und Selbstprüfung, und bedurfte es nicht härtester Kritik und intensivster Arbeit, um die Sprache von all dem Unflat zu reinigen, der sich in den Jahren des Dritten Reiches und des Krieges angesammelt hatte? Ja, die Methode, die sich hier entwickelt hatte, war richtig: Lesen und Kritisieren, nur besser, schärfer, genauer. Darauf kam es an. Ich sagte es denen, die um mich herum saßen: ›Das müßte man wieder machen. Nur mit anderen Leuten.‹«[17]

Heinz Friedrich hielt auf der Tagung ebenfalls einen Vortrag und versuchte dabei, für die Jüngeren zu sprechen. Es sei danach, so schildert er es, eine Polarisierung zwischen zwei Gruppierungen eingetreten. Im *Almanach der Gruppe 47* aus dem Jahr 1962 schreibt er:

»Unter einem Apfelbaum lagerten wir uns in einer Mittagspause um Hans Werner Richter. ›Wir müßten den Ruf wiederhaben‹, meinte Richter. Aber den konnten wir nicht wiederbekommen. ›Wir müssen eine neue Zeitschrift gründen‹, sagte Richter. Alle pflichteten bei. ›Eine literarische Zeitschrift, in der wir unsere Arbeiten vorlegen, in der wir diskutieren können‹, fuhr Richter fort. ›Übrigens‹, setzte er noch hinzu, ›ich finde das gar nicht so dumm mit dieser Tagung. So was sollte man öfter machen. Manuskripte vorlesen, diskutieren – da kommt was dabei heraus. Nur die richtigen Leute müssen zusammenkommen – das hier ist zu gemischt.‹«[18]

Wenige Wochen später, am 6. und 7. September, kam es dann zum Treffen am Bannwaldsee, im Haus von Ilse Schneider-Lengyel, die dies bereits in Altenbeuern/Hinterhör angeboten hatte. Nachträglich wurde es als die »erste Tagung der Gruppe 47« bezeichnet. Der Name der Gruppe entstand wiederum erst später: Hans Georg Brenner schlug ihn einige Tage nach dem Bannwaldsee-Treffen vor, als längst klar war, dass die Sache fortgesetzt werden sollte – »Gruppe 47«, in Anlehnung an die spanische »Gruppe 98« um Unamuno und Machado.

Die Teilnehmer am Bannwaldsee waren: Wolfgang Bächler, Heinz und Maria Friedrich, Walter Maria Guggenheimer, Walter und Isolde Kolbenhoff, Friedrich Minssen, Hans Werner und Toni Richter, Wolfdietrich Schnurre, Ilse Schneider-Lengyel, Nicolaus Sombart, Heinz Ulrich, Franz Wischnewski, Freia von Wuehlisch und der Verleger Holtmann vom Pallas-Verlag Baden-Baden. Es waren im Grunde alles ehemalige Mitarbeiter des *Ruf,* und am Bannwaldsee stand noch das Projekt im Raum, als Nachfolgerin eine literarische Zeitschrift zu konzipieren. *Der Skorpion* gelangte allerdings nicht über eine Nullnummer hinaus. Das Treffen am Bannwaldsee entwickelte jedoch einen eigenen Sog: als Diskussionsforum und Selbstklärungsprozess.

Der Krieg saß allen noch in den Knochen. Heinz Friedrich etwa hatte schwer verwundet den Kessel von Königsberg überlebt, und wie er teilten die meisten das Gefühl, jung und unschuldig in die Kriegsmaschinerie hineingeraten zu sein. Sie wollten nicht zurückblicken, sie wollten etwas Neues. Heinz Friedrich sprach noch Jahrzehnte später für ein ganz spezifisches Generationsgefühl: »Man muß sich einmal vorstellen – wir waren damals 20, 22, 24 Jahre. Die Älteren waren dann um die 30 herum. Wir, die wir 24 waren, wir waren 1933 zehn Jahre, elf Jahre alt. Wir haben überhaupt nichts von einer literarischen Welt, die außerhalb der uns zugänglichen gelegen hat, gewußt. Wir kamen nach 45, ausgespuckt von der Weltgeschichte, gekämpft für eine Sache, von der wir zum Schluß auch nicht mehr glaubten, daß sie die unsere war, aber für die wir mal angetreten waren, weil wir von unseren Vätern wußten, man tut seine Pflicht für das Vaterland und das muß man genauso tun, wie man Steuern bezahlt. So muß man einen Wehrdienst ableisten. So sind wir in den Krieg gekommen. So haben wir diesen Krieg erlebt. Und dann sind wir ausgespuckt worden und haben nach neuen Ufern gesucht.«[19] Man fühlte sich subjektiv schuldlos am Nationalsozialismus und wollte damit nichts zu tun haben.

Die meisten Informationen über die frühen Tagungen stammen von Hans Werner Richter selbst: Er hat, berühmt geworden, viel später in einigen Texten über die Anfänge der Gruppe berichtet. Diese Informationen sind nicht immer zutreffend, es gibt diverse Erinnerungslücken und Überblendungen. Vor allem Richters Rundfunkmanuskripte aus den siebziger Jahren neigen manchmal etwas zum Hagiografischen.

Wichtig ist jedoch, wie er seine Vorstellungen der Gruppe 47 entwickelte – für den Demokratisierungsprozess, der hier zweifellos stattfand, waren sie von großer Bedeutung. Zentral war für Hans Werner Richter die Funktion der Kritik: Sie bildete schon ein Leitmotiv seiner Demokratievorstellungen im amerikanischen Kriegsgefangenenlager, Kritikfähigkeit war ihm die Basis für alles.

Die Probenummer der Zeitschrift
*Der Skorpion*

1974 stellte er das Initiationserlebnis am Bannwaldsee in einem Rundfunkbeitrag so dar: »Neben mir auf dem Stuhl nimmt der jeweils Vorlesende Platz. Es ist selbstverständlich, hat sich so ergeben. Nach der ersten Lesung – es ist Wolfdietrich Schnurre – sage ich: ›Ja, bitte zur Kritik. Was habt Ihr dazu zu sagen?‹ Und nun beginnt etwas, was keiner in dieser Form erwartet hätte: der Ton der kritischen Äußerungen ist rauh, die Sätze kurz, knapp, unmißverständlich. Niemand nimmt ein Blatt vor den Mund. Jedes vorgelesene Wort wird gewogen, ob es noch verwendbar ist, oder vielleicht veraltet, verbraucht in den Jahren der Diktatur, der Zeit der großen Sprachabnutzung. Jeder Satz wird, wie man sagt, abgeklopft. Jeder unnötige Schnörkel wird gerügt. Verworfen werden die großen Worte, die nichts besagen und nach Ansicht der Kritisierenden ihren Inhalt verloren haben: Herz, Schmerz, Lust, Leid. Was Bestand hat vor den Ohren der Teilnehmer sind die knappen Aussagesätze. (...) Alles wird fortgesetzt, wie es am Abend zuvor begonnen hat, und was ich zur Eröffnung des neuen Tages sage, ist nicht mehr als dies: ›Fangen wir wieder an.‹ Jede Anrede ist überflüssig, ja würde mich der Lächerlichkeit preisgeben, etwa ›Meine Damen und Herren‹ oder ›Werte Genossen‹ oder ›Liebe Freunde‹. Formalitäten sind in diesem Kreis verpönt und bleiben es, 20 Jahre lang. Alles ist unmittelbar, nur auf den Gegenstand gerichtet, der zur Debatte steht: den vorgelesenen Text. Mir fällt die Entscheidung über die Reihenfolge zu, niemand nimmt daran Anstoß. Und auch etwas anderes wird nicht besprochen, sondern ergibt sich als etwas ganz Selbstverständliches. Der Autor, der gerade gelesen hat und der Kritik zuhört, darf sich nicht verteidigen. Er muß die Kritik der anderen über sich ergehen lassen. Der Grund dafür: der Autor, der seine Arbeiten der Öffentlichkeit vorlegt, setzt sich der Kritik aus, ohne antworten zu können. Ist dies eine Selbsterziehung für die Teilnehmer: freimütig Kritik zu üben und ebenso freimütig Kritik hinzunehmen? Es ist wohl so, nur in diesen Tagen am Bannwaldsee ist es mir noch nicht bewußt. Spielregeln und Methoden, die sich hier entwickeln, entstehen spontan. Sie werden nicht formuliert, nicht debattiert.«[20]

Schon von Anfang an gab es bei der Gruppe 47 Teilnehmer, die dezidiert als Kritiker auftraten und nicht als Primärautoren. Richter hatte sogar vor, einen Redakteur des Münchner Rundfunks mitzubringen, der die Lesungen zum Teil senden wollte – das dezidierte Mikrofon- und Kameraverbot erfolgte erst später. Das politisch-essayistische Erbe des *Ruf*, der Akzent auf dem Gesellschaftlich-Publizistischen, war bei dem »Werkstattgespräch« am Bannwaldsee deutlich spürbar. Im Bericht von Maria Eibach, der Frau von Heinz Friedrich, in der Frankfurter Zeitschrift *Epoche* über die Tagung heißt es: »Ein wichtiger Diskussionspartner war in Dr. Walter Guggenheimer vertreten. Dann lasen Autoren aus ihren Arbeiten.«[21]

Guggenheimer kann auch als ein Beleg dafür gelten, dass die Gruppe 47 nicht die homogene Gruppe war, als die sie im Nachhinein durch thesenhafte Zuspitzungen erscheint. 1903 als Sohn jüdischer Eltern geboren, studierte er Germanistik und Nationalökonomie und geriet schnell in Konflikt mit den Nationalsozialisten. Er konnte sich als Repräsentant eines deutschen Industrieunternehmens nach Teheran retten. 1941 schloss er sich der Widerstandsarmee des französischen Generals de Gaulle an und kämpfte in Frankreich, Italien, Nordafrika und im Nahen Osten gegen Deutschland. Er kehrte nach 1945 sofort nach Deutschland zurück und machte sich schnell als Theaterkritiker einen Namen. Besonders einflussreich war er als Mitbegründer und Mitherausgeber der *Frankfurter Hefte*, die im April 1946 auf den Markt kamen – eine linkskatholische Zeitschrift, die bis 1950 eine Auflage von bis zu 75 000 Exemplaren erreichte.

Nicolaus Sombart, der am Bannwaldsee dabei war, schrieb in seinen späten Erinnerungen 1995 über Walter Maria Guggenheimer: »Er sah so aus, wie ich mir Stefan Zweig vorstellte. Ein Revenant, der jetzt einen alten französischen Militärmantel über den Schultern trug wie eine Pelerine. Er sprach näselnd mit hoher, feiner Stimme, immer präzise formuliert, immer ironisch, immer spitz, dabei in dem, was er sagte, nie apodiktisch, sondern von anspielungsreicher Undirektheit, das, was er behaupten wollte, im gleichen Zuge auch schon wieder zurücknehmend, aus Courteoisie mehr, als weil er von dem, was er vorbrachte, nicht recht überzeugt wäre.«[22]

Auch Hans Werner Richter erinnerte sich, dass Guggenheimer am Bannwaldsee »noch immer den verschlissenen Uniformrock der gaullistischen Armee« trug, »in der er in Italien gegen das Dritte Reich gekämpft hat. Wir, er und ich, haben uns 1943 in St. Peter, nicht weit von Monte Cassino, an der Front gegenübergelegen. Jetzt steht er hier, in jeder Hand eine dicke, prall gefüllte Aktentasche, in der er seine halbe Redaktion mit sich herumschleppt, und sagt zu mir: ›Das müssen Sie wieder machen. Das müssen Sie unbedingt wieder machen.‹«[23]

Neben Guggenheimer sind in der ersten Zeit auch Friedrich Minssen, Walter Mannzen oder Walter Heist als Kritiker zu nennen. Von Letzterem gibt es eine interessante Kostprobe in der Nullnummer des *Skorpion*, die im November in München in einer Auflage von 100 Exemplaren gedruckt wurde: Hans Pribil, ein junger Drucker, kümmerte sich in seiner Freizeit um Satz und Umbruch. Walter Heist schreibt in einer der Eröffnungsglossen über den ungefähr gleichaltrigen Klaus Mann und das Exil, und das unterscheidet sich in der Tonlage und den Selbstschutzmechanismen kaum von den Polemiken, die die älteren, dezidierten »inneren Emigranten« gegen Thomas Mann verfassten – jede Generation suchte sich anscheinend ihr Pendant bei den Exilanten. Heist zürnt über ein »Büchlein« von Klaus Mann, dessen Titel er nicht einmal genau nennen will: »hieß es ›Gestern und Morgen‹ oder ›Heute und Morgen‹. Aber was drinnen stand, weiß ich noch.« (Klaus Manns Essay hieß *Heute und Morgen. Zur Situation des jungen geistigen Europas* und erschien 1927.) Heist zitiert vor allem einen Satz Klaus Manns: »Nun, wenn Hitler an die Macht kommt, emigrieren wir eben –.« Dieser Satz habe ihn schon damals »empört«. Und er erklärt, aus der Sicht eines in Deutschland Gebliebenen im Jahr 1947, warum: »Wir hatten kein Geld, wir wußten, daß wir auch keins haben würden, wir hatten Familien, die ohne uns nicht leben konnten, wir hatten keine ›Beziehungen‹, wir waren eben *wie die Masse der deutschen arbeitenden Bevölkerung*, die an ihre Heimat gekettet ist nicht nur durch ein geistiges, sondern durch ein sehr spürbares und zähes materielles Band. Angesichts der Frage: Was wird die Masse der Arbeiter tun oder tun können, wenn Hitler an die Macht kommt, klang das leichtfertige Wort unseres schreibgewandten Altersgenossen unglaublich frivol und verantwortungslos.«

Natürlich ist Heists Situationsschilderung durchaus ernst zu nehmen. Aber es ist doch sehr bezeichnend, mit welcher Verve er im Jahr

1947 als wichtigstes Moment dessen, was man später »Vergangenheitsbewältigung« nennen sollte, ausgerechnet diese Attacke gegen Klaus Mann ritt. Er baute zwischen Deutschen und Exilanten einen Klassengegensatz auf, er nahm für sich und seine biografischen Prägungen die Würde der Armut gegen das Luxusleben des Reichtums in Anspruch. Die Konsequenz daraus war, der Emigration eine Art Leichtfertigkeit vorzuwerfen – ohne, nicht einmal im Ansatz, das konkrete Schicksal der meisten Emigranten zu reflektieren. Ein Unterschied zu Frank Thiess' berühmter Philippika gegen Thomas Mann ist jedenfalls kaum zu erkennen.

Die Schwierigkeiten, einen genauen Standort der frühen Gruppe 47 zu beschreiben, werden hier sehr deutlich. Sieht man von der Gastgeberin Ilse Schneider-Lengyel einmal ab, die fast schon exterritorial wirkte, so zeigen Guggenheimer und Heist, dass bei der ersten Tagung sehr unterschiedliche Temperamente und Biografien vertreten waren. Das prekäre »Klassenbewusstsein« Walter Heists markiert allerdings auch den Unterschied zur tonangebenden »inneren Emigration« – diese definierte sich ja durch einen elitären Gestus, einen vermeintlich unantastbaren deutschen Geist und nicht durch ein Eintreten für die Interessen der Arbeiter. Dennoch gibt es Indizien dafür, dass es bei Heist oder Hans Werner Richter, für den »Deutschland« eine zentrale Kategorie war, einige Berührungspunkte mit der inneren Emigration gab, jedenfalls mehr als mit den nach der Kapitulation Deutschlands im Ausland gebliebenen Exilanten – auch wenn sich die Gründer der Gruppe 47 subjektiv vor allem in einem Niemandsland zwischen diesen beiden Gruppen bewegten.

Der Begriff der »Emigration« wirkt allerdings bei näherem Hinsehen vielschichtiger, als es zunächst den Anschein hat. Man könnte, wenn man ihn sehr weit fasst, sogar Hans Werner Richter dazuzählen, der sich nach 1933 in Paris durchzuschlagen versuchte, aber aus finanziellen Gründen nach Berlin zurückkehren musste und dort mehr oder weniger untertauchte. Auch Walter Kolbenhoff ist ein besonderer Fall: Geboren 1908, reiste er in den zwanziger Jahren als Gelegenheitsarbeiter durch ganz Europa, wurde 1929 Mitglied der KPD und schrieb Zeitungsartikel für linke Blätter. 1933 emigrierte er nach Dänemark. Obwohl er aus der

KPD ausgeschlossen wurde, kehrte er, einer politischen Strategie der Partei entsprechend, nach Deutschland zurück und wurde 1942 Soldat der Wehrmacht. Wie bei Richter gibt es bei ihm eine besondere Verbindung von linker politischer Haltung und Patriotismus. 1944 geriet auch Kolbenhoff bei Monte Cassino in amerikanische Gefangenschaft. Sein Roman *Von unserm Fleisch und Blut* von 1947 zeigt eine harte, sozialrealistische, an der Reportage orientierte Schreibweise, und hier scheint der kleinste gemeinsame Nenner zu liegen: Kolbenhoffs literarischer Stil liegt auf der Ideallinie dessen, was später als ästhetische Haltung der frühen Gruppe 47 verallgemeinert wurde.

In der Nullnummer des *Skorpion* ist eine Kontroverse zwischen Kolbenhoff und Wolfdietrich Schnurre dokumentiert, die offenbar auch bei den Diskussionen am Bannwaldsee eine große Rolle gespielt hat. Kolbenhoff wendet sich »gegen die Nebelrufer«, gegen die »Ewigkeitswerte«, die er Schnurre zuschreibt, und er zitiert seinen Kontrahenten mit den Formulierungen, dass das »Gültige« zum Beispiel »die strahlende Jungfräulichkeit eines Vorfrühlingsmorgens« oder »die Blume im Grase« sei. Dann folgt ein Wort, das auch Walter Heist in seiner Polemik gegen Klaus Mann verwendet: Das alles sei »verantwortungslos«. Es gehe darum, »gegen alles Ungerechte und Häßliche« die »Stimme zu erheben«, der Stoff liege »für jeden, der schreiben kann, auf der Straße«.

In der Erwiderung Schnurres liest sich der Gegensatz zwischen den beiden Autoren etwas anders, wie zeitversetzt: Schnurre plädiert »für die Wahrhaftigkeit« und zeichnet die Entwicklung seines Schreibens im Laufe der letzten Jahre nach. Das, was ihm Kolbenhoff vorwirft, treffe so nicht mehr zu, er versucht allerdings, Kolbenhoff auf einer neuen Ebene zu widerlegen. Man nimmt in diesem Text teil an einem zögernden, zweifelnden Selbstfindungsprozess. Schnurre hatte sich freiwillig zur Wehrmacht gemeldet, und erst nach einigen Jahren im Krieg »bröckelte es« in ihm, er erkannte »den Wahnsinn des Tötens« und den »Irrsinn des ganzen Soldatenspielens«. Als er in dieser Zeit zu schreiben begann, hielt er sich, »angewidert von dem dauernden soldatischen Herdenleben«, für einen »Dichter«, er wollte sich eine »Insel im Innern« bewahren. Nach dem Krieg ergab sich für Schnurre ein Dilemma, und er sieht sich im Nachhinein überfordert. Unter dem Eindruck der Lektüre Hermann Hesses veröffentlichte er einen Text über die »Kunst als Sehnsucht nach Unsterblichkeit« und über den »Künstler als den zeitfernen Lauscher nach innen«, doch unter der Hand begann er, angesichts der neuen Erfahrungen »viel realer, blutvoller, gleichsam menschlicher« zu schreiben: »Hier redete ich davon, daß sich der Künstler nicht mit den Problemen seiner Zeit befassen dürfe und dort tat ich's selber so sehr, daß meine erste (noch im alten ›Ruf‹ veröffentlichte) Nachkriegsnovelle überhaupt nur unter dem Aspekt des Kardinalproblems unserer Zeit, nämlich dem der Schuld, zu verstehen war.«

Bei Schnurre findet sich also der Begriff, der nach 1945 in Deutschland zentral wurde, aber starken und unausgesetzten Verdrängungsmechanismen unterworfen war. Schnurre spricht als einer der wenigen Schriftsteller von »Schuld«. Er definiert sie als den Hauptantrieb seines Schreibens, sie zwingt ihn zu einer bedingungslosen »Wahrhaftigkeit«. Ästhetisch heißt das aber, dass Kolbenhoffs Realismusbegriff nicht genügt. Schnurre kritisiert den Roman *Von unserm Fleisch und Blut*, dass er bei einer »noch das Realste und Aller-Alltäglichste versimplifizierenden Zustandsschilderung« stehen bleibe, und plädiert dafür, das »Reale, um das heute keiner mehr herumkommt, transparent werden zu lassen« – das heißt: »hinter ihm die Kräfte aufzuspüren, die in Wahrheit die großen Treibenden sind«. Die Worte, die Schnurre dafür findet, erinnern allerdings an Hans Werner Richters Versuch, einen »magischen Realismus« zu beschwören: Es geht ihm um eine »fleischlich-geistige«, »irdisch-dämonische Doppelexistenz«. Für Schnurre ist die »tragischgespenstische Spukwirklichkeit« mindestens genauso wichtig wie die »äußeren Schauplätze«. Ohne direkten Anschluss an die Erfahrungen der zeitgenössischen Moderne sucht er nach Formen, die dieser entsprechen, und zeigt sich dadurch in der Frühphase der Gruppe 47 als herausragender Autor. Es ist von einer höheren Ironie, dass sein Text »Das Begräbnis«, der erste Text überhaupt, der auf der ersten Tagung der Gruppe 47 am Bannwaldsee vorgetragen wurde, später als Beleg für die »Kahlschlagliteratur« herangezogen werden konnte – denn es geht darin um die ihn durchaus bedrängende Frage nach Gott.

## 3 Die Krieger-Kaste und der Kupfergeschmack des Champagners

*Die zweite Tagung im November 1947 in Herrlingen*

Die zweite Tagung der Gruppe 47 fand zwei Monate nach der ersten statt – ein Zeichen, als wie dringlich dieser Erfahrungs- und Informationsaustausch empfunden wurde. Was als gemeinschaftliche Redaktionssitzung einer Literaturzeitschrift namens *Der Skorpion* begonnen hatte, hatte sich bereits verselbständigt. Und so traf man sich am 8. und 9. November 1947 auf Vermittlung von Inge Scholl, der Schwester der von den Nazis ermordeten Widerstandskämpfer Sophie und Hans Scholl, in Herrlingen bei Ulm bei Odette und Hanns Arens im »Haus Waldfrieden«. Oberbürgermeister von Ulm war Robert Scholl, der Vater der ermordeten Geschwister Scholl, und die Kontakte nach Ulm, zur dortigen Volkshochschule und der berühmt werdenden Hochschule für Grafik und Gestaltung, wurden für Hans Werner Richter in der nächsten Zeit noch wichtiger.

In Herrlingen war auch Alfred Andersch anwesend, Richters Mitstreiter beim *Ruf*. Am Bannwaldsee war er nicht dabei gewesen, weil einer seiner Brüder in Hamburg zur gleichen Zeit geheiratet hatte. Andersch, der die treibende Kraft beim *Ruf* gewesen war, stilisierte sich früh als »Außenseiter« und Unabhängiger und unterschied sich vom Typus her auffällig von der kameradschaftlich-cliquenhaften Freundesgruppe um Richter, Minssen, Mannzen oder Heist. Mit seiner Lesung kam Andersch in Herrlingen schlecht weg – die Erzählung »Heimatfront« wurde noch während des Krieges verfasst und hat etwas ziemlich Schematisches und Kolportagehaftes: Eine Gestapoagentin und ein Widerstandskämpfer geraten in eine Liebesgeschichte hinein. Stephan Reinhardt schreibt in seiner Andersch-Biografie über die Situation nach der Lesung: »Nur mühsam und im Zorn ertrug er die barsche Kritik und verließ danach sofort den Raum«.[1] Walter Kolbenhoff charakterisiert den selbstbewussten Andersch in seinen Erinnerungen *Schellingstraße 48* wohl recht realistisch: »War er von etwas überzeugt, wurde sein Gesicht beim Sprechen todernst, alles, was Humor oder Verständnis andeutet, schien daraus verschwunden zu sein.«[2]

In einem Punkt erregte Andersch allerdings große Aufmerksamkeit: Er hielt, was in der Geschichte der Gruppe 47 eine große Ausnahme blieb, nach den Gruppensitzungen einen programmatischen Vortrag im Ulmer Ratskeller: »Die deutsche Literatur in der Entscheidung«. Allgemeine Debatten über Literatur und Politik wurden von Hans Werner Richter schon in den Anfängen der Gruppe grundsätzlich verhindert. Hier aber entsprach Andersch dem Bedürfnis, die Existenz der Gruppe durch etwas Programmatisches zu legitimieren.

Sein Vortrag, der im Jahr darauf auch als Broschüre gedruckt wurde, zeigt in seinen vielfältigen Suchbewegungen das Dilemma und die Ausgangslage der nicht unbedingt ganz jungen, aber noch völlig unbekannten Autoren in Deutschland. Andersch möchte definieren, wie eine dem Stand der Dinge angemessene Gegenwartsliteratur aussehen könnte. Verblüffend wirkt schon auf den ersten Blick, wie positiv bei ihm die Literatur der »inneren Emigration« bewertet wird. Andersch benutzt dabei einen einfachen rhetorischen Trick: Explizite Naziliteratur könne per definitionem gar keine Literatur sein, also sei alles, was den Namen Literatur verdiene, von vornherein in Opposition zum Regime geschrieben worden. In dieses anschlussfähige und beschönigende Bild einer »inneren Emigration« floss augenscheinlich Anderschs eigene Vergangenheit ein: 1914 geboren, war er bei der »Machtergreifung« Hitlers 19 Jahre alt und in Organisationen der KPD tätig. 1933 wurde er im KZ Dachau interniert und kam auf Initiative seiner Mutter frei – sie verwies darauf, dass sein verstorbener Vater in München durchaus zum Aufstieg der NSDAP beigetragen hatte. Nach einer erneuten kurzen Inhaftierung im Herbst 1933 brach

Andersch seine Verbindungen zu den Kommunisten ab und widmete sich unpolitischen literarischen Versuchen, versenkte sich in Natur und Landschaft. Eine Erzählung erschien 1944 in der *Kölnischen Zeitung*. Die Desertion Anderschs während des Krieges aus der deutschen Wehrmacht entsprach offenkundig inneren Vorgängen, für die es in der äußeren Biografie kaum Indizien gab.

Seiner Zeit im Kriegsgefangenenlager in den USA widmete Andersch mehrere Texte. Besonders in »Getty oder Die Umerziehung in der Retorte« beschreibt er die demokratische Schulung durch renommierte US-Professoren im Fort Getty. In mehreren Beiträgen für den *Ruf* ging er begeistert auf amerikanische Musik und Literatur ein, in einem anderen Text vom 15. Juli 1945 forderte er von seinesgleichen »Selbsterziehung zur Mäßigung, kritischem Denken, sorgfältiger Überlegung«. Diese Werte verdankten sich offenkundig den Lektionen in Demokratie, die Andersch in den USA tief beeindruckt hatten. In der deutschen Ausgabe des *Ruf* gerieten sie allerdings in Konflikt mit seiner patriotischen Gesinnung. Er warf der amerikanischen Besatzungsmacht vor, die Deutschen zu bevormunden und eine Demokratie zu verhindern, ganz im Gegensatz zu ihren Idealen. Die Gründe, die die Besatzungsmächte dazu bewegten, die Deutschen streng zu kontrollieren und zunächst eine »Entnazifizierung« einzuleiten, spielten für Andersch wie für Hans Werner Richter kaum eine Rolle: Sie sprachen für eine in ihren Augen schuldlose Generation und drängten auf ein demokratisches, sozialistisches Deutschland, das zwischen den Blöcken stehen und zwischen den Werten des Westens und denen des Ostens vermitteln sollte.

Diese deutsch-idealistische Haltung, die über die konkrete, jüngst zurückliegende Vergangenheit hinwegzuschweben scheint, spiegelt sich auch in Anderschs von der Gruppe 47 begeistert aufgenommener Rede zur Gegenwartsliteratur. Die Frage nach individueller Schuld, nach einer Schuld der Deutschen überhaupt stellt sich Andersch an keiner Stelle, der Massenmord an den europäischen Juden wird mit keiner Silbe erwähnt. Es geht Andersch um die unbedingte Gegenwart. Sein zentraler Begriff der »Entscheidung«, die auch den Titel prägt, verdankte sich einer existenziellen Kategorie, die von der aktuellen

Lektüre Jean-Paul Sartres herrührte. Andersch kannte alles, was von Sartre bereits ins Deutsche übersetzt worden war: die Erzählung *Die Mauer*, das zentrale Stück *Die Fliegen* sowie den Essay *Ist der Existentialismus ein Humanismus?*. Andersch ließ sich hauptsächlich davon inspirieren, den »mauvaise foi« der Vergangenheit hinter sich zu lassen und neue Wege zu beschreiten.

Diese neuen Wege ähnelten allerdings zunächst verblüffend den alten. Andersch unterscheidet zustimmend drei Typen der »inneren Emigration«. »Eine Art subjektiver Ehrlichkeit« gesteht er selbst Autoren wie Hans Grimm, Emil Strauß oder Erwin Guido Kolbenheyer zu, die sich recht eng an die nationalsozialistische Ideologie angelehnt hatten. Eine zweite Kategorie von Autoren sieht er in der Tradition »bürgerlicher Klassik«, zu ihnen zählt er Hans Carossa, Rudolf Alexander Schröder oder Gertrud von le Fort. Eine dritte Gruppe versieht er mit dem Signum »Widerstand und Kalligraphie«; darunter sind Stefan Andres, Hans Leip, Martin Raschke und Eugen Gottlob Winkler. »Kalligraphie«: Das ist jenes Wort, das auch Gustav René Hocke im *Ruf* für die älteren, im Dritten Reich schreibenden Schriftsteller benutzt hatte – allerdings in polemischer Abgrenzung. Andersch hingegen verwendet das Wort keineswegs polemisch. Es bezeichnet für ihn die ästhetisch integre Haltung, das totalitäre System durch symbolistische Schreibweisen zu unterlaufen. Der Heros dieses Stils war für ihn Ernst Jünger – und Jünger sollte er zeit seines Lebens auch in großer Bewunderung verbunden bleiben.

Die Position des »heimatlosen Linken«, die Andersch in dieser Zeit für sich definierte und mit der er einen imaginären Ort zwischen den Fronten ansteuerte, zeigt sich darin, dass er in seiner Rede Thomas Mann sehr positiv hervorhebt – im Westdeutschland dieser Zeit war dies fast ein Alleinstellungsmerkmal. Dagegen setzt er eine »realistische Tendenzkunst« im Sinne von Heinrich Mann, Arnold Zweig oder Alfred Döblin negativ ab, ganz zu schweigen von den »proletarischen Schriftstellern« (Oskar Maria Graf, Willi Bredel, Anna Seghers), die zu sehr einer Ideologie von außen verpflichtet seien. Charakteristisch ist seine Einschätzung Bertolt Brechts, den er als großen Autor seiner Zeit erkennt: Brechts künstlerische Leistung sei durch unverkennbar antideutsche Gefühle erheblich beeinträchtigt. Erst Brechts Rückkehr nach Deutschland würde ihm eine angemessene Bedeutung für die neue Generation deutscher Schriftsteller zukommen lassen.

Die »Selbstreinigung« als existenzieller Akt der »Entscheidung«, der Sartre'sche Kern von Anderschs Thesen, meint keine Beschäftigung mit der Vergangenheit. Es geht ausschließlich um die Zukunft, die der neuen Generation offensteht – einer neuen Generation, der durchaus auch schon ältere, wenn auch noch unbekannte Schriftsteller wie Richter und Andersch subsumiert werden. Hier, in dieser ideologischen Wendung, liegt jene Idee eines »Nullpunkts« verborgen, die mit dem Beginn der Gruppe 47 gemeinhin verbunden wird. Und dieser ideologisch geprägte »Nullpunkt« war es wohl, der in Herrlingen und Ulm auf so viel Zustimmung stieß. Anzeichen der erstrebten Zukunft sieht Andersch in seiner Rede denn auch bei Autoren der sich gerade etablierenden Gruppe. Er nennt namentlich Wolfdietrich Schnurre, Walter Kolbenhoff, Günter Eich und Wolfgang Borchert, der nach Herrlingen eingeladen war, aber wegen seiner tödlichen Krankheit nicht mehr kommen konnte.

Andersch hat in der späteren Geschichte der Bundesrepublik durch seine unorthodox kommunistische Haltung polarisiert, aber in der kulturellen Szene auch breite Anerkennung erfahren. Sein Gedicht »Artikel 3/3« über die Praxis der Berufsverbote in der Ära des Bundeskanzlers Willy Brandt hing eine Zeit lang in fast jeder sich auf der Höhe der Zeit definierenden studentischen Wohngemeinschaft. Aber er erntete auch Verblüffung, als er in ebendieser, seiner politi-

Unbedingte Gegenwart:
Alfred Andersch (rechts) beim
Umbruch der Nr. 7 des *Ruf*

schen Glanzzeit eine huldigende »Amriswiler Rede auf Ernst Jünger« hielt – und dieselbe stilsicher 1973 ganzseitig in der programmatisch linken *Frankfurter Rundschau* abdrucken ließ. Mit dezidierter Bewunderung für Jüngers Sprache zitiert er aus dem Buch, das allgemein als Schlüsselwerk für Jüngers Widerstand gegen die Nazis gilt: *Auf den Marmorklippen*. Die Stelle, die er, ohne das näher erklären zu müssen, als mutigen Akt gegen die Tyrannei vorführt, lautet: »So sind die Keller, darauf die stolzen Schlösser der Tyrannis sich erheben und über denen man die Wohlgerüche ihrer Feste sich kräuseln sieht –: Stankhöhlen grauenhaftester Sorte, darinnen auf alle Ewigkeit verworfenes Gelichter sich an der Schändung der Menschenwürde und der Menschenfreiheit schauerlich ergötzt. Dann schweigen die Musen, und die Wahrheit beginnt zu flackern wie eine Leuchte in böser Wetterluft. Da sieht man die Schwachen schon weichen, wenn kaum die ersten Nebel brauen, doch selbst die Krieger-Kaste beginnt zu zagen, wenn sie das Larven-Gelichter aus den Niederungen auf die Bastionen emporgestiegen sieht.«[3]

»Selbst die Krieger-Kaste« – wenn Andersch diese schwülstig-kitschigen, in einem schwülen Männerpathos schwelgenden Sätze noch in den siebziger Jahren als literarische Edelsteine funkeln lassen möchte, ist das ein gravierender Fall und wirft ein Licht zurück auf die unmittelbare Nachkriegszeit. Man konnte Jüngers Text zweifellos als Anspielung auf die NS-Herrschaft lesen – das geschieht allerdings in einer Sprache, die der pathetisch-militanten Sprache der Nazis täuschend ähnlich sieht, ihr keineswegs etwas anderes entgegensetzt und sie schon gar nicht demaskiert. Das Movens dieser Sprache, die auch eine politische Sprache ist, liegt darin, dass sie eine aristokratische Elite gegen den gemeinen Plebs hochhalten möchte. Sie hat mit demokratischen Vorstellungen nicht das Geringste zu tun. Am deutlichsten wird Jünger dann, und auch das zitiert Andersch geradezu mit Inbrunst, wenn er dazu aufruft, »in aller Zukunft lieber mit den Freien einsam zu fallen, als mit den Knechten im Triumph zu gehn«. Die »Freien« gegen die »Knechte«, die »Krieger-Kaste« gegen das »Larven-Gelichter« – die Nazis erscheinen hier als die gemeine Masse, als der Pöbel, über den sich der deutsche Edelmann wie der Junker selbstredend erheben. Dieses sich aristokratisch dünkende Pathos ist ein Kennzeichen fast der gesamten Mannschaftsgrade, die sich nach 1945 einer »inneren Emigration« zurechnen wollten. Ernst Jünger unterscheidet sich darin kaum von etwas trivialeren Geistern wie etwa Frank Thiess. Dieser notierte in seinem Tagebuch aus dem Jahr 1945 seine Erlebnisse, als er gegen Ende des Krieges bei einer Familie aus der Unterschicht untertauchte: Es sei »ein sozialpsychologisches Gesetz, daß der Gemeine vom Edlen, der Rohe vom Kultivierten nur dann lernt, wenn er sich vor ihm in dienender Stellung befindet. Florence hat den Fehler gemacht, der freilich bei ihrer sogen. ›Verwandtschaft‹ verzeihlich ist –, uns von vornherein auf die gleiche Stufe zu stellen, es für unmöglich zu erklären, daß wir nicht zusammen essen (...) Inkompatible Menschen zusammengepfercht, das führt jedesmal zum Nachteil für die Besseren. Die Rohen wollen nicht hinauf, sie wollen den Besseren zu sich herabziehen und nehmen es ihm bitter übel, wenn er auf seiner Seelen- und Kulturstufe bleibt.«[4]

Dieselben Affekte, die während der Weimarer Republik aus Standesdünkel gegen demokratische Bestrebungen geltend gemacht wurden, wurden jetzt gegen die Nazis eingesetzt – dies ist die deutsche Crux. Das Wesentliche an der Sprache Ernst Jüngers ist nicht, dass sie Assoziationen gegen die dumpfe NS-Herrschaft wecken möchte, sondern dass sie mit der Nazisprache unentwirrbar verknüpft ist.

Alfred Andersch zeigte sich von derlei deutschem Tremolo, das sich gern als deutscher Geist und deutsche Tiefe ausgibt, zutiefst angezogen und geprägt. Er las, auch um seiner selbst willen, in Jüngers Text eine pathetische Anti-Nazi-Haltung heraus. Der Lobpreis des Einsamen, des »heimatlosen Linken«, des alleinstehenden Ästheten war sein Antrieb. Noch in einem Brief an Ernst Jünger vom 20. März 1953 setzte Andersch deswegen Jüngers *Waldgang* auch mit Adornos *Minima Moralia* und sogar Thomas Manns Humanismus gleich (Jünger wird sich dafür sehr bedankt haben): »Da ich also lesen kann, kann ich nur feststellen, daß für mich die letzten Konsequenzen des ›Waldgangs‹ und der ›Minima Moralia‹ *in einer Linie* liegen; und wenn Thomas Mann nach Europa zurückkehrt und Jünger den Nationalismus aufgibt, dann beweist das für mich, daß sehr verschiedene Wege auf *einen* Punkt zusammenlaufen, der *Aufstand* heißt. Aufstand alles dessen, was Geist oder Kunst oder ›Sein‹ heißt, (Sie sehen, ich konzediere im Formalen, was Sie wollen!) gegen den ideologischen Wahnwitz der totalitären Systeme, die den Vordergrund der Epoche beherrschen.«[5]

Dass Jünger »den Nationalismus aufgegeben« habe, entsprach allerdings wohl vor allem dem Wunschdenken Anderschs und weniger Jüngers meist eher nebulösen Ausweichbewegungen. Während die Gemeinsamkeiten mit Ernst Jünger offen zutage traten, unterschied sich Andersch in der sprachlichen Form aber verblüffend vom anderen der beiden namhaften NS-belasteten Schriftsteller, nämlich Gottfried Benn – obwohl dieser die Position des einsamen Ästheten ähnlich kultivierte. Benn hatte in seiner allgemeinen Weltsicht, in seinen politischen Auffassungen viel mehr Gemeinsamkeiten mit Jünger als Andersch, aber in seiner Sprache wirkte er wie aus einer anderen Zeit, aus einer Zukunft, von der weder Jünger noch Andersch etwas ahnten. Es ist daher mit Blick auf die Frühgeschichte der Gruppe 47 nicht zu unterschätzen, wie der ausgesprochene Antidemokrat Benn im Gegensatz zu Andersch auf Jünger reagierte. Im Mai 1952 besuchte Jünger Benn in dessen Wohnung. In seinem Buch *Annäherungen* aus dem Jahr 1970 gibt Jünger die Notizen wieder, die er sich am Abend über die Begegnung gemacht hat. Man muss ihm für die getreue Wiedergabe durchaus dankbar sein.

Jünger beschreibt, wie Benn kurz aus dem Zimmer geht und mit Jüngers Schrift *Besuch auf Godenholm* zurückkommt, die kurz zuvor erschienen ist: »Er setzte sich wieder neben mich: ›Wissen Sie – das ist das Raffinierteste, was Sie gemacht haben.‹ Dann blätterte er in dem Bändchen und begann eine Passage zu lesen, die sich mit dem Ziel beschäftigte, das durch Annäherung erreicht, doch nicht überschritten werden kann. Für einen Augenblick wird die Erscheinung mit dem Sein identisch, die Woge mit dem Meer.« Die Jünger-Passage lautet: »Es würde stets wiederkehren, daß das EINE aus dem Getrennten aufstieg und sich mit Glanz bekleidete. Dieses Geheimnis war unaussprechlich, doch alle Mysterien deuteten es an und handelten von ihm, von ihm allein. Die Wege der Geschichte und ihre Listen, die so verschlungen schienen, führten auf diese Wahrheit zu. Ihr näherte sich auch jedes

Menschenleben mit jedem Tage, jedem Schritte an. Nur dieses Eine war das Thema aller Künste, von hier aus wurde jedes Denken in seinem Rang bestimmt. Hier war der Sieg, der alles krönte und jeder Niederlage den Stachel nahm. Das Staubkorn, der Wurm, die Mörder nahmen daran teil. Es gab nichts Totes in diesem Lichte und keine Finsternis.« Jünger verzeichnet in seiner Erinnerung recht konsterniert Benns Reaktion: »Er legte das Buch zwischen uns auf das Sofa und sagte: ›Was ist das? Was ist das --- das ist der Penis! Das kann nur der Penis sein!‹«[6]

Diese Passage wird in den siebziger Jahren, als in der Germanistik die psychoanalytische Literaturinterpretation große Konjunktur hat, eines der Lieblingszitate abgeben, feixend oder bedeutungsschwanger zelebriert. Sie zeigt auf jeden Fall deutlich den Unterschied zwischen Jünger und Benn. Benn ist anschlussfähig an die spät- und postmoderne Wahrnehmung, er bricht das Pathos, wenn es übermächtig zu werden scheint, und versetzt seine Sprache in den letzten Lebensjahren immer häufiger mit Alltagsslang, mit Anspielungen an die Populärkultur; er hat einen schnoddrigen, coolen Gestus. Der Benn-Sound spielt mit Elementen des Pop, bevor es einen Begriff dafür gibt. Benn ist der Beweis dafür, was da möglich war. Doch davon war in der Gruppe 47 in den ersten Jahren noch gar nichts zu spüren.

Alfred Anderschs programmatischer Essay *Die deutsche Literatur in der Entscheidung* versucht, die widerstreitenden Aspekte der unmittelbaren Nachkriegszeit auf einen Nenner zu bringen. Das langjährige Abtauchen während der Nazizeit, das stille Arrangement mit den Machtverhältnissen und die Versenkung in scheinbar zeit- und geschichtslose Themen wie Natur und fernliegende Historie zeigt genauso Spuren wie die Selbstverteidigung, als Deutscher in Deutschland geblieben zu sein. Die Sehnsucht nach einer »Stunde null«, nach einem unbedingten Neubeginn ist deshalb umso stärker. Patriotismus, ein deutsches Nationalgefühl, das sich von der Pervertierung durch den Nationalsozialismus nicht betroffen fühlt, und diffuse Vorstellungen von Sozialismus und den Chancen einer neuen Generation ergaben eine zeittypische Mischung.

Man fragte nicht lange, welche konkrete Vergangenheit einer hatte. Wichtig war das gemeinsame Erlebnis, in seinen besten Jahren im

Krieg verheizt worden zu sein. Die Landsererfahrung schaffte dabei ein Gemeinschaftsgefühl und war durchaus positiv besetzt. Auch der Einzelkämpfer Andersch, der in seiner Infanterie-Pionier-Ersatz-Kompanie und dann in seiner Luftwaffen-Feld-Division nie direkt an der Front war, beschwor in den Anfangstagen der Gruppe 47 das Fronterlebnis. In einem seiner ersten Rundfunkfeatures behandelte er 1949 die Gruppe 47 und stellte dabei fest: »Bei all diesen sehr verschiedenen Charakteren und Geistern wirkt jedoch das positive Ferment der Gruppe als Bindemittel. Man kann es als menschliche und künstlerische Kameradschaft bezeichnen. Das Wort ist sehr ungenau und überdies historisch belastet. Die letzten Kameraden sind bei Stalingrad gefallen, hieß ein berühmtes Landserwort. Dennoch: Die Gruppe 47 wird zusammengehalten durch das Bewußtsein eines gemeinsamen Erlebniskerns. Dieses Erlebnis schließt nicht nur das äußere historische Geschehen ein, sondern auch die Art, wie man durch es hindurchging.«[7]

Das Gefühl, gemeinsam eine widrige Zeit überstanden zu haben, vereinte selbst Soldaten wie Hans Werner Richter und Walter Maria Guggenheimer, die sich kurz zuvor noch als Feinde an der Front gegenübergestanden hatten. Dabei spielte allerdings eine subjektive Glaubwürdigkeit eine gewisse Rolle: Wer sich als deutscher Soldat bei der Gefangennahme als Nazigegner bekannte, gehörte auf jeden Fall zu einer von den »Kameraden« im Normalfall bekämpften und verachteten Minderheit. Natürlich traten während der Besatzungszeit in Nachkriegsdeutschland dann zwangsläufig auch viele Formen des Opportunismus zutage. Bei den frühen Tagungen der Gruppe 47 war etwa Freia von Wuehlisch anwesend, nach Herrlingen brachte sie auch ihren Mann Hans Jürgen Krüger mit. Sie war noch im April 1945, im Alter von 25 Jahren, mit einer rassistischen Dissertation in Heidelberg promoviert worden – 1939 war sie aus Südwestafrika zum Journalistikstudium nach Deutschland gekommen. Ihr Mann hatte für die NS-Zeitschrift *Das Reich* veröffentlicht und war unter anderem mit einer Serie über Ritterkreuzträger hervorgetreten.[8]

Die Tagung in Herrlingen fand im Haus von Odette und Hanns Arens statt, die mit Freia von Wuehlisch befreundet waren – aber auch mit Inge Scholl, der Schwester von Sophie und Hans Scholl, den von den Nazis umgebrachten Mitgliedern der Widerstandsgruppe »Die weiße Rose«. Man sieht, wie sich hier die Fäden überkreuzen, wie die Wirren der unmittelbaren Nachkriegszeit das eben Vergangene überdecken können. Hanns Arens, der Gastgeber, schrieb nach 1933 im *Völkischen Beobachter* und stand in enger Verbindung mit dem SS-Sturmbannführer Hans Hinkel. 1944 plante er ein Buch mit dem Arbeitstitel »Unser Bekenntnis zum Führer«, das aber dann als »kriegsunwichtig« abgelehnt wurde. In einer Konstanzer Magisterarbeit schreibt Gudrun Ritscher 2003: »Hanns Arens war in den Verlegerkreisen bekannt, in denen sich auch Hans Werner Richter aufhielt. Warum er, nach dem Ende des NS-Regimes bekennender Antifaschist, die Tagung im Haus ›Waldfrieden‹ abhielt, ist heute nicht mehr nachzuvollziehen.«[9]

Eine besonders und ganz anders verwickelte Geschichte spinnt sich um Hans Jürgen Soehring, der ebenfalls in Herrlingen las und dort als einer der hoffnungsvollen Nachwuchsschriftsteller entdeckt wurde. Alfred Andersch bezeichnete ihn in seinem frühen Rundfunkfeature über die Gruppe 47 als die »stärkste Begabung der kurzen Form in diesem Kreis«. 1947 erschien sein Erzählungsband *Cordelia* im Verlag Kurt Desch in München, und in der französischen Widmung war ein Geheimnis zu erahnen: »Pour celle qui m'a dit d'écrire« – »Für die, dir mir sagte, ich solle schreiben«. Soehring war während des Zweiten Weltkriegs Feldrichter der Luftwaffeneinheiten in Paris, im Rang eines Oberstleutnants, vorher agierte er während des spanischen Bürgerkriegs als »Rechtsberater« der »Legion Condor«. Im August 1941 begann seine Beziehung mit der Schauspielerin Arletty, die durch Filme wie *Hôtel du Nord* und *Le jour se lève* berühmt geworden war. 1945 sollte sie mit der Rolle der Garance in Marcel Carnés Meisterwerk *Les enfants du paradis* (*Die Kinder des Olymp*) den Gipfel ihres Ruhms erreichen – der Film war zwei Jahre lang in den Pariser Kinos ausverkauft – und nach Kriegsende, wegen ihrer »Feindberührung«, Auftrittsverbot erhalten und unter Hausarrest gestellt werden.

Der Diplomatensohn Soehring war zehn Jahre jünger als die charismatische, 1898 geborene Arletty, und die Liaison zwischen dem Wehrmachtsoffizier und der hinreißenden Actrice aus dem Pariser Vorort

Courbevoie ist eine verrückte Episode zwischen den Fronten und den Systemen. Soehring, ein gebildeter, frankophiler Mann, wurde später in den diplomatischen Dienst der Bundesrepublik berufen und starb 1960 als Botschafter beim Baden im Kongo-Strom. Klaus Harpprecht, der sich mit Soehring und Arletty beschäftigt hat, schreibt: Der Deutsche, der sich in Zivil mit Arletty im Theater, in Konzerten und im Maxim's zeigte, habe gut ausgesehen, beeindruckte durch seine Manieren, durch seinen Charme, seine »lässige Eleganz«.[10] Er versuchte sich anscheinend, trotz seiner herausgehobenen Position, so gut wie möglich durchzulavieren. Die Titelerzählung seines Bandes *Cordelia* ist eine kaum verhüllte Aufarbeitung seiner Liebesbeziehung zu Arletty, und die Selbstdarstellung Soehrings in der männlichen Ichfigur ist recht glaubhaft eine nur leicht retuschierte Wiedergabe seiner realen Haltung als Wehrmachtsoffizier in Paris: »Hinter unserm Balkon mit dem geschmiedeten Gitter und dem geschmiedeten Bild der Platane im Mittelfeld lag der große und kühle Raum, in dem wir des Abends lebten, mit dem Flügel zwischen den beiden langen Fenstern links, den schwarzen Marmorkonsolen an den Wänden mit goldgerahmten Spiegeln darüber, mit den Sesseln und Hockern aus vergoldetem Holz und rotem Plüsch. Auf dem Marmorkamin an der linken Wand, vor dem Spiegel, hockte der hölzerne Mohrenknabe, dem man den Bauch aufklappen konnte und der meine Zigarren enthielt. Hier lebten wir meistens. Wir gingen wenig aus, schon des Geklatsches wegen, aus Rücksicht auf sie, schon der Neidhammel wegen unter meinen Leuten, schon, weil alle fremden Gesichter uns störten. Der Raum war alles andre als unser Geschmack, aber hier waren wir lieber als irgendwo anders, hier waren wir sicher vor Augen und Ohren, die uns verfolgten, hier gaben wir den Gerüchten, dem Haß und der Mißgunst die wenigste Nahrung.«[11]

Die Erzählung »Cordelia« ist formal interessant gebaut, mit einer recht geschickt eingesetzten Rahmenhandlung, in der anfangs ein Unbekannter die Papiere des an der Front getöteten Icherzählers an sich nimmt, sie dem Leser weitergibt und das Ganze in eine Aura des Geheimnisvollen hüllt. Geheimnisvoll ist auch die meist karge, atmosphärisch verdichtete Sprache, die nur andeutet, aber diese unmögliche

Liebe im besetzten Frankreich sehnsuchtsvoll aufleuchten lässt – trotz einiger nicht weiter störender sprachlicher Ungelenkheiten. Der Icherzähler – »Sie sagte ›Corvino‹ zu mir, weil sie fand, daß ich einem jungen Raben ähnlich sähe, nackend am Hals, naß vom Regen, und aus dem Nest gefallen« – arbeitet in einem »Konstruktionsbüro« bei der Luftwaffe und ist dem Regiment der Fallschirmjäger zugeteilt: »Der Krieg hat immer gewußt, wo ich am nützlichsten für ihn war, bis jetzt, bis zuletzt. Er sei unfehlbar, dachte der Krieg. Der Gedanke ist nicht mehr neu, den haben vor ihm schon andre gehabt, aber neu für mich war, ihn auf mich angewendet zu finden.«[12]

Soehrings Sprache ist in dieser Erzählung verhaltener, nachdenklicher als das soldatische Ausnüchterungspathos der meisten Gruppe-47-Gründer, dem er ansonsten durchaus auch frönte. »Cordelia« sucht Erfahrungen zu fassen, die in der Umgebung des Paares so nicht vorgesehen und auch für den romanisch geprägten Wehrmachtsoffizier Mitte 30 wohl überwältigend waren (Harpprecht schreibt, Soehring habe Arletty insgesamt drei Heiratsanträge gemacht). So wie Soehring haben weder der ungemein folgenreichere Ernst Jünger noch seine Generationskollegen das Kriegserlebnis in Frankreich thematisiert: »Es war ein Verbrechen, was wir begingen. Es war ein Verbrechen, das in keinem Gesetzbuch stand, und es war kein Verbrechen gegen den Geist der Natur. Aber es war ein Verbrechen gegen den Krieg. Der Krieg war das Gesetz der Zeit. (…) Wir waren von diesseits und jenseits der Linie, Cordelia und ich, aber wir fügten uns nicht. Wir pfiffen in aller Unschuld auf die Rechte des Kriegs, wir glaubten in uns ein besseres Recht zu fühlen und lebten danach und kümmerten uns den Deubel um Linien und Pässe und sonstige Nationale. Wir lebten nicht diesseits und jenseits der Linie, wir lebten genau auf ihr drauf. Die andern, auf den Opferfeldern des Kriegs, brachten sich täglich zu Tausenden um, in einem Rausch, der jenen, die weiterlebten, längst die Hölle geworden war. Aber die andern, ich scheue es mich nicht niederzuschreiben, waren uns völlig wurscht. Das winzige Paradies, in dem wir lebten, war alles, was zählte. (…) Mir war die kleine Cordelia ungleich wichtiger als der große Krieg. Ich fürchte, ich habe wenig Begabung zum Patrioten.«[13]

Die Erzählung gibt sich nur durch einige hemdsärmelige, dem Kriegston geschuldete Floskeln als die eines deutschen Schriftstellers um 1945 zu erkennen. Weitaus mehr bleibt die Atmosphäre haften, die Sehnsucht nach einer Leichtigkeit, die einer anderen Lebenssphäre angehört – sie wird zum Beispiel dann beredt, wenn Corvino den Korken aus der Flasche dreht und den »Rauch« ansieht, der »perlgrau und träge« aus dem Flaschenhals kommt: »Der Champagner war so eiskalt, daß er kaum schäumte, und hatte einen Geschmack von Kupfer und ganz weit weg auch von bitterer Schokolade beim ersten Schluck, und wir tranken beide wie zwei Verdurstende.«[14]

Die Liaison zwischen Arletty und Soehring endete abrupt. Soehring schickte man Ende 1942 zur »Frontbewährung«, und Arletty wurde nach der Befreiung von Paris wegen ihrer Liaison verhaftet, interniert und schließlich in die Provinz verbannt. Erst am 18. März 1946 konnte sie wieder nach Paris ziehen, doch es war fast nichts mehr wie zuvor. Als Soehring zu Ostern 1949 aus seiner oberbayrischen Zuflucht endlich wieder nach Paris kam, wurde klar, dass die Rahmenbedingungen ihrer Beziehung mittlerweile völlig andere geworden waren. Er war nicht mehr der strahlende Offizier, der sie in Restaurants ausführen konnte, sondern ein mittelloser freier Schriftsteller, der sich in der Pariser Öffentlichkeit besser nicht allzu oft zeigte. Trotz einer starken Anziehung hielten die Gefühle den Mühen

Otl Aicher, Inge Scholl
und Hans Werner Richter
vor dem Ulmer Münster

des Alltags nicht mehr stand. Soehring heiratete eine Deutsche und bekam mit ihr zwei Söhne.

Ob seine Kollegen in Herrlingen bei der Gruppe 47 wussten, welch faszinierende Geschichte hinter Soehring lag? *Die Kinder des Olymp* kam 1947 in die deutschen Kinos und erreichte schnell den Status eines Filmklassikers. Der Quellenlage nach zu schließen, las Soehring in Herrlingen nicht aus der Erzählung »Cordelia«, mit der bedrängenden, undeutschen Liebessehnsucht, sondern »Schnitt in die Natur«, einen Text aus demselben Band, der aber den Geist der Gruppe 47 viel eher verkörperte. Es ist ein provokativ lancierter, auf Schockwirkung setzender Kahlschlagtext: Ein Veterinär schneidet einem Eber die Hoden aus dem Körper, und das Mädchen, das ihm Hilfsdienste leistet, »schrubbte auch an den Hinterbacken, aber nur wenig«.[15] Auch hier deutete sich eine sprachliche Begabung an, die allerdings nicht vorangetrieben wurde. Soehrings zweites und letztes Buch, der Roman *Casaducale*, den er 1950 bei S. Fischer veröffentlichte, kam bei der Kritik schlecht weg. Dann verschwand er im diplomatischen Dienst.

Dass bei der Herrlinger Tagung Schriftsteller und Kulturfunktionäre mit zum Teil sehr verschiedenen biografischen Erfahrungen zusammentrafen, war wohl für alle offenkundig. Aber es trat nicht so sehr in den Vordergrund. Das gemeinsame Gefühl, die Vergangenheit hinter sich lassen zu wollen, schuf eine starke Verbindung. Die NS-Verstrickungen einiger Gruppenmitglieder wirkten weitaus weniger suggestiv als die Familiengeschichte von Robert Scholl, dem Oberbürgermeister im nahen Ulm, der zum Empfang ins Rathaus lud und den Rahmen dafür schuf, dass Alfred Andersch seine Grundsatzrede halten konnte. Mit Robert Scholl ergab sich darüber hinaus die Verbindung zur Ulmer Volkshochschule, die bis weit in die fünfziger Jahre hinein die berühmteste ihrer Art war. Hans Werner Richter wurde dort Dozent.

Was mit einer Redaktionstagung über eine zu planende Zeitschrift *Der Skorpion* begonnen hatte, war also mit der zweiten Tagung in Herrlingen zum Selbstläufer geworden. Es herrschte ein enormes Interesse unter den jüngeren, noch unbekannten Schriftstellern, sich zu treffen und zu diskutieren. Heinz Friedrich erinnerte sich 1997 in einer Radiodiskussion an diese Aufbruchstimmung: »Wir waren ein bisschen euphorisch, weil wir sagten: das ist ja großartig, so ein Treffen. Man hat damals ja immer nach Leuten links und rechts gesucht, mit denen man sich einhaken konnte. So beschlossen wir, gleich eine nächste Tagung zu machen, um gleich Nägel mit Köpfen zu machen. Es waren junge Autoren, die einfach eine Bühne brauchten, eine Bühne suchten, um sich überhaupt öffentlich bemerkbar machen zu können. Denn die vorherrschende Literatur war ja eine andere. Das war die, die der Herr Sieburg vertreten hat, konservativ, anknüpfend an die Literatur vor 1933. Nossack und Holthusen und wie sie alle hießen, oder Hagelstange – das waren die großen herausragenden Leute der jüngeren Generation in jener Zeit. Die Autoren, die sich bei uns trafen, wollten erst noch Autoren werden. Die brauchten eine Basis, von der aus sie sich bemerkbar machen konnten. Und der Hans Werner Richter, in seiner genialen und zugleich burschikosen kameradschaflichen Art, hat uns umarmt und gesagt: Ich geb euch diese Basis. Hier könnt ihr euch bemerkbar machen!«[16]

## 4 »Wacht auf, eure Träume sind schlecht!«

*Günter Eich als Symbolfigur der Gruppe 47*

Die meisten Schriftsteller aus den Anfängen der Gruppe kennt man heute nicht mehr. Doch es gibt einen Autor der Stunde, mit dem sich die Gruppe 47 bald schmückte; im Jahr 1950 vergab sie zum ersten Mal einen »Preis der Gruppe 47«, und es war klar, wer ihn bekommen würde. Der Lyriker und Hörspielautor Günter Eich, bereits 41 Jahre alt, trat zum ersten Mal bei der dritten Tagung der Gruppe, in Jugenheim im Frühjahr 1948, auf. Alfred Andersch hatte ihn in seinem Vortrag über die »deutsche Literatur in der Entscheidung« schon gebührend eingeführt. Mit seinem Gedichtband *Abgelegene Gehöfte* war Eich nach dem Krieg fast zu einer Art Sprachrohr geworden, und Richter blickte später auf Eichs Lesung bei der Jugenheimer Tagung mit dem Satz zurück: »Das war, alle spürten es, unsere Literatur.«[1] Über Eichs Lesung auf der Tagung 1950 in Inzigkofen, auf der er den Preis erhielt, berichtete Albrecht Knaus in der *Neuen Zeitung:* »Auch diesmal war aus der ersten Zeile der eigene Ton zu spüren, die Melodie der reinen Sprache voll Kontur und Farbe. Von diesen Stücken ging eine Beglückung aus, die jeden ergriff. ›Der Mann in der blauen Jacke‹ enthält einen Zauber, den näher zu definieren Beckmesserei wäre. Daß Eich den Preis erhalten würde, hatten die Eingeweihten erwartet.«[2]

Barbara König war bei dieser Tagung zum ersten Mal dabei und schildert im Rückblick das Aufgeladene der Situation, das Lesen auf dem »elektrischen Stuhl«, die zum Teil harsche Kritik, den rücksichtslosen Ton. Über die Lesung Eichs aber schreibt sie: »Als Günter Eich las, war plötzlich alles still. Keine Hand hob sich, er hatte, sozusagen, den Saal mit seinen Gedichten gefüllt, die ließen nichts anderes zu. Erst nach einer langen Weile rührte es sich wieder, Räuspern, Stimmen, die eigentlich nur sagen wollten, daß nichts weiter zu sagen sei. Das gibt es also auch.«³

Oft gilt das für Eich eher untypische Gedicht »Inventur« als frühe Programmschrift der Gruppe 47, als Schlüsseltext. Doch sein größter Moment, sein Aufstieg zur literarischen Symbolfigur, ist ein anderer, und er erfolgte etwas später: am 19. April 1951, abends zur besten Sendezeit. Da unternahm der Nordwestdeutsche Rundfunk ein recht gewagtes Experiment: Er strahlte Günter Eichs Hörspiel *Träume* aus.

Das Hörspiel war damals die publikumswirksamste Gattung, Fernsehen gab es noch nicht. Der Sender ahnte bereits im Vorfeld, dass sich an diesem Abend etwas Ungewöhnliches ereignen würde, und versuchte, vorzubauen. Die Redaktion versorgte die Zeitungen mit Informationen und vorsichtigen Hinführungen zu diesem Stück, und der Regisseur setzte sich im Studio ans Telefon und war bereit, danach direkt mit den Hörern zu sprechen. Diese Vorkehrungen waren, wie sich schnell zeigte, nicht von ungefähr getroffen worden. Zahlreiche Hörer riefen wutentbrannt an, der Telefondienst des NWDR zeichnete die Beschwerden auf. Sie klangen zum Beispiel so: »Sagen Sie mal, was verzapfen Sie heute Abend wieder fürn Mist im Rundfunk? Es ist zum Kotzen! Hängen Sie sich Ihre ganzen Hörspiele an'n Nagel, wissen Sie, schweinemäßig ist das!« Oder so: »Also, das ist ja der Gipfel der Frechheit, abends im Radio solche Dinger zu bringen! Ich werde morgen mal mit der Presse mich in Verbindung setzen und mal versuchen, ob der Rundfunk nicht was anderes bringen kann, daß man sich abends mal freut, wenn man nach des Tages Last und Hitze sich mal

»Das gibt es also auch«:
Günter Eich, der erste Preisträger der Gruppe 47

an' Radioapparat setzt. Für sowas bezahlen wir bestimmt nicht unsere letzten Groschen!« Und noch ein Beispiel: »Das grenzt ja an Wahnsinn sowas! In den heutigen schweren Zeiten, wo jeder zu kämpfen hat, bringen Sie, da(ß) einem ... das ... hochkommt geradezu. Ekelerregend ist das ja! Das will Kultur sein? Scheint mir höchste Zeit, daß Sie das Hörspiel sofort abbrechen.«[4]

Der Abend des 19. April 1951 gilt als die Geburtsstunde und gleichzeitig als die Sternstunde des modernen Hörspiels; die *Träume* sind sein Klassiker. Man wird gar vom »Eich-Maß« für diese Gattung sprechen. Bei der Erstausstrahlung herrschte jedoch vor allem Angst. Das Wochenmagazin *Der Spiegel* schrieb in seinem Vorbericht: »Der Sendebeginn liegt etwas später als gewöhnlich, weil man die Kinder schon in den Betten wissen will. Besonders der zweite Traum ist so beschaffen, daß man Kinderohren davor bewahren möchte.«[5] Im zweiten »Traum« des Hörspiels heißt es:

Mann: Er ist nicht blutarm.
Herr: Wenn er blutarm ist, kann ich ihn nicht brauchen.
Mann: Ich garantiere Ihnen dafür, daß er nicht blutarm ist.
Dame: Es kommt vor allem auf das Blut an.
Frau: Freilich, das wissen wir. Es war in der Annonce gesagt.
Dame: Das ist die neue Therapie, verstehen Sie.
Frau: Eine große Tat der Medizin, ein Segen für die Menschheit.
Dame: Aber ich weiß nicht, ob der kleine Tschang-du geeignet ist.
Mann: Meine Frau hat jedes Jahr ein Kind, manchmal
    Zwillinge. Sie sind alle für die neue Therapie verwendet
    worden.
Frau: Sechs Jahre ist das beste Alter.
Mann: Wir liefern nur gesunde Kinder von erstklassiger Zucht.
    Hier, ich habe Referenzen.
Dame: Zeigen Sie! Aha.
Frau: Zeig dem Herrn deinen Hals, Tschang-du!
Kind: Ja.
Herr: Hier ist die Schlagader, An-ling.
Dame: Ja. Aber diesmal kann es das Mädchen machen.[6]

Einer der Hörerkommentare lautete dementsprechend: »Daß da Kinder verkauft werden, um sie abschlachten zu lassen, sowas setzt man doch den Leuten nicht zum Abendbrot vor!«[7] Günter Eichs Hörspiel *Träume* stach in ein Wespennest, es war eine Provokation im sich konstituierenden Adenauer-Deutschland. Das zeigte sich auch an den Umständen, unter denen 1951 zum ersten Mal der »Hörspielpreis der Kriegsblinden« verliehen wurde – er entwickelte sich zum bedeutendsten deutschen Hörspielpreis. Die Auszeichnung ging an Erwin Wickerts *Darfst du die Stunde rufen*. Die Jury sah sich allerdings genötigt, in ihrer Begründung auch auf Eichs *Träume* einzugehen: »Ein Hörspiel von einer so glänzenden, bannenden formalen Kraft wie Günter Eichs *Träume* entzieht sich aller helfenden, weisenden Aussage. In quälenden Visionen wird die Angst dargestellt, wie sie den Menschen von heute begleitet, ohne daß Eich dazu ein Wort des Trostes oder des Auswegs sagt. So widersprach auch dieses Hörspiel der eigentlichen Zielsetzung des Hörspielpreises und fand nicht die nötige Zustimmung der Preisrichter.«[8]

Günter Eich war älter als die meisten Mitglieder der Gruppe 47. Er hatte sich im Dritten Reich angepasst und wurde im Zweiten Weltkrieg als Fahrer und Funker eingesetzt, ab 1944 in der Luftverteidigung. Ein paar Monate verbrachte er in amerikanischer Kriegsgefangenschaft. Das war bei der Ausstrahlung der *Träume* alles noch präsent, aber es schien einer anderen Epoche anzugehören. Das bundesdeutsche »Wirtschaftswunder« hatte gerade begonnen. Die Deutschen arbeiteten mit einem ungeheuren Energieaufwand an der Verdrängung der unmittelbaren Vergangenheit. Die *Träume* stießen sie äußerst schmerzhaft auf ihr Unbewusstes. Fast magisch wirken die Verse, die Eich für eine spätere Neuproduktion im Südwestfunk 1954 schrieb und an den Schluss stellte:

> Wacht auf, denn eure Träume sind schlecht!
> Bleibt wach, weil das Entsetzliche näher kommt.
> Auch zu dir kommt es, der weit entfernt wohnt in den Stätten,
>     wo Blut vergossen wird,
> auch zu dir und deinem Nachmittagsschlaf,
>     worin du ungern gestört wirst.

Wenn es heute nicht kommt, kommt es morgen,
aber sei gewiß.
(…)
Nein, schlaft nicht, während die Ordner der Welt geschäftig sind!
Seid mißtrauisch gegen ihre Macht, die sie vorgeben für euch erwerben zu müssen!
Wacht darüber, daß eure Herzen nicht leer sind, wenn mit der Leere eurer Herzen gerechnet wird!
Tut das Unnütze, singt die Lieder, die man aus eurem Mund nicht erwartet!
Seid unbequem, seid Sand, nicht das Öl im Getriebe der Welt![9]

Eich ist einer der wenigen deutschen Autoren, die nach dem Ende des Hitlerregimes einen völlig neuen Ton anschlugen und nicht mehr an ihr Verhalten und ihre Sprache unter der Diktatur anknüpften. Und fast einzigartig ist, dass er im Gegensatz zu vergleichbaren Biografien gar nicht erst versuchte, sich als Opfer oder als aktiver Hitlergegner zu stilisieren. Dass ausgerechnet Eich nach 1945 zum unermüdlichen Ankläger der deutschen Verdrängung wurde, war so nicht vorauszusehen gewesen.

Eich wurde am 1. Februar 1907 in Lebus an der Oder geboren, sein Vater war Rechnungsführer und Landwirt, es gab viele Umzüge. Über seine Biografie sollte Eich nie viel sprechen, vor allem über die frühen Jahre weiß man fast nichts. Für das Studium wählte er die Fächer Volkswirtschaft und Sinologie. 1927, als 20-Jähriger, veröffentlichte er in einer *Anthologie jüngster Lyrik* erste Gedichte. In einem kurzen Lebenslauf, den Eich nach dem Zweiten Weltkrieg verfasste, beschrieb er eine entscheidende Zäsur um die Jahre 1928 und 1929: »Ein Jahr in Paris nährte einen Hang zur Welt der Kunst und verdarb den Sinn für bürgerliche Sicherung.«[10]

1930 erschien im Wolfgang Jess Verlag in Dresden ein Band von Günter Eich, der einfach *Gedichte* hieß. 1932 gab er das Studium endgültig auf und bezeichnete sich als »freier Schriftsteller«. Über sein Umfeld erfährt man am ehesten etwas durch eine »Zeitschrift für

Dichtung«, die ebenfalls bei Wolfgang Jess verlegt wurde: *Die Kolonne*. Das einzige Zeugnis für Eichs Selbstverständnis in dieser Zeit findet sich in einem Beitrag für diese Zeitschrift, der 1932 erschien. Während sich ringsumher die politischen Verhältnisse zuspitzten, widmete man sich in der *Kolonne* programmatisch der Naturlyrik. Eich versuchte sich hier zu verorten: »Eine Entscheidung für die Zeit, d. h. also für eine Teilerscheinung der Zeit, interessiert den Lyriker als Lyriker überhaupt nicht. (Was nicht ausschließt, daß er als Privatmann sich z. B. zu einer politischen Partei bekennt.) Der Lyriker entscheidet sich für nichts, ihn interessiert nur sein Ich, er schafft keine Du- und Er-Welt wie der Epiker und der Dramatiker, für ihn existiert nur das gemeinschaftslose vereinzelte Ich. Und gerade weil er sich für nichts entscheidet, fängt er die Zeit als Ganzes in sich auf und läßt sie im ungetrübten Spiegel seines Ichs wieder sichtbar werden. Denn die Wandlungen des Ichs sind das Wesentliche einer Zeit. Zwar können sie nicht abgelesen werden wie aus einer Zeitung, aber wer Gedichte zu lesen versteht (was kaum zu erlernen ist), der wird auch das in ihnen spüren. So wie wir heute Eichendorff oder Mörike als Ausdruck ihrer Zeit empfinden (ohne daß sie die jeweils neuesten Zeitvokabeln benutzten), ebenso kann sich in einem heutigen, ganz privaten Gedicht für Spätere unsere Zeit unverkennbar ausdrücken.«[11]

Eichs Gedichte versuchten in dieser Zeit, sich vom alles überschattenden Vorbild Georg Trakl wegzuschreiben und zu einfacheren Formen zu gelangen. Gleichzeitig kam Eich mit einem Medium in Berührung, das völlig andere Perspektiven mit sich brachte, für einen freien Schriftsteller aber die beste Möglichkeit bot, finanziell über die Runden zu kommen: dem Rundfunk. Zusammen mit Martin Raschke, einem Freund aus der *Kolonne*, schrieb Eich sein erstes Hörspiel: *Das Leben und Sterben des Sängers Caruso*. Es wurde am 9. April 1931 in der Funk-Stunde Berlin ausgestrahlt. Eich schaffte es, durch eine sich rasch steigernde radiophone Produktion seine Existenz als freier Schriftsteller zu sichern – und das ging scheinbar unmerklich über in die Zeit des Nationalsozialismus. Parallel dazu stockte sein lyrisches Schaffen. Seine Gedichte wurden nach der Veröffentlichung des Gedichtbands im Jahr 1930 lakonischer, die groß angelegte

Hölderlin'sche oder Trakl'sche Strophe ging über in fast volksliedhafte Vierzeiler. Das letzte Gedicht, das Eich in dieser Zeit schrieb, »Weg durch die Dünen«, ist spätestens 1935 entstanden. Erst zehn Jahre später, am Ende des Krieges in der amerikanischen Gefangenschaft, würde Eich wieder Gedichte schreiben. Die Texte fürs Radio dagegen nahmen ab 1932/33 sprunghaft zu.

Eine Zäsur durch den Beginn des NS-Regimes lässt sich dabei keineswegs erkennen. Die Titel seiner Sendungen hießen zum Beispiel: *Aus dem Leben des Abenteurers Münchhausen* (Funk-Stunde Berlin, 26. Februar 1933), *Till Eulenspiegel* (Funk-Stunde Berlin, 10. April 1933), *Die Glücksritter. Lustspiel nach Eichendorff in fünf Bildern* (Deutschlandsender Berlin, 25. Mai 1933). Das Wichtigste jedoch war eine monatliche Szenenfolge, die Eich gemeinsam mit seinem Freund Martin Raschke bestritt: Sie hieß *Ein Monatsbild vom Königswusterhäuser Landboten*. Vom 4. Oktober 1933 bis zum 9. Mai 1940 wurden diese Sendungen, mit dem Landboten als Hauptfigur, regelmäßig im Deutschlandsender ausgestrahlt. Davon ist fast nichts mehr erhalten – aber der Duktus wird in einem Fragment aus dem Jahr 1936 deutlich. Es heißt »Vorrede des Landboten zu einer kleinen Serenade für die Sterne«: »Da stehe ich nun an dem alten Fenster. Ich sehe das Land in der Dunkelheit wieder und es ist mir vertraut. Die Büsche und das kahle Gezweig im Garten rauschen wie aus der Vergangenheit. Ach, wer ein altes Herz hat, glaubt nicht, daß es noch Jugend gibt, daß noch die Nacht die Heimlichkeiten der Liebenden bewahrt und noch immer manches Herz schwer macht und manches Auge um den Schlaf bringt. O Dezember, Monat des kühlen Alters, in deinen Nächten ist das Land leer und klar und ohne Verwirrung für mich!«[12]

Eich schrieb zwar keine Gedichte mehr, aber das poetische Empfinden war offenkundig in seine Brotarbeit für den Rundfunk übergegangen. Und um diese abzusichern, stellte er am 1. Mai 1933 einen Mitgliedsantrag für die NSDAP. Verbürgt ist in den dreißiger Jahren ein Freundeskreis, zu dem hauptsächlich Naturlyriker gehörten: Jürgen Eggebrecht, Peter Huchel, Horst Lange, Hermann Kasack, Oda Schaefer. Eich besaß ein Sommerhaus in Poberow, im Kreis Cammin in Pommern. Am 10. August 1939 erhielt er dann den Einberufungsbefehl zur Luftwaffe. In Briefen an seinen Freund Adolf Artur Kuhnert, den er schon seit der *Kolonne* kannte und der aus Franken stammte, beklagte er sich über die Eintönigkeit und Sinnlosigkeit des kasernierten Daseins: »Sprechen wir lieber von angenehmen Dingen. Wie gerät z. B. dies Jahr der Wein? Oder ist der auch schlecht? Gut oder schlecht, jedenfalls solltest Du doch an den Weinroman denken! Es ist, glaube ich, doch ein richtiges Thema für Dich. Und – Du wirst lachen – es ist gut, grade in einer Zeit wie dieser an eine solche Aufgabe zu gehen. Da sich die Gegenwart nicht dafür interessiert, ist die Gefahr der Rücksichtnahme auf den Leser am geringsten. Du hättest Dich nur noch vor dem Weinstock zu verantworten.«[13]

Vermutlich war das seine Art von »innerer Emigration«, wenn man es denn so nennen will – er selber nannte es nicht so. Mit Natur-Innigkeit und unpolitischen Themen versuchte er zwar, sich herauszuhalten, aber dabei stieß er rasch an Grenzen. Als der Zweite Weltkrieg begonnen hatte, versuchte er mit allen Mitteln, über den Rundfunk einen Arbeitsurlaub zu bekommen, um dem Armeedienst eine Zeit lang zu entgehen. Dazu brauchte er einen Auftrag und ein Thema für ein Hörstück. Doch die Zeiten hatten sich radikalisiert. Das Radio war nun ein direktes militärisches Propagandainstrument. Am 13. März 1940 schrieb Eich an Kuhnert aus Berlin über seine Themensuche: »Leider weiß ich nicht, wie ich mit meinem Hörspiel fer-

»Grade in einer Zeit wie dieser«: Günter Eich in Uniform im Gebirge, ca. 1942

tig werden soll. Die Lady Hamilton, auf die ich ein Auge geworfen hatte, war inzwischen schon in Hamburg aufgetaucht, und nun mußte in aller Eile ein neuer Stoff gesucht werden. Von der ganzen schönen Liste, die Ihr in Berlin ausgearbeitet hattet, soll indessen kein einziges mehr bearbeitet werden. Und auf die Ressourcen des eigenen Genius und auf die geschlossenen Bibliotheken angewiesen, brauchte ich, trotz aller Hilfe der Funkleute, eine Woche, ehe ein Stoff gefunden war, der vor allem an sämtlichen Stellen keine Bedenken erregte. Nun ist es der Streik der Goldminenarbeiter 1922 in Johannesburg, ein Thema, das ich mit entsetzt gerungenen Händen ablehnte, wäre ich Propagandaministerium. Ich nehme auch an, daß es nie gesendet wird, was zwar schade wäre wegen meiner Pleite, aber Urlaub werde ich gehabt haben, und was das bedeutet, weiß nur der, der jeden Abend um neun, bei abgedrehtem Licht im Bett liegen muß.«[14]

Mit dem »Propagandaministerium« täuschte sich Eich gewaltig. Das Stück über den Johannesburger Aufstand 1922, das er soeben ausarbeitete, entsprach genau dem, was die nationalsozialistische Politik gerade im Sinn hatte. Entweder interessierte Eich das nicht, oder aber er schätzte es falsch ein. Bei diesem Stoff ging es unverkennbar darum, antienglische Affekte zu schüren – die Westoffensive der deutschen Wehrmacht stand kurz bevor. Der Streik der weißen Goldminenarbeiter in Südafrika 1922 richtete sich gegen die englischen Kapitalisten, die zum Zwecke des Profits die Löhne der weißen Minenarbeiter denen der schwarzen angleichen wollten – ansonsten drohten sie das Werk vollständig zu schließen. Am 8. Mai 1940 wurde *Rebellion in der Goldstadt* vom Deutschlandsender ausgestrahlt. Es war das letzte Hörspiel Eichs während der Zeit des Nationalsozialismus, ein für ihn völlig untypisches. Lange Zeit galt es, wie fast alles, was Eich in dieser Zeit für den Rundfunk schrieb, als verschollen. Umso größer war die Sensation, als in einem ehemaligen Kloster bei Prag 1993 ein Matritzensatz dieses Hörspiels entdeckt wurde: vierzehn kiloschwere und mehrere Zentimeter dicke Wachsplatten mit einer Spieldauer von jeweils maximal vier bis fünf Minuten. Der Mitschnitt auf solchen Wachsplatten war damals das gängige Aufnahmeverfahren. Für die eigentliche Ausstrahlung wurden sie später auf abspielbare Schellackplatten gepresst.

Die schlimmste Propagandaszene in diesem Hörspiel, ein Genrebild mit englischen Großkapitalisten, stammte höchstwahrscheinlich nicht von Eich, sie wurde wohl erst kurz vor der Ausstrahlung nachträglich eingefügt. Manches spricht dafür, dass er sich der fatal politischen, der unmittelbar kriegstauglichen Dimension des Stoffes nicht vollständig bewusst war. Dennoch: Die *Rebellion in der Goldstadt* ist ein Beleg dafür, wie Eich unschuldig schuldig wurde, wie er sich als vermeintlich Unpolitischer im Nationalsozialismus verhedderte. Nach dem Krieg sollte er daraus die Konsequenzen ziehen, und für die Zeit des Krieges verstummte er.

Fünf Jahre später, Mitte 1945, in amerikanischer Kriegsgefangenschaft, schrieb Eich plötzlich wieder Gedichte. Das Gedicht »Inventur« ist sofort berühmt geworden, es stand bald in allen Lesebüchern: »Dies ist meine Mütze,/dies ist mein Mantel,/hier ist mein Rasierzeug/im Beutel aus Leinen. (…)«[15] Man datiert mit diesem Gedicht gemeinhin den Beginn der deutschen Nachkriegsliteratur. Es gilt als Beleg für die »Stunde null«, als Manifest einer Literatur des »Kahlschlags«. Doch man merkt in jedem Wort, in jeder Zeile, dass die Vergangenheit groß auf ihnen lastet – wie ein schwarzes Loch, eine ungeheure Energie. Die Dinge in unmittelbarer Nähe sind das Einzige, was geblieben ist, ihnen gilt eine Selbstvergewisserung. Dies ist kein unbekümmerter Neuanfang, dies geschieht nicht im Zustand der Unschuld. Es liegt etwas Zögerndes, Vorsichtiges in der Benennung der Gegenstände. Das Gedicht »Inventur« unterscheidet sich allerdings grundsätzlich von den Gedichten, die Günter Eich zehn, zwölf Jahre vorher geschrieben hatte. Hier gibt es kein lyrisches Sehnen mehr, keine Traumkonfigurationen, es gibt nicht einmal mehr Natur. Es herrschen Desillusionierung und Nüchternheit. Der Alltag, die krudesten Bedingungen des Menschseins werden zentral. Es ist kein Moment für poetische Entrückung. Im zweiten berühmten Gedicht Eichs aus dieser Phase, »Latrine«, reimt sich »Hölderlin« gar auf »Urin« – so etwas wäre ein paar Jahre vorher noch undenkbar gewesen: »Irr mir im Ohre schallen/Verse von Hölderlin./ In schneeiger Reinheit spiegeln/Wolken sich im Urin.«[16]

Die Gedichte »Inventur« und »Latrine« sind zwar die bekanntesten Gedichte Eichs aus der ersten Zeit nach 1945 – aber sie sind in einer Ausnahmesituation entstanden. Bald knüpfte er wieder an den Duktus seiner Vierzeiler von früher an, versuchte, in der Natur die Bedingungen der menschlichen Existenz zu spiegeln. »Inventur«: Das war ein herausgehobener, unwiederholbarer Augenblick, ein Moment, in dem er von nichts anderem sprechen konnte als von sich selbst, als von einer radikal auf sich selbst zurückgeworfenen Existenz. Im Lyrikband *Abgelegene Gehöfte*, mit dem Eich 1948 berühmt wurde, standen diese nackten, bloßen Verse aus der Kriegsgefangenschaft neben älteren Gedichten, die bereits Anfang der dreißiger Jahre entstanden waren, und neuen Texten, die solch eine »Inventur« bereits hinter sich gelassen hatten. 1949 las Eich für den Süddeutschen Rundfunk zahlreiche Gedichte, und es fällt auf, dass weder »Inventur« noch »Latrine« darunter waren. Sie schienen ihm zu diesem Zeitpunkt schon nicht mehr wichtig zu sein. Er las stattdessen sogar einige der älteren Verse, die Zeit zwischen den frühen dreißiger und den späten vierziger Jahren verschwimmt dabei fast.

Eich versuchte aber dabei doch, seine alte lyrische Sprache mit den neuen Erfahrungen zusammenzubringen. Er lavierte zwischen der Lyrik der Natur, der er immer noch metaphysische Dimensionen abgewinnen konnte, und einer niederen Sprache, die in manchem an die gleichzeitig entstehenden neuen Gedichte Gottfried Benns erinnert. Dennoch – etwas war bei Eich ganz neu in diesen Tagen. Er, der sich immer als Unpolitischer verstanden hatte, der die Literatur abseits der gesellschaftlichen Tagesgeschäfte ansiedelte, in einem höheren, existenziellen Raum, sah sich nun gefordert, die Aufgabe der Literatur zu präzisieren. 1949 schrieb er in einem Zeitungsartikel: »Der Schriftsteller, der nicht zerstreuen, sondern wirken will, muß den Mut aufbringen, auch gegen den Leser zu schreiben. Stil ist kein Schlafpulver, sondern ein Explosivstoff.«[17]

Das war ein ganz anderer, ein neuer Ton. Hier kündigte sich der Günter Eich des Hörspiels *Träume* an, einer, der keine Konzessionen an den Publikumsgeschmack machte, an die Gesetze des Mediums. Er reagierte allergisch auf die Forderungen des Tages, »verständlich« zu sein. Und es wurde überraschend deutlich, woher diese Allergie kam – er benannte es, im Gegensatz zu der bereits rasant fortschreitenden Verdrängung, ganz konkret: »Ist alles Nonsens, was nicht auf Anhieb verständlich ist? Zweifellos ist es kein Nachteil für den Schriftsteller, durch die Schule des Journalismus gegangen zu sein. Doch betrachten wir die so oft als Kronzeugen zitierten Amerikaner. Wolfe und Faulkner sind schon keineswegs jedem zugänglich. Und was soll der einfache Leser mit ›Fiesta‹ oder dem ›Großen doppelherzigen Strom‹ anfangen? – Es sollte zu bedenken geben, daß auch im Dritten Reich ähnliche Forderungen erhoben wurden. Sie führten zu dem Begriff der ›Entarteten Kunst‹. Der Zusammenhang zwischen ihnen und der Massenbeherrschung totalitärer Systeme scheint mir deutlich zu sein. ›Circenses‹ lullen ein, Form beunruhigt. Die großen Leistungen einer realistisch orientierten Literatur in Ehren – einen Totalitätsanspruch daraus herzuleiten, wäre ein Armutszeugnis, das wir uns nicht ausstellen wollen.«[18]

Es ist im Übrigen von einer durchaus komischen Aktualität, dass im Erstdruck dieser poetologischen Äußerung in der *Frankfurter Rundschau* ein – vielleicht sogar hineinredigierter – Druckfehler stand, der sich bis in die Ausgabe der *Gesammelten Werke* Eichs erhalten hat: Dort steht nicht, wie im erhaltenen Manuskript, »Form beunruhigt«, sondern »Form beruhigt«. Eich hat offenkundig nicht nur damals, sondern bis heute einen empfindlichen Nerv getroffen…

Dass er sich während der Zeit des Nationalsozialismus von der Macht instrumentalisieren ließ, trieb Eich offenkundig um. Er war gewillt, Schlüsse daraus zu ziehen. Der Mut, den er forderte, »auch gegen den Leser zu schreiben«, sein Wort vom Stil als »Explosivstoff« – das war ein Literaturbegriff, der sich von seinen Anfängen in der *Kolonne* weit entfernte. Wie ernst es Eich mit seinen hohen ethischen Maßstäben an die Literatur und an sich selbst mittlerweile meinte, wurde deutlich, als er Ende 1947 auf einen Brief von Willi Fehse antwortete. Dieser arbeitete an einem Aufsatz, der »Das heimliche Deutschland« heißen sollte – Fehse wollte darin den Widerstand unter Hitler dokumentieren und die Aufbruchstimmung jener deutschen Kräfte, die überzeugt davon waren, auf der richtigen Seite zu stehen. Eichs Antwort verblüfft. Kaum ein deutscher Autor des 20. Jahrhunderts hat nach dem Ende einer Diktatur so reagiert wie er: »Lieber Willi! Dank für Deinen Brief. In den Aufsatz ›Das heimliche

Deutschland‹ passe ich nicht recht herein. Ich habe dem Nationalsozialismus keinen aktiven Widerstand entgegengesetzt. Jetzt so zu tun als ob, liegt mir nicht.«[19]

Das Aufbegehren gegen die »Macht« wurde für Eich zu einem Leitmotiv in den fünfziger Jahren, vehement wandte er sich gegen jede Form von »Einverständnis«. Dies war zwar auch eine konkrete Kritik an der frühen Bundesrepublik unter Konrad Adenauer, aber es war vor allem die Lehre, die Eich aus seinen Erfahrungen im Hitlerregime zog. Das zeigte sich daran, wie er wieder an seine Arbeit als Hörfunkautor anknüpfte: »Wie vermeide ich es aber, daß das Hörspiel sozusagen ein uferloses Geschwätz wird, was angedreht wird, und dann läuft das ununterbrochen weiter, und ununterbrochen wird geredet. Wie vermeide ich es, daß das Hörspiel zu einem, ja sagen wir ruhig, zu einem Geschwätz wird? Das ist für mich eigentlich das Problem und das, was mich beim Hörspielschreiben interessiert, wenn ich darüber nachdenke. Wie bringe ich gewissermaßen die Pause, das Schweigen, in das Sprechen hinein?«[20]

Eichs erstes Hörspiel der Nachkriegszeit hieß *Die gekaufte Prüfung*, es wurde 1950 gesendet. Themen sind der Schwarzmarkt, Hunger und Bestechung. In einem individuellen Konflikt spiegeln sich die prekären Zeitumstände: Ein Schüler bietet seinem Lehrer an, ihn mit ansonsten schwer zu beschaffenden Naturalien zu versorgen, wenn er ihm die Prüfungsaufgaben verrät. Der Lehrer kann dies nicht mit seinem Gewissen vereinbaren, seine Frau setzt ihn aber angesichts der Not der Familie unter Druck. Man konnte den individuellen Konflikt dieses Hörspiels leicht vor dem Hintergrund der nationalsozialistischen Vergangenheit lesen: Was passiert, wenn sich Gewissen und Überlebenstrieb widersprechen? Eich wollte das Hörspiel in den fünfziger Jahren offensiv vom Ruch der Unterhaltung, der bloßen Zerstreuung befreien, kurz: aus den Fesseln der Nazikultur. Den herausragenden »Hörspielpreis der Kriegsblinden« erhielt er dann auch relativ schnell – zwar nicht für seine verstörenden *Träume*, aber schon ein Jahr später für *Die Andere und ich* von 1952. In seiner Dankesrede kam Eich zwangsläufig auf die prekäre Rolle des Massenmediums Rundfunk zu sprechen: »Zudem stehen wir Autoren, die wir für den Rundfunk arbeiten, unter den Gesetzen einer

Apparatur, die wir immer mit wachsamem Mißtrauen beobachten sollen, auch wo wir uns ihrer bedienen. Wir sind gefährdeter als die Lyriker. Da, wo wir nicht aufmerksam sind, dienen wir der Mechanisierung der Welt, da, wo wir lieben – ich glaube, so darf man es auch sagen –, da helfen wir mit, jene Kräfte zu stärken, die einmal das große KZ und den großen Friedhof Welt unmöglich machen werden.«[21]

Im Hörspiel *Die Mädchen aus Viterbo*, das 1953 zum ersten Mal gesendet wurde, geht es um eine allegorisch zugespitzte Situation aus der NS-Zeit. Ein jüdischer Großvater wird mit seiner 17-jährigen Enkelin im Jahr 1943 von einer alleinstehenden Frau in einem Berliner Mietshaus versteckt. In einer alten Illustrierten entdecken sie eine Geschichte, wie eine Mädchengruppe aus Viterbo sich in den weit verzweigten Katakomben in Rom verläuft und nie mehr gefunden wird, und sie denken sich Möglichkeiten aus, wie diese Geschichte doch noch gut ausgehen könnte. Dass am Ende jedoch die Nazichargen auch an ihre Tür klopfen werden, scheint von Anfang an unausweichlich zu sein:

> Gabriele: Du bist, wo wir seit drei Jahren sind. Ich habe die Streifen in der Tapete gezählt. Es sind 365. Soviel Streifen, wie das Jahr Tage hat. Was für ein alberner Zufall! Oder ist es Absicht und hat irgendeine Bedeutung? Oder hat das Jahr gar nicht 365 Tage, und ich bilde mir das nur ein, weil ich 365 Streifen an der Tapete zähle?
> Oldenburg: Ich glaube nicht, daß ich hier schon gewesen bin.
> Gabriele: Du bist zu Hause, Großvater, in unserem selbstgewählten Gefängnis, Berlin-Wilmersdorf, Prinzregentenstraße 96, in der Wohnung von Frau Winter. Das Datum weiß ich nicht genau. Aber es ist Oktober und das Jahr 1943.[22]

Prinzregentenstraße 96: Diese Adresse lässt aufhorchen. Es war die Adresse von Günter Eich selbst, bis 1943, als das Haus nach einem Bombenangriff ausbrannte. Er setzte die allgemeine, die große Geschichte also in einen direkten Zusammenhang zu seiner eigenen, privaten Biografie – und zwar vor allem für sich selbst. Der Öffentlichkeit war die Geschichte dieser Adresse ja unbekannt. Gelegentlich trieb das eigene Leben in der NS-Zeit in Eichs Hörspielen solche Blüten: Es arbeitete etwas nach. Er arbeitete etwas durch. Und er tat das mit den suggestiven, manchmal peinigenden Mitteln des Hörspiels, die die Wirklichkeit in Traumvisionen schärfer umreißen, als sie auf den ersten Blick erscheint. Eich beschrieb die Möglichkeiten des Hörfunks gerade nach dem Zweiten Weltkrieg einmal so: »Der Rundfunk hat hier Möglichkeiten, die dem Theater und dem Buch fehlen. Er hat insbesondere die Fähigkeit, Unwirkliches eindringlich darzustellen, Gedanken und Träume unmittelbar wirksam werden zu lassen. Die Möglichkeiten des Hörspiels sind noch immer nur zu einem kleinen Teile ausgeschöpft.«[23]

Innerhalb weniger Jahre, der Jahre, in denen das Hörspiel seinen Höhepunkt erreichte, schrieb Eich zentrale Stücke dieses Genres: *Träume, Die Mädchen aus Viterbo, Das Jahr Lazertis* oder *Die Brandung vor Setúbal*. Manchmal scheinen es überzeitlich angelegte Stoffe zu sein, existenzielle Welträtsel, in denen jedoch urplötzlich etwas Unbewusstes ausbricht. Eich war in den fünfziger Jahren ein Provokateur, einer, der radikal gegen das Einverständnis, gegen den Schulterschluss in der Adenauergesellschaft ansprach – eingedenk der Erinnerung an die jüngste Vergangenheit. In seiner Rede bei der Entgegennahme des Büchnerpreises 1959 wurde er am deutlichsten: »Wir wissen, daß die Macht daran interessiert ist, daß alle Kunst die Grenze der Harmlosigkeit nicht überschreitet. Macht widerstrebt der Qualität. Sprache, die über die gelenkte, die von ihr genehmigte, hinausgeht, ist nicht erwünscht. Ihr bloßes Vorhandensein stellt eine Kritik dar, etwas, was der Lenkung und damit der Macht selber widerspricht. Sprache, damit ist auch die esoterische, die experimentierende, die radikale Sprache gemeint. Je heftiger sie der Sprachregelung widerspricht, um so mehr ist sie bewahrend. Nicht zufällig wird sie von der Macht mit besonderem Zorn verfolgt. Nicht weil der genehme Inhalt fehlt, sondern weil es nicht möglich ist, ihn hineinzupraktizieren. Weil da etwas entsteht, was nicht für die Macht einzusetzen ist. Es sind nicht die Inhalte, es ist die Sprache, die gegen die Macht wirkt. (…) Ich schließe alle ein, die sich nicht einordnen lassen, die Einzelgänger und Außenseiter, die Ketzer in Politik und Religion, die Unzufriedenen, die Unweisen, die Kämpfer auf verlorenem Posten, die Narren, die Untüchtigen, die glücklosen Träumer, die Schwärmer, die Störenfriede, alle, die das Elend der Welt nicht vergessen können, wenn sie glücklich sind.«[24]

Eichs Texte bestanden nicht aus politischen Parolen. Seine Literatur war nicht eine des Engagements im klassischen Sinne. Sie verstörte dadurch, dass sie etwas zur Sprache brachte, was unheimlich war, was man nicht wahrhaben wollte. Am 1. Februar 1957 druckte die *Frankfurter Allgemeine Zeitung* ein Eich-Gedicht:

Nachhut

Steh auf, steh auf!
Wir werden nicht angenommen,
die Botschaft kam mit dem Schatten der Sterne.

Es ist Zeit, zu gehen wie die andern.
Sie stellten ihre Straßen und leeren Häuser
unter den Schutz des Mondes. Er hat wenig Macht.

Unsere Worte werden von der Stille aufgezeichnet.
Die Kanaldeckel heben sich um einen Spalt.
Die Wegweiser haben sich gedreht.

Wenn wir uns erinnerten an die Wegmarken der Liebe,
ablesbar auf Wasserspiegeln und im Wehen des Schnees!
Komm, ehe wir blind sind!

Einige Tage später musste die Zeitung eine ganze Seite räumen, um Leserbriefe zu diesem Gedicht abzudrucken. Die Kanaldeckel hoben sich um einen Spalt: »In jüngeren Jahren hatte ich für Entmündigung und Einweisung Geistesgestörter in Irrenanstalten zu sorgen. Der Herr Eich gehört meines Erachtens zweifellos dorthin! Es ist nur tief, tief traurig, daß ein Redakteur solch einen Mist annimmt.« Oder: »Wo wäre denn der Mond noch silbern in der heutigen Dichtung und das Einfamilienhaus traulich? Von Benn bis Böll, von Malaparte bis Hemingway (ganz zu schweigen von Arno Schmidt) sind doch die

Kanaldeckel nicht nur einen Spalt geöffnet, sondern sämtliche Kloaken sind offen und duften ungehindert. Ist die Frage nicht vielmehr zu stellen: Wie schließen wir den Spalt? Müssen wir nicht umdenken? Ist nicht heute das Kranke das Gesunde in der Literatur? Starren wir nicht hypnotisiert auf die offene Kanalisation, als ob von dort die Heilung kommen könnte?«[25]

Eichs Weg in den fünfziger Jahren ist exemplarisch. Er ist einer der wenigen, die die Verdrängungsmechanismen in den frühen Jahren der Bundesrepublik direkt angreifen und der seine eigene Biografie kritisch befragt. Es ist dabei nahezu zwangsläufig, dass er zur Gruppe 47 stößt, und dass ihn seine ausgiebige Rundfunkpraxis im Nationalsozialismus dazu befähigt, rasch das Hörspiel als die publikumswirksamste Gattung der fünfziger Jahre zu erkennen, ist eine der typischen zeitbedingten Pointen.

Ein herausragendes Zeugnis ist Eichs Büchnerpreisrede 1959, und in ihr antwortet er auch auf die Leserstimmen in der *Frankfurter Allgemeinen Zeitung* und die Höreranrufe beim Radio: »Ich für mein Teil habe den Verdacht, daß die Ewigkeitswerte die Macht verewigen, und die gedichtete Daseinsfreude erinnert mich an das dienstfreudige Gesicht, das ich einmal machen mußte. Diese Lebensbejahung in gelenkter Sprache, dieses unaufhörliche Kraft-durch-Freude-Motiv und Seid-nett-zueinander! (Aber wehe, wenn ihr nicht nett seid, und wehe, wenn ihr euch nicht freut!) Alles im Aufbau, alles positiv, die Wirtschaft, die Helden und die Liebe, weshalb immer nur die dunklen Seiten des Lebens, das Glück und die Freizeit nehmen zu, sorgt euch nicht, wir sorgen für euch. Dieser ganze fatale Optimismus, so verdächtig erwünscht und so genau nach Maß. Augen und Ohren fest geschlossen und ein strahlendes Lächeln auf allen Gesichtern, ein Lied, drei, vier, so marschieren wir zukunftsgläubig in die tausendundeine Art von Sklaverei. Es wird Ernst gemacht, die perfekt funktionierende Gesellschaft herzustellen. Wir haben keine Zeit mehr, Ja zu sagen. Wenn unsere Arbeit nicht als Kritik verstanden werden kann, als Gegnerschaft und Widerstand, als unbequeme Frage und als Herausforderung der Macht, dann schreiben wir umsonst, dann sind wir positiv und schmücken das Schlachthaus mit Geranien.«[26]

## 5 Unverwüstliche Abc-Schützen

*Richter, Andersch und die Vernetzungen in den Medien*

Es ist erstaunlich, welche Blüten ein Wort wie »Kahlschlag« treiben kann. Es stand in der deutschen Literatur lange Zeit für einen radikalen Neuanfang nach 1945, als man sich von allem überkommenen Schwulst und Pathos losgesagt zu haben schien. Dabei sind literarische Belege für solch einen »Kahlschlag« selten. Neben den berühmten wenigen Eich-Gedichten dieser Art kann man die Romane von Hans Werner Richter und Walter Kolbenhoff, die sich den Kriegserfahrungen widmen, dazu zählen – es ist aber bezeichnend, dass Hans Werner Richter als Schriftsteller bei seinen Lesungen in der Gruppe 47 jedes Mal heftig kritisiert wurde und sich ab Mitte der fünfziger Jahre auf das reine Funktionärsdasein beschränkte. Und Heinrich Böll ist ein Sonderfall, weil er eine schnörkellose realistische Sprache mit christlich-moralischen Vorstellungen verbindet; Böll wählte noch 1953 die CDU. Es gab einige Hemingway-Epigonen, es gab den Reportagestil und vor allem eine nachgetragene Kriegsberichterstattung – aber ansonsten gab es auch in der Gruppe 47 Töne der Natur, und bald sah sich die Fraktion um Richter ganz anderen ästhetischen Herausforderungen ausgesetzt.

Als Wolfgang Weyrauch 1949 den Begriff »Kahlschlag« prägte, war der kaum sichtbare Höhepunkt dieser Schreibweise bereits überschritten. Im Nachwort zu der von Weyrauch herausgegebenen Anthologie *Tausend Gramm. Sammlung neuer deutscher Geschichten* hieß es über die deutsche Gegenwartsliteratur: »Sie gibt einen Kahlschlag in unserem Dickicht« – das ist eher ein allgemeines, poetisches Bild für die Möglichkeiten von Literatur als eine konkrete literaturpolitische

Devise. Weyrauch beschrieb ein Wunschdenken, das in der damaligen Realität wenig Rückhalt fand. Hans Werner Richter aber erkannte in Weyrauchs Wortschöpfung instinktiv die ideale Legitimation für das Schreiben der unbekannten, jungen Schriftsteller um ihn herum und übernahm sie für künftige programmatische Äußerungen. Damit hatte er ungeahnten Erfolg.

Die »junge Generation«, die sich in der Gruppe 47 traf, war nicht unbedingt vom Alter her jung. Günter Eich wurde 1907 geboren, Walter Kolbenhoff und Hans Werner Richter 1908, der andere *Ruf*-Herausgeber Alfred Andersch war Jahrgang 1914. »Jung« bezog sich eher darauf, dass es sich um bisher fast völlig unbekannte Autoren handelte. Sie traten ohne Vergangenheit ans Licht der Öffentlichkeit, und dass manche von ihnen durchaus eine karge und versteckte schriftstellerische Vergangenheit im Dritten Reich hinter sich hatten, war in den allermeisten Fällen völlig unbekannt. Das Gefühl, unbelastet zu sein und geradewegs nach vorne zu schauen, die Zukunft emphatisch, mit großen Gefühlen zu besetzen, einte sie. Deswegen hat sich später, zur Selbstdefinition der Gruppe, der Begriff des »Kahlschlags« verselbständigt, korrespondierend mit dem politischen Euphemismus einer »Stunde null«.

Es ist allerdings von hohem Symbolwert, dass Wolfdietrich Schnurres Erzählung »Das Begräbnis« 1947 am Anfang aller Lesungen der Gruppe 47 stand. Sie spricht tatsächlich, in der im Leeren verhallenden Frage nach Gott, das Pathos eines völligen Neubeginns an. Schnurre kann mit einigen frühen Texten idealtypisch als Beleg für einen »Kahlschlag« gelten. Doch wenn Alfred Andersch schon 1949 in seinem Rundfunkfeature über eine Erzählung Schnurres spricht, klingen darin ganz andere, vertrautere, aus der deutschen Geistestradition bekannte Töne an: »Sie mag in manchen ihrer Formulierungen verletzen, aber sie ist notwendig. Denn in ihrer Zartheit und Grausamkeit birgt sie die Erschütterung des deutschen Geistes, der sich wie ein Phönix aus der Asche seines Unterganges erheben möchte.«

Der Autor, der in der unmittelbaren Nachkriegszeit am direktesten für seine Generation sprach, war Wolfgang Borchert (1921–1947). Er ist für die späteren Leser zum Klassiker der unmittelbaren Nachkriegsliteratur geworden und entspricht genau dem, was die Schriftsteller der Gruppe 47 empfanden. Borcherts literarischer Impuls drückt am ehesten das aus, was Hans Werner Richter und seine Freunde als gemeinschaftsstiftend ansahen, als ästhetische Umsetzung ihrer Situation.

Borchert starb sehr früh an den Folgen des Krieges, war einige Male inhaftiert und zur »Frontbewährung« verurteilt worden. Er war die Symbolfigur der »jungen Generation«, für die die Gruppe 47 sprechen wollte, die Stimme derer, die im Krieg verheizt wurden und traumatisiert zurückkamen. Sein Nachkriegsdrama *Draußen vor der Tür*, die Geschichte des jungen Kriegsheimkehrers Beckmann, traf genau den Nerv. Uraufgeführt wurde es als Radio-Hörspiel bereits im Februar 1947, auf die Bühne kam es erstmals im November desselben Jahres in Hamburg. Zur Mythenbildung trug der frühe Tod des Autors Ende 1947 bei. Er bekam dadurch von vielen Generationskollegen die Rolle des Märtyrers, die sich in *Draußen vor der Tür* ästhetisch bereits vorbereitet hatte. Sein Drama handelt vom Aufbegehren der Söhne gegen die Väter, in familiärer wie in gesellschaftlicher Hinsicht. Er will sie mit ihrer Schuld und ihrer Verantwortung konfrontieren, trifft aber auf die bekannten Mechanismen der Verdrängung. Dass die Bürger besinnungslos einfach weitermachen, ist ein Grundmovens in seinen Texten.

In Borcherts Drama, dem ersten bedeutenden Zeugnis der Nachkriegsliteratur, ist stilistisch wenig von einem »Kahlschlag« zu spüren. Die Erfahrungen werden vielmehr durch Übernahmen aus dem Formenarsenal des Expressionismus ausgedrückt. Zusätzlich erhält das Stück etwas Melodramatisches: Es zeigt das Scheitern des Unteroffiziers Beckmann in mehreren Anläufen und in verschiedenen Situationen. Seine Anklage prallt an der gesellschaftlichen Wirklichkeit ab. Der Oberst wie der Kabarettdirektor, zwei Verkörperungen des allgemeinen Konsenses, weisen ihn höhnisch zurück. Die immer größer werdende Vereinsamung Beckmanns drückt sich in der Tendenz zum Monologisieren aus, und der Weg führt von der konkreten Anklage hin zu einer existenziellen Überhöhung. Alle Menschen sind am Schluss »gemordete Mörder«, Täter und Opfer werden eins. Und der alte Gott, »an den keiner mehr glaubt«, ist voller Selbstmitleid. Das wirkte in vieler Hinsicht identifikationsstiftend. In seinem Artikel über die dritte

Tagung der Gruppe im April 1948 in Jugenheim an der Bergstraße schrieb Gunter Groll in der *Süddeutschen Zeitung:* »Ohne falsche Feierlichkeit, auf sehr selbstverständliche Art, gedachte die Gruppe des verstorbenen Wolfgang Borchert.«[1]

Hans Werner Richters Gefühle, die sich mit denen Borcherts trafen und in denen der »Kahlschlag« mehr eine Sehnsucht als eine konkrete Vorstellung war, drückten sich symptomatisch im Vorwort zu der von ihm herausgegebenen Anthologie *Deine Söhne, Europa* aus dem Jahr 1947 aus, in der sich unter anderem die Erstveröffentlichung von Günter Eichs »Inventur« findet. Dort heißt es: »Die Apokalypse hat die Lebenden verändert. Was vor dieser Zeit war, ist nicht mehr faßbar, erscheint wie ein Märchen, das versunken und verklungen ist. Ein anderer Ton bestimmt das Leben, ein Ton, der aus der Welt der Trümmer geboren wurde. Er ist näher der Wirklichkeit und näher dem Leben denn je. Der Mensch, in diesen Jahrzehnten einer absinkenden bürgerlichen Welt unendlich weit entfernt von der Mitte des Seins, sucht wieder zu sich selbst durchzudringen, zum Echten, Wahren, zur unmittelbaren Aussage des Gegenständlichen und Erlebten. Die Sehnsucht nach einer ›Regeneration des Herzens‹ verbindet sich mit dem Auftakt zu einem neu sich bildenden Realismus, und die Ablehnung des engbegrenzten, haßverzerrten Gestern und Heute führt zu dem gewünschten freieren Ausblick auf das Morgen.«[2]

Das Echte, Wahre – auf den ersten Tagungen bedeuteten solche vagen Vorstellungen des Neuen vor allem, dass man zukunftszugewandt war und sich nicht allzu sehr an der Vergangenheit abarbeiten wollte. Im Vordergrund standen Diskussionen über die konkrete Praxis des Schreibens. Herbert Hupka meinte in einem Beitrag für den Münchner Rundfunk über die Tagung in Utting am Ammersee im Herbst 1949: »Über der ganzen Tagung lag die Atmosphäre einer literarischen Werkstatt, in der wie in einer Schreinerei gesägt und gehobelt, begutachtet und vermessen und das Handwerkliche oft überbewertet wurde.«[3] Vor allem die Härte der Kritik wurde in den wenigen auffindbaren Tagungsberichten hervorgehoben. Im *Münchner Merkur* hieß es über die Uttinger Tagung: »Niemand ist beleidigt, auch wenn die Kritik Worte findet, die in ihrer Schärfe fast verletzend sind.«[4]

Alfred Andersch profilierte sich bei der dritten Tagung in Jugenheim aufreizend offensiv als Kritiker: Bei der Lesung von Wolfdietrich Schnurre zeigte er ziemlich schnell ostentativ mit dem Daumen nach unten, eine Geste, die daraufhin Schule machte. Bald darauf beendete Hans Werner Richter denn auch die Lesung: »Ich denke, wir haben genug gehört.«[5]

Hans Werner Richter entwickelte sich wie selbstverständlich zum Organisator und Tagungsleiter der Gruppe. Er erwies sich dabei als Naturtalent – der übliche Narzissmus des genialischen Schriftstellers lag ihm fern, er hatte auch keine explizit theoretisch-programmatischen Vorstellungen wie Alfred Andersch, sondern zeigte sich als Pragmatiker, der immer wieder den richtigen Instinkt in schwierigen Situationen hatte. Typisch ist eine Formulierung, die Friedrich Minssen in seinem Tagungsbericht über das Treffen in Marktbreit vom April 1949 fand: Es sei ein Arbeitstreffen gewesen, das »unter der pädagogischen Leitung von Hans Werner Richter (München)« gestanden habe.[6] Im Gegensatz zu seinem *Ruf*-Kollegen Andersch, dem oft Hochmut nachgesagt wurde, bewies Richter ein Talent für Freundschaften und war ein Meister darin, Menschen zusammenzuführen.

Von Anfang an wollte er alles offen halten und beileibe keinen Verein oder eine Institution gründen. So wie er es 1955 in einem Interview mit dem RIAS Berlin beschrieb, sollte er es immer schildern, bis zum Schluss: »Der Name Gruppe ist durch Zufall entstanden. Es ist ein Freundeskreis, der sich 1947 gebildet hat und in den acht Jahren natürlich wieder sich sehr verschoben hat, weil immer neue Schriftsteller hinzukommen, wieder andere abgehen. Es ist keine Organisation. Es gibt keine Mitglieder. Es gibt keinen Präsidenten. Es gibt eben entsprechend keine Statuten und keine Beiträge.«[7] Auf dem Höhepunkt des Erfolgs 1962 pointierte Richter dies noch ein bisschen: »Was die Gruppe 47 ist? Das ist sehr schwer zu beantworten. Ich sage immer: ein Freundeskreis. Und Sie wissen, daß Enzensberger gesagt hat, jeder hätte immer nur drei Freunde in der Gruppe 47. Und sie sind sicher auch nicht alle mit mir befreundet. Aber ich glaube, daß ich mit allen befreundet bin.«[8]

Auch einen Namen für die zunächst nur lose konzipierten Zusammenkünfte lehnte Richter am Anfang ab. In den siebziger Jahren erinnerte er sich, dass nach der ersten Tagung am Bannwaldsee in der »Euphorie«, die unter den Teilnehmern eingesetzt hatte, Hans Georg Brenner zu ihm kam, »ein Schriftsteller der dreißiger Jahre, Kritiker und Rezensent«. Dieser drängte darauf, dem Kind einen Namen zu geben: »Brenner erzählte von der Gruppe 98, die in Spanien nach dem verlorenen Kriege gegen Amerika entstanden war, und aus der Unamuno, Grasset (sic!) und andere hervorgegangen waren. Diese ›Gruppe 98‹ hatte zwei Ziele, die miteinander im Einklang standen: Erneuerung des gesellschaftlichen und politischen Lebens in Spanien und Erneuerung der spanischen Literatur. Das erschien mir gleich meiner eigenen Zielsetzung: radikale Erneuerung. ›Nennen Sie es doch Gruppe 47‹, sagte Brenner, und ich antwortete: ›Ja ja, das könnte man tun, Gruppe 47, das ist ja völlig unverbindlich und besagt eigentlich gar nichts.‹«[9]

Obwohl Richter sich in erster Linie als politischen Publizisten sah, entwickelte er im Zuge des *Skorpion*-Plans und der Treffen der Gruppe 47 durchaus auch literarischen Ehrgeiz. In einem Typoskript aus den siebziger Jahren schilderte er nachträglich, wie ihn Gunter Groll, damals Lektor des Münchner Desch-Verlags, im Winter 1947/48 dazu aufforderte, einen Roman zu schreiben, mit den Worten, er könne es doch. Groll war ein aufmerksamer Leser des *Ruf* gewesen und begleitete später als Berichterstatter der *Süddeutschen Zeitung* auch Tagungen der Gruppe 47. 1949 erschien Richters Roman *Die Geschlagenen*, der seine Parteinahme für die »Verlierer« signalisiert: ein Roman über deutsche Kriegsgefangene und ihr Schicksal. Er schrieb den größten Teil des Textes von Mai bis August 1948 in Altenbeuern, dem Ort der zweiten Gruppentagung. Mit seinem zweiten Roman *Sie fielen aus Gottes Hand* aus dem Jahr 1951 verhielt es sich ähnlich: Er verfasste ihn in Utting am Ammersee, wohin er 1949 eine Tagung einberufen hatte.

*Die Geschlagenen* ging erkennbar von Richters autobiografischen Erfahrungen aus. Der Obergefreite Gühler durchläuft den Krieg und die Gefangenschaft. Der italienische Waffenstillstand mit den Alliierten vom 8. September 1943 und die Schlacht bei Monte Cassino spielen eine große Rolle. Die Erfahrung des persönlichen Desasters und die Hoffnung auf einen existenziellen Neubeginn, die Richter Gühler zuschreibt, entsprechen seinen eigenen Positionsbeschreibungen in der unmittelbaren Nachkriegszeit. Stilistisch kann er auf Leseerfahrungen aus den zwanziger Jahren zurückgreifen, das spezifisch deutsche Arsenal aus Expressionismus und Neuer Sachlichkeit. Im Zentrum stehen Elemente der Reportage und scharf akzentuierte Dialoge im Jargon der Landser, und am Schluss findet sich die Hoffnung, in einer ungewissen Zukunft endlich »aus dieser ganzen dreckigen Maschine« herauszukommen.[10]

Das Buch wurde ein recht großer, auch internationaler Erfolg (auf Anhieb wurde es in neun Sprachen übersetzt). Auch Friedrich Sieburg, der sich kurze Zeit später als wichtigster Gegner der Gruppe 47 entpuppte, lobte *Die Geschlagenen* als das bis dahin beste Kriegsbuch eines Soldaten aus dem Zweiten Weltkrieg.[11] Richter erhielt für dieses Buch 1951 den Fontane-Preis des Berliner Senats. Davor steht jedoch eine interessante Erfahrung auf der dritten Gruppentagung 1948 in Jugenheim. Richter schlüpfte dabei in eine ungewohnte Rolle: Er kündigte sich als Tagungsleiter selbst zu einer Lesung an – insgesamt sollte dies nur noch wenige weitere Male der Fall sein – und wechselte vom Stuhl des Tagungsleiters auf den Stuhl, auf dem sonst neben ihm der jeweils Vorlesende Platz nahm.

Später erinnerte er sich daran so: »Es war nicht leicht, einem anderen zuzusehen, der schon nach wenigen Sätzen merkte, daß er im Begriff war, durchzufallen, aber es war noch schwerer – und ich spürte es jetzt, selbst zu lesen. Ich las schlecht, stotternd, unbeholfen. Da war keine Resonanz – ich spürte es – nur Stille und, so kam es mir vor, keine zustimmende Stille, nur Aufmerksamkeit, keine Spannung, kein Miterleben. Endlich war es zuende. Ich hatte während meiner Lesung nicht aufgesehen, um keinen Daumen zu bemerken, der vielleicht nach unten gerichtet war. Und jetzt wechselte ich wieder auf den Platz, setzte mich zurück auf den Diskussionsleiterstuhl, und sagte: ›Ja, bitte, kommen wir zur Kritik.‹ Stille, keine Meldungen, keine Hand, die sich hob, nur sechzig Augenpaare, die auf mich gerichtet waren und in denen Mißfallen, Ablehnung oder Ratlosigkeit stand, Ratlosigkeit vielleicht über den vorliegenden Mangel an Begabung. Endlich begann einer, ohne sich zu melden, er sagte einfach: Klischees, ein Klischee an dem anderen und so ging es fort, auch der nächste Kritiker drückte sich nicht viel besser aus, Klischees aus der Retorte, unlebendig, nicht echt, eine Prosa ohne eigene Charakteristik. Ja, so ging es fort, und ich fiel durch, anders als andere, nicht abrupt, sondern allmählich, mit jedem Kritikersatz mehr, bis ich auf dem Boden der Unfähigen, der Nichtbegabten, der Durchgefallenen saß.« Und später heißt es: »Gleich nach der Tagung warf ich alles, was ich bis dahin geschrieben hatte, in den Papierkorb.«[12]

Richter hatte zwei Kapitel aus einer frühen Fassung der *Geschlagenen* gelesen, und man kann den späteren Erfolg des Romans durchaus auch als Ergebnis der Gruppenkritik lesen. Der Roman hat zwar seine literarischen Schwächen, aber er ist handwerklich recht sauber geschrieben. Der Autor legt großen Wert darauf, Überflüssiges wegzulassen, pointiert und knapp zu schildern. Das Gefühl vieler, deren frühe Erwachsenenjahre durch den Krieg beschädigt wurden, das Gefühl, unschuldig schuldig geworden zu sein, wird auf diese Weise suggestiv evoziert. Für die Atmosphäre auf den Gruppentagungen und die gleichsam als natürlich empfundene Autorität Richters hatte das Jugenheimer Erlebnis aber ebenfalls nicht zu unterschätzende Folgen. Richter hatte den Idealfall eines Autors der Gruppe 47 vorgeführt: die Kritik musterhaft zu ertragen, den Freundes- und Kollegenkreis nicht durch primadonnenhaftes Beleidigtsein zu düpieren und darüber hinaus auch noch inhaltliche Konsequenzen zu ziehen. Richter las in den ersten Jahren mehrfach auf den Tagungen, und er wurde jedes Mal von seinen eigenen Gefolgsleuten verrissen. Seiner Rolle als Gruppenoberhaupt, als nicht zu ersetzende Integrationsfigur tat das aber keinerlei Abbruch, eher im Gegenteil – er erwarb sich durch seine gleichzeitig professionelle wie menschliche Haltung Respekt.

Die Einladungspolitik Richters wurde später, in der Zeit des öffentlichen Erfolgs der Gruppe spätestens seit dem *Blechtrommel*-Auftritt von Günter Grass 1958, eine heftig umraunte und interpretierte Staatsaktion. In den ersten Jahren ging es eher hemdsärmelig zu: »Es war vielleicht ein blödes Prinzip von mir, daß ich die Leute, die schon veröffentlicht hatten, gar nicht eingeladen habe. Höchstens hin und wieder jemanden. Ich bin dabei auch sehr willkürlich vorgegangen, je nachdem, ob mir etwas oder jemand gefiel. Ich habe doch damals nicht gedacht, daß das jemals wichtig werden würde.«[13] In den allerersten Jahren der Gruppe war die Atmosphäre durch und durch von derlei Improvisationen geprägt: von der Kameraderie einer Generation, die starke Gemeinsamkeiten verspürte und die zum Teil von der Sprache der Schützengräben herrührte, aber auch vom Gefühl, sich als Literaten erst noch durchsetzen zu müssen und sich vom blumigen, weihevollen Ton der älteren »inneren Emigranten« abzusetzen.

Obwohl die Gruppe 47 noch längst nicht etabliert und vor allem von den tonangebenden Kräften im Kulturmilieu überhaupt nicht akzeptiert war, hat der nächste und durchaus bedeutende Preis, den Hans Werner Richter zugesprochen bekam, etwas mit seiner Rolle und dieser Gruppe zu tun: der René-Schickele-Preis 1952 für seinen zweiten Roman *Sie fielen aus Gottes Hand*. Er wurde für den besten Roman eines jungen deutschen Autors ausgeschrieben und zum Teil von internationalen Verlagen gestiftet, darunter Harper & Brothers aus New York, Hutchinson aus London, Calmann-Lévy aus Paris, Mondadori aus Mailand, José Janés aus Barcelona und Allert de Lange aus Amsterdam. Die Jury war mit prominenten Emigranten besetzt, an erster Stelle mit Thomas Mann. Außerdem waren Alfred Neumann, Hermann Kesten, Ernst Penzoldt und zeitweise Annette Kolb beteiligt. Hans Werner Richter schlug mit seinem Roman immerhin Ilse Aichinger *(Die größere Hoffnung)*, Heinrich Böll *(Wo warst du, Adam?)*, Siegfried Lenz *(Es waren Habichte in der Luft)* oder Luise Rinser *(Mitte des Lebens)* aus dem Feld.

Den Grund dafür nannte Richter selbst: Er sah den mit 5000 DM sehr hoch dotierten Preis als »eine literaturpolitische Angelegenheit« an[14] – also als eine Ermutigung der Gruppe 47. Der internationale Charakter der Preisstifter sowie die Besetzung der Jury zeigten, dass es um zeitkritische, junge Literatur in einem Deutschland der Restauration gehen sollte. In welchem Licht das von der etablierten Literaturszene der frühen Bundesrepublik gesehen wurde, wird durch manche Reaktion äußerst deutlich. Günter Blöcker schrieb im Westberliner *Tagesspiegel* über Richters Roman: »Autoren wie Hans Werner Richter, die sich gewiß sehr fortschrittlich dünken, wenn sie das Banner des sogenannten Neorealismus entfalten, sind Avantgardisten mit einer Verspätung von rund einem halben Jahrhundert. (...) Hier herrscht nicht die Knappheit der konzentrierten Fülle, sondern die Kargheit der seelischen Dürre.«[15]

»Seelische Dürre« mit den »Displaced Persons« nach dem Krieg und der Auflösung der Konzentrationslager zusammenzubringen, den Stoff des Romans auf die bloße Form seiner Darbietung zu reduzieren – das war die gehobene, die elitäre Form von Verdrängung in den Geburtswehen der Republik. Auch die *Neue literarische Welt*, die Zeitung der Deutschen Akademie für Sprache und Dichtung in Darmstadt, wusste, worum es ging. Oskar Jancke schrieb: »Gegen den Goldschnitt trat ehemals der Naturalismus an. Den Reportage-Leuten von heute ist die Kunst schon ein Greuel. Darum machen sie aus ihrem Können ein neues Kunstprogramm, das man später als die ›Tagesliteratur‹ unserer Zeit registrieren wird. Es hat so wenig Sprache wie der Naturalismus. Daher seine Übersetzbarkeit, seine leichte Verbreitung im Ausland, das fälschlich als ein echtes Produkt unserer Literatur auffaßt, was nur am Rande zu ihr gehört. Ähnliche Ware beziehen auch wir aus fremden Ländern. Nach der Bestimmung und dem Namen des Preises hätte einem Rand-Erzeugnis unserer Literatur der Preis nicht zufallen dürfen. Schickele war ein Dichter, ein Meister der Sprache, ein leidenschaftlicher Stilist – alles, was Richter nicht ist.«[16]

Jancke nennt als preiswürdige junge Autoren Stefan Andres, Ernst Kreuder, Heinz Risse oder Rudolf Krämer-Badoni. Das sind nicht zufällig eher konservative Namen abseits der Gruppe 47. Krämer-Badoni allerdings trat einmal bei der Gruppe auf und wandte sich, nach einer als inkompetent empfundenen harten Kritik, vehement von den 47ern ab, und es ist eine konsequente Pointe der Geschichte, dass er viel später, bei der emotional stark aufgeladenen Bundestagswahl 1972 unter der Kanzlerschaft Willy Brandts, als einziger einigermaßen prominenter Schriftsteller zur Wahl der CDU aufrief.

Richters zweiter Roman besteht, noch viel mehr als sein erster, aus konkreten Reportagen. Zusammen mit dem Journalisten Claus Hardt besuchte er 1950 ein Lager mit »Displaced Persons« in Hersbruch bei Nürnberg – Personen, die bei Kriegsende bindungs- und heimatlos

Zuflucht suchten. Sie wurden nach ihrer Biografie und ihren Erfahrungen befragt und schrieben ihre Lebensläufe zum Teil selbst nieder. Nicht nur die Form, auch das Sujet wirkten Anfang der fünfziger Jahre in der Bundesrepublik eher sperrig und wie ein Fremdkörper. Von daher war die Vergabe des Schickele-Preises tatsächlich mehr als nur eine literarische Würdigung. So einhellig, wie es im Nachhinein erscheinen könnte, verlief die Preisvergabe allerdings nicht, und der Schickele-Preis, der ursprünglich alle drei Jahre ausgelobt werden sollte, wurde nur dieses eine Mal verliehen. Hermann Kesten setzte sich zwar sehr für Richter ein, aber Thomas Mann konnte nur sehr schwer überzeugt werden. Mann hatte generell mit dem neuen Deutschland seine Schwierigkeiten. Die direkt nach dem Krieg von Frank Thiess angezettelte »Kontroverse« um die Emigration, mit Mann als Symbol, saß ihm durchaus in den Knochen. Er legte großen Wert auf Distanz und differenzierte dabei kaum zwischen den Älteren, die er ohnehin aufgegeben hatte, und Jüngeren, die vielleicht noch auf der Suche waren. In einem Brief an Kesten schrieb Mann am 13. Dezember 1951: »Zu erklären, daß einfach nichts da ist, wäre ein grausames und vielleicht feindselig wirkendes Urteil der Preisrichter über die gegenwärtige deutsche Produktion. Wir müssen uns entschließen, und der Entschluß für ›Sie fielen aus Gottes Hand‹ ist zur Not – denn ein Notstand liegt nun einmal vor – zu rechtfertigen. Das Buch (…) läßt künstlerisch viel zu wünschen übrig, aber, in Gottes Namen, man kann das gerade als Eigenschaft nehmen, – eine gewisse künstlerische Abgerissenheit ist vielleicht Stempel und Tracht der Zeit. Eher sogar noch widerstand mir oft der Hang zur moralischen Gleichwerterei von *allem*, – wie sie den Deutschen so paßt. Und man muß zugeben, daß ein ernster Ehrgeiz, ein großer Wille vorhanden ist, in Bildern festzuhalten, was festzuhalten ist von der Verwilderung der Epoche, und eine respektable Kraftanstrengung, das Tausendfältige nicht zerflattern zu lassen, sondern es sozusagen in einer Faust zusammenzuhalten und es in einigen lose verbundenen Schicksalen zu konzentrieren. (…) Man kann ihn salutieren, und darum, da Neumann und Sie es auf mich ankommen lassen wollen – ich sage ja. Rufen wir H.W. Richter als Schützenkönig aus! Daß er es unter Abc-Schützen ist, brauchen wir ja nicht zu sagen

(…). Wir werden kritisiert werden; aber nicht so heftig, wie wenn wir erklärten: Es gibt nichts.«[17]

Die »moralische Gleichwerterei von *allem*, – wie sie den Deutschen so paßt«: Das ist die konkrete Erinnerung an Frank Thiess und die üblen Anfeindungen der inneren Emigranten direkt nach dem Krieg, das wirft ein düsteres Licht auch auf den sich abmühenden Hans Werner Richter. Das Bild wird aber erst vollständig, wenn man den Brief danebenhält, den Thomas Mann später an Richter selbst geschrieben hat. Dieser hatte Mann 1953 sein drittes Buch *Spuren im Sand* mit autobiografischen Jugenderinnerungen direkt zugeschickt. Mann antwortete am 30. Januar 1954: »Es ist ein glückliches Werk, liebenswürdig, poesie- und humorvoll, in seiner schalkhaften Einfachheit zu Herzen gehend.«[18] Vielleicht ahnte Richter da, dass Thomas Mann mit seinem diplomatischen Geschick ein Vorbild für ihn selbst auf dem literaturpolitischen Feld sein konnte.

Die »politisch-publizistische Natur«, die für Richter später den »Ursprung der Gruppe 47« bildete, galt vor allem für ihn selbst. Von der Frühzeit der Gruppe gibt es, außer den spärlichen zeitgenössischen Zeitungsberichten, vor allem Zeugnisse von ihm selbst, die er später, als berühmter und sagenumwobener Initiator, verfasst hat. Sie sind, wie bereits erwähnt, nur bedingt als Quellen tauglich, da sie einen Zug ins Idealisierende haben und Richter sich in den siebziger und achtziger Jahren wohl auch nicht mehr ganz genau an die Einzelheiten erinnern konnte. Joachim Kaiser meint scherzhaft, dass er auf Anhieb »zehn oder zwanzig Fehler« aufzählen könne, die Richter in seinem *Etablissement der Schmetterlinge* unterlaufen seien.[19] Die atmosphärischen Details, die Richter nennt und die in der Rezeption danach lange maßgeblich waren, sind jedoch aussagekräftig genug. Über die dritte Tagung etwa schreibt er: »Man fiel sich schon bei der Begrüßung um den Hals, redete lärmend aufeinander ein und kümmerte sich vor lauter Begeisterung nicht darum, ob man ein Bett hatte. Das überließ man mir. Schon in der ersten Nacht kamen sie vor lauter Diskutieren, Debattieren und Erzählen nicht zur Ruhe, bis ich ihnen als ›Herbergsvater‹ einfach das Licht vor der Nase ausschaltete. – Übernächtigt saßen sie am Morgen auf ihren Stühlen oder lagen auf herbeigeschleppten Matratzen herum, waren aber sofort wieder eine konzentrierte Zuhörerschaft, sobald die Lesungen begannen.«[20]

Ein gewisser Widerspruch tut sich zu seinen Erinnerungen an die Tagung in Marktbreit 1949 auf: »Die Stimmung war wie immer ›chaotisch‹. Es gab in Marktbreit wenig zu essen. Wir hatten Hunger. Das Bier war noch kein Bier. Und wir waren trotz Währungsreform unterernährt.« Der Bürgermeister stiftete aber für das Abschlussfest ein Fass Wein. Und Nicolaus Sombart hatte »einige kritische Glossen auf die Tagungsteilnehmer« geschrieben, die er vorlesen wollte. Richter wollte damit nichts zu tun haben – »hier werden Texte kritisiert, nicht Personen«, beendete offiziell die Tagung und verließ den Raum. Als er, wie er schreibt, nach einer Stunde wiederkam, »hatte sich die Szene völlig verändert. Alle beschimpften sich lautstark, jeder konnte besser schreiben als der andere, Sätze wie: ›Dich will ich nie mehr wiedersehen‹ oder ›Du bist gerade der Richtige‹ und andere wiederholten sich.

»Lauter Diskutieren, Debattieren und Erzählen«: Lesung auf der Tagung in Marktbreit, 1949

Eine bitterböse Wut hatte alle gepackt. Zu meinem Erstaunen war das gestiftete Weinfaß bereits angezapft. Einige hatten von dem Wein, der anscheinend nicht ganz in Ordnung war, schon zu viel getrunken. All meine Beruhigungsversuche scheiterten. (...) So ging es stundenlang, bis das Weinfaß leer war.«[21]

Gunter Groll kommt in seinem Bericht über die Jugenheimer Tagung, was in den Zeitungsartikeln ansonsten äußerst selten ist, ebenfalls auf Begleitumstände zu sprechen: »Unmöglich, einen Bericht dieser Tagung zu schließen, ohne das Wildschwein zu erwähnen, das eigentlich zur Verbesserung der Rationen den hungrigen Dichtern zur Verfügung gestellt werden sollte – sofern sie es selber schossen. Gewehre aber gab man ihnen nicht. Nun schienen zwar die meisten, darunter ausgezeichnet ausgebildete Schützen, im allgemeinen kein dringendes Bedürfnis nach Gewehren zu empfinden, doch mit Füllfederhaltern, schließlich, kann man nicht schießen. Jedenfalls keine Wildschweine. Und dies war es, was die Gruppe 47 hauptsächlich aufregte, abgesehen von der deutschen Literatur.«[22]

Die Tagungsberichte wurden von Teilnehmern verfasst, die Zugang zu Zeitungen hatten und sich auf diese Weise auch mehr oder weniger elegant selbst loben konnten. So schrieb H.R. Münnich in der *Süddeutschen Zeitung* über die Tagung in Marktbreit 1949: »In der Novelle ›Rost‹ von H.G. Brenner, in dem begonnenen Zeitroman A. Bauers ›Daniel in der Löwengrube‹, in der politischen Komödie von W. Heist, in der Geschichte ›Der Untergang von Gomorrha‹ von H.R. Münnich, in den Gedichten J.v. Hollanders ebenso wie in den Erzählungen ›Ich sah ihn fallen‹ von W. Kolbenhoff und ›In der großen Pause‹ von G. Hensel bemüht sich eine junge Schriftstellergeneration nicht mehr nur die Bedingtheit des Individuums auszudrücken, sondern die Auffassung, die ein Mensch, der aus sich selbst und der Welt vertrieben wurde, vom Universum und vom geringsten Gegenstand hat.«[23]

Finanzielle Fragen bestimmten von Anfang an die Tagungen, und auch deshalb trat gegen Ende der vierziger Jahre die Vernetzung mit den Medien in den Vordergrund. Richter verstärkte die Kontakte zu Verlegern und Literaturmanagern und lud sie gezielt ein. 1950 in Inzigkofen erschienen mit Kurt Desch und Brigitte Bermann Fischer zum ersten Mal zwei renommierte Verleger auf einer Tagung. Ein entscheidender Einschnitt erfolgte ebenfalls 1950: Zum ersten Mal wurde hier der Preis der Gruppe verliehen. Richter war immer auf der Suche nach Geldgebern, und als der ihm menschlich und stilistisch eng verbundene realistische Prosaautor Franz Joseph Schneider von der US-amerikanischen Werbefirma McCann Company angestellt wurde, nahm eine vage Vorstellung konkrete Formen an: Ein Preis am Schluss einer Gruppentagung würde weitaus stärker in die Öffentlichkeit wirken als die Nachricht eines bloßen Schriftstellertreffens, und Schneider schaffte es tatsächlich, seine Firma zu dem zu bewegen, wofür man damals das Zauberwort »Sponsoring« noch nicht kannte.

Der Preis der Gruppe 47 wurde tatsächlich sofort zu einem Markenzeichen, und das lag auch daran, dass die Wahl der Preisträger immer äußerst zukunftsträchtig verlief. Mit Günter Eich als erstem Preisträger erhöhte sich das Prestige der Gruppe enorm. Eich stand auch für das Hörspiel, und der Rundfunk hatte zu dieser Zeit die Rolle, die das Fernsehen erst im Laufe der sechziger Jahre bekommen sollte. Die demokratische Abstimmung unter den Anwesenden über den Preisträger erwies sich fast immer als ein Glücksfall: 1951 wurde der noch völlig unbekannte 33-jährige Heinrich Böll der zweite Preisträger der Gruppe, und das zählte für die Zukunft – auch wenn Böll nur eine Stimme mehr bekommen hatte als der zwar ebenfalls äußerst redliche und realistische, aber ungleich konventionellere Erzähler Milo Dor. 1952 schließlich, in Niendorf, ersteigerte Ernst Rowohlt, nachdem die amerikanische Werbefirma ausgestiegen war, 500 von der Firma Osram zur Verfügung gestellte Glühbirnen und stiftete dadurch das Preisgeld – für Ilse Aichinger, was eine in ihren Konsequenzen gar nicht zu überschätzende neue Weichenstellung bedeutete.

Ein bedeutsamer Schritt in der Medienvernetzung gelang dadurch, dass 1951 mit Ernst Schnabel der Intendant des Nordwestdeutschen Rundfunks (NWDR) zu den 47ern stieß. Zur Wahl als Intendant hatte er sich – tempora mutantur! – dadurch empfohlen, dass er schriftstellerisch tätig und der Erfinder des zeitgemäßen deutschen Rundfunkfeatures war. Seine dreistündige Sendung über den 29. Januar 1947 galt als bahnbrechend. Es war eine Collage aus Berichten der Radiohörer, die gezielt dazu aufgefordert wurden, ihre Erlebnisse speziell an diesem Tag zu erzählen, und aus den politischen Nachrichten desselben Tages.

Der Rundfunk bot, im Gegensatz zu Zeitungen, Zeitschriften und den offiziellen Kulturinstitutionen, am ehesten Nischen für die jüngere Generation. Alfred Andersch begann früh eine äußerst erfolgreiche Rundfunkkarriere. Er hatte zusammen mit Schnabel das Hauptverdienst daran, dass der Rundfunk zu dem dringend benötigten Mäzen für die Autoren der Gruppe werden konnte. »Wir haben alle vom Rundfunk gelebt!« lautet denn auch einer der am häufigsten zitierten Sätze Richters.

1952 war zum ersten Mal offenkundig, dass auf einer Tagung der Gruppe 47 Verleger gezielt nach Autoren Ausschau hielten und einigen sofort einen Vertrag anboten. Die Niendorfer Tagung zeichnete sich auch dadurch aus, dass der NWDR sein Erholungsheim an der Ostsee dafür zur Verfügung stellte, die Anreisekosten übernahm und einzelne Autoren danach zu Lesungen ins Hamburger Studio einlud. Es war die erste Tagung, die nicht im engeren süddeutschen Raum, in entlegenen Gasthäusern in der entlegenen Provinz stattfand. Die Gruppe 47 nahm auch räumlich nationale Dimensionen an. Langsam trat der Charakter der »Literaturbörse« hervor, der dann ab 1958 ganz evident wurde und alles andere in den Hintergrund zu drängen schien.

Alfred Andersch übernahm in den ersten Jahren für die Gruppe eine Rolle, die in anderer Weise genauso bedeutsam war wie diejenige Richters. Er erlangte früh eine Schlüsselfunktion im Literaturbetrieb und nutzte sie für die Durchsetzung eines Teils der Autoren der Gruppe 47. Andersch hatte sich durch den *Ruf* einen guten publizistischen Namen verschafft und bekam, nach einer Zwischenstation bei den linkskatholischen *Frankfurter Heften*, ein Angebot als Redakteur bei Radio Frankfurt. Das geschah genau im Sommer der Währungsreform, und der Rundfunk erwies sich bereits damals als eine tragfähige Möglichkeit, als Literat finanziell einigermaßen unabhängig durchzukommen. Man hatte in Frankfurt die Absicht, ein »Mitternachtsstudio« nach dem Vorbild des dritten Programms der BBC einzurichten, beim NWDR in Hamburg funktionierte das bereits mit großer Resonanz.

Andersch probierte in seinem »Frankfurter Abendstudio« verschiedene neue Rundfunkformen aus. Er führte vor allem das Streitgespräch und die Diskussion ein. Hier kamen seine Erfahrungen im amerikanischen Kriegsgefangenenlager zum Tragen: Er legte Wert darauf, verschiedene Meinungen abzubilden, und warb immer wieder für die Fähigkeit zum »Kompromiss« als dem entscheidenden Merkmal einer demokratischen Auseinandersetzung. Angesichts der deutschen Situation nach dem NS-Regime und der wirtschaftlichen Zwänge der Nachkriegszeit war dies ein fast provozierender Ansatz. Typisch für Andersch war etwa ein Streitgespräch zum Thema »Eine amerikanische Überzeugung – Für und wider den Pragmatismus«.[24]

Andersch bezeichnete sich einerseits als Sozialist, andererseits war er vom »New Deal« Präsident Roosevelts geprägt und lehnte jede dogmatische Verhärtung ab, besonders die Pervertierung der sozialistischen Utopie in der Sowjetunion und ihren Satellitenstaaten.

Im Rundfunk entwickelte sich Andersch zu einem der wichtigsten Feature-Autoren der Zeit, neben Ernst Schnabel, Axel Eggebrecht und Peter von Zahn. Große Furore machte etwa das dreistündige Feature *Ein starkes Dreieck* für den Hessischen Rundfunk, in dem es um den Plan des französischen Außenministers Robert Schuman ging, die deutsche und die französische Stahlindustrie miteinander zu verschmelzen. Als Honorar handelte Andersch immer nur eine Pauschale und eine geringe Anwesenheitspflicht für sich aus, um sich die Möglichkeit einer freien Schriftstellerexistenz offenzuhalten. Als ihm Ernst Schnabel 1952 die Leitung der Feature-Abteilung beim NWDR in Hamburg anbot, geriet er in die privilegierte und zugleich schwierige Situation, zwischen verschiedenen Arbeitsfeldern changieren zu müssen, denn auch mit Frankfurt blieb er in Verbindung. Dort landete er 1952 einen verlegerischen Coup: Die *Frankfurter Hefte* dachten daran, sich zu einem Buchverlag zu erweitern, und mit der Gründung der Frankfurter Verlagsanstalt lancierte Andersch dort eine broschierte Reihe unter dem Titel »studio frankfurt«, die der erste Vorbote einer kommenden, jungen bundesdeutschen Literatur sein sollte. Hier erschienen Manuskripte, die Andersch als Rundfunkredakteur vorlagen und die für eine Buchveröffentlichung eigentlich zu kurz waren.

Der Charakter des Experimentellen wurde durch die Aufmachung der Reihe noch verstärkt: Sie wurde grafisch gestaltet von Anderschs Frau Gisela, die sich als bildende Künstlerin immer konsequenter den abstrakten Gegebenheiten der fünfziger Jahre annäherte. Die ersten »studio frankfurt«-Bände brachten Kurzgeschichten von Ruth Landshoff-Yorck, ein amerikanisches Tagebuch von Richard Ott, surrealistische Gedichte der ersten Gastgeberin der Gruppe 47, Ilse Schneider-Lengyel *(september-phase)*, das Radiofeature *ein tag wie morgen* von Ernst Schnabel und Heinrich Bölls glänzende Satire *nicht nur zur weihnachtszeit*. Der gelernte Werbetexter Andersch schrieb auf die Rückseite des Böll-Bandes in moderner Kleinschreibung, dass hier »der falschmünzerische charakter einer restaurativen epoche auf eine formel gebracht« werde, »die trifft«.

Von Schnabel und Böll, den Weggefährten aus der Gruppe 47, einmal abgesehen, war Andersch mit dem Niveau seiner Einstiegstexte nicht so recht zufrieden, sodass es ihm äußerst gelegen kam, als ihm Arno Schmidt eröffnete, er habe Verlagsprobleme. Andersch lernte Schmidt, den er schon länger gerühmt hatte, persönlich erst am 19. August 1952 bei Martin Walser im Süddeutschen Rundfunk in Stuttgart kennen, und Schmidt bot ihm sofort zwei kürzere Erzählungen an: »Die Umsiedler« und »Alexander oder Was ist Wahrheit«. Trotz Arno Schmidts schwierigem Charakter, den er rasch erkannte, wurde Andersch zum großen Förderer dieses schwer zugänglichen Außenseiters. Er druckte ihn nicht nur in der Reihe »studio frankfurt«, sondern später auch in der Zeitschrift *Texte und Zeichen* und stand eine Anklage wegen Gotteslästerung und Pornografie gemeinsam mit dem Autor durch.

Die Gruppe 47 war in der zweiten Serie von »studio frankfurt« vertreten mit dem Libretto von Wolfgang Hildesheimer und Hans Werner Henze *das ende einer welt* sowie vor allem mit dem Band 12 der Reihe, dem berühmten Debüt von Ingeborg Bachmann, einer der wichtigsten Gedichtveröffentlichungen nach dem Krieg überhaupt: *die gestundete zeit*. Andersch nahm auf der Rückseite des Bandes auf den Preis der Gruppe 47 für Bachmann im Frühjahr 1953 Bezug und erklärte, er lege hiermit »die bisher nur verstreut in zeitschriften erschienenen gedichte Ingeborg Bachmanns zum erstenmal gesammelt vor – als beginn des weges einer dichterischen kraft, die sich ebenso unaufdringlich wie unüberhörbar erhebt«.

Der außergewöhnliche Aufstieg zu einer publizistischen Größe verband sich bei Andersch, und das war das Ungewöhnliche, mit seinen Bemühungen, selbst als Schriftsteller auf sich aufmerksam zu machen. Einen ersten größeren erkennbaren Erfolg erzielte er im August 1950: Die *Frankfurter Allgemeine Zeitung*, die sich als Nachfolgerin der großen alten *Frankfurter Zeitung* verstand, druckte als Fortsetzungstext seine längere Prosa »Flucht in Etrurien«. Das Thema wirkte provokativ: Andersch verarbeitete hier autobiografische Erfahrungen, nämlich seine Desertion aus der Wehrmacht in Italien 1944. Zusätzliche Aktualität bekam das noch dadurch, dass im Laufe des Jahres die neu gegründete Bundesrepublik unter Konrad Adenauer zur Wiederbewaffnung schritt. Die »Dienststelle Blank« unter dem ehemaligen Panzeroffizier Theodor Blank wurde als Vorläufer eines kommenden Verteidigungsministeriums eingerichtet, gleichzeitig begann der Koreakrieg. Die Einführung einer deutschen Wehrpflichtarmee brachte Andersch zum Entschluss, die »Flucht in Etrurien« zu einer Lebensbilanz auszubauen: von der Kindheit und Jugend in München-Neuhausen bis zum Aufenthalt im KZ Dachau 1933, »von den nationalistischen Tiraden des Vaters über den Determinismus der Partei und die Knebelungen durch das Naziregime bis zur Desertion, dem sartreschen Augenblick der Freiheit, selbstgewählter Entscheidung für einen Neuanfang, seiner action directe«.[25] Andersch machte sich im November 1950 daran, *Die Kirschen der Freiheit* zu konzipieren, seine Autobiografie, mit der Desertion aus der Wehrmacht als Höhepunkt.

Das Buch erschien im Herbst 1952, auf dem Höhepunkt der Adenauer'schen Restauration. *Die Kirschen der Freiheit* wurde heiß diskutiert, Andersch war auf einen Schlag als Intellektueller und Provokateur bekannt. Heinrich Böll begrüßte das Buch in der Gewerkschafts-Wochenzeitung *Welt der Arbeit* am 28. November 1952 als »Trompetenstoß in schwüler Stille«. Seine Rezension begründete dieses emphatische Bild schon in den ersten Sätzen: »Angesichts der dräuenden Remilitarisierung ist eine schwüle Stille entstanden um jene

Andersch in seinem Arbeitszimmer auf der Burg Kerpen 1950, wo er *Die Kirschen der Freiheit* schrieb

Bücher der seit 1945 Schreibenden, die sich eindeutig gegen den Krieg entschieden haben, während die milde Kriegsliteratur der Romantiker, die Memoiren der Generäle heftig begehrt werden und der Wüstenfuchs im Sturm ›die Herzen erobert‹.«

Natürlich gab es auch furchtbare Verrisse. Der einflussreiche Hans Egon Holthusen etwa schrieb in der Monatszeitschrift *Merkur*, dass für Andersch das Militär irrtümlicherweise ein »freiheitsfeindliches Phänomen« sei. Er wende sich in der Art eines Camus'schen *homme révolté* »gegen den deutschen Wehrbeitrag, gegen Speidel«. In der *Deutschen Soldatenzeitung*, einer damals durchaus einflussreichen Gazette, hieß es: »Die Gesellschaft, jeder, der jemals Kameraden hatte, ob in der Schule, in seinem Betrieb oder an der Front, das ist doch angesichts dieser kleinen Wühlmaus ganz einerlei – kann nichts Besseres tun, als die Tür hinter sich zuschlagen und dieses asoziale Gesindel, Denunzianten und Emigranten draußen zu lassen.«[26]

Recht pikant wirkt in diesem Zusammenhang, dass zu diesem Zeitpunkt Kurt Marek Cheflektor beim Rowohlt-Verlag war. Ihm hatte Andersch das Manuskript als Erstem vorgelegt – just jenem Marek, »dessen Propagandatitel« aus den frühen vierziger Jahren bis heute »auf dem Neonazi- und Militaria-Markt, der durchs Internet besser denn je floriert, noch immer ordentliche Preise erzielen«.²⁷ In seinem Lektoratsgutachten lobte Marek zwar die »philosophische und moralische Legitimierung der Desertion«, fügte aber, was bei Weitem schwerer wog, hinzu, dass sich nur »wenig Buchhändler empfehlend« für das Buch einsetzen würden. Wenn 70 Exemplare verkauft werden würden, sei das schon sehr viel! Rowohlt hielt Andersch darauf längere Zeit hin. Dieser war jedoch überzeugt davon, dass das Buch »eine kleine Sensation« werden würde, wie er seiner Mutter schrieb.²⁸ Eugen Kogon von der Frankfurter Verlagsanstalt, dem Andersch das Buch als Nächstem anbot, sagte dann sofort zu.

Andersch wirkt in seiner Biografie, in seinen politischen Ansichten und seinen ästhetischen Prämissen oft widersprüchlich. Seine literarischen Positionen sind schwer auf einen Nenner zu bringen, und er ist in seinen Ambivalenzen eine symptomatische Erscheinung für die deutschen Lockerungsbemühungen dieser Jahre. *Die Kirschen der Freiheit* war in der Zeit der beginnenden Wiederbewaffnung in der Bundesrepublik eindeutig ein sehr mutiges Buch. Und dass es »mutig« war, wurde ihm von den verschiedensten Seiten attestiert: von linken Freunden und Kollegen genauso wie von Gottfried Michelmann, dem stellvertretenden Intendanten des Hessischen Rundfunks, bei dem Andersch in dieser Zeit beschäftigt war. Michelmann, immerhin im Chefbüro, machte Andersch aber unmissverständlich klar, dass er diese Art von Mut vehement ablehnte. Er stieß sich vor allem daran, dass Andersch dem Eid, den er als Soldat geleistet hatte, abgeschworen und seine Desertion literarisch überhöht habe: »Ich war aus innerer Überzeugung dabei, und ich war solange dabei, wie auch andere, die vielleicht nicht das Maß an Intelligenz besaßen wie ich, dabei waren, weil sie dabei sein mußten. Und deshalb ist das Desertieren für mich etwas, was ich nie gutheißen werde. Ich wurde in der Normandie überrollt und befand mich jenseits der feindlichen Linie, und ich stand vor der Frage, ob ich von der angenehmen Möglichkeit Gebrauch machen sollte, aufzustehen und zu dem dicht hinter mir stehenden feindlichen Panzer zurückzulaufen und mich zu ergeben. Ich habe es nicht getan, denn ich bin nachts im Schutze einer Mulde zu meinen Kameraden zurückgekrochen. Ich betrachte die Desertion als einen leichten, aber nicht den richtigen Weg, sich gegen eine fehlerhafte Kriegführung aufzulehnen, und aus diesem Grunde würde ich als Richter den Deserteur immer verurteilen, auch dann, wenn ich als Richter von der Berechtigung des Krieges nicht überzeugt bin.«[29]

Das war immerhin die Aussage eines führenden deutschen Rundfunkmannes, des direkten Vorgesetzten von Alfred Andersch: Auch im Rundfunk war er, trotz aller Nischen, mit seinen Ansichten in der Minderheit. Andersch war von derlei Vorstellungen deutscher Soldatenehre weit entfernt. Er fand für seine Desertion in *Die Kirschen der Freiheit* eine einprägsame Formel: »Ich hatte nur die Ästhetik der Kunst und mein Privatleben, und das zerstörten sie durch Gestellungsbefehle. Für sie die Waffen erheben? Für sie ein Gewehr gegen die Soldaten von Armeen abfeuern, die vielleicht – eine schwache Hoffnung belebte mich bei diesem Gedanken – in der Lage waren, mein Leben zu ändern? Schon die bloße Erwägung war eine Absurdität. Ich zog also aus meiner politischen Situation die Konsequenzen. Ich hatte keine Ahnung, daß sechs Wochen später eine Bombe in der Nähe Hitlers explodieren würde. Mein ganz kleiner privater 20. Juli fand bereits am 6. Juni statt.«[30]

An diesem Tag entfernte er sich von seiner Truppe und stellte sich den Amerikanern. In Anlehnung an Sartre, mit einem durchaus existenzialistischen Pathos, war dies für ihn ein individueller Akt der Freiheit. Wie etliche Stellen in den *Kirschen* ist auch dieser Moment stilistisch überhöht, mit expressiven Verdichtungen, die etwas anderes im Sinn haben als eine realistische Schilderung. Angesichts der aktuellen Diskussion in der Bundesrepublik um die Wiederbewaffnung literarisiert Andersch seine Desertion zum großen Symbol. Durch die einprägsamen Naturschilderungen und Irrwege beschwört er Schicksalhaftes. Aus seinem Weggang von der deutschen Wehrmacht, deren Begleitumstände wohl etwas banaler waren, macht er ein existenzielles

Drama. Doch gerade durch diese Sprache wirkte der Text in der frühen Bundesrepublik wie ein Schock.

Die Desertion als Haltung bezieht sich allerdings nicht nur auf die deutsche Wehrmacht. Der erste, durchaus auch größere Teil von *Die Kirschen der Freiheit* handelt von einer ganz anderen Desertion: Es geht um Anderschs Abwendung von der Kommunistischen Partei, und dieser für Andersch mindestens so wichtige Aspekt ist in der Rezeption des Buches fast untergegangen. Beide Desertionen sind dadurch verbunden, dass sich der Autor danach in einem Niemandsland wiederfindet, und dieses Niemandsland, die Heimatlosigkeit, ist auch seine Bestimmung als Künstler. Andersch beschreibt den geografischen Ort der militärischen Desertion zwischen den Fronten, 60 Kilometer nördlich von Rom, als Wüste – »le désert« oder lateinisch »desertum«. Genauso ist auch sein ideologischer Standort zu verstehen – Andersch grenzt sich von den Werten der Nachkriegsrestauration genauso ab wie von einer kommunistischen Alternative. Rhys W. Williams interpretiert vor diesem Hintergrund Anderschs Faszination durch die künstlerische Moderne: »Die Gleichsetzung von Desertion und moderner Kunst kennzeichnet Anderschs ästhetische Position in den frühen fünfziger Jahren. (…) Moderne Kunst wurde in den fünfziger Jahren auf beiden Seiten des ideologischen Grabens als verdächtig angesehen, deshalb konnte sie als Entsprechung zur Position im Niemandsland erscheinen.«[31]

Andersch propagierte die aktuelle westliche Moderne wie kein anderer in der Frühgeschichte der Bundesrepublik. Seine Verdienste um die literarische Debatte, um das Bewusstsein für neue Formen sind enorm. Und doch ist bei ihm alles nicht so eindeutig. Im Nachhinein am verblüffendsten wirkt es, wie er, über die ideologischen Gräben hinweg, als »heimatloser Linker« eine Affinität zu Ernst Jünger aufrechterhielt. Schon die zum Symbol erhöhte Wüste als konkreter Ort der Desertion in Italien reagiert auf die Analyse, die Andersch in seinem Essay über die deutsche Literatur 1948 vorgenommen hatte: Dort bewunderte er Jüngers symbolisierenden Stil als Möglichkeit, der totalitären Kontrolle zu entgehen. Er schickte die *Kirschen* sofort an Jünger und dessen Sekretär Armin Mohler, der ihm am 31. Oktober

1952 antwortete: »Ernst Jünger hat sich das Buch auch gleich vorgenommen, um nachzuprüfen, ob man mit Ihnen auf Waldgang gehen kann oder nicht.«[32]

Auf Parallelen zwischen dem »Wüstengang« von Andersch und dem »Waldgang« Ernst Jüngers wurde in der zeitgenössischen Rezeption tatsächlich des Öfteren hingewiesen. Jünger schrieb nach der Lektüre des Buches am 22. November 1952 an Andersch: »Sie rühren da ein zentrales Thema an, das mich seit meiner Kindheit beschäftigt hat. Ich glaube es auch praktiziert zu haben, bereits in Afrika, und dann im ersten Weltkriege. Das Gefecht führt ja auch ganz einsamen Punkten zu.«[33]

Jünger ist allerdings nie desertiert, sodass die Gemeinsamkeit doch sehr abstrakt bleibt. Und es ist kein Zufall, dass ihn das Bild des Kirschbaums am Schluss des Buches von Andersch ziemlich stört – für Andersch ist es das Symbol für die Freiheit des Einzelnen, für Jünger steht es dem entgegen, was er für sich als Unabhängigkeit definiert, als individuellen, einzelstehenden Anarchismus. Jünger thematisiert das sogar direkt: »Was mich am Kirschbaum stört, das ist seine geographische Lage auf dem Nullmeridian, insofern er nur während des Übergangs von einer unfruchtbaren Halbkugel auf die andere geschnitten wird. Die Erfahrung machte ich schon in der Fremdenlegion.« Und der Schluss des Briefes weist auf den empfindlichen Punkt hin, den Unterschied zwischen dem elitären Gestus Jüngers und der linken Heimatlosigkeit von Andersch. Das Klima habe sich verändert, schreibt Jünger: »Der Einzelne kann es nicht bessern; wenn er aber, wie Sie, sich von den Theorien ab- und seiner ihm auferlegten Wirklichkeit zuwendet, so kann man das nicht ohne weiteres als einen anarchistischen Akt beurteilen. Es wird auch die Zahl der von der Bewegung unabhängigen Punkte vermehrt. Werden sie aber auch unabhängig bleiben, oder sogleich einer neuen Bewegung sich ausliefern? Das ist die Frage, die die Lektüre in mir anregte.«[34]

Fast scheint Jünger hier schon die weitere Entwicklung von Andersch zu ahnen, der sich in den sechziger und siebziger Jahren politisch radikalisierte und als aktiver Linker in das gesellschaftliche Geschehen einmischte. Jünger reagierte natürlich auch nicht auf

Anderschs recht verwegenen Wunsch, er solle ihn bei der *Deutschen Soldatenzeitung* verteidigen: »Wäre es denkbar, daß diesem Blatte einmal von einem wirklichen Soldaten eine Antwort erteilt wird?«[35] Im selben Brief dankte Andersch Jünger für dessen Lektüre der *Kirschen* mit dem Satz, dass er Jüngers Brief »als das mir wichtigste Dokument dieser letzten Wochen« stets bei sich gehabt habe. Doch Anderschs Bestreben, Ernst Jünger »nicht den Rechten zu überlassen«, erwies sich am Ende als ziemlich erfolglos.

Seine amerikanische Erfahrung führte Andersch, trotz deutscher geistiger Prägungen à la Jünger, letztlich dann doch dazu, literarische Interessen zu entwickeln, die sich von denen Jüngers erheblich unterscheiden. 1949 gab Andersch für den Verlag der *Frankfurter Hefte* einen Band über *Europäische Avantgarde* heraus: Sartre, Camus, Simone de Beauvoir sind hier genauso vertreten wie der »erneuerte Sozialismus« Stephen Spenders und Ignazio Silones sowie der Linkskatholizismus von Eugen Kogon und Emmanuel Mounier. Er warb in seinen Funktionärs- und Redakteurstätigkeiten tatsächlich auch um Intellektuelle wie Carl Schmitt und Ernst Jünger – dies aber in einem explizit pluralistischen Verständnis. Es ging ihm um Meinungsvielfalt. Und das letzte Wort behielt er sich dann doch am liebsten selbst vor: Schon in seinem Essay *Deutsche Literatur in der Entscheidung* hatte er Jüngers Symbolismus zwar als eine »vortreffliche Sache in Zeiten der Diktatur« bezeichnet, sah aber zugleich die Gefahr, dass in einer Zeit »echter Freiheit« dasselbe nur noch eine »eitle Stelzengeherei« sein könnte.

Andersch vereinte in sich die Prägungen einer inneren Emigration, amerikanische Einflüsse, eine existenzialistische Verbindung zwischen Sartre und Ernst Jünger sowie eine Faszination für den Surrealismus und die sprachspielerischen Formen der Moderne. Wie aus diesem Amalgam eine Haltung entstand, die in den fünfziger Jahren in der Bundesrepublik Neuland eröffnete, ästhetisch entgrenzend und befreiend wirkte, das ist eines der spannendsten Kapitel dieser Zeit. In den letzten Jahren widmete sich die Literaturwissenschaft allerdings verstärkt biografischen Unklarheiten bei Andersch, ausgehend von einer moralischen Invektive W. G. Sebalds 1993. Einer der

Hauptpunkte dabei ist: 1943 habe Andersch auf die Scheidung von seiner »halbjüdischen« Ehefrau gedrängt – als Voraussetzung dafür, die Schreiberlaubnis im NS-Regime zu bekommen. In amerikanischer Kriegsgefangenschaft ein Jahr später wollte sich Andersch dann die Ehe mit einer »halbjüdischen« Frau als Verdienst anrechnen lassen. Sebald brandmarkte dies als »strategische Instrumentalisierung des jüdischen Hintergrunds seiner Frau«.[36] Welche Funktion der starke moralische Impetus bei Sebald hat, kann hier nicht näher diskutiert werden – die zeitgeschichtliche Figur Alfred Andersch wird dadurch aber wohl kaum objektiv erfasst. Zwei Germanisten aus Siegen sind 2008, im Sog der fulminant angewachsenen Bedeutung Sebalds, mit einem weiteren Fund an die Öffentlichkeit getreten. Bereits 1941 habe Andersch seine vorübergehende Entlassung aus der Wehrmacht nicht, wie man bisher annahm, unter Berufung auf seinen KZ-Aufenthalt erwirkt, sondern durch den Hinweis auf seine »jüdische Versippung«. Die beiden Autoren stellen fest: »also auch hier schon der strategische Umgang mit der jüdischen Herkunft seiner Frau«.[37]

Johannes Tuchel, der Leiter der Berliner Gedenkstätte Deutscher Widerstand, wies anschließend wie schon der Andersch-Biograf Stephan Reinhardt darauf hin, dass Anderschs Ehe bereits einige Zeit vorher, nämlich 1940, gescheitert war. Seitdem lebte er zumindest zeitweise mit seiner dann zweiten Frau Gisela zusammen. Im Nachhinein bleibe der Makel, dass Andersch sich ausgerechnet 1943 von seiner »halbjüdischen« Frau lossagte. Tuchel fügt aber hinzu, dass es rein spekulativ sei, zu insinuieren, was Andersch zu diesem Zeitpunkt über eine konkrete Bedrohung seiner ersten Frau wissen konnte (Anderschs erste Frau überlebte die Nazizeit tatsächlich unbehelligt). Tuchel argumentiert skrupulös und belegt zum Teil auch faktisch falsche Darstellungen von Andersch. Die »Suggestionen« Sebalds allerdings weist Tuchel zurück, vor allem auch diejenige, dass es sich bei der Desertion von Andersch aus der Wehrmacht nicht gerade um eine Heldentat gehandelt habe.[38] Andersch hat sich überdies, als einer von wenigen, schon früh gegen weiterwirkende antisemitische Tendenzen gewandt, in seinem Hörspiel *Biologie und Tennis* von 1950, vor allem aber in seinem Feature von 1952: »Aus der Klamottenkiste. Leiser Aufruf zu einer Verschwörung der Vernünftigen«. Im Vergleich zum Großteil derer, die sich nach 1945 als »innere Emigranten« rühmten, bietet Andersch recht wenig Anlass, ihn moralisch zu diskreditieren.

Seine *Kirschen der Freiheit* sind ein bedeutsames Dokument der Opposition in der frühen Bundesrepublik. Allerdings hat das Buch formal seine Tücken. Es ist generell so angelegt, dass man es nicht als naturalistische Wiedergabe von Anderschs Biografie lesen sollte, sondern eher als parabelhafte Überhöhung, als etwas von einem konkreten Ich Losgelöstes. Distanziert, wie mit einem fortwährenden, verwunderten Kopfschütteln, schildert Andersch etwa seine Zeit im Konzentrationslager Dachau. Es geht ihm darum zu zeigen, dass er durch und durch von der Ideologie der Kommunistischen Partei geprägt war – aber dann, durch seine Beobachtungen und Erfahrungen, immer stärker irritiert wurde und sich schließlich von der Partei abwandte. Das wird im Erleben der Ichfigur selbst deutlich gemacht, sehr stark herangezoomt und in erlebter Rede präsentiert – es handelt sich also keineswegs um einen Bericht, dessen Aussagen man mit denen des Autors gleichzusetzen hätte. Eine Schlüsselszene mit dem gefürchteten Nazichargen Steinbrenner und den Juden Goldstein und Binswanger entwickelt Andersch folgendermaßen: »Eines Abends, in den Baracken, kam die Meldung durch, Hans Beimler sei in das Lager eingeliefert worden. Zur gleichen Stunde war ein Transport von etwa hundert Juden aus Nürnberg angekommen; sie richteten sich gerade in ihrer Baracke ein. Die Juden würden nicht lange bleiben, dachten wir. Es waren lauter Kaufleute und Ärzte und Rechtsanwälte, Bourgeoisie. Sie konnten unmöglich unter uns bleiben. Bis jetzt waren nur wir Kommunisten im Lager gewesen. Die Juden sahen aus den Fenstern ihrer Baracke. Sie waren still und hatten gute Anzüge an. Um sechs Uhr holte man zwei von ihnen zum Wassertragen. Steinbrenner kam ins Lager und schrie: ›Goldstein! Binswanger!‹ Sie mußten eine Wassertonne ergreifen und gingen mit Steinbrenner vors Tor. An diesem Abend hörten wir zum erstenmal den Laut von Schüssen, die uns galten. Wir alle standen an der Mauer, an der Goldstein und Binswanger erschossen wurden. Der peitschende Knall überfiel uns, als wir zwischen den Baracken auf Brettern saßen und unsere Abendsuppe löffelten. Er ließ unsere Gespräche verstummen, aber die Suppe aßen wir zu Ende. Nur die Juden aßen nicht weiter; sie waren noch nicht so ausgehungert wie wir.«

Man spürt in diesen Zeilen die Fassungslosigkeit, mit der der junge gläubige Kommunist wahrnimmt, dass die Juden von den Nazis weitaus grausamer behandelt werden als die Kommunisten – er kämpft damit, das passt nicht in sein Weltbild. Das Stilmittel der erlebten Rede ist dabei durchaus riskant. Und das hat Nachwirkungen bis heute. Denn wegen solcher Stellen geriet der oft durchaus zwiespältige Alfred Andersch ins Visier einiger Literaturwissenschaftler. Sie akzentuieren vermeintliche oder wirkliche Verfehlungen in der NS-Zeit und ziehen dadurch generell seine moralische Legitimität in Zweifel. Rolf Seubert zum Beispiel recherchiert äußerst akribisch die konkreten historischen Ereignisse, konfrontiert sie mit Anderschs *Kirschen der Freiheit* und entdeckt dabei lauter Fehler im Text. Doch die entscheidende Frage nach der literarischen Inszenierung klammert er aus bzw. stellt sie falsch. So kommt er periodisch zu Schlussfolgerungen wie »hält einer nüchternen Prüfung kaum stand« oder »verweist auf das mangelnde Erinnerungsvermögen des Zeitzeugen Andersch«. An der zitierten Passage bemängelt er, dass es sich in Wahrheit um jüdische Kommunisten gehandelt habe, meist Arbeiter und Handwerker, und suggeriert, dass Andersch sie noch Anfang der fünfziger Jahre, der Entstehungszeit des Textes, mit antisemitischen Stereotypen versehe.[39] Das ist eine grundsätzliche Verkennung des Textes. Wie die Ichfigur angelegt ist, scheint Seubert nicht zu interessieren. Die symbolische Verdichtung ist hier aber das Entscheidende!

Die Erschütterung seines dogmatisch-kommunistischen Weltbildes im Jahr 1933 hat Andersch immer stark beschäftigt. Das Erkenntnisinteresse gegenwärtiger Forschung ist jedoch offenkundig ein anderes. Vermutlich war bereits bei Sebalds Angriff der Hauptantrieb, Anderschs spätere literarische und politische Rolle in der Bundesrepublik zu diskreditieren. Das allerdings steht auf einem ganz anderen Blatt.

## 6 Fräulein Kafka
*Aichinger, Bachmann, Celan:*
*Ein unvermutet neues Abc*

Eine neue Phase in der Geschichte der Gruppe 47 wurde auf der Tagung in Bad Dürkheim eingeläutet, im Frühjahr 1951. Vor Ort hatte man diese Weichenstellung allerdings noch kaum registriert, die Wochenzeitung *Die Zeit* fand alles nur »müde«. Immerhin, der Stamm der Gruppe verzichtete bei dieser Tagung darauf, vorzulesen, die alten Mitstreiter um Hans Werner Richter hielten sich zurück: Walter Kolbenhoff, Hans Georg Brenner, Franz Joseph Schneider oder auch der erste Preisträger der Gruppe, Günter Eich. Stattdessen traten neue Namen ins Rampenlicht, die Einladungspolitik war zum ersten Mal offensiv darauf ausgerichtet. Insgesamt waren mehr als 50 Teilnehmer anwesend, eine erkennbare Ausweitung der Runde. Und es gehört zu den glücklichen Fügungen, dass der zweite Träger des Preises der Gruppe 47 mindestens so kompetent und folgenreich ausgewählt wurde wie der erste: Es handelte sich um den noch völlig unbekannten, 33-jährigen Kölner Katholiken Heinrich Böll. Er schien allerdings in idealer Weise eine Verbindung von den Gründern der Gruppe zu einer nächsten Generation zu schlagen, auf den ersten Blick wirkte alles stimmig. Böll beschrieb wie kein anderer das Trauma des Krieges und die Doppelmoral in der Zeit des »Wirtschaftswunders«. Der später als einer der Kritiker-Protagonisten der Gruppe berühmt gewordene Joachim Kaiser versetzte sich rückblickend in die Situation, in die Böll da 1951 geraten war: »Hans Werner Richter sah plötzlich den Böll und kannte ihn natürlich nicht, der Böll suchte da so rum, und Richter dachte dann: nanu, das scheint ja hier ein Handwerker zu sein. Der sah so aus wie ein Elektriker, der was reparieren will. Also, die hatten ja alle nichts anzuziehen! Verstehen Sie, ich ließ mir extra, als ich zur Gruppe 47 das erste Mal fuhr – ich verdiente ja schon ganz gut bei den ›Frankfurter Heften‹, weil ich so fleißig war –, da ging ich in Frankfurt zu einem Schneider und ließ mir einen schönen Anzug machen, so einen Freskoanzug und so, und fuhr da elegant hin. Und das war vollkommen idiotisch, das hätte man nicht zu tun brauchen. Denn die liefen dort alle so rum wie Autoren eben rumlaufen, die nichts verdienen und denen es auch egal ist, wie sie aussehen.«[1]

Es ging auch 1951 so kumpelhaft und rustikal zu wie am Anfang. Heinrich Böll bekam den Preis der Gruppe 47 mit nur einer Stimme Mehrheit zugesprochen. Der zweitplatzierte Milo Dor hatte mit seiner »Ballade vom menschlichen Körper«, einem realistischen Erlebnisbericht aus der Zeit der deutschen Okkupation in Jugoslawien, ebenfalls etliche Sympathien vor allem der älteren Gruppenmitglieder gewonnen. Beide brachten alle Voraussetzungen mit, um in der Gruppe 47 Anerkennung zu finden. Wie Dor lebte Böll an der Armutsgrenze und schlug sich mit seiner Frau und drei Kindern mit wechselnden Jobs durch. Seine ersten Buchveröffentlichungen erfolgten 1949 und 1950, doch bereits seit 1946 hatte er manisch geschrieben, um seine Kriegserfahrungen zu verarbeiten, nur das wenigste davon konnte er in in einigen Zeitungen unterbringen. Allein im Jahr 1947 füllte Böll 700 Manuskriptseiten, ohne dass er als Autor überhaupt wahrgenommen wurde.[2] Im Sommer 1950 stellte ihn das Statistische Amt Köln als Aushilfe zur Zählung der Gebäude und Wohnungen an. Im August schrieb er als Leiter eines »Volkszählungsbüros« mit einer Amtsstube in Merheim an seinen Freund Ernst-Adolf Kunz, wie viele Exemplare von seinem ersten Buch *Der Zug war pünktlich* seit dessen Erscheinen im Jahr 1949 verkauft worden waren: 145 Stück.[3] Die Kriegserfahrung und die deutsche Schuld stehen in all seinen Texten im Mittelpunkt. Von den Gründern der Gruppe 47 unterscheiden ihn vor allem seine katholische Prägung und sein Insistieren auf moralischen Fragen. In seinen frühen Erzählungen, die zum Teil erst nach seinem Tod 1985 veröffentlicht wurden, thematisiert er im Gegensatz zu fast allen Gegenwartsautoren unmissverständlich den deutschen Massenmord an den Juden. Auch in seinem Debüt taucht dieses Thema auf. Der Soldat Andreas ist ein tief gläubiger Katholik, und wenn er betet, dann betet er auch für die Juden – und man mag es als Vorwegnahme einer bestimmten Intertextualität sehen, wenn hier ausgerechnet der Geburtsort Paul Celans mehrmals genannt wird: Andreas wiederholt leitmotivisch seinen Ort »zwischen Lemberg und Czernowitz« und betet »besonders für die Czernowitzer Juden und für die Lemberger Juden, und in Stanislau sind auch sicher Juden, und in Kolomea«.[4]

Die Erzählung, die den Preis der Gruppe 47 bekam, ließ das aber nur ahnen. »Die schwarzen Schafe« wurde vor allem wegen ihres Humors ausgezeichnet. Es ist eine locker pointierte Geschichte um das »schwarze Schaf« einer bürgerlichen Familie, einen Nichtsnutz und Fantasten, der sich gleichwohl als Glückspilz entpuppt, und man merkt noch wenig von der satirischen Verve, mit der Böll auf der nächsten Gruppentagung, mit dem furiosen Text »Nicht nur zur Weihnachtszeit«, in die bundesdeutsche Wohlstands- und Wirtschaftswunderblase hineinstechen würde. »Die schwarzen Schafe« war taktisch klug ausgewählt, und Böll wird gewusst haben, warum er nicht aus dem zu dieser Zeit schon fast beendeten, düster grundierten Kriegsroman *Wo warst du, Adam?* vorlas – man sehnte sich offenbar schon nach neuen, nach anderen, etwas lustigeren Tönen. Dass Böll die vergleichsweise harmlosen »Schwarzen Schafe« aussuchte, weist schon voraus auf die spätere Praxis von Wettbewerbstexten, wie sie bei derlei Veranstaltungen üblich sind: in sich geschlossene Vorlesetexte, gut 30 Minuten lang, auf direkte Wirkung angelegt und nicht mit allzu komplexen formalen oder inhaltlichen Anforderungen. Böll hatte instinktiv die Erfolgskriterien bei der Gruppe 47 erfasst, die bei allen späteren Literaturevents noch weiter ausdifferenziert wurden.

Innerhalb kurzer Zeit wurde Heinrich Böll nach seinem Auftritt bei der Gruppe 47 einem größeren Publikum bekannt: Der Roman *Wo warst du, Adam?*, noch im eher entlegenen Middelhauve-Verlag erschienen, erhielt sehr gute Kritiken, Böll bekam Angebote von mehreren Verlagen, bis er sich für Kiepenheuer & Witsch entschied. Dort kam im Frühjahr 1953 der Roman *Und sagte kein einziges Wort* heraus. In ihm erklang der moralisch aufrechte, unverwechselbare Böll-Ton bis dato am reinsten. Seine Geschichte von den »Schwarzen Schafen«, bei der in den Pressereaktionen die »breite menschliche Substanz« und der »feine Humor« hervorgehoben wurden, stand in Bad Dürkheim schon für Bölls großen Durchbruch: Herausragende Kritiken gingen mit einem Verkaufserfolg einher.

Ein ganz anderes Echo fand Hermann Lenz, ein Generationskollege Bölls. Sein Auszug aus dem Roman *Nachmittag einer Dame*, dem ersten Teil der Trilogie *Der innere Bezirk*, erschien den meisten Teilnehmern der Tagung in der Welzheimer Laufenmühle im Herbst 1951 eher blass. Hans Werner Richter nahm Hermann Lenz 1962 auch nicht in den *Almanach der Gruppe 47* auf, der die seiner Meinung nach wichtigsten Autoren der Gruppe versammeln sollte. Rückwirkend erhielt der Auftritt von Lenz aber große Bedeutung: Der Autor wurde erst viel später entdeckt, nämlich durch einen Zeitungsartikel Peter Handkes 1973, der wenige Jahre später direkt zum Büchner-Preis führte. In seinem 1983 erschienenen Roman *Ein Fremdling* schilderte Lenz dann, verfremdet und in seinem charakteristischen autobiografischen Spiel von Nähe und Distanzierung, seinen Auftritt bei der Gruppe 47 – und dabei sind die Erfahrungen, Wahrnehmungen und Ansichten der Jahrzehnte bis 1983 stilisierend mit hineingenommen:

> Er erinnerte sich, daß er vom ersten Wort an gedacht hatte: die werden dich fertigmachen... Vielleicht hatte sich das auf die anderen übertragen, und es war für sie gewissermaßen ein Fressen gewesen, ihn zur Sau zu machen; denn die kamen ihm halt wie Fußballspieler vor.
> Auch nicht ganz richtig, dachte er, doch schien's ihm, als ob er alleine wäre. Und er ging in den Wald hinaus, wo er den mit dem runden Kopf und dem abgewendeten Brillengesicht sah. Der hatte über ihn auch nur Wegwerfendes verlauten lassen, und ein Mädchen, das neben ihm gesessen war, hatte angeekelt den Mund verzogen. (...) Man verstand sich nicht, und weshalb sollte man sich auch verstehen? Anno dreiunddreißig hast du ein Gedichtheft von dem da gekauft...[5]

Günter Eich kommt in der Wahrnehmung von Eugen Rapp, dem Protagonisten bei Hermann Lenz, genauso schlecht weg wie Ilse Aichinger – sie verbirgt sich offenkundig hinter jener »Schnippischen, die ihre Geschichte von rückwärts erzählt hatte« und »großartig gelesen« habe, wie einer sagt, »wie eine Schauspielerin«. Und auch Heinrich Böll, der bei Lenz als »Preisträger« der geschilderten Tagung fungiert, erscheint »mit dem breiten Gesicht«, das »Sympathie ausstrahlte«, eher dubios: »Der hat einfach alles, um was wir uns mühen müssen«, meint ein Herr mit Pudel, den Eugen Rapp nicht leiden kann (der Hund Walter Kolbenhoffs wird in der Gruppenhistorie gelegentlich anekdotisch zitiert). Die Erfolgreichen erscheinen dem Romanhelden jedenfalls durchweg suspekt, er plädiert offensiv für das Alleinsein, und er stellt fest: »Die hier wollten alles realistisch haben.« Dadurch kommt ihm sein eigenes Manuskript auch gleich »abgeschmackt« vor, »durch und durch faulig und als eine Frucht fehlgeleiteter Phantasie«.

Das wirkt jedoch vor allem wie eine Selbstvergewisserung des Schreibenden aus dem Jahre 1983: Vor Ort selbst, im Jahr 1951, war der vorherrschende Ton nämlich ein völlig anderer. Das geht aus der unmittelbaren Presseresonanz deutlich hervor. Die neue Generation interessierte sich nicht so sehr für Realismus. Der Beginn des Berichts im *Literarischen Deutschland* lautete: »›Bei der nächsten Erwähnung Kafkas bekomme ich einen Schreikrampf‹, rief einer der Diskussionsteilnehmer, als der schon zwanzig Mal beschworene Name des Magus von der Moldau zum einundzwanzigsten Mal zitiert wurde.«[6]

Dadurch, dass viele neue, jüngere Schriftsteller eingeladen waren, wurde zum ersten Mal in diesem Kreis klar, welch großen Einfluss die Entdeckung Franz Kafkas in der unmittelbaren Nachkriegszeit hatte. In der Gruppe 47 ging es generell weniger um Hemingway als vielmehr um Kafka. Und hier wurden plötzlich auch Generations- und Gruppengrenzen übersprungen.

Auffällig an der deutschen Nachkriegsliteratur ist generell, dass abseits der Gruppe 47 die konkrete Kriegserfahrung keineswegs im Vordergrund stand. Man suchte nach »höheren« Sinngebungen. Und da wurde man auf ungeahnter Seite schon früh fündig. Kafka tauchte, wie ein versunkenes Traumbild, als Gewährsmann von außen auf, den man mit dem metaphysisch situierten, zeitlosen deutschen »Geist« scheinbar mühelos in Einklang bringen konnte. Der erste überragende und alle Fraktionen übergreifende deutsche Romanerfolg nach dem Krieg, Hermann Kasacks *Die Stadt hinter dem Strom* aus dem Jahr 1948, war unverkennbar von dieser Lektüreerfahrung geprägt und zeigte das Selbstgefühl der vom Nationalsozialismus gezeichneten Deutschen in symbolisch überhöhten, kafkaesken Bildern.

Dabei war Hermann Kasack einer der wenigen, die man zu Recht als »innere Emigranten« bezeichnen konnte; sein im Marbacher Literaturarchiv liegendes, in großen Teilen unveröffentlichtes Tagebuch aus der NS-Zeit ist das seltene Zeugnis eines »redlichen« Deutschen, der unter den Verhältnissen existenziell litt. Kasack war zudem in den fünfziger Jahren als Literaturfunktionär ein Ausnahmefall: Er trat für Öffnung, Transparenz und Diskussion ein. Umso aussagekräftiger ist die Tatsache, dass sich im Duktus der Kafka-Szenarien alle Deutschen wiederfanden. Hier konnten sämtliche Fäden zusammentreffen: die Verdrängungsmechanismen der Täter und Mitläufer genauso wie die Selbstverortung der Jüngeren und Fragenden. Die inflationäre Kafka-Rezeption im Deutschland der fünfziger Jahre wurde natürlich maßgeblich von der unglücklichen Lesart Max Brods begünstigt, der Kafka ausschließlich als metaphysisch-religiösen Seher darstellte. Hier fühlte sich der »unbehauste Mensch« gern zu Hause.

Der Kafka-Sound sprach das Selbstgefühl vieler jüngerer Autoren im westlichen Nachkriegsdeutschland an. Er schien so hegemonial zu sein, dass der junge Akademiker Walter Jens, der sich noch nicht so recht zwischen akademischer Karriere und Literatur entschieden hatte, aber bereits verzweifelt nach einem Standpunkt für junge deutsche Autoren suchte, etwas patzig bekundete: »Ich habe vor fünf Jahren zum ersten Mal von Kafka gehört.«[7]

Die Causa Kafka kulminierte bei der Lesung von Ilse Aichinger. Sie hatte bereits 1948, im Alter von 27 Jahren, ihren Roman *Die größere Hoffnung* veröffentlicht, der die vorangegangenen apokalyptischen Erfahrungen der Autorin – sie stammte aus einer jüdischen Familie in Wien – in literarische Bilder überführte. Aichinger wurde Hans Werner Richter empfohlen, und sie las in Bad Dürkheim die Geschichte »Der Gefesselte«, die wie der Roman mit großer Symbolik arbeitete: Ein Mann gewöhnt sich so sehr an seine Fesseln, dass er darin seine wirkliche Freiheit findet und in Sklaverei verfällt, als man ihm seine Fesseln löst. Heinz Ulrich berichtete darüber in der Hamburger *Zeit*: »Da versprach sich der Lektor ihres eigenen Verlages, indem er sie schützen wollte, und begann: ›Ich glaube, man tut Fräulein Kaf... äh Aichinger unrecht.‹«[8]

In Hans Werner Richters Erinnerungen taucht ein Satz von Ilse Aichinger auf, den er eher beiläufig vermerkt. Manchmal täuschen ihn in seinen Jahrzehnte später niedergeschriebenen Berichten zur Frühzeit der Gruppe 47 die Erinnerung und das Wissen um die spätere Entwicklung, aber die Bemerkung in seinem 1986 erschienenen Porträtband *Im Etablissement der Schmetterlinge* fängt die damalige Atmosphäre auf bezeichnende Weise ein. Richter skizziert einen Tag, den er im Frühjahr 1952, vier Wochen vor der Tagung im Ostseebad Niendorf, mit Ilse Aichinger auf ausgedehnten Spaziergängen in Wien verbrachte: »Nie erwähnte sie in dieser Unterhaltung ihre Vergangenheit, etwa im Dritten Reich. Es war, als hätte sie selbst den Mantel des Vergessens darübergehängt. Nur einmal sagte sie: ›Hier, an dieser Stelle, habe ich gestanden, als meine Verwandten abtransportiert wurden.‹ Diesen Satz habe ich behalten. Bis heute. Damals fragte ich nicht weiter, vielleicht aus Angst, mehr zu erfahren, als ich hören wollte.«[9]

Es ist vermutlich tatsächlich so, dass Hans Werner Richter nicht mehr hören wollte – dass er sich außerstande sah, mehr zu verarbeiten, als er in dieser Zeit verarbeiten konnte. Die vage Formulierung über die »Vergangenheit« der Jüdin, »etwa im Dritten Reich«, zeigt noch 1986, dass da ein wunder Punkt in der Selbstsicht Hans Werner Richters war, eines seit der unmittelbaren Nachkriegszeit durchaus aufrechten, fortschrittlichen, an demokratischer Diskussion interessierten Deutschen. Richter schien die Sache vor allem peinlich zu sein – unmittelbar betroffen fühlte er sich nicht. Ilse Aichinger erregte in der Gruppe 47 auch keineswegs als Jüdin Aufsehen. In erster Linie nahm man sie als äußerst attraktiv wahr. Es gab stets relativ wenige Frauen in der Gruppe 47, in den Anfängen ging Ilse Schneider-Lengyel vor allem als Exotin durch. Ilse Aichinger muss in Bad Dürkheim eine große Wirkung gehabt haben. Richter versucht das ironisch und humorvoll zu wenden, er vermerkt, dass der Intendant des Nordwestdeutschen Rundfunks, Ernst Schnabel, den er in diesem Zusammenhang nicht mit Namen nennt, zu den beharrlichsten Verehrern von Ilse Aichinger gezählt habe – der Intendant habe »ein wenig die Contenance verloren« und wollte sie zu einer Fahrt mit seinem »nagelneuen Motorrad« einladen, »was zu jener Zeit eine Sensation war«. Auf der nächsten Tagung, in der Laufenmühle bei Welzheim im Schwäbischen, rief Aichinger Richter mit dem Hinweis zu Hilfe, in ihrem Bett liege ein nackter Mann. Richter stellte sofort einen »hoffnungsvollen jungen Lyriker«, der aber behauptete, er habe sich im Zimmer geirrt. Richter berichtet weiter: »Ich sah mich in dem Zimmer um. Es war ein verhältnismäßig großes Zimmer, mit einem Doppelbett in der Mitte und einer Couch in einer Ecke. Auf der Couch lag eine Decke, nicht zusammengelegt, sondern unordentlich hingeworfen. Ich konnte mich von dem Anblick der Decke nicht trennen. Sie war merkwürdig aufgebauscht, so, als läge jemand darunter. Ich ging hin und zog die Decke zurück und erschrak. Da lag Heinrich Böll, schlafend oder scheinbar schlafend. Ich weiß nicht mehr, was ich zu ihm gesagt habe. Ich glaube, er hat mir geantwortet, dies sei ein Scherz, und wahrscheinlich war es das auch. Solche Scherze waren ja üblich in diesen ersten Nachkriegsjahren, und niemand hat sie übelgenommen.«[10]

Als Ilse Aichinger in Bad Dürkheim zur Gruppe 47 stieß, kam sie wohl aus Ulm angereist – sie stand in Kontakt mit Inge Scholl, die dort an den Vorbereitungen für die »Hochschule für Gestaltung« mitwirkte. Armin Eichholz, der für die von den Alliierten ins Leben gerufene *Neue Zeitung* in München schrieb, akzentuierte diesen Aspekt, als er über die Herbsttagung 1951 in der Laufenmühle im Welzheimer Wald berichtete. Er charakterisiert Ilse Aichinger zunächst als »hübsch, hintergründig, arbeitet an der Ulmer Volkshochschule, von ihrem letzten 3000-Auflage-Roman sind noch einige Exemplare zu haben«, und dann vermerkt er, dass sie zufällig die Aufnahmebedingungen der »Laufenmühle«, eines Kinderheims, entdeckt und den Gruppenmitgliedern sogleich augenzwinkernd vorgelesen habe: Das Heim nehme auch Kinder auf, »die wegen konstitutioneller Schwäche, auftretenden Entwicklungshemmungen oder aus sonstigen Gründen einer besonderen Pflege und Erziehung bedürfen«.[11] Offenkundig hatte sie dabei auch die Kinderkrankheiten der Gruppe 47 im Blick. Bei der Tagung im Frühjahr 1952, so berichtete es Hans Georg Brenner in der Zeitschrift *Die Literatur*, beteiligte sie sich zudem an der Lesungskritik: Den »gehämmerten Surrealismen« von Hans Dieter Schwarze habe sie »mit zorniger Ungeduld« vorgeworfen, hier handele es sich um »Virtuosität ohne Risiko«.[12]

In Niendorf, im Mai 1952, erhielt Ilse Aichinger mit ihrer »Spiegelgeschichte« den zum dritten Mal vergebenen Preis der Gruppe 47 – auch dies eine Preisvergabe, die unmittelbaren Einfluss auf die Lesebücher der kommenden Jahrzehnte hatte. Hans Georg Brenner fasste die unmittelbare Wirkung des Textes so zusammen: »Ihre ›Spiegelgeschichte‹ der rückwärtige Ablauf eines Mädchenlebens, in dessen

Virtuosität mit Risiko: Das Hochzeitsfoto von Ilse Aichinger und Günter Eich. Links neben Aichinger steht als Trauzeuge Hans Werner Richter

Spiegelschau Tod und Geburt eins werden, ist vielleicht die seltsamste, zarteste deutsche Prosa der Nachkriegszeit, ein unheimlich vibrierendes Geheimnis, das sich keusch verhüllt. Hier räumte die oft vorwitzige Kritik das Feld einem sonst nicht üblichen Beifall.«[13] Das war tatsächlich ein Phänomen. Hans Werner Richter schildert es so: »Am Ende ihrer Lesung gab es Beifall, was nicht üblich war, und ich verbot es sofort, was einigen missfiel.« Richter kommt anschließend auch auf die Auflösung jenes offenkundig virulenten Konfliktfelds zu sprechen, das sich in der Gruppe aufgebaut hatte. Auf der Herbsttagung 1952, auf Burg Berlepsch bei Göttingen, war Ilse Aichinger nämlich schon vergeben. Richter erwartete seine Gäste im Vorhof der Burg: »Da kam ein silbergrauer Volkswagen vorgefahren und stoppte direkt vor meinen Füßen. Hinter der Windschutzscheibe lachten mich zwei Gesichter an: Ilse Aichinger und Günter Eich. Sie wollten mich überraschen, und das war ihnen gelungen. Kurz darauf heirateten sie.«[14]

Es steht womöglich auch mit dieser Heirat in Zusammenhang, dass Ilse Aichingers Stern in der späteren Geschichtsschreibung der Gruppe 47 fast verblasste. In Niendorf, im Mai 1952, trat nämlich Ingeborg Bachmann zum ersten Mal auf, und sie wirkte auf die männlichen Protagonisten weitaus geheimnisvoller als die eher mädchenhafte Ilse Aichinger. Hans Werner Richter hatte Ilse Aichinger Anfang 1952 in Wien aufgesucht, nach deren ersten Auftritten bei der Gruppe, und in seiner Erinnerung war Ingeborg Bachmann als deren beste Freundin fast immer dabei; so habe er sie kennengelernt. Die enge Freundschaft zwischen den beiden Frauen wurde erst schwieriger, als sich ihre Lebenssituationen entscheidend änderten: Bachmann warf Aichinger später vor, sie habe sich zu sehr in die Rolle der Ehe- und Hausfrau gefügt.

Richter kam 1952 unter anderem nach Wien, um im Sender Rot-Weiß-Rot ein Interview mit dem aus dem Exil zurückgekehrten und einflussreichen Schriftsteller Hans Weigel zu führen, den er auch zur Gruppe 47 einlud. Bachmann war bei diesem Sender Redakteurin. Richter hatte sie aber schon durch Aichinger kennengelernt, und als er zum vereinbarten Termin in den Sender kam, geschah seiner – vermutlich eher hagiografischen – Schilderung nach Folgendes: »Sie hatte mir ihre unveröffentlichten Gedichte auf einen sonst ganz leeren

Schreibtisch gelegt und mich über eine halbe Stunde warten lassen, so daß mir gar nichts anderes übriggeblieben war, als diese Gedichte zu lesen. Sie klapperte inzwischen in einem Zimmer nebenan auf einer Schreibmaschine, und als sie wieder hereinkam, fragte ich sie, wer denn diese Gedichte geschrieben habe, und sie antwortete errötend: ›Ich.‹ Schon am Nachmittag lud ich sie ebenfalls zu der Tagung ein und auf ihren Wunsch auch gleich einen Freund, der in Paris lebte, Paul Celan hieß und ebenso unbekannt war wie sie selbst. Ich fragte Ilse, ob ich richtig gehandelt hätte, und sie bejahte es.«[15]

Die wahren Abläufe sind nicht mehr rekonstruierbar, und zu vermuten ist, dass Hans Werner Richter sie im Wissen um die spätere Bedeutung eher schönt. Die literaturgeschichtliche Dimension, die in dieser Einladung lag, war ihm, nach den vorhandenen Dokumenten zu urteilen, selbst während und nach der Niendorfer Tagung nicht klar. Ingeborg Bachmann und Paul Celan indes traten dadurch ins Rampenlicht der literarischen Öffentlichkeit, beide wurden auf verschiedene Weise berühmt. Noch lange nach dem Tod der beiden Dichter war aber völlig unbekannt, dass es eine gemeinsame Geschichte und vor allem Vorgeschichte gibt. Sie ist auch für die Geschichte der Gruppe 47 nicht zu unterschätzen.

Bachmann und Celan verbrachten im Frühling des Jahres 1948 einige Wochen zusammen in Wien. Er war 27 Jahre alt, sie noch nicht einmal 22. Die Personen, die sich da begegneten, hatten wenig mit denen zu tun, die in den siebziger und achtziger Jahren die Lesebücher und Seminare beherrschen sollten. Als Celan nach Paris zog und Bachmann ihn im Herbst 1950 dort besuchte, wurden die Spannungen zwischen ihnen jedoch größer – zwischen dem Czernowitzer, knapp dem Massenmord an den Juden entronnen, und der Klagenfurterin, die diese Stadt mit Adolf Hitler teilen musste, dem auf dem Balkon des Hotels »Sandwirt« frenetisch zugejubelt worden war. Celan heiratete bald darauf Gisèle de Lestrange, Bachmann hingegen zeigte sich, wie im Briefwechsel der beiden nachzulesen ist, weiter von ihm affiziert. Es war die Zeit, in der sie ihren Band *Die gestundete Zeit* zusammenstellte und sich in etlichen Gedichten an Celan abarbeitete, mit vielen wörtlichen Zitaten und Anspielungen.

Das lange Zeit einzige Foto, das von Bachmann und Celan gemeinsam existierte, wurde auf der Niendorfer Tagung der Gruppe 47 aufgenommen. Bachmann blickt dabei fast ängstlich zu Celan auf, Celan wirkt dagegen starr, wie in sich gefangen. Es war eine merkwürdige Konstellation: Celan hatte sich wenige Monate zuvor brüsk von Bachmann abgewandt, jetzt allerdings waren die beiden durch die Chance verbunden, in den deutschen Literaturbetrieb aufgenommen zu werden. Ingeborg Bachmann hatte bis zum Schluss mit dem Gruppenchef Hans Werner Richter um die Teilnahme Celans gekämpft. Im unmittelbaren Vorfeld wird ihre Sorge spürbar, Celan könne kurzfristig noch alles absagen: »Und lies unbedingt die ›Todesfuge‹ – trotz allem – denn ich glaube, die Gruppe 47 ein wenig zu kennen.«[16]

Es ist verbürgt, dass Celan neben der »Todesfuge« das in diesem Umfeld ebenfalls provozierende Gedicht »In Ägypten« las, und das ist, für alle anderen nicht erkennbar, ein Widmungs- und Liebesgedicht an Ingeborg Bachmann. Eine Abschrift dieses Gedichts vom 23. Mai 1948 ist das einzige direkte Zeugnis aus dem nunmehr weit zurückliegenden, aber für Ingeborg Bachmann schnell mythisch gewordenen gemeinsamen Frühling:

In Ägypten

Du sollst zum Aug der Fremden sagen: Sei das Wasser.
Du sollst, die du im Wasser weißt, im Aug der Fremden suchen.
Du sollst sie rufen aus dem Wasser: Ruth! Noemi! Mirjam!
Du sollst sie schmücken, wenn du bei der Fremden liegst.
Du sollst sie schmücken mit dem Wolkenhaar der Fremden.
Du sollst zu Ruth und Mirjam und Noemi sagen:
Seht, ich schlaf bei ihr!
Du sollst die Fremde neben dir am schönsten schmücken.
Du sollst sie schmücken mit dem Schmerz um Ruth, um
   Mirjam und Noemi.
Du sollst zur Fremden sagen:
Sieh, ich schlief bei diesen![17]

In diesem Gedicht ist für Celan das Leitmotiv seiner Beziehung zu Ingeborg Bachmann angeschlagen, und dass er es ausgerechnet bei ihrer Wiederbegegnung in Niendorf vor lauter Fremden las, ist eine geheime Verbindung, die nur Bachmann entschlüsseln konnte. Für die übrigen Anwesenden konnte nur eines hörbar sein: Ruth, Noemi und Mirjam sind alttestamentarische Namen, es geht um das jüdische Exil – im Alten Testament ist es Ägypten. Celan, der Jude aus Czernowitz, zählt im Duktus der Gebote Mose jüdische Frauennamen auf, aus früherer, verlorener Zeit, und stellt ihnen jetzt in Wien die »Fremde«, die Nichtjüdin, gegenüber. Die Fremde – durch die als Dokument erhaltene Widmung konkret als Ingeborg Bachmann erkennbar – nimmt das Vermächtnis der jüdischen Freundinnen auf, sie wird dadurch für Celan zum Medium der Sprache selbst – seiner Sprache.

Ruth, Noemi und Mirjam: Diese jüdischen Frauennamen wurden von Celan in Niendorf in einem ungewohnten, hohen, getragenen Ton ausgesprochen, in der Tradition der romantischen, deutschen Lyrik, der Habsburger-Kultur und Rilkes. Das musste vor deutschen Kriegsteilnehmern, die sich zum Teil immer noch in der Landsersprache ausdrückten, in erster Linie befremdend wirken. Die Berichte darüber, wie Celans Lesung in Niendorf aufgenommen wurde, vor allem seine eigenen, sind allerdings eher verwirrend. Die entscheidenden Momente schildert Celan seiner Frau Gisèle gegenüber so: »Erster Waffengang. Lesungen, dann Stellungnahme der ›Kritik‹. Worte, mit oder ohne inneren Horizont. Aber zumindest gut gesagt, an diesem ersten Tag. Vor den Fenstern, in 20 Meter Entfernung, das Meer, das Meer, ein immer neues Schenken... Um neun Uhr abends war die Reihe an mir. Ich habe laut gelesen, ich hatte den Eindruck, über diese Köpfe hinaus – die selten wohlmeinend waren – einen Raum zu erreichen, in dem die ›Stimmen der Stille‹ noch vernommen wurden... Die Wirkung war eindeutig. Aber Hans Werner Richter, der Chef der Gruppe, Initiator eines Realismus, der nicht einmal erste Wahl ist, lehnte sich auf. Diese Stimme, im vorliegenden Falle die meine, die nicht wie die der andern durch die Wörter hindurchglitt, sondern oft in einer Meditation bei ihnen verweilte, an der ich gar nicht anders konnte, als voll und von ganzem Herzen daran teilzunehmen – diese Stimme mußte angefochten werden, damit die Ohren der Zeitungsleser keine Erinnerung an sie behielten ... Jene also, die die Poesie nicht mögen – sie waren in der Mehrzahl – lehnten sich auf. Am Ende der Sitzung, als man zur Wahl schritt, haben sich sechs Personen an meinen Namen erinnert. Aber dieser Bericht vereinfacht die Dinge ein wenig, ich werde Ihnen die Einzelheiten in einigen Tagen in Paris erzählen.«[18]

Celan spricht hier von seinem hohen Verständnis von Poesie, er setzt sich quasi mit der »Poesie« gleich. Und er sieht sich in einer Linie mit Rilke, dessen Valéry-Übersetzung des »Friedhofs am Meer« (»das Meer, das Meer, ein immer neues Schenken«) er identifikatorisch zitiert. Dabei wendet er sich vor allem gegen die »Zeitungsleser«, er wendet sich ausdrücklich gegen den Realismusbegriff Hans Werner Richters. Die wichtigste und am häufigsten zitierte Erinnerung an Celans Lesung von einem der anderen Teilnehmer stammt von Walter Jens aus dem Jahr 1976, und sie ist nicht als direktes atmosphärisches Dokument zu begreifen – Celan ist zu diesem Zeitpunkt bereits tot und der meistinterpretierte Lyriker der Gegenwart: »Als Celan zum ersten Mal auftrat, da sagte man: ›Das kann doch kaum jemand hören!‹, er las sehr pathetisch. Wir haben darüber gelacht. ›Der liest ja wie Goebbels!‹ sagte einer. Er wurde ausgelacht, so daß dann später ein Sprecher der Gruppe 47, Walter Hilsbecher aus Frankfurt, die Gedichte noch einmal vorlesen mußte. Die ›Todesfuge‹ war ja ein Reinfall in der Gruppe! Das war eine völlig andere Welt, da kamen die Neorealisten nicht mit, die sozusagen mit diesem Programm groß geworden waren.«[19]

Der Goebbels-Vergleich stammte von Hans Werner Richter. Allerdings äußerte er ihn nicht in der gruppeninternen Diskussion direkt nach der Lesung, sondern in einem engeren Rahmen, informell, beim Mittagessen. Sein Eintrag ins Tagebuch, nachdem er vom Freitod Celans 1970 erfahren hatte, ist das genaueste Zeugnis für den Vorgang. Es ist vor dem Hintergrund zu verstehen, dass Celan mittlerweile ein berühmter, unantastbarer Autor geworden war und Richter gegen ein Schuldgefühl ankämpfte, das er nicht wahrhaben wollte: »Paul Celan hat sich das Leben genommen. Er ist, wie vor zehn Jahren Louis Clappier[20], in die Seine gegangen. In den Nachrufen wird kaum oder eigentlich gar nicht erwähnt, daß er durch die Gruppe 47 bekannt wurde. Das war im Mai 1952 in Niendorf. (...) Es wurde sein erster großer Erfolg. Sein Aufstieg war, wie auch der Aufstieg Ingeborg Bachmanns, kometenhaft. Zwar bekam Ilse Aichinger den Preis auf dieser Tagung, aber die eigentlichen Entdeckungen waren Paul Celan und Ingeborg Bachmann. Ich wußte damals noch nicht, daß Ingeborg die Geliebte Paul Celans gewesen war, ja, daß er sie in ihrer Lyrik maßgeblich beeinflusst hatte. So kam es zu seltsamen Zwischenfällen. Nach der Lesung Celans beim Mittagessen hatte ich ganz nebenbei und ohne jede Absicht gesagt, daß die Stimme Celans mich an die Stimme Joseph Goebbels' erinnere. Da beide Eltern Celans von der SS umgebracht wurden, kam es zu einer dramatischen Auseinandersetzung. Paul Celan verlangte Rechenschaft und versuchte mich in die Position eines ehemaligen Nationalsozialisten zu drängen. Ilse Aichinger und Ingeborg Bachmann weinten und baten mich unter wahren Tränenströmen immer wieder, mich zu entschuldigen, was ich dann schließlich tat. Trotzdem, Paul Celan hat es mir nie vergessen.«[21]

Dieser zunächst privat niedergeschriebene Text ist ein beredtes Zeugnis für die Konstellation. Die »seltsamen Zwischenfälle« sind für Richter 1970 immer noch in erster Linie die »wahren Tränenströme« von Ilse Aichinger und Ingeborg Bachmann. Er selbst ist durchdrungen davon, immer ein Gegner des Nationalsozialismus und gerade in der ersten Phase nach der Gründung der Bundesrepublik einer der wenigen konsequenten Verfechter eines neuen, demokratischen Deutschlands gewesen zu sein. Dass er mit seinem ungeheuren Goebbels-Vergleich Celan im Tiefsten treffen musste, will er nicht wahrhaben. Zwischen den Zeilen spürt man allerdings durchaus seine Fassungslosigkeit, sein Schuldgefühl und seine Überforderung, damit umzugehen.

Richters Fauxpas ist nur vor dem Hintergrund seiner spezifischen Zielvorstellungen und Abneigungen zu verstehen. In der Weimarer Republik links, wenn auch nicht parteidogmatisch engagiert, während der Zeit des Nationalsozialismus mehr oder weniger untergetaucht, versuchte er nach dem Zweiten Weltkrieg, die NS-Sprache zu decouvrieren und das falsche Pathos, den Schwulst von überladenen Metaphern und aggressiver Rückwärtsgewandtheit zu attackieren. Richter, für den die moderne Lyrik eher ein Buch mit sieben Siegeln war, sah in

Celans Gedichten vor allem Gemeinsamkeiten mit Stefan George und ähnlichen Sehern mit priesterlichem Habitus, mit jener weihevollen und raunenden Pose also, die er vehement ablehnte. Dass Celan Jude war und in einer anderen Tradition schrieb, interessierte ihn dabei nicht, und damit entsprach Richter, sosehr er sich auch dagegen zu wenden versuchte, auf seine Weise der allgemeinen Verdrängung, die in Nachkriegsdeutschland herrschte.

Es scheint grotesk, wie verschieden die antifaschistischen Welten sind, die hier aufeinanderprallen: Richter sagt »Goebbels« und meint das als Symbol für alles, was er ablehnt – und er bringt damit einen Juden in Verbindung, der der Verfolgung durch Goebbels knapp entronnen war! In Richters Bewusstsein war der deutsche Massenmord an den Juden aber durchaus anwesend. Das Magazin *Der Spiegel* schrieb 1952 über das Scheitern der von Richter einige Monate lang herausgegebenen Zeitschrift *Die Literatur*: »Für die Tatsache des Nichterfolges fand Hans Werner Richter eine Erklärung: ›Es fehlen heute in Deutschland 50000 literarisch interessierte Juden, die es vorher gab.‹«[22]

Celan, der die politische Haltung Richters kannte und über weite Strecken teilte, sah in Richters fataler Bemerkung am Mittagstisch in erster Linie das monströs Absurde und schien in der Lage zu sein, dies als Ausdruck der ästhetischen Begrenztheit Richters und weniger als konstitutiven Antisemitismus zu sehen. Im Nachlass Hans Werner Richters findet sich eine Widmung, die Celan zehn Jahre später, am 1. Juni 1962, in ein Exemplar seiner Übersetzungen von Gedichten Alexander Bloks schrieb: »Für Hans Werner Richter, in Erinnerung an Niendorf, Mai 52, und Frankfurt, Mai 62, herzlich, Paul Celan«.[23] Das sagt zwar nicht viel aus, aber immerhin doch etwas. In dieser Zeit bemühte sich Celan, sich gegen Plagiatsvorwürfe der Witwe Yvan Golls zu wehren, und unterstellte zusehends auch wohlmeinenden Freunden, ihn zu hintergehen.

Über das Frankfurter Gespräch zwischen Richter und Celan im Mai 1962 wissen wir wenig. Celan suchte in dieser Zeit zunehmend verzweifelt Solidarität. Die gut gemeinten Unterstützungsversuche von Freunden, die in der taktischen Sprache des Literaturbetriebs sprachen, enttäuschten ihn (sogar die von Ingeborg Bachmann oder Klaus

Demus); er überwarf sich in dieser Zeit mit den meisten deutschen Gesprächspartnern. Es war unverkennbar, dass Celan immer stärker unter einer psychischen Erkrankung litt. Die erste akute Attacke wurde vom 31. Dezember 1962 bis zum 17. Januar 1963 in Épinay-sur-Seine behandelt, nachdem Celan bei der Rückfahrt aus dem Skiurlaub einer zufällig mit im Abteil sitzenden Frau den gelben Schal weggerissen hatte, weil er ihn für einen Judenstern hielt.

Der Anlass für das Gespräch zwischen Celan und Richter war, dass dieser den inzwischen mit dem Büchnerpreis ausgezeichneten Dichter gern im *Almanach der Gruppe 47* vertreten wissen wollte, der zum 15-jährigen Jubiläum 1962 im Rowohlt-Verlag erscheinen sollte. Das Gespräch zwischen den beiden muss sich vor allem um Politik gedreht haben – Richter engagierte sich Anfang der sechziger Jahre für einen Regierungswechsel in Bonn und unterstützte den Sozialdemokraten Willy Brandt. In einem Brief an den Lektor seines damaligen Verlages S. Fischer, Klaus Wagenbach, vom 5. August 1962 blickt Celan auf das Gespräch mit Richter zurück: »Hans Werner Richter habe ich, weil er sich zum Sozialismus bekennt, die Hand angeboten.«[24] Und an Richter selbst schreibt er am 2. August, nachdem er ihm das Exemplar seiner Blok-Übersetzung gewidmet hat: »Nehmen Sie bitte keinen Anstoß an der kleinen Notiz in meiner Übersetzung der ›Zwölf‹. Ich wollte das Gedicht ohne jede Notiz wirken lassen. Daß ich dann *diese* schrieb, hängt mit meinen damaligen Vorstellungen zusammen, gewiß; sie ist auch dokumentierbar, aber sie hat eben, wie alles, ihr Datum in der Zeit.«[25]

Die betreffende »Notiz« handelt vom Sozialismus, sie handelt von der Erfahrung, die Blok mit der russischen Revolution von 1917 gemacht hat. Celan schreibt: »›Im Einklang mit den Elementen‹ (so berichtet eine Tagebuch-Notiz Blocks) niedergeschrieben, wuchs das Gedicht von seiner Mitte her: das achte, mit den Worten ›O du Gram und Kümmernis‹ anhebende, mit dem Wort ›Ödigkeit‹ ausklingende Stück war das erste. Man darf es wohl als das Herzstück ansehen.«[26]

Im Zentrum der Revolution also: »Ödigkeit«. Dass Celan in seinem Brief an Richter darauf Bezug nimmt, lässt den Verlauf des Gesprächs erahnen: Beide sprachen über ihre Vorstellungen und Erfahrungen mit dem Sozialismus, und sie erkannten dabei grundsätzliche Gemeinsamkeiten. Es kam offenkundig zu einem beiderseitigen Verständnis – und das in der für Celan emotional stark aufgeladenen Situation während der Plagiatsvorwürfe! Zehn Jahre nach Niendorf sah Celan in Richter, gerade nach dem persönlichen Gespräch, einen potenziellen Partner.

1952 war die Mehrheit der Schriftsteller der Gruppe 47 sehr auf die Vergangenheit als Soldat der Wehrmacht fixiert und verknüpfte damit bestimmte literarische Vorstellungen für das Deutschland der fünfziger Jahre. Die Literatur der Moderne, die internationalen Strömungen blieben der Gruppe 47 bis weit in die Mitte der fünfziger Jahre hinein sehr fremd. Und dabei war die Gruppe das einzige Forum jenseits der verstockten und verschmockten offiziellen Literatur der Bundesrepublik unter Konrad Adenauer! Angesichts dessen ist es durchaus überraschend, dass der bis dato völlig unbekannte und sich vom Mainstream der Gruppe eklatant unterscheidende Celan auf dem Niendorfer Treffen erstaunlich gut abschnitt. Den Preis der Gruppe 47 erhielt zwar Ilse Aichinger, auch sie ja eine Autorin mit jüdischem Hintergrund, aber

Ein neu entdecktes Foto: Die Wiener Szene 1952 auf der Tagung in Niendorf an der Ostsee. Von links: Paul Celan, Milo Dor, Hans Weigel, Ilse Aichinger, Reinhard Federmann. Vorne: Hans Werner Richter und Ingeborg Bachmann

Celan bekam immerhin die dritthöchste Wertung. Neben der unseligen Tischbemerkung Richters sind keine konkreten Belege über celankritische Äußerungen bekannt. In mehreren Briefen an seine Frau betont Celan in erster Linie, dass er Verleger kennengelernt und erfreulich hohe Rundfunkhonorare erhalten habe. Bereits Ende desselben Jahres erschien tatsächlich sein erster Gedichtband in Deutschland – der Cheflektor der Deutschen Verlags-Anstalt hatte ihm während der Gruppentagung einen Vertrag angeboten. Celan erhielt auch künftig immer wieder Einladungen zu Treffen der Gruppe 47. Die Einladung nach Rom im Frühjahr 1954 etwa lehnte er bedauernd ab, um aber sofort den Wunsch zu äußern, dann im Herbst zu kommen.

In seinen Einschätzungen der Gruppe 47 ist Celan seiner Frau Gisèle gegenüber relativ zurückhaltend und vorsichtig, vielleicht wollte er sie schonen. Im Brief an seinen Wiener Freund Klaus Demus über die Niendorfer Tagung aber fällt auf, wofür er sich wirklich interessierte: »Mein guter Klaus, es ist so schwer zu sagen, was ich von all dem halten soll – es war aufregend und dennoch beinah ganz ohne Niveau. Inge hat mich wieder sehr enttäuscht. Sie hat mich nämlich wieder verleugnet und es sogar so weit gebracht, sich gegen mich ausspielen zu lassen: ihre Gedichte, nicht die meinen, blieben die gültigen, und sie ließ es sich, lächelnd vor Glück, gefallen, als die Dichterin angesprochen zu werden ... Und dieser Erfolg hat nun keineswegs rein literarische Ursachen. Und dann kam sie und fragte mich, ob ich sie heiraten wolle. Und kam und bat mich um einen Titel für eines ihrer Gedichte, das nun in der *Literatur*, der Zeitung der Gruppe 47, erschienen ist. Ich fand diesen Titel – ich griff eine ihrer Gedichtzeilen heraus – und man beglückwünschte sie dazu. Sie nahm das an und freute sich. Vor meiner Abreise kam sie dann für einen Augenblick auf mein Zimmer, spielte die völlig Zerstörte und bettelte um ein Stückchen Zukunft. Ich schenkte es ihr. Ich war dort oben beleidigt worden: H.W. Richter, der Inge nach Hamburg gebracht hatte, sagte nämlich, meine Gedichte seien ihm auch darum so zuwider gewesen, weil ich sie im ›Tonfall von Goebbels‹ gelesen hätte. Nach der Lesung der Todesfuge! Und so etwas muß ich erleben! Und zu so etwas schweigt Inge, die mich zu dieser Reise mitveranlaßt hatte!«[27]

Seinem Freund gegenüber stand für Celan also die literarische Rivalität zu seiner Schülerin Ingeborg Bachmann eindeutig im Vordergrund – und die von ihm als ungerecht empfundene Tatsache, dass sie seiner Meinung nach mehr Erfolg hatte als er. »Und dieser Erfolg hat nun keineswegs rein literarische Ursachen«: Dass dabei auch erotische Motive eine Rolle spielten, wurde von etlichen Teilnehmern bezeugt. Die »Gedichtzeile«, die Celan für Bachmann »herausgriff«, stammt im Übrigen wohl von ihm selbst. In seinem Gedicht »Corona«, das im Zusammenhang mit der Liebesbeziehung zu Ingeborg Bachmann 1948 steht, finden sich die Zeilen:

> Mein Aug steigt hinab zum Geschlecht der Geliebten:
> wir sehen uns an,
> wir sagen uns Dunkles,
> wir lieben einander wie Mohn und Gedächtnis,
> wir schlafen wie Wein in den Muscheln,
> wie das Meer im Blutstrahl des Mondes.

»Dunkles zu sagen«: Das wird nun der Titel eines Gedichts von Ingeborg Bachmann, das auf geheime Weise mit Celan in Korrespondenz steht und das sie in Niendorf vorgetragen hat – beziehungsweise der Kollege, der ihr beigesprungen war, als ihr die Stimme versagte. Sie nimmt es wenige Monate später auch in ihren berühmt gewordenen Band *Die gestundete Zeit* auf.

Bachmann inszenierte sich nach Celans Meinung auf der Niendorfer Tagung zu sehr als Dichterin, und er selbst sei als solcher zu wenig erkannt worden. Das schien ihm bei der Beurteilung des Gruppentreffens der entscheidende Punkt zu sein. Für Celan war dies, in seiner unmittelbaren Reaktion, anscheinend mindestens genauso bedrängend wie Richters gedankenlose Monströsität am Mittagstisch. Verblüffend aber ist die Karte, die Celan nur wenige Tage später an Demus schreibt. Der veränderte Ton hat offenkundig damit zu tun, dass Celan soeben eine erfolgreiche Lesung in einer kleinen Zimmergalerie in Frankfurt am Main absolviert hat: »Kläuschen, mein Brief war im Affekt geschrieben, er war zum Teil ungerecht und dumm.

Inge hat eine so schöne silberne Stimme. Und außerdem steht ihr der neue Mantel so gut!«[28]

Celan war keineswegs ausschließlich der große Leidende, der an seinem Schicksal schwer tragende unverstandene Lyriker, wie er in vielen Darstellungen heute erscheint. Aber eines ist auffällig: Er reagierte auf alle kritischen und verständnislosen Reaktionen, die seine Gedichte betrafen, äußerst empfindlich. Obwohl er durchaus Erfolg hatte, standen seine Fassungslosigkeit, seine Gekränktheit, wenn ihn jemand aus Konkurrenz, aus Neid oder einfach nur aus Unvermögen links liegen ließ, sofort im Mittelpunkt. Diese Empfindlichkeiten, diese Verletzlichkeit als Dichter sind in fast allen seinen Briefen spürbar – auch und gerade in den frühesten, etwa an seine Frau. Diese Stimmungslagen sind nicht von vornherein gleichzusetzen mit seiner Sensibilität für den weiterhin existierenden Antisemitismus in Deutschland, für das latente Schuldgefühl, den Tod seiner Eltern in den Vernichtungslagern Transnistriens überlebt zu haben. Die Mechanismen des Literaturbetriebs existierten auch unabhängig von den aktuellen politischen Strömungen. Aber mit der Zeit wurden bei Celan beide Gefühlsbewegungen miteinander verbunden. Der empfindsame Dichter und der Betroffene der Shoah wurden eins.

Celan achtete von Anfang an sehr genau auf die Kontinuitäten zwischen Nazideutschland und Adenauerrepublik. Aber es hatte auch widersprüchliche und nicht immer einfach nachvollziehbare Züge, mit welchen Kollegen er engeren Kontakt aufnahm und wie sich diese Beziehungen gestalteten. Auf der Tagung in Niendorf 1952 gingen mindestens drei Schriftsteller der Gruppe 47 bewusst auf ihn zu und suchten das Gespräch mit ihm. Daraus entstanden sehr unterschiedliche Briefwechsel: mit Paul Schallück, mit Rolf Schroers und mit Heinrich Böll. Derjenige mit Böll, dem berühmtesten Kollegen, ist dabei der am wenigsten umfangreiche. Aber Böll sprach so deutlich wie kaum ein anderer das aus, wofür Celan steht und was diesen Lyriker für Deutschland so bedeutsam macht. In einem Artikel in der *Kölner Rundschau* über Celan schreibt Böll 1954: »Unsere Kinder wissen nicht, was vor zehn Jahren geschehen ist. Sie lernen Namen von Städten kennen, mit deren Namen sich ein fader Heroismus verbindet: Leuthen,

Waterloo, Austerlitz, aber von Auschwitz wissen unsere Kinder nichts. Und wir, die es wissen, reden und denken darüber hinweg.«[29]

Celan wandte sich vorübergehend von Böll ab, als dieser ihn – oft wies er auf seine Arbeitsüberlastung hin – gegen Presseattacken nicht so unterstützte, wie Celan es sich gewünscht hätte. Auch mit Paul Schallück, der sich redlich um eine christlich-jüdische Versöhnung bemühte und viele verdienstvolle Initiativen startete, blieb der Briefwechsel überraschend verhalten. Eine nähere Freundschaft entwickelte sich nur zu Rolf Schroers, und das wirkt zunächst verblüffend. Denn dieser war im Krieg kein normaler Landser gewesen wie die üblichen Kriegsteilnehmer der Gruppe 47, sondern, als Sohn eines SS-Brigadeführers familiär eindeutig geprägt, ein ranghoher Wehrmachtsoffizier und als Oberleutnant in einer »Frontaufklärungseinheit« in Italien an führender Stelle im Kampf gegen Partisanen tätig – also in der »Abwehr«, eine auch politisch eindeutig positionierte Aufgabe. Das war eine Verstrickung, die viel weiter reichte als bei einfachen Soldaten. Schroers' Habitus strahlte diese Vergangenheit, wie es später allgemein beschrieben wurde, auch nach dem aktiven Einsatz noch aus. Celan benennt es nach seinem ersten Besuch bei der Familie Schroers am 2. Juni 1952 in einem Brief an seine Frau: »es ist zugleich nett und unerquicklich, sehr deutsch, deutsch in einem Sinn, der einen zuerst abstößt und dann zum Nachdenken veranlaßt.« Celan habe es abgelehnt, bei Schroers zu übernachten, »unter dem Vorwand, daß es zu weit sei, in Wirklichkeit aber, weil ich hier allzuviele Spuren einer Vergangenheit voller schrecklicher Dinge bemerkt hatte«.[30]

Was Celan dennoch Vertrauen zu Schroers fassen ließ, war nicht nur dessen Einsatz für Celan in der literarischen Öffentlichkeit – Schroers hatte publizistischen Einfluss und als Berater der DVA auch einigen Anteil am Buchdebüt Celans in diesem Verlag –, sondern auch die Bewunderung, die ihm Schroers generell entgegenbrachte. So schreibt Schroers im Herbst 1952 von der »unbeschreiblichen Erregung«, mit der er Celans neue Gedichte gelesen habe und die »aus der religiösen Erfahrung« rühre, welche die Gedichte »faßbar« machten: »Man stürzt durch den Grund seiner oberflächlichen Wahrnehmungen ab in die Zonen des Instinktes, der im eigenen Hirn niemals resultiert, bei Ihnen aber, und damit bei mir, Gestalt gewinnt.«[31] Dass Schroers letztlich nicht begriff, wovon Celan im Grunde schrieb – nämlich vom Schicksal, ein jüdischer Überlebender zu sein, und dessen Auswirkungen auf den Umgang mit der deutschen Sprache –, wird in seinen schwadronierenden Bemerkungen zu Celans Band *Sprachgitter* überdeutlich: »Dann ist das Wort – und alles, was mit solcher Lautwerdung zusammenhängt – fast ganz hinübergenommen in diese traumhafte Gegenwärtigkeit innerer Welt. Es sammelt Kräfte, die sich sonst im Alltag an der unsäglich vergeblichen Mühe dinglicher Ordnungen verbrauchen.«[32]

Obwohl Schroers bei seinen Lobpreisungen durchaus schwülstig wurde, mit seinen eigenen literarischen Texten im Stil äußerst zeitverhaftet blieb und heute zu Recht vergessen ist (*Der Trödler mit den Drahtfiguren*, *Die Feuerschwelle* oder *Jakob und die Sehnsucht* heißen seine Bücher), zeigte sich Celan anfangs zugänglich für diesen hohen Ton. Schroers suchte in etlichen Anläufen eine elitäre, poetische Gemeinsamkeit. Die eigene deutsche Schuld, die er verquält eingestand und an der er sehr zäh laborierte, wird durch ein Gefühl des Auserwähltseins überdeckt: »Können wir uns verhehlen, daß ein tiefes Wissen um die Welt tiefe Heimsuchung bedeutet, so als stelle eine böse Macht alles auf unsere Vernichtung ab?«[33] Schroers stellt sich sogar, ohne dies zu reflektieren, mit Celan und dessen Schicksal auf eine Stufe: »Als Menschen, Paul, kommen doch immer nur wenige in Betracht, die, Jude oder nicht, von der Meute gehöhnt werden.«[34]

Es ist erstaunlich, gerade angesichts von Celans Sensibilität für die üblichen deutschen Töne, dass er den Kontakt mit Schroers über Jahre hinweg aufrechterhielt, ihm sogar das Du anbot und ihn nach Paris einlud, auch bei Schroers auf Lesereisen zu Gast war. Natürlich fällt auf, dass Schroers den Hauptanteil dieses Briefwechsels trägt, er schreibt vielfach sehr lange Briefe hintereinander, während Celan eher selten und meist knapp antwortet. Schroers war ihm mit seinen Verbindungen im Literaturbetrieb nützlich, empfänglich aber scheint Celan vor allem für die Verehrung gewesen zu sein, die Schroers ihm als Dichter entgegenbrachte und die ihn die Zwischentöne überhören ließ. Das ist durchaus aufschlussreich, will man Celans Verhalten im deutschen Literaturbetrieb verstehen. Die Anerkennung als Dichter war ihm mindestens genauso wichtig wie die politisch-gesellschaftliche Situation, und da konnte er über gewisse Missverständnisse leichter hinweggehen, als man annehmen möchte. Dass ihn Schroers öfter mit Ernst Jünger verglich und auch heftige Hymnen auf Carl Schmitt intonierte, ließ Celan lange unkommentiert.

Als ihm Schroers allerdings Anfang 1960 einen Versuch über das Thema »Juden« schickte, war die Grenze erstmals erkennbar überschritten. Celan reagierte plötzlich verstört und ungläubig. Zwei Monate später, nach langem Schweigen und auf Schroers' Drängen auf eine Reaktion, schrieb er eine längere Passage aus Schroers' Begleitbrief ab und schickte sie mit den Worten an Schroers zurück: »Das ist also, was Du am 15. Jänner geschrieben hast, Rolf.« Es waren Sätze wie: »Oder, auf Dich gewandt, glaubst Du an eine duldsame Weise der Abwehr des Jüdischen, die jenem brutalen Leidenmachen, Vergasen, jener gemeinen Absprechung der Existenz nicht hoffnungslos und von Hause aus verfallen ist? Das wäre vielleicht kein Antisemitismus mehr. Du weisst, ich frage hier auf Carl Schmitt zu. (...) Dass ich Schmitt nannte, färbt ja meine Frage, ob duldsame, geistige Gegnerschaft überhaupt möglich ist, sehr schillernd ein. Es hebt auch einen Teilkomplex Geist von der erbarmungswürdigen Tatsächlichkeit eines schwieligen, polnischen Dorfschmiedes auf vielleicht unverzeihliche Weise ab, meint aber doch die Verbindlichkeit des Geistigen, die solche Unterschiede nicht wahrhaben dürfte.«[35]

Schroers' Texte sind oft gekennzeichnet von solch einer recht verschwurbelten Mixtur aus Schuldgefühl und Selbstrechtfertigung. Die Suche des ehemaligen Wehrmachtsoffiziers, der in der militärischen Abwehr gezielt gegen Partisanen gekämpft hatte, nach einer »duldsamen Weise der Abwehr des Jüdischen«, die »schillernde« Einfärbung seiner rhetorischen Fragen durch Carl Schmitt erschreckten Celan in dem Moment, da er sich direkt als Jude und nicht mehr als Dichter angesprochen fühlte.

Als Schroers Celan dann Ende 1961 sein Buch *Der Partisan. Ein Beitrag zur politischen Anthropologie* schickte, das stark an Carl Schmitt angelehnt ist, beendete Celan sofort und abrupt jeglichen Verkehr mit Schroers. In Celans Exemplar des Schroers'schen Textes finden sich

Unterstreichungen bei Wörtern wie »artfremd«, »Mischpoke« oder »volksunmittelbar«, was Celan für sich als »völkisch« übersetzte.[36] Es ist merkwürdig, dass die Herausgeberin des Briefwechsels zwischen Celan und Schroers diese zentralen Momente und das konkrete Ende der Beziehung zwischen beiden in ihrem Nachwort nicht weiter erwähnt, sondern sich im Gegenteil sehr sympathetisch in die Schroers'sche Perspektive hineinversetzt und sogar die These aufstellt, dass für Celan »die Freundschaft mit Schroers und die mit Bachmann vergleichbar gewesen« seien.[37] Und es ist darüber hinaus mehr als fahrlässig, wenn sie ohne konkrete Belege behauptet, Celan habe den Kontakt mit Schroers in erster Linie wegen Intrigen Hans Werner Richters abgebrochen.[38]

Tatsächlich wandte sich Hans Werner Richter bald aktiv gegen Schroers und versuchte, ihn bei gemeinsamen politischen Aktivitäten wie dem Kampf gegen die Aufrüstung zurückzudrängen. Mehrfach suchte Richter nach Belegen für Schroers' Tätigkeit in der Wehrmacht und glaubte, ihm eine konkrete Erschießung von Partisanen nachweisen zu können – Beweise allerdings fand er keine. Dass Schroers sich politisch bei der FDP engagierte (spätestens Mitte der sechziger Jahre war er ein einflussreicher Parteifunktionär, 1968 wurde er Direktor der Theodor-Heuss-Akademie in Gummersbach), wies ihn von vornherein als politischen Gegner Richters aus.

Paul Celan sah sich seit Mitte der fünfziger Jahre mehr und mehr auf eine Auseinandersetzung mit seinem Judentum verwiesen, etwas, das für ihn längere Zeit kaum eine Rolle gespielt hatte. Durch die Konfrontation mit verschiedenen Angriffen gegen seine Lyrik aber wurde sich Celan verstärkt seines Judentums bewusst. Die Freundschaft mit jemandem wie Schroers im Banne der Dichtung und die abrupte Aufkündigung dieser Freundschaft, als Celan endlich die wahre Dimension von Schroers' deutschtümelndem Geist-Diskurs erkannte, sind ein wichtiger Teil der Krise, in die er geriet.

Im Laufe der fünfziger Jahre registrierte Celan immer sensibler die Wiederkehr der Nazitöne in Westdeutschland. Das vermischte sich mit seinem Dichtertum. Bald sollte er die russische Dichterin Marina Zwetajewa mit dem Satz zitieren: »Alle Dichter sind Juden.« Celan verstand seine Gedichte nicht zuletzt als Grabinschriften für seine von den Nazis umgebrachte Familie, vor allem für seine Mutter. So erschienen ihm auch die üblichen Machenschaften des Literaturbetriebs, mit ihren hämischen, konkurrenzlerischen, neidischen Stimmen, als direkte Angriffe auf seine Person. Celan konnte sich nicht einfach dadurch retten, dass er darin die üblichen Mechanismen, die üblichen Intrigen und Kämpfe der Seilschaften erkannte, er konnte nicht einfach abwinken. Er war Überlebender des Massenmords an den europäischen Juden, und das Bewusstsein dafür wurde mit jeder neuen Zeitungskritik aktualisiert.

In seiner Wahrnehmung der Gruppe 47 spielte für Celan der Antisemitismus kaum eine Rolle. Die unangenehmen Seiten des Literaturbetriebs, die er in Niendorf kennengelernt hatte, wurden dadurch überlagert, dass er von Rundfunkanstalten, Zeitschriftenredaktionen und Verlagen Aufträge erhielt. Den üblichen Antisemitismus im frühen bundesdeutschen Literaturbetrieb, der sich außerhalb der Gruppe 47 äußerst heftig zeigte, nahm Celan aber sehr wohl war. Die einschneidendste Stimme war für ihn diejenige eines Mannes, der in dieser Zeit neben Friedrich Sieburg als entschiedenster Gegner der Gruppe 47 hervortrat: Günter Blöcker. Für Celans weitere Entwicklung wirkte dessen erschreckend ignorante Rezension im Westberliner *Tagesspiegel* vom 11. Oktober 1959 wie ein Katalysator: »Celans Verse sind vorwiegend graphische Gebilde. Ihr Mangel an dinghafter Sinnlichkeit wird auch durch Musikalität nicht unbedingt wettgemacht. Celan hat der deutschen Sprache gegenüber eine größere Freiheit als die meisten seiner dichtenden Kollegen. Das mag an seiner Herkunft liegen. Der Kommunikationscharakter der Sprache hemmt und belastet ihn weniger als andere. Freilich wird er gerade dadurch oftmals dazu verführt, im Leeren zu agieren.«[39]

»Das mag an seiner Herkunft liegen«: So hübsch werkimmanent und unpolitisch, wie sie tut, ist die Kritik Blöckers beileibe nicht. Celan startete nach dieser Kritik verzweifelte Aktionen bei seinen Freunden und Kollegen, ihn gegen Blöcker zu unterstützen. Die meisten erkannten nicht die Gefahr, in der Celan schwebte, und fanden seine Reaktion übertrieben. Celan entwickelte ein geradezu panisches Verhältnis zu den deutschsprachigen Medien. Es ist sehr vielsagend, wie sich Günter Grass an Celan erinnert. Grass hatte in seiner Zeit in Paris von 1956 bis 1959 regelmäßigen Kontakt mit Celan und spricht von einer »schwierigen Freundschaft«. Er beschreibt, dass Celan von jeder Reise in die Bundesrepublik »beschädigt« zurückkam. Und er hat das Bild vor Augen, wie Celans Frau Gisèle einmal zu ihm kam und ihn bat, er möge mit in Celans Wohnung kommen, Paul gehe es sehr schlecht. Da sah er Celan auf dem Sofa sitzen, mit einer Kompresse auf dem Kopf, eine Ausgabe der Wochenzeitung *Die Zeit* in der Hand, die vom Sofarand herunterhing, und Celan habe nur gesagt: »Lies das!«[40]

Grass stellt die Empfindlichkeit Celans, was seine Gedichte anbelangte, stark heraus – und vor allem auch seine Inszenierungen, wenn er Gedichte selbst vortrug. Grass war bei Celans Lesung noch nicht Mitglied der Gruppe 47, aber er vollzieht angesichts eigener Erlebnisse mit Celan nach, auf welche Weise Celan für seine Generationsgenossen in Deutschland etwas Befremdendes hatte: »Das Merkwürdige ist, dass er dieses Priesterliche selbst herstellte. Das war unerträglich, so verschmockt, mit Kerzenlicht und so. Er sah den Dichter als Seher, und dann ist der Schritt zum Priester und diese Stefan-George-Weihe naheliegend. Natürlich war er auch ein Darsteller seiner selbst. Natürlich ist das so, wenn man wie Stefan George auftritt – dann stellt man ihn dar! Und das in einer Zeit wie dieser! Mich stieß das ab, und das sagte ich ihm: die Art, wie er die Gedichte liest und wie er sich darstellt, das würde seinen Texten widersprechen. Er war ein miserabler Interpret seiner Gedichte. Das hat wahrscheinlich dazu beigetragen, dass er bei der Gruppe 47, wo man nun besonders ausgenüchtert war, nicht verstanden wurde. Denn davon hatten sie nun alle die Nase voll!«[41]

Grass fügt aber hinzu: »Wenige Jahre später wäre die Lesung von Paul Celan ein Erfolg gewesen!« Mit dem Auftreten von Aichinger, Bachmann und Celan begann etwas Neues. Gruppenchef Hans Werner Richter aber konnte mit den Geistern, die er gerufen hatte, längere Zeit nicht viel anfangen. Die Literatur der Jüngeren war nicht mehr das, wofür er 1947 angetreten war. Als die Gruppe 47 im Jahr 1955 zum ersten Mal in Berlin tagte, gab Richter dem Radiosender RIAS ein Interview, in dem er das sehr prägnant zum Ausdruck brachte: »Es ist nur eine erstaunliche Wandlung in der Literatur, in der Nachkriegsliteratur festzustellen.

Während sie 1947 sehr stark zum Realismus neigte, dementsprechend auch sehr stark zur engagierten Literatur, auch zu den politischen Problemen zeitnah war, entwickelt sich die junge Literatur – das darf ich kritisch sagen – immer mehr zur Kunst der Form hin und etwas weg vom Engagement. Ich persönlich bedauere es, dass diese Zeitverbundenheit nicht mehr da ist. Aber man kann das nicht beeinflussen.«[42]

Es ist verblüffend, wie unterschiedlich die Karrieren von Ingeborg Bachmann und Paul Celan bei der Gruppe 47 verliefen, obwohl die beiden Dichter ästhetisch sehr viele Gemeinsamkeiten hatten und Bachmann von Celan sogar entscheidend geprägt worden war. Der überwältigende Erfolg Ingeborg Bachmanns entsprang, das wird auch in den Briefzeilen Paul Celans an Klaus Demus deutlich, nicht unbedingt nur der Suggestivität ihrer Lyrik. Bachmann schien noch ganz andere Instinkte anzusprechen als die zwar mädchenhafte, aber eher geradlinige Ilse Aichinger. Die Schilderungen von Bachmanns Unsicherheit, aber gleichzeitig ihrer auf Wirkung bedachten Eleganz sind jedenfalls zahlreich.

Ingeborg Bachmann wurde zu einer Art Fetisch der Gruppe. Wenige Jahre vorher, im Krieg, waren Lale Andersen und Zarah Leander weit entfernte Sehnsuchtsobjekte gewesen. Ingeborg Bachmann schien da bei vielen eine Traditionslinie fortzusetzen, bei den Tagungen der Gruppe 47 saß sie ganz zerbrechlich vorne auf dem »elektrischen Stuhl«. Ihre Wirkung resultierte aus einer unerklärlichen Mischung von Schüchternheit und Koketterie. Wenn sie ihre Gedichte vorlas, versagte ihr gelegentlich die Stimme. Beim ersten Mal musste jemand anders ihre Gedichte sprechen, weil ihr die Stimme brach. Jedes Wort schien, nach langem Zögern, aus einem heftig umkämpften Inneren heraus zu kommen, und diese Form des Vortrags entsprach wie traumwandlerisch den Inhalten.

Joachim Kaiser kommt als einer von vielen auf eine spezielle Eigenart der Dichterin zu sprechen: Ihr fiel immer mal wieder etwas auf den Boden, ein Taschentuch, ein Schal, manchmal auch Papierblätter; das hat sich zu einem Leitmotiv der Erzählungen über Ingeborg Bachmann entwickelt: »Wenn Sie die sahen, wussten Sie: Das ist eine Dichterin! Dass sie natürlich, wenn sie was vorlas, immer anfing zu hauchen und unter Tränen vorlas und ihr eigentlich jedes Mal die Manuskriptblätter hinfielen, und jedes Mal stürzten die Männer, um diesem armen scheuen Reh zu helfen, während die Frauen, auch meine, sagten: Mein Gott, hat sie das nötig, immer diesen Zirkus machen und so.«[43]

Die Faszination, die Ingeborg Bachmann auf Männer ausübte, war vermutlich auch nicht unwesentlich für die Beziehung zwischen Celan und Hans Werner Richter. Das jedenfalls legt ein Hinweis Milo Dors nahe, eines frühen Wiener Freundes von Celan. Wegen seines zupackenden Realismus hatte er schon früh die Aufmerksamkeit Richters erregt, beide verstanden sich gut. Durch seine serbische Herkunft gab es aber auch eine osteuropäische, slawische Verbindung mit Celan, und es gibt eine einfühlsame Schilderung Celans in Milo Dors und Reinhard Federmanns Kriminalroman *Internationale Zone* aus dem Jahr 1951. Celans lyrische Verträumtheit und Ernsthaftigkeit sind dabei in der Figur des Petre Margul eingefangen: »Petre Margul lehnte sich bequem zurück und schloß halb die Augen. Seit seiner Kindheit war es eine seiner Lieblingsgewohnheiten, Dinge, deren Anblick er genießen wollte, durch die Wimpern zu betrachten. Das hieß der Wirklichkeit eine traumhafte Perspektive zu geben.«[44]

Milo Dor trat im Zweifelsfall immer hinter Celan zurück. Er neigte nicht dazu, sich wichtig zu machen. Es ist also durchaus ernst zu nehmen, wenn er einige Jahre vor seinem Tod im Gespräch beschrieb, dass Richters Verhältnis zu Celan von Anfang an auch dadurch getrübt gewesen sei, dass Richter Ingeborg Bachmann offensiv den Hof zu machen versuchte und dabei auf ihre große Nähe zu Celan aufmerksam wurde.[45]

In seinen Erinnerungen beschreibt Richter Ingeborg Bachmann, noch vor ihrem schnell eintretenden Ruhm, bei seinem Besuch in Wien 1952: »Ich sah sie an und sie sah mich an, ja, sie sah mich an, aber ihre Augen sahen mich nicht, nahmen mich nicht wahr, sie sahen etwas anderes, etwas, von dem ich nichts wußte und das ich nicht wahrnehmen konnte. Den Ausdruck ihrer Augen kann ich nicht beschreiben. Selbst wenn ich es wollte, ich könnte es nicht. Mir fehlen die Worte dafür. Ich hätte aufspringen und davongehen können, ich glaube, sie hätte es nicht bemerkt. Als sie zurückkam, und sie kam nach wenigen

Minuten zurück, sprach sie wieder wie vorher, ganz selbstverständlich, so, als sei nichts geschehen, und es war ja auch nichts geschehen.«[46]

Man hat diesen Blick vor sich, wenn man die seltenen, frühen Fernsehaufnahmen Ingeborg Bachmanns sieht. Die erste ist wahrscheinlich eine Lesung des Gedichts »Alle Tage«, und natürlich passt das etwas diffuse Schwarz-Weiß-Ambiente dazu, das unruhige Flackern des Filmmaterials – aber es ist vor allem das Aufeinandertreffen von etwas Technisch-Aggressivem und einer verletzlichen, nahezu hilflosen Person, die, um sich zu schützen, diese Verletzlichkeit offensiv auszustellen scheint. Das Objektiv der Kamera, das merkt man der Autorin an, ist streng und direkt auf ihr Gesicht gerichtet. Schon wenn sie den Titel »Alle Tage« sagt, überträgt sich mit diesen wenigen Silben eine ungeheure Spannung: Die dunklen Vokale, das Kehlig-Kärntnerische scheinen sich aus ihrem kargen Umfeld mühsam an ein künstliches Tageslicht gerettet zu haben. Sie blickt dabei scheu in die Kamera, schlägt die Augen nieder, schaut die Kamera wieder an – letztere wirkt dabei wie ein Eindringling, etwas Fremdes, von außen Kommendes, das man nur widerwillig an sich heranlässt. Es ist kaum zu fassen, dass ausgerechnet diese Dichterin das erste »Covergirl« der Gruppe 47 wurde, ein ausgesprochenes Medienphänomen bis hin zur Titelseite des Wochenmagazins *Der Spiegel* – eine neuartige, den Eigenheiten der fünfziger Jahre entsprechende Verbindung von Lyrik und Popstar.

Ingeborg Bachmann wurde zum ersten deutschen literarischen Fräuleinwunder gemacht. Im Hochsommer 1954, am 18. August, ist nicht nur sie, sondern indirekt auch die Gruppe 47 auf dem Cover des *Spiegel:* der dunkel geschminkte Mund, der nachdenkliche, elegische Blick einer 28-Jährigen. In ihrer Stimme war nie etwas von jugendlichem Überschwang, von Mediengewandtheit, von Zukunftszuversicht. Auch in ihren Radioaufnahmen hat man dieses Bild vor Augen: Ingeborg Bachmann schien den Worten nachzufragen, während sie zögernd in das Mikrofon sprach, und man meint, das Mikrofon als Instrument der Entfremdung förmlich mithören zu können.

Schon Hans Werner Richter stellte sich eine zentrale Frage, die im Abstand der Zeiten immer interessanter wird: »War ihre Schüchternheit, ihre Hilflosigkeit echt oder war sie nur angenommen, nur gespielt,

Die eigene Verletzlichkeit offensiv ausstellen: *Der Spiegel* mit Ingeborg Bachmann auf dem Titel (H. 34/1954)

um Energie und Härte zu verdecken?« Oder, mit heutigen Worten gesagt: Benutzte sie die Medien und ihre Angst davor, damit sie umso suggestiver als sensible Lyrikerin erscheinen konnte, spielte sie auch bewusst mit dem medialen Auftritt? Peter Hamm, der 1956 im Alter von 19 Jahren zum ersten Mal bei der Gruppe 47 eingeladen war, stellt beide Interpretationsmöglichkeiten heraus. Er ist Ingeborg Bachmann in den fünfziger Jahren öfter begegnet, und er betont einen scheinbaren Widerspruch. Da waren zum einen ihre Unsicherheit im öffentlichen Auftreten, vor allem in der Gegenwart verschiedener Männer, das Vergessen bestimmter Utensilien oder Gegenstände, das Inszenieren ihrer Kurzsichtigkeit – Hamm interpretiert das durchaus als Hilferuf, als Sehnsucht nach einem starken Mann. Aber wenn es darauf ankam, »wenn sie ihren Mann stehen musste«, konnte sie tatkräftig und zielsicher sein. So fuhr sie einmal, obwohl sie nicht darauf vorbereitet war und eher den Eindruck machte, dazu überhaupt nicht in der Lage zu sein, wie selbstverständlich eine Strecke von mehreren Hundert Kilometern mit dem Auto zu einem kurzfristig anberaumten Termin und orientierte sich mit großer Sicherheit auf der Straßenkarte.[47] Ihr Verhalten wirkte offenkundig anziehend, weckte männliche Schutzinstinkte, schreckte aber auch in seiner oszillierenden Rätselhaftigkeit ab.

Hans Werner Richter beschreibt Bachmanns ersten Auftritt in Deutschland, bei der Gruppe 47 in Niendorf, als würde er endlich begreifen, was er schon immer mit »magischem Realismus« gemeint hatte: »Ihre Ohnmacht gleich nach der Lesung war nicht gespielt. Die innere Erregung war übermäßig geworden und hatte sie in die Ohnmacht getrieben. Sie las ihre Gedichte zum Schluß nicht mehr selbst, sie konnte es nicht, ihre Stimme wurde von Gedicht zu Gedicht immer leiser und versagte schließlich ganz. Dieser Vorgang wiederholte sich ein Jahr später in Mainz. Dort saß sie neben mir, las mit der gleichen stockenden, gehemmten und scheinbar immer wieder versagenden Stimme, und ihre Gedichte flatterten um sie herum. Die Blätter fielen lautlos zu Boden, lagen durcheinander auf dem Tisch, und manchmal warf sie ein Blatt so energisch beiseite, daß es in den Raum segelte. Ihre Lesung glich einem chaotischen Vorgang, wobei, so schien es mir, sie einerseits den Tränen nahe war und andererseits von einer unbestimmbaren Energie getrieben wurde, einer Energie, die nicht sichtbar, nicht erkennbar war.«[48]

Es ist frappierend, wie Ingeborg Bachmann in Deutschland die Rolle der sensiblen Lyrikerin, der Grande Dame einnahm, während sie in Wien noch das süße Mädel spielte. Gleichzeitig mit ihrem Aufstieg zur großen Dichterin fabrizierte sie im Sender Rot-Weiß-Rot Drehbücher zur halbstündigen Radio-Soap *Die Radiofamilie*, und es ist schön, hier von Ingeborg Bachmann auch einmal Sätze wie die folgenden zu lesen, sie legt sie dem Vater Hans im Gespräch mit seiner Frau in den Mund: »Überdies bitte ich dich auch, gelegentlich ein wachsames Auge auf unsere plötzlich schnell heranwachsende Tochter zu haben. Ihr Gesicht bekommt immer mehr diesen seltsamen Ausdruck sentimentaler Verblödung.«[49]

Wenige Monate vor ihrem letzten Serienbeitrag erhielt sie bereits den begehrten Preis der Gruppe 47, im Frühjahr 1953. Sie hatte ein gänzlich anderes Autorinnenprofil bekommen, als es die zeitgleich gesendete, handwerklich geschickte und augenzwinkernd-hemdsärmelige österreichische Radioserie nahelegte. Es überlappten sich in dieser Zeit also mehrere Selbstentwürfe. Und es ist aufschlussreich, wie Ingeborg Bachmann in der lustigen Radioserie ihr späteres Rollenbild manchmal persiflierend vorwegzunehmen schien. In einer Folge, die in der Wiener Kunstszene spielt, taucht auch eine »Inge« auf, die einer der Künstler »wieder einmal ausführen« möchte, und auf der Hühnerfarm des Onkels Guido fällt unvermittelt der anzügliche Satz: »Du, Tante, die Ingeborg hat ihr erstes Ei gelegt...«[50]

Ingeborg Bachmann kannte den Radiojournalismus, sie kannte die aktuellen Radiogenres und war mit den zeitgenössischen Möglichkeiten dieses Mediums völlig vertraut. Aber sie liebte es gleichzeitig, sich als weltfremde Lyrikerin zu stilisieren und als Diva zu erscheinen. Unverkennbar war ihre große Nähe zum Theater und zur Grand Opera. Es ist fast meisterhaft, wie sie sich in einer späteren Erinnerung an die Gruppe 47 inszeniert, die bei ihr in Auftrag gegeben wurde und die sie nicht fertiggestellt hat. Sie beschreibt darin ihre erste Begegnung mit der Gruppe 1952 in Niendorf und später beim NWDR in Hamburg und tut so, als habe sie überhaupt nicht gewusst, was da gespielt wurde: »In Hamburg ging das Treffen weiter, man spielte Bänder vor, eine Funkoper, *Der Landarzt*, es gab also Funkopern. Ein Feature, es gab also Features, ein Hörspiel *Träume*, es gab also solche Hörspiele, und dies ›das gibt es also‹ ist auch nicht mehr nachzuvollziehen in der Erinnerung, wie die Neuigkeiten, Freundschaft, eine Wolke von Freundschaft, Lachen, Ernst, jetzt schon verklärt, längst modifiziert, längst verschoben.«[51]

In Mainz, im Mai 1953, wurde Ingeborg Bachmann also selbstredend die vierte Preisträgerin der Gruppe 47, und spätestens jetzt hatte dieser Preis etwas Charismatisches an sich. Und die Gruppe 47 war von ihren Anfängen plötzlich weit weggerückt. Hans Werner Richter legte bald großen Wert darauf, dass er Ingeborg Bachmann wegen ihrer Gedichte eingeladen hatte, nachdem er sie auf dem Schreibtisch ihres Büros gelesen hatte. Er registrierte in der ihm eigenen praktischen Intelligenz, welchen Zuwachs an Bedeutung die Gruppe 47 durch die neuen Töne von Ilse Aichinger, Ingeborg Bachmann und auch Paul Celan bekam. Dennoch fällt seine Attacke gegenüber Paul Celan angesichts der besonnenen und umsichtigen Grundhaltung auf, die ihm von fast allen Beteiligten attestiert wird.

Es liegt wohl an einem Kampf, den Richter Mitte der fünfziger Jahre mit sich selbst führte. Er laborierte zusehends an dem Eindruck, die jungen Autoren seien weniger engagiert. Es ist ein weiteres Beispiel für eine ungewöhnliche Richter-Attacke bezeugt. Auch sie widerspricht dem Gesamtbild, er habe wie ein Herbergsvater die Lesungen nur moderiert und die dezidierten Urteile der sich langsam konstituierenden Kritikerriege in der ersten Reihe überlassen. In Bebenhausen, im Herbst 1953, las der aus dem spanischen und portugiesischen Exil zurückgekehrte 50-jährige Albert Vigoleis Thelen. Sein Hauptwerk, der voluminöse Roman *Die Insel des zweiten Gesichts*, sollte Ende 1953 gleichzeitig bei Diederichs und bei Thelens holländischem Verleger Geert van Oorschot erscheinen und gilt mittlerweile als eines der herausragenden deutschen Sprachkunstwerke im 20. Jahrhundert, es ist das Buch eines großen Einzelgängers.

Richters Reaktion auf Thelen wird von Martin Walser, der 1955 bei der Gruppe 47 seinen ersten Auftritt hatte und den Preis zugesprochen bekam, heute als Beleg dafür genannt, warum er die Gruppe mittlerweile sehr skeptisch beurteilt und nicht mehr mit ihr in Verbindung gebracht werden möchte. Richters Thelen-Kritik sei symptomatisch gewesen. Walser sagte auf einer vom Fernsehen aufgezeichneten Podiumsrunde zum 60-jährigen Gründungsdatum der Gruppe 47 im Berliner Ensemble: »Ich will ein Beispiel nennen: 1953 im Herbst in Bebenhausen. Da hat ein Autor gelesen – gut, ich bin nicht Reich-Ranicki, also meide ich Superlative –, Albert Vigoleis Thelen, ›Die Insel des zweiten Gesichts‹, eines der großen Prosabücher, die es gibt. Hans Werner Richter hat sich total vertan in seinem Sensorium. Er hat, was er sonst üblicherweise nicht getan hat, sofort die Kritik an sich gerissen und gesagt – ich zitiere das ungern: ›Dieses Emigrantendeutsch brauchen wir nicht.‹ (…) Solche Szenen von äußerster Peinlichkeit hat es in diesem Spontaneitätszirkus auch gegeben!«[52]

»Emigrantendeutsch« – diese Invektive Richters ist mehrfach bezeugt. »Goebbels« bei Celan, »Emigrantendeutsch« bei Thelen: Beide Male geht es um ihm fremde ästhetische Konzeptionen, um etwas, was seinem Realismusbegriff widersprach und sein nüchternes, reportagehaftes, »engagiertes« Literaturverständnis als provinziell und engstirnig erscheinen ließ. Er sprach dabei aber keineswegs für die Mehrheit der Gruppe 47. Thelen selbst schrieb zwei Wochen nach dem Auftritt, am 5. November 1953, einen Brief an seine Familie. Er bat, die bereits vorliegenden Fahnen des *Insel*-Romans genau auf Druckfehler zu untersuchen: »jedes wort ankreuzen, das euch nicht geläufig ist, immer wieder werde ich der haufblütigkeit meiner sprache wegen angegriffen, sei es auch nur von sprachkümmerern und zungenserblingen, aber es geschieht. in bebenhausen begann die kritik gleich damit, und noch vom leiter der tagung selbst, hans werner richter. dieser wurde aber sogleich von den anwesenden autoren und nichtautoren zusammengestaucht. er hatte sich nämlich zu der theorie verstiegen, thelen hätte in der emigration den zusammenhang mit der lebendigen deutschen sprache verloren, eine typische erscheinung aller emigrantenautoren. worauf einer, ich weiß nicht mehr wer, meinte, dann würde es zeit, dass sie alle emigrierten, wenn sie nachher so schreiben könnten wie thelen. ect. richter zog darauf sein referat zurück. ein anderer (andersch) sagte: wenn er geld hätte und ein großer verleger wäre, würde er thelen anstellen mit einem großen jahresgehalt, damit er alle angenommenen manuskripte sprachlich ein wenig aufmuntere. ein tübinger dozent für germanistik erklärte, im kommenden semester über meine sprache lesen zu wollen. richter war erledigt. ich erzähle euch mehr darüber. – dennoch wäre es mir lieb zu wissen, in wieweit ein durchschnittsleser noch die deutsche sprache in seiner, von mir nur 5 % beherrschten fülle kennt. dass selbst schriftsteller sich nichts mehr unter ›deichselrecht‹, ›lassreis‹ ect. vorstellen können, aber wissen was klm ist oder ähnliche abkürzungen, ist traurig, gelinde gesagt.«[53]

Die Herausgeber des Briefwechsels von Thelen vermerken dennoch, dass für Thelen Richters »Zurechtweisung ein lebenslang anhaltender Schock« gewesen sei, trotz Thelens Aufzählung und seiner Conclusio, Richter sei »erledigt« gewesen. Sie nennen daneben Alfred Andersch und Joachim Kaiser als die Hauptfürsprecher des Autors. Es bleibt jedenfalls festzuhalten, dass es bei Thelen wie bei Celan – bei dem niederrheinischen Sprachvirtuosen anscheinend noch eindeutiger – durchaus starke Befürworter gegeben hat, gerade auch wegen Richters heftiger Kritik. Auf einheitliche Ablehnung stießen diese Autoren beileibe nicht, beide Beispiele verweisen eher auf die individuellen Grenzen Richters. Mit Ausnahme dieser beiden Momente sind keine vergleichbaren ausfälligen Äußerungen von ihm auf den Gruppentagungen überliefert. Immerhin, als Alfred Andersch 1955 gleich in der ersten Nummer seiner Zeitschrift *Texte und Zeichen* Gedichte von Paul Celan abdruckte, schrieb ihm Richter neben durchaus kritischen Rückmeldungen zu anderen Autoren: »sehr gut diesmal die Gedichte von Celan, die mir zum ersten Mal echt gefallen haben.«[54] Langsam merkte er also offenbar doch, wohin die literarische Reise ging.

## 7 Mit Bausch und Bogen
*Die kurze Episode
der Zeitschrift* Die Literatur *und
die Rolle der Emigranten*

Im Jahr 1952 startete Hans Werner Richter noch einmal einen publizistischen Versuch, um der Gruppe seiner Autoren ein Forum zu verschaffen. Er ist schnell in Vergessenheit geraten und wird auch in Untersuchungen zur Gruppe 47 nur am Rande erwähnt. Einzig der chinesische Germanist Chunhun Hu hat in seiner Dissertation diesem Phänomen ein eigenes Kapitel gewidmet.[1] Richter wurde sich mit der Deutschen Verlags-Anstalt in Stuttgart einig, dort die vierzehntäglich erscheinende Zeitung *Die Literatur* herauszugeben. Die DVA hatte die Tagung der Gruppe 47 in der Laufenmühle bei Welzheim im Herbst 1951 finanziert und zeigte Interesse am Kontakt mit jüngeren, noch nicht bekannten Autoren. Die erste Nummer der acht Seiten umfassenden Zeitung, die in ihrer Aufmachung an den *Ruf* erinnerte, erschien am 15. März 1952. Das Experiment dauerte achteinhalb Monate, nach 16 Nummern (genauso vielen wie beim *Ruf* unter Richter und Andersch!) wurde die Zeitschrift wieder eingestellt – aus finanziellen Gründen.

Die äußere Aufmachung war eher locker, der Bildanteil war vergleichsweise hoch, sodass die Assoziation mit dem Boulevard nahelag. Richter und die Redakteure Hans Georg Brenner sowie Walter Jens legten Wert auf ein pluralistisches Erscheinungsbild sowie auf internationale Kontakte, es gab Rubriken, Umfragen und eine von Jens erstellte Bibliografie über neue Bücher und Aufsätze. In seinem Leitartikel in der ersten Nummer schrieb Richter unter der Überschrift »Courage?«, dass er *Die Literatur* »zu einem Blatt der offenen Polemik, der harten, aber echten Kritik und der unmissverständlichen Diskussion« machen wolle. Er formuliert seine Vorstellungen genauso wie 1947, offenkundig hat sich seither wenig Neues getan: »Und jetzt? Noch immer stehen die Fassaden auf dem leeren Feld. (...) Noch immer bemüht sich eine neue Generation – gegen alle Widerstände der Restauration – der Sprache ein neues Leben einzuhauchen, den Kontakt zur weltliterarischen Entwicklung wiederherzustellen, und die verhängnisvolle Zerrissenheit der deutschen Literatur aufzuheben.«[2]

Die Berufung auf eine »neue Generation« bildete stets den Kern von Richters Literaturpolitik. Doch in seinem Leitartikel legt er Wert auf eine größere Perspektive, auf Bündnispartner, auf eine gesamtgesellschaftliche Alternative. Richter geht allgemein auf die Situation der deutschen Intelligenz ein: »Ein großer Teil des literarischen Publikums wurde massakriert, verbrannt, aus dem Lande gejagt. Und während es verfolgt wurde, verdarb der Geschmack des deutschen Bürgertums in einer staatlich gepflegten Mittelstandsliteratur. Die Maßstäbe gingen verloren, der Kontakt mit der weltliterarischen Entwicklung brach ab, ein schöner *Ungeist* trat an die Stelle rationaler Klarheit und Menschlichkeit.« Mit diesen Worten entfernt sich Richter deutlich von der älteren Generation der »inneren Emigranten«. Er nimmt hier denselben Blickwinkel ein wie Thomas Mann während der »großen Kontroverse« um innere und äußere Emigration. Damit riskiert er einiges: Diese Position war in den frühen Jahren der Bundesrepublik eine eher geächtete Minderheitenposition.

Es fällt auf, wie sehr *Die Literatur* sich um Thomas Mann bemüht. Aufmacher der Nummer 3 ist ein Text des Rundfunkredakteurs Gerhard Szczesny, der gerade einen sechswöchigen USA-Aufenthalt hinter sich hat: »Kehrt Thomas Mann zurück?«

Und in mehreren Nummern gibt es gleich auf der ersten Seite, im Layout durch einen Kasten hervorgehoben, Nachrichten von Thomas Mann: in Nummer 4 etwa die Notiz, dass Thomas Mann Freunde in der Schweiz gebeten habe, dort ein Anwesen für ihn zu erwerben, und in Nummer 12 teilt Thomas Mann kurz mit, woran er gerade schreibt (*Der Erwählte* und *Felix Krull*).

Es ging dabei nicht einfach nur darum, sich das Renommee Thomas Manns zunutze zu machen. Es war vielmehr innerhalb des aktuellen deutschen Geisteslebens eine auffällige Parteinahme für den großen Emigranten, der dem deutschen Volk während und nach dem Krieg sehr unangenehme Wahrheiten gesagt hatte. Was solch eine Hervorhebung Thomas Manns Anfang der fünfziger Jahre bedeutete, kann man etwa an den Reaktionen ablesen, wenn Mann offizielle Ehrungen erhalten sollte. Als der Frankfurter Oberbürgermeister Walter Kolb 1949 mitteilte, dass der Goethepreis der Stadt Frankfurt an Thomas Mann verliehen werde, wurde er von einer Flut von Protestbriefen aus ganz Westdeutschland überschwemmt: »Leider sehe ich mich nicht in der Lage, an dieser Feierlichkeit teilzunehmen. Ich sende deshalb wunschgemäß die Einladung heute zurück. Nach wie vor vermag ich die Entscheidung des Kuratoriums, Thomas Mann den Goethepreis zu verleihen, nicht zu billigen. Daß Thomas Mann Pressemeldungen zufolge den Weimarer Goethepreis annimmt, beweist mir erneut und erschreckend seine Labilität, die mich goethefremd dünkt« (Dr. Erwin Stein, hessischer Minister für Kultus und Unterricht). Oder: »In der Art, wie sich Thomas Mann über Deutschland und Deutsche geäußert hat, hat er gezeigt, daß er auch in seinem Innern und in seinem Denken kein Deutscher ist, und es wäre höchst bedauerlich, wenn die Denkungsart eines Thomas Mann über uns Deutsche und unser Deutschland Schule machen würde« (Generalkonsul Ernst C. Kellner, Bremen). Oder: »Ja, so würdelos und kriecherisch kann wohl nur der deutsche Michel sein! Hat man es endlich erreicht durch Telefon, Telegraph und Bettelei, daß der Jude Thomas Mann mit seiner tschechoslowakischen Staatsangehörigkeit uns die Gnade erweist, für 36 Stunden deutschen Boden zu betreten!« (Dr. med. dent. Martin Peetz, Ronnenberg/Hannover.) Oder: »Wir wollen es uns versagen, im Rahmen dieses Hinweises darauf einzugehen, inwieweit die Angriffe berechtigt sind, die Thomas Mann gegen die deutsche Wesensart richtet, nachdem er aus sicherlich tiefbegründeter persönlicher Enttäuschung unserem Lande den Rücken kehrte und seit nunmehr 16 Jahren in geistig saturierter Umgebung lebt, fern der deutschen Kulturwelt, von der Goethe einen Eckpfeiler bildet. Sollte es wirklich angebracht sein, eine Persönlichkeit, die in diesem Sinne also als stark belastet gelten muß, gerade in diesem Gedenkjahr wiederum aller Welt als Repräsentanten deutscher

Geistigkeit vorzustellen?« (Senator Dr. Apelt, Dr. Otto Leist, Staatsrat Dr. Wilhelm Haas, Prof. Dr. Obst und andere, Bremen.)[3]

Noch 1955, also drei Jahre nach der Zeit, in der *Die Literatur* erschien, geschah anlässlich der Verleihung des Schiller-Preises des Landes Baden-Württemberg dasselbe: »Haben Sie denn wirklich niemand anderen gefunden als diesen üblen Emigranten? Es ist wirklich eine Schande! Der kleinste Schulmeister, der eine nationale Gesinnung besitzt, wäre besser gewesen!« (L. M. aus Ulm, 12. März 1955.) Oder: »Wie kann so ein Mann es überhaupt wagen, seinen Fuß wieder in seine frühere Heimat, unser deutsches Vaterland, zu setzen, der während des ganzen zweiten Weltkrieges das deutsche Volk auf das Infamste und Gemeinste angegriffen und diffamiert hat. Solchen Elementen gehört die Rückkehr in das von anständigen Deutschen so heiß geliebte Vaterland verboten« (Regierungsrat K. aus Marbach am Neckar, 17. Mai 1955). Oder: »An Schillers 150. Todestag werde ich den Schundroman des Herrn Festredners ›Bekenntnisse des Hochstaplers Felix Krull‹ im Namen vieler Gleichgesinnter feierlich verbrennen« (F. C. aus Tübingen, 1. Mai 1955).[4]

*Die Literatur* war also keineswegs ein Blatt für den üblichen Diskurs eines bundesdeutschen Kulturbürgertums. Dass sie nach sechzehn Nummern eingestellt werden musste, weil es kaum Anzeigen und Finanziers gab, spricht eine deutliche Sprache. Dabei war *Die Literatur* ein hochinteressantes Organ, das, nimmt man es heute zur Hand, eine Fundgrube für die interessanteren Denk- und Suchbewegungen der jungen Bundesrepublik ist. Wolfgang Hildesheimer schrieb in zehn der sechzehn Ausgaben eine Kolumne unter dem Titel »Mit dem Bausch, dem Bogen«, und schon in der ersten Nummer verspottete er die Philister mit »kultiviertem Geschmack und Sinn für das Höhere im Menschen« – eine wahre Trouvaille, die der bibliophile Kleinverleger Ulrich Keicher in Warmbronn erst 1990 zum ersten Mal wieder der Öffentlichkeit vorgelegt hat.[5] Und Wolfgang Koeppen war gleich in der ersten Nummer der *Literatur* mit einem glänzenden Essay über den verdichtenden, nicht bloß abbildenden Blick des Schriftstellers auf die soziale Realität vertreten (»Die elenden Skribenten«).

Ein Höhepunkt in der kurzen Geschichte der Zeitschrift ist zweifellos auch das »Bekenntnis zur Trümmerliteratur«, das Heinrich Böll in Nummer 5 ablegte – in einer Zeit, in der die Trümmerfrauen längst wieder zu porentief rein waschenden und bügelnden Hausfrauen geworden waren, das »Höhere« sowie der »Geist« die kulturellen Schlagworte bildeten und Lyriker wie Rudolf Alexander Schröder und Werner Bergengruen die Atmosphäre bestimmten. Bölls eindringliches Wort gegen die Verdrängung und den schnelllebigen Wiederaufbau wirkte damals störend: »Unsere Aufgabe ist es, daran zu erinnern, daß der Mensch nicht nur existiert, um verwaltet zu werden, und daß die Zerstörungen in unserer Welt nicht nur äußerer Art sind und nicht so geringfügiger Natur, daß man sich anmaßen kann, sie in wenigen Jahren zu heilen.«

Doch *Die Literatur* war nicht nur ein publizistisches Forum der Gruppe 47, obwohl sie auf deren Treffen reagierte und Texte brachte, die dort vorgetragen worden waren. Sie suchte nach einem breiteren Publikum jenseits der gängigen Verschmocktheiten. Und es mag programmatisch gewesen sein, dass auf der ersten Seite der ersten Nummer unter Hans Werner Richters Leitartikel eine Betrachtung darüber stand, was Anfang der fünfziger Jahre die europäische Avantgarde ausmachte: Jacques Robichon schrieb über »Die Legende von St. Germain-des-Prés«, über Sartre, Beauvoir, die Existenzialisten und das antibürgerliche Chanson, und zwar 1952, als dies alles vor Ort noch in voller Blüte stand. Daneben gab es Rubriken und aktuelle Meldungen, was mitunter wie eine recht hübsche journalistische Spielwiese aussah. So fand sich gleich in der ersten Nummer unter den vermischten Kurznachrichten folgender Vermerk: »*Ilse Aichinger* verließ Ulm, wo sie Inge Scholl beim Aufbau einer Hochschule zur Seite stand, und begann in Wien einen neuen Roman. Sie erkundigte sich telefonisch bei Milo Dor, wie lange man für einen Roman brauche – ein, zwei oder drei Jahre. Man einigte sich auf fünf.«

Spannend ist in diesem Zusammenhang die Beziehung, die sich zwischen Hans Werner Richter und dem Emigranten Hermann Kesten entwickelte. Sie war am Anfang recht eng, Kesten hatte sich als Juror des René-Schickele-Preises für Richter als Preisträger starkgemacht.

Richter war an der Entstehungsgeschichte dieses Preises ebenfalls beteiligt gewesen: In den Räumen des Desch-Verlags, bei dem Richter seine ersten Bücher veröffentlichte, trafen sich Ende 1949 Autoren der Gruppe 47 mit den Exilautoren Kesten und Alfred Neumann. Hier wurde der Plan gefasst, dass Exilautoren einen Preis für jüngere in der Bundesrepublik lebende Autoren vergeben sollten, und bei dieser Gelegenheit lud Richter Kesten auch zur nächsten Tagung der Gruppe im Frühjahr 1950 in Inzigkofen ein. Welch ein geschickter Schachzug dies war, zeigt sich an dem Bericht von Albrecht Knaus in der *Neuen Zeitung:* »Im Auf und Ab der Diskussion hatte die Tagung in Hermann Kesten einen gütigen, ja fast väterlichen Mentor. Seine nie versagenden Auskünfte über alle Gebiete der Weltliteratur, seine reichen Erfahrungen im literarischen Leben Deutschlands und des Auslands, sein warmherziger menschlicher Anteil am Werden dieser jungen Deutschen ließen ihn schon in der ersten Stunde zum besonnen heiteren Schiedsrichter werden. (...) Neben Eich, Morrien und Krämer-Badoni war Hermann Kesten der Erfolg des Klosters. In dieser Meistersinger-Inszenierung verkörperte er den Hans Sachs.«[6]

Dass Richter zu diesem Zeitpunkt um die Emigranten, vor allem um den mit allen Wassern des Literaturbetriebs gewaschenen Hermann Kesten warb, ist unverkennbar. Anfang 1952 forderte er Kesten auf, an der Zeitschrift *Die Literatur* mitzuwirken: »Dann erst, wenn die emigrierten deutschen Schriftsteller und die neuen deutschen Schriftsteller gemeinsam in einem Blatt schreiben und polemisieren, wird nach aussen hin sichtbar, dass sie zusammengehören und sich zusammengehörig fühlen.«[7] In der vorletzten Nummer der *Literatur* veröffentlichte Kesten tatsächlich ein »Bekenntnis zu Berlin« als der eigentlichen deutschen Metropole. Kestens direkte Antwort auf Richters Einladung zur Mitwirkung wies aber schon auf eine Sollbruchstelle zwischen ihm und den Protagonisten der Gruppe 47 hin, die mit der Zeit immer deutlicher werden sollte: Er wandte sich gegen »jene düsteren Geschäftemacher unter den deutschen Literaten«, die, »statt besser zu schreiben als ihre Kollegen, lieber alle Kollegen köpfen oder verbieten wollen, wie es unter den Nazis geschah, und jetzt wieder in der Ostzone geschieht«.[8]

Kestens offensiv vertretene Totalitarismusthese stieß bei vielen Autoren der Gruppe 47 auf Widerwillen. Richter etwa suchte schon früh Kontakt zu Autoren aus der DDR, um eine innerdeutsche Diskussion führen zu können. Bereits im Herbst 1954 auf Burg Rothenfels war Peter Huchel anwesend, der Chefredakteur der renommierten Ostberliner Akademie-Zeitschrift *Sinn und Form* (es kam dort allerdings zu einer heftigen Auseinandersetzung zwischen Huchel und Günter Eich über ihre gemeinsame Vergangenheit im Nationalsozialismus und ihre unterschiedlichen Konsequenzen daraus). Bei der unterschiedlichen Einschätzung der DDR spielte auch der Generationsunterschied eine Rolle, auf den Kesten immer wieder Bezug nahm. Er beklagte des Öfteren die mangelnde Erfahrung der Jüngeren und nahm in seinen polemischen Artikeln wiederholt darauf Bezug. Bei einem Vortrag in Köln im Oktober 1953 über »zwei literarische Generationen« wird am deutlichsten, was Kesten umtrieb: Er suchte als Emigrant seinen Platz auf dem literarischen Markt der jungen Bundesrepublik und sah dabei seine Erfahrungen zu wenig gewürdigt: »Die ältere Generation ist revolutionär, literarisch, philosophisch, politisch. Die jüngere ist restaurativ, imitativ, zu jeder Konversion bereit. Die älteren deutschen Poeten wollen die Welt verbessern oder erneuern, die jüngeren dank dem Rundfunk ein bescheidenes, sicheres Auskommen für Weib und Kind finden.«[9]

Hier schien Kesten indirekt auf die Erfahrungen zu reagieren, die Walter Mehring im Frühjahr 1953 auf der Mainzer Tagung der Gruppe 47 gemacht hatte. Mit Mehring verband Kesten vor allem die Erfahrung der Emigration und dasselbe Generations- und Epochengefühl. Im Gegensatz zu Kesten, bei dem der unmittelbare Anlass die Auslobung des René-Schickele-Preises gewesen war, wurde Walter Mehring von Richter ganz entschieden aus sowohl persönlicher wie auch literarischer Sympathie eingeladen. Mehring war ein Autor, der 1953 immer noch für den urbanen, spöttischen, nüchternen Stil der Weimarer Republik stand. Aber sein Auftritt in Mainz hatte ungeahnte Konsequenzen. Ausgerechnet Joachim Kaiser, der den Emigranten Thelen vehement bejubelt hatte und als Musterschüler des Emigranten Theodor W. Adorno galt, wandte sich in seiner »Jungfernrede« als Kritiker gegen Mehring. Kaiser war als junger Mitarbeiter der *Frankfurter Hefte* an der Seite des Chefredakteurs Walter Maria Guggenheimer zum ersten Mal bei der Gruppe 47 – Günter Grass beschrieb Kaisers verblüffende Wirkung später mit den Worten: »Der kam frisch aus dem Adorno-Seminar und konnte druckreif sprechen.«[10]

Kaiser hat anlässlich der großen Ausstellung über die Gruppe 47 in der Berliner Akademie der Künste im Jahr 1988 dem Kurator Jürgen Schutte ein großes Interview gegeben. Er mokiert sich darin ein bisschen über »jenen nostalgisch-verkitschten Berliner Ton, jenen zweitklassig pseudo-brillanten Stil« Mehrings und konstatiert, dass es »eine Ausnahme, vielleicht eine etwas sentimentale Ausnahme« gewesen sei, dass Mehring überhaupt lesen durfte: »Mehring hatte sehr gebeten: er wollte unbedingt einmal lesen, sich den jungen Deutschen vorstellen. Hans Werner Richter also ließ ihn lesen und hatte nun das Pech, daß da der junge Joachim Kaiser saß, dem Mehrings Literatur nicht gefiel. Ich nahm mich sehr zusammen, machte mir Notizen. Und als Mehring dann fertig war, meldete ich mich. Richter hatte wohl das Gefühl: na, fragen wir den, der war ja das erste Mal so zurückhaltend. Und da legte ich, Punkt für Punkt dar, so logisch ich konnte, warum ich diese Art von Prosa nicht in Ordnung finde, warum ihre Form auf etwas ganz anderes zu zielen scheint als auf das, was ungenau ausgedrückt wird, und warum mir vieles schlecht feuilletonistisch vorgekommen ist, wenig durchdacht und einfach flüchtig. Als ich fertig war, hatten viele Zuhörer offenbar den Eindruck, ich hätte ungefähr das verbalisiert, was sie auch empfunden hatten. Und es war auch nicht ›böse‹ gemeint gewesen. Ich hatte alles sehr höflich gesagt. Aber das Höfliche kann ja besonders schneidend wirken. Jedenfalls: Mehring reagierte daraufhin ungeheuer bestürzt, reiste wohl auch gleich ab. Ein paar sagten dann: also, der junge Mann argumentiert ja ausgezeichnet. Aber dann kam der Christian Ferber auf mich zu und blaffte ziemlich ruppig zu dem Neuling: wir lassen uns doch von Ihnen den Mehring nicht kaputtmachen!«[11]

Mit Kaiser trat einer derjenigen Kritiker auf, die mit der neuen, jungen Autorengeneration auf einer Wellenlänge waren – mit Aichinger, Bachmann und Celan, aber auch mit Grass, Walser oder Enzensberger. Diese zweite Generation der Gruppe 47 prägte das Bild ihrer

Institution viel stärker als die Gründergeneration um Richter. Kaisers Ablehnung eines Autors wie Mehring war rein ästhetisch begründet – Mehring und Richter standen, obwohl der eine Emigrant, der andere ein deutscher Soldat gewesen war, auf der anderen Seite. Und Kaiser ist in seinen ästhetischen Prämissen ohne Weiteres mit dem Emigranten Thelen zu verbinden. Man sollte Richters Ressentiments, die auch in seinem umfangreichen Briefwechsel manchmal aufblitzen, also keineswegs mit der Gruppe gleichsetzen.

Im Gegensatz zu Mehring, der sich entsetzt zurückzog, beschäftigte sich der durchaus erfolgreiche Publizist Hermann Kesten weiter mit der Gruppe 47. Es war aber nicht nur die Erfahrung Walter Mehrings, die Kesten auf Distanz zu Richter und der Gruppe 47 gehen ließ, es handelte sich auch um ein individualpsychologisches Phänomen. Kesten fühlte sich, wie sein Vortrag in Köln zeigt, unverstanden und verletzt, und er vermengte hier wie in einigen weiteren Polemiken richtige Beobachtungen (wie die mediale Vernetzung von Gruppenmitgliedern) mit nicht haltbaren Unterstellungen und einer falschen Einschätzung der gesellschaftlichen Rolle der Gruppe 47. Zum Eklat kam es, als Kesten in der Besprechung eines Buches des erfolgreichen Hörspielautors Wolfgang Weyrauch die Gruppe direkt benannte: »Weyrauch gehört zu dieser losen, schwebenden Literatenclique, die sich ›Gruppe 47‹ heißt. Kürzlich hörte man von einer Tagung dieser Gruppe, daß der ganze dichtende Haufen sozusagen geschlossen in die Hörspielfabrik mit klingendem Spiel und unterm Beifallsgeschrei der Hörspiel-Einkäufer einmarschiert sei.«[12] Die Crux von Kesten ist nicht nur, dass er weniger als Primärliterat, sondern vor allem als Mann des Betriebs wahrgenommen wurde – seine Stärken lagen generell eher im Feuilleton, weniger im Roman. Er überschätzte vor allem seine Möglichkeiten, in der Bundesrepublik als moralische Instanz auftreten zu können. Die ungezügelte Polemik gegen Weyrauch ließ ihn nicht zuletzt deshalb als Verlierer zurück, weil der Jude und Emigrant Wolfgang Hildesheimer sich öffentlich gegen Kesten wandte und sich dabei weniger dem Emigranten Kesten verbunden zeigte, als vielmehr seinen Generationsgenossen von der Gruppe 47: »Sie nennen uns einen ›dichtenden Haufen‹ (mit welcher Terminologie Sie mit einem anderen

Feindeslager gemeinsame Sache machen, dem Sie, Ihrer Vergangenheit nach, zwar nicht angehört haben können, deren Mühlen Sie aber heute um so eifriger bewässern. Zu diesen Mitkämpfern wünsche ich Ihnen viel Glück!).«[13]

Der Altersunterschied zu den Emigranten spielte für die vielen jüngeren Autoren der Gruppe 47 eine maßgebliche Rolle für das eigene Selbstverständnis. Das machte sich sogar bei jemandem wie Wolfgang Hildesheimer bemerkbar, der sich durch seine Biografie grundlegend von den meisten gleichaltrigen Gruppenmitgliedern unterschied. Hildesheimer, der in den fünfziger Jahren einer der prominentesten Autoren der Gruppe wurde, stieß bereits 1951 zu ihr und hatte in der Gruppenkritik mit den *Lieblosen Legenden* sogleich großen Erfolg. Er war Jude, hatte von 1942 bis 1946 im Information Office der Briten in Jerusalem gearbeitet und war von 1946 bis 1949 als Simultandolmetscher und Protokollredakteur bei den Nürnberger Prozessen beschäftigt gewesen. Hildesheimer gehörte lange Zeit zum unbestrittenen Kern der Gruppe 47, bis es in den sechziger Jahren zu vor allem literaturpolitisch motivierten Auseinandersetzungen kam – Hildesheimer störte sich dann wie Walser am repräsentativen Anspruch Hans Werner Richters, an den Auslandstagungen und dem Anspruch, als eine Art Literatur-Nationalmannschaft aufzutreten.

Hildesheimers satirisch verspielte *Lieblose Legenden* entsprachen viel mehr den in der Luft liegenden ästhetischen Tendenzen als etwa Albert Vigoleis Thelens monolithische *Insel des zweiten Gesichts*. Und in seiner Reaktion auf Kesten benannte er nicht nur ein gemeinsames Generationsgefühl, sondern setzte auch einen deutlichen politischen Akzent: In der Restauration der Adenauerrepublik, die er auch in seinen Kolumnen für die Zeitschrift *Die Literatur* immer wieder mit vielen Beispielen thematisierte, stand die Ideologie des Antikommunismus in Zusammenhang mit der Verdrängung der unmittelbaren NS-Vergangenheit. Die Distanz zu einer allzu schablonenhaften Ablehnung der DDR-Autoren unterschied Hildesheimer wie viele andere Autoren der Gruppe 47 von den älteren Emigranten des Westens. Dazu kommt, dass er sich über Kestens Selbsteinschätzung der »freilich überragenden älteren Generation« echauffierte und die Frage anschloss, ob Kestens wiederholte Angriffe auf die jüngeren Autoren möglicherweise der »Enttäuschung über den Mangel an eigener Resonanz« entspringe.[14]

Kestens Geschichte hat unter den Emigranten ihre ganz eigene Tragik – auch wenn er noch etliche Jahre lang eine wichtige publizistische Rolle in der Bundesrepublik spielen sollte. Er wurde im Lauf der fünfziger Jahre von der Entwicklung der jüngeren bundesdeutschen Literatur abgekoppelt, die gerade dabei war, den Literaturbetrieb allgemein zu definieren, und er forcierte dies noch durch seine polemische Natur. Es war ein grundlegender Unterschied an Erfahrungen und an Weltsicht, der sich dabei geltend machte. Kestens Briefwechsel mit Irmgard Keun etwa, die ihm in der unmittelbaren Nachkriegszeit Situationsberichte von Köln nach New York schickte, ist ein unschätzbares Zeugnis jener Jahre.

Welche Haltungen dann im Laufe der fünfziger Jahre aufeinanderprallten, wird in Kestens Auseinandersetzung mit Uwe Johnson deutlich, der nach 1959 zu einem der bedeutendsten Schriftsteller der Gruppe 47 wurde. Am 11. November 1961 hielt Kesten die Einführung zu einer Buchvorstellung von Johnson in Mailand (es ging um die italienische Übersetzung von *Mutmassungen über Jakob*). Es kam bei dieser Veranstaltung zu heftigen Auseinandersetzungen zwischen Kesten und Johnson über Brecht, die DDR und den Mauerbau. Am 25. November schrieb Kesten darüber in der *Welt*, unterstellte Johnson mit falschen Zitaten und verdrehten Argumentationen, dieser würde den Mauerbau verteidigen. In Form einer rhetorischen Frage bezeichnete Kesten Johnson schließlich als »Produkt der Erziehung im Diktaturstaat Ulbrichts«.[15] Johnson, dem nichts fernerlag, als die DDR und den Mauerbau zu verteidigen, hat in seinen Frankfurter Vorlesungen *Begleitumstände* die Auseinandersetzung mit vielen Quellenzitaten wiedergegeben. Die Tonbandaufzeichnung der Mailänder Veranstaltung belegt, dass Kesten Johnson das Wort im Mund geradezu umgedreht hatte. Doch wie sich Gerüchte im Literaturbetrieb trotz ihrer erwiesenen Unwahrheit verbreiten und erhalten, verdeutlicht kaum etwas besser als die Kesten-Johnson-Konfrontation: Noch fast 20 Jahre später, 1979, trat Johnson, der Büchnerpreisträger des

Jahres 1971, aus der Darmstädter Akademie für Sprache und Dichtung aus, weil in ihrem Ausstellungskatalog über die Geschichte des Büchnerpreises Kestens Darstellung des Streits von Mailand übernommen worden war.[16]

Es ist also nicht ausschließlich ein Ressentiment gegen den Emigranten, wenn Hans Werner Richter einmal über Kesten schreibt: »Wie aber soll man diesem eitlen und von sich so überzeugten Mann beibringen, welches Unheil er anrichtet.«[17] Es handelt sich vielmehr um einen immer stärker aufbrechenden literarischen wie auch politischen Gegensatz. Das zeigte sich am deutlichsten wenige Monate nach Richters Briefbemerkung: Der Vorsitzende der CDU-Fraktion im Deutschen Bundestag, Heinrich von Brentano, nahm die Kesten-Vorwürfe zum Anlass, Uwe Johnson das Stipendium für die Villa Massimo in Rom aberkennen zu wollen.

Dass Hans Werner Richter Anfang der fünfziger Jahre Hermann Kesten als Bündnispartner zu gewinnen versuchte, entsprach nicht nur kurzfristigen taktischen Erwägungen. Er brauchte Partner für seine gesellschaftspolitischen Vorstellungen, die er immer noch mittels der Literatur umzusetzen versuchte. *Die Literatur* sollte auch die Möglichkeiten einer Opposition im Deutschland Konrad Adenauers ausloten. Nach dem Scheitern dieser Zeitschrift verfolgte Richter dieses Ziel wieder auf direktem politischem Feld, im Kampf gegen die Wiederbewaffnung und die Atombombe.

Es ist wohl fast zwangsläufig, dass Hans Werner Richters Literaturbegriff auch in der *Literatur* eher vage blieb. Als Programm ist vor allem erkennbar, wogegen man sich wandte – gegen die Restauration, gegen die Remilitarisierung, gegen die »Kalligraphie« der herrschenden bigotten Schöngeister. *Die Literatur* diskutierte kaum, welchen Charakter die Gegenwartsliteratur haben könnte. Sie ging nicht über jenen Begriff eines »magischen Realismus« hinaus, der vieldeutig und wenig konturiert war und den Richter schon in seinem einzigen literaturtheoretischen Aufsatz überhaupt gebraucht hatte, der »Literatur im Interregnum« aus dem *Ruf* 1947.

Die Zeitschrift war allerdings recht informativ und wirkte bei Weitem lebendiger als etwa die *Neue literarische Welt*, die sich als repräsentativ begreifende Zeitschrift der Deutschen Akademie für Sprache und Dichtung. Und es zeigten sich etliche Spuren des Neuen, das Richter mit seinem Instrumentarium jedoch nicht so recht begrifflich fassen konnte. Es gab einige Berichte über Sartre und den Pariser Existenzialismus, aber auch über Henry Millers Provokationen. Und Karl O. Paetel schrieb aus New York unter anderem über den Krimiautor Mickey Spillane. *Die Literatur* bemühte sich um eine Erweiterung des klassischen Literaturbegriffs und wirkte in ihrer Zeit mit derlei Themen (so auch mit einem Porträt von Georges Simenon in Nummer 9) recht provozierend. Auffällig ist auch, wie ernst die sich erst neu entwickelnden Medien genommen wurden. Am 15. April 1952 wurde gemeldet, dass der Süddeutsche Rundfunk in Stuttgart am 28. April von 21 bis 22 Uhr ein Kulturmagazin starte: »die erste Sendereihe des deutschen Rundfunks, die überregional mit den Ausdrucksmitteln des Rundfunks das kulturelle Leben im Querschnitt behandeln will«. In Nummer 8 – am 1. Juli 1952, das deutsche Fernsehen steckt noch kaum wahrnehmbar in den Kinderschuhen! – gab es bereits einen Beitrag mit dem Titel: »Fernsehen – künstlerisches Neuland«. Und als zeitgeschichtliche Arabeske mag erscheinen, dass der 25-jährige Student Jürgen Habermas eine seiner ersten Veröffentlichungen in der *Literatur* hatte: In Nummer 13 schrieb er »Wider den moralpädagogischen Hochmut der Kulturkritik«. Er wandte sich vor allem gegen die »Moralische Aufrüstung« des amerikanischen Pfarrers N. D. Buchman, eine Bewegung, die in Caux bei Genf ihr Zentrum hatte: »Das Beispiel Caux zeigt ja frappant, in welchem Maße heute das moralpädagogische Unternehmen ein technisches Unternehmen ist und, im Großen durchgeführt, das Format einer ideologisch gesteuerten Aktion annimmt.«

*Die Literatur* wurde sofort nach ihrem Erscheinen heftig angefeindet. Der Redakteur der Akademie-Zeitschrift *Neue literarische Welt*, Oskar Jancke, formulierte in einem Brief an den Präsidenten der Akademie Rudolf Pechel im Sommer 1952, dass er nie ein »Boulevard-Blatt« wie *Die Literatur* machen werde.[18] Bereits am 25. März hatte er wütend den René-Schickele-Preis für Hans Werner Richter kommentiert, und im Hintergrund schwang mit, dass gerade die erste Nummer der *Literatur* erschienen war. Oskar Jancke war in dieser Zeit immer noch einer der wichtigsten Funktionäre der »inneren Emigration« und der literaturpolitischen Strukturen der frühen Bundesrepublik unter Adenauer. Sein bereits zitierter Angriff auf Hans Werner Richter (»ein Rand-Erzeugnis unserer Literatur«) zielte generell auf unerwünschte Positionen jenseits eines die unmittelbare Nazivergangenheit verdrängenden, prononcierten deutschen Selbstbehauptungsgefühls. Da verwundert es schon, dass Klaus Briegleb in seiner »Streitschrift« gegen die Gruppe 47 im Ton einer Anklage feststellt, dass »die Gruppe 47« sich neben den Emigranten auch den älteren Schriftstellern aus dem »inneren Exil« von vornherein verweigert habe, ja, er entwickelt daraus sogar einen moralischen Vorwurf: »da wartete ein Gedächtnis auf Gespräch unter ehrlichen Leuten.«[19] So einfach scheint es mit einem solchen Gespräch nicht gewesen zu sein.

Auch Friedrich Sieburg, der tonangebende Kritiker, quittierte *Die Literatur* in zwei kurz hintereinander erscheinenden Artikeln mit beißender Ironie: »Kriechende Literatur« in der *Zeit* vom 14. August und »Literarischer Unfug« in der *Gegenwart* vom 13. September 1952. Sieburg zielte mit seinem Angriff auf die Zeitschrift – den er startete, als sie bereits am Ende war – auf die Gruppe 47: »Jeder Versuch, sich echte geistige Gegner zu schaffen, schlug fehl, denn man kann ja schließlich die Leute, die die Zeitschrift und die Bücher ihrer Herausgeber und Genossen nicht gerne lesen, keine ideologischen Gegner nennen. Das Recht, sich bei überflüssigen Geräuschen die Ohren zuzuhalten, bedarf keiner grundsätzlichen Erklärung, und das Gähnen eines gelangweilten Publikums ist kein Schlachtruf, der ein aufregendes Kreuzen der Klingen verspräche. (...) Die Herausgeber, unter denen Hans Werner Richter und Walter Jens auffielen, sind wohl kaum zusammen mit ihrem papierenen Organ untergegangen. Sie und ihre Schützlinge, deren geistige Anlagen sie dem Schutz des Publikums empfehlen, erheben nach wie vor den Anspruch, die junge Literatur zu bilden, an der sonst nicht viel Gebildetes ist, und so wollen wir denn fortfahren, ihnen auf die Finger zu sehen, um Gewißheit darüber zu erlangen, ob ihr privater Zusammenschluß, der an sich kein öffentliches Interesse bietet, die Geburtsstätte einer geistigen Bewegung ist und jenem Zustand entspricht, der in Rundfunkgesprächen von ängstlichen Literaturverwaltern mit Fistelstimme ›Die neue Zeit‹ genannt wird.«[20]

Zur Zeit des Erscheinens der *Literatur* hatte die Gruppe 47 beileibe noch nicht die Lufthoheit über den Literatenstammtischen, das wird in Sieburgs höhnischen Worten deutlich. Allerdings begann die Gruppe 47 gerade in dieser Zeit, sich langsam im Literaturbetrieb zu vernetzen. Die neuen, föderal strukturierten und in ihren Anfängen noch von den Besatzungsmächten konzipierten Rundfunkanstalten boten die meisten Nischen. Allerdings begannen, nach dem großen Zeitschriftensterben durch die Währungsreform 1948, langsam neue Publikationen auf sich aufmerksam zu machen. Sie waren weniger literaturpolitisch als radikal literarisch angelegt, und damit brach Sieburgs »neue Zeit« auf eher unerwartete Weise an.

# 8 »Das Volk hat sich gefälligst zur Kunst hinzubemühen!«

*Die Zeitschriften* Akzente *und* Texte und Zeichen *sowie die großen Außenseiter Wolfgang Koeppen und Arno Schmidt*

Die langfristig wichtigste Literaturzeitschrift der fünfziger und sechziger Jahre waren wohl die *Akzente* im Carl Hanser Verlag. Initiator war der 1922 geborene Germanist Walter Höllerer, der sich 1952 durch seinen Gedichtband *Der andere Gast* auch einen Namen als Lyriker gemacht hatte und 1954 zur Gruppe 47 stieß. Die Atmosphäre, in der die Gründung dieser Zeitschrift vor sich ging, ist charakteristisch für die frühe Bundesrepublik und die Rolle der Gruppe 47.

Der von Anfang an sehr agile Höllerer hatte nach Erscheinen seines Lyrikbands sogleich die Idee, auch eine Literaturzeitschrift in seinem Verlag herauszubringen. Als möglichen Mitherausgeber sprach er Günter Eich an, über den er schon positiv geschrieben hatte und der seinerseits Höllerers Gedichtband in einem Brief vom 20. November 1952 sofort lobte: »Ich war überrascht von Ihren Gedichten, von ihrer Eigenart und ihrer Sprachkraft.«[1] In einem Brief an seinen Mentor Georg Britting umriss Höllerer sein Konzept, noch etwas diffus und suchend, aber er wandte sich dabei bewusst vom herrschenden Ton in der literarischen Öffentlichkeit ab: Es gehe um »konstruktive, nicht irgendwelchen konfessionellen oder politischen Formeln frönende Geister«.[2]

Das ist eine für die Verhältnisse in der Bundesrepublik des Jahres 1953 auffällig moderne Formulierung. Höllerer wollte offenkundig die Moderne, aber er wusste noch nicht so recht, wie sie zu fassen war. Aufschlussreich ist in diesem Zusammenhang ein poetologischer Entwurf von ihm vom März 1953, der sich im Nachlass erhalten hat. Er trägt den Titel »Bewahren und Aufbruch«:

Wir verachten den Kreis der Alltäglichkeit nicht, aus dem wir heraustreten. Wir kommen aus ihm. Wir lieben ihn. Das morgendliche Aufstehen und die Kontore und Bibliotheken. Die Maschinenräume, die Hörsäle und die Bauernstuben. Die Verkehrsplätze der Stadt und die Wiesen um die Dörfer. Die Schienenstränge. Die ummauerten Häuser und die Ferne. Meere und Länder, die hineingreifen. Die vergangenen Dinge, die ›kleine‹ und die ›große‹ Geschichte. Den Augenblick, der uns streift. Das Kommende, das uns vorbeschieden ist und das wir vorwegnehmen.

Wir sind in dem allen zugleich. In den Menschen der Gärtnereien und der lauten Warenhäuser. In den Kindern der Schulstuben. In den Gefangenen. In denen, die lieben. In dem Krug, in der Schale. In den Gesichtern. In den Verflechtungen des Weltlaufs. In den Träumen. Das Sein knistert, der Funkensprung des Seins.

Wir gehen unverwandt weiter, aber wir verlieren dies alles nicht. Wir suchen es aufzuheben. Wir versuchen, es zurückzugeben. Zu verwandeln. Zu verwandeln; indem wir es lieben. Wir können dies nur im Weitergehn. Wir gehen weiter. Wir blicken zurück, aber nur, um weiterzugehn. Wir empfinden die mancherlei Wirklichkeiten als den Rhythmus, der uns trägt.[3]

»Wir gehen weiter«: Dies ist Höllerers Grundimpuls. Er stand, wie die ersten Nummern der *Akzente* zeigen, noch nicht in Kontakt mit internationalen Strömungen. Er kannte die ausländische Literatur kaum und ging von seinen eigenen deutschen Erfahrungen aus, von den Erfahrungen der Kriegsgeneration und der Sehnsucht nach etwas anderem, etwas Neuem. Hier ist vielleicht am besten umrissen, was die literarischen Bestrebungen der Gruppe 47 in den fünfziger Jahren ausmachte und zu ihrem Erfolg führte: Höllerer war ein theoretischer Wortführer der zweiten Generation der Gruppe, er befand sich in einem Bund mit Bachmann und Celan, und seine Schriften und literaturpolitischen Thesen zeigen, dass er ästhetisch auf den Begriff zu bringen versuchte, was jene literarisch unternahmen. »Wir gehen

»Das Sein knistert«: Walter Höllerer

weiter«: Diese Haltung ist primär eine ästhetische und weniger eine politische. Sie sollte Höllerers künftige Aktivitäten prägen. Die kurzen, knappen Sätze seiner poetologischen Notizen des Jahres 1953 meinen nicht den Duktus des »Kahlschlags«, obwohl sie daran anschließen, auch sie sind von Nüchternheit geprägt und jenem ornamental-schwülstigen Stil der »hohen« deutschen Literatursprache abhold, der das Naziregime überdauert hatte. Höllerers Sätze zeugen aber überdies von einer zu dieser Zeit ungewohnten Neugierde; sie zeugen von Leichtigkeit, Beschwingtheit und Zukunftsoffenheit.

Das erste Heft der *Akzente* erschien im Februar 1954. Welche schwierigen Prozesse dem vorausgingen, ist nur noch schwer zu rekonstruieren. Eich jedenfalls zog sich zurück, als ihm bewusst wurde, welchen Aufwand diese Herausgeberschaft neben seiner literarischen Tätigkeit mit sich bringen würde. Auch Höllerer war davon nicht ganz unangefochten. Er antwortet am 8. November 1953 auf Eichs Absage:

Wir sind also dabei, das Ding kaputt zu machen, bevor es geboren ist, ich genauso wie Sie, das weiß ich ja gut, das ist eine traurige Sache. Ich verstehe natürlich Ihren Brief, es geht mir auch so. Ich sehe ein, dass ich hier nicht der richtige Mann am richtigen Platz bin. Wahrscheinlich kann ich zur Not einigermaßen ein Gedicht machen, oder ich kann einen »wissenschaftlichen« Aufsatz schreiben, aber zu so einer a n d e r e n Tätigkeit muss man andere »Sinne« haben. Ich glaube, man muss eine grosse Fähigkeit haben, u n b e r ü h r t sein zu können, so dass einen das alles nicht so absorbiert und quält, man muss alle menschlichen Bindungen zurückstellen können, man darf keine zu langen »Umschaltzeiten« von einer Sache auf die andere haben. – Es wird also doch so werden, dass auch dieses neue »Kind« den Leuten vom literarischen B e t r i e b überlassen werden muss, gleichzeitig aber nehme ich mir jetzt vor, über diese Leute n i c h t   m e h r   z u   s c h i m p f e n. Man braucht sie, sie allein können das. Es hat sich gezeigt, dass ich nicht fähig bin, so was, bei bestem Willen, zusammen zu halten.

Meine grosse und wirklich quälende Sorge ist jetzt nur die, wer unseren Uhu übernehmen wird, und was für ein (vielleicht hässlicher und domestizierter) Vogel daraus wird, eine Gans oder ein Pfau. Auch da müsste man wieder sagen können: es geht mich nichts an, aber es ist doch etwas, was einen angeht. Ich habe mir Möglichkeiten überlegt, diesen Gang der Dinge aufzuhalten, aber beinahe glaube ich nicht mehr daran, dass das überhaupt möglich ist. E i n e s dabei ist allerdings absurd: dass wir j e t z t, wo die Hauptarbeit gemacht ist und wir die Geschichte einigermaßen laufen lassen könnten, das alles abgeben.[4]

Deutlich wird: Höllerer war keineswegs von Anfang an ein Mann des »Literaturbetriebs«. Er fühlte sich zum einen als Literat, zum anderen als Wissenschaftler. Wovon er sich absetzen wollte, waren die reinen Funktionäre, und das sollte in den nächsten Jahren sein großes Gütezeichen werden: Er wurde, seinem Temperament gemäß, zwar zu einem Funktionär, er arbeitete auf vielen Feldern der Öffentlichkeit gleichzeitig, aber er tat das im Bewusstsein eines Schriftstellers – und eben nicht eines Funktionärs. In der Wehmut, mit der der *Uhu* aufgerufen wird, eine berühmte Zeitschrift der Weimarer Republik, lässt sich bereits erkennen, dass auch das letzte Wort für die geplante Literaturzeitschrift noch nicht gesprochen war. Und eine Woche später, am 15. November, kamen aus München tatsächlich schon wieder ganz andere Worte Höllerers an Eich. Höllerer war bei einer Konferenz im Hanser-Verlag und hatte plötzlich einen neuen Mitstreiter: Hans Bender, Herausgeber der Heidelberger Zeitschrift *Konturen*, war bereit, diese Zeitschrift aufzugeben und bei *Akzente* mitzumachen.

*Akzente* nannte sich programmatisch »Zeitschrift für Dichtung«, ansonsten gab es im ersten Heft kein Editorial, keinerlei programmatische Aussage, sondern nur die Texte. Einzig und allein zum Eingangsgedicht von Oskar Loerke (1884–1941), neben Wilhelm Lehmann der große Naturlyriker jener Jahre, stand in den »Notizen« am Schluss des Heftes eine Bemerkung, die von den Absichten der Herausgeber sprach: »Die erste Seite, als einzige, behalten die *Akzente* auch solchen Gedichten vor, die schon einmal gedruckt worden sind und die sich bereits seit längerer Zeit als gültig erwiesen haben.« Loerkes Gedicht »Ans Meer« stammte aus seinem Band *Atem der Erde* von 1930. Die Eingangsgedichte der nächsten *Akzente*-Nummern waren: Georg Trakl, »Im Dunkel«; Max Herrmann-Neisse, »Heimkehr des Unsteten«; Ernst Stadler, »Der Spruch«; Georg Heym, »Und die Hörner des Sommers verstummten«; Walter Calé, »Es rinnen rote Quellen«. Neben der Naturlyrik lag das Schwergewicht hier also auf dem unter den Nazis verpönten Expressionismus, und der Versuch, den vergessenen Vorexpressionisten Walter Calé (1881–1904) wiederzuentdecken, war ebenfalls symptomatisch für den Ansatz der *Akzente*.

Das erste *Akzente*-Heft wollte einzig und allein durch die Namen und die versammelten Texte wirken und suchte in der deutschen Tradition nach Anknüpfungspunkten. Nach Oskar Loerkes Eingangsgedicht folgten: Geno Hartlaub, Die Verwandlung; Herbert Gerlitz, Drei Gedichte; Günter Eich, Erzählungen und Dialoge; Gertrud Kolmar, Zwei Gedichte aus dem Nachlass; Zu Robert Musils Roman *Der Mann ohne Eigenschaften* Aufsätze von Karl Markus Michel, Walter Boehlich und Ingeborg Bachmann; George Forestier, Zwei Gedichte aus dem Nachlass; Martin Heidegger, »… dichterisch wohnet der Mensch …«; Walter Scherfeld, Drei Gedichte; Hans Scholl, Aus dem Russlandtagebuch; Rainer Brambach, Drei Gedichte; Hermann van Dam, Zu Georg Büchners *Woyzeck*. Dass Ingeborg Bachmann hier vertreten war, der gerade steil aufsteigende Stern der Gruppe 47, war den Herausgebern neben dem Dichter der Stunde Günter Eich besonders wichtig. Gertrud Kolmar und Hans Scholl standen für den Versuch, einen neuen Blick auf die Zeit des Nationalsozialismus zu riskieren, Heidegger hingegen schien mit seinem soeben auf der Bühlerhöhe gehaltenen Hölderlin-Vortrag einfach als Name ein Muss zu sein, und dass er just hinter den Lyrik-Vortäuscher »George Forestier« gesetzt wurde (der kurze Zeit später Anlass eines kleinen Literaturskandals war), ist von einer höheren Ironie.

Günter Eich hatte im Vorfeld sehr viel an diesem Konzept gearbeitet. Es gibt eine rege Korrespondenz zwischen Eich und Höllerer aus dem Jahr 1953, aus der Vorbereitungsphase. Am 1. Oktober 1953 etwa schreibt Eich: »Anbei den Staiger zurück. Er ist völlig unmöglich, – eine Blamage, wenn wir so etwas bringen wollen. Ich möchte den ganzen germanistischen Komplex noch einmal durchdenken. Lassen Sie mir dafür bis zu unserem nächsten Zusammensein Zeit, und tun Sie am besten in dieser Hinsicht g a r   n i c h t s. Haben Sie keine Sorge, daß wir's nicht schaffen. Jetzt, wo die Zeit drängt, ist es das Wichtigste, Zeit zu haben. (…) Ich fahre übermorgen nach Ulm, um aus den Aufzeichnungen von Hans und Sophie Scholl etwas auszusuchen. Das wäre ein Akzent, der mir wichtig scheint, eigentlich nur im ersten Heft möglich. Ein Hinweis, daß Dichtung nicht nur ein ästhetisches Phänomen ist, sondern aus anderen Quellen gespeist wird. Es gibt sehr schöne Dinge in diesen Aufzeichnungen. Ausgesprochen Politisches lasse ich natürlich weg.«[5]

Auch der nachdrückliche Hinweis auf Robert Musils *Mann ohne Eigenschaften*, der erst seit Kurzem für eine breitere Öffentlichkeit verfügbar war, kam ursprünglich von Eich. Er setzte in der Ästhetik des ersten *Akzente*-Heftes einen eindeutigen Akzent und brachte mit Karl Markus Michel und Walter Boehlich zwei unbekannte

Essayisten ins Spiel, die in der künftigen Kulturgeschichte der Bundesrepublik eine bedeutende Rolle spielen sollten. In der zweiten *Akzente*-Nummer erschienen einige Aufsätze »Zur Dichtung Bertolt Brechts«, dem damals in Westdeutschland offiziell verfemten DDR-Autor, unter anderem aus dem Nachlass Walter Benjamins, und unter den literarischen Texten fiel besonders das Gedicht »Assisi« von Paul Celan auf.

Binnen kurzer Zeit wurden die *Akzente* zur führenden deutschsprachigen Literaturzeitschrift, allenfalls Peter Huchels *Sinn und Form* in Ostberlin war als Vergleichsgröße zu nennen. Walter Höllerer war zu einem der einflussreichsten Männer im Literaturbetrieb aufgestiegen. Ein Brief an Günter Eich vom 9. Mai 1954 beschreibt allerdings noch einmal die Hindernisse, die dabei im Weg standen: »Lieber Herr Eich, einen sonntäglichen Stoßseufzer an Sie. Nach meiner Rückkehr spitzten sich die ›Akzente‹-Gegensätze mit dem Verlag mehr und mehr zu. Obwohl bester Start, viele Abonnenten, gute Besprechungen: immer wieder das Einschalten Göpferts, immer wieder die deprimierende Tendenz nach Unbedarftheit, ›Harmonisierung‹, Popularisierung. Der Ansturm gegen ›Problematik‹, ›zu hoch‹, ›Anstoss erregend‹ (ja was denn sonst als in dieser Selbstverständlichkeit des Banalen Anstoss erregen!), ›Wissenschaftlichkeit‹.«[6]

Derlei Probleme scheinen zeitlos zu sein, die fünfziger Jahre machten dabei keine Ausnahme. Höllerer schaffte es jedoch, den Einfluss des Hanser-Cheflektors Herbert G. Göpfert auf die *Akzente* zurückzudrängen. Günter Eich, dessen Ruf als bedeutendster Hörspielautor auch Höllerer zu nutzen verstand, engagierte sich für die ersten Nummern sehr stark – trotz seiner Absage, Mitherausgeber zu sein. Beispielsweise schrieb Eich am 16. November 1953 an Höllerer: »was ich für die Akzente tun kann, will ich sehr gern tun, seien Sie dessen versichert. Hier schicke ich Ihnen alles, was ich an Manuskripten habe. (…) Inge Bachmann gebe ich Bescheid. Und mit Heidegger spreche ich, wie Sie vorschlagen.«[7] Auch andere wichtige Kontakte wurden von Eich hergestellt, am 14. Dezember 1953 kam der Hinweis: »Von Paul Celan erhalte ich für die Zeitschrift das beiliegende Gedicht. Schreiben Sie ihm? 5 rue de Lota, Paris 16è.« Und es folgt ein Zusatz, der ein tiefes Wissen um schwierige Umstände offenbart, ein Leitmotiv kommender Jahre: »Ich hoffe, Inge Bachmann hat den Beitrag noch rechtzeitig geliefert.«

Programmatisch für den Aufbruch Mitte der fünfziger Jahre steht Höllerers Anthologie *Transit. Lyrikbuch der Jahrhundertmitte*, erschienen 1956 im Suhrkamp-Verlag – erstaunlich, dass Höllerer damals gleichzeitig an der Universität Frankfurt seine einflussreiche Habilitationsschrift *Zwischen Klassik und Moderne* erarbeitete. *Transit* provozierte Mitte der fünfziger Jahre in vielerlei Hinsicht. Es bestach durch seine klare, sachliche Typografie. Und wie ein Sakrileg musste es anmuten, dass Höllerer die jeweils abgedruckten Gedichte mit eigenen lyrischen Kommentaren versah: keine Fußnoten oder Worterklärungen, sondern die Assoziationsfäden der Gedichte weiterspinnende poetischessayistische Prosastücke. Für viele Leser musste es außerdem schockierend wirken, dass Höllerer die Gedichte ohne Nennung des Autors abdruckte. Erst in einem Index am Schluss des Bandes konnte man das jeweilige Gedicht seinem Autor zuordnen. So stehen etwa auf einer Doppelseite die Texte »Die Ebene« von Hans Arp, »Nachts hören« von Günter Eich, »Ein Wort« von Gottfried Benn und »Der Schiffskoch, ein Gefangener, singt« von Hugo von Hofmannsthal nebeneinander, zusätzlich versehen mit lyrischen Randnotizen von Höllerer – eine neu entstehende Textlandschaft ist das, ein eigenes Kontinuum, ein einziger vielstimmiger Autor, den die »Jahrhundertmitte« generiert.

Höllerers Vorwort bringt all das auf den Punkt, was ihn zu dieser Zeit umtreibt. *Transit* steht für Bewegung, für einen Weg ins Offene, für ein Lebensgefühl der Moderne. Und Lyrik wie essayistisches Weiterverfolgen der Lyrik, Empfindung wie analytische Durchdringung der Empfindung werden eins. Höllerers *Transit*-Gedanken sind ein Musterbeispiel für jene Form des Essays, in dem die Grenzen zwischen primärer und sekundärer Literatur gesprengt werden. Es geht ihm um die »Bewegungszentren der Moderne«, die »zugleich Bewegungszentren von Gedichten« sind. Die Kapitel gliedern sich nicht nach Motiven, sondern nach »Bewegkräften, die unsere Zeitlandschaft und die innere Landschaft unseres Selbst formen«.

Die Kapitel sind meist durch zwei Begriffe gekennzeichnet, die durch einen Doppelpfeil, einmal in die eine, einmal in die andere Richtung, miteinander verbunden sind: Augenblick – »Modernes Märchen; Dunkel – Innere Landschaft; Jahrmarkt – Die Strassen; Gesprungenes Glas – Offener Tod; Chimären – Odyssee. Eingerahmt werden diese »Doppelkapitel« durch das Eingangskapitel »Dem Zuhörer« und die Schlusskapitel »Transit« und »Dem Leser, der blieb«. Höllerers letzte poetische Kommentarzeilen, ausgehend vom Schlussgedicht »Leser« von Felix Hartlaub, lauten: »Das Gedicht tanzt über den Köpfen, wo immer gelesen wird.«

*Akzente* wie *Transit* waren weitere wichtige Elemente für die Netzwerkbildung der Gruppe 47. Walter Höllerer wurde sofort zu einem der zentralen Kritiker, die bei den Lesungen in der ersten Reihe saßen, seine Rolle für eine Öffnung der Gruppe 47 zu erkennbar zeitgenössischen Schreibweisen ist zentral. Neben Höllerer ist auch Alfred Andersch ein Paradebeispiel für die Verbindung von schriftstellerischem Prestige und literarischem Einfluss. Er war, neben dem NWDR-Intendanten Ernst Schnabel, der wichtigste Auftraggeber für Autoren im Rundfunk und gelangte im Jahr 1955 auf den Höhepunkt seiner Macht im Literaturbetrieb. Er bekam zum einen die Möglichkeit, eine eigene Zeitschrift herauszugeben, und zum anderen erhielt er das Angebot vom Süddeutschen Rundfunk in Stuttgart, seine »Abendstudio«- und Feature-Tätigkeiten zu bündeln: Er begründete den »radio-essay« in Stuttgart, der mit Mitarbeitern wie Walser, Enzensberger und Heißenbüttel sowie den Stundenfeatures von Arno Schmidt bis heute als ein Höhepunkt in der Geschichte des Kulturradios gilt.

Anderschs Literaturzeitschrift *Texte und Zeichen* war experimenteller angelegt als die *Akzente*, sie legte offensiv das Augenmerk auf die zeitgenössische Avantgarde. Ihre Vorgeschichte begann mit der Insolvenz von Eugen Kogons Frankfurter Verlagsanstalt: Andersch nahm, als er davon Kenntnis bekam, sofort Kontakt mit dem Luchterhand-Verleger Eduard Reifferscheid auf, um seine Buchreihe »studio frankfurt« in anderer Form weiterzuführen. Reifferscheid, der seinem juristischen Schwerpunkt neue Felder hinzufügen wollte, machte ihm das Angebot, eine neue literarische Zeitschrift herauszugeben. Ab dem 15. Januar 1955 erschien dann, bis Ende 1957, vierteljährlich *Texte und Zeichen*. Andersch hatte inhaltlich und gestalterisch alle

Freiheiten, sodass *Texte und Zeichen* rasch zum Flaggschiff der ästhetischen Moderne werden und nach ihrem Ende ein fast legendäres Nachleben führen konnte. Autoren wie Arno Schmidt, Paul Bowles, René Char und Paul Celan zeigten sogleich, dass jetzt etwas Neues begann. Es konnte jedoch nur drei Jahre währen: Der Verleger Reifferscheid teilte Andersch im März 1957 mit, dass er *Texte und Zeichen* über das Jahr hinaus nicht mehr verlegen wolle: »Jetzt, da der Prestige-Erfolg gesichert war, hatte er sein Ziel erreicht: Dem Fachverlag für Steuerrecht war das zweite, literarische Standbein hinzugewonnen.«[8] In der 16. und letzten Nummer schrieb Andersch in seiner Herausgebermitteilung: »Sie waren eine Minderheit in der Masse des geistigen Konformismus, der heute Deutschland beherrscht. Daß der Geist überhaupt lebt, hängt ausschließlich von der Existenz solcher Minderheiten ab.«

Innerhalb und im Umfeld der Gruppe 47 bewegten sich fast ausnahmslos alle Autoren, die man später mit dieser Zeit identifizieren würde, auch wenn man sie teilweise in ihrer Bedeutung noch nicht erkannte. Zwei Schriftsteller, die am Rande der Gruppe 47 in Erscheinung traten und nie direkt bei einem ihrer Treffen anwesend waren, sind dabei als Sonderfälle erwähnenswert: Wolfgang Koeppen und Arno Schmidt. Sie publizierten in den Organen, die zum sich entwickelnden Netzwerk der Gruppe 47 gehörten, und sie lebten fast ausschließlich vom Rundfunk – und dabei von Redakteuren, die mit der Gruppe 47 zu tun hatten, allen voran Alfred Andersch.

Wolfgang Koeppen erfüllte eigentlich viele Voraussetzungen, um zum Kern der Gruppe 47 zu gehören. Er hatte bereits am Anfang des Dritten Reiches debütiert, sich während des Hitlerregimes geduckt durchmanövriert und machte Anfang der fünfziger Jahre mit einer rasanten Romantrilogie auf sich aufmerksam: *Tauben im Gras* (1951), *Das Treibhaus* (1953) und *Tod in Rom* (1955).

Koeppen brachte einen ganz eigenen Ton ins Nachkriegsdeutschland. Er kam unverwechselbar aus dem Expressionismus und aus der Weimarer Republik: Ein schnelles, nervöses, städtisches Stakkato, die konventionelle Romanform war gesprengt. Koeppen war im selben Maß Sprachkritiker wie Gesellschaftskritiker, und wenn er zu Beginn von *Tauben im Gras* die Flugzeuge der Besatzungsmächte kreisen lässt, dann gerät auch das Unbewusste seiner Personen ins Kreisen: »Flieger waren über der Stadt, unheilkündende Vögel. Der Lärm der Motoren war Donner, war Hagel, war Sturm. Sturm, Hagel und Donner, täglich und nächtlich, Anflug und Abflug, Übungen des Todes, ein hohles Getöse, ein Beben, ein Erinnern in den Ruinen.« Der 1906 geborene Koeppen war wie Arno Schmidt ein Außenseiter, abseits des Betriebs. Er habe sich allerdings »mental immer der Gruppe 47 zugerechnet«, erinnerte sich Hans Werner Richter in einem späten Interview: »Er war zweimal da: einmal in Rom 1954, in Cap Circeo. Das heißt, die Tagung war in Cap Circeo, aber er erreichte Cap Circeo nicht. Er kam nicht heran und blieb in Rom. Es war ja damals für uns noch eine günstige Gelegenheit, sich Rom anzusehen. Es war ungeheuer beeindruckend. Er sagte mir dann aber, er sei auf einem Empfang des damaligen römischen Oberbürgermeisters auf dem Capitol gewesen und ich hätte ihn auch gesehen. Aber ich kann mich nicht erinnern. Das zweite Mal war er da auf Burg Rothenfels. Das war ebenfalls 1954. Da war er aber dann vormittags da, und ich habe ihn auch gesehen. Dann war er wieder verschwunden. Er hat mir das erklärt. Er hat mir erklärt, er vertrage so viele Menschen nicht.«[9]

Wie sehr Wolfgang Koeppen zum Umfeld der Gruppe 47 gehörte, wird in einem Brief deutlich, den er noch am 30. Januar 1979 an Alfred Andersch schrieb: »Sie fingen mich in Hamburg auf der Straße ein. Es veränderte mein Leben. Das sollte berichtet werden. Wie Sie stets ein Kamerad waren, ein Kollege, ein Genosse, Texte und Zeichen machten, das Radio in Stuttgart, für uns, Sie gaben uns Erwerb und Reisen, offene Horizonte. (...) Ihr Haus in Hamburg. In meinem Gedächtnis eine feine Bauhütte. Holzbau. Ebenerdig. Ein weiter Raum. Arbeit und vielleicht Pfeifenrauch. Klarheit auch von Gisela bestimmt. Ingeborg Bachmann war da. Von Ihnen gefördert. Ich lernte sie kennen. Wir tranken viel. An einem Vormittag. Es war schön! Wartesaal im Bahnhof Stuttgart, Abendbrot mit Arno Schmidt. Sie hatten ihn ermuntert, im Radio-Essay seine imaginäre Bibliothek zu entdecken. Er sagte, seine Hoffnung sei eine Portierstelle in einem mittleren Betrieb. Wir waren sehr ernst.«[10]

Bei Arno Schmidt verhielt es sich ähnlich, auch wenn der Autor selbst in seiner charakteristischen Haltung andere Töne anschlug. Neben der Mainzer Akademie unter der Ägide von Alfred Döblin, die ihm 1951 ihren Preis verlieh, war Alfred Andersch der Literaturfunktionär, der in den fünfziger Jahren Arno Schmidt das Überleben als Schriftsteller überhaupt erst ermöglichte. Gegenüber Eugen Kogon beschrieb Andersch bereits 1950 Arno Schmidt als »das größte deutsche Sprachereignis seit Jahrzehnten«, er druckte ihn in seiner Buchreihe »studio frankfurt«, und es ist als programmatisch zu bezeichnen, wie er 1955 das erste Heft seiner Zeitschrift *Texte und Zeichen* (nach einem Vorspiel von Heinrich von Kleist) eröffnete: mit dem fulminanten Prosastück »Seelandschaft mit Pocahontas« von Arno Schmidt. Der »sexuelle Aggregatzustand« dieses Textes führte sofort zu einer Anklage wegen »Gotteslästerung« und »Verbreitung unzüchtiger Schriften«, Andersch rechnete eine Zeit lang damit, drei Monate im Zuchthaus zu verbringen. Im Tagebuch von Alice Schmidt lässt sich die Reaktion nachlesen: »Doch erst Schweiz versuchen. Da könnte man dann notfalls über Österreich z. Ostzone. In allen Fällen aber erst nur als Besuchsreise bis evtl. Anklageerhebung, dass man sofort zck. könnte. (…) A: Furchtbar wird das. Was soll ich denn in der Schweiz? Und die liefern mich dann schließlich doch aus. Andersch scheint dableiben zu wollen. Der war schon mal im KZ. Dem ist Gefängnis nichts weiter.«[11] Die Familie Schmidt, die hier sogar mit einer Übersiedlung in die DDR kokettierte, entfernte sich allerdings erst einmal nur aus dem katholischen Gerichtsbezirk Trier und zog um ins liberalere Darmstadt. Das Gutachten von Hermann Kasack, dem Präsidenten der Deutschen Akademie für Sprache und Dichtung, wendete 1956 das Gerichtsverfahren dann endgültig ab.

Zu den Hellhörigen, die früh auf Arno Schmidt aufmerksam wurden, gehörte auch Martin Walser, damals freier Mitarbeiter beim Süddeutschen Rundfunk in Stuttgart. Er hatte als Radiomann bereits an der Tagung im Welzheimer Wald teilgenommen, stieß kurze Zeit später als Autor dazu und bekam bereits 1955 den begehrten Preis der Gruppe 47. Ein Porträt von Arno Schmidt, das Martin Walser für den Rundfunk verfasste, freute den großen Solipsisten sehr, und als ihn Walser zu einer

Rundfunkaufnahme einlud, sagte Schmidt tatsächlich zu. Zusätzlich zu einer Lesung wurde ein Gespräch zwischen Walser und Schmidt ausgestrahlt, Sendedatum war der 17. April 1953: Dieses Gespräch ist literaturgeschichtlich in mehrfacher Hinsicht aufschlussreich.

Martin Walser: Ich glaube, daß unseren Hörern doch Ihre Sprache nun etwas seltsam und etwas ungewohnt vorgekommen ist, ich glaube, daß wir dazu noch etwas sagen müssen. Wenn Sie das Bild einer Zeit festhalten wollen und wenn Sie den Denkprozess einer Zeit festhalten wollen, dann tun Sie es ja hier mit Sätzen, die in dieser Zeit völlig ungewöhnlich sind, und so spricht niemand, nicht wahr, Sie geben nicht die Zeit wieder, sondern Sie sind nahezu für viele, die in dieser Zeit leben, ja sogar unverständlich, möchte ich einmal behaupten, nicht wahr, das würden Sie doch auch zugeben, daß es einiger literarischer Beflissenheit und Belesenheit bedarf, wenn man Ihre Bücher, und man, ich, Sie wissen, daß ich das sehr schätze, aber daß es doch einer literarischen Vorbildung fast bedarf, um das richtig lesen zu können.

Arno Schmidt: Ja, das mag durchaus sein, aber ich habe Ihnen da entgegenzuhalten, daß es ja leider im Verhältnis zu anderen Künsten, der Musik oder der Malerei zum Beispiel, der allgemein verbreitete Irrtum beim Leser ist, weil er lesen kann, könne er auch jedes Buch lesen, sehen Sie, in der Musik wird das niemandem einfallen, wenn ich da einem Laien eine Partitur vorlege, wird er gern zugeben, daß er nichts, auch gar nichts davon versteht, aber bei einem Buch die Buchstaben sind jedem geläufig, auch einzelne Worte, und so meint jeder, daß er ohne weiteres lesen und vielleicht gar auch schreiben könne, das ist aber ein Irrtum, denn auch in diesem Falle hat sich eben der Fachmann so weit von dem rohen Laien entfernt, daß, das gebe ich Ihnen gerne zu, eine Annäherung da schwer möglich ist, allerdings wenn eine solche Annäherung stattzufinden hat, dann hat sie nicht von der Seite des Künstlers herzukommen, Kunst dem Volke, sondern das Volk, jedermann, hat sich gefälligst zur Kunst hinzubemühen.[12]

In diesem Moment berührten sich mehr als bloß zwei Kapitel in der Literaturgeschichte. Es standen sich die Prinzipien des Journalismus und die Prinzipien eines Verständnisses von Literatur gegenüber, das dem des Journalismus genau entgegengesetzt war. Martin Walser spricht hier, wie man als ein Rundfunkmann sprechen muss, der an seine Hörer denkt – er ist zu diesem Zeitpunkt 25 Jahre alt. Man kann von diesem Punkt aus sehr schön die unterschiedliche Publikumswirkung dieser beiden Autoren erkennen – so programmatisch, wie es später kaum noch möglich gewesen wäre. Arno Schmidts Hieb am Schluss zitiert fast wortwörtlich eine Passage aus *Brand's Haide*, in der der »Dichter« sagt: »Kunst dem Volke?!: das jault vor Rührung, wenn es Zarewitschens Wolgalied hört, und bleibt eiskalt gelangweilt beim Orpheus des Ritter Gluck. Kunst dem Volke?!: den slogan lasse man Nazis und Kommunisten: umgekehrt ists: das Volk (Jeder!) hat sich gefälligst zur Kunst hin zu bemühen!«[13]

Alice Schmidt hat in ihrem Tagebuch die Umstände der Reise nach Stuttgart festgehalten. Hier wird sehr vieles vom Umgang Arno Schmidts mit der Öffentlichkeit und überhaupt mit anderen Menschen, auch im privaten und halbprivaten Zusammenhang, deutlich. Martin Walser holte das Ehepaar Schmidt am 18. August 1952 am Hauptbahnhof ab: »›Herr Schmidt!‹ Oh und da steht lachend ein Mann dessen außerordentliche Kleidung ich zuerst betrachtete: über hellgrauen Sommerhosen eine Art weiter hellblauer Pullover, aber aus Stoff und darunter ein lose geschlungener buntkarierter Seidenshawl. Also ganz auffällig auf Künstler gekleidet. Ansonsten war er ein mittelgroßer junger Mann mit nicht häßlichem, ja fast hübschem vollen Gesicht, schwarzem glatten Haar und schwarz geranderter Hornbrille. Außer der Kleidung hätte er sonst gar nichts Auffälliges an sich gehabt. (...) Dann fuhren wir zu Dr. Ws Wohnung auf der Reitzensteinstr. in der Nähe des Funkhauses. Die Tür öffnete ein schwarzes Püppchen in etwa meiner Größe. Ein gelbliches weit ausgeschnittenes Seidenkleid sah sehr hübsch aus. Hübsche Figur, schwarzer Bubikopf, Lippen und Mund etwas Negermäßig, jedenfalls etwas seltsam aber eher hübsch, auch hübsches Figürchen: ›meine Frau‹ –«[14]

»Die Anderen können nur Adenauer wählen«: Arno und Alice Schmidt im Garten ihres Hauses in Kastel

Das ist der typische Gestus von Arno und Alice Schmidt: Sie versichern sich beide gegenseitig ihrer Haltung zur Welt und treten allem, was ihnen entgegentritt, mit höchst erhobenen Augenbrauen gegenüber. Der Kontakt zu Martin Walser blieb jedoch erst einmal bestehen. Für Arno Schmidt war es ungewöhnlich, dass er so überschwänglich gelobt wurde wie in Walsers Radioporträt. In der ersten Phase ihrer Beziehung gab es ungewohnte, herzliche Briefe von Arno Schmidt an Walser, er freute sich an seinem jungen Bewunderer. Am 10. November 1953 schreibt er zum Beispiel: »Für Sprache und rhythmische Auswuchtung sind Sie selbst Fachmann, und immer noch der Einzige, der jede Inversion, jede Vokalharmonie, jeden ›Effet‹ der Wortbälle spürt; die Anderen können nur Adenauer wählen.«[15]

Am 10. April 1953 jedoch schreibt Walser einen mutigen Brief, in dem es um ein direktes Auftreten in der Öffentlichkeit, gar in jener der Gruppe 47 geht: »Alfred Andersch besuchte mich heute und erzählte mir, daß er Sie nach Mainz zur Tagung der Gruppe 47 eingeladen hat. Sie haben abgelehnt. Andersch meinte nun, daß ich Sie mit dem gleichen Ansinnen noch einmal behelligen sollte. Ich weiß, wie Sie zu all diesen Zusammenkünften stehen. Ich würde es aber den 47ern gönnen, daß sie einmal eine Faust unter sich spürten. Manch leichtfertiges Geschreibe könnte durch eine Lesung von Ihnen zur Entlarvung gebracht werden. (...) Es wird viel Gerede geben, viel bangloses Hin und Her, aber es sind ein paar Menschen da, mit denen man nicht ohne Gewinn spricht. Ich denke vor allem an Heinrich Böll und Ilse Aichinger, auch an Dürrenmatt. Wenn Sie lesen würden, hätte die ganze Veranstaltung mehr Sinn.«[16]

Auch Schmidts Verleger Heinrich Maria Ledig-Rowohlt drängte Arno Schmidt dazu, zur Gruppe 47 nach Mainz zu fahren: »ich habe so etwas läuten hören, als wollte man Ihnen in diesem Jahr den Gruppenpreis erteilen. Das allerdings ist noch ein ganz unzuverlässiges Gerücht. Wir haben uns übrigens an diesem Preis beteiligt (...).«[17] Schmidt sagte Walser auf einer Postkarte ab und schrieb an Ledig-Rowohlt: »Die Gruppe 47: Ich eigne mich nicht als Mannequin; lassen Se man! (Dass Sie den Preis vergrößern helfen, höre ich auch zum ersten Mal: geben Sie lieber Ihren Autoren jährlich einen aus! Die ›Umsiedler‹ und noch mehr der ›Faun‹ sind gut: ob sie nun den Preis der Gruppe 47 kriegen oder nicht!) Ich nähre mich lieber redlich und still vom Übersetzen als von literarischer 175erei. Deswegen habe ich auch gern gehört, daß Sie bald wieder etwas für mich haben. – Viele Grüße, Ihr Arno Schmidt. P.S.: Muß man bei der Gruppe 47 auch singen, oder braucht man nur nackt vorzulesen?«[18]

Hans Werner Richter hatte Schmidt bereits 1949 vergeblich zur Gruppe 47 eingeladen, nachdem er einen Vorabdruck aus *Leviathan* in der *Zeit* gelesen hatte. 1964, anlässlich der Verleihung des Fontane-Preises an Schmidt, begegnete Richter ihm dann endlich persönlich und stellte fest: »Schmidt wollte aus demselben Grund nicht in die Gruppe wie Koeppen: er wollte keine Leute, war menschenscheu. Später, als ich ihn dann persönlich kennenlernte, habe ich dann auch festgestellt, dass er wirklich nicht zu uns gehörte. Wir verstanden uns gar nicht. (...) (Er war) viel zu kauzig.«[19]

Martin Walser erinnert sich später, als er selbst zu einem bekannten Autor geworden ist, an Arno Schmidts Besuch 1952 in seiner Stuttgarter Wohnung folgendermaßen: »Und der Arno Schmidt marschiert herein mit dem Gesicht eines siegreichen Generals. Im Wäschekorb ist unsere vielleicht drei Monate alte Tochter, die liegt da im Wäschekorb eingebettet. Da sehe ich noch, wie er seine Frau sozusagen durch seine Geste weg- und mit- und fortreißt, daß sie nicht auf die dumme Idee käme, an diesem Kind zu verweilen und vielleicht auch eins zu wollen. Er hat gesagt, wir haben dafür Katzen...«[20]

Dass Hans Werner Richter unverdrossen versuchte, Arno Schmidt zur Gruppe 47 einzuladen, ehrt ihn durchaus – und es zeigt, welche Leistung er insgesamt erbrachte, sehr verschiedene Autoren und auch Diven zusammenbringen zu können. In den Aktionen und Reaktionen von Wolfgang Koeppen oder Arno Schmidt kündigt sich jedoch auch etwas an, was später, zu den großen Glanzzeiten der Gruppe 47 in der Öffentlichkeit, auch zu ihren inneren Zerreißproben und mit zu ihrem Ende führte: Viele namhafte Schriftsteller zogen sich aus den zirkusartigen Veranstaltungen der Gruppentreffen zurück, sie scheuten den Betrieb. Zunächst arbeitete die Gruppe 47 aber daran, diesen Betrieb überhaupt erst zu erfinden.

# 9 Einmal muss das Fest ja kommen

*Die Tagung am Cap Circeo und eine ungeahnte neue Emigrationsbewegung*

Ende April 1954 fand, für alle überraschend, eine erste Auslandstagung der Gruppe 47 statt, am Cap Circeo etwa hundert Kilometer südlich von Rom. Hans Werner Richter hatte in den Anfangsjahren ein paarmal versucht, den europäischen Gedanken voranzutreiben, er dachte die programmatische »junge Generation« nach dem Krieg ausdrücklich als »europäische« – und es mag mittelbar etwas damit zu tun gehabt haben, dass die spezifisch deutsche Frage nach der unmittelbaren Vergangenheit damit in den Hintergrund rückte. Bei einigen frühen Tagungen der Gruppe 47 drückte sich eine deutsch-französische Verbindung aus – bereits in Marktbreit 1949 waren der ehemalige Dachau-Häftling und nunmehrige Abteilungsleiter bei der UNESCO Joseph Rovan, der Redakteur der damals in Baden-Baden unter französischer Militärverwaltung stehenden Zeitschrift *Aussprache* Louis Clappier und Antoine Wiss-Verdier von der Zeitschrift *Documents* zu Gast gewesen. Insbesondere die Zeitschrift *Documents* in Paris widmete sich der aktuellen deutschen Gegenwartsliteratur. René Wintzen, der Herausgeber, organisierte mehrfach deutsch-französische Schriftstellertreffen – unter anderem im Mai 1950 am Schwarzwälder Schluchsee, bei der Hans Jürgen Soehring unterstützend mitwirkte, direkt nach der Gruppentagung in Inzigkofen. Im Laufe der fünfziger Jahre riss jedoch die französische Verbindung mehr und mehr ab, die praktischen Verständigungsprobleme erwiesen sich letztlich als zu hinderlich. Zudem traten für Hans Werner Richter die innerdeutschen Positionierungen zunehmend in den Vordergrund. Dass im Frühjahr 1954 plötzlich Italien auf der Tagesordnung stand, lag einzig und allein an Ingeborg Bachmann.

Sie wohnte schon seit geraumer Zeit in Italien und lockte mit den entsprechenden Versuchungen. Mehrfach ist im Briefwechsel Hans Werner Richters von einer geplanten Tagung in Rom die Rede, und die Reaktionen darauf gaben schon eine Vorahnung dessen, was dann in den sechziger Jahren, bei den zwei heiß diskutierten Auslandstagungen 1964 in Schweden und 1966 in den USA, problematisiert wurde: Rom war weit weg, es stellte sich verstärkt die Frage nach den Anreisekosten der Teilnehmer, etlichen Kandidaten waren die Umstände zu aufwendig, und sie verzichteten deshalb. Ingeborg Bachmann stellte zwar in Aussicht, dass sie Kontakt zu italienischen Autoren und Vermittlern herstellen würde, aber letzten Endes verlief die Tagung so wie üblich. Die deutschen Autoren blieben unter sich. Es gab eine finanzielle Unterstützung von der Kulturabteilung des Auswärtigen Amtes und von der italienischen Fremdenverkehrsbehörde der Region Latium, das setzte eindeutige Akzente, und nach dem Ende der Tagung fanden offizielle Empfänge beim Bürgermeister von Rom sowie beim dortigen germanistischen Institut statt, die jedoch formelle Veranstaltungen blieben.

Das Cap Circeo hatte Ingeborg Bachmann ausfindig gemacht. Zunächst hatte sie Hans Werner Richter zu einer Tagung in Rom überredet, um die Zusammenkunft dann aber noch um einiges weiter Richtung Süden zu verlegen – das war in gewisser Weise ein Coup von ihr, denn das Cap Circeo schien ihr vollkommen zu entsprechen. Es ist der Ort, an dem die magische Figur Circe aus Homers *Odyssee* die Seefahrer durch ihre betörende Ausstrahlung »bezirzt«, ihre Verführungskünste sind berüchtigt. Wenn ihre Opfer ihr erlegen sind, werden sie allerdings in Schweine verwandelt. Das Cap Circeo war also eine verblüffende Selbstinszenierung des Gruppe-47-Mitglieds Ingeborg Bachmann, wobei der ironische Grundton von ihr wohl von vornherein mitgedacht worden ist. Dass sie für etliche männliche Mitglieder der Gruppe eine Art Circe-Phantasmagorie darstellte, wurde auf den Tagungen in Niendorf und in Mainz jedenfalls deutlich. Das Doppelgesicht der Circe in der *Odyssee* fügt ein Übriges hinzu: Immerhin erhält Odysseus von Hermes ein heiliges Kraut, um sich zu immunisieren, und bleibt ein volles Jahr bei Circe. Sie verrät ihm dabei unter anderem, wie er dem ihm zwangsläufig drohenden Gesang der Sirenen heil entkommen kann.

Der Tagungsort Cap Circeo: Dem Mythos nach werden Männer hier in Schweine verwandelt

Die Rolle, die Ingeborg Bachmann von Anfang an in der Gruppe 47 spielte, ihre Koketterie, ihre Suche und ihr Leiden an den Männern, das alles ist in der Figur der Circe assoziativ eingefangen, ohne dass es zu konkret benannt werden musste – ein literarisches Spiel, das den wenigsten der Teilnehmer wohl bewusst gewesen ist. Das Haus, in dem sie untergebracht waren, hieß »Maga Circe«. Es war damals eines der wenigen Hotels, die überhaupt in Betracht kamen. Mittlerweile ist der Ort San Felice Circeo am Cap Circeo von Hotels, Ferienwohnungen und Bungalows kilometerweit umstellt, und eine besondere Pointe dabei ist, dass das heutige Hotel »Maga Circe« mit dem damaligen Tagungshotel der Gruppe 47 überhaupt nichts zu tun hat. Es ist ein an einem anderen Ort errichteter Neubau und hat lediglich den Namen übernommen. Das zweistöckige Gebäude der Tagung steht aber noch, es ist jetzt das Nebenhaus eines anderen Hotels und fällt in der Sterne-Hierarchie der einschlägigen Etablissements am Ort ziemlich ab. Im Erdgeschoss gibt es einen Aufenthaltsraum, in dem 1954 wohl die Diskussionen stattfanden, er hat immer noch ein Fünfziger-Jahre-Ambiente, etwas leicht Schäbiges und Verrutschtes, aber die abgewetzten Kunstledersessel, die rot melierten Gläserschränke und die sich zum Meer hin öffnende Fensterfront lassen durchaus etwas Lasziv es, Sehnsüchtiges ahnen.

Fast ist es ein Bild für die Sehnsucht Ingeborg Bachmanns schlechthin, und das Cap Circeo bildet dabei nur einen weiteren Mosaikstein. Diese Sehnsucht sollte in der jungen deutschen Literatur der fünfziger Jahre generell weite Kreise ziehen. Italien wurde schon in der frühesten Lyrik Ingeborg Bachmanns aufgerufen, als ein transzendenter Ort der Träume – im österreichischen Klagenfurt geboren, in Reichweite von Slowenien und Italien, bildete die Vorstellung des Südens für sie von vornherein eine Entrückung. In ihrem Gedicht »Herbstmanöver«, das sich im berühmten Debütband *Die gestundete Zeit* vom Dezember 1952 findet, wird diese Spannung ganz direkt thematisiert: »Und der Fluchtweg nach Süden kommt uns nicht, / wie den Vögeln, zustatten.«[1]

Das Motiv des »Fluchtwegs« wurde nicht nur für Bachmann programmatisch, einige andere Schriftsteller im Umfeld der Gruppe 47 folgten ihr darin nach. Die Funktion eines Katalysators in der Italiensehnsucht Ingeborg Bachmanns übernahm der fast auf den Tag gleichaltrige Komponist Hans Werner Henze. Die beiden lernten sich im Alter von 26 Jahren auf der Tagung der Gruppe 47 auf Burg Berlepsch zwischen Göttingen und Kassel kennen; sie fand vom 31. Oktober bis zum 2. November 1952 statt. Henze war dort zusammen mit Wolfgang Hildesheimer eingeladen, mit dem er die Funkoper *Das Ende einer Welt* erarbeitet hatte. Schon das erste schriftliche Zeugnis des Briefwechsels zwischen Bachmann und Henze, geschrieben gegen Ende der Tagung, ist ein charakteristisches Präludium des Kommenden: »liebes fräulein bachmann – ich sehe Sie nicht mehr? montag früh fahre ich nach köln, wenn Sie wollen, nehme ich Sie mit. werde nochmal anrufen. Ihre gedichte sind schön, und traurig, aber die idioten, selbst leute, die so tun, als ob sie ›verstünden‹, verstehen nicht. adieu, Ihr hwhenze.«[2]

Fräulein Bachmann fuhr mit Henze nach Köln, und dass ihre Gedichte »schön und traurig« waren, mag das Signal für ihr Bündnis gewesen sein. Beide waren in ihrer Kunst an Grenzüberschreitungen interessiert: Es ging jeweils um die Beziehung zwischen Musik und Sprache. Henze bezeichnete die Musik später als »geistige Rede«, und Ingeborg Bachmanns besonderes Verhältnis zur Musik ist von der frühen Lyrik bis zum späten Roman *Malina* zu verfolgen, der in seinem Spiel mit Thema und Variation wie eine Symphonie gebaut ist. Henze nannte ihn »Mahlers Elfte« – ein größeres Lob war für ihn nicht denkbar. Die zweite Gemeinsamkeit der beiden lag in einem Zusammenklang sehr subjektiver Sehnsüchte: Auch für Henze ging es um den Süden. Sehr früh zitierte er jene Zeile aus Bachmanns Gedicht »Herbstmanöver«, auch als direkte Aufforderung an sie – er selbst lebte es vor.

Der Komponist brach im Frühsommer 1953 von München zur Insel Ischia auf. Zuerst sollten es nur einige Monate sein, um Abstand zu gewinnen, aber er blieb von da an in Italien. Kaum auf Ischia angelangt, begann er bei Ingeborg Bachmann zu werben, dass sie zu ihm komme. Und die gemeinsamen Monate auf Ischia, von August bis Oktober 1953, bildeten dann auch den mythischen Urtext ihrer Beziehung. Bachmanns Hörspiel *Die Zikaden* kündet davon, zu dem Henze die Musik schrieb, genauso wie ihr Gedichtzyklus *Lieder von einer Insel*, den Henze vertonte:

> Einmal muß das Fest ja kommen!
> Heiliger Antonius, der du gelitten hast,
> heiliger Leonhard, der du gelitten hast,
> heiliger Vitus, der du gelitten hast.
>
> Platz unsren Bitten, Platz den Betern,
> Platz der Musik, und der Freude!
> Wir haben Einfalt gelernt,
> wir singen im Chor der Zikaden,
> wir essen und trinken,
> die mageren Katzen –
>
> streichen um unseren Tisch,
> bis die Abendmesse beginnt,
> halt ich dich an der Hand
> mit den Augen,
> und ein ruhiges mutiges Herz
> opfert dir seine Wünsche.

Honig und Nüsse den Kindern,
volle Netze den Fischern,
Fruchtbarkeit den Gärten,
Mond dem Vulkan, Mond dem Vulkan!

Unsre Funken setzten über die Grenzen,
über die Nacht schlugen Raketen
ein Rad, auf dunklen Flößen
entfernt sich die Prozession und räumt
der Vorwelt die Zeit ein,
den schleichenden Echsen,

der schlemmenden Pflanze,
dem fiebernden Fisch,
den Orgien des Winds und der Lust
des Bergs, wo ein frommer
Stern sich verirrt, ihm auf die Brust
schlägt und zerstäubt.

Jetzt seid standhaft, törichte Heilige,
sagt dem Festland, daß die Krater nicht ruhn!
Heiliger Rochus, der du gelitten hast,
o der du gelitten hast, heiliger Franz.[3]

In einem Fernsehfeature von Peter Hamm beschrieb Henze, wie es zu diesem Gedicht kam: Ingeborg Bachmann war tatsächlich auf der Insel Ischia eingetroffen, genau zum Fest des heiligen Vitus an einem Sonntag im August auf der Piazza in Forio: »Und das war wirklich sehr schön, vielleicht ist es immer noch so schön, wie es damals war. Es war eine fast heidnische Festlichkeit, mit Fackeln und mit Trommeln und Musik, und sie kam da an und dachte, daß Italien wirklich so ist. Oder Neapel – daß da ein Fest stattfindet, das nie aufhört.«[4]

Henzes Werbebrief vom Juli 1953, in dem er von seinen ersten Erfahrungen auf Ischia berichtet, schlägt den Grundton für ihr Verhältnis an, das abseits seiner Homosexualität natürlich ein Verhältnis zwischen Mann und Frau war: »liebe ingeborg bachmann, natürlich ist es gefährlich von glück und zuviel zuneigung begünstigt zu sein, aber etwas glück, solches das nicht aus intellektuellen regenrinnen und nicht in intellektuelle schlünder läuft, etwas zarte freude und liebe, vielleicht auf ganz kühler erde und sehr fremd und keusch, kleine wunder von schönheit und reinheit, das kann nur gut sein wenn man arbeiten will: gerade das gehört zu dem, was man aus der kommenden zeit machen muss, o hoffentlich verstehen Sie recht. wenn sie wüssten, wie schön ich es hier habe!«[5]

»Sehr fremd und keusch«, das sind Schlüsselworte für die Landschaft und wie man sich in sie einfügen könnte. Von Anfang an bemühten sich die beiden um die richtige Mischung aus Nähe und Distanz. Bachmann wohnte seit Ende 1953 in Rom, Henze zog von Ischia nach Neapel, und von Januar bis August 1956 lebten die beiden, von mehreren Reisen unterbrochen, in seiner Wohnung wieder zusammen. Er schmiedete erneut, wie schon bei ihrem Zusammenleben auf Ischia, Heiratspläne, sprach von gegenseitiger Freiheit und Rücksichtnahme. Der eine suchte und fand beim anderen Unterstützung gegen den als feindlich empfundenen Kulturbetrieb in Deutschland – die räumliche Entfernung, der Süden schienen dabei einen Rückhalt bieten zu können, und für Ingeborg Bachmann war Henzes Homosexualität gleichzeitig wohl auch eine Befreiung von den ihr vertrauten Kalamitäten mit Männern. Die Bachmann-Henze-Geschichte ist bei alldem das erste Beispiel für eine Emigration in den Süden, die bei Schriftstellern gerade der Gruppe 47 schon früh in den fünfziger Jahren einsetzte: Als Erste folgten Alfred Andersch und Wolfgang Hildesheimer nach.

Diese Emigration war eine direkte Reaktion auf die Atmosphäre in der Bundesrepublik, darauf wird des Öfteren explizit verwiesen. Ingeborg Bachmann war zwar als literarisches Fräuleinwunder bis auf die Titelseite des *Spiegel* gelangt und wurde mit ihrem zweiten Gedichtband *Anrufung des Großen Bären* groß und enthusiastisch besprochen – vieles dabei empfand sie jedoch als Missverständnis. Und Henze hatte mit der Uraufführung seiner Oper *König Hirsch* in Berlin 1956 einen überwältigenden Erfolg, sah sich aber auch scharfen Angriffen und Intrigen ausgesetzt. Mehrfach beklagte Henze die Kälte in Deutschland, beschwor ein gemeinsames, abgeschirmtes Leben mit Bachmann in Italien: »im leben ist es wichtig, zeit zu haben und ganz ruhig zu sein. das ist meine klare erkenntnis. deshalb eben taugt deutschland nichts, weil sie alle ihre leere mit last ausfüllen müssen. wenn man aber nicht still hält, können ja gar nicht die guten geister kommen, sie verfehlen den eingang zum herzen, und zielbewusst nach vorn gerichtete münder, von energie geschlossen, sind nicht der platz wohinein die guten geister wollen.«[6]

Auf ihren ureigenen Feldern sahen sie sich jeweils dogmatisch erstarrten Neuerern gegenüber: Henze der Zwölftontechnik und dem Kreis um die Darmstädter Neue Musik, Bachmann dem Reportagerealismus und provinziellen Männerbünden. Die »Moderne« der Gruppe 47 lehnte sie anfangs ironisch als »Asphaltliteratur« ab und bezeichnete sich dagegen als »Kärntner Heimatschriftstellerin«.[7] Bachmann und Henze erlebten im Süden offenkundig tatsächlich ekstatische Augenblicke der Gemeinsamkeit – doch im Alltag ließ sich das nicht durchhalten. Ihr gemeinsames Leben in Neapel scheiterte wegen ihrer unterschiedlichen Temperamente, und ab Juli 1958 lebte Ingeborg Bachmann mit Max Frisch zusammen, zunächst noch in Rom.

Auch für Alfred Andersch war die Tagung am Cap Circeo nur eine Etappe auf seinem Weg in den Süden. Zusammen mit seiner Frau Gisela überlegte er schon früh, sich fernab von Deutschland ein kleines Haus zu kaufen, und in einem Brief an den Intendanten Ernst Schnabel wird der Hintergrund deutlich: »Ich finde das meiste, was heute in Deutschland geschieht, grauenhaft, und ich leide keineswegs an Verfolgungswahn.«[8] Ostern 1954 verbrachte Andersch am Gardasee, mit Ausflügen nach Padua und nach Venedig, anschließend fuhr er mit seiner Frau zur Tagung der Gruppe 47, um dann weiter nach Süden vorzudringen, über Neapel und Cosenza nach Sizilien. Von dort setzten sie auf die Liparischen Inseln über und bewohnten das Gästehaus eines Schweizer Malers. Andersch entwarf hier unter anderem das Drehbuch für seinen Dokumentarfilm *Im tiefen Süden. Optische Notizen einer Malerin*, in dem seine Frau, die Malerin Gisela, im Mittelpunkt stand. Auf der Rückreise Anfang Juni verbrachte Andersch noch eine Zeit lang in den Dolomiten, erst nach dreieinhalb Monate langer Abwesenheit kehrte er Anfang Juli wieder nach Hamburg zurück.

Es ist im Nachhinein verblüffend, wie sehr die äußeren Daten dieser Zeit – ausgedehnte Reisen und Erkundigungen im Süden und mehrere schriftstellerische Projekte, die damit zusammenhingen – mit seiner inneren Gestimmtheit in Widerspruch zu stehen scheinen. Die Frankfurter Verlagsanstalt, der Verlag seiner *Kirschen der Freiheit*, hatte Konkurs angemeldet, es waren nur 2150 Exemplare verkauft worden, und die aufreibenden Sitzungen und Absprachen, die mit seiner Rundfunktätigkeit zusammenhingen, setzten ihm zusätzlich zu. Die Zeit der Sehnsucht und der südlichen Ausfallschritte war außerdem überlagert durch politische Auseinandersetzungen: Der überwältigende Wahlsieg Konrad Adenauers im September 1953 schien sämtliche politischen Optionen jenseits der christlich-konservativen Restauration illusorisch zu machen, der Kalte Krieg und die Wiederbewaffnung Deutschlands taten ein Übriges. Auch die Auseinandersetzungen um die Texte Arno Schmidts, unter anderem sogar mit Eugen Kogon, dem linkskatholischen Herausgeber der *Frankfurter Hefte*, verstärkten Anderschs innere Fluchtgedanken. Kogon lehnte Schmidts Manuskripte ab, obwohl Andersch mit beschwörenden Worten auf ihn einzuwirken versuchte: »Schmidt muß sich notwendig antichristlich gebärden in einer Welt, der der tödlich-eiskalte Adenauer als ›christlicher Staatsmann‹ präsentiert wird.«[9]

Am 8. Juli 1955, einen Tag nach der Vernehmung im Verfahren gegen den Abdruck von Arno Schmidts »Seelandschaft mit Pocahontas« in *Texte und Zeichen*, schrieb Andersch an seine Frau Gisela aus Stuttgart, wo er inzwischen erfolgreich das Nachtprogramm verantwortete: »Mein Zwischen-Erfolg täuscht mich nicht über die Tatsache, daß ich höchstens noch ein paar Jahre so in Deutschland werde arbeiten können. Die Deutschen sind wieder im Vormarsch (›der Tod ist ein Meister aus Deutschland‹), und ich kann ihnen nur ein, wenn auch glänzendes, Rückzugsgefecht liefern. Wenn ich etwas auf der Welt hasse, dann diese Nation, die Nation des sturen, borniertem Widerstands gegen alles, was hell, offen, frei ist. Jetzt bauen sie wieder für zwölf Milliarden Kasernen.«[10]

Anfang 1956 begann die Bundeswehr mit dem regulären Wehrdienst, und als Reaktion auf die innenpolitischen Entwicklungen, bei denen die Anklage gegen Arno Schmidt und Alfred Andersch wegen Gotteslästerung und Pornografie nur ein Nebenkriegsschauplatz war, initiierte Hans Werner Richter den »Grünwalder Kreis«, in dessen Konsequenz im Frühjahr 1958 seine Wohnung auf staatsgefährdende Umtriebe hin durchsucht wurde. Am 4. April 1957 rechtfertigte Adenauer die geplante Aufrüstung der Bundeswehr mit Atomwaffen damit, dass es sich nur um »eine Weiterentwicklung der Artillerie« handle. Auch beim Süddeutschen Rundfunk in Stuttgart, für den Andersch ein hochkarätiges Kulturprogramm verantwortete, änderten sich die Rahmenbedingungen. 1958 unterlag der bisherige Intendant Fritz Eberhard, ein linksliberaler Widerstandskämpfer und Emigrant, bei der Wiederwahl dem »schneidigen jungen CDU-Abgeordneten«[11] Hans Bausch. Dieser erhob bald Einwände gegen Anderschs Programm, zum Beispiel gegen Heinrich Bölls satirischen »Brief an einen jungen Katholiken«.

Als die Ausstrahlung von Anderschs Hörspiel *In der Nacht der Giraffe* von einem anderen Sender, vom Südwestfunk in Baden-Baden, zunächst verboten wurde, häuften sich die Konfliktfelder. Andersch verhandelte mit Stuttgart über die Modalitäten seiner weiteren Beschäftigung, und es gelang ihm, seinen Vertrag zum 1. Mai 1959 in einen Beratervertrag umzuwandeln, zur »Planung und Redaktion für bestimmte Sendungen«. Das erlaubte ihm, sich endgültig im Tessin niederzulassen. Mit dem Bayerischen Rundfunk verabredete er monatliche Kulturkommentare, und im ersten davon begründete er sein Fortgehen aus Deutschland. Sein Biograf Stephan Reinhardt fasst diesen »Denkzettel für Kulturkonsumenten«, wie Andersch es nannte, wie folgt zusammen: »Weg habe er gewollt von der die Substanz durch Leerlauf aufzehrenden Kulturindustrie und hin zum ›schöpferischen Kern‹, zum Schreiben. Die Bundesrepublik sei ein gesichtsloses, viel zu lautes Land des Massenkonsums geworden, sei voll von gefälschter Wirklichkeit, ein koeppensches ›Treibhaus‹, welches eine Zweiklassengesellschaft mit VW- und Mercedes-Fahrern, überflüssigem Luxus und Verwaltungsgigantismus hier und Romy-Schneider-Kitsch fürs Volk dort unerträglich gemacht habe. Was für eine Labsal dagegen stelle eine schlichte Wiese mit Krokussen darauf in Berzona dar.«[12]

Berzona und das Tessin waren für Andersch das, was auch Ingeborg Bachmann von ihrem Sehnsuchtsland des Südens erträumte: die Alternative zum realen deutschsprachigen Literaturbetrieb. Obwohl die persönlichen Konstellationen bei Ingeborg Bachmann, Hans Werner Henze, Alfred Andersch oder auch Wolfgang Hildesheimer nicht zu vergleichen sind, folgten ihre Fluchtbewegungen doch demselben Impuls. Anderschs Sätze schließen manchmal bis in die Einzelheiten an die Bilderwelt Bachmanns an. Ihren Aufbruch mit Hans Werner Henze nach Ischia und anschließend nach Neapel bewunderte er, er stand mit beiden in enger Verbindung. In den zwölf erschienenen Bänden seiner reihe »studio frankfurt« sind beide vertreten: Bachmann mit ihrem Debüt und Henze zusammen mit Wolfgang Hildesheimer mit der Funkoper *Das Ende einer Welt*.

Die Tagung am Cap Circeo stand für Andersch jedoch noch unter einem ganz anderen Stern: Hier in der Nähe lag der Ort, an dem er im Zweiten Weltkrieg von der deutschen Wehrmacht desertiert war, und auch Hans Werner Richter, der bei Monte Cassino gefangen genommen worden war, verband mit dieser Region eindeutige Erinnerungen. Die Alliierten waren damals nicht weit vom Cap Circeo bei Anzio-Nettuno gelandet, und hier in der Nähe hatte Andersch eine Zeit lang in einem US-Stachelcampdraht verbracht, wo er unter anderem die Toten der Gefechte zu beerdigen hatte. Armin Eichholz schreibt in seinem Bericht von der Gruppentagung im *Münchner Merkur*, Walter Kolbenhoff habe vergebens nach den »Erdlöchern« gesucht, »in denen er einmal als Gefreiter gehaust« hatte, und fügt hinzu, dass die Landschaft nunmehr »die gleiche Distanz zum Kriege gewonnen« habe wie Kolbenhoff selbst, der inzwischen an einem Buch über einen romantischen Abenteurer arbeite. Nur Hans Sahl, so stellt Eichholz fest, »der empfindsame, 1933 aus Deutschland geflüchtete und jetzt aus Amerika zurückgekehrte Schriftsteller und Kritiker, meint: ›Ist das sehr taktvoll, sich gerade in der Nähe dieses Landekopfes zu treffen?‹«[13]

So leicht war es also nicht für die älteren Gruppenmitglieder, sich den Süden als neuen Raum des Lebens vorzustellen; dies war zwangsläufig ein Privileg der jüngeren. Im Vordergrund der Gruppenlesungen stand das übliche Prozedere. Alfred Andersch las die Erzählung

»Diana mit Flötenspieler«, deren episodische Verschränkungen in der Diskussion die Frage nach der Form aufkommen ließen und Anderschs heimlichen Wunsch berührten: die Kraft zum Roman. Auch Wolfgang Hildesheimer, der mit Henze, Bachmann und Andersch in einem regen privaten Kontakt wie auch Arbeitsaustausch stand, scheint bei den Diskussionen am Cap Circeo gut abgeschnitten zu haben.

Das italienische Ambiente spielte dagegen wohl kaum eine Rolle, es sei denn, man assoziiert den hier gekürten Preisträger der Gruppe damit: den Holländer Adriaan Morriën, der in den Rückblicken auf die Gruppengeschichte immer als der einzige Preisträger genannt wird, der aus der Reihe der überragenden Namen herausfalle. Als »versponnen und von gemütlichem Humor« charakterisiert ihn Eichholz.[14] Morriën galt allgemein als Sympathieträger in der Gruppe, was bei der Wahl hier in Italien vielleicht doch durchschlug. Hans Werner Richter nennt ihn 1979 einen »Erzähler, der viel dafür getan hatte, die neue deutsche Literatur in Holland bekannt zu machen«.[15] Toni Richter erinnert sich in ihrem Fotoband, dass Morriëns Texte »hintersinnig, versponnen und voller Poesie« gewesen seien, Morriën aber dennoch »nicht fähig« war, »einen Verleger zu finden, der ihn dauerhaft an einen Verlag band«. Immerhin fügt sie ein Epigramm über Ingeborg Bachmann an, das Morriën verfasst hatte: »Ingeborg sieht aus, als ob sie morgens ihre Gedichte auf dem Nachtkästchen vorfindet.«[16]

Hans Werner Henze entsinnt sich später, dass »April-Mai 1954« für Ingeborg Bachmann »wie ich wohl weiß, leider gar keine gute Zeit« war.[17] Das entspringt vor allem den Erfahrungen seiner eigenen Beziehung zu ihr – sein Bestreben, mit ihr ein intensives Arbeitsleben zu führen und sie dafür gar zu heiraten, erwies sich letzten Endes doch als Illusion. Seine Bemerkung fällt 1997 als Reaktion auf einen Brief, den ihm die Herausgeber des Briefwechsels von Wolfgang Hildesheimer vorlegten und der sehr verspielt von einem imaginären »Paolo Trifoglio« unterzeichnet ist, hinter dem sich mit großer Sicherheit Ingeborg Bachmann verbirgt. Es war für den Erfolg Bachmanns in der deutschen Öffentlichkeit eine Inkubationszeit. Am 18. August 1954 erschien die berühmt gewordene Ausgabe des Nachrichtenmagazins *Der Spiegel* mit dem Fräuleinwunder-Foto von Ingeborg Bachmann als Titelbild. So etwas lag in der Luft – die 28-Jährige stand im Zenit der Aufmerksamkeit, und sie wusste das sehr wohl.

In Erinnerung geblieben ist jedoch nur das Titelbild. Im Inneren des Heftes setzt sich die Geschichte ganz anders fort; das Covergirl wird als bloßes Covergirl erkennbar. In der Titelgeschichte dient der Umzug der Lyrikerin nach Rom zwar als Aufhänger, sie wird dort mitten im Markttreiben noch einmal abgebildet. Doch es geht um die »Jung-Lyriker« allgemein und ihre gesamte Lebenssituation, es geht um die finanzielle Absicherung des »freien Schriftstellers«. Bachmann wird dabei in einem Atemzug mit zwei anderen Lyrikern genannt: Heinz Piontek und Walter Höllerer. Unter den Fotos der drei steht als gemeinsamer Bildtext »Trauernder Nachwuchs«.

Die Überschrift des Artikels lautet: »Das Gedichtemachen aus dem Unbehaustsein und der Distanz«. Der Journalist Klaus Wagner möchte ein bisschen ironisch mit dem durch den damals renommierten Kritiker Hans Egon Holthusen geprägten Begriff der »Unbehaustheit« umgehen: »Auch das möblierte Mädchen (also Ingeborg Bachmann in Rom, H.B.) erscheint als Symptom – Jung-Lyriker Höllerer fristet als unbeamteter Universitätsdozent ähnlich ein ruhearmes Untermieter-Dasein. Der Poet von heute haust noch immer in der Dachkammer, auch wenn das Pappkärtchen an der Tür einen akademischen Grad nennt, und im übrigen wurmt er in Büchern.« Als Walter Höllerer im Herbst 1954 umzog, schrieb ihm Ingeborg Bachmann: »Glückwünsche zu Bad und Lift! So werden langsam die Voraussetzungen für eine behauste Lyrik geschaffen. Vielleicht ist es ein Wendepunkt.«[18] Der *Spiegel*-Titel hatte es also schon zur Anspielungsfähigkeit gebracht und war in aller Munde. Aus heutiger Sicht ist vor allem frappierend, dass Ingeborg Bachmann und Walter Höllerer, der nur noch als Funktionär in Erinnerung geblieben ist, hier als gleichwertige Lyriker genannt wurden. Doch es ist ein Indiz, dass Höllerer auch von Ingeborg Bachmann in dieser Zeit mindestens genauso als Lyriker wahrgenommen wurde wie als Zeitschriftenherausgeber. In Heft 4 der *Akzente* vom August 1954 veröffentlichte Höllerer seinen Gedichtzyklus »Der Fremde unserer Stadt«, und im September schrieb ihm die Bachmann: »Jetzt lese ich Ihre Rom-Gedichte, die sehr schön geworden sind, und ich will sie nochmals lesen, weil sie mich fremd berühren oder besser: mir Rom ganz fremd machen. Sie wissen, daß das kein Einwand ist, aber mir eine Sache, die das Nachdenken wert ist. Weil man hier oft nicht einmal die eigene Haut zwischen sich und der Stadt hat, also kaum weiß, was sie ist und was nicht, dazu: wie neben den zwei eigenen Augen zwei andere sie sehen. Alles zusammen wird sie wohl sein und am Ende so fremd.«[19]

Walter Höllerer traf Ingeborg Bachmann des Öfteren in Rom, zum ersten Mal im April 1954. Er war dort auf einer Vortragsreise und nicht wegen der Tagung der Gruppe 47, die gleichzeitig am Cap Circeo stattfand – erst im Herbst sollte er das erste Mal bei einer Gruppentagung dabei sein. Höllerer versuchte, Ingeborg Bachmann enger an die *Akzente* zu binden. Am 10. April schickte sie ihm »espresso« eine Postkarte, der große Stempel »Bahnpost München-Kufstein« ist dabei in seiner tiefen Schwärze um vieles deutlicher zu lesen als die matte, fast verschwindende Schreibmaschinenschrift: »Lieber Herr Doktor Höllerer, es ist nicht mehr kalt, sondern heimlicher Frühling. Eben kam ihr Brief; und ich hab leider soviel wie keine Zeit, aber ich rufe morgen sofort, morgens, in dem bewussten Hotel an, ich kenne es, weil ich ganz nah wohne. Aber es ist so, dass hier alles wahnsinnig voll ist, und ich fürchte fast, dass nichts zu machen sein wird. Wie immer: wenn nicht im Minerva, so bringe ich Sie woanders unter, aber in erster Linie dort natürlich. Rufen Sie mich bitte gleich an, wenn Sie ankommen, sollte ich grad unterwegs und nicht zu Hause sein, so liegt beim Minervaportier entweder ein reserviertes Zimmer oder ein Brief, wo Sie wohnen, aber ich werde versuchen, an diesem Tag viel zu Hause zu sein, damit Sie mich gleich vom Bahnhof aus erreichen, ehe Sie auf Abenteuer gehen. In grosser Eile, aber sehr herzlich, und ich freue mich!«[20]

»Beim Minervaportier« fand Höllerer offenkundig dann zwei in kurzem Abstand geschriebene Notizen vor, die sich auch als schöne Einführung in den römischen Alltag lesen lassen: »leider soll ich heute zwischen 18 h und 20 h weg sein – ich werd versuchen, Ihren Anruf noch abzuwarten; wenn ich aber nicht solange warten kann, so würd ich vorschlagen, dass wir miteinander zu Abend essen. Um halb neun oder neun. Besser um neun.«[21] Die Gruppe 47 stieß dann doch noch dazu, und zwar in Gestalt ihres Chefs Hans Werner Richter. Im Höllerer-Kapitel seines Erinnerungsbuchs heißt es: »Ich traf ihn in Rom wieder und diesmal in Begleitung der Ingeborg Bachmann, und wenn mich nicht alles täuscht, war auch sie von seinem Lachen fasziniert. Ungehemmt ließ er es durch die Trattoria schallen, in der wir zu dritt saßen.«[22]

Höllerer und Bachmann treffen in diesen Tagen in Rom aber noch öfter zusammen. Sie schreiben gemeinsam eine Karte an Ilse Aichinger und Günter Eich, mit dem Forum Romanum als Motiv und der von Höllerer geschriebenen Adresse »Fam. Günter Eich«, bei der Bachmann vor »Günter Eich« das Wörtchen »Principe«, »Fürst«, dazusetzt und die Anschrift ergänzt. Sie beginnt die Karte mit: »Meine Lieben, auch hier ist es eher kalt und ungemütlich, aber ich sitze trotzdem ganz gemütlich mit Dr. Höllerer in einem Teehaus und ich denke an Euch!« Höllerer schreibt weiter: »Die Katakomben hab ich noch n i c h t gesehen, ich hoffe, auf der Rückfahrt über V i t e r b o zu kommen (Großtat von I. B.) – S p e d i t e , b e i d e , m a n u s c r i t t i , damit gli accenti nicht s'indormono!«[23] *Das Mädchen aus Viterbo* war eines der damals berühmten Hörspiele Günter Eichs, und das radebrechende Italienisch (accenti = Akzente) wurde Höllerer wohl spontan von Ingeborg Bachmann beigebracht.

Dass Höllerer im Hotel Minerva wohnen wollte, lag nahe: In seinem Band *Der andere Gast* findet sich ein Gedicht mit dem Titel »Elephant von Bernini, Piazza Minerva«. Und auch dieser Aufenthalt, im April 1954, brachte in einem Gedicht wieder denselben Elefanten zum Vorschein. Im *Akzente*-Heft vom August, im fünfteiligen Zyklus »Der Fremde unserer Stadt«, heißt es im fünften Teil: »(…) so fortgehn, daß der Elefant, /Der schwer Ägypten trug nach Rom, /Nicht aufbegehrt. Das Glöcklein uns /Nicht mehr beschwert. (…)« Vielleicht ist Ingeborg Bachmann die Erste, die Höllerer spielerisch mit dem »Elefanten« gleichsetzt, jedenfalls ist sie mit der Urszene an der Piazza Minerva sehr vertraut. In ihren Briefen an Höllerer wird das Elefantenmotiv immer wieder variiert. Am 25. November 1954 schreibt sie: »Wann kommen Sie wieder nach Rom? Der Elefant friert schon ein bisschen, aber die Esel kriegen Decken auf den Rücken gelegt.«[24]

Wohl im Herbst 1955 schickte ihr Höllerer das Manuskript eines neuen Gedichts – er hat vor, es in Heft 1/1956 der *Akzente* abzudrucken (dort wird es den Titel tragen: »Hafeneinfahrt oder In Erwartung der Schiffe oder Von Menschen, Horn und Steinen«). Dieses Mal geht Bachmann ins Detail: »Lieber Elefant, der Bär war sehr froh mit Brief und Manuskript, hat sich allerdings nicht leicht zurechtgefunden, hat es wieder weggelegt und wieder vorgenommen. Ein ekelhafter Brummbär! Jetzt ist der Bär klarer im Kopf. Auch in zunehmendem Mass fasziniert. Frage: ist nicht das Gedicht, das ja schon ein Szenarium ist, noch größer und noch szenischer zu denken bzw. zu machen. (...) Im Februar wälzt sich der Bär nach Frankfurt, Mitte oder Ende dieses kalten Monats. Wird der Elephant ein bisschen Honig sammeln bis dahin und mit dem Bären Wein trinken gehen? Tanzen muss nicht sein. Er freut sich schon sehr und gibt sehr von Herzen seine Tatze, Ihre Ingeborg Bachmann«.[25] Man spürt hier die der Gruppe 47 sonst eher verborgene spielerische Seite von Ingeborg Bachmann.

Dass sich Ingeborg Bachmann als »Bär« darstellt, mag ihrem im Herbst 1956 erscheinenden Gedichtband *Anrufung des Großen Bären* geschuldet sein; das Titelgedicht war zum Zeitpunkt dieses Briefes bereits in der Zeitschrift *Merkur* gedruckt. Aber ihr hatte bestimmt auch das frühe Gedicht aus Höllerers Band *Der andere Gast* gefallen, das mit der Strophe endet: »Jetzt geht's nach Süden zu./Von Eseln klipp und klapp./Und endlich fällt von Deinem Schuh/Der Nordbär ab.«[26] Goethe nennt sich in der *Italienischen Reise* auch einmal »nördlicher Bär«, und dass Ingeborg Bachmann ihre Heimatstadt Klagenfurt im Zweifelsfall ebenfalls als nördlich empfindet, zeigt ein Brief, geschrieben, bevor sie aus Klagenfurt abreiste: Da spürt sie »Bärenkälte vor Erwartung«.[27]

Walter Höllerers aufsehenerregende Anthologie *Transit*, das »Lyrikbuch der Jahrhundertmitte«, erscheint zeitgleich mit Bachmanns *Anrufung des Großen Bären* und enthält auch sieben Bachmann-Gedichte. Zu diesem Zeitpunkt sind sie beide auf der Höhe ihres literarischen Ruhms. Den Begriff »Transit«, für Höllerer eine zeitgerechte poetologische Kategorie, übernimmt Bachmann ein paarmal, um ihre persönliche Situation zu beschreiben: Zwischen Rom, einem zweimonatigen Universitätsaufenthalt in den USA, Klagenfurt, einem halbjährigen Zusammenwohnen mit Hans Werner Henze in Neapel, einem düsteren

Herbst in Paris sieht sie ihr Leben konkret in der »Transit«-Situation. Im Februar 1955 schreibt sie Höllerer vom Flughafen aus eine Karte, »eingesperrt im Transit-Flug-Warte-Saal-etc.-Frankfurt«.[28]

Nach Höllerers Weggang aus Frankfurt und mit Beginn seiner neuen Tätigkeit in Berlin ab 1959 wird der Briefwechsel zwischen beiden schütterer. Höllerer lädt Ingeborg Bachmann aber sofort zu seiner aufsehenerregenden Lesereihe »Literatur im technischen Zeitalter« an der Technischen Universität ein und produziert fürs Berliner Fernsehen auch ein viertelstündiges Interview mit ihr, das aber nie gesendet wird. Erst in dieser Zeit, als Bachmann nach der als traumatisch empfundenen Trennung von Max Frisch eine Zeit lang in Berlin wohnt, erfolgt der Wechsel vom Sie zum Du.

Auch Höllerer war vom Süden affiziert und baute sich ein Haus im Tessin. Aber bei ihm war es tatsächlich nur als Ferienhaus gedacht. Noch im Herbst 1972, in seiner groß angelegten Semiotik-Ausstellung »Welt aus Sprache« in der Westberliner Akademie der Künste, hat diese Entscheidung Auswirkungen. Im Katalog schreibt er unter anderem: »Daß es in anderen Sprachen auf dem Gebiet des Schmeckens deutlichere Unterscheidungen gibt, zeigt ein Überblick über das vielfältige Gebiet der Teigwaren in Italien: dort zeigt sich auch, daß das Schmecken nicht nur angewiesen ist auf die Q u a l i t ä t der Materie, die geschmeckt wird, sondern auch auf die F o r m der Materie. Daß verschiedene Formen ganz deutliche Geschmacksunterschiede ausmachen, wird in diesem pasta-Gebiet erkennbar. Die Teige dieser Teigwaren sind zumeist gleich, dagegen machen die Geschmacksunterschiede die verschiedenen Formungen der Teigwaren aus.«[29] Nach Auskunft von Karin Kiwus wurde zu diesem Zwecke eigens eine Akademie-Dienstreise ins Tessin unternommen, um vor Ort diverse Nudelsorten zu beschaffen. Bei Höllerer wirkte der Süden zwar nicht so existenziell wie bei Bachmann oder Andersch, aber immerhin war er ein Zeichen.

Für Andersch hingegen war die Blickrichtung gen Italien maßgebend geworden, er entwickelte Beziehungen zu italienischen Künstlern wie Luigi Nono oder Italo Valenti, und geradezu auratisch wirken in seinem Nachlass die Widmungsexemplare von Michelangelo Antonioni, mit dem blassbeige verhauchten Einbandpapier der frühen sechziger Jahre und dem Gesicht von Monica Vitti. Eine Sehnsucht, die bei der Gruppe 47 für ihn nie eingelöst werden konnte, drückt sich in einer kurzen Beschreibung eines Nachmittags Anfang der sechziger Jahre in Rom aus, im Café unter Schriftstellern – Andersch ist sich seiner Ferne zu diesem Milieu umso schmerzlicher bewusst, je präziser und kühler beobachtend er es in Worte zu fassen versucht: »Alberto Moravia nähert sich dem Café Rosati, die Piazza del Popolo überquerend, groß, mager, steil aufgerichtet, leicht hinkend, den Kopf mit dem verbitterten Mund hochmütig zurückgeworfen. Der demokratischste Schriftsteller Italiens sieht aus wie ein preußischer Offizier. (...) Er betritt das Rosati, alle Blicke wenden sich ihm zu, der Kommandeur ist eingetreten, aber er nimmt von niemandem Notiz, sondern geht sofort auf Pier Paolo Pasolini zu, läßt sich an seinem Tisch nieder, entspannt sich im Gespräch mit dem jungen Bandenführer, den er wohl als seinen Lieblingsschüler betrachten muß (...). Moravia ist streng, während Pasolini scharf ist, ein scharfer böser Junge mit einem kleinen braunen Gesicht hinter einer schwarzen Hornbrille, ein junger Uhu, ein nächtlicher Raubvogel, in allen Künsten des Erschreckens geübt. (...) Doch auch er hält Überraschungen bereit, wenn er in der Buchhandlung Einaudi Gaddas ›Erkenntnis des Schmerzes‹ vorstellt, nicht das ganze Buch, sondern nur einen einzigen Satz, der ihm Gelegenheit bietet, vollendetes ästhetisches Raffinement mit leiser Stimme auszuspielen. Fast deutsche Dichtungs-Interpretation verband sich da mit römischer Intellektualität – es war ein Genuß, wenn auch schwer zu verstehen. Verstand ihn Carlo Emilio Gadda, der weißhaarig, groß und schwer dem Opfer beiwohnte, das man ihm zelebrierte? (...) Doch schien es mir des Aufschreibens wert, wie sich in einem der letzten literarischen Paradiese dieser Erde die großen Kollegen ohne Neid voreinander verbeugen.«[30]

## 10  »Um deine Hüften kringeln sich Lianen.«

*Raus aus dem Urwald:
Die Gruppe 47 feiert
ihr zehnjähriges Bestehen
und betritt Neuland*

Die erste Veröffentlichung, die es von Günter Grass überhaupt gibt, hat Walter Höllerer zu verantworten. In *Akzente* Nr. 3/1955 erschien sein Gedicht »Lilien aus Schlaf«, er hatte damit beim »Lyrikpreis des Süddeutschen Rundfunks« den dritten Platz belegt (Erste wurde Christine Busta, Zweiter Wieland Schmied). Höllerer interessierte sich sofort für diesen völlig namenlosen und unbekannten Lyriker, und ein erstaunlicher Beleg für dieses Interesse fand sich bereits im selben Jahr in der *Frankfurter Allgemeinen Zeitung*. Am 21. November 1955 stand dort im Feuilleton, auffällig gut platziert, ein Artikel mit der Überschrift »Das Knochengerüst der Dinge. Günter-Grass-Ausstellung in Stuttgart«. Als Autorenkürzel fungierte ein in dieser Zeitung bis dato unbekanntes »-ck«:

> Der Name Günter Grass wurde im Frühjahr dieses Jahres zum ersten Male diskutiert. Damals erhielt der 26jährige Berliner einen Lyrik-Preis des Süddeutschen Rundfunks. Bald darauf brachte die Zeitschrift »Akzente« Gedichte von ihm. Sie wurden nachgedruckt und lösten lebhafte Leserzuschriften aus: empörte und zustimmende. Dann las Grass anläßlich der Frühjahrstagung der »Gruppe 47« in Berlin. Beim deutsch-österreichisch-schweizerischen Schriftstellertreffen machten seine Gedichte beim Leseabend der Deutschen eine aufsehenerregende Figur. – Kürzlich erschien er mit präziser Prosa und neuen Gedichten auf der Herbsttagung der »Gruppe 47« in

Bebenhausen. – Aber Grass ist seinem Beruf nach nicht Schriftsteller, sondern Zeichner und Bildhauer. Einen Einblick in sein Schaffen gibt eine kleine, aber gut zusammengestellte Ausstellung von Zeichnungen und Skulpturen in der Stuttgarter Galerie Lutz und Meyer.

Die Gedichte und die Zeichnungen von Grass erwachsen aus dem gleichen Impuls. Sein Griff läßt nur die harten Konturen oder das Knochengerüst der Dinge bestehen, eine klirrende Landschaft der Kieselkristalle. Alles Umrahmende und Beschwichtigende fällt ab. Dieses Knochengerüst der Dinge aber geht unmerklich über in das feinste allgemeine Linienspiel: eine Kunst, die von den scharfen Umrissen und Skeletten des einzelnen ausgeht und sie ins abstrakte Liniengefüge einer großen Welt überleitet. Grass überrascht durch Energie und sicheren Strich. Das Geäder überdimensionaler Heuschrecken im Vordergrund einer Zeichnung verflicht sich mit dem Gestänge einer Stadt der Hochhäuser im Hintergrund. Das Gliederwerk einer Spinne geht über in eine feinnervige Brückenkonstruktion. In den Zeichnungen seiner »Windhühner« schafft er, ohne zu allegorisieren, überzeugende und faszinierende Linien-Chimären unserer Gegenwart. In der Plastik zeigt er, im Umriss einer Taube und in den Rundungen einer Krebsgestalt, wie er seine Härte aufzufangen sucht in einem modernen Märchenstil.

Grass trifft damit die Lage: Gegenständliches und Abstraktes in einem zu sehen. Er wählt nicht den leichteren Weg, die Welt in einem Abkürzungsprozeß möglichst bruchlos in Geometrie aufzulösen, über die Härte des Gegenstandes hinweg. Damit unterscheidet er sich in seiner Zeichnung, obwohl er auf seinem Weg weit ins Losgelöste vordringt, wie in der Lyrik (etwa von Helmut Heißenbüttel). – Vieles gibt sich noch verbissen und überanstrengt. Aber es ist eine staunenswerte Probe, die der Berliner zum ersten Male und mit mancher Mühe von seiner »Insel« herüber gebracht hat an einen etwas versteckten Ort; man sollte nicht daran vorbeigehen und man sollte ihr weitere Chancen geben.

Hier setzte sich eine große Zeitung auffällig für einen völlig unbekannten Künstler ein. Dass sich hinter dem Kürzel »-ck« niemand anderer als Walter Höllerer verbarg, wird spätestens bewiesen durch einen Brief der Sekretärin des *FAZ*-Feuilletons vom 20. April 1956 an Höllerer: »Bei uns befinden sich immer noch zwei Fotos, die Sie uns seinerzeit zu Ihrem Grass-Artikel übersandt hatten.«[1] In Höllerers Nachlass fand sich auch die handschriftliche Erstfassung des Textes.

Auch die Einladung zur Gruppe 47, für Grass der Einstieg in die literarische Karriere, ging von Höllerer aus – er empfahl ihn Hans Werner Richter noch vor dem *Akzente*-Abdruck. In seinem Zeitungsartikel verschweigt Höllerer nicht von ungefähr seinen Einsatz und seine Identität. Auf der unermüdlichen Suche, die er in diesen Jahren nach unbekannten, jungen Autoren und neuen Tönen unternahm, erkannte er in dem bohemienhaft existierenden, aus der Kaschubei stammenden Bildhauer, Jazzer und Lyriker Grass einen rohen Edelstein, den er systematisch zu schleifen begann. Die Einladung zum Frühjahrstreffen der Gruppe 47 ins Haus am Rupenhorn in Berlin 1955 war nur der Anfang. Grass erinnerte sich während einer Podiumsdiskussion zum fünfzigsten Jahrestag der Gründung der Gruppe 47 in Berlin daran: »Und dann kam ich dran und war danach umringt von Verlegern, die flüsterten so Wunderworte wie ›Fischer-Verlag‹ und ›Suhrkamp-Verlag‹, und ich dachte, jetzt bricht das goldene Zeitalter an. Aber ich war auch misstrauisch, und als ich dann von der Tagung weg wollte, stand draußen jemand, der sich ein Taxi gerufen hatte und sagte: ›Wo wollen Sie hin?‹ und als wir dann losfuhren, sagte er: ›Höllerer mein Name. Ich würde einige von den Gedichten drucken.‹ Ich dachte mir: Rede du mal. Aber er war der einzige! Von den anderen Verlagen habe ich lange nichts mehr gehört, bis dann der Luchterhand-Verlag kam. Ein Jahr später kam mein erster Gedichtband. Aber die literarisch erste Adresse war für mich Walter Höllerer.«[2]

Ende der fünfziger Jahre wohnte Grass drei Jahre in Paris, hatte ständig Geldsorgen und lebte von gelegentlichen Rundfunkaufträgen in Deutschland. Regelmäßig druckten ihn auch die *Akzente*. Hans Werner Richter erinnert sich, wie er Grass 1955 zum ersten Mal sah: »Er sah verwegen aus, etwas heruntergekommen, wie mir schien, desperat wie ein bettelnder Zigeuner.« Er wollte ihn zuerst »hinausweisen«. Zwei Jahre später sah Grass für Richter »etwas gesitteter aus«, aber er ist, »wie er sagt, ›hundearm‹. Er hat eine Mappe Zeichnungen mitgebracht, die er hier in der ›Gruppe 47‹ verkaufen will.«[3] Richter gab diesem Ansinnen keine Chance, aber dann stellte er verblüfft fest, dass Wolfgang Hildesheimer schon eine Zeichnung von Grass gekauft hatte.

Es existiert ein reger Briefwechsel zwischen Grass und Höllerer, der in dieser Zeit beginnt und bis zum Tod Höllerers 2002 reicht. Überaus typisch für Höllerers Mentorenrolle ist sein Brief an Grass vom 5. Februar 1958: »Lieber Günter, wenn Du nicht sämtliche Redakteure von Literaturzeitschriften, Zeitungen, Verlagen usw. zur Raserei bringen willst, dann gewöhne Dir um Gotteswillen vernünftige Korrekturzeichen an. Vor mir liegt das Umbruchexemplar mit Deinem Buffalo, in das der Drucker treu und redlich alle eckigen Klammern eingesetzt hat, die Du angezeichnet hast. Das sind über 40 Stück. Wenn wir das nächstemal zusammen kommen, werde ich Dir Privatunterricht in Korrekturzeichen erteilen müssen.«[4]

»Desperat wie ein bettelnder Zigeuner«: Günter Grass

Grass ist das beste Beispiel für einen freien Schriftsteller, der sich in den fünfziger Jahren durchschlägt und die wenigen vorhandenen Möglichkeiten nutzt. Das Netz von Fördermaßnahmen, von Preisen und Stipendien, das heute den Literaturbetrieb definiert, existierte damals noch nicht einmal in Ansätzen. Wenn es wieder einmal an der Zeit war, machte sich Grass per Anhalter auf nach Deutschland, klapperte die Rundfunkstationen ab und verhandelte um Aufträge. Höllerer mag sich dabei daran erinnert haben, dass das Magazin *Der Spiegel* auch ihm im Sommer ein »ruhearmes Untermieter-Dasein« attestiert hatte: »Der Poet von heute haust noch immer in der Dachkammer.«[5]

Die soziale Lage des freien Schriftstellers war in der Gruppe 47 zwangsläufig von Anfang an ein Thema. Immer mal wieder sagten Eingeladene, vor allem aus Norddeutschland und Berlin, die Reise zu den meist in schwer zugänglichen süddeutschen Kleinstädten stattfindenden Gruppentreffen ab. Armin Eichholz, der als Berichterstatter schon früh dabei war, kommt in der *Neuen Zeitung* anlässlich der Herbsttagung 1951 in der Laufenmühle auf die finanzielle Situation der Teilnehmer zu sprechen: »ein Blick in die Runde der vierzig, die auf dem Fußboden kauern: Kreppsohlen, bunte Socken, nette Krawatten sind darunter, manchmal eine Speckfalte, einige Damen im zweiten Kleid an diesem Tage...« Und er stellt fest, dass es den meisten »besser als vor vier Jahren« gehe. Ein paar hatten es als freie Schriftsteller geschafft, erhielten von ihrem Verlag ein Fixum oder lebten von einem »einigermaßen funktionierenden Vertriebssystem für ihre Geschichten« – das heißt, sie schickten Texte, die sich für die Wochenendbeilagen der Zeitungen eigneten, herum, und mit der Zeit stellten sich regelmäßige Abnehmer ein. »Hauptamtliche« Schriftsteller seien jedoch die wenigsten, Eichholz zählt typische Biografien auf: Walter Jens lehrt Altphilologie in Tübingen, Arnold Bauer ist Filmkritiker, Hans Georg Brenner arbeitet am Allensbacher Institut für Demoskopie. Franz Joseph Schneider, der im darauffolgenden Jahr, 1952, seine Firma sogar dazu bewegen wird, sich als Sponsor zu betätigen, hat einen zukunftsweisenden Job für einen Autor angetreten: Er ist bei der amerikanischen Firma McCann Company als Texter tätig.

Eichholz konstatiert nachdenklich: »für die Werbetexte einer Zigarettenfirma hämmert er monatelang an einem Satz, und wenn er ihm abgekauft wird, bringt ihm das einzelne Wort mehr als drei Bücher zusammen ...«[6]

Während der Tagung auf Burg Berlepsch im Oktober 1952 wurde nicht von ungefähr intensiv über das Hörspiel und über die allgemeine Bedeutung des Rundfunks für Schriftsteller diskutiert; Wolfgang Weyrauch, einer der wichtigsten Hörspielautoren, trug zuvor »ein fest geformtes« *(FAZ)*[7] Stück vor. Günter Eich als der Hauptprotagonist des Hörspiels, der im Vor-Fernsehzeitalter in den fünfziger Jahren ungemein wichtigen Gattung, hatte für die Gruppe 47 früh den Ton vorgegeben und die Standards gesetzt. Das gut bezahlte Hörspiel war für freie Schriftsteller die wichtigste Verdienstquelle und prägte damit indirekt auch oft den Stil und die Schreibweise der Gegenwartsliteratur überhaupt. Wolfgang Hildesheimer etwa las auf derselben Tagung »ein skurriles Libretto« für eine Funkoper mit Hans Werner Henze, »eine beißende Satire auf den Kulturbetrieb unserer Tage«.[8] Alfred Andersch veröffentlichte *Das Ende einer Welt* fast gleichzeitig in seiner Reihe »studio frankfurt«. Ein Jahr später, im Herbst 1953 in Bebenhausen, notierte derselbe Berichterstatter, Rolf Schroers, in der *Frankfurter Allgemeinen Zeitung,* dass Vertreter von vier Rundfunkanstalten angereist waren: »was die Probe bestand, durfte damit rechnen, zu einer Sendung aufgefordert zu werden, wer durchfiel, mußte auch mit Zurückhaltung der Sender rechnen – und da eine vorgetragene Arbeit ja doch immer ein Teil des Ganzen eines Autors ist, geht es bei solchen Entscheidungen nicht um wenig.«[9]

Es passt ins Bild, dass bei dieser Tagung ausgerechnet ein Rundfunkfeature von Alfred Andersch über eine Reise nach Lappland am meisten Resonanz erhielt – und das bei einem literarischen Werkstattgespräch! Überhaupt entzündete sich bei der Bebenhauser Tagung 1953 die Diskussion primär am Sujet des Hörstücks. Günter Eich, der Maßstabsetzer, wurde von jüngeren Hörspielautoren, die das Genre anders zu begreifen begannen, bereits vorgeworfen, nur noch ein Abklatsch seiner selbst zu sein. Wolfgang Weyrauch gab ein Beispiel neuerer Töne: Er destillierte aus seinem Buch *Die Minute des Negers* einen »hörspielartigen Monolog«, der von Martin Walser im Stuttgarter Sender produziert worden war. Und Ingeborg Bachmann las aus ihrem Libretto zu dem Ballett *Fürst Mischkin* von Hans Werner Henze, das sich ebenfalls an diese radiophone Linie anschloss.

Der Journalist Horst Mönnich beschrieb damals die Atmosphäre, die die Tagungen der Gruppe 47 in dieser Zeit zu prägen begann: »angesichts von soviel öffentlicher, kritischer Instanz des Forums (Verleger, Publizisten, Rundfunkleute!)« hätten die Autoren und Kritiker »nur mit heftigem Bedenken frei vom Leder ziehen« können: »Es machte gerade dies ersichtlich, in wie starke wirtschaftliche Abhängigkeit auch hier, in diesem Kreise, jeder geraten ist, heute, im Jahre 1953 (›Darf ich ihn verreißen? Habe ich ein Recht dazu? Am Ende nimmt kein Hund mehr ein Stück Brot von ihm, und ich bin schuld daran!‹).«[10]

Solche Überlegungen zeigen sich bereits hier, in der Findungsphase der Gruppe, zum ersten Mal, und sie werden die Tagungen von nun an prägen. Bekanntere Autoren begannen, die wirtschaftlichen Auswirkungen einer negativen Gruppenkritik zu fürchten. Der Rundfunk übernahm dabei die Rolle eines Katalysators. Taktische Überlegungen bestimmten zusehends auch die Textauswahl der lesenden Autoren, begünstigt wurde dabei zwangsläufig ein eher forsches Auftreten, das sich der Mehrheitsfähigkeit sicher wähnte. Zögernde Naturelle oder Einzelgänger zogen es vor, der Gruppe fernzubleiben – obwohl ihre Texte manchmal durchaus interessanter sein konnten als die in der Gruppe gelobten; die bekanntesten Beispiele bleiben Wolfgang Koeppen und Arno Schmidt.

Auf der anderen Seite hingegen boten sich für junge, unbekannte Schriftsteller hier große Chancen. Durch das Netzwerk der Gruppe ergaben sich neue Möglichkeiten, das Leben eines freien Schriftstellers zu riskieren. Wer einmal gut aufgenommen worden war, dem standen Rundfunkangebote und Verlagsverträge offen. Symptomatisch scheint ein Brief, den Ernst Schnabel im Vorfeld der Tagung am Cap Circeo am 27. März 1954 an Richter schrieb. Schnabel, der auch Ambitionen als Autor hatte, war früh zur Gruppe 47 gestoßen, machte aber parallel dazu eine steile Rundfunkkarriere, die ihn bis ins Amt des NWDR-Intendanten führte. Bei ihm liefen viele Fäden zusammen, er stellte die wichtigste Verbindung dar, die man in der Gruppe 47 haben konnte, und er steht fast sinnbildlich für die Entwicklung der Gruppentreffen. Schnabel erklärt in dem Brief, dass er nicht zur Tagung komme: »ich kam nach langem Nachdenken zu dem Schluß, daß ich unter Schriftstellern nichts mehr zu suchen habe, denn ich bin keiner mehr. (…) Ich bin also ein Manager geworden.« Dann kommt er auf die Mäzenatenrolle des Rundfunks zu sprechen: »Wenn ich mich recht entsinne, ist der Schriftsteller ein Mann, der gefährlich lebt. Die Zeiten der Schriftsteller mit Nebenberuf dürften vorbei sein, das erhöht die Gefahr. Es wundert mich nicht, daß eine lange Reihe von Autoren, und ich schließe hier einige Mitglieder der ›Gruppe 47‹ keineswegs aus, drauf und dran ist, sich neue Sicherungen zu suchen. Da im Beruf selbst keine zu finden sind, versucht man, das Risiko abzuschieben, und zwar auf den Partner, auf den Rundfunk also. Sie wissen, daß wir unsere Honorarkonten ziemlich großzügig verwalten, großzügiger als es die öffentliche Aufsicht, unter der wir stehen, gerne hätte. Es macht mir persönlich auch nichts aus, mich langsam in die Rolle eines Heiligen Sebastian der deutschen Literatur drängen zu lassen.«

Schnabel nimmt einen langen Anlauf, bevor er zu seinem eigentlichen Anliegen kommt. Es geht ihm um die Vorschüsse, die der Rundfunk einem Schriftsteller für ein Projekt zahlt. Dabei gehe der Sender ein großes Risiko ein, denn er wisse nicht, wann der Autor das Manuskript abliefere und in welchem Zustand sich dieses befinde. Oft werde die Hauptarbeit in den Redaktionen gemacht: »Das Risiko des Schriftstellers, der nie mit Sicherheit weiß, ob er imstande ist, seinen eigenen Einfall zu realisieren, oder ob dieser anfangs so schimmernde Einfall sich nicht während der Arbeit als dünn erweist, dieses Risiko ist vom Autor auf den Rundfunk übergegangen.« Der Intendant stellt in der Konsequenz daraus die Frage: »Wie wäre es, wenn Sie wieder versuchten, umfangreiche Arbeiten im Stillen zu schreiben und sie uns dann erst anzubieten, wenn sie fertig sind?«[11]

Hier sprach aber nicht nur ein Manager. Schnabel sah die Herausbildung der neuen praktischen Schriftsteller aus verschiedenen Gründen mit Unbehagen. Das hatte auch etwas mit seiner eigenen Karriere zu tun: In den fünfziger Jahren profilierten sich die Programmgestalter und leitenden Rundfunkredakteure noch ganz selbstverständlich durch inhaltsbezogene Arbeit. Fälle wie Schnabel oder Andersch, die sich als Schriftsteller definierten und dadurch in die Rundfunkverantwortung hineingewachsen waren, bildeten keineswegs die Ausnahme, sondern wurden nahezu als Ideal angesehen. Sie waren keine reinen Funktionäre, die aus der Eigendynamik der Medien hervorgingen, wie es im Lauf der Jahrzehnte zum Normalfall wurde. Ihre Autorität beruhte vielmehr darauf, dass sie als Autoren galten. Schnabels Mahnungen sind wohl nur vor diesem Hintergrund zu verstehen: »Es geht mir darum, unser Programm bis zu einem gewissen Grade von handwerklichen Erzeugnissen – und etwas wirklich anderes kommt bei unserer jetzigen Arbeitsmethode doch nur selten heraus – zu befreien und statt dessen wirkliche Gegenstände der Literatur zu gewinnen. Die entstehen aber nicht in Vorschuß-, Absprache- und Lohnarbeitsverfahren, sondern in der Isolation.«[12]

Dies waren charakteristische erste Überlegungen, die aus der Erkenntnis herrührten, dass Schriftsteller und Medien immer enger aufeinander bezogen waren. Die Gruppe 47, in der sich der neue Typus des freien Schriftstellers in der jungen Gesellschaft der Bundesrepublik herausbildete, war dabei ein frühes Experimentierfeld. Wie sehr sich allerdings die Bedingungen im Lauf der Zeit geändert haben, wird an einer beiläufigen Äußerung Schnabels deutlich, in der die Prioritaten noch eindeutig zu sein scheinen: »Welchem Autor kann es Spaß machen, sich von irgendeinem Redakteur oder Dramaturgen in seiner Arbeit herumstreichen und herumschreiben zu lassen? Dergleichen ist aber bei uns neuerdings durchaus an der Tagesordnung.«[13]

Die weitere Entwicklung, in der die Produzenten und die Redaktionskonferenzen Themen und Inhalte generieren und die Autoren in diese Konzepte einpassen, war für Schnabel noch keineswegs zu ahnen. Dennoch stehen seine Überlegungen am Anfang des modernen Medienbetriebs, der die Schriftsteller zu formen beginnt. Mitte der fünfziger Jahre hatte sich die Gruppe 47 als wichtiger Bestandteil des Literaturbetriebs etabliert: Ingeborg Bachmann war Covergirl des *Spiegel* gewesen, mit Günter Eich und Heinrich Böll wurden Autoren mit der Gruppe verbunden, die bereits als wichtige Gegenwartsautoren erkannt worden waren, und etliche Gruppenmitglieder arbeiteten regelmäßig für den Rundfunk, der im Vorfeld des Fernsehens äußerst publikumswirksam war. Gerade deswegen musste Hans Werner Richter sein Gruppenkonzept überdenken. Die Initialzündung – Selbstvergewisserung der »jungen Generation«, die sich durch die Kriegserfahrung definierte – war überlagert worden von der Entwicklung des Literaturbetriebs, von innenpolitischen Auseinandersetzungen, aber auch vom Auftreten einer neuen Generation, die mit den Ursprungsimpulsen Richters und des harten Kerns seiner Gesinnungsgenossen nicht mehr viel zu tun hatte.

Auf der Tagung 1955 in Berlin, auf der auch Günter Grass zum ersten Mal auftrat, gab Richter dem Berliner Rundfunksender RIAS das bereits zitierte Interview, in dem jene markanten Sätze vorkommen, die Richters Situation so genau wie selten umreißen: »Es ist nur eine erstaunliche Wandlung in der Literatur, in der Nachkriegsliteratur festzustellen. Während sie 1947 sehr stark zum Realismus neigte, dementsprechend auch sehr stark zur engagierten Literatur, auch zu den politischen Problemen zeitnah war, entwickelt sich die junge Literatur – das darf ich kritisch sagen – immer mehr zur Kunst der Form hin und etwas weg vom Engagement. Ich persönlich bedaure es, dass diese Zeitverbundenheit nicht mehr da ist. Aber man kann das nicht beeinflussen.«[14] Richter trat von diesem Zeitpunkt an innerhalb der Gruppe 47 nicht

Empfang beim SFB:
Martin Walser, Ingeborg Bachmann und Heinrich Böll

mehr als Autor in Erscheinung. Aber er blieb durch seine persönliche Autorität Mittelpunkt der Gruppe und machte aus ihr ein einflussreiches literaturpolitisches Instrument. Seine bewusst nicht genau definierte Aktivität als Chef der Gruppe 47 trat neben weitere Aktivitäten, die Richter als zeitkritischer Journalist und gesellschaftspolitisch engagierter Intellektueller begann: vor allem im »Grünwalder Kreis«, der sich gegen die Wiederbewaffnung Deutschlands wandte, sowie als Protagonist des »Kampfs gegen den Atomtod«.

In Berlin 1955 geschah es zudem fast zwangsläufig, dass literaturpolitische Aspekte in den Vordergrund traten. Man tagte in der Inselstadt Westberlin, und man war sich dabei jederzeit bewusst, dass in der direkt angrenzenden Hauptstadt der DDR, ebenfalls in deutscher Sprache, völlig andere Schriftstellerdiskussionen geführt wurden. Mit Günther Birkenfeld, Erich Kästner und Rudolf Hagelstange waren Repräsentanten des westdeutschen PEN-Clubs anwesend, und dass der US-amerikanische Kulturpolitiker Melvin J. Lasky am Ende der Tagung in die Redaktion des von der CIA finanzierten *Monat* einlud, verstand sich fast von selbst. Daneben richtete auch Alfred Braun, der Intendant des Senders Freies Berlin, einen Empfang für die Gruppe 47 in den Räumen des SFB-Fernsehens aus. Hans Werner Richter intensivierte hier seine Kontakte zu den Berliner Medien. Wenige Jahre später sollte er nach Westberlin umsiedeln, mit mehreren festen Sendeplätzen für Rundfunk und Fernsehen in der Tasche.

Kontakte in die DDR waren für Richter von Anfang an wichtig. Sein Eintreten für ein einheitliches, neutrales Deutschland jenseits der Blöcke, das seine Haltung im *Ruf* geprägt hatte, setzte sich unter veränderten Umständen fort. Im Herbst 1954, bei der Tagung auf Burg Rothenfels, war mit Peter Huchel der Chefredakteur von *Sinn und Form* anwesend, der zwar als »Attraktion« wahrgenommen, dem aber auch eine auffällige »Meinungsuniformität« attestiert wurde.[15] Von seinem anscheinend hitzigen Streit mit Günter Eich sind keine detaillierteren Schilderungen überliefert. In Berlin 1955 trafen sich Richter und einige aus seiner Entourage »inoffiziell« mit den Ost-Schriftstellern Stephan Hermlin und Bodo Uhse »in einem sehr gemütlichen Weinlokal«.[16] Der Programmdirektor des SFB, Gerhard

Löwenthal (später berühmt-berüchtigt durch seine eindeutig positionierte Moderation beim »ZDF-Magazin«), war ebenfalls anwesend und geriet heftig mit Stephan Hermlin aneinander. Hans Werner Richter scheint dabei bei seiner abwartenden, moderierenden Haltung geblieben zu sein. Immerhin hatte er das Treffen mit den DDR-Repräsentanten direkt nach der Einladung bei dem antikommunistischen Meinungsführer Melvin J. Lasky anberaumt – die beiden Fronten des Kalten Krieges konnten wohl kaum deutlicher gemacht werden. Richter lud von nun an regelmäßig Schriftsteller aus der DDR ein, besonders brisant wurde das bei den Tagungen 1962 und 1965, die wieder in Westberlin stattfanden.

Die ästhetischen Diskussionen um die Gegenwartsliteratur berührten Richter, der nie von seinen sozialrealistischen, stark von der Reportage kommenden Auffassungen Abstand nehmen sollte, Mitte der fünfziger Jahre kaum noch – er beteiligte sich aus einem politischen Instinkt heraus auch gar nicht mehr daran, sondern verlegte sich auf die Rolle des Moderators. Und hier leistete er durchaus Erstaunliches. Ohne mit der Wimper zu zucken, akzeptierte er, dass mit Martin Walser jemand bei der Tagung 1955 den Preis der Gruppe erhielt, der ein weiteres Mal in das schon gehörig ausgeweidete Kafka-Arsenal griff. Walser war in Mainz 1953 erstmals dabei gewesen und ziemlich verrissen worden, schon 1951 in der Laufenmühle im Welzheimer Wald hatte er sich als Redakteur des Süddeutschen Rundfunks in den Versammlungsraum geschlichen und den Kontakt zu Richter gesucht. Dieser blickte später gleichmütig auf Walsers Erfolg von 1955 zurück: »Martin Walser benahm sich ganz anders, als ich erwarten konnte, seine Überheblichkeit, seine Arroganz schien von ihm abgefallen, er war ein liebenswerter und liebenswürdiger Teilnehmer, ja, er gehörte plötzlich dazu, ohne daß jemand darüber gesprochen hätte.«[17]

1956 beschloss Richter, die Gruppentreffen nur noch einmal im Jahr stattfinden zu lassen, nicht mehr wie bisher zweimal, im Frühjahr und Herbst. Das hatte etwas mit der nun viel stärkeren politischen Ausrichtung seiner Tätigkeiten zu tun. Auf der ersten Tagung des »Grünwalder Kreises« Anfang Februar 1956 beschrieb Richter in seinem Grundsatzreferat die Gefahren einer Refaschisierung und Remilitarisierung der Bundesrepublik – als Erstes seien davon zweifellos die Intellektuellen betroffen. Es ging ihm darum, dass die »heimatlose Linke« sich aus der publizistischen Zwickmühle zwischen Ost und West befreien müsse.[18] Richter wurde vor allem von einem Gedanken umgetrieben, den er in vielen Briefen an potenzielle Bündnisgenossen formulierte: »Mit der Wiederaufrüstung wird sich in Deutschland das geistige Klima sehr zu unserem Nachteil verändern.«[19] Den »Grünwalder Kreis« definierte er zusammen mit Gerhard Szczesny und Hans-Jochen Vogel als »pluralistisches Forum«, die wichtigsten Ziele seien die Bekämpfung der Verbreitung nationalsozialistischer Schriften und von Sonderrechten des Militärs. Gern verwendete er die Bezeichnung »demokratische Feuerwehr«. In einem Brief an Walter Mannzen stellte Richter seine neuen Prioritäten klar: »Die Gruppe 47 wird diesmal wohl zurückstehen müssen ... das Politische ist im Augenblick wichtiger als das Literarische.«[20] Auf der Hamburger Tagung des »Grünwalder Kreises« im Mai 1956 wurde die Gründung eines »Clubs republikanischer Publizisten« beschlossen, der die Organisationsformen erweiterte. Es kam in der Folge zu vielen Streitigkeiten und zu schwierigen Auseinandersetzungen mit politischen Gegnern[21], auch wenn Richter in vielerlei Hinsicht organisatorisch tätig blieb und 1958 beim »Kampf gegen den Atomtod« eine neue Dynamik entwickelte. Beim »Grünwalder Kreis« jedoch zeigten sich bei ihm Anfang 1957 die ersten Ermüdungserscheinungen. Er leide an »Zerstückelung und Verzettelung«, schrieb er an Paul Schallück und fügte hinzu, dass »sich bei mir in den letzten Wochen eine große Sehnsucht nach der Gruppe 47 und nach dem Weg zurück in die Literatur eingestellt hat«.[22]

Auf der Tagung der Gruppe 47 im Jahr 1957 war Richter sehr beschäftigt mit seinen gesellschaftspolitischen Aktivitäten und Verwicklungen. Genau jetzt aber brachen zum ersten Mal bei einem Gruppentreffen offen Generationsgegensätze auf. Sie hatten sich unter der Hand bereits angedeutet: Ilse Aichingers subjektiv gebrochene Prosa, die sich von der im Westen vorherrschenden Moderne auch formal beeinflusst zeigte, oder Ingeborg Bachmanns spröd-pathetische Gedichte hatten in der Gruppendiskussion überzeugt, ohne dass es dabei zu Grundsatzdiskussionen gekommen wäre – obwohl sie mit der Schützengraben-Schreibweise und der Landsersprache nichts zu tun hatten. Jetzt aber, bei der zweiten von zwei aufeinanderfolgenden Jahrestagungen im Gewerkschaftsheim Niederpöcking am Starnberger See, zeigte sich ein untergründig längst wirksamer ästhetischer Dissens auch an der Oberfläche. Es kam zu persönlich werdenden Auseinandersetzungen zwischen den Älteren, den »Realisten« und »Autodidakten«, wie Hans Werner Richter sie nannte, und den jüngeren »Formalisten«, die »von den Universitäten« kamen.

Dies war die erste inhaltliche Krise der Gruppe 47. Hans Werner Richter hatte es mit seinem sicheren Gespür für organisatorische Praxis immer vermieden, allgemeine Diskussionen abseits der konkret vorgelesenen Texte zu führen. In Niederpöcking war 1957 der Soziologe Theo Pirker anwesend. Als er versuchte, mit soziologischen Argumenten zu kritisieren, geriet er in eine harte Auseinandersetzung mit Enzensberger, Walser und Grass. Das war für Richter die zweite Generation in der Gruppe 47: »Für sie galten nur ästhetische und formale Kriterien. Die Auseinandersetzung artete schnell in Streit aus, wurde zu einem Wortgefecht der Emotionen und brachte die ›Gruppe 47‹ fast an den Rand ihrer Existenz. Es blieb mir nichts anderes übrig, als aufzustehen und Pause zu rufen.«[23]

Helmut Heißenbüttel, dessen literarisches Erweckungserlebnis die Lektüre von Gertrude Stein gewesen war und der sich radikalen formalen Experimenten verschrieben hatte, war bereits zum dritten Mal auf einer Tagung, wurde von Richter aber weniger ernst genommen und hatte »nie wirklich Erfolg«. Nach Heißenbüttels Lesung 1957 habe einer direkt im Anschluss gefragt: »Was bedeutet das alles?« Richter erinnert sich: »Heißenbüttel schweigt, lächelt und ich sage: ›Es ist hier nicht üblich, Fragen zu stellen.‹ Auch ich kann mit den Texten nichts anfangen, aber ich weiß: die Antwort Heißenbüttels wird nichts zur Klärung beitragen.« Und obwohl sie seine »Entdeckungen« waren und er sich des Öfteren mit ihnen brüstete, waren Richter jetzt sogar Ilse Aichinger und Ingeborg Bachmann suspekt. Er stellte bei ihnen plötzlich eine Aggressivität fest, die er auch auf sich beziehen musste, nicht nur auf Heinrich Böll oder Siegfried Lenz:

»Geringschätzung, wenn nicht Verachtung gegenüber einer Literatur, die sie für gestrig halten.«[24]

Es gibt einen langen Bericht über diese Tagung von Arnold Bauer vom Berliner *Kurier*. Er hält die atmosphärischen Veränderungen in der Gruppe fest: »Die Mehrzahl der Jungen von 1957 will – unabhängig von jeder Tendenz – jegliche sprachliche Konvention abstreifen. Die altklugen Knaben mit den Ponyfrisuren, die ihr Gegenstück unter den bildenden Künstlern haben, die seltsam in sich versunkenen Mädchen, die ›hinter die Dinge sehen‹ – sie neigen zu einer gleichsam gegenstandslosen Sprache.«[25] Das ist eine recht anschauliche Beschreibung von Hans Magnus Enzensberger, dessen »Altklugheit« noch furiose Kapriolen schlagen wird, und von Ingeborg Bachmann. Bauers Bericht benennt auch, dass Ilse Aichinger mit ihren »imaginären Dialogen zwischen Zwergen, Polizisten und Kindern« den eigentlichen Eklat auslöste: »Die träumerische Verspieltheit der immer noch ein wenig wie eine Waldnymphe wirkenden Aichinger forderte schroffen Widerspruch heraus, Angriff und ritterliche Verteidigung. Die Realisten drohten damit, die Tagung zu verlassen. Hans Werner Richter bewies wiederum diplomatisches Geschick als Leiter der Debatte.«[26]

Richters Fähigkeit, die Gruppe in einer Art väterlichen Weisheit zusammenzuhalten, wird hier an einem konkreten rhetorischen Beispiel deutlich gemacht. Zu den Erzeugnissen der »Surrealisten« sagte er laut Bauer: »Ich kann auch nichts damit anfangen, aber daß es um sie ein pro und contra gibt, scheint mir zu beweisen, daß doch etwas daran sein muss.« Und die Realisten habe er »mit der gleichen augenzwinkernden Biederkeit« verteidigt: »Hier kann jeder seine Meinung sagen, selbst wenn er dadurch in den Verdacht kommen sollte, ein Banause oder ein Soziologe zu sein.« Die beiden verfeindeten Fraktionen sprachen zwar »kaum noch ein Wort miteinander«, aber Richter schaffte es immerhin, »daß sie zusammenblieben«.[27]

Niederpöcking 1957 war die Tagung, in der die Altvorderen, die Gründungsgeneration der Gruppe 47, merkten, dass die Zeit an ihnen vorüberzugehen drohte, und sie sich noch einmal auf die Hinterbeine zu stellen versuchten. Ingeborg Bachmann war längst berühmt, und vielleicht deswegen bot ihre Lesung den Anlass für den wohl bizarrsten Streit zwischen »Realisten« und »Sehern«. Sie las unter anderem ihr Gedicht »Liebe: Dunkler Erdteil«, und das hat aus verschiedenen Gründen Literaturgeschichte geschrieben. Es gehört bereits zu den wenigen späteren, nicht in ihren beiden berühmten frühen Gedichtbänden publizierten Liebesgedichten und zählt zu den Grundtexten der feministischen Literaturinterpretation. Auch für die Genderstudies bieten Bachmanns Radikalisierung und Problematisierung der weiblichen Sichtweise einen höchst ergiebigen Quellentext.

Liebe: Dunkler Erdteil

Der schwarze König zeigt die Raubtiernägel,
zehn blasse Monde jagt er in die Bahn,
und er befiehlt den großen Tropenregen.
Die Welt sieht dich vom andern Ende an!

Es zieht dich übers Meer an jene Küsten
aus Gold und Elfenbein, an seinen Mund.
Dort aber liegst du immer auf den Knien,
und er verwirft und wählt dich ohne Grund.

Und er befiehlt die große Mittagswende.
Die Luft zerbricht, das grün und blaue Glas,
die Sonne kocht den Fisch im seichten Wasser,
und um die Büffelherde brennt das Gras.

Ins Jenseits ziehn geblendet Karawanen,
und er peitscht Dünen durch das Wüstenland,
er will dich sehn mit Feuer an den Füßen.
Aus deinen Striemen fließt der rote Sand.

Er, fellig, farbig, ist an deiner Seite,
er greift dich auf, wirft über dich sein Garn.
Um deine Hüften knüpfen sich Lianen,
um deinen Hals kraust sich der fette Farn.

Aus allen Dschungelnischen: Seufzer, Schreie.
Er hebt den Fetisch. Dir entfällt das Wort.
Die süßen Hölzer rühren dunkle Trommeln.
Du blickst gebannt auf deinen Todesort.

Sieh, die Gazellen schweben in den Lüften,
auf halbem Wege hält der Dattelschwarm!
Tabu ist alles: Erden, Früchte, Ströme ...
Die Schlange hängt verchromt an deinem Arm.

Er gibt Insignien aus seinen Händen.
Trag die Korallen, geh im hellen Wahn!
Du kannst das Reich um seinen König bringen,
du, selbst geheim, blick sein Geheimnis an.

Um den Äquator sinken alle Schranken.
Der Panther steht allein im Liebesraum.
Er setzt herüber aus dem Tal des Todes,
und seine Pranke schleift den Himmelssaum.[28]

Just bei dieser Lesung wurde zum ersten und für lange Zeit auch einzigen Mal »illegal« mitgeschnitten – eine Praxis, die bis 1962 von Hans Werner Richter programmatisch ausgeschlossen wurde. Heinz Ludwig Arnold hat in einer seiner verdienstvollen Göttinger Dokumentationen den Mitschnitt der Diskussion über Bachmanns Gedicht transkribiert. Es ist das erste erhaltene authentische Zeugnis der »Werkstattkritik« der Gruppe 47 und von daher äußerst aufschlussreich.

> Carl Amery: Auf die Gefahr hin, mit was Drittrangigem anzufangen, was rein die Kritik betrifft: Ich möchte die Intention des zweiten Gedichts befragen, des »Lieber dunkler Erdteil«. Und zwar kommt mir eine Parallele in den Sinn, die ich mir auszureden bitte, mit dem D. H. Lawrence, mit der Geschichte »Die Frau, die wegritt«. Die Frau, die reitet weg und geht zu den Indianern und wird dort in einem Ritualmord, in einer Opferfeier, mit dem Obsidianmesser hingeschlachtet. Und

zwar hat sie das gern, she likes it. (Gelächter) Aber ich bin verwirrt, denn es heißt einmal, daß sie hinstarrt auf den Todesort, und am Schluß springt der Panther wieder aus dem Tal des Todes. Ich weiß nicht, ob das einen kausalen Sinn hat, ob die Bannung durch den Tod, der aus dem lieben dunklen Erdteil kommt, aus den Tabus und allem – ob diese Bannung sozusagen durchbrochen wird oder nicht? Das weiß ich nicht. Es gibt zum Beispiel Zeilen im Gedicht wie »Um die Büffelherde brennt das Gras« oder »Um deine Füße kringeln sich Lianen«. Die sind meines Erachtens, jetzt ganz relativ gesprochen, für Ingeborg Bachmann nicht up to standard, meines Erachtens. Die sind nicht das, was ich gewohnt bin, wenn ich ein Gedicht von ihr lese.

Walter Höllerer: Zunächst mal muß man den Titel richtigstellen. Also ich hab verstanden: »Liebe: dunkler Erdteil«. Oder heißt das »Lieber dunkler Erdteil«?

(Titel wird geklärt)

NN: Also ich hänge ja, ehrlich gestanden, an dem gleichen Gedicht. Ich finde, daß der Exotismus dieses Gedichtes, der so in Reimen vor sich hin dichtet, bis ins Unendliche fortgesetzt werden könnte, ohne daß sich irgendetwas ändert. Ich finde, das ist also einfach ein bißchen modische Draperie. Ich spreche von diesem einen Gedicht.

Walter Höllerer: Afrika hin und her, aber die Büffelherden, die Schlangen und so weiter, ich glaube, das haben wir schon zu Beginn des 19. Jahrhunderts in größter Ausführung gehabt.

NN: Freiligrath!

NN: Wenn dieses Gedicht mit Freiligrath verwechselt wird, dann sag ich, dann kann hier jemand nicht mehr kritisieren.

(Durcheinander)

Martin Walser: Bloß weil Afrika genannt wird und weil in der Literaturgeschichte steht, Freiligrath habe über Afrika geschrieben – nehmt doch die Metaphorik, den Rhythmus, ich will jetzt gar nicht über dieses Gedicht sprechen – aber es ist Unsinn, solche Vergleiche heranzuziehen.

Hans Magnus Enzensberger: Ich möchte mal von dem einen Gedicht ein bißchen wegkommen. Was in der bisherigen Kritik etwas angeklungen ist, scheint mir nämlich doch auch für einige der anderen Gedichte zu gelten. Es sind eben für Ingeborg Bachmann einfach sanftere Tage gekommen, ich möchte fast sagen, weichere. Und, ja, vielleicht kann man darüber nicht rechten oder vielleicht ist das gar keine Kritik mehr, aber ich muß sagen, die härteren waren mir lieber.

Wolfdietrich Schnurre: Ich möchte noch mal zu dem Wort »Exotismus« kommen. Wenn ein Mensch, der ein Gedicht schreibt und hat die Vision von Büffel, Elefant oder Panther, was es ist, warum muß der jetzt in dem Augenblick, wo er diese Vision oder Idee oder Gedanken hat, jetzt erst überlegen und die Literaturgeschichte wälzen und nachsehen, ob das schon mal da war? Wenn er's in seiner Form sagt und sagen kann – und das ist ja wunderbar gesagt – warum soll er sich dann darum scheren, daß das irgendwo schon mal aufgezeichnet ist, daß das irgendein Fremdwort hat? Das war doch ganz echt.

Hans Werner Richter: Jetzt muß ich die Kritik verteidigen, Amery hat nicht angefangen… Amery hat von den Sätzen gesprochen.

Carl Amery: Ich hab auch die Dings… auch nicht von der Exotik her als solcher gemeint, die Sache mit dem Lawrence, nicht? Das hoff ich, klargemacht zu haben.

Hans Werner Richter: Er hat von der Form gesprochen, nicht vom Gegenstand.

NN: Nein, das ist nicht ganz richtig. Er hat es mit Lawrence verglichen. Also von dem Inhalt her hat er gesprochen.

Hans Werner Richter: Ich finde etwas erstaunlich… Ich finde, jetzt, im Augenblick… und muß sagen, es gefällt mir nicht ganz. Ich merke hier bei einigen eine gewisse Verstimmung, weil die Kritik scharf ist…

(Durcheinander)

Joachim Kaiser: Nicht Verstimmung, habe ich das Gefühl, wenn die Kritik falsch ist, sondern man hat das Gefühl, wenn verschiedene Lager aufkommen, die sind sich gegenseitig fast böse und haben das Gefühl, wie ist's möglich, daß der andere das sagt, das ist doch denkunmöglich. Wir sind aus dem Stadium des Experimentierens, wo jemand auch in Gottes Namen mal übers Ziel hinausgehen kann, raus, sondern er wird immer gleich auf diese Weltanschauung festgelegt: Und das hast du gesagt, wie war denn das möglich. Und das scheint mir, ist gefährlich, denn dadurch wird das, was gesagt wird, allmählich zum Zeitungsartikel. Man muß sich so vorsehen, als ob es gedruckt wäre. Und daran liegt es, das hängt mit der Verstimmung zusammen.[29]

Man sollte diese Diskussion, die auf dem Höhepunkt einer ersten Krise der Gruppe 47 stattfindet, nicht überbewerten. Aber wie die Kritik hier am Kern von Bachmanns Text vorbeigeht, wie sich die Lyrikerin hier tatsächlich ihrer Zeit in vielem voraus zeigt, das ist fast lehrbuchhaft. Die ideologischen Auseinandersetzungen, die sich bei dieser Tagung zeigten, prägten zu einem gewissen Teil auch die Debatte um die Lyrik von Ingeborg Bachmann. Es ist allerdings interessant, dass sich von den Jüngeren Hans Magnus Enzensberger sehr kritisch zu Bachmanns vermeintlicher »Sanftheit« äußerte, während von den Älteren Wolfdietrich Schnurre (der bereits 1947 dabei und einer der Herolde der Gründungsväter war) sehr sensibel und lobend reagierte. Subjektive Ehrlichkeit scheint tatsächlich das oberste Gebot gewesen zu sein, und hier konnte Richter auch weiter anknüpfen.

Joachim Kaiser, der die ästhetische Dimension der Auseinandersetzung wohl durchaus richtig einschätzte, benannte sie in seinem Statement nur indirekt. Er hatte sichtlich die Öffentlichkeitswirkung der Gruppendebatten im Visier: Das »Stadium des Experimentierens« sei vorbei. Es ging mittlerweile um etwas, um Prestige und um Geld, das war jedem klar. Kaiser sprach vor allem auch pro domo: Dass das Wort »Zeitungsartikel« fällt, ist wohl kein Zufall. Sein Diskussionsbeitrag war Teil der neuen Positionierung der Kritiker, die erst bei den nächsten Tagungen offensichtlich werden sollte. Die Marktmechanismen wurden von ihm thematisiert, ohne dass er ihre ganze Dimension ins Auge fasste. Im Jahr darauf wurde sie allerdings erkennbar.

In Kaisers Artikel für die *Frankfurter Allgemeine Zeitung* ist nur sehr vorsichtig von den sichtbar gewordenen Fronten die Rede. Umso energischer schreibt er gegen das herrschende Bild der »literarischen Elendsbesessenheit, des Kunst- und Schönheitsmangels der Gruppe« an. Und er fügt hinzu: »Die Kritik kann sich nicht mehr darauf berufen, Hilfestellung zu sein.«[30] Das wird Folgen haben.

1957, im großen Generationenstreit, feierte man das zehnjährige Bestehen der Gruppe. Man ahnte nicht, dass es genau die Halbzeit ihres Bestehens war. Trotz aller atmosphärischen Störungen berief Hans Werner Richter die Gruppe unverdrossen auch für das nächste Jahr ein. Auch Joachim Kaiser schrieb ganz unbeeindruckt: »Auch in den kommenden zehn Jahren wird über Tagungen zu berichten sein.« Es sollten noch einmal genau zehn Jahre werden. Aber dass die Sternstunde der Gruppe sofort folgen würde, im Jahr 1958, konnte auch Joachim Kaiser nicht vorhersehen. Hier erreichte die Gruppe 47 die marktbeherrschende Stellung, die sie immer weiter ausbauen sollte. Und im Zentrum stand jener »hundearme« Zeichner und Lyriker.

## 11 Mit Kuhglocke und Hirschgeweih geht die Nachkriegszeit zu Ende

*Günter Grass macht die Gruppe 47 zur zentralen Instanz im bundesdeutschen Literaturbetrieb*

Die literarische Szene war in den fünfziger Jahren sehr überschaubar. Lesungen waren eher selten, und es war für Interessierte relativ leicht, Kontakt zu den wichtigen Personen zu bekommen. Peter Hamm etwa, Schriftsteller und Literaturkritiker, schrieb schon als 16-Jähriger Briefe an zeitgenössische Berühmtheiten und erhielt postwendend Antwort, er traf sich früh mit Ingeborg Bachmann oder Walter Höllerer, und er war schon Ende 1954 mit einem Gedicht im ersten Jahrgang der *Akzente* vertreten – mit gerade 17 Jahren. Selbst in Höllerers wegweisender Anthologie *Transit* von 1956, die bis heute eine der wichtigsten Quellen für die literarische Szene der fünfziger Jahre geblieben ist, stehen drei Texte des jungen Peter Hamm. Er erinnert sich, wie es war, als er im Herbst 1956 auch zur Tagung der Gruppe 47 in Niederpöcking eingeladen wurde – die erste der beiden Tagungen im Gewerkschaftshaus am Starnberger See, die noch nicht vom Grundsatzstreit zwischen reinen Ästheten und alten Realisten geprägt war.

Hamm las Gedichte, über die Günter Grass kollegial geurteilt habe, sie stellten eine unerwartete Verbindung her zwischen Stefan George und Kurt Schwitters. Hamm fiel auf, dass Günter Grass schon damals als Sprecher einer jungen Generation auftrat und ein gewisses Charisma entfaltete, als ob die spätere Bedeutung bereits erkennbar gewesen wäre. Die größte Autorität als Kritiker wurde aber, das bemerkte

Hamm sofort, Walter Jens attestiert, der mit seiner an antiken Mustern geschulten Rhetorik noch relativ eindeutig das Feld beherrschte. Jens galt schon als einer der Älteren und war in der freien Diskussion zu diesem Zeitpunkt der Agilste, er sprach mit Pathos und Furor.

Typisch für die Entwicklung eines literarisch interessierten Schülers ist auch die Geschichte, wie der spätere Dramaturg und Publizist Klaus Völker zur Gruppe 47 kam. Noch am Gymnasium in Frankfurt rief er eine freie Theatergruppe ins Leben, die »Neue Bühne«. Sie spielte vor allem zeitgenössische Stücke, aber auch den verfemten Brecht. So etwas sprach sich in dieser Zeit schnell herum, sodass schließlich sogar die berühmte Brecht-Schauspielerin Therese Giehse auf der Durchreise einmal vorbeikam, um zu schauen, was da genau gemacht wurde. Und durch den Kontakt mit dem auch schon als Theaterautor präsenten Günter Grass ergab sich, für den 19-Jährigen Völker völlig überraschend, die Einladung zu den Treffen der Gruppe 47 auf Schloss Elmau 1959 und in Aschaffenburg 1960. Völker besitzt heute noch die später sehr mystifizierten Postkarten Hans Werner Richters, die nüchtern und formlos den Treffpunkt angaben, getippt von Richters Ehefrau Toni. An den genauen Hergang erinnert er sich nicht mehr – Grass habe Richter wohl gesagt, er kenne da einen engagierten jungen Mann, und das genügte.

Grass verteidigte Völker dann auch während der Diskussion um einen Text Christian Ferbers. Völker hatte bei Walter Höllerer in Frankfurt zu studieren begonnen und dabei die Sprache von Landserheften analysiert – und genau diese Sprache erkannte er jetzt in dem Text Ferbers, einem »Urgestein« der Gruppe 47. Damit traf er, ohne dass ihm die ganze Dimension bewusst war, ein geheimes Nervenzentrum der Gruppe. Schon aufgrund seines Alters zog er wohl Aggressionen des harten Kerns um Hans Werner Richter auf sich, am offensivsten trat Franz Joseph Schneider auf. Doch fast 15 Jahre nach Kriegsende wollten die nachgewachsenen Jüngeren offenkundig etwas anderes als bloße Kriegsberichterstattung. Immerhin sprang Günter Grass Völker bei – obwohl sich Grass Hans Werner Richter sehr verbunden fühlte und dessen Ideen von »Werkstattgespräch« und solidarischer Autorenkritik auch in den Jahrzehnten nach dem Ende der Gruppe 47 immer wieder propagierte. Grass sagte, Beiträge wie diejenigen Völkers müssten möglich sein.

Es mag Zufall sein, dass Peter Hamm wie Klaus Völker in ihren Erinnerungen Günter Grass hervorheben. Grass war schon früh zu einer Symbolfigur geworden, ein unbekannter junger Grafiker und Lyriker, der kurze Zeit zuvor von Hans Werner Richter aufgrund seines Aussehens fast noch des Feldes verwiesen worden wäre. Rasch jedoch stieg er zum unumschränkten Star der Gruppe auf. Grass verdankt seinen Weltruhm der Gruppe 47 – so wie die Gruppe ihre marktbeherrschende Stellung und ihren Nimbus durch den sensationellen Auftritt von Grass bei der Tagung 1958 im Gasthaus Adler in Großholzleute erlangte. Alles an dieser Sternstunde des frühen bundesdeutschen Literaturbetriebs ist mittlerweile in eine unvergleichliche Gloriole getaucht, die noch Jahrzehnte später bis ins Nobelpreiskomitee strahlte. »Ich selbst habe eine solche Euphorie in der Gruppe 47 nicht wieder erlebt«, schrieb Hans Werner Richter 1986.[1]

Hans Werner Richters Erinnerungen an diesen Moment sind, sosehr er sich auch um programmatische Nüchternheit bemüht, von der später erkannten literaturgeschichtlichen Bedeutung durchtränkt: »Und dann liest Günter Grass. Ich erwarte nichts Besonderes, nur wieder das, was ich schon kenne: die urwüchsige Sprachbegabung eines Naturtalents, die ihm die Kritik längst bescheinigt hat. Vielleicht wieder ein Stück aus seinem ›Onkel, Onkel‹ oder ein paar Gedichte. Kurz vor seiner Lesung frage ich ihn: ›Was liest du denn?‹ Ich will es wissen, wegen der Zeiteinteilung. ›Aus einem Roman‹, sagt er. Ich wundere mich, daß er an einem Roman schreibt, er ist für mich ein Lyriker, allenfalls ein Dramatiker. Aber schon nach den ersten Sätzen ist der Saal wie elektrisiert. Es ist das erste Kapitel aus der späteren ›Blechtrommel‹. Marcel Reich-Ranicki hört auf, Notizen zu machen, einige hören mit halb geöffnetem Mund zu und Joachim Kaiser wiegt seinen Kopf sanft lächelnd hin und her. Und ich weiß, dies ist der Anfang eines großen Erfolges in der ›Gruppe 47‹. Ich habe nur Angst, daß der Text schwächer werden könnte, je länger Grass liest. Es geschieht nicht. Als die Lesung zu Ende ist, wird Grass von vielen umringt. Es fallen Sätze wie ›Das war ja großartig‹ und ähnliche. Einige raten mir,

Ort einer Sternstunde: Der Gasthof Adler in Großholzleute

den Preis zu vergeben, denn auch diese Entscheidung hatte ich mir vorbehalten. Seit 1955 ist er nicht mehr vergeben worden. Das liegt drei Jahre zurück. Ich habe die Preisvergabe mit Absicht gestoppt. Sie hatte zu einem Wettlesen geführt. Jetzt – ich weiß es – muß ich den Preis vergeben, aber ich habe kein Geld. Jene Stiftung der amerikanischen Werbefirma ist schon vor Jahren versiegt. Ich gehe aus dem brodelnden Saal hinaus und stoße auf Siegfried Unseld. Er hält mich fest und sagt: ›Hans Werner, du mußt den Preis vergeben.‹ Ich antworte: ›Aber ich habe kein Geld‹, und darauf er: ›Ich stifte sofort 500 DM. Frag' doch die anderen Verleger, die hier sind.‹ Es sind kaum Verleger da, nur viele Lektoren, die gleichzeitig Schriftsteller der ›Gruppe 47‹ sind. Ich gehe herum und frage diesen und jenen. Einige rennen zum Telefon, um bei ihrem Verleger anzufragen. Nach einer Stunde habe ich dreitausend Mark beisammen, zweitausend Mark mehr, als der Preis je betragen hat.«

Hier geschah etwas Ähnliches wie Jahrzehnte später, als der Börsenverein des Deutschen Buchhandels die Idee hatte, zur Frankfurter Buchmesse einen »Deutschen Buchpreis« ins Leben zu rufen. Man spürte instinktiv, dass sich jetzt, in diesem Moment, die Möglichkeit bot, die deutsche Gegenwartsliteratur als solche in der öffentlichen Diskussion zu verankern. Grass bekam den Preis natürlich schon mit absoluter Mehrheit im ersten Wahlgang. Richter schließt seinen anekdotischen Bericht mit Sätzen, die den süffigen Zugriff des Reporters verraten: »Grass steht draußen in einem schmalen Gang an der Theke des Gasthofes und jedes Mal, wenn ich an ihm vorbeikomme, sage ich: ›Noch mal 500 DM mehr‹, und er lacht, trinkt einen Schnaps darauf, und als ich zum letzten Mal an ihm vorbeikomme – nun sind es fünftausend Mark –, lacht er noch immer und lacht und lacht.«[2]

Richter hatte natürlich auch die Absicht, den »Preis der Gruppe 47« ins rechte Licht zu rücken, der mit Grass' *Blechtrommel* zum bedeutendsten deutschen Literaturpreis wurde und auch die Gruppe selbst zur letzten Instanz des Literaturbetriebs beförderte. Aber die Lesung von Grass in diesem Allgäuer Gasthof, mit Hirschgeweihen an der Wand und einer Kuhglocke, die Richter als Diskussionsleiter zur Verfügung gestellt wurde – die Signalkraft dieser Lesung reicht weit über die Gruppe 47 hinaus. In diesem Moment ging die unmittelbare Nachkriegszeit zu Ende, und es wurde ein neues Kapitel aufgeschlagen. Hier kam die junge Bundesrepublik in ihre Pubertät.

Wie die *Blechtrommel* in den stickigen und dumpfen Mief der Adenauer-Ära hineindonnerte, wie sie die betuliche und innerliche Fünfziger-Jahre-Literatur mit einem Schlag hinwegfegte, das war durchaus ein säkulares Ereignis. Der Blechtrommler Oskar Matzerath, der mit drei Jahren das Wachstum einstellt, setzte das gewohnte Koordinatensystem der Bundesrepublik außer Kraft und wies mit seiner Ästhetik voraus. Auf Grass, 1927 in Danzig-Langfuhr als Sohn eines Kolonialwarenhändlers geboren, war auch am Ende der fünfziger Jahre noch keiner im bundesdeutschen Literaturbetrieb vorbereitet. Doch seine frühe bohemienhafte Existenz schien plötzlich beglaubigt. Als mittelloser Steinmetzlehrling in Düsseldorf und gelegentlicher Waschbrettspieler in einer Jazzcombo trampte er schon Anfang der fünfziger Jahre durch Europa, und die Atmosphäre der drei Jahre, die er von 1956 bis 1959 in Paris verbrachte, hat er später des Öfteren eindringlich beschworen: die feuchte Kellerwohnung an der Place d'Italie, das

Manuskriptkonvolut der *Blechtrommel*, das zwischen dem Wechseln der Windeln der rasch hintereinander geborenen Kinder und gelegentlich einer Flasche Schnaps, zum Beispiel mit Paul Celan, rasch anwuchs. Die lustvolle, exzessive Sprachgewalt in seiner Prosa, das Wühlen zwischen Schweinskopfsülzen, Aalgeschlängel und Geschlechtsorganen, das ein ungestümes und deftig-sinnliches Temperament verrät – im Jahr 1958 wirkte das wie eine Befreiung. Und das umso mehr, als es offizielle Stellen als Provokation verstanden. Günter Blöcker gab in seiner Rezension in der *FAZ* den Ton vor: »Die Lektüre dieses Romans ist ein peinliches Vergnügen, sofern es überhaupt eines ist. Was Grass schildert und wie er es schildert, fällt nur zum Teil auf die Sache, zum andern Teil auf den Autor selbst zurück. Es kompromittiert nachhaltig nicht nur sie, sondern auch ihn – so stark und unverkennbar ist das Behagen des Erzählers an dem, was er verächtlich macht, so penetrant die artistische Genüsslichkeit, mit der er ins Detail eines unappetitlichen l'art pour l'art steigt. Wozu der Pferdekopf mit Aalgewimmel, wozu der Notzuchtversuch an einer Holzfigur, wozu das Schlucken einer mit Urin versetzten Brühe, die Brausepulverorgien, das zuckende Nabellabyrinth auf dem Rücken eines Hafenkellners? Weil es dem Autor ganz offenkundig Spaß macht, sein allezeit parates Formulierungstalent daran zu erproben – wobei er sinnigerweise mit besonderer Vorliebe bei dem Vorgang des Erbrechens und der detaillierten Beschreibung des dabei zutage Geförderten verweilt. (...) So hinterläßt das überfüllte Buch am Ende den Eindruck einer wahrhaft gräßlichen Leere. In seinem konsequent antihumanen Klima gibt es nur eines, woran man sich halten kann: den Selbsthaß.«[3]

Hans Magnus Enzensberger, der in dieser Zeit beim Süddeutschen Rundfunk in Stuttgart beschäftigt war, hatte zehn Tage zuvor in seinem Sender so etwas geahnt: »Zu Unrecht wird man ihn der Provokation verdächtigen. Er ist dem Skandal weder aus dem Wege gegangen, noch hat er ihn gesucht; aber gerade dies wird ihn hervorrufen, daß Grass kein schlechtes Gewissen hat, daß für ihn das Schockierende zugleich das Selbstverständlichste ist. Dieser Autor greift nichts an, beweist nichts, demonstriert nichts, er hat keine andere Absicht, als seine Geschichte mit der größten Genauigkeit zu erzählen.« Und grundsätzlich stellt Enzensberger fest: »›Die Blechtrommel‹ ist ein Entwicklungs- und Bildungsroman. Strukturell zehrt das Buch von den besten Traditionen deutscher Erzählprosa. Es ist mit einer Sorgfalt und Übersichtlichkeit komponiert, wie man sie von den Klassikern her kennt. Herkömmlich ist auch die hochgradige Verknüpfung der Handlung und Motive. Der Autor zeigt eine Beherrschung seines Metiers, die nachgerade altmodisch erscheint, wenn er seinen Text so weit integriert, daß kaum ein Faden fallengelassen, kaum ein Leitmotiv ungenutzt bleibt. Vor den Forderungen des Handwerks beweist Grass, was man ihm sonst nicht nachsagen kann: Respekt.«[4]

Hier, in den Reaktionen Blöckers und Enzensbergers, ist die Spannweite der Öffentlichkeit ausgemessen: die Szenerie der Bundesrepublik der späten fünfziger Jahre. Blöcker steht für das, was man später »Establishment« genannt hat, für die ins kulturelle Milieu übersetzte herrschende Stimmung. Aber man merkt bereits die Nervosität, die der junge Enzensberger in einer verblüffend coolen Souveränität auszunutzen beginnt. Das wird am Beginn seiner Rezension besonders deutlich – gerade im historischen Abstand merkt man, wie sehr, und mit wie viel Berechtigung, Enzensberger zu diesem Zeitpunkt zukunftstrunken ist: »Unserem literarischen Schrebergarten, mögen seine Rabatten sich biedermeierlich oder avanciert-tachistisch geben, zeigt Grass, was eine Harke ist. Dieser Mann ist ein Störenfried, ein Hai im Sardinentümpel, ein wilder Einzelgänger in unsrer domestizierten Literatur, und sein Buch ist ein Brocken wie Döblins ›Berlin Alexanderplatz‹, wie Brechts ›Baal‹, ein Brocken, an dem Rezensenten und Philologen mindestens ein Jahrzehnt lang zu würgen haben, bis es reif zur Kanonisation oder zur Aufbewahrung im Schauhaus der Literaturgeschichte ist.«[5]

Vorerst aber zeigten die Blöckers noch, wer das Sagen hatte. Ende 1959 wurde Grass der renommierte Bremer Literaturpreis der Rudolf-Alexander-Schröder-Stiftung zugesprochen. Doch der Bremer Senat widersprach der Jury und lehnte diese Preisvergabe ab. Bildungssenatorin Annemarie Mevissen erklärte: »Der nach eingehender Beratung getroffene negative Beschluß findet insbesondere darin seine Begründung, daß eine Auszeichnung eine Diskussion in der Öffentlichkeit hervorrufen würde, welche nicht den unbestrittenen literarischen

Rang des Buches, wohl aber weite Bereiche des Inhalts nach außerkünstlerischen Gesichtspunkten kritisieren würde.«[6] Die Senatorin sah ganz konkret das Problem, ein in Bremen preisgekröntes Buch für den dortigen Schulgebrauch verbieten zu müssen.

Die Jurymitglieder Benno von Wiese, Erhart Kästner und Rudolf Hirsch traten darauf zurück. Autoren wie Paul Celan, Ingeborg Bachmann und Uwe Johnson zeigten sich in öffentlichen Stellungnahmen fassungslos und erklärten ihre Solidarität mit Grass. Marcel Reich-Ranicki allerdings gab wenige Tage nach der Bremer Senatsentscheidung mit seiner *Zeit*-Rezension den Politikern zusätzliche Munition: Er schloss sich Hans Werner Richters erstem Eindruck von Günter Grass an und sprach von ihm als einem »Zigeunervirtuosen«. »Zigeunermusik in allen Ehren«, hieß es weiter: »Die Sache wird erst bedenklich, wenn man virtuose Darbietungen dieser Art mit Kunst zu verwechseln beliebt.« Reich-Ranickis Resümee besteht im Wesentlichen daraus, dass Grass durch seine »ungebändigte Phantasie meist von der wesentlichen Problematik der letzten Jahrzehnte« abgelenkt werde: »Die Echtheit der Aggressivität wird oft in Frage gestellt, und die Auseinandersetzung mit der Zeit wird von Spielereien oder Schaumschlägereien verdrängt.«[7]

Ein gutes Jahr vorher, bei Grass' Auftritt in Großholzleute, war Reich-Ranicki zum ersten Mal bei einer Tagung der Gruppe 47 dabei gewesen und hatte gleich darüber geschrieben. Damals klang das alles noch ein bisschen anders: »Grass schreibt eine unkonventionelle, kräftige, ja sogar wilde Prosa, deren Rhythmus schon jetzt unverwechselbar ist. Er kann beobachten und schildern, seine Dialoge sind vorzüglich, sein Humor ist grimmig und originell, und er hat viel zu sagen.«[8] Man hatte in Großholzleute zwar nur zwei Kapitel der *Blechtrommel* gehört, doch der Unterschied in Reich-Ranickis Urteilen scheint in erster Linie in dem zu gründen, was in dem dazwischenliegenden Jahr passiert ist: sein eigener Beginn bei der Gruppe 47 und seine schnelle Etablierung als Kritiker, dazu die plötzliche Berühmtheit von Grass und die öffentliche Auseinandersetzung um ihn.

Diese Entwicklung setzte sich in den darauffolgenden Jahren auf heftige Weise fort. Drei Jahre nach dem *Zeit*-Verriss hatten sich die

Rahmenbedingungen anscheinend wieder stark verändert. Reich-Ranicki sprach im Westdeutschen Rundfunk in Köln am 22. Mai 1963 noch einmal über die *Blechtrommel* und übte jetzt »Selbstkritik«: »Ich würde heute die Akzente anders setzen und mich insbesondere mit dem Neuartigen in der Prosa von Grass viel eingehender befassen. Warum habe ich es damals nicht getan? Und warum zeichnet sich meine Kritik durch einen besonders gereizten und enragierten Ton aus? Mich hatte die leidenschaftliche, ja wilde Kraft dieses Erzählers beeindruckt. Aber er hatte mich zugleich enttäuscht. Ich konnte mich damit nicht abfinden, daß Grass seine Vitalität nicht gezügelt und sein Temperament nicht beherrscht hatte. Ich meinte, hier werde eine große Begabung verschleudert. Ich hielt es für meine Pflicht, den Autor zu warnen und das Publikum zur Skepsis aufzurufen.«

Man sieht: Das öffentliche Bild von Grass schwankt in der Geschichte, er war gleichzeitig eine öffentliche Reiz- und Kultfigur. Vor allem in den ersten Jahren nach der *Blechtrommel* gab es heftige Irritationen, bis der Klassikerstatus feststand (Enzensberger hatte in seiner hellsichtigen Einschätzung von »zehn Jahren« gesprochen, die es dafür brauchen würde). Nicht zu unterschätzen ist, dass die obszönen und grell-realistischen Schilderungen der *Blechtrommel* 1959 über weite Strecken noch andere Urteile herausforderten als rein ästhetische. Erst im Laufe der sechziger Jahre legte sich das langsam. Grass wurde mit der »Danziger Trilogie« (*Katz und Maus* sowie *Hundejahre* folgten 1961 bzw. 1963), die die Danziger Kindheit und den Zweiten Weltkrieg weiterschreibt, zu einem international gefeierten Autor. Aber es ist in diesem Zusammenhang wichtig, auch auf das Skandalon der Novelle *Katz und Maus* hinzuweisen, das die *Blechtrommel*-Debatte noch übertraf. Es geht um den übergroßen Adamsapfel der jugendlichen Hauptfigur, des »Großen Mahlke«, und es wird, wie Hellmuth Karasek in der *Stuttgarter Zeitung* schrieb, viel von »Knabenlastern« erzählt, »weil der übergroße Knorpel im Hals nach einem körperlichen Gegengewicht verlangt. Das Ergebnis ist, dass Verhaltensweisen und Dinge, die man üblicherweise gewohnt ist, so furchtbar wichtig zu nehmen, ganz beiläufig ironisiert und bagatellisiert werden. Der große Krieg stolpert über die im Wasser baumelnden Beine von Tertianern.

Die Welt der Erwachsenen löst sich in kaschubischem Dialekt und lächerlichem Pathos auf.«[9]

Am 28. September 1962 beantragte der hessische Minister für Arbeit, Volkswohlfahrt und Gesundheitswesen, das Buch in die Liste jugendgefährdender Schriften aufzunehmen. Die Begründung dafür lautete: »Die Schrift enthält zahlreiche Schilderungen von Obszönitäten, die geeignet sind, Kinder und Jugendliche sittlich zu gefährden. Auf die Seiten 28, 38, 39, 40, 41, 42, 43, 53, 54, 98, 102, 104, 112, 130, 139, 140 wird verwiesen. Die beanstandeten Passagen, die derartige bis ins einzelne gehende Szenen mit betonter Ausführlichkeit bringen, sind ohne jeden erkennbaren Sinn in die Erzählung eingestreut worden. Die Art und Weise dieser Darstellungen läßt den Schluß zu, daß sie nur des obszönen Reizes willen aufgenommen wurden. Sie sind geeignet, die Phantasie jugendlicher Leser negativ zu belasten, sie zu sexuellen Handlungen zu animieren und damit die Erziehung zu beeinträchtigen.«[10]

Die Debatte war heftig, und sehr umstritten waren Gutachten wie das von Walter Jens, der simpel feststellte: »Ich halte die Figur des ›Großen Mahlke‹ für eine der ergreifendsten und glaubhaftesten Jungen-Gestalten in der modernen Dichtung.«[11] Günter Grass hatte sich auf jeden Fall als ein Schriftsteller etabliert, der nicht dem rein literarischen Bereich zuzuordnen war, sondern gesellschaftspolitische Auseinandersetzungen provozierte. Zusammen mit Günter Grass aber wurde auch die Gruppe 47 berühmt und damit als eine gesellschaftlich relevante Institution wahrgenommen – obwohl sie in ihrer Selbstdarstellung immer noch als Ort eines Werkstattgesprächs unter Schriftstellern firmierte.

Zu welcher Instanz sie geworden war, zeigte sich in einem vorher nicht vorstellbaren Ausmaß schon bei der ersten Tagung nach dem Grass-Auftritt in Großholzleute. 1959 traf sich die Gruppe 47 Ende Oktober auf Schloss Elmau. Dies war ein völlig anderer Ort als die Gewerkschaftsheime oder die ländlichen Gaststätten zuvor. Schloss Elmau, 1916 von dem Naturtheologen Johannes Müller für eine kultisch orientierte Klientel gegründet, war ein herausgehobener Urlaubsort für die betuchtere Gesellschaft, und es ging unter den Gruppenteilnehmern sofort die Sage, dass die reizenden »Saaltöchter«, die auf der Elmau bedienten, Bestandteil eines geheimen Heiratsmarktes zum Aufstieg in die besseren Kreise waren. Wolfgang Hildesheimer schrieb auch gleich an Richter über die Elmau: »ich kann einfach meinen widerwillen gegen diese institution nicht überwinden.«[12]

Walter Hasenclever stellte in seinem Tagungsbericht für den *Monat* sachlich fest, dass unter den Anwesenden nur noch 20 Prozent Dichter, aber 80 Prozent Manager waren.[13] Die vorangegangene Tagung in Großholzleute war vergleichsweise noch im Rahmen geblieben, jetzt aber platzte alles aus allen Nähten. Hasenclever zählt auf: »Verleger, Redakteure, Kritiker, Kommentatoren, akademische Lehrer und literarische Schlachtenbummler« waren es, die anreisten, darunter immer unübersehbarer die üblichen Adabeis des Literaturbetriebs. Mittlerweile wollte jeder bei der Gruppe 47 mitmachen. Die Tagung in Elmau entwickelte sich zu einem ersten »Event« in der bundesdeutschen Literaturszene. Man nannte es noch nicht so, aber man ahnte bereits, was noch folgen würde. Martin Walser schrieb kurz vor dem Gruppentreffen an Richter, nachdem er auf der Buchmesse gewesen war: »In Frankfurt war die Tagung in aller Mund!«[14]

In Elmau 1959 zeigten sich zum ersten Mal unübersehbar jene Tendenzen in der Gruppe 47, die Reinhard Baumgart einmal grundsätzlich beschrieben hat. Er erfuhr die Mechanismen der Gruppe am eigenen Leib: Eine allgemeine, vernichtende Kritik an einem Roman, aus dem er 1959 las, beendete seine Ambitionen als Primärautor. Er wurde allerdings in der Folge zu einem der differenziertesten, anerkanntesten Kritiker. Baumgart blickte später so zurück: »Man muss sich vorstellen, dass die Gruppe 47 immer mehr – was sie vielleicht nicht wollte, was aber unwillkürlich geschehen musste – so eine Art Talentbörse wurde. Da wurden neue Werte, um börsentechnisch zu sprechen, eingeführt, bestehende Werte geprüft und getestet, in eine neue Hausse oder Baisse geschickt. Es waren gewaltige Eingriffe in Karrieren, die dort passierten. Und das vergisst man heute, wo es unendlich viele solcher Dichtertreffen, Lesungen, Preiswettbewerbe gibt: es war der einzige im Jahr! Und alle guckten hin! Auch wenn noch kein Fernsehen dabei war, das durfte nicht dabei sein, und wenn nur wenige Rundfunkaufnahmen gemacht wurden und wenn nicht sehr breit nachher darüber berichtet wurde. Jeder im Literaturbetrieb wusste: wer hatte versagt? Wer hat Erfolg gehabt? Man musste durch dieses Nadelöhr durch, um sich in diesem noch viel kleineren Öffentlichkeitsfeld der späten 50er und 60er Jahre zu behaupten.«[15]

Auf Schloss Elmau 1959 wurde, zum ersten Mal für alle erkennbar, die Gruppe 47 zum literarischen Marktplatz. Hans Werner Richter wollte dem unter anderem auch dadurch vorbeugen, dass er einen besonderen politischen Akzent setzte: Er hatte für eine kleine polnische Fraktion unter den Eingeladenen gesorgt, die vor allem durch Tadeusz Nowakowskis Roman *Polonäse Allerheiligen* auf sich aufmerksam machte, auch Marcel Reich-Ranicki und Andrzej Wirth waren mit von der Partie. Große Aufmerksamkeit erfuhr Walter Höllerer, der es wagte, als Romanautor aufzutreten. Er las aus seinem Projekt *Die Elephantenuhr*, an dem er schon seit Längerem laborierte, und der Erfolg seines Auftritts schien ihn ungeheuer zu beflügeln. Toni Richter erinnerte sich später: »Er mußte sich immerzu bewegen, packte mich und vollführte Schritte, Hopser und schnelle Drehungen bis zur Erschöpfung.«[16] Es kündet allerdings von einer spezifisch Höllerer'schen Problematik, dass der Roman trotz begeisterter Aufnahme bei der Gruppe dann erst im Jahre 1973 erschien – viel zu spät, in einem völlig anderen literarischen Umfeld.

Zu den Höhepunkten auf Schloss Elmau gehörte sicher Ingeborg Bachmanns Lesung ihrer Erzählung »Alles« – sie las zum ersten Mal bei einer Gruppentagung Prosa und ließ ihre Aura, den Reaktionen nach zu urteilen, auch auf diese Gattung wirken. Eine interessante politästhetische Auseinandersetzung entwickelte sich daneben zwischen Uwe Johnson, der aus der DDR nach Westberlin »umgezogen« und zum ersten Mal bei der Gruppe 47 anwesend war, und Hans Magnus Enzensberger, nach dem Vortrag von dessen Gedicht »Schaum«. Hier tat sich eine bemerkenswerte Ost-West-Kluft auf, was die politische Dimension gerade von Lyrik anbelangte. Während Johnson programmatisch die gesellschaftliche Dimension literarischer Äußerungen einklagte, probierte Enzensberger, nach seinem provokativen Beginn als »angry young man«, schon einmal intertextuelle Bezüge und literarische Verweissysteme aus. Klaus Wagenbach gab in seinem Tagungsbericht in den *Frankfurter Heften* einen charakteristischen Dialog wieder: »Enzensberger: ›Wenn Sie jemandem sagen, daß er sich ändern solle, so ist dies das sicherste Mittel, daß er sich nicht ändert.‹ Johnson: ›Ich halte es für einen pädagogischen Fehler, die Antwort auszulassen.‹«[17] Wagenbach lässt durchaus Sympathien für Johnsons Brecht-Prägung durchblicken, hebt aber »das große sprachliche Talent Enzensbergers« hervor, »das nur manchmal äußerlich zu verchromt erscheint, an wenigen, immer zu ändernden Stellen essayistisch oder kunstgewerblich wuchert«.[18]

1959 war das Jahr, in dem auf der Buchmesse mit Grass' *Blechtrommel*, Bölls *Billard um halbzehn* und Johnsons *Mutmassungen über Jakob* drei zentrale Werke der Literaturgeschichte der Bundesrepublik auf einen Schlag erschienen; alle drei Autoren waren eng mit der Gruppe 47 verbunden. Bei der Tagung auf Schloss Elmau hatten sich die Rahmenbedingungen vollkommen geändert. Man war zum ersten Mal im selbstverständlichen Bewusstsein anwesend, die Speerspitze der deutschen Gegenwartsliteratur darzustellen. Im Tagungsbericht von Klaus Wagenbach, der zu dieser Zeit Lektor im Verlag S. Fischer war, drückt sich dies in ungewöhnlichen, feuilletonistischen Randbemerkungen aus – die auch den Stolz ausdrückten, den natur- und kunstkultischen deutsch-wabernden »Geist von Elmau« in die Schranken gewiesen zu haben: »Der späte Samstagabend, in den Gewölben des ›Müllerhauses‹, brachte die Spaltung in eine Kalterer-See- und eine Valpolicella-Gruppe. (Der zuvor von einer *hehren frouwe* im altdeutschen Gewand für Elmauer Stammgäste angekündigte ›Vortrag über den Maler Chagall‹ zog nicht.) Im weiteren Verlauf verfielen angesehene Verleger der Trunkenheit, Grass führte den Pariser Tanzstil ein, die Bachmann wurde von Höllerer, Eich und Enzensberger mit Ratschlägen für ihre Frankfurter Vorlesungen versorgt, Eich mit solchen für seine Darmstädter Büchner-Preis-Rede. Ab und zu huschte, in fließendem Tüll und ›Elmauer Tanzschuhen‹, eine *filia hospitalis* vorüber. Die Saalmaiden: als anderntags für sie gesammelt werden sollte (sonst ist eine Pralinenschachtel an der Türklinke der Brauch), erbat Frau Richter einen Hut. Unter siebzig (teils sehr) erwachsenen Männern fand sich keiner ›mit‹.«[19]

Es ist vermutlich kein Zufall, dass just auf dieser jetzt erklommenen Höhe der Bedeutung zwei außerplanmäßige, nicht in die übliche Zählung der Tagungen aufgenommene Frühjahrstreffen der Gruppe 47 anberaumt wurden: eine Diskussionsrunde speziell über das Hörspiel in der Hochschule für Gestaltung in Ulm sowie eine dem Fernsehspiel gewidmete Zusammenkunft in Sasbachwalden bei Baden-Baden. Die Hörspieltagung Ende Mai 1960 in Ulm war die konsequente Fortsetzung einer Entwicklung, die sich bereits auf den regulären Gruppentreffen angedeutet hatte. Hans Werner Richter wollte sich einmal ausschließlich auf diese für die finanzielle Abstützung freier Schriftsteller lukrativste Gattung konzentrieren und lud in Zusammenarbeit mit den Hörspielredaktionen von Südwestfunk, Bayerischem Rundfunk und Norddeutschem Rundfunk ungefähr 80 speziell fürs Hörspiel arbeitende Autoren, Redakteure, Regisseure und Kritiker ein. Der Ablauf folgte der üblichen Praxis: Ein gutes Dutzend Hörspiele wurde vorgestellt und anschließend besprochen. Atmosphärisch wurde jedoch schnell klar, dass der Einfluss des Hörspiels auf das breite Publikum seinen Höhepunkt überschritten hatte. Die Bedeutung des Fernsehens war bereits zu erahnen. Gerhard Mauz schrieb in der *Welt* über diese Tagung: »Das Hörspiel lebt, und viele leben von ihm. Doch nähert sich die Karriere des Fernsehens in Deutschland immer schneller dem Punkt, an dem es in Amerika seinerzeit dem Rundfunk den Garaus machte und ihn zum Lieferanten für das Hörgerät in der Küche und Auto degradierte.«[20]

Für die Autoren besonders relevant waren die Auseinandersetzungen zwischen zwei unterschiedlichen Hörspielfraktionen: Da waren zum einen die traditionellen, vom Wort und von der Erzählung herkommenden Autoren, für die der Rundfunk vor allem eine Abspielstation ihrer Texte war. Zum anderen aber traten immer deutlicher genuine Radiomacher hervor, die das gesprochene Wort allmählich zugunsten des »Schallspiels« in den Hintergrund drängten. Das Klangmaterial als solches, O-Töne, Musik und die spezielle Technik der Produktion als eigenes Kompositionselement wurden hervorgehoben, man sprach vom »Aether-Theater«, vom »jeu radiophonique«. Am Horizont zeichnete sich bereits die Trennung zwischen klassischen Literaten und speziellen Radiokünstlern ab, wie sie heute üblich ist.

Die Fernsehspieltagung fand ein Jahr später statt, Mitte April 1961, vollständig finanziert vom Südwestfunk. Interessanterweise stand sie unter ganz anderen Vorzeichen. Obwohl in diesem Bereich viel mehr Geld zu verdienen war, blieben die Schriftsteller größtenteils skeptisch. Bereits in den fünfziger Jahren hatten verschiedene Sender versucht, Schriftsteller für das neue Medium zu gewinnen. Die Berührungsängste waren jedoch groß, die Visualisierung stellte für viele eine hohe Hürde dar. Im Zusammenhang mit dem von Adenauer geplanten zentralen Staatsfernsehen, das sich dann mit gewissen Modulationen als »Zweites Deutsches Fernsehen« gründen sollte, rückten auch politische Aspekte in den Vordergrund. Man begann den zwiespältigen Charakter eines »Massenmediums« zu diskutieren. Finanziell hatten die Fernsehsender einiges zu bieten, das Programm wie auch die Etats wurden ausgeweitet. Doch die Eigendynamik dieses Mediums schien für viele der Kunst im Wege zu stehen. Oliver Storz, dem eine große Fernsehkarriere bevorstand, schrieb in einem Sonderheft der Zeitschrift *Magnum* 1961 zum »faktum fernsehen«: »Fernsehen und Kultur sind Antinomien. Nichts anderes als dieses lapidare Urteil verbirgt sich jedenfalls in den langsam monoton werdenden Äußerungen der professionell Kulturbewußten, der prononcierten Intellektuellen, der reisenden Tagungsreferenten. Wer mit einem gewissen Tonfall ›Fernsehen‹ sagt, meint Massenkurzweil, optisches Schwemmgut, industrialisierte Laterna magica, kurz, ›kulturelles Unglück‹.«[21]

Storz steht hier für das Bewusstsein einer neuen »Avantgarde«, die gänzlich andere Wege beschreiten sollte als die bisher unter diesem Namen bekannte. Speziell für das Fernsehen arbeitende Autoren bewegten sich jedoch schon sehr früh abseits der üblichen Schriftstellerkarrieren. Sabine Cofalla, die Herausgeberin der Briefe Hans Werner Richters, zitiert in ihrem Anmerkungsteil einen Brief, den Hans Werner Richter kurz vor der Fernsehspieltagung schrieb: »Ich glaube, es wird in Sasbachwalden einen schrecklichen Krach geben, weil ich nun auch glaube, daß das Fernsehspiel eine ganz dumme Erfindung ist und nur gemacht wurde, weil die Technik da war. Grass hat vielleicht doch recht. Schriftsteller sollten schreiben, nicht malen. Und wenn ich mir die Listen so ansehe ... wer hat denn da Beziehungen zum Fernsehspiel. Da haben wir uns auf schön was eingelassen.«[22]

In dem Hotel in Sasbachwalden wurden neun Fernsehspiele gezeigt, vor ungefähr hundert Zuschauern, »von denen etliche noch nie ein Fernsehspiel gesehen hatten« – so registrierte es verwundert René Drommert in der Hamburger *Zeit*. Er stellte auch fest, dass »sich mehrere Spiele stilistisch zu sehr glichen. In ihnen herrschte das Wort so bedenklich vor, daß sie, mit nur geringen Änderungen, als Hörspiele gesendet werden könnten.« Darüber hinaus monierte Drommert, dass gar nicht erst versucht wurde, »etwa zu klären, ob Ton und Bild nicht ganz verschiedenen Sphären und Stilen zugehören und wie daher das Nebeneinander der Mittel in ein Miteinander zu verwandeln sei«.[23]

Heinrich Böll, Günter Eich, Siegfried Lenz, Walter Jens, Martin Walser und andere, die zur Crème der Gruppe 47 und auch zu den anerkanntesten Rundfunkautoren gehörten, lehnten die Einladung nach Sasbachwalden ab und interessierten sich nicht für die besonderen Formen des Fernsehens. Wolfgang Hildesheimer, dessen Fernsehspiel *Nocturno im Grand-Hotel* in Sasbachwalden sogar gezeigt wurde, störte sich noch aus einem anderen Grund daran, dass die Gruppe 47 »in solche Unternehmen einsteigt. (...) Ich finde, so etwas hat etwas sehr utilitaristisches, zumal ja die eigentlichen Arbeitsgebiete der Mitglieder – etwa ›Der Roman‹ oder auch ›Das Theater‹ – niemals kategorisch diskutiert wurden.«[24]

Mit der Benennung des »Utilitaristischen« brach ein Grundsatzkonflikt auf, den Hildesheimer später auch bei den allzu repräsentativen Tagungen der Gruppe thematisieren sollte. Richter hingegen sah die Angelegenheit pragmatischer und wusste früh die Möglichkeiten des Fernsehens gerade auch für sich persönlich als Publizisten und Kulturpolitiker zu nutzen. Er ließ nicht locker und plante für das nächste Jahr eine neue Fernsehspieltagung, die jedoch von der ARD-Programmkonferenz nicht mehr mitgetragen wurde. Ende Oktober

1962 kam es in Berlin dafür in Zusammenarbeit mit den Wortführern des »Oberhausener Manifests« vom Mai desselben Jahres, Alexander Kluge und Edgar Reitz, zu einer »Filmtagung«, im Anschluss an das reguläre Gruppentreffen. Hier ergaben sich Überschneidungen mit den Interessen einiger Schriftsteller in der Gruppe 47; der avantgardistische Film schien als visuelles Medium den meisten viel näher als das Massenmedium Fernsehen mit seinen ganz eigenen Anforderungen. Alexander Kluge trat zudem bei der regulären Gruppentagung 1962 auch als Schriftsteller auf.

Trotz aller widersprüchlichen Tendenzen war sofort klar, dass die Gruppe 47 nach dem *Blechtrommel*-Spektakel 1958 ihren Durchbruch in der Öffentlichkeit erlebte und einen Einfluss ausübte, der keinen Vergleich kannte und den es nach ihrem Ende so im Literaturbetrieb nie mehr geben würde. Die Aktivitäten der Gruppe weiteten sich aus. Hans Werner Richter hatte schon vor der Tagung in Großholzleute und dem großen Auftritt von Grass seinen Rückzug aus der Tagespolitik beschlossen (nach dem Ende des »Grünwalder Kreises« und etlichen Frustrationen mit SPD-Politikern), und nach dem »Leerlaufrummel« des Münchner Schriftstellerkongresses von 1958 sehnte er sich wieder nach den Gruppentreffen, die zwischen 1955 und 1958 für ihn fast schon zweitrangig geworden waren. Seine gesamte gesellschaftspolitische Energie wandte er nun für die ausschließlich von ihm definierte und zusammengehaltene Gruppe 47 auf. Richters zuverlässiger Instinkt für öffentlichkeitswirksame Aktivitäten befeuerte noch den Erfolg, den die Gruppe nach 1958 ohnehin schon hatte. Nach dem »bürgerlichen« Tagungsort auf Schloss Elmau 1959 fasste Richter für das Jahr 1960 die Gegend um Frankfurt am Main ins Auge und beauftragte den agilen S.-Fischer-Lektor Klaus Wagenbach mit der konkreten Ortssuche, der, nach einem Hinweis von Richters altem Mitstreiter Franz Joseph Schneider, das Rathaus von Aschaffenburg anvisierte.

Hier zeigten sich nun erstmals eindeutig die Grenzen des Wachstums. Richter rechnete schon früh mit weit mehr als hundert Teilnehmern und beschwor Wagenbach in einem Brief Ende August: »Es kann niemand, außer den Eingeladenen, an der Tagung teilnehmen, auch keine Aschaffenburger, abgesehen vom OB und Kulturreferenten. Weiterhin bitte ich Dich dafür zu sorgen, daß nicht aus Frankfurt eine Schar von nicht eingeladenen Skribenten, geistig und kaufmännisch Interessierten und sonstigen Schlachtenbummlern in Aschaffenburg erscheint. Ich kann niemanden zulassen, da der Kreis derer, die ich einladen muß, schon zu groß ist. Geheimhaltung scheint mir also notwendig. (...) Es wird ein ziemlicher Rummel werden. Deshalb bitte, um keinen Jahrmarkt der Eitelkeiten daraus werden zu lassen, Zurückhaltung betreffs Einladungen. Verweise immer auf mich ... der ist stur ... und ohne Einladung von Richter gehts halt nicht.«[25]

Die Zeitungen berichteten, dass mehr als 140 Zuhörer Zugang zu den Lesungen von 28 Autoren gefunden hatten. Richter merkte, dass er das Ruder herumreißen musste, um die Stärke der Gruppe 47 zu sichern. Klaus Wagenbach registrierte bereits kurz nach der Tagung in einem Brief an Richter, »daß Du etwas unlustig aus Aschaffenburg zurückgekehrt bist«, und zusammen mit Enzensberger habe er »festzustellen versucht, warum es diesmal nicht so schön war«. Als wichtigsten Grund nennt er »das Gefühl mancher unberechtigter gegenseitiger Rücksichtnahme der Verleger, Autoren und Kritiker«.[26] Das Ideal eines spontanen Kritisierens, ohne an die Auswirkungen auf Karriere und Verträge zu denken, wie es in den Anfangsjahren bestanden hatte, war nun endgültig illusorisch geworden.

Unwohl war Richter sicher auch bei der Erkenntnis, dass seine alten Mitstreiter Walter Kolbenhoff und Adriaan Morriën mit ihren traditionellen Erzählweisen bei der Diskussion schlecht abgeschnitten hatten – und stattdessen jüngere Autoren auf den Plan traten, mit denen er wenig anfangen konnte. Helmut Heißenbüttel stand nicht mehr allein da, auch Dieter Wellershoff, Jürgen Becker und Ludwig Harig widmeten sich experimentellen Texten, in denen die Sprache selbst zum Thema wurde. Ästhetische Differenzen und die Selbstvermarktung der jüngeren Autoren zeitigten widersprüchliche Reaktionen. Ein späterer Rückblick Peter Rühmkorfs ist symptomatisch für die Entwicklung, und er formuliert auch, aus dem Literaturbetrieb heraus, erste Einwände gegen denselben:

245

> Ich selbst debütierte vor diesem Forum im November 1960 mit Oden und Liedern erster Wahl (schwer von sich selbst zu sprechen, ohne privat zu werden). Die durchweg freundliche Resonanz beflügelte mich dann im folgenden Jahr, noch einmal mit lyrischen Arbeiten vorstellig zu werden, traf aber auf eine Großekoalition von Nörgelingen, die keinen Neuling über die eigene Hutschnur erhöhen wollten, dafür aber Grassens Schöneberger Lutschbonbons mit den schillerndsten Gütebanderolen versahen. Hatte tagwendend klassische Alpträume. Ließ Grass und der Komplettierung halber die ganze Ignorantenfronde in die Grube fahren, stand tränennaß vor frisch gefüllten Reihengräbern und verschaffte mir so das Glücksgefühl einer Massenbeerdigung nebst dem Luxus der Trauerkundgebung. Nahm fernerhin zwar noch an vielen Tagungen teil – indes das Mißtrauen in die Bewertungskriterien blieb. Die Vorzüge der Unternehmung schienen mir eher in dem Faktum zu liegen, daß ein Verlagslektor sich im Geschwindkurs Überblick über sämtliche Literatenschreibtische verschaffen konnte, nicht in einem Auspendel- und Eichverfahren, das zwangsläufig auf eine Bestätigung der gefälligen Mittelmäßigkeit oder der plump auffälligen Ausgefallenheit hinauslaufen mußte. Las seit 1961 nie wieder vor diesem Gremium.[27]

Helmut Heißenbüttel, der Protagonist dessen, was zur selben Zeit in dem von ihm geliebten Jazz als »new thing« gefeiert wurde, lobte in der *Deutschen Zeitung* ungestüm den Aschaffenburger Auftritt von Uwe Johnson. Dieser las aus der »Beschreibung einer Beschreibung« – daraus würde sich *Das dritte Buch über Achim* über den DDR-Radfahrer Täve Schur entwickeln: »Johnson hat es fertiggebracht, die Problematik, um nicht zu sagen das Dilemma der erzählerischen Fiktion und Abkürzung, die ja heute hinter jeder Prosa steckt, in einen ganz aktuellen Bezug zu verankern, ohne dabei die Offenheit der Problematik zu beschränken. Er zeigte sozusagen einen Modellfall, der die Erfahrungen, die man im Jahre 1960 mit der Welt und mit dem Schreiben macht, in eins zu fassen vermochte.«[28]

Statt Goethe kam Johnson! Links hinter ihm, ebenfalls mit Pfeife, Siegfried Lenz.

Hier legt der Berichterstatter den Finger in eine Wunde, die bei der Gruppe 47 längst aufgeklafft war: Ästhetische Differenzen, die auch generationsgebunden waren, ließen sich kaum mehr überbrücken. Ironisch zitiert Heißenbüttel am Schluss einen Kritiker, der nach der Irritation durch die ersten Lesungen fast verzweifelt ausgerufen habe: »Ich warte jetzt auf einen Text, der einfach anfängt: Es war einmal ein Mann, der hieß Eduard.« Heißenbüttel findet diese Aussage symptomatisch und fügt süffisant hinzu: »Statt Goethe, so würde ich etwas überspitzt und etwas ungerecht sagen, kam eben Uwe Johnson. Darauf müßte sich die Kritik einstellen.«[29]

## 12 Riesensärge, Riesenzwerge

*Die Geschichte von Gisela Elsner und Klaus Roehler*

Ende der fünfziger Jahre betrat ein Traumpaar die deutsche Literaturszene: Gisela Elsner und Klaus Roehler. Der Autor und Kritiker Peter Hamm erinnert sich an die Tagung in Aschaffenburg: »Die Gisela Elsner war dämonisch attraktiv. Abends in einer Kneipe stand sie mit so einem kurzen Lederröckchen an der Jukebox, mit diesem auch irgendwie scharfen Klaus Roehler. Der gesamte männliche Teil der Gruppe 47, also der überwiegende, war fixiert auf diese sehr attraktive Frau. Das ist eigentlich mein stärkster Eindruck: dass alle lechzten.«[1]

Es war eigentlich Klaus Roehler, der zu dieser Zeit als große literarische Hoffnung galt. Man wusste zwar, dass Gisela Elsner auch schrieb – sie hatte zusammen mit Klaus Roehler bereits eine Sammlung mit skurriler Kurzprosa um eine Figur namens Triboll veröffentlicht –, aber Roehler schien eindeutig im literarischen Zentrum zu stehen. Er war schon bei einigen Tagungen der Gruppe 47 gewesen, zum ersten Mal im Herbst 1955 in Bebenhausen, und 1958 erschien sein Erzählungsband *Die Würde der Nacht*, der glänzende Kritiken bekam. In der *FAZ* etwa schrieb Wolfgang Schwerbrock: »Wie hier durch eine Art Stakkato-Monolog, der in kleine und kleinste Kapitel aufgeteilt wird, in kleinen Schüben der Kern der Wahrheiten eingekreist wird, das hat etwas Erregendes. In dieser Art Mosaikkomposition fügen sich die Steinchen zu Zeichen, Nachrichten, Mitteilungen, die sensationell anmuten.«[2]

Klaus Roehler bekam 1958 auch fast den Preis der Gruppe 47 – aber leider las auf derselben Tagung Günter Grass ausgerechnet aus der *Blechtrommel*. Roehler wurde nur Zweiter. Und das, die Erinnerung von Peter Hamm deutet das bereits an, traf auch auf sein Privatleben zu. Gisela Elsner begleitete ihn zunächst nur. Doch 1962 in Berlin war es dann so weit: Dort las sie einen Ausschnitt aus ihrem Roman *Die Riesenzwerge*, und er war aus dem Rennen. In der *Welt* erinnerte sich Christian Ferber, wie sie bei diesem Auftritt wirkte: »Düster thronend, wie von Stuck entworfen, nach einer schlaflosen Nacht.«[3]

Über ihre literarischen Fähigkeiten gab es unterschiedliche Ansichten. Joachim Kaiser, der Großkritiker, berichtete: »Über die entsetzlich mutige Gisela Elsner wurde wild gestritten.«[4] Und als der Sender Freies Berlin für seine mehrstündige Sendung von dieser Tagung etliche Lesungen auswählte, war diejenige Gisela Elsners nicht dabei. Walter Höllerer erwähnte sie bloß in seiner Moderation: »Als femme fatale gab sich Gisela Elsner. Die Kritik stieß hier zum ersten Mal ernsthaft aufeinander. Alfred Andersch meinte, hier hätte es zum ersten Mal wieder in der Gruppe 47 geklingelt, und andere sprachen sogar von Mythen, die Gisela Elsner sich hier ausgedacht habe. Aber es gab doch starke Widersprüche. Die Geschichte wirkte doch mehr ihrem Motiv nach als ihrer Struktur.«[5]

Klaus Roehler und Gisela Elsner, der vielversprechende junge Dichter und die Femme fatale – diese Verbindung erregte einige Jahre lang

Gisela Elsner und Klaus Röhler, im Jahr 1958 noch recht brav

große Aufmerksamkeit. Doch schon beim Auftritt Gisela Elsners 1962 bei der Gruppe 47 lebten die beiden getrennt, Anfang 1963 ließen sie sich scheiden. Die Geschichte ihrer Liebe ist eine symptomatische Geschichte aus der Adenauerzeit und ein Indikator für die Rolle der Gruppe 47.

Im November 1954 lernte der 25-jährige Student Klaus Roehler auf einem Erlanger Studentenball die 17-jährige Gisela Elsner kennen. Sie hatte zwar einen Freund dabei, aber das spielte keine Rolle. Roehler schrieb ihr gleich am nächsten Tag einen Brief: »Liebes Fräulein Elsner, bitte schreiben Sie mir, ob und wann ich Sie im Laufe dieser Woche in Nürnberg von der Schule abholen oder irgendwo erwarten kann.« Bereits am Abend des 8. Januar 1955, in der »Königin-Bar«, gingen die beiden zum Du über. Und im März besuchten sie eine Opernaufführung und verbrachten anschließend den Abend bis Mitternacht in der »Rigoletto-Bar«. Er begleitete sie mit dem Taxi nach Hause, aber das Auto musste ein Stück entfernt von ihrem Haus halten. Dabei kam es zum ersten Kuss. Gisela Elsners Liebesbriefe lauteten anschließend so:

> Nürnberg, 24.5.55. Liebe Konservendose, Du bist eine Blechbüchse mit der Aufschrift: Feinste Schnittbohnen, Extra frisch; aber das wird Dich ja nicht interessieren. Sicher wunderst Du Dich, daß ich Dir überhaupt schreibe, aber ich will Dir beweisen, daß ich mit einiger Anstrengung sogar einen Brief schreiben kann. Leider habe ich zur Zeit keine Briefbögen. Ich bitte diese Tatsache mit aequo animo hinzunehmen. Natürlich dachtest Du, aber was kann man anders von einer Blechbüchse erwarten, ich hatte vergessen, daß Du mich anrufst. Dich habe ich zwar vergessen, aber an Deinen Anruf habe ich fortwährend gedacht. Um dreiviertel 3 habe ich, was Dir Augenzeugen bestätigen können, gesagt: Gisela ist leider nicht Zuhause. Ich habe nämlich in der Schule 3 Stunden Chemie gebüffelt. Pfingsten fahren wir auch weg. Halt bitte deswegen nicht mehr die Daumen, daß es regnen möge, sondern fahre mit Deinen Eltern nach Tirol. Aber ich bitte Dich, komm nicht als Tiroler Bub nach Nürnberg zurück (Lederhose, Federhut mit Edelweiß), sonst besteht Gefahr, daß

ich die Gelbsucht bekomme. Ich ruf Dich aber noch mal am Donnerstag 2 Uhr an. Wenn das mit dem Anruf nicht mehr klappt, wünsche ich Dir jedenfalls recht vergnügte Stunden im Kreise Deiner Familie. Du kannst mich dann ja in der Woche nach Pfingsten mittags mal anrufen. Ich werde Deinen Anruf dann wie ein Päckchen Sanella in unbeweglicher Starre erwarten, und wenn ich zum Telephon eile, werde ich als Fettlache im Polster unseres Schreibtischstuhls zu Grunde gehen. Aber ich ruf Dich doch noch an. Ich sehne mich unheimlich nach Deiner blechernen Konservendosenstimme.[6]

Gisela Elsner unterschrieb mit »Sissy«, weil sie eine Ähnlichkeit mit Romy Schneider in den damals glühend verehrten Sissy-Filmen zugab und mit ihr kokettierte. Zu ihren Verabredungen wurde sie vom Chauffeur ihres Vaters gebracht. Dieser hatte eine beispiellose Wirtschaftswunderkarriere hinter sich und war zum Direktor eines Siemens-Werks aufgestiegen. Wie es in der Familie Elsner zuging, beschrieb Klaus Roehler kurz danach in seiner Erzählung »Der 18. Geburtstag«: »Herr und Frau Hopp waren wieder unterwegs. Sie machten ebenso häufig Besuche, wie sie Gäste empfingen. Justine hatte sich mit Kibus und Ulses in die Bar zurückgezogen, die Herr und Frau Hopp im Keller ihres Hauses eingerichtet hatten. Vor einer geschwungenen, blitzenden Theke standen langbeinige Barhocker, unter der Decke brannte indirektes Neonlicht, und die Ecken des Raumes füllten Holzbänke mit schwarzen Nierentischchen davor aus. An der Wand gegenüber der Theke hatte Justine das Plakat einer Strumpffirma befestigt, ein Mädchen baumelte anmutig mit einem wohlgeformten Bein, darunter stand geschrieben ›Der Strumpf an deinem Bein, von Arwa muß er sein.‹«[7]

Die Eltern von Gisela Elsner suchten für ihre attraktive Tochter einen Ehemann aus ihren Kreisen und führten ihr laufend Söhne aus Unternehmerfamilien zu. Klaus Roehler gehörte keineswegs zu dieser Zielgruppe, er war mit seinen Eltern gerade aus Ostdeutschland geflohen. Für Gisela Elsner indes bot er genau die intellektuelle Existenz, die sie anstrebte. Aus eigener Entscheidung heiraten konnte sie erst, wenn sie volljährig wurde, mit 21 Jahren – das würde im Mai 1958 der Fall sein. In den Briefen von Gisela/Sissy nahmen die sozialen Hindernisse und die Schwierigkeiten mit ihren Eltern immer breiteren Raum ein, 1956 waren es noch zwei Jahre bis zur Volljährigkeit: »Ich bin mir im klaren darüber, daß es ebenso weitergehen wird, die zwei Jahre, wie bisher. Nur daß sich die Möglichkeiten etwas verschoben haben. Ich werde genauso lügen müssen wie zuvor, nur auf einer anderen Ebene, das läßt sich nicht anders machen. Wir werden erzählen, daß Du einen festen Beruf hast, und dann müssen sie sich zufrieden geben.«[8]

Im Juli 1957 kam es zu einer Zuspitzung. Gisela Elsner sollte die Sommerferien mit ihren Eltern in Italien verbringen. Allerdings fuhr sie schon einige Tage vorher mit ihrem Bruder zu einem Zeltplatz, und Klaus Roehler war dabei. Es existiert ein Reisetagebuch von ihm: Gisela Elsner heißt hier »S« wie Sissy, ihr Bruder Richard wird mit »R« abgekürzt: »Diskussion über das richtige Kochen von Ravioli. Als ich mich umdrehe, steht der Vater hinter mir. Ich finde zuerst die Sprache wieder und sage: ›Guten Tag, Herr Dr. Elsner‹. Erstaunlich: kein Herzklopfen, das mich sonst in ähnlichen Situationen immer überfällt. Er sagt: ›Vertrauensbruch‹ und ›hintergangen‹ und fordert mich auf, ihn mit seiner Tochter allein zu lassen. S. bittet, doch ›in Ruhe darüber zu sprechen, denn es ist nun einmal geschehen.‹ Ich versuche, nicht sehr geschickt, ihn in eine Diskussion zu verwickeln. Er läßt sich nicht darauf ein. ›Worauf warten Sie noch?‹ ›Ich stehe Ihnen jederzeit zur Verfügung‹; entferne mich gesenkten Hauptes. Alles um uns herum nimmt lebhaften Anteil an der Szene. Der Vater tut mir leid. Er ist vollkommen hilflos. Ich bin immer noch ruhig und habe noch nicht richtig begriffen, was eigentlich geschehen ist. Ich setze mich deutlich sichtbar vor mein Zelt. Vorher lange Hose angezogen. S. erzählt: Als ich gegangen war, forderte der Vater R. auf, seine Schwester zu verprügeln. R. weigerte sich. Vater stößt wütend den Topf mit Ravioli mit dem Fuß um und schlägt nach S. Sie flüchtet ins Zelt. R. stellt sich dazwischen. Nach kurzer Zeit kommt R. zu mir. Der Vater wünscht mich zu sprechen. Er lehnt an der Böschung und teilt mir mit, daß er mir für die Zukunft jeden Verkehr mit seiner Tochter verbietet. ›Werden Sie erst mal was, junger Mann!‹«[9]

Danach trafen sich Gisela Elsner und Klaus Roehler heimlich und reisten gemeinsam ab. In Bozen wurde ihr auf dem Konsulat nach etlichen Wirren ein behelfsmäßiger Reisepass ausgestellt. Es war ein Ausbruch, der von vornherein alle Zeichen der Vergeblichkeit trug – Gisela Elsner musste danach zwangsläufig wieder in ihrem Elternhaus wohnen. Aber die Fronten waren klar: Roehler wurde von ihren Eltern als potenzieller Schwiegersohn nicht akzeptiert. Um dennoch heiraten zu können, war eine komplizierte Verhandlung vor dem Vormundschaftsgericht nötig. Das wurde noch zusätzlich dadurch erschwert, dass Giselas Vater Klaus Roehler wegen der Entführung seiner Tochter verklagte.

Ob es als realistisch angesehen werden durfte, dass Klaus Roehler eine Familie ernähren konnte, war durchaus fraglich. Roehler hatte das Studium abgebrochen und wollte sich als freier Schriftsteller niederlassen. Es gab einige hoffnungsvolle Indizien: Er hatte bereits 1955 bei der Gruppe 47 gelesen, Freundschaft mit Günter Grass und Hans Magnus Enzensberger geschlossen, seine Erzählungen wurden von Alfred Andersch in der avantgardistischen Zeitschrift *Texte und Zeichen* veröffentlicht. Er bekam regelmäßig Radioaufträge, vor allem von Helmut Heißenbüttel im damals herausragenden Süddeutschen Rundfunk in Stuttgart. Und der Verleger Klaus Piper hatte direkt nach dem ersten Auftritt des damals 26-jährigen Roehler bei der Gruppe 47 sein Interesse an diesem Autor angemeldet, am 28. Oktober 1955 schrieb er ihm: »Darf ich damit rechnen, daß Sie den Roman unserem Verlag an erster Stelle anbieten werden? Es ist mir ein verlegerisches Hauptziel für die nächsten Jahre, in unserem Hause Werken der jungen deutschen Literatur eine Heimstätte zu bieten. Hierbei mit Autoren eng zusammenzuarbeiten, ist die Aufgabe, die meine Lektoren und mich besonders reizt.«[10]

Das schien für einen jungen deutschsprachigen Schriftsteller beste Bedingungen zu versprechen, und die Gruppe 47 bildete bereits Mitte der fünfziger Jahre die Basis dafür. Der »Roman« stand fast naturgemäß im Zentrum solcher Vorstellungen, aber Roehler schrieb zunächst vor allem Erzählungen. Im Nachsatz Pipers reagierte der Verleger auch darauf: »›Die Würde der Nacht‹ eben gelesen – hat mir gut gefallen.

Eine dichtverspannte, bildkräftige Prosa; der humane Kern der Fabel überzeugend.«[11]

»Die Würde der Nacht« wurde 1958 zur Titelerzählung im ersten Buch Roehlers. Sie ist eindeutig seinen autobiografischen Erfahrungen mit Gisela Elsner nachgebildet, handelt von sozialen Gegensätzen und Konflikten. Seine eigene Situation radikalisiert er dabei: Der Geliebte der Studentin Susy – sie schreibt sich mit Ypsilon, »weil das nicht so hausbacken aussieht« – heißt Nicholas und ist ein Schwarzer aus den amerikanischen Südstaaten. Das wird ihr von ihrer Umgebung nicht verziehen. Susy gibt schließlich auf und verleugnet Nicholas, der, wie ein kaum wahrnehmbares Phantom, zum Schluss im Dunkeln in seinem Sessel versinkt und so in die Farbe der Nacht eintaucht.

Auch »Der 18. Geburtstag« umkreist Roehlers Erlebnisse mit Gisela Elsner: »Nachmittags half Justine im Haushalt, Familie nimmt immer die Form von Dienstleistungen an, blätterte in Modezeitschriften, las in Büchern, ging Schwimmen, Tennisspielen mit Ulses, es war ja Sommer, manchmal kam Besuch, Freundinnen von Frau Hopp, und Justine musste Kaffee kochen.«[12]

Ulses, Justine und die Familie Hopp: Diese Figuren waren leicht wiederzuerkennen. Gertrud Elsner, Giselas Mutter, las das Buch und schrieb darauf an Roehler, wobei sie sich selbst in literarischer Camouflage versuchte:

> War es ein Gewinn für den Westen, daß Ulses sich mit den anderen Ulses hier niederließ? Keineswegs! Das Wirtschaftswunder, dem Ulses hier gegenüberstand, war und blieb für ihn ein Wunder. Gute, fleißige und ehrliche Arbeit mochte Ulses nicht.
>
> – Aber wer nichts erheiratet und nichts ererbt, bleibt ein armer Teufel, bis er stirbt. –
>
> Als armer Teufel mochte Ulses nicht sterben. Nun sah sich Ulses nach einem vermögenden Mädchen um. Nennen wir sie ›Florestine‹. Der Vater Florestines war ein geachteter, vermögender Mann, und er hatte es mit seiner ehrlichen Arbeit zu was gebracht. Ulses kam oft und gern in das wirtschaftswundergesättigte Haus und fühlte sich wohl darin. Gegen einen tüch-

tigen Schwiegersohn hatte Florestines Vater nichts – aber war Ulses das?

Bald merkte Florestines Vater, daß Ulses sein eigenes Unvermögen durch neidische, hämische Bemerkungen zu verbergen suchte, statt seine unerfreuliche Lage mit der Tatkraft und dem Optimismus eines positiv veranlagten jungen Mannes zu verbessern. Dagegen mußte Florestine geschützt werden. Er nahm kurzerhand Ulses am Kragen und warf ihn zum Haus hinaus. Das kann und wird Ulses nie überwinden. –

Wenn er heute sein Gift und Geifer als Beitrag zur modernen Literatur verspritzt (siehe der 18. Geburtstag), wenn eine literarische Zeitschrift nach der anderen zu Grabe getragen wird – weil die Millionen der vorwärts strebenden Menschen etwas anderes lesen wollen, als Gift und Geifer!

Wer ist daran schuld? Florestines Vater? Justines Vater? - - oder Frau Hopp?[13]

Gertrud Elsner stellte sich hier in eine lange Tradition, in der zersetzender und allzu kritischer Literatur gegenüber jener »Optimismus« eingefordert wird, der »positiv veranlagten« Männern automatisch zu eigen sei. Frau Elsner wollte ihr Leben genießen, sie proklamierte, dass hinter ihr eine Menge harter Arbeit lag. Da nützte es wenig, wenn Manfred Delling am 29. November 1958 in der *Welt* über Roehlers Erzählungen hellsichtig schrieb: »In die oft verzweifelte Grundstimmung der Roehlerschen Erzählungen sollten sich gerade einmal diejenigen einfühlen, die den jungen Leuten heute nichts Einsichtigeres entgegenzuhalten haben, als daß sie mißvergnügt, unproduktiv und mißraten seien.« Und in der *Frankfurter Allgemeinen Zeitung* hieß es: »Es bedarf einiger Überwindung, dem Universalkomplex standzuhalten, der wie ein Bleigewicht in die Seelen junger Leute versenkt wurde; er ist nichts anderes als das Ergebnis solcher Wahrheiten wie: Ekel vor dem Einerlei und vor der falschen Moral, Einsamkeit und Verlassenheit, verursacht durch die Leere des Familienlebens in einer ›desinfizierten Welt‹, durch die ›lauwarme Pfütze eines abgestandenen guten Willens‹ und die Selbstbedienungstheke mit den einschlägigen Ratschlägen der Wirtschaftswundereltern.«

Gertrud Elsner und ihr Mann trennten nach dem Italientrip ihre Tochter von Klaus Roehler. Die beiden sahen sich lange nicht mehr. Gisela wurde nach Hamburg zu Verwandten geschickt. Der Stil ihrer Briefe an Klaus Roehler verrät bereits einiges von den Stimmungen und Erkenntnissen, die ihrem späteren Roman *Die Riesenzwerge* zugrunde liegen: »Geht es Dir gut, schlecht, mittelmäßig; geht es Dir überhaupt nicht? Magst Du mich noch noch noch? Was für ein Wetter hast Du heute? Sitzt Du gerade vor Deinem Tisch? Was hast Du? Hast Du viel Geld; viel viel Geld, nein – noch mehr. Werfe es ihnen in den Rachen, und die Moral hinterher, daß sie ersticken. Du mußt sie mit Idealen bespicken und in den Ofen stellen; sie geben sicher eine fette Soße ab. Gehst Du um 1 zum Essen? Hat Dir das Mittagessen geschmeckt? Fetz doch den Brief zusammen, wenn er Dir nicht paßt. Du brauchst ihn ja nicht einmal zu lesen. Wirf ihn doch gleich in den Ofen. Ich halte das nicht aus. Ich lasse mich nicht fertig machen. Ich halte das doch aus. Aber es fällt mir verdammt schwer. Aber sie werden es nicht fertigbringen. Sie helfen mir nur; die Abwehrstellung gegen sie zu festigen. – Magst Du mich noch? Zum Donnerwetter! Ich mag Dich sehr, sehr, sehr... Und sie bilden sich ein, daß dieses etwas nützt, Idioten. Diese rechtschaffenen Heuchler; diese fetten, behäbigen, unbequemen Wohlleber. Dieses elende Pack – und es ist so weit verbreitet und vermehrt sich von Tag zu Tag.«[14]

In den 1964 erscheinenden *Riesenzwergen* wird es heißen: »Zwischen ihren abgewendeten Köpfen hindurch und über ihre Schultern hinweg, da, wo gerade kein anderer steht, sind ihre auf sich selbst gerichteten Gesichter und Gesichtshälften in den Spiegeln sichtbar. Sie lächeln sich nicht selbstsicher zu, vielleicht sehen sie sich dafür schon zu lange lächeln. Sie lächeln unsicher, mit zuckenden Mundwinkeln manche, mit zuckenden Oberlippen, Unterlippen, mit einem Anflug von Ratlosigkeit manche, als wüßten sie nicht recht, wie sie ihr Lächeln auf die Dauer und ohne Anlaß halten können.«[15]

In ihrem Hamburger Exil, in dieser verzweifelten Lage, in der sie sich über nichts mehr sicher sein konnte, bekam Gisela Elsner Briefe von ihrer Mutter wie den folgenden vom 13. November 1957: »Meine liebe Gisela! Du hast unser Telefongespräch ganz und gar verkehrt aufgefaßt. Wir freuen uns über jeden Brief, der von Dir kommt. Daß wir nach wie vor in großer Sorge um Dich sind, vermagst Du weder in vollem Umfang zu erfassen, noch zu würdigen. Als Vati von seiner Reise nach Rußland in Berlin ankam und ich ihn abholte, waren seine ersten Fragen: Wie geht es Gisela? Hat sie ein ordentliches Zimmer? Ist sie gesund und schreibt sie? Gefällt es ihr dort und nimmt sie weiter ihre Medizin?«[16]

Gisela Elsner wurde zum Studium ins weit entfernte Wien geschickt und finanziell sehr kurz gehalten. Sie wechselte in Wien zwischen Verzweiflungsattacken, Wahnsinnsbeschwörungen und Selbstmordfantasien hin und her. Dazwischen stürzte sie sich aber ins Studentenleben, in Nachtbars und diverse Abenteuer – alles geschah vor dem Hintergrund ihrer ungeklärten Beziehung zu Klaus Roehler, aus Hass auf die gesellschaftlichen Bedingungen und die persönlichen Umstände. Zum ersten Mal nicht in ihrem Elternhaus lebend, erlebte sie die Freiheit als dekadent und entlastend, sie genoss ihre Attraktivität: »Gestern habe ich mir eine tolle Hose gekauft. Sie ist so teuer, daß ich niemandem sagen kann, wie. D.h. nicht gekauft, ich lasse sie mir anfertigen: Lastex mit Wolle – eng, enger – beinahe weiß, einfarbig – biegt sich nicht durch. So eine Hose hat die Welt noch nicht gesehen.« Und eines Tages schrieb sie auch leichthin an Roehler: »Ich werde mein Prunkgewand anziehen, das Du nicht kennst und mit einem Laffen ins Theater gehen, den ich den Mann meines Lebens nenne.«[17]

Am 2. Mai 1958 war der Stichtag. Gisela Elsner wurde 21 Jahre alt und volljährig, das sollte eigentlich groß gefeiert werden mit der Hochzeit als Krönung – doch die Zeit in Wien, ein Jahr mit einigen wenigen Besuchen Klaus Roehlers, überforderte sie. Klaus Roehler war währenddessen aus Erlangen in die Nähe von München gezogen und schrieb im Januar 1958 an seine Eltern: »In Erlangen gab es auch Tage, an denen ich nichts schreiben konnte, aber das waren harmlose Pausen, Stimmungen, wie sie jeder fühlt und auf die man sich einstellen kann. Allerdings, in Erlangen hatte ich auch keine Ruhe, um regelmäßig zu schreiben; immer war ja irgendetwas mit Gisela. Vielleicht war deshalb kein Platz für Spannungen anderer Art, oder ich merkte nichts davon, was das gleiche ist. Hier habe ich nun zum ersten Mal seit drei Jahren vollkommene Ruhe, und eigentlich müßte ich herrlich arbeiten können. Aber irgendetwas ist kaputtgegangen, erloschen, ich kann nur noch tropfenweise schreiben; manchmal denke ich, ich bin schon erledigt, ein gescheitertes Talent.«[18]

Roehlers Erzählungen wurden zwar überall gelobt, aber als beständige Drohung und Verlockung tauchte immer wieder der »Roman« auf, mit dem der Autor Klaus Roehler erst den richtigen Durchbruch zu einer breiteren Öffentlichkeit schaffen sollte. Der Roman und die konfliktreiche, dramatische Beziehung zu Gisela Elsner: Diese beiden Leitlinien prägten Roehler über entscheidende Jahre. Dabei drängte sich ein ganz besonderes Motiv zunehmend in den Vordergrund: das der Verhütung. An die Antibabypille war in den fünfziger Jahren noch nicht zu denken. Regelmäßig kehrt in den Briefen von Gisela Elsner die Formulierung wieder, sie habe Angst, dass »etwas passiert« sei. Schon früh werden in ihrem Briefwechsel die Spritzen benannt, die der Arzt verordnete und die die Regelblutungen auslösten – als Beweis dafür, dass sie nicht schwanger war. Komplizierter verhielt es sich mit dem sogenannten Krötentest: Dabei wurde eine Blutprobe der Patientin in den Lymphsack einer männlichen Kröte oder eines Frosches injiziert, und bei einer Schwangerschaft bewirkte der dann erhöhte Hormongehalt eine Spermienausschüttung des Versuchstieres.

Im Frühjahr 1958 wurde es ernst. Sie war tatsächlich schwanger. Am 21. Januar 1959 kam ein Sohn zur Welt, der Oskar genannt wurde, nach Oskar Matzerath, der Hauptfigur in der *Blechtrommel* von Günter Grass. Roehler und Grass kannten sich durch die Gruppe 47 schon seit 1955 und waren eng befreundet, Grass hatte auch zu dem frühen Bändchen *Triboll. Lebenslauf eines erstaunlichen Mannes* von Elsner und Roehler (erschienen 1956 im Walter-Verlag) Zeichnungen angefertigt, die jedoch nicht zur Veröffentlichung kamen. Durch die Schwangerschaft wurde die durch wechselseitige Affären und die räumliche Trennung vorübergehend auf Eis gelegte Absicht zu heiraten wieder akut. Etliche Jahre später notierte Klaus Roehler in einem Beiblatt zu den Briefen Gisela Elsners, die er zu einem Roman ausarbeiten wollte, zu dem Datum des 16. April 1958 bei einem Besuch Giselas in München: »Das Kind wird gezeugt.« So sicher ist das aber nicht. Oskar Roehler, der Sohn, geht davon aus, dass sein Vater der im Briefwechsel zwischen Gisela Elsner und Klaus Roehler auftauchende »zweite Mann« ist, ein etwas schmieriger Ungar in Wien.

Elsners Briefe an Roehler aus dieser Zeit zeugen von einem umfassenden Weltekel: »Du bist mein Magister: Sage mir: warum ist es unmöglich an irgendwelchen Schweinereien vorbeizukommen? Warum spritzt einem der Dreck bis in die Mundhöhlung, in die Nasenlöcher? Es bleibt kaum Platz zum Gurgeln. Du ach so gefaßter Sputnik, ich hasse Dich nicht einmal, allerdings weiß ich jetzt auch nicht ob ich Dich liebe – ich habe es völlig vergessen. Dein Bild ist weg und ich habe Deinen Zahn betrachtet, keine Antwort. Abscheulich ist, daß Du nie die Fassung verlierst – Dein gutes Beispiel ist überragend, aber manchmal bringt es mich gegen Dich auf. Ich lebe nicht mehr, alles geht vorbei, ohne mich zu berühren – nur ein matter Ekel – nach Beckett: Ohne die Kraft weiterzumachen und ohne den Mut zu enden.«[19]

Das Kind führte sofort zur Heirat. Gisela Elsner hieß jetzt offiziell Roehler und zog mit ihrem Mann zusammen, in ein Dorf bei München. Anlässlich einer Party bei seinem Lektor Reinhard Baumgart vom Piper-Verlag schrieb Roehler im August 1959 an seine Eltern: »Für uns war es sehr anstrengend, lange Gespräche zu führen; in unserer Einsamkeit hier haben wir es fast verlernt. Gisela hatte mit Abstand das schönste Kleid und war als Tänzerin heftig begehrt.«[20]

Roehler versuchte sich nach dem Erfolg seiner Erzählungen jetzt verstärkt an seinem Roman. Er hatte verschiedene Arbeitstitel und entfernte sich von konkreten autobiografischen Erfahrungen. Roehler teilte mit Gisela Elsner eine große Begeisterung für die literarischen Welten Kafkas, ihr gemeinsames Bändchen mit der »Triboll«-Kurzprosa zeugte davon in jeder Zeile. Seine Romanentwürfe arbeiteten sich nun an kafkaesken Weltmodellen ab, mit grotesken Fantasien und allegorischen Handlungen. Der Piper-Verlag setzte große Hoffnungen in ihn. 1958 bei der Tagung in Großholzleute las Roehler aus dem begonnenen Manuskript, 1959 auf Schloss Elmau riskierte er das nicht mehr und stellte lieber eine Erzählung vor. Die Reaktionen waren eher verhalten, die Kritik sprach von »steriler Prosa«. Der Verlag drängte indes verstärkt auf den Abschluss des Romans, Roehler aber kam mit der großen Form schwer zurecht. Der Verleger Klaus Piper, der sich finanziell ziemlich engagierte, wurde zusehends ungeduldig. Im Frühjahr 1960 teilte er dem Autor seine taktischen Überlegungen mit. Es ging dabei darum, ob man repräsentative Vorabdrucke, zum Beispiel im *Jahresring*, erwägen sollte: »Ich überlege, ob wir nicht ähnlich wie bei der Überlegung hinsichtlich der ›Gruppe 47‹ auch argumentieren – daß eine splendid isolation bis zum Erscheinen Ihres Romans das Ratsamste ist, – also nichts rauslassen, nichts vorher wegnehmen, alles für die Wirkung des Werkes selbst aufsparen. (...) Was übrigens die diesjährige Tagung der ›Gruppe 47‹ anbelangt, so stimmte auch Walter Jens zu, daß es wahrscheinlich besser ist, wenn Sie nichts aus Ihrem Roman lesen. Er hätte ganz generell die Erfahrung gemacht, daß Lesungen aus neuen Romanen oft schief gehen.«[21]

Dieser Brief wurde im Mai geschrieben, aber die große Bühne der Gruppe 47 im Herbst beherrschte schon jetzt die Planungen. Für den Kritiker Joachim Kaiser ist der Fall Klaus Roehler sogar symptomatisch für die Art und Weise, wie sich die Gruppe 47 im Laufe ihres ersten Jahrzehnts entwickelt hatte. Im Gespräch erinnert er sich: »Es las mal der Klaus Roehler, und ich kritisierte seine Sache ziemlich streng, und die anderen auch, und am selben Abend noch sagte sein Verleger, der Klaus Piper: Herr Roehler, diesen Roman machen wir nicht. Suchen Sie sich doch einen neuen Verlag. Am Anfang war das so, dass man sich Sachen ins Gesicht schleudern konnte – man war noch nah am Krieg, die Katastrophe war noch zu nah an den Leuten, man wusste: Literatur ist nicht das Allerwichtigste auf der Erde. Aber zehn, zwölf Jahre später, wenn jemand in der Gruppe 47 durchfiel, dann war es nicht nur so, dass es hieß: der ist in der Gruppe 47 damit nicht durchgekommen. Es war vor allem ein ziemlich teurer Verlust an Ansehen und damit auch an Geld.«[22]

Den großen Roman, den sein Verlag und auch die Öffentlichkeit von ihm erwarteten, legte Klaus Roehler nie vor. Sein Lektor Reinhard Baumgart schrieb ihm im November 1960 einen Brief, der den wunden Punkt genau traf: »Günter Grass hat in seinen Geschichten begonnen als Groteskkünstler, sich für den Roman aber mit Danzig ein festes Fundament gesetzt, er ist im Roman gerade zum Realisten geworden. Genau umgekehrt sind Sie verfahren, wenn auch paradoxerweise dazu auch von Günter Grass verleitet. Sie haben sich selbst den soliden Boden aller Ihrer Erfahrungen unter den Füßen weggezogen, der doch Ihrem Geschichtenband seinen originalen Stil und seine Überzeugungskraft gegeben hat, und entschweben mit dem Roman in ein groteskes, unverbindlich symbolisches Niemandsland. (...) Sie gehören eben in jede andere Schule eher als in die Kafkas, ich meine, es ist weder Ihre Aufgabe noch Ihr Talent, völlig von der Erfahrung zu abstrahieren und dann allegorische Modellwelten aufzubauen und auszudeuten.«[23]

In seinem Bericht über die Elmauer Tagung 1959 schrieb Klaus Wagenbach, der wusste, wovon er sprach, in schmerzender, schneidender Diktion anlässlich der Lesung Roehlers: »Für junge Autoren sollte Kafka rezeptpflichtig sein.«[24] Die Krise des zunächst begeistert gefeierten Schriftstellers Klaus Roehler erreichte 1959/60 ihren Höhepunkt. Er las zwar noch bei den Gruppentagungen 1961 und 1966 aus Romanentwürfen, die jeweils unveröffentlicht blieben, aber bald verlegte er sich fast ausschließlich auf andere Tätigkeiten. Er wurde Lektor, vor allem von Günter Grass, und etablierte sich auf diese, von ihm ursprünglich nie beabsichtigte Weise im Literaturbetrieb. Mitte der sechziger Jahre war er der Hauptorganisator des »Wahlkontors deutscher Schriftsteller« für die SPD, und zu seinen wichtigsten Freunden und Gesprächspartnern gehörten Günter Grass und Klaus Wagenbach – fast wie als Überwindung eines literarischen Traumas.

Gisela Elsner, seine große Jugendliebe, ging mit der Geschichte ihres Elternhauses zunächst äußerst produktiv um. Hans Magnus Enzensberger stellte sie in seiner Anthologie *Vorzeichen* 1961 zum ersten Mal der Öffentlichkeit vor – als »Humoristin des Monströsen, das im Gewöhnlichen zum Vorschein kommt«. Der Roman *Die Riesenzwerge* wurde 1964 ein großer Erfolg. Programmatisch waren schon die Anfangssätze: »Mein Vater ist ein guter Esser. Er läßt sich nicht nötigen.« Das Geschehen zeigt sich in der Perspektive eines Kindes, des kleinen Lothar Leinlein, der mit unbestechlicher, wie automatenhafter Genauigkeit seine

Umgebung abtastet und die Verhaltensweisen der Älteren registriert. Durch diesen Blick treten surreale Effekte ein, es gibt keine Erklärungen und logischen Verknüpfungen zwischen den einzelnen Beobachtungen. Verborgen schwingt im Titel zwar mit, dass Klaus Roehler zeitweise bei seinem Vater in einer Fabrik für Gartenzwerge gearbeitet hat; das mag eine atmosphärisch konkrete Anregung gewesen sein, aber die Metapher der »Riesenzwerge« verselbständigt sich sofort: Das Gebaren der handelnden Personen ist wichtigtuerisch und großspurig, doch dahinter, im Inneren, sind sie kümmerlich wie Zwerge.

Die grotesken Verzerrungen von Jonathan Swift, der affektlose Kamerablick des *nouveau roman*, der aberwitzige Humor in der Tradition Jean Pauls, aber auch Eugène Ionescos: Elsner bewegte sich von Anfang an nicht auf dem Hauptgleis des gesellschaftlichen Realismus. Zudem entwickelte sie in ihren ersten Büchern eine Ästhetik, die sehr viele Gemeinsamkeiten mit der der erst einige Jahre später auftretenden Elfriede Jelinek hatte. Der Roman *Das Berührungsverbot* von 1970 etwa nahm die Provokation des »Antipornos« von Jelineks *Lust* aus dem Jahr 1989 bereits vorweg.

Doch der frühe Ruhm Gisela Elsners verpuffte schnell. Das lag nicht nur an ihrem Auftreten als Femme fatale und an den Werbefeldzügen des Rowohlt-Verlags, die mit ihren weiblichen Reizen genauso operierten wie Jahrzehnte später mit den raffiniert inszenierten Posen Elfriede Jelineks – in den sechziger Jahren stieß das noch auf reichlich verklemmte Reaktionen und die Rettung durch den Herrenwitz. Gisela Elsner radikalisierte sich vor allem politisch und mied dabei den Mainstream der 68er-Generation. Es war damals in Literatenkreisen zwar äußerst opportun, Sozialist zu sein, in den Salons übertraf man sich an linken Tiraden, und Gisela Elsner schien mit ihrer bürgerlichen Herkunft dem üblichen Profil durchaus zu entsprechen. Aber sie machte 1977 etwas, was vermutlich das Uncoolste war, was man damals tun konnte: Sie trat in die DKP ein. Die auf Moskaulinie agierende, von der DDR gesponserte Graue-Mäuse-Partei unterschied sich grundlegend vom schillernden, ästhetisierenden Gestus der undogmatischen wie auch der ultradogmatischen Gruppierungen um sie herum. Vor allem aber unterschied sie sich von dem, was Gisela Elsner eigentlich ausstrahlte: von dem Bild des irrlichternden Paradiesvogels, der schwarzhaarigen Schönheit, die den Männern reihenweise den Kopf verdrehte und skurrile, satirisch überspitzte, wortwitzige Texte schrieb.

Um 1970 begann Gisela Elsner, auch essayistische und journalistische Texte zu schreiben, und operierte mit analytischem Gestus. Bei Formulierungen wie in dem Pamphlet über »Parteilichkeit« in der Zeitschrift *konkret* schlug ihr schriftstellerisches Talent dennoch voll durch: Sie fragte sich, warum Jean-Paul Sartre ausgerechnet ein Mao-Jäckchen tragen müsse, wenn er maoistische Broschüren unters Volk streue, und warum Jane Fonda aufhöre, sich die Haare blond zu färben, wenn sie Flugblätter verteile. Elsner ging es um die »Ästhetisierung des Inhaltlichen«, und davor könne sich anscheinend »im Kapitalismus selbst das uneigennützigste Individuum nicht mehr retten«. All den engagierten Salonlinken unter ihren Altersgenossen schrieb sie ins Stammbuch: »Den Hummer, mit dem Gérard de Nerval an der Hundeleine im Dienst der Imagepflege seinerzeit auf den Pariser Boulevards Gassi ging, ersetzt heute das Gassigehen mit dem Sozialismus.«[25]

Gisela Elsner bezeichnete sich stolz als »Leninistin« und stellte sich damit quer. Nichts charakterisierte besser ihre Entscheidung für die DKP als ihre Erkenntnis, weniger auf attraktive Kraftakte zu setzen als auf »eher beamtenhafte Kleinarbeit«. Dass sie mit dieser Partei im Grunde überhaupt nichts zu tun haben konnte, wehrte sie vor sich selbst mit immer verzweifelteren Gesten ab. Die Möglichkeit, mit dem gesellschaftskritischen Strom zu schwimmen und damit in den Medien zu reüssieren, schlug sie umso wütender aus. Charakteristisch ist etwa, wie sie in den siebziger Jahren mit dem damals landläufigen Feminismus abrechnete, bei dem das Thema der Frauenemanzipation akademisch und bürgerlich definiert war: »Die Tatsache, daß die Parole der feministischen Wortführerinnen nicht ›gleichen Lohn für gleiche Arbeit‹ lautet, sondern letztlich auf ein ›ohne Evas Rippe kein Adam‹ hinausläuft, zeigt nur ein weiteres Mal, daß die Frauenbewegung keine Bewegung der unteren Schichten ist.«[26]

Ihre berühmt gewordene Frisur, jener breite Helm über ihrem Kopf, schien dieselbe Panzerungsfunktion gehabt zu haben wie ihr Leninismus – eine individualpsychologische Aporie, deren Ursprünge wohl in den Auseinandersetzungen mit ihrer Herkunft lagen. Lenin tat dem Bürgertum und letztlich ihren Eltern mehr weh als Che Guevara oder Haschischrauchen, das spürte sie instinktiv, und gegen die so häufig anzutreffende selbstgefällige Heiligenverehrung Che Guevaras schrieb sie denn auch beinahe manisch an. Ihre Verzweiflung steigerte sich noch mit dem Ende der DDR und der realsozialistischen Staaten in Osteuropa 1989 – sie verarmte immer mehr, wurde in der Psychiatrie behandelt und suchte dort 1992 den Tod.

Klaus Roehler starb im Jahr 2000, und auch er war von den frühen Höhenflügen gezeichnet und den Enttäuschungen, die darauf folgten. Bereits am 20. September 1957, im Alter von 20 Jahren und im Gefühl einer großen, aber von den Umständen verhinderten Liebe, hatte Gisela Elsner an Klaus Roehler geschrieben: »Heute Nacht habe ich von Dir geträumt. So eine Art Mondlandschaft, alles mit Schnee bedeckt – und ungeheuer viele Zäune zwischen Dir und mir und als ich Dich dann schließlich erreicht hatte, kamen wahnsinnig viele Wespen – man stelle sich vor: Wespen im Schnee – und sie haben uns gänzlich zerstochen.«[27]

## 13 »Er spricht über dich wie über eine neue Krankheit.«

*Der Siegeszug der Kritik*

Spätestens Ende der fünfziger Jahre konnte man etwas beobachten, was zu Beginn der Gruppe 47 undenkbar gewesen war: Eine kleine Garde von Berufskritikern dominierte die Diskussion, und sie wurden zu den eigentlichen Stars. Das war ein unwillkürlicher Prozess, den Hans Werner Richter keineswegs beabsichtigt hatte. Natürlich waren von Anfang an unter den Autoren auch welche dabei, die sich eher essayistisch und kritisch betätigten, etwa Walter Maria Guggenheimer, Friedrich Minssen, Walter Mannzen oder Walter Heist. Doch sie bildeten keine eigene Fraktion, sie zeigten sich in erster Linie als solidarische Bündnisgenossen. Hans Werner Richter sah anfangs die Kritik als solche als eine zentrale Größe, sie war für ihn von grundlegender gesellschaftlicher Bedeutung. Das betraf die Erziehung zur Demokratie genauso wie die Herausbildung einer neuen Literatur. Im Rückblick sagte er in einem späteren Fernsehfeature: »Wir waren ja keine Samariteranstalt. Wir wollten die deutsche Literatur wieder lebendig machen, die Nachkriegsliteratur. Wir wollten ihr wieder eine Bedeutung in der Welt geben. Und dazu brauchen Sie schon scharfe Kritik, und da können Sie nicht mit Rücksichten arbeiten, das ist unmöglich.«[1]

Walter Jens und Walter Höllerer, die ziemlich früh zur Gruppe stießen und bald zu den Hauptkritikern gehörten, begriffen sich bezeichnenderweise am Anfang vor allem als Primärautoren. Jens reüssierte in den ersten Jahren mit seinen rhetorisch ausgefeilten, klassisch geschulten Prosastücken *(Nein. Die Welt der Angeklagten)* durchaus und scheiterte 1952 nur mit zwei Stimmen Unterschied bei der Abstimmung um den Preis der Gruppe 47. Letztlich aber stand seiner Wahrnehmung als Schriftsteller doch sein akademischer Ehrgeiz im Weg – auch in seinen literarischen Texten schienen Genres und Sprache sehr von der Welt der Universität geprägt. Die nach ihm dazugekommenen Walter Höllerer und Joachim Kaiser vertraten einen anderen Stil, den sie im Lauf der Jahre, jeder für sich, immer raffinierter ausfeilten.

Walter Höllerer galt mit dem Gedichtband *Der andere Gast* 1952 als einer der bedeutendsten jungen Lyriker, agierte aber immer auf mehreren Feldern, wurde früh Universitätsdozent und spielte vor allem als Herausgeber der *Akzente* eine herausragende Rolle. In seinen Diskussionsbeiträgen positionierte er sich weniger als Kritiker denn als ein vom Handwerk her kommender Kollege, der die Texte von innen heraus zu verstehen versuchte und selten eindeutige Wertungen abgab. Der Erste, der sich selbst ausschließlich als Kritiker und nicht als Autor definierte, war Joachim Kaiser. Ihn konnte man durchaus bereits als »Berufskritiker« bezeichnen. Aber die auch von außen als solche zu erkennende Kritikerriege wurde erst vollständig, als Marcel Reich-Ranicki 1958 und Hans Mayer 1959 dazustießen. Beide vertraten einen völlig anderen Debattierstil, und dadurch wurde auch die Kritikerbank als geschlossener Block wahrnehmbar. Die Gruppe 47 erwies sich von diesem Zeitpunkt an generell für Kritiker als idealer Ort, sich auf dem literarischen Markt zu positionieren und somit, was nun immer bewusster wurde, einen Marktwert zu erlangen; die Öffentlichkeit differenzierte sich aus. Diese Entwicklung vollzog sich parallel zum *Blechtrommel*-Erfolg von Günter Grass und der Gruppe 47 – beides bedingte sich in gewisser Weise gegenseitig.

Einig waren sich die Kritiker seit dem Ende der fünfziger Jahre nur darin, dass sie als Kritiker auftraten und wichtig waren. Untereinander gab es erhebliche Differenzen, auch, was das jeweilige Rollenverständnis anbelangte. Nachdem sich die »Kritikerbank« in der ersten Reihe etabliert hatte, bündelte die Praxis der Gruppe 47 dadurch alle möglichen Formen der Kritik: Sie versammelte Populisten, Schulmeister und literarische Essayisten gleichermaßen. Hans Werner Richter wurde von der Entwicklung mehr oder weniger überrascht. Aber er hatte einen sicheren Instinkt dafür, dass er sich die Autorität als geheimes Machtzentrum der Gruppe 47 nur erhalten konnte, wenn er die Kritiker gewähren ließ. Der beinahe einzige Satz, den er in den Diskussionen nach den Lesungen sagte – von einzelnen emotionalen Äußerungen abgesehen, die sich ungefähr Mitte der fünfziger Jahre legten –, war die rituelle Überleitung, unmittelbar nachdem der Autor geendet hatte: »Ja, wir kommen also zur Kritik!«

Spätestens Ende der fünfziger Jahre war bei den Tagungen der Gruppe der Zustand erreicht, dass nach den Lesungen hintereinander die Protagonisten aus der ersten Reihe, die Hauptkritiker, loslegten und um die schönsten Pointen, Verrisse und Einfälle wetteiferten. Martin Walser porträtierte diese Herren 1962 in einem Zeitungsartikel, den er mit »Brief an einen ganz jungen Autor« betitelte, und es gehört zu den kleinen, fast tragisch zu nennenden Konnotationen in der Laufbahn dieses Schriftstellers, dass dieser Text zu den besten gehört, die er jemals geschrieben hat.[2] Er bereitet seinen fiktiven jungen Autor schonend darauf vor, was ihn bei der Gruppe 47 erwartet, wenn er die ersehnte Einladung bekommen und vor der Gruppe gelesen hat: »Höllerer hebt zuerst die energische kleine Hand. Er wird Dein Vorgelesenes flink tranchieren, in Schnitte, wie fürs Mikroskop, zerlegen, wird einzelne Sätze vom Gros abtrennen, wird sagen, das seien für Dich typische Sätze. Weil Du ein ganz junger Autor bist, er aber ein ganz großer Kulturen-Züchter, spricht er vorsichtig über Dich. Du hast das Gefühl, er spricht über Dich wie über eine neue Krankheit. Dabei spricht er über Dich wie über eine neue Bakterien-Art, die er, wenn Du nur wolltest, aus Deinen Anlagen züchten könnte. Du mußt darauf gefaßt sein, daß er murrt. Sein Murren wird Dich verletzen, obwohl es gar nicht gegen Dich gerichtet ist. Es ist ein dauernder Hinweis auf die Sprache, in der er sich eigentlich ausdrücken möchte. Keiner von uns kennt sie.«

Dass diese Charakterisierung Höllerers fast kongenial zu nennen ist, beweisen die Rundfunkmitschnitte, die ab Beginn der sechziger Jahre sporadisch von den Gruppentagungen existieren. Die Mitschrift des Diskussionsbeitrags von Höllerer zu einer Lesung von Reinhard Lettau auf der Tagung 1964 im schwedischen Sigtuna etwa ergibt Folgendes: »Das ist nicht nur das plötzliche Hin- und Herwechseln, sondern da wird durchexerziert die Frage nach der Beschreibbarkeit der Dinge und zugleich mit der Beschreibbarkeit nach dem Bestand der Dinge und auch der Leute. Und das läuft hinaus auf das Vergleichbare. Nur von der Umgebung her ist das Haus, ist der Hausherr zu beschreiben. Immer ist etwas dazwischen. Zwischen dem Gast und dem Haus steht der Hausherr, dann die Haushälterin, immer ist etwas drumherum. Und nur dadurch wird Beschreibbarkeit möglich.«

Walser braucht nicht zu zitieren, er geht gleich weiter: »Zum Schluß wird Höllerer noch kurz praktisch und spickt die für Dich typischen Sätze mit einer paar Fähnchen und versieht die Fähnchen mit einigen subtilen Gutachter-Formeln. Dann wirft er Dein Vorgelesenes samt seinen Fähnchen wieder in die Luft, aber keine Angst: Walter Jens fängt es auf und nimmt Dein Vorgelesenes und Höllerers Fähnchen in seine Scheren. Du darfst ruhig an sowas wie Languste denken. Jens hält sich mit seinen Scheren Dein Vorgelesenes und die Zugaben Höllerers vom Leib. Du kannst Dich nicht darauf verlassen, daß er das pure Gegenteil von dem behauptet, was Höllerer gesagt hat. Zweifellos wird

»Du darfst ruhig an so etwas wie Languste denken«: Walter Jens.

er dieses oder jenes Fähnchen Höllerers an eine andere Stelle stecken, vor allem aber wird er Dein Vorgelesenes immer wieder in die Luft werfen und immer wieder selbst auffangen, um zu sehen, wie schwer es ist, wieviel es aushält.«

Walter Jens reagierte nach Reinhard Lettaus Lesung in Sigtuna auf Höllerer wie folgt: »Also, ich glaube den Text etwas verstanden zu haben, während ich Walter Höllerers Rede überhaupt nicht verstanden habe. Bei solch schwierigen Texten kommen die Kritiker zunächst einmal weniger zur Kritik als zur Interpretation, geben Analysen, müssen sich erst einmal verständigen. Das leuchtet mir ein. Aber es scheint mir etwas leichter noch möglich zu sein. Das sind uns vertraute Lettau-Elemente. Da sind die verselbständigten Dinge, da sind die witzig-meckernden Teile, da sind die zuckenden Muskeln, da sind all die...«

Martin Walser steigert nun die Spannung: »Nehmen wir an, Jens habe seine Scheren wieder eingezogen, die Stille, die nach Jens eintritt, sei eingetreten, was nun? Eigentlich wäre Joachim Kaiser dran. Das Alphabet weiß es, der Saal weiß es, er selbst weiß es. Hans Werner Richter sagt es. Kaiser, ein Kenner von Jens-Finalen, hat den Kopf rechtzeitig in Schrägstellung gebracht: jeder, der jetzt hinschaut, sieht, daß er Dein Vorgelesenes treuherzig anschaut. Er findet es hübsch, das sagt er auch, weil er weiß, daß alle wissen, was er sagt, wenn er ein Wort sagt, das er eigentlich nicht sagt. Den treuherzigen Blick auf Dein Vorgelesenes hält er noch eine ganze Zeitlang aufrecht, auch wenn er sich sichtbar dazu durchringt, sein ›hübsch‹ zu erläutern. Wenn er noch das kritische Werkzeug seiner Vorredner in Erinnerung bringt, dann mit jenem Schauder, mit dem Erstkommunikantinnen von Vergewaltigung sprechen.«

Realiter sprach Joachim Kaiser zu Lettau so: »Man muss am Anfang sagen, dass es vielleicht zu oft verschwiegen wird, auf welchem Niveau wir einen Text behandeln, an welchem Anspruch man das misst. Und dies finde ich also First-Class, das ist große hohe Literatur. Also: ein bisschen widersprechen möchte ich Höllerer, aber nur damit eine Diskussion zustande kommt. Ich fand manchmal diese Bilder noch besser als das Gesehene, die Figuren noch besser als die Worte. Mir schien mitunter, dass die Ironie dem Format und der Gewalt des Textes nicht

»Alle wissen, was er sagt, wenn er ein Wort sagt, das er eigentlich nicht sagt«: Joachim Kaiser.

ganz gewachsen war. Ich will das an ein paar Beispielen begründen ...«
Martin Walser hingegen stehen die schwierigsten Pirouetten noch bevor. Denn er hat noch längst nicht alle Kritiker durch: »Dein Vorgelesenes landet, mit Höllerers Fähnchen gespickt, von Jens groß etikettiert und gewogen, von Kaiser ein- und ausgeatmet und intim entlarvt, bei Reich-Ranicki, der sofort aufsteht, wenn er sich mit Dir abzugeben beginnt. Weil er schneller sprechen kann als seine Vorredner, kann er, bei nur geringer Überschreitung der erträglichen Rede-Dauer, alle Verfahren seiner Vorgänger an Dir exekutieren und noch ein eigenes dazu. Höllerers Sprach-Bakteriologie, Jensens Maßnahme und Platzanweisung und Kaisers Versuch, Dein Bild in seinem Spiegel-Kabinett zu versehren, haben Reich-Ranicki, außer Wiederholungen und Korrekturen, nur noch übriggelassen, die weltliche Nützlichkeit und Anständigkeit Deines Vorgelesenen zu beurteilen. Und schon der bloße Gedanke, daß ohne sein Da- und Dabeisein dieser weiß Gott nicht nebensächliche Aspekt ganz unerwähnt geblieben wäre, versetzt Reich-Ranicki in große Eile.«
Es ist verblüffend, wie früh Walser die Eigenarten Reich-Ranickis

benennt: Der Blick auf »die weltliche Nützlichkeit und Anständigkeit Deines Vorgelesenen« – diese Kriterien unterscheiden Reich-Ranicki tatsächlich von seinen Mitkombattanten, und für die Zeit der Gruppe 47 ist zu konstatieren, dass Reich-Ranicki eher unauffällig blieb und in der öffentlichen Resonanz weniger glänzte als seine geschliffener argumentierenden Widerparte. Er hatte von Anfang an gar nicht den Ehrgeiz, dem theoretischen Niveau von Höllerer, Jens, Kaiser oder Mayer zu folgen. Er entlieh seine rhetorischen Mittel weniger dem akademischen Diskurs als vielmehr der Theaterbühne – oder auch dem Stammtisch. In Berlin 1962 zum Beispiel fand er einmal Gelegenheit, grundsätzlich zu werden: »Prosa, die nicht unterhaltsam in irgendeinem Sinne ist, ist damit disqualifiziert, glaube ich. Ich bin dagegen, was Höllerer gesagt hat, diesen einen Satz, es seien jene Stellen, die weniger wirkungsvoll waren, vielleicht interessanter. Wirklich: Können wir uns nicht darauf einigen: Prosa und Literatur hat zu wirken! Und wenn etwas wirkungsvoll ist, ist das nicht etwas Negatives!«

Erst Jahrzehnte später erreichte Reich-Ranicki mit solch gewitzten

»Wenn etwas wirkungsvoll ist, ist das nichts Negatives«:
Marcel Reich-Ranicki

Sentenzen den Höhepunkt seiner Wirkung. Für die Gruppe 47 des Jahres 1962 kam so etwas entschieden zu früh. Der gefürchtetste Kritiker dieser Zeit war Hans Mayer, Universitätsprofessor aus Leipzig in der DDR, um dessen Anreise zu den Gruppentagungen man sich immer Sorgen machen musste. Mayer war ein begnadeter Improvisator, der aus dem Stegreif erfindungsreiche Pirouetten nach der Vorlage eines literarischen Textes drehen konnte und doch immer bei sich selbst blieb. Martin Walser lässt ihn nicht von ungefähr erst am Schluss auftreten: »Nun hoffe ich, um Deinetwillen, um unseretwillen, Hans Mayer sei uns erlaubt worden. Reich-Ranicki hat eigentlich doch recht langsam gesprochen, findest Du. Und noch eine Revision: wenn Reich-Ranicki bei Deiner Lesung etwas eingefallen sein sollte, was er vorher schon wußte, so hast Du bei Mayer den Eindruck, Du hättest ihm einen Gefallen getan, weil Du ihm alles bestätigt hast, was er schon wußte.«

Auch in Sigtuna 1964, bei der Diskussion nach Reinhard Lettaus Lesung, ergriff Hans Mayer erst ganz am Schluss das Wort: »Ich möchte zunächst zur Unterscheidung von Jens sagen, dass ich Höllerer eigentlich ganz gut verstanden habe und dass mir eigentlich Höllerers Interpretation weniger Schwierigkeiten gegeben hat als der Text. Höllerer sagte: das Äußerste, was von dieser Art der Darstellung epischen Prinzips geleistet werden könne, wäre die Bestimmung auch noch eines konkreten Erzählers. Und nun muss ich sagen, beim Anhören des Textes habe ich ja wirklich die merkwürdigsten Evolutionen durchgemacht. Ich habe mich immer in jedem Augenblick gefragt: Wer erzählt eigentlich?«

Hans Werner Richter, der Spiritus Rector der Gruppe, ahnte lange Zeit nicht, welche Geister er da eigentlich gerufen hatte. Nach 1960 versuchte er noch ein paarmal, die Tagungen zu gestalten, wie sie früher gewesen waren: ohne so viele Zaungäste, ohne so viele Journalisten und Verleger, und er versuchte auch halbherzig, die Rolle der Kritiker einzuschränken. Aber das konnte nicht mehr funktionieren. Die Autoren griffen immer seltener in die Diskussion ein. Sie waren vorsichtiger geworden, es ging ja um ihre Karriere. Nur Günter Grass fiel noch auf. Er nahm den »Werkstatt«-Aspekt bis zum Schluss sehr ernst. Grass verdankte Hans Werner Richter und den Modalitäten der Gruppe 47 viel und meldete sich sehr häufig mit handwerklichen Gesichtspunkten zu Wort. Er konnte es sich leisten.

Um 1960 stand es fest: Die Gruppe 47 war zum Literaturbetrieb schlechthin geworden. Das Reden über Literatur, das Drumherum, die Klatschgeschichten und Intrigen entzündeten sich an der Jahrestagung der Gruppe 47, es gab keine vergleichbare Instanz im Literaturbetrieb, es gab keine weiteren Events. Die Teilnahme bei der Tagung der Gruppe 47 war die Voraussetzung dafür, im Gespräch zu bleiben – und etwas stellte sich unter diesen Bedingungen wie von selbst heraus: Der Kritiker wurde zu einer Instanz, die bis in den Boulevard hinein Einfluss gewann.

Um das Faszinosum ins rechte Licht zu stellen, das sich um die Gruppe 47 entwickelte und die Figur des Kritikers in den Mittelpunkt rückte, empfiehlt sich ein kurzer historischer Exkurs. Denn der Typus und die Autorität des »Kritikers« waren in gewisser Hinsicht eine deutsche Spezialität. Deutschland hatte im Gegensatz zu England oder Frankreich nie eine dominante Hauptstadt, in der sich die Hauptakteure der literarischen Szene auf wenigen Quadratmetern immer wieder begegneten. Schriftsteller, Verleger und Journalisten saßen seit den Zeiten der Aufklärung recht isoliert in ihren Provinznestern, und nur über den langwierigen Bezug von Zeitungen und Zeitschriften kam eine Art Verbindung zustande, sie war kompliziertester schriftlicher Art. Anderswo geschah das im Normalfall mit wenigen Sätzen über den Kaffeehaustisch hinweg. Der Kritiker in Deutschland aber spitzte seine Feder am einsamen Schreibtisch zu Hause und verfasste unter großen Nöten gleich einen Text.

Die herausragende Literaturkritik, die in Deutschland entstand, reflektierte ihre eigenen Bedingungen mit. Am Beginn dieser einzigartigen Linie stand Friedrich Schlegel, und seine Kritik von Goethes *Wilhelm Meister* war gleichzeitig ein Essay über die Möglichkeiten der Kritik überhaupt. Sie setzte den Maßstab für alles Kommende: »Denn dieses schlechthin neue und einzige Buch, welches man nur aus sich selbst verstehen lernen kann, nach einem aus Gewohnheit und Glauben, aus zufälligen Erfahrungen und willkürlichen Forderungen zusammengesetzten und entstandenen Gattungsbegriff beurteilen: das ist, als wenn ein Kind Mond und Gestirne mit der Hand greifen und in sein Schächtelchen packen will.«[3]

Von Anfang an gab es verschiedene Formen der Literaturkritik: Die Kritik à la Friedrich Schlegel agierte auf Augenhöhe mit dem zu besprechenden Gegenstand und erzeugte ein charakteristisches ästhetisches Flirren. Daneben existierten allerdings noch mindestens zwei weitere Genretypen. Zum einen war da die aufs Populäre schielende Variante. Sie wurde im geistigen Leben lange Zeit nicht für voll genommen und gewann erst im späten 20. Jahrhundert, im Gefolge aktueller Hörer- und Leseranalysen, Geltung. Zum anderen gab es die akademische Spielart: Sie versteckte ihre Subjektivität hinter einem sich objektiv gebenden Bescheidwissertum. Im 19. Jahrhundert zogen Universitätsprofessoren das ungestüm Brausende der Literatur so auf ihr Niveau herunter. Derlei Kritiken sind längst vergessen, aber ihre Attitüde hält sich bis heute. Der gesunde Menschenverstand wird allgemein gern gegen eine literarische Eigendynamik in Stellung gebracht, das eint die populistische wie die, wenn sie nicht ganz verstiegen ist, akademische Variante.

Kritikertypen wie Alfred Kerr oder Walter Benjamin setzten jedoch die Linie Friedrich Schlegels auch im 20. Jahrhundert fort, sie waren keine bloßen Dozenten. Benjamins Glanzstücke sind seine Essays über Zeitgenossen wie Kafka oder Proust. Über Proust schrieb er 1929: »Mit Recht hat man gesagt, daß alle großen Werke der Literatur eine Gattung gründen oder sie auflösen, mit einem Worte, Sonderfälle sind. Unter ihnen ist aber dieser einer von den unfaßlichsten. Vom Aufbau angefangen, welcher Dichtung, Memoirenwerk, Kommentar in einem darstellt, bis zu der Syntax uferloser Sätze (dem Nil der Sprache, welcher hier befruchtend in die Breiten der Wahrheit hinübertritt) ist alles außerhalb der Norm.« Und wenig später findet er noch poetischere Worte für das Leserglück: »Im vorigen Jahrhundert gab es in Grenoble – ich weiß nicht, ob heute noch – ein Wirtshaus ›Au Temps perdu‹. Auch bei Proust sind wir Gäste, die unterm schwankenden Schild eine Schwelle betreten, hinter der uns die Ewigkeit und der Rausch erwarten.«[4]

Solch kritisches Schwelgen, ein solches Sich-Einlassen auf den Gegenstand, ist natürlich nur in schriftlicher Form möglich. In der

Gruppe 47 dagegen schälte sich ein völlig neuer Typus des Kritikers heraus: Er profilierte sich mündlich. Seine Autorität gründete auf seiner Rhetorik, und damit trug er den sich gerade erst entwickelnden Mediengesetzen Rechnung. Die alte Pose des Kritikers wurde in der Gruppe 47 den zeitgemäßen Bedingungen angepasst. Und hier spielte Marcel Reich-Ranicki tatsächlich eine besondere Rolle. Er entsprach, im Gegensatz zu seinen eher akademisch geprägten Kollegen, dem neuen, populär werdenden Kritikertypus, der erst im Entstehen begriffen war. In der Gruppe 47 konnte Reich-Ranicki seine Fähigkeiten aber nur sporadisch ausspielen – seine Kollegen und Widerparte waren rhetorisch weitaus differenzierter, sie bewegten sich vorwiegend im Spannungsfeld zwischen Gesellschaftspolitik und ästhetischer Theorie und entsprachen damit den Anforderungen jener Zeit. Es ging – im Vorfeld der Frankfurter Auschwitz-Prozesse, die 1963 begannen – um eine intellektuelle Opposition zum restaurativen Klima der Adenauer-Ära, und dabei rekurrierte man auf bildungsbürgerlich geprägte, aufklärerische Diskurse. Das alles interessierte Reich-Ranicki weniger. Er

„Wer erzählt eigentlich?«: Hans Mayer

war von Anfang an ein Fernsehkritiker, obwohl das Fernsehen noch gar nicht dabei war. Bei den Tagungen der Gruppe 47 fielen seine Diskussionsbeiträge vor allem durch den Willen zur Pointe, zum eindeutigen Effekt auf. Und deswegen machte er sich auch schnell Feinde – nicht nur wegen seiner inhaltlichen Positionierung, die den sozialistischen Realismus, den er in Polen verfochten hatte, mit Kriterien wie Volkstümlichkeit und Wirklichkeitsnähe nun auch auf den Kapitalismus anwandte. Es ging vor allem um sein offensives Herausstellen der Kritikerhaltung. Er entsprach damit nicht einem atmosphärisch durchaus vorhandenen Gruppenkonsens. Reich-Ranicki wurde als zu selbstdarstellerisch, zu egomanisch rezipiert.

Interessant ist die Entwicklung, die er binnen kurzer Zeit in der bundesdeutschen Öffentlichkeit nahm. Reich-Ranicki, polnisch-jüdischer Herkunft, war in Berlin aufgewachsen und Ende der dreißiger Jahre vor den Nazis nach Polen geflohen. Nach einer schwierigen Zeit im Warschauer Ghetto etablierte er sich im sozialistischen Polen schnell als Kritiker. Hans Werner Richter versuchte seit Mitte der fünfziger Jahre, Beziehungen zu Polen aufzubauen, stieß dabei unter anderem auf Reich-Ranicki und lud ihn zur Gruppentagung 1958 ein. Im Juli 1958 reiste der Kritiker, versehen mit einem Besuchervisum, ein und beschloss, sich in der Bundesrepublik eine Existenz aufzubauen. Er erhielt, durch die Vermittlung von Kollegen und Autoren der Gruppe 47, rasch Aufträge in verschiedenen Medien. Charakteristisch ist der Ton, den Hans Werner Richter in einem Brief vom 4. September 1959 anschlägt: »Erstaunt nahm ich zur Kenntnis, daß Sie Deutscher geworden sind. Darf ich Ihnen sagen, daß ich mich darüber freue. Wissen Sie auch, warum? Nun, weil es hier so wenig Ranickis gibt, und weil dieses Land und Volk sie so dringend gebraucht.«[5] Richter sieht den Juden und den Polen Reich-Ranicki in dieser Zeit also als wichtige Erweiterung des bundesdeutschen Horizonts.

Reich-Ranicki verankerte sich erstaunlich schnell im deutschen Feuilleton, und genauso schnell veränderte sich Richters Meinung über ihn. Im November 1960 schrieb Reich-Ranicki in der *Welt* über die Tagung in Aschaffenburg. Es war immer noch gängige Praxis, dass Teilnehmer der Tagung danach auch »offiziell« darüber berichteten, gruppenferne Beobachter waren ja nicht zugelassen. Richter jedenfalls schrieb darüber an Rudolf Walter Leonhardt von der *Zeit* lapidar: »Dafür soll Ranicki wieder viel dummes Zeug geschrieben haben. Gott helfe ihm.«[6]

Es hatte sich also sehr viel getan innerhalb eines guten Jahres, und die Erklärung liegt wohl vor allem im Auftreten Reich-Ranickis bei den Tagungen. Am 23. August 1961, in der Vorbereitung auf die radikal auf den »Kern« der Gruppe beschränkte Tagung im Jagdschloss Göhrde bei Lüneburg, schreibt Richter an Fritz J. Raddatz: »Auf Ranicki muß ich wahrscheinlich auf allgemeinen Wunsch verzichten.«[7] Seinem jüdischen Freund Wolfgang Hildesheimer gegenüber wird Richter am 24. September 1961 deutlicher: »Schwer fällt mir Ranicki. Was mache ich nur mit dem? Ich mag ihn gar nicht mehr. Er ist in einer Gruppe von Freunden ein toter Punkt ... oder ein blindes Huhn, das immerfort gackert ... und Windeier legt.«[8] Hildesheimer reagiert knapp: »Ranicki bitte nicht.«[9] Nicht dokumentiert, aber aus den vorhandenen Briefen zu erschließen ist, dass auch Günter Eich und Ilse Aichinger, in der Gruppe sehr wichtige und anerkannte Stimmen, Unmut über Reich-Ranickis Auftreten geäußert und keine Lust hatten, unter solchen Bedingungen teilzunehmen.

Richter, der immer auch taktisch dachte, war jedoch unschlüssig. Er bat Siegfried Lenz, der zu Reich-Ranicki eine besondere Beziehung hatte, am 26. September 1961 ausführlich um Rat. Dabei beschreibt er offensichtlich seine eigenen Überlegungen, versteckt sich aber hinter den anderen Autoritäten: »Nun aber hat sich gegen Ranicki eine starke Opposition innerhalb der Gruppe 47 gebildet. Sie geht vorwiegend aus von Eich, Aichinger und Hildesheimer, aber inzwischen haben sich auch andere angeschlossen (...). Was soll ich tun? Sie alle wollen an den Tagungen der Gruppe nicht mehr teilnehmen, wenn ich Ranicki weiterhin einlade. Der angegebene Grund ist: Die Kritik wird allzu akademisch, offiziell, hat innerhalb der Gruppe ein Eigenleben, und dient nicht dem Autor, sondern schadet ihm. Das, was dort gesagt wird, eben von jenen Berufskritikern, könne man auch in den Zeitungen lesen, und damit hätte die Gruppe ihre eigentlich ursprüngliche Aufgabe verfehlt, nämlich das kritische Gespräch unter Autoren. Die Fachkritik, wobei es fragwürdig sei, ob diese Fachkritiker überhaupt über ein Privileg dieser Art verfügten, sei von Übel. Dabei würden nicht Freundschaften gebildet, sondern zerstört, und auch das Kommunikationselement der Gruppe, das sich so stark in den letzten und auch vorletzten Nachkriegsjahren ausgewirkt hätte, ginge verloren. Ranicki sei gerade hier ein toter und störender Punkt. Sein mangelndes Gefühl für Freundschaften, seine Eitelkeit, sein sich Anpassen an gerade herrschende Linien, seine, wie man sagt, Verballhornung der literarischen Nachkriegsentwicklung, das alles sei auf die Dauer unerträglich. Es genüge, wenn man das in den Zeitungen läse. In der Gruppe möchte man es nicht haben. Ranicki gehöre einfach nicht zur Clique, so wenig wie Hans Mayer. Diese Ansicht teilen auch Leute wie Enzensberger, Kaiser, und andere. Was soll ich tun? Lade ich Ranicki weiterhin ein, so muß ich damit rechnen, daß die Gruppe auseinanderfällt. Gewiss, ich könnte ihn noch eine Weile starrköpfig gegen eine solche Opposition halten, aber auch meine Gefühle gegenüber Ranicki sind nicht mehr sonderlich freundschaftlich. Zwar hatte ich immer Spaß an seinem ›Glaskopf‹, doch habe ich im letzten Jahr zu viel gelesen, was mir herzlich mißfallen hat, leider auch in katholischen Blättern. Die Gruppe 47 ist nun einmal eine auch politisch engagierte Gruppe und hat eine in dieser Hinsicht weitgehend einheitliche Mentalität. Ranicki hat das nie bemerkt. Das war sein Fehler. Um diese Einheitlichkeit geht es mir in der kommenden Zeit und Grass hat recht, wenn er sagt: ›Jetzt muß die Gruppe strapaziert werden.‹ Wäre ich allein, so könnte ich mir Ranicki noch eine Weile leisten. Wir haben uns in den fünfzehn Jahren der Existenz der Gruppe schlimmere und gefährlichere Leute geleistet. Aber wir leben nicht mehr im Jahre 1953 oder 54 und die Opposition, die da mehr von konservativer Seite kommt, ist ernst und böse. Wie hat der Gute das nur fertiggebracht?«[10]

Literarische Argumente, die eher von Richters Gewährsleuten kommen, kreuzen sich hier mit politischen, die Richter interessieren: Gerade nach dem Bau der Berliner Mauer war für ihn die Sozialdemokratie mit der als integer erscheinenden Führungsfigur Willy Brandt ein Fixpunkt, und hier intensivierten sich, auch unter der Mitwirkung von Günter Grass, sehr schnell die Beziehungen. Richter störte, dass Reich-Ranicki in der Gruppe 47 ausschließlich ein Forum für die eigene marktstrategische Positionierung sah und dadurch das verkannte, was Richter den »Corpsgeist« der Gruppe nannte. Es ging aber nicht nur um Reich-Ranicki: Es wurde für Richter generell zum Problem, dass mit den Tagungen auf Schloss Elmau 1959 und vor allem in Aschaffenburg 1960 die Gruppe zu dem literarischen Event schlechthin geworden war. Er wollte in einem fast schon verzweifelten Akt das Ruder noch einmal herumreißen: Die Einladungspolitik vor Göhrde war äußerst restriktiv, es kam vereinzelt zu heftigen Brüskierungen selbst alter Gruppenmitglieder (Sabine Cofalla dokumentiert in ihrer Ausgabe der Briefe Richters vor allem die Fälle Walter Maria Guggenheimers und Wolfgang Bächlers). Für Richter war die »Kritik« innerhalb der Gruppe 47 von Anfang an das wesentliche Element. Das, was ihn jetzt überforderte und womit er nicht gerechnet hatte, nannte er »Fachkritik«: Er meinte damit die Marktmechanismen, die die Gruppe auslöste, die er aber andererseits selbst immer wieder beförderte.

Am 5. Oktober erreichte Richter ein weise wirkender Brief von Günter Eich, der die Wirkung, die er damit erzielte, wohl gar nicht absehen konnte: »Lieber Hans, man hat mir klargemacht, daß es zu einer menschlichen Katastrophe würde, wenn man Reich-Ranicki nicht zur Tagung der Gruppe 47 einladen würde. Ich sehe das ein und bitte also bei Dir um eine Einladung für R.-R. Man sagte uns auch, wir beide, Ilse und ich, seien dafür entscheidend gewesen, daß Du R.-R. nicht einladen wolltest. Hoffentlich nicht. Soviel Einfluß würde uns Angst machen.«[11]

Noch am selben Tag schreibt Richter an Hildesheimer: »Schwere Sorge macht mir Ranicki. Da die Tagung ganz in der Nähe Hamburgs ist, sieht das nach einer Zurücksetzung aus, die nicht nur zu den wildesten Gerüchten Anlass geben kann, sondern auch beruflich für ihn ein Rückschlag bedeuten wird. Dazu kommen familiäre Verhältnisse ... alles äusserst traurig. Die Hamburger setzen sich deshalb dafür ein (Siegfried Lenz, Ferber usw.) ihn wenigstens jetzt in der Göhrde noch einmal kommen zu lassen. Ich fahre heute abend nach Hamburg und werde mit Ranicki sprechen. Vielleicht muß ich ihn unter diesen Umständen wenigstens als Zuhörer zulassen ... das würde ihm ja vielleicht ganz gut tun ... schweigen zu müssen. Lass mir bitte in dieser Hinsicht freie Hand. Ich habe ja ein weiches Herz ... und bin nicht fähig die Selbstgefälligkeit und Eitelkeit von Menschen in Staub zu verwandeln. Und dann noch die Zerstörung einer beruflichen Existenz? Kann ich mir das leisten? Wir werden sehen. Bitte also um Nachsicht und Vergebung falls ich unter dem Ansturm solcher heraufbeschworener Gefühle schwach werde.«[12]

Richter war, was er dem Reich-Ranicki-Gegner Hildesheimer geflissentlich verschweigt, in diesem Sinne bereits schwach geworden, denn am selben Tag schreibt er an Reich-Ranicki: »hier ist die Einladung zur Tagung der Gruppe 47. (...) Es handelt sich diesmal um eine interne Tagung der Gruppe. Zwei Dinge sollen abgebaut werden: das Massenmeeting und die Fachkritik. Wir wollen wieder zurück zur Autorenkritik, so wie es früher war. Diese Art der Kritik ist zwar unbeholfener, aber liebenswerter und fast immer treffsicherer. Der Wunsch einer solchen ›Rückentwicklung‹ besteht fast allgemein. Ich nehme an, daß Sie Verständnis für diesen Wunsch haben. Die Gruppe ist ja schon sehr alt und man besinnt sich neuerdings wieder auf ihre Traditionen ... was auch politisch gilt. Ich bin in den nächsten Tagen in Hamburg. Dann können wir ja noch darüber sprechen.«[13]

»So wie es früher war« – glaubte Hans Werner Richter wirklich daran? Die Tagung in Göhrde, die auf den inneren Zirkel beschränkt blieb und keine neuen Gesichter zugelassen hatte, scheint, den zeitgenössischen Berichten nach zu urteilen, eher langweilig gewesen zu sein. Die nächste Tagung sollte 1962 in Berlin stattfinden – und hier lud Richter viele junge, noch völlig unbekannte Autoren ein. Zudem schnitt der Sender Freies Berlin auch erstmals offiziell die Gruppendiskussionen mit und strahlte etliche davon öffentlich aus. Die Geister, die die Gruppe gerufen hatte, waren jetzt unwiderruflich da.

## 14 Bei einem wirklichen Ärmel wieder herauskommen

*Westberlin als Hauptstadt der deutschen Literatur*

Anfang der sechziger Jahre war Westberlin plötzlich die Hauptstadt der deutschsprachigen Literatur. Niemand wusste genau, wie das geschah, aber fast alle bedeutenden Gegenwartsautoren wohnten plötzlich an diesem exterritorialen Ort, im Windschatten der Mauer: Günter Grass, Ingeborg Bachmann, Uwe Johnson, Max Frisch, Hans Magnus Enzensberger. Das fiel deswegen besonders auf, weil viele Unternehmer und andere wirtschaftlich aktive Kreise zur selben Zeit aus Berlin wegzogen. Nun schien sich in Berlin ein neuer Raum zu öffnen, ein Experimentierfeld, die Möglichkeit für neue Projekte. Die Literatur füllte das Vakuum recht schnell. Entscheidend dafür war, dass Ende 1959 Walter Höllerer, einer der wichtigsten Köpfe der Gruppe 47, auf den Lehrstuhl für Literaturwissenschaft an der Technischen Universität berufen wurde.

Höllerer war der richtige Mann zur richtigen Zeit am richtigen Ort. Er nutzte sofort, zumal nach dem Bau der Mauer, alle Möglichkeiten, die die exponierte Stellung Westberlins bot. Er schuf sogleich ein fast undurchschaubares Netz von Institutionen, Schülern und kulturpolitischen Beziehungen und wurde wegen seiner schwer zu definierenden, aber offenkundigen Monopolstellung zwangsläufig auch angefeindet. Kaum hatte er seine Professur angetreten, brachte er die junge Gegenwartsliteratur nach Westberlin, das bis zu diesem Zeitpunkt wenig damit in Berührung gekommen war. Es handelte sich vor allem um Autoren der Gruppe 47. Bereits im Wintersemester 1959/60 organisierte er seine erste Lesereihe an der Universität, unter dem Motto »Literatur im technischen Zeitalter«.

Den Anfang machten Ilse Aichinger und Günter Eich. Günter Grass war der größte Besuchermagnet, und wie ungewohnt und innovativ dies alles in Berlin war, wie sehr dies nach Aufbruchstimmung roch, das zeigt das verblüffte Resümee, das die *Frankfurter Allgemeine Zeitung* nach der letzten Lesung mit Uwe Johnson und Hans Magnus Enzensberger zog: »Überfüllte Hörsäle sind an deutschen Universitäten wahrhaftig kein ungewöhnlicher Anblick. Überraschender schon ist der Andrang, wenn er sich gewissermaßen l'art pour l'art vollzieht, außerhalb des Studienplanes, durchaus freiwillig und keineswegs auf Studenten beschränkt. Fünf Wochen lang war der größte Hörsaal der Technischen Universität Berlin an jedem Montagabend schon eine halbe Stunde vor Beginn überfüllt, jeder Platz besetzt, die Gänge vollgestopft und auch auf dem Podium kein Sitzplatz frei; zwischen den Studenten, vornehmlich Germanisten von der Freien Universität, Studenten der Technischen Hochschule und auch einigen aus Ost-Berlin, drängten sich Professoren, bekannte Namen des Berliner Kulturlebens, aber auch viel Berliner Bildungsbürgertum – alle gekommen, um junge zeitgenössische Dichter aus ihren Werken lesen zu hören.«[1]

Ein Jahr später setzte Höllerer die Reihe fort, es begannen Hans Erich Nossack und Wolfgang Hildesheimer. Die *Deutsche Zeitung* betonte vor allem den Charakter eines neuartigen gesellschaftlichen Ereignisses: »Der Hörsaal 3010 in der Berliner Technischen Universität war von Mitte November bis Weihnachten ein überdimensionaler literarischer ›Salon‹. Daß sich in ihm schwarzbestrumpfte Studentinnen und alte Herren, junge Leute mit Pony-Haarschnitt und Damen der Gesellschaft drängten, von Jazz begrüßt, spricht für den weiten Aspekt des Themas und die Anziehungskraft der Vortragenden.«[2]

Man war in Westberlin offenbar förmlich ausgehungert und gierig darauf, Anschluss an die neuen Zeitläufte zu gewinnen. Erste Überblicksartikel kamen jetzt auch in der Provinz an. E. G. Schäfer berichtete für viele bundesdeutsche Regionalzeitungen unter der Überschrift »Aufruhr in Hörsaal 3010«: »Berlin hat ein neues geistiges Zentrum: Hörsaal 3010 der Technischen Universität. Endlich ist in Berlin wieder ein Magnet wirksam geworden, ein Mann, der Literaten an sich zu binden, der sich zu assoziieren versteht. Es ist Professor Walter Höllerer. Diese Autorenlesungen haben sich zu absoluten Höhepunkten der Berliner kulturellen Saison entwickelt. Zum Hörsaal 3010 der TU mußte neuerdings regelmäßig Hörsaal 2010 hinzugenommen werden, wohin die Lesungen über eine Lautsprecheranlage übertragen werden. Aber neben den etwa 700 Menschen, die nun, und sei es über den Lautsprecher, an dem geistigen Aufruhr in Hörsaal 3010 teilnehmen dürfen, gibt es Hunderte, die ohne Eintrittskarte enttäuscht nach Hause gehen müssen oder von vornherein aufgegeben haben. Für Berlin, die magnetarm gewordene Stadt, deren interessante Bastionsstellung zuviele Künstler und Kapazitäten auf die Dauer nicht zu halten vermag, bedeuten Professor Höllerers Fingerspitzengefühl und Aktivität einen Glücksfall.«[3]

Höllerer war bereits in seiner Zeit als Privatdozent in Frankfurt am Main durch vielfältige Aktivitäten aufgefallen. Seine Berufung an die TU kam nicht von ungefähr: Er hatte auch eine beachtliche Karriere als Literaturwissenschaftler vorzuweisen. Seine Habilitationsschrift *Zwischen Klassik und Moderne. Lachen und Weinen in der Dichtung einer Übergangszeit* von 1958 setzte Maßstäbe und wirkte im Umfeld der germanistischen Texte jener Zeit bahnbrechend. Höllerer gelang es, die Dichtung nicht der Begrifflichkeit unterzuordnen. Er entwickelte eine ganz eigene Methode, Primär- und Sekundärliteratur miteinander zu verbinden. Als er 1963 das Literarische Colloquium Berlin (LCB) gründete, formulierte er sehr präzise, was ihn umtrieb: »Das Literarische Colloquium Berlin versucht die Grenzen zwischen Literatur, Literaturkritik und Literaturwissenschaft, die in Deutschland unverhältnismäßig hoch gezogen worden sind, durchlässig zu machen.«[4]

Walter Höllerer hatte in allen drei Disziplinen einen großen Namen und stellte das her, was man heute »Synergieeffekte« nennt. Die Praxis der Gruppe 47 kam ihm schon allein deswegen entgegen, weil sie ihn mitten in den Literaturbetrieb führte, und hier fühlte er sich, das zeigte sich vor allem in den sechziger Jahren, wie ein Fisch im Wasser. Er war in dieser Zeit, bis zum Ende der Gruppe, neben Hans Werner Richter der wichtigste Mann – nicht nur als Organisator der beiden Tagungen 1962 und 1965 am Berliner Wannsee. Durch seine literarischen Werkstätten führte er immer wieder junge und jüngste Autoren der Gruppe zu, sodass bald von einer »Berliner Clique« gesprochen wurde. Sehr folgenreich war ein Kurs über das »Prosaschreiben« am LCB, das erste institutionalisierte Creative-Writing-Seminar im deutschen Literaturbetrieb: Mit Hubert Fichte, Peter Bichsel, Hans Christoph Buch, Hermann Peter Piwitt, Nicolas Born und einigen anderen hatte es lebhaften Anteil an der Verjüngung der Gruppe 47 und der Einbindung einer dritten Generation von Schriftstellern.

Was in der Gruppe 47 bereits angelegt war, fand in Walter Höllerer an der Technischen Universität einen großen Popularisierer und Propagator: Er nutzte offensiv die neuen Möglichkeiten der Medien, vor allem des Fernsehens. Von Anfang an setzte er auf eine enge Zusammenarbeit mit der Fernsehredaktion des Senders Freies Berlin (SFB). Dass Hans Werner Richter Anfang der sechziger Jahre »mit einem Bein«, wie er sagte, nach Berlin ziehen konnte, war fast ausschließlich Höllerers Aktivitäten zu verdanken. Richters literarische und politische Tätigkeiten liefen in Berlin unter dem Siegel des von Höllerer begründeten Literarischen Colloquiums. Der Chef der Gruppe 47 zog in das ehemalige Haus des Verlegers Samuel Fischer in der Erdener Straße 8 in Grunewald ein und gründete einen »literarisch-politischen Salon«, zusammen mit dem Westdeutschen Rundfunk und dem SFB. Die Sender, vertreten durch den alten 47er Ernst Schnabel, zahlten die Hälfte der Miete. Hier kam es zu Begegnungen zwischen Politik und Literatur, was im Berlin dieser Tage meist hieß: zwischen SPD und Gruppe 47. Legendär wurde aber auch eine Fernsehsendung mit Franz Josef Strauß: Dieser zeigte sich den Schriftstellern rhetorisch und medientechnisch zumindest ebenbürtig. Höllerer, der sich konkreten politischen Äußerungen fast immer entzog, nahm an einigen dieser Abende teil, und eine charakteristische Vermischung zwischen Öffentlichkeit und Privatheit zeigte sich spätestens bei seiner Hochzeit mit der Fotografin Renate von Mangoldt im Jahr 1965, die in Richters Haus in der Erdener Straße gefeiert wurde. Günter Grass lieferte dabei das Buffet.

Das erste große literarische Fernsehereignis in Berlin war Höllerers »Internationale Lesereihe« 1961/62. Sie fand, wegen des zu erwar-

Die »Berliner Clique« und ein Pilzgeflecht: Walter Höllerer und
Günter Grass vor Ort

tenden Andrangs, im Großen Saal der Kongresshalle statt, und die Veranstaltungen wurden jeden Montag live vom SFB übertragen. Jeder einzelne dieser Abende war ein Großereignis, dessen Dimensionen nur erfasst werden können, wenn man sich vor Augen hält, dass hier zum ersten Mal internationale Zeitgenossenschaft, die internationale Moderne nach Berlin gebracht wurde. Was bisher nur aus der Ferne wahrgenommen werden konnte, war nun zu hören und zu sehen: die Berühmtheiten des *nouveau roman* etwa, Alain Robbe-Grillet, Nathalie Sarraute und Michel Butor, der italienische Nobelpreisträger Salvatore Quasimodo oder der legendäre John Dos Passos, der Pionier des modernen Großstadtromans aus den USA. Als international galten selbstverständlich auch die großen deutschsprachigen Autoren Ingeborg Bachmann und Heimito von Doderer aus Österreich, zu denen Höllerer eine besondere Beziehung hatte.

Weitaus mehr als die 1500 Menschen, die in der Kongresshalle Platz fanden, wollten an diesen Abenden dabei sein. Dabei handelte es sich um nichts weiter als um Autorenlesungen – allerdings in einer Form, die sehr neu und ungewohnt war und heute selbstverständlich ist: die Lesung als Event, als inszeniertes Ereignis. Die Fernsehaufnahmen dieser Veranstaltungen sind bedeutende kulturgeschichtliche Dokumente. Sie wurden damals im Filmstudio des LCB produziert, auf großen alten 35-mm-Bändern. Unvergleichlich ist etwa der Abend mit Ingeborg Bachmann am 13. November 1961: Der Film zeigt fast hautnah, worin ihre suggestive Wirkung bestand – eine brüchige Stimme, die immer wieder kurz vor dem Wegbleiben zu stehen scheint, eine nervöse Magie. Noch während des lang anhaltenden Schlussapplauses erhebt sich Ingeborg Bachmann, will schnell weg, wechselt wirre Blicke mit Walter Höllerer, den sie anscheinend fragt, was man jetzt machen solle. Er fasst sie sacht am Ellbogen und geleitet sie hinaus.

Ungeheuer auch die Aura Heimito von Doderers. Das war, in den Zeiten der technischen und fortschrittsgläubigen Hochmoderne, ein Einbruch aus einer ganz anderen Zeit, noch völlig unangefochten von medialer Vermittlung. In der Fernsehaufzeichnung wird Doderer während des kurzen Eingangsgesprächs mit Höllerer größer und größer, sein Körper scheint durch ausladende, wuchtige Bewegungen den Raum immer mehr auszufüllen, während Höllerer daneben immer kleiner und geduckter wirkt. Und als Höllerer ihn fragt, was für ihn denn ein realistischer Roman sei, versetzt Doderer in unnachahmlicher Diktion: »Unter einem realistischen Romanschriftsteller verstehe ich einen Autor, der in ein erfundenes Gewand schlüpft und bei wirklichen Ärmeln herauskommt.«

Es dürfte für die gleichzeitig immer heftiger werdenden ästhetischen Debatten in der Gruppe 47 äußerst aufschlussreich gewesen sein, wie Doderer nach Höllerers hartnäckigen Fragen handwerklich detailliert seine Romantheorie entwickelte: »Ich mache auf großen Reißbrettern ein Graphikon, in dem angegeben ist, wieviel Seiten jedes Kapitel haben darf. Meine Damen und Herren, ich fahre pünktlich in meine Bahnhöfe ein und aus ihnen wieder aus. Und wenn das einmal da ist, dieses Graphikon, dann sehe ich natürlich schon – jeder würde das sehen, der sein Metier versteht –, wo die schweren Stellen sind. Da auf Seite 400, 896 – und dann schreibe ich all diese schweren Stellen zwei-, dreimal, so wie jemand, sagen wir mal, eine schwere Klaviersonate übt, eine späte Beethovensonate, der spielt ja auch nicht von Anfang bis zu Ende immer wieder durch, er übt die Stellen, die schwierig sind. Genauso ist es hier. Und wenn das einmal durch ist, wenn die Zeichnung liegt, die Komposition, dann beginne ich von vorne und improvisiere die Komposition. Und jetzt muß die große Überraschung kommen, immer mehrmals, sonst geht das Werk schief. Wenn es das wird, was geplant ist, ist es ein Mist.«[5]

Der wortgewaltige Autor begann etwa in dieser Zeit, an seinem großartigen letzten Werk *Die Wasserfälle von Slunj* zu arbeiten. Doderer war für Höllerer mehr als nur ein Geheimtipp, und er schaffte es, den zwischen allen Stilen und Zeiten mäandrierenden Österreicher mit einem riesigen Publikum vor Ort sowie einem noch größeren Fernsehpublikum zu konfrontieren. Doch Doderer sprach wie im Kaffeehaus, er war gar nicht zu bremsen, und als sich die Veranstaltung und damit auch die Fernsehübertragung dem Ende zuneigte, schob der Regisseur des SFB dem Moderator Höllerer einen Zettel zu, auf dem zu lesen stand: »Wir dürfen 19 Uhr 35 nicht überziehen. Bitte Herrn von Doderer daran hindern, nach Herrn Dr. Jaggberg nochmals das Wort zu ergreifen.«[6]

Noch hatte das Fernsehen Schwierigkeiten, sich in den Mittelpunkt der Veranstaltung zu stellen. Es war alles neu an dieser Reihe. Höllerer hat hier, wie nebenbei, die Form der moderierten Autorenlesung mit erfunden: Dass der Schriftsteller sich vor, nach oder während der Lesung vor Publikum den Fragen eines Moderators stellt, war damals höchst ungewöhnlich. Und die Kameras wurden zu diesem Zeitpunkt überall noch als absoluter Fremdkörper empfunden, man stand wirklich erst ganz am Anfang. In welchem Umfeld sich Höllerer mit seinen Berliner Literaturbetriebsaktivitäten und Hans Werner Richter mit den medialen Vernetzungen der Gruppe 47 damals bewegten, welches Neuland sie dabei betraten, das wird vielleicht in einem Zwischenbericht über die Reihe in der Kongresshalle deutlich, den die *Welt* druckte:

Eine seltsame Szenerie. Da sitzen vier Herren im Scheinwerferlicht vor einer Wand. Sie sitzen im Straßenanzug an Tischen mit Stahlrohrbeinen, die wiederum schwarze Flügel aus Holz oder Kunststoff haben. Hinter diesen Herren sind paraventartige Wände aufgerichtet mit eigentümlichen toten Farben, hellgraue, grünliche, rötliche, bläuliche Platten vor einem dunkelgrauen Hintergrund.

Vor ihnen stehen drei Apparaturen auf Stahlfüßen, und diese steigen hoch und versinken wieder und bewegen sich nach links und rechts. Drei Männer springen drum herum, während die vier Herren reden oder sich Zigaretten anzünden. An der Lässigkeit der Sitzenden erkennt man, daß die vor ihnen sich bewegenden Männer kein Peloton, kein Erschießungskommando sind, obwohl aus jeder der Apparaturen vier Geschützrohre sich drohend auf die Herren an der Wand richten.

Nun, wir haben zweifellos eine Fernsehlandschaft vor uns, und die drei sich geheimnisvoll bewegenden Apparate, auf denen zuweilen ein rotes Lämpchen aufglüht, sind mit schwarzen und roten hinter den Flügeln der Tische gewickelten Kabeln verbunden, und diese wiederum mit dem Funkhaus, wo mehrere hundert Menschen damit beschäftigt sind, das, was hier aufgenommen wird, in den Raum auszustrahlen. Das Ganze ist eine Dichterlesung in der Berliner Kongreßhalle.[7]

Über die Lesung mit Ingeborg Bachmann wird berichtet, dass ungefähr 2000 Menschen gekommen waren, »im stürmischen Regen eines kalten Herbsttages«, und dass fast die Hälfte von ihnen stehend der mehrstündigen Dichterlesung folgten. Viele hörten die Dichterin nur draußen über Lautsprecher, »aber niemand ging fort«.[8] Die von Höllerer organisierten Events markierten den Beginn einer kulturpolitischen Offensive, die im Vorfeld der 68er-Bewegung einen deutlichen atmosphärischen Umschwung zeigte. Man schaute programmatisch nach vorn. Gerade nach dem Bau der Berliner Mauer am 13. August 1961 war es auch für Hans Werner Richter klar, die Gruppe 47 mit diesem symbolischen Ort zu verbinden. Die politischen Stellungnahmen von Gruppenmitgliedern, ausgelöst durch die Gruppentagungen, häuften sich. Dabei war es kein Zufall, dass die Proteste gegen die DDR-Führung wegen des Mauerbaus in immer heftigere Bekundungen einer außerparlamentarischen Opposition in der Bundesrepublik übergingen. Wie eng die künstlerischen und politischen Verflechtungen im Laufe der sechziger Jahre wurden, zeigen unter anderem auch weitere spektakuläre Veranstaltungsreihen Höllerers. Immense Auswirkungen hatten etwa die Abende unter dem sperrigen Titel »Modernes Theater auf kleinen Bühnen« 1964/65 in der Akademie der Künste. Schon der Auftakt mit dem »Living Theatre« aus New York erschütterte die gängigen deutschen Theaterbegriffe grundsätzlich, noch Jahre später wurde in Theaterkritiken auf dieses Urerlebnis hingewiesen. Auf diese unmittelbare Konfrontation mit der zeitgenössischen Avantgarde, abseits der deutschen Staats- und Stadttheaterbühnen, war man nicht vorbereitet. Es ist aus heutiger Sicht auch fast unvorstellbar, dass diese Theateraufführungen in der ARD, im ersten deutschen Fernsehprogramm, live übertragen wurden: Sie begannen deswegen erst um 22 Uhr 40. Und am Vorabend der 68er-Bewegung, im Wintersemester 1965/66, veranstaltete Höllerer eine Reihe über »Veränderung im Film«: Absoluter Höhepunkt dabei war der Abend mit Pier Paolo Pasolini im Januar 1966, man sieht in dem Mitschnitt in der ersten Reihe auch den ganz jungen Wim Wenders sitzen. Als die Veranstaltung zeitversetzt im SFB gesendet wurde, sagte der Ansager vor der Ausstrahlung: »Es musste die Polizei eingeschaltet werden, um den Andrang des vorwiegend studentischen Publikums zu kanalisieren.« Eineinhalb Jahre später, nach dem Tod Benno Ohnesorgs am 2. Juni 1967, eskalierte das Verhältnis zwischen der Polizei und den Studenten in ganz anderer Weise – und doch gibt es da einen Zusammenhang.

Im Jahr 1962 wurde die Gruppe 47 15 Jahre alt. Es war völlig klar, dass die Jubiläumstagung in Berlin stattfinden sollte. Obwohl Richter Höllerer gegenüber immer ein bisschen argwöhnisch blieb – der eher realistisch-sozialdemokratische Richter wähnte in Höllerer den Formalisten –, war der Organisator Höllerer für Richter unverzichtbar geworden. Der instinktsichere Richter merkte, dass ästhetisch ein neuer Wind zu wehen begann, etwas, was ihm ziemlich fremd war. Richters Überlegungen finden sich recht pointiert in einem Brief vom 13. Juni 1961 an Walter Jens wieder: »Was bleibt nun übrig. Es gibt nur zwei Wege, einmal sich selbst zu modernisieren, das heißt eine Art Höllerer zu werden, oder die Literatur ganz aufzugeben. Da ich kein Höllerer werden kann, selbst nicht bei den größten artistischen Verrenkungen, so bleibt wohl nur der zweite Weg.« Und am 23. August 1961 schreibt er an Fritz J. Raddatz von »einer literarischen Inzucht auf Höllerer-Ebene«.[9] Es steht dazu keineswegs im Widerspruch, was Richter dann im Vorfeld der Berliner Tagung 1962 konkret an Walter Höllerer schreibt:

> Lieber Walter,
> ich stehe vor einer Schwierigkeit. Von den 105 Eingeladenen haben bis jetzt 93 zugesagt. Nur vier kommen nicht. Ich aber hatte mit mindestens 25 bis 30 Absagen gerechnet. Du siehst, alles will nach Berlin. Was machen wir jetzt?
> Ich brauche also etwa 90 Betten, da ich mit noch einigen Zusagen rechnen muß, selbst wenn ich die Berliner abziehe. Kannst Du mit Glösche telefonieren? Er soll doch alles in der Umgebung bis zu 20 Minuten requirieren. Die Alte Post muß auf jeden Fall als Ganzes frei gehalten werden und im Alten Casino müssen so viel Betten wie möglich aufgestellt werden. Vielleicht gibt es aber doch etwas weiter entfernt noch ein Hotel und wie ist es mit dem »Haus der Wissenschaften«?
> Noch eine Bitte. Ich muß doch damit rechnen, daß sich alle möglichen Schlachtenbummler einschleichen wollen, ja, ich habe Anlaß zu dem Verdacht, daß auch aus dem Osten ein paar Leute mit staatlicher Genehmigung angereist kommen. Aber ich will sie nicht, ganz gleich wie sie heißen, so wenig wie die Westberliner Schlachtenbummler. Deshalb folgende Bitte: Hast Du unter Umständen zwei Studenten, die mit den Einladungslisten versehen dafür sorgen, daß nur die von mir Eingeladenen in das Haus kommen? Das scheint mir wichtig zu sein.

> Dann: Die Feier mit dem Senat, falls notwendig, kann am Dienstag, den 30. Oktober in der Akademie stattfinden. Der Herr ....... (wie heißt der Präsident?) hat deswegen schon mit mir telefoniert. Ich meine, unser »Jubiläumsfest« sollten wir doch unter uns feiern, ohne Repräsentanz. Was meinst Du? Ich las in der Zeit, daß das Jubiläumsfest der Gruppe 47 unter der erbitterten Anteilnahme von Freunden und Feinden der Gruppe 47 Ende Oktober vor sich gehen würde. Da sie also alle so erbittert sind, können sie dann auf diesem Jubelfest jeder in freier Rede ihre Bitternis aus sich herausschleudern. Das wird vielleicht ganz witzig. Da ich auch erbittert bin, werde ich die erste Rede halten und mich für alles rächen, was man mir in den fünfzehn Jahren angetan hat.[10]

Schon früh zeichnete sich ab, dass die Tagung am Wannsee 1962 eine sehr besondere und hervorstechende sein würde. Sie stand nicht nur im Zeichen der seit einem Jahr existierenden Berliner Mauer und anderer akuter politischer Konflikte wie der Kuba-Krise und der *Spiegel*-Affäre, sondern sie fand auch auf einem ersten Höhepunkt heftiger literaturpolitischer Auseinandersetzungen um die Gruppe 47 statt. Hans Werner Richter hatte die Idee, zum 15-jährigen Bestehen dieser von ihm eher hemdsärmelig definierten Institution einen *Almanach* herauszubringen. Er verhandelte darüber mit mehreren Verlagen, und dabei entwickelte sich eine recht gute Beziehung zu Fritz J. Raddatz, dem jungen, aus der DDR übergesiedelten stellvertretenden Verlagsleiter bei Rowohlt. Bei diesem Verlag waren auch die aktuellen Taschenbuchbände *Die Mauer* (herausgegeben von Hans Werner Richter) und *Die Alternative* (zum Bundestagswahlkampf 1961, herausgegeben von Martin Walser) erschienen, die in einem engeren Zusammenhang mit der Gruppe 47 standen. Richter konzipierte den *Almanach* ganz bewusst nicht als ein »Best-of« der als besonders gut empfundenen Texte, sondern als eine Chronik. Im Mittelpunkt standen charakteristische Texte, die bei den Gruppentagungen gelesen wurden und als repräsentativ für die Atmosphäre gelten konnten, begleitet von einigen wenigen essayistischen Versuchen zur Gruppengeschichte.

Symptomatisch sind Überlegungen Richters in einem Brief an Raddatz vom 2. August 1962: »Ein nochmaliger Hinweis, daß die Auswahl frei von jeder Qualitätssucht getroffen wurde, also nur ein Ausschnitt dessen ist, was in diesen fünfzehn Jahren gelesen wurde, ist vielleicht angebracht. Es sind ja ›Stücke‹ dabei, die heftig kritisiert wurden, ja einige, die durchfielen. Ich bleibe bei meiner Meinung, daß ein Almanach einen solchen Querschnitt zeigen muß, wenn er nicht verlogen sein will. Dann aber hätte er auch für die Zukunft keine Bedeutung. Ängstliche Seitenblicke zu Sieburg, Blöcker und Genossen sind dabei nicht angebracht.«[11]

Neben persönlich gefärbten Rückblicken von Hans Werner Richter und Heinz Friedrich eröffneten Beiträge der Kritiker Hans Mayer, Joachim Kaiser und des geübten Polemikers Hans Magnus Enzensberger (»Die Clique«) den Band. Enzensberger lieferte hier die später oft aufgegriffene Definition der Gruppe 47 als »das Zentralcafé einer Literatur ohne Hauptstadt«. Als »Marginalien« wurden gegen Ende unter anderem ein Beitrag Marcel Reich-Ranickis über die »Fragwürdigkeit und Notwendigkeit mündlicher Kritik« sowie Martin Walsers furioser »Brief an einen ganz jungen Autor« gedruckt. Die ausgewählten literarischen Texte, eingeleitet von durchaus auch kritischen Bemerkungen von Fritz J. Raddatz, lesen sich heute wie eine aussagekräftige kleine Literaturgeschichte, sie verraten tatsächlich ein Gespür für das Wichtige. Gedichte von Eich, Celan, Bachmann, Rühmkorf und Bobrowski werden besonders hervorgehoben, daneben Enzensbergers Langgedicht »Schaum« von Schloss Elmau 1959. Andere mit dem Gruppenpreis gekrönte Autoren wie Böll, Aichinger, Morriën, Walser und Grass sind mit den betreffenden Vorlesestücken vertreten. Dass Ilse Schneider-Lengyel, die erste Gastgeberin, mit fünf ihrer versponnenen Gedichte auftaucht (eines weniger als Bachmann!), fällt als eine besondere Hommage auf. Die knappen, pathetisch-realistischen Texte der Kriegsheimkehrer (etwa Hans Jürgen Soehrings »Schnitt in die Natur«) werden nicht verschwiegen, doch Neutöner wie Helmut Heißenbüttel oder der mit acht Gedichten neben Günter Eich am umfassendsten dokumentierte Post-Benn-Spieler Rühmkorf halten dem mehr als die Waage.

Es war eine Festschrift. Als solche wurde sie allgemein wahrgenommen, besonders von den in den fünfziger Jahren lange hegemonial wirkenden Feuilletonisten wie Hans Egon Holthusen, Friedrich Sieburg oder Günter Blöcker. Sie konnten die Gruppe 47 nun nicht mehr mitleidig mit Schweigen oder beiläufigen spöttischen Bemerkungen übergehen, sondern mussten sich ihr stellen. Der *Almanach* erschien im September 1962, die Tagung am Wannsee fand vom 26. bis 28. Oktober statt, und am Montag zuvor, dem 24. Oktober, widmete das Magazin *Der Spiegel* dem Jubiläumstreffen der Gruppe 47 seine umfangreiche Titelgeschichte – branchenüblich etwas süffisant, aber letztlich die Bedeutung sehr herausstreichend. Das musste in der offiziellen deutschsprachigen Literaturszene wie ein Ritterschlag wirken. Daneben hatte sich die Wochenzeitung *Die Zeit* unter dem Feuilletonchef Rudolf Walter Leonhardt seit einiger Zeit als »Hausorgan« der Gruppe 47 profiliert – die Bezeichnung stammte von ihm selbst. Leonhardt war zwar ein nach allen Seiten hin offener Liberaler, der mit Richter politisch nicht viel gemeinsam hatte, aber er bewies einen untrüglichen journalistischen Instinkt für Themen und Aktualität. Am ersten Tag der Gruppentagung, dem 26. Oktober, zwei Tage nach dem *Spiegel*, widmete er sein Feuilleton hauptsächlich der Gruppe 47. In seinem Einführungsartikel »Was gilt die deutsche Literatur im Inland?« schrieb er: »Wir haben uns nicht gescheut, die Bezeichnung ›Hausorgan der Gruppe 47‹ beinahe wie einen Ehrentitel zu tragen – eine simple Addition der deutschen Nachkriegsschriftsteller von Rang gibt dieser Gruppe nun einmal ihr Übergewicht, da kann sich einer drehen und wenden, wie er will.«

Gewitzt hatte Leonhardt zwei Gegner der Gruppe, Günter Blöcker und Hans Habe, für dieselbe Ausgabe mit Grundsatzartikeln beauftragt. Blöckers Text erschien unter der Überschrift »Die Gruppe 47 und ich«. Leonhardt hatte ihn aber vor Erscheinen bereits Marcel Reich-Ranicki zukommen lassen und diesen um eine Entgegnung gebeten. Deutlicher konnte nicht werden, dass sich in der literarischen Öffentlichkeit der Bundesrepublik ein Paradigmenwechsel vollzogen hatte. Blöcker, erst wenige Jahre zuvor mit seiner unsäglichen Kritik von Paul Celans *Sprachgitter* hervorgetreten, ist in seinem Text vor allem eine erstaunliche Eitelkeit anzumerken. Er positioniert sich als einen großen Einzelnen gegen die »Vereinsmeierei«, gegen »Mannbarkeitsriten« wie bei »gewissen primitiven Völkerstämmen«, gegen die »Elite-Vorstellungen einer schlagenden Verbindung«. Herablassend wehrt er sich anfangs gegen »die Vorstellung, die Gruppe 47 spiele in meinem Denken und Schreiben eine so große Rolle, daß da überhaupt so etwas wie eine tiefergehende Gegnerschaft entstehen könnte«. Der ganze nachfolgende Artikel steckt jedoch so offensichtlich voller Ressentiments und Hass, dass sich diese Pose unfreiwillig verräterisch ausnimmt. Blöcker spricht von einem »demagogischen Clan« und von »Meinungsterror«, gleichzeitig vom »deutschen Stammtisch«, diesem »Zusammenlaufen und Zusammenhocken von Leuten«, das etwas »im Grunde Widergeistiges« habe. Es ist die typische, beim deutschen Restbürgertum anzutreffende pseudoaristokratische Kontinuität antidemokratischer Affekte, man nimmt für sich in Anspruch, Teil einer Elite des Geistes zu sein. Dass das von der Weimarer Republik über das Dritte Reich bis in die Adenauerrepublik unvermindert anhält, verstellt paradoxerweise den Blick darauf, welchen Anteil man damit am Nationalsozialismus hatte.

Wie Blöckers Text im Einzelnen arbeitet, wird am besten an konkreten Beispielen deutlich. Er stellt fest, »daß einige der begabtesten Mitglieder der Gruppe bald nach dem Erscheinen ihrer ersten Arbeiten ein Echo auch außerhalb des Freundeskreises gefunden haben, und das doch gewiß nicht allein bei mir. Enzensbergers tendenziöse Behauptung, wonach wir ohne die Gruppe 47 sozusagen keinen Böll und keine Bachmann hätten, ist also pure Polemik.« Blöcker bezieht sich dabei auf Enzensbergers ziemlich schlitzohrigen Aufsatz »Die Clique« im soeben erschienenen *Almanach*, wo dieser sich als unbeteiligter Besucher der Gruppe 47 tarnt und scheinbar arglos wiedergibt, was er dort wahrnimmt. Es heißt hier: »Sie waren stolz darauf, Autoren wie Heinrich Böll, Günter Eich, Ilse Aichinger, Ingeborg Bachmann, Martin Walser und Günter Grass zu einer Zeit, da keine Akademie nach ihnen krähte, Preise verliehen zu haben.« Das ist nun etwas ganz anderes, als Blöcker unterstellt, hebelt ihn aber gewissermaßen schon im Voraus aus – Enzensberger polemisiert in seinem Text tatsächlich, als hätte er es geahnt, auch namentlich gegen Blöcker.

Reich-Ranickis Entgegnung auf Blöcker in der *Zeit* ist rhetorisch gewieft und souverän. Er fragt gegen Ende: »Waren die literarischen Salons in Berlin zwischen 1810 und 1830 auch lächerlich und widergeistig? Ähnelte das ›junge Wien‹ mit Hofmannsthal, Schnitzler, Kraus und Bahr einer schlagenden Verbindung? War das Romanische Café ein deutscher Stammtisch?« Der – er nimmt das hier in seltener Weise, wenn auch unausgesprochen in Anspruch – Jude Reich-Ranicki hält fest, dass die Grundtendenz der Gruppe 47 von Anfang an »antifaschistisch und antiautoritär« war, und fügt hinzu: »Es gab in diesem Land eine Zeit, in der mitunter versucht wurde, zwischen Antifaschismus und Meinungsterror einen ursächlichen Zusammenhang herzustellen. Derartiges heute wieder zu hören – wenn auch in Form dunkler Andeutungen –, sollte zumindest nachdenklich stimmen. Ich will nicht verheimlichen, daß es mich persönlich bestürzt und entsetzt. Plötzlich wird man daran erinnert, welchem Boden Kollektiv-Urteile entspringen und jene furchtbaren diffamierenden Legenden, die ganze Gruppen betreffen.«[12]

Der »Kulturkampf« gegen die Gruppe 47 wurde auch nach der Tagung noch weitergeführt. Friedrich Sieburg besprach am 1. Dezember eine Sammlung von Blöckers Kritiken. Wie sehr der Wind sich mittlerweile gedreht hatte, zeigen darin Passagen wie diese: »Der Intellektuelle wage es einmal, Bert Brecht abzulehnen, Wolfgang Borchert mittelmäßig zu finden, vier dicke Bände Tucholsky für ein wenig reichlich und Heinrich Böll für den Nobelpreis nicht qualifiziert zu erklären, und er wird sehen, welche Meute er sich auf den Hals zieht und wie unwiderruflich er sich deklassiert. Ja, kann ein sogenannter gebildeter Mensch, eine Frau Regierungsrat oder ein gehobener Mann der Wirtschaft, es sich noch leisten, die Unappetitlichkeiten eines Günter Grass (›Er ist doch so begabt‹) abzulehnen? Nein, er muß es sich genau überlegen, wenn er nicht als Dunkelmann, als Faschist oder als Anbeter der Atombombe und vor allem als hoffnungslos unmodern gelten will.«[13]

Adenauer war immer noch Bundeskanzler, aber die Wortführer des offiziellen Literaturmilieus waren offensichtlich in die Defensive geraten. Es brauchte nur noch wenige Jahre, bis Heinrich Böll den Nobelpreis wirklich bekam (bei Grass allerdings dauerte es tatsächlich etwas länger), und es war eine deutsche Gegenwartsliteratur herangewachsen, die international Anschluss gefunden hatte. Der Londoner *Observer* etwa urteilte, vom *Spiegel* ehrfurchtsvoll zitiert: »Eine neue Generation junger deutscher Schriftsteller kommt in Europa zur Blüte. Es wird sogar gesagt, daß gegenwärtig in Deutschland interessantere Werke entstehen als irgendwo sonst in Europa.«[14] Die Tagungen der Gruppe 47 in Schweden 1964 und in den USA 1966 gehen denn auch ursächlich darauf zurück, dass man in diesen Ländern neugierig auf die deutschen Autoren geworden war und den Kontakt suchte.

Der junge Essayist Walter Boehlich antwortete eine Woche später in der *Zeit* auf Sieburgs Artikel. Er schlägt einen sehr selbstbewussten Ton an, als sei er schon sehr sicher, dass ihm die Zukunft gehöre, und bringt Sieburg vor allem Mitleid entgegen. Denn die Zeit sei über diesen hinweggegangen. Boehlich versäumt nicht, darauf hinzuweisen, »wie die Kritik mit Ingeborg Bachmanns Prosa umgegangen ist, was sie über Günter Grass gesagt hat, wie sie Martin Walser behandelt hat« – man könne es Sieburg »schwarz auf weiß zeigen«, aber »es nützte nichts. Es nützte nichts, weil es die Bachmann und Grass und Walser noch immer gibt und weil keine, und nicht die schärfste Kritik, hat unwahr machen können, daß diese drei, und so viele andere mit ihnen, zu der Literatur gehören, die die Literatur unserer Gegenwart ist. Und es nützte nichts, weil keine, und nicht die lobendste Kritik, wahr machen könnte, daß Sieburg zu ihr gehört.«[15]

Die Gruppe 47 reagierte auf Sieburg allerdings nicht nur mit dem Florett Walter Boehlichs, sondern sie probierte auch schon Spielformen aus, die erst im Lauf der nächsten Jahre Breitenwirkung bekommen sollten: Sie arbeitete mit provokativen Streichen, subversiven Aktionen und Performances. Man hat nie herausgefunden, wer genau Friedrich Sieburg mitten im Winter Tag für Tag mit der Post einen neuen Gartenzwerg zuschicken ließ. In Frage dafür kommt in allererster Linie Klaus Roehler, dessen Vater eine kleine Fabrik für Gartenzwerge führte. Sieburg beschwerte sich in einer langen Glosse in der *FAZ* darüber, dass die »greise Postfrau« seines Dorfes »jeden Morgen mit einem sperrigen Paket durch den Schnee zu meinem abgelegenen Gehöft keuchte«.[16]

Die Sache hatte viele Aspekte: »Zunächst habe ich die Sendungen als Huldigungen übereifriger Leser aufgefasst, zumal da der erste Zwerg ein Buch in der Hand hielt, auf dessen Deckel kunstvoll der Titel eines meiner Bücher aufgemalt war. Das Männchen war übrigens zerbrochen, die Trümmer der Zipfelmütze gewährten einen betrüblichen Einblick in die miserable Qualität des Kunstwerkes.« Doch dann entwickelte das Ganze eine ungeahnte Eigendynamik. Als Absender waren jedes Mal andere Persönlichkeiten des öffentlichen Lebens angegeben, und als Sieburg begann, die Gartenzwerge an diese Adressen zurückzuschicken, kam neuer Ärger: »Ein wahres Pandämonium war die Folge, denn da niemand wußte, daß die Zahl der falschen Absender Legion war, hielt jeder sich für den einzigen, mit dessen Namen Mißbrauch getrieben worden war.« Sieburg schloss grimmig: »Die geistigen Zustände in unserem Lande sind ärmlich, es ist daher denkbar, daß ganze Gruppen ihr Selbstgefühl dadurch stärken, daß sie sich vom Gartenzwerg distanzieren und mich in seinem Bereich ansiedeln.«

Anfang der sechziger Jahre begannen sich die Ereignisse zu überstürzen, vieles veränderte sich. Die Gruppe 47 gab plötzlich den Ton an. Und durch die *Spiegel*-Geschichte war die Tagung in Berlin 1962 zusätzlich aufgeladen – denn das Magazin hatte, den internen Riten zuwiderlaufend, öffentlich gemacht, wann und wo sie stattfinden würde. Hans Werner Richter sah sich mit Einladungswünschen überrannt, und ein Leitmotiv in seinen Vorbereitungsbriefen an die Freunde wurden die »stämmigen jungen Lyriker«, die an der Tür stehen und Unbefugte abweisen sollten: »Und trotzdem wächst die Zahl der Teilnehmer unaufhaltsam. Was kann man dagegen tun? Nichts. Aber hier, im Prominentwerden liegt der Todeskeim der Gruppe 47.«[17]

In diesem Satz steckt das ganze Dilemma. Richter wollte Publizität, er wollte Wirkung, nicht zuletzt aus politischen Motiven. Aber er wollte gleichzeitig alles in der Hand behalten und das Erfolgsrezept des »privaten Freundeskreises« beibehalten. Dass das nicht gut gehen konnte, war ihm allmählich bewusst. Er klammerte sich an die ihm lieb gewordenen Vorstellungen, so Klaus Wagenbach gegenüber, auch wenn dieser seine ganz eigenen Interessen hatte, einen Berliner Verlag gründen und die Gruppe 47 vor allem DDR-Schriftstellern gegenüber öffnen wollte. Wagenbach äußerte immer wieder neue Einladungswünsche, und Richter schrieb ihm am 17. Oktober: »Lieber Klaus, ich bin aufs Land nach Breitbrunn am Chiemsee geflohen, um dem Rummel zu entgehen, der da mit tausend Einladungswünschen ausgebrochen ist. Ich bin keine Einladungsmaschine, die Gruppe 47 keine Institution und kein Schriftstellerverband, sondern eine höchst private Angelegenheit. Das soll sie bleiben und muß sie bleiben, sonst gibt es sie morgen nicht mehr. Ihre Erfolge beruhen ausschließlich darauf. Mit anderen Worten, die jeweilige Zusammensetzung der Gruppe ist meine Angelegenheit, wie alles andere auch!«[18]

Ein kleiner Vorfall unter mehreren zeugt von der Nervosität, die sich Richters bemächtigte. Der Redakteur des Hessischen Rundfunks, Adolf Frisé, hatte seinen Mitarbeiter Ulrich Gregor beauftragt, über die Tagung zu berichten. Ror Wolf nahm ihn mit und zerstreute dabei Gregors Bedenken, was die Exklusivität der Tagung anbelangte. Nach einigen Minuten habe aber Richter ausgerufen: »Da sind ja wieder ungeladene Gäste«, und habe Gregor rabiat am Ärmel hinausgezogen. Frisé gegenüber entschuldigte sich Richter im Nachhinein: »So muß ich jede Tagung vor den vielen Presseleuten, Photographen, Schlachtenbummlern usw. schützen und oft zu Methoden greifen, die mir selbst gar nicht liegen. Dies war in Berlin besonders schlimm. Kaum hatte ich eine Schar solcher Leute auf der einen Seite hinausbefördert, waren sie auf der anderen schon wieder im Saal. Schließlich kam es soweit, daß der kleine Raum zum großen Teil von Leuten besetzt war, die ich gar nicht geladen hatte, während die Schriftsteller standen oder vor der Tür warteten. Schließlich kam es soweit, daß ich voller Ärger über diese permanente Störung alle hinausgeworfen habe, die keine Einladung hatten bzw. die ich nicht kannte.«[19]

Man befand sich während der Tagung auf dem Höhepunkt der Kuba-Krise: Die Beteiligten hörten Flugzeuge über dem Wannsee kreisen, wie in einem Ernstfall, und das untermalte die Grundstimmung wirkungsvoll. Viele der Eingeladenen befürchteten, im Falle eines Kriegsausbruchs gerade im Berlin der Mauer besonders gefährdet zu sein. Süffisant wies Joachim Kaiser in seinem resümierenden Zeitungsartikel auf die Ausgangslage hin: »›Realistischere‹ Berufsgruppen zum Beispiel sagten ihre Berliner Tagungen ab.«[20] Für Wolfdietrich Schnurre, der in der *Welt* über das Treffen schrieb, stand das politische Umfeld eindeutig im Vordergrund: »einmal gab es einen heftigen Doppelknall am Zenit; er platzte mitten in eine Lesung hinein: zwei sowjetische Düsenjäger, die die Schallmauer durchbrochen hatten.«[21] Hans Schwab-Felisch betonte in seinem Artikel hingegen die literarische Qualität, die sich am Wannsee versammelt hatte. Zwar seien »die Pausen mehr als gewöhnlich gestikulierend und aufgeregt von politischen Diskussionen beherrscht« worden, doch »innerliterarische Kategorien und Betrachtungen überdeckten sie sofort«.[22]

Es lasen 25 Autoren, davon elf zum ersten Mal. Im Gegensatz zur als »intim« angelegten Tagung im Jagdschloss Göhrde 1961, die allgemein als langweilig empfunden wurde und wo man im eigenen Saft zu schmoren schien, war in Berlin eine neue Generation versammelt. Alexander Kluge, der kurz zuvor das »Oberhausener Manifest« der deutschen Autorenfilmer mitverfasst hatte, las aus seinen *Lebensläufen*, und etliche Debütanten hatten zum Teil beträchtlichen Erfolg: Gisela Elsner, Peter Weiss, Ror Wolf, Reinhard Lettau, Peter Bichsel, Hubert Fichte, Paul Nizon. Sabine Cofalla bemerkt im Kommentarteil des von ihr herausgegebenen Briefwechsels von Hans Werner Richter knapp und präzise: »Der Einfluß Walter Höllerers machte sich bemerkbar.«[23]

Joachim Kaiser fasste es so zusammen: »Über die entsetzlich mutige Gisela Elsner wurde heftig gestritten; Heißenbüttel bezauberte mit zugleich avantgardistischen und heiter-poetischen Versen; Reinhard Lettau und Jürgen Becker setzten sich durch und sind nun, zumindest ›intern‹, bekannt.«[24] Ein Höhepunkt war daneben Günter Grass' Lesung aus den *Hundejahren*. Und zum Schluss las, als besondere Pointe, Walter Jens einen Text vor, dessen Verfasser die Anwesenden erraten sollten: »Das Ende der i-Periode«, eine Satire auf den Literaturbetrieb und durchaus auch auf die kritisch-avantgardistischen Riten und die Entwicklung der Moden in der Gruppe 47. Der Text kam sehr gut an, man tippte als Autor auf Walter Höllerer, Wolfgang Hildesheimer oder Martin Walser, die im Ruf standen, elegante, philologisch und akademisch versierte, augenzwinkernde Texte schreiben zu können. Die Überraschung war groß, als sich Hans Werner Richter als Verfasser entpuppte. Deswegen war auch für ihn persönlich die Tagung 1962 ein Höhepunkt: Zum ersten Mal war ein von ihm geschriebener literarischer Text sehr gut weggekommen.

Der inzwischen hochbegehrte und mythenumrankte Preis der Gruppe 47 war seit der Grass-Auszeichnung 1958 nicht mehr vergeben worden – die Latte hing sehr hoch. Dieses Mal, das stand angesichts der vielen guten Texte bald fest, würde er wieder auf der Tagesordnung stehen. Ziemlich schnell lief alles auf eine Entscheidung zwischen Peter Weiss und Johannes Bobrowski hinaus. Peter Weiss war eine besondere Entdeckung: Er hatte es nach vielen Versuchen im Jahr 1960 geschafft, beim Suhrkamp-Verlag zum deutschsprachigen Autor zu werden, und sein spätes deutsches Debüt *Der Schatten des Körpers des Kutschers*, gefolgt von seinen autobiografischen Texten *Abschied von den Eltern* und *Fluchtpunkt*, erregten bei der nachrückenden Generation der Gruppe 47 großes Aufsehen. Hans Christoph Buch, der 1963 bei der Tagung in Saulgau als 19-Jähriger zum ersten Mal bei der Gruppe 47 auftrat, erkor sich Peter Weiss gleich zum großen Vorbild und fuhr Anfang der sechziger Jahre spontan nach Stockholm, wo er einfach an der Tür von Weiss klingelte und von ihm auch sehr kollegial aufgenommen wurde.

Weiss, 1916 bei Berlin als Sohn jüdischer Eltern geboren und früh nach Schweden emigriert, arbeitete an einem ästhetischen Programm, das sehr zukunftsweisend war: Er dachte »interdisziplinär«, agierte früh im Sinne von »cross culture«, bewegte sich zwischen verschiedenen Sprachen und Kunstgattungen. In seinen Anfängen begriff er sich als bildender Künstler, in den fünfziger Jahren machte er sich in Schweden als Experimentalfilmer einen Namen, und in den Sechzigern revolutionierte er mit seinem *Marat/Sade* fast auf einen Schlag das deutsche Theater. Daneben reflektierte er, als deutscher Jude, in literarischen Texten seine Sozialisation und sein Leben im schwedischen Exil. Ein Schlüsseldokument dieser exemplarischen künstlerischen Gestalt des 20. Jahrhunderts ist das erst lange nach seinem Tod veröffentlichte *Kopenhagener Journal* aus dem Jahr 1960, also aus der Zeit seines Eintritts in den bundesdeutschen Literaturbetrieb. Es lohnt sich, diesen Text näher zu beleuchten: als charakteristischen Einblick in die Lebensumstände eines der bedeutendsten Autoren der Gruppe 47, aber auch in die künstlerischen Debatten, die in der Gruppe 47 in den sechziger Jahren geführt werden sollten und mit ihren Anfängen überhaupt nichts mehr zu tun hatten.[25]

Weiss war 1960 44 Jahre alt, lebte in Stockholm, hielt sich aber für ein paar Monate in Kopenhagen auf, wo er den Dokumentarfilm *Hinter den Fassaden* drehte, eine Sozialstudie über das anonyme und austauschbare Leben in der Vorstadt. Es war noch nicht klar, dass dies sein letzter Film sein würde. Die Trennung von seiner langjährigen Freundin, Gunilla Palmstierna, lag ein Jahr zurück, es gab erste Wiederannäherungen, durchbrochen von einigen kurzen Affären in Kopenhagen. All diese Ebenen mischen sich im Journal und ergeben ein Mosaik, das nicht nur die persönliche Situation von Peter Weiss, sondern auch die Atmosphäre der damaligen Zeit, die Alltagsgefühle, die Debatten über Kunst und Literatur erfasst.

Hinter den Fassaden: Peter Weiss auf der Tagung 1965 in Berlin
(im Hintergrund Michael Hamburger)

Einzelne Passagen aus diesem Journal hat Weiss schon bald herausgelöst und gesondert veröffentlicht, vor allem in den *Notizbüchern*. Das sind die offenkundig »künstlerisch« wichtigen Teile, Reflexionen über den Dokumentarfilm beispielsweise oder ein langer Prosaversuch über den südfranzösischen Briefträger Ferdinand Cheval, der in jahrzehntelanger privater Obsession abseits der Öffentlichkeit einen Pilgerort für die spätere surrealistische Bewegung schuf, seinen »Palais Idéal«, ein bizarres architektonisches Gebilde mit organischen, pflanzlichen und sakralen Formen; Weiss sieht darin eine phänomenale Manifestation des menschlichen Unbewussten. Hier liegen auch Berührungspunkte mit seinem eigenen, vollständigen *Kopenhagener Journal*: Von höchstem Erkenntniswert ist die Verbindung zwischen den intimen, sich selbst schonungslos offenbarenden Abschnitten und sublimen, analytischen Prosastücken. Es handelt sich um eine eigenartige Mischung aus Tagebuch und Werkstattband – mit einer Ästhetik des Fragments, aber auch mit Passagen dezidierter Unbedingtheit. Angesichts dessen, wie in Deutschland um 1960 im Allgemeinen geschrieben wurde, sind dies außerordentlich neue Ansätze.

Die politische Radikalisierung von Peter Weiss durch den Frankfurter Auschwitz-Prozess und durch den Vietnamkrieg ist in diesem Tagebuch bereits erahnbar. Es macht aber vor allem deutlich, welches die persönlichen Voraussetzungen dafür sind. Der Weg zur marxistischen Gesellschaftsanalyse hat für ihn ganz konsequent bei der Psychoanalyse seinen Ausgangspunkt. Die Parallelführung dieser beiden Erkenntnismethoden, die in der Bundesrepublik der späten sechziger und siebziger Jahre akademische Breitenwirkung erlangte, ist hier idealtypisch zu studieren. Weiss hatte seine eigene Psychoanalyse 1950 abgeschlossen, seine autobiografischen Projekte fußen auf dieser Erfahrung und klammern sie nicht etwa aus. Dabei ist ein Widerstreit zu erkennen zwischen den bürgerlich-individualistischen Problemen, von denen sich Weiss befreien will und die doch ein Teil von ihm sind, und dem beginnenden gesellschaftlichen Engagement, das durch die Studien in den Kopenhagener Vororten intensiviert wird.

»Wir gehen zur Instanz des Analytikers«, schreibt Weiss, »anstatt uns gegen die Gesellschaft, deren Repräsentant der Analytiker ist, zu wenden. Weil wir die Kraft zur Revolte nicht aufbringen, erkennen wir unsere Gebrochenheit an.« Der Dokumentarfilm, den Weiss gerade dreht, scheint derlei Erkenntnisse zu befördern – andererseits schreibt Weiss zu dieser Zeit immer noch an literarischen Texten, die den bürgerlichen Familienroman bis ins Kleinste verfolgen. Er äußert die aggressiven Sätze zur Psychoanalyse in einem Streitgespräch, das er im *Journal* referiert, stimmt aber letztlich doch seinem Gegenüber zu, der sagt: »Ich gehe zum Analytiker, weil ich weiß, daß ich den Konflikten allein nicht auf den Grund kommen kann. Der Analytiker ist objektives Bewußtsein. Der Analytiker macht mich, bei meinen Eröffnungen, auf Nuancen des Ausdrucks aufmerksam, die mir selbst entgehen würden.«

In seinem Dokumentarfilm über die Vorstädte führt Weiss die surrealen, spielerischen Formen seiner frühen Experimentalfilme in etwas gesellschaftlich Konkretes über. Den Kameraeinstellungen ist ihre Herkunft anzumerken: Karge, moderne, leere Räume werden hier entworfen, und man spürt, dass Weiss in seinen bildnerischen Anfängen eine kafkaeske Ästhetik aufnahm. In seinem *Journal* stehen solch formale filmische Überlegungen abrupt neben politischen, polemischen Reflexionen, die bereits wie Vorboten der in den sechziger Jahren aktualisierten Entfremdungstheorie von Marx wirken. »Personen, in Schablonen gepreßt. Sie haben ja von Anfang an gelernt, sich zu fügen, sich anzupassen. Alle diese Räume, in denen nicht ein einziger Gegenstand zu finden ist, der von Schönheit oder Eigenart spricht. Diese Fülle von Topfgewächsen, Wandranken, Familienfotos, schauerlichen Bildern, Teppichen, Tapeten, Vasen, Figürchen, Lampen und Möbelstücken, die alle den Anschein einer Atmosphäre von Geborgenheit und Gemütlichkeit geben wollen und die doch nur von einer bodenlosen Ängstlichkeit und einem Eingekerkertsein sprechen. Es wird immer wieder betont, wie wohl man sich hier fühle.«

Die Verbindung von bürgerlicher, geschmackssicherer Überlegenheit und aufklärerischem Impetus fällt auf – ein intellektuelles Selbstbewusstsein, das noch nicht durch die Zwänge der sich entwickelnden Medien- und Quotendemokratie zynisch geworden ist. Peter Weiss wird sich bis zuletzt dem Proletariat, an dessen Seite er sich stellt, vor allem ästhetisch nähern. Die privaten Wirrnisse, in denen sich Weiss zu dieser Zeit befindet, stehen zu den abgeklärt formulierten gesellschaftlichen und ästhetischen Überlegungen in einem spannungsreichen Verhältnis. Es war die Zeit, als es die »Pille« noch nicht gab (»Gunilla glaubt, ich habe sie befruchtet«), und die Sexualnot, von der Weiss spricht, hat etwas für einen 44-Jährigen konsternierend Bedrängendes. Doch gerade darin ist dieses Tagebuch auch Ausdruck eines literarischen Bekenntnisses: Schreiben ist eine Rücksichtslosigkeit sich selbst gegenüber, es ist der Versuch einer Tabula rasa, einer Befreiung. Verblüffend wirkt auch die Zerrissenheit zwischen dem bewussten Genuss eines Stockhausen-Konzerts und der Lust am Jazz von Gerry Mulligan: Vor der zu dieser Zeit virulent werdenden abgedichteten ästhetischen Theorie Adornos wird sie zu einem aufregenden künstlerischen Zeugnis der Offenheit und des Suchens. Das *Kopenhagener Journal* von Peter Weiss zeigt wie ein Vorschein das Terrain auf, auf dem sich die jungen Autoren in den sechziger Jahren dann bewegen sollten.

Peter Weiss stieß 1962 in Berlin zur Gruppe 47 und erregte mit dem Auszug aus seinem aktuellen Text *Gespräch der drei Gehenden* große Aufmerksamkeit. Seine »dynamisch-märchenhafte Prosa« schien zunächst eher den Nerv zu treffen als die nahezu zeitlos wirkenden, pathetisch-nüchternen Natur- und Geschichtsgedichte Bobrowskis. Es prallten hier zwei vollkommen unterschiedliche Welten aufeinander, aber gerade darin liegt einer der eindrucksvollsten Momente in der Geschichte der Gruppe 47. Sie konnte Peter Weiss und Johannes Bobrowski gleichzeitig, als noch weitgehend unbekannte Autoren, zusammenbringen. Bobrowski jedoch schien letztlich doch eher mit den traditionelleren Strömungen in der Gruppe 47 vereinbar zu sein. Es ist heute noch berührend, wie der sonst so wortgewaltige Walter Jens nach Bobrowskis Lesung nach Luft rang: »Hier sind die höchsten Maßstäbe anzusetzen, hier denkt man an Hölderlin.«[26]

Klaus Wagenbach, der spätere Verleger Bobrowskis, erinnert sich: »Zur Verblüffung aller, aber wirklich aller, hat Johannes Bobrowski mit ein paar Stimmen mehr den Preis bekommen. Das war insofern ungewöhnlich, weil die Gruppe 47 damals bereits auf einer Linie war zwischen Jürgen Becker und Peter Weiss – ästhetisch hoch konstruierte, hoch anspruchsvolle Texte. Und dann kommt so einer mit ziemlich erdverwachsenen Gedichten aus einer sehr fernen Gegend. Ich kann mich an einzelne Gedichte noch erinnern, wo die Koryphäen, die kritischen Koryphäen der Gruppe 47 versucht haben, ihrer Verblüffung Herr zu werden: Hans Mayer, Walter Jens, Walter Höllerer – sie waren alle irritiert davon und versuchten, die Sache irgendwie in ihr literarhistorisches, ästhetisches Netz einzubauen.«[27]

Von den weit mehr als hundert Anwesenden im Raum wurden 73 von Hans Werner Richter als »wahlberechtigt« anerkannt, und das überraschende Ergebnis lautete: 43:30 für Bobrowski. Es hatte wohl auch etwas damit zu tun, dass dieser Autor aus der DDR eine besondere Geschichte hatte und bereits zu diesem Zeitpunkt eine wichtige literaturpolitische Rolle spielte. Richter bemühte sich immer wieder um Kontakte in den Osten. Er hatte bereits 1954 Peter Huchel eingeladen, doch mit dem 1917 geborenen Bobrowski kam erst 1960 wieder ein DDR-Schriftsteller – wohl durch einen Hinweis Huchels – zur Tagung nach Aschaffenburg. Bobrowski entwickelte sich zu einer literarischen Figur, die jenseits der deutsch-deutschen Fronten angesiedelt war, zu einer Art geheimen moralischen Instanz.

Es hatte lange gedauert, bis Johannes Bobrowski in den fünfziger Jahren als Lyriker in der DDR Fuß fasste. Er, der aus dem Memelland stammte, entwarf sich ein imaginäres östliches »Sarmatien« als lyrische Heimat – dieses Sarmatien, das einer realen historisch-geografischen Bezeichnung entsprang, lag außerhalb von Zeit und Raum. Zu einem Gedichtband schien es lange nicht zu reichen, und außer dem fast exterritorialen Peter Huchel in *Sinn und Form* 1955 druckte ihn niemand. Bobrowski verstörte in der frühen DDR, wo man sich langsam auf den »Bitterfelder Weg« begab und sich daran abarbeitete, zu einem richtigen Realismuskonzept vorzudringen.

Das Verstörende bei Bobrowski war, dass seine Gedichte absolut zeitgenössisch und modern wirkten, aber gleichzeitig auch irgendwie antiquiert. Es war nicht das 19. Jahrhundert, das war offenkundig, es war mindestens das 18. Bobrowski nannte Klopstock seinen »Zuchtmeister«. Der Lyriker hatte sich nach dem Zweiten Weltkrieg in Königsberg eingelesen, in die Stadt seiner Jugend, die es nun nicht mehr gab, er hatte sich eingelebt in Immanuel Kant, in Herder und vor allem in den »Magus aus dem Norden«, in den schwierigen und geheimnisumwitterten Johann Georg Hamann. Bobrowski markierte in seiner Hamann-Ausgabe viele Stellen und zog damit eine kühne Verbindung: die Verbindung zwischen der klassischen Odenstrophe, dem klassischen Vers – zu ihm nahm Bobrowski Zuflucht – und seiner Landschaft, der Landschaft zwischen Weichsel und Memel, zwischen Kurland und Livland.

Bobrowski hielt nach seiner Einladung nach Aschaffenburg die Verbindung zur Gruppe 47 und zu westdeutschen Schriftstellern, er wurde dadurch zu einer Ausnahmeerscheinung. Sein Haus in der Ahornallee im Berliner Vorort Friedrichshagen entwickelte sich zu einem Treffpunkt für Literaten. Dabei schien es vollkommen aus der Zeit gefallen. Bobrowski versammelte um sich Schriften aus dem 17. und dem 18. Jahrhundert. Und im Mittelpunkt von Bobrowskis Zimmer stand das Klavichord, auf dem er spielte. Man sang im Familienkreis Kirchenlieder.

Die jungen Autoren und Adabeis der Gruppe 47 pilgerten zu dem großen, monolithischen Lyriker aus dem sagenhaften Sarmatien und genossen seine Gastfreundschaft, und es muss gelegentlich zu interessanten interkulturellen Verschiebungen gekommen sein, wenn die jungen Wilden im Vorfeld der 68er-Bewegung hier auf das ostpreußisch-protestantische Regiment von Johannes und Johanna Bobrowski stießen, der libertäre Vagabund Christoph Meckel etwa oder der linke Verleger Klaus Wagenbach. Dieser rekapituliert aber bloß lachend: »Die wurden an den Mittagstisch gesetzt, bekamen diese wunderbare ostpreußische Küche vorgesetzt. Die kriegten ordentlich Schnaps, und dann war Ruhe.«[28]

Bobrowski wurde zu einem merkwürdigen, nicht vorgesehenen Faktor im deutsch-deutschen Literaturbetrieb. Seine beiden Gedichtbände *Sarmatische Zeit* und *Schattenland Ströme* erschienen jeweils zuerst bei der Deutschen Verlags-Anstalt in Stuttgart, bevor der Union-Verlag in Ostberlin nachzog – Bobrowski arbeitete dort, beim Verlag der DDR-CDU, als Lektor, doch die Prüfung durch die offiziellen Stellen dauerte jedes Mal so lang, dass das politisch erwünschte parallele Erscheinen der Bücher nicht möglich war. Bobrowski war ein Präzendenzfall. Kurz danach entwickelte die DDR das Konzept, Lizenzausgaben von DDR-Autoren in die Bundesrepublik zu verkaufen, auch hier machte Bobrowski mit seinen Prosabüchern den Anfang. Er entwickelte ein beträchtliches Talent zur Ost-West-Diplomatie, verband die große Anerkennung im Westen mit seinem unverbrüchlichen Wohnen in der Ahornallee und der Arbeit im Union-Verlag.

Bobrowski war kein Taktiker. Er war auf beiden Seiten eine moralische Instanz: Sein Thema, die deutsche Schuld im europäischen Osten, erhob ihn über kleinteilige Diskussionen, und dass er den Zorn der Vertriebenenverbände im Westen auf sich zog, stärkte seine Stellung in der DDR. Was ihn hüben wie drüben zum Solitär machte, war seine tiefe protestantische Prägung. Vorfahren von ihm waren als Hugenotten aus Frankreich geflohen, und die Religion war für ihn von Anfang an ein fast natürliches Umfeld. Klaus Wagenbach versucht, das Besondere in der Person Bobrowskis so zu fassen: »Er war ein Meister in Freundschaften. Er konnte mit sehr unterschiedlichen Leuten befreundet sein. Zu meiner Verblüffung. Da hatte er, und jetzt sag ich mal was Blödes, etwas Italienisches. In dieser Fähigkeit, mit Leuten aus ganz verschiedenen Milieus und mit ganz verschiedenen politischen Meinungen in freundschaftlichem Kontakt zu bleiben. Das war eine große Fähigkeit von ihm.«[29]

Bobrowski wurde, nach vielen Querelen und diplomatischen Verwicklungen, neben Max Walter Schulz, der eine Art Repräsentant des offiziellen DDR-Schriftstellertums war, auch zur Tagung 1963 nach Saulgau eingeladen. Und selbst 1964, bei der fast zu einer Staatsangelegenheit gewordenen Tagung im schwedischen Sigtuna, konnte Bobrowski anreisen – wenn auch viel zu spät. Ursprünglich war von ihm nach der eigentlichen Tagung ein Orgelkonzert im Rahmen der Stockholmer Festwoche deutsch-schwedischer Literatur vorgesehen gewesen. Anfang der sechziger Jahre stand Bobrowski als Einziger für eine menschliche Möglichkeit des deutsch-deutschen Gesprächs: Er war zwischen Ost und West die vermittelnde Figur, sei es bei Tagungen der Evangelischen Akademie Berlin-Brandenburg, bei Lesungen in Klaus Völkers »Waitzkeller« in Charlottenburg, der »Zinke« in Kreuzberg oder im Studentenclub »Siegmunds Hof«. Sein Haus, der

Treffpunkt in der Friedrichshagener Ahornallee, ist im Nachhinein zu einem fast mythischen Ort geworden.

Der Zeitpunkt von Bobrowskis Tod erscheint im Nachhinein merkwürdig symbolisch. Gestorben ist er am 2. September 1965, und seine produktive Zeit fällt mit einer relativ liberalen Ära in der DDR-Kulturpolitik zusammen, die fast gleichzeitig, im Dezember 1965, mit dem 11. Plenum des ZK ein abruptes Ende fand. Danach gab es keine Inseln mehr. Klaus Wagenbach erinnert sich: »Sein Hausarzt hat eine Blinddarmentzündung übersehen, sodass es zu einem Blinddarmdurchbruch kam und er sofort in das Krankenhaus Köpenick eingeliefert wurde. Dort erst stellte man fest, dass er eine Penicillinallergie hatte. Das Problem war immer: entweder stirbt er an einem Kreislaufversagen, oder er stirbt an der Infektion. Es gab dort einen sehr netten Arzt, der mir, natürlich vollkommen illegal, alle westlichen Penicillinsorten aufgeschrieben hat. Er hatte auch alle östlichen Penicillinsorten besorgt, um eine Penicillinsorte zu finden, auf die er nicht reagiert, und schließlich irgendwann gesagt: ich geb Ihnen etwas Blut mit von Bobrowski, dass die im Virchow-Krankenhaus in Westberlin eine Kultur ansetzen. Und wir hier machen das auch. Hubert Fichte war mit dabei, und er nahm das Reagenzglas unter die Achsel, es musste ja warm bleiben, und wir fuhren in einem irrsinnigen Tempo von Friedrichshagen an einen Grenzpunkt. Ich wurde immer schärfstens untersucht, doch Hubert ging mit seinem schwulen Hin- und Hergang einfach durch und hatte immer noch das Blut unter dem Arm. Er hat auf der anderen Seite sofort ein Taxi genommen und kam rechtzeitig hin, und die haben das auch angesetzt. Und das Ergebnis war dasselbe in Köpenick wie auch hier – aber da war er einen Tag schon tot. Es war zu spät. Er ist wirklich auf eine dramatische und furchtbar beiläufige und zufällige Weise gestorben.«[30]

# 15 »Geheime Reichsschrifttumskammer«

*Die Spiegel-Affäre als Weichenstellung für die Gruppe 47*

Am Samstag, den 27. Oktober 1962, mitten in die durchaus konzentrierten und auf hohem Niveau geführten Debatten um vorgelesene Texte hinein, erreichte eine Nachricht aus Hamburg die Gruppenmitglieder: Rudolf Augstein, der Herausgeber des Magazins *Der Spiegel*, das zu Beginn der Woche noch die Gruppe 47 groß herausgestellt hatte, war verhaftet worden. Der unmittelbare Anlass dafür war ein Bericht von Conrad Ahlers unter dem Titel »Bedingt abwehrbereit«, es ging um das NATO-Manöver »Fallex 62«. Augstein wurde des »Landesverrats« bezichtigt, es seien militärische Geheimnisse öffentlich gemacht worden. Auch Ahlers wurde, ohne Rechtsgrundlage und unter Mithilfe der Behörden des spanischen Franco-Regimes, in seinem Urlaubsort Málaga verhaftet. Am Freitag und Samstag des Gruppentreffens durchsuchten die Behörden zudem die Redaktion des *Spiegel* und beschlagnahmten etliche Unterlagen. Dieser außerordentliche Eingriff in die Pressefreiheit ging von Verteidigungsminister Franz Josef Strauß aus, der in letzter Zeit vom *Spiegel* heftig kritisiert worden war – wegen der atomaren Aufrüstung, aber auch wegen der »Fibag«-Affäre: Der *Spiegel* hatte berichtet, dass Strauß seinem amerikanischen Amtskollegen für umfangreiche Wohnungsbauprojekte der US-Armee die Firma Fibag nahegelegt habe, eine Firma, die von Strauß-Freunden geführt wurde und an der Strauß selbst als Treuhänder beteiligt war. Ein Untersuchungsausschuss des Bundestags wegen unerlaubter Vorteilsnahme wies die Vorwürfe zurück, das Geschäft kam dennoch nicht zustande.

In der Gruppe 47 wurde die politische Dimension der *Spiegel*-Affäre sofort erkannt, mindestens zehn Autoren schickten spontan ein Solidaritätstelegramm an Augstein, den man zu der Tagung noch erwartet hatte. Am Abend trafen sich Alfred Andersch, Hans Magnus Enzensberger und Klaus Roehler mit Uwe Johnson in dessen Wohnung, wo Andersch begann, eine Protestresolution zu formulieren. Sie forderte den Rücktritt von Strauß und enthielt auch die folgende Passage, die zu heftigen Gegenangriffen führen sollte: »Die Unterzeichneten drücken Herrn Rudolf Augstein ihre Achtung aus und sind mit ihm solidarisch. In einer Zeit, die den Krieg als Mittel der Politik unbrauchbar gemacht hat, halten sie die Unterrichtung der Öffentlichkeit über sogenannte militärische Geheimnisse für eine sittliche Pflicht, die sie jederzeit erfüllen würden.«[1]

Die »sogenannten militärischen Geheimnisse« wurden sofort zur Zielscheibe der Gegner: In den Feuilletons meldeten sich die bekannten Kombattanten zu Wort, Friedrich Sieburg, Rudolf Krämer-Badoni, Hans Habe oder Wolf Jobst Siedler. Letzterer schrieb: »Die Gruppe 47 hat sich auf jeden Fall der Anstiftung zum Staatsgeheimnisverrat schuldig gemacht. Es wird niemand gegen Raddatz und Neuß vorgehen. Das ist die vernichtendste Antwort an die Intellektuellen; der Staat nimmt sie nicht mehr ernst.«[2] Auch einige Schriftsteller und andere Gruppe-47-Habitués bekamen ein bisschen Fracksausen. Dieter Wellershoff etwa wandte sich am 3. November an Richter: »Es kam darauf an, Aufklärung über die Hintergründe einer dubiosen Polizeiaktion zu verlangen, und nicht durch den unklaren Begriff ›sogenannte Geheimnisse‹ dem Verdacht Vorschub zu leisten, daß die Einstellung der Intellektuellen dubios sei. Ich habe den Eindruck, daß nicht nur falsch taktiert wird, sondern schlimmer, daß die Schriftsteller dabei sind, Prestige und Vertrauen zu verspielen. Geradezu leidenschaftlich greifen sie nach dem Schwarzen Peter, den man ihnen zuspielen will.«[3]

Hans Werner Richter verteidigte die Verfasser jedoch weiterhin öffentlich und stellte sich vor die Resolution. Zur Rechtfertigung wurde zudem eine »Zusatzerklärung« veröffentlicht, die nicht alle unterschrieben: »Wir fürchteten eine Entwicklung, die dahin führen könnte, daß der Begriff ›militärische Geheimnisse‹ dazu mißbraucht wird, die Aufklärung der Öffentlichkeit über die Gefahren der politischen und militärischen Situation zu verhindern.«[4] Anschließend stellte man eine Verbindung her zwischen der Augstein-Verhaftung und dem Prozess, den die Nazis 1933 gegen Carl von Ossietzky, den Herausgeber der *Weltbühne*, geführt hatten.

Siegfried Unseld, der gerade dabei war, den Suhrkamp-Verlag zum Flaggschiff der Intellektuellen in der Bundesrepublik zu machen und zu dessen Autoren die resoluten Formulierer Enzensberger und Johnson gehörten, meinte: »Ich bin persönlich auch sehr froh, daß ich meine Unterschrift in keiner Weise abgemildert habe. Und doch war das Ganze nicht richtig; wir haben uns irgendwie ausmanövriert. Es ist ein trauriger Ruhm, daß Sieburg in seinem Leitartikel in der FAZ vermutlich mehr bewirkt haben dürfte als wir mit unserem Aufruf.«[5]

Wie sich das Politikverständnis eines Teils der Gruppe weiterentwickelte, wird sehr schön in dem Kommentar deutlich, den Reinhard Lettau, der Herausgeber des 1967 erschienenen *Handbuchs* zur Geschichte der Gruppe 47, der dort abgedruckten Resolution beigesellte: »Der Protest spricht bewußt von ›sogenannten militärischen Geheimnissen‹. In Anlehnung an das damals Übliche, die ›sogenannte‹ DDR, soll es sich in dem einen Fall um einen Staat handeln, der keiner ist, sondern nur so genannt wird, in dem anderen um militärische Geheimnisse, die keine sind, sondern nur so genannt werden – in diesem Fall, um Polizeiaktionen durchführen zu können. Die ironische Bedeutung des ›sogenannten‹ entging – bewußt oder unbewußt – den Gegnern der Gruppe 47.«[6]

Hans Werner Richter hatte politische Aktionen von Gruppenmitgliedern immer von der Gruppe 47 als solcher unterschieden. Erklärungen wie diejenige zur ungarischen Revolution 1956 oder der Aufruf gegen die Atombewaffnung der Bundeswehr 1958 waren auch zeitlich von den konkreten Tagungen der Gruppe getrennt. Im Rahmen einer Tagung wurden zum ersten Mal in Aschaffenburg 1960 zwei Erklärungen veröffentlicht und von einzelnen Gruppenmitgliedern unterschrieben – Richter legte großen Wert darauf, dass es sich bei solchen Aktivitäten nicht um *die* Gruppe 47 handelte. Die erste bezog sich auf den Algerienkrieg und zeigte sich solidarisch mit dem »Manifest der 121« von französischen Schriftstellern und Intellektuellen, die zum Ungehorsam und zur Kriegsdienstverweigerung aufriefen. Die zweite richtete sich gegen das von der Regierung Adenauer geplante »Deutschland-Fernsehen«, in dem ein Instrument »der Regierungsparteien und der wirtschaftlichen Interessengruppen« gesehen wurde und »nicht ein Publikationsorgan unter öffentlicher Kontrolle«. Die kritisierte Vorlage wurde später modifiziert und führte dann zur Gründung des »Zweiten Deutschen Fernsehens«.

Richter hatte sich bereits in den fünfziger Jahren im »Grünwalder Kreis« und im »Kampf gegen den Atomtod« politisch sehr aktiv engagiert. Ein zentrales Ereignis war für ihn die Kundgebung des »Münchner Komitees gegen Atomrüstung« am 18. April 1958, in dessen Folge bei Richter und anderen Initiatoren unter fadenscheinigen Begründungen Hausdurchsuchungen stattfanden. Richter hatte seine politischen Aktivitäten immer deutlich von der Gruppe 47 zu trennen versucht. Die *Spiegel*-Affäre brachte 1962 jedoch eine neue Qualität. Die Gruppe geriet gesamtgesellschaftlich ins Visier und wurde zu einem Symbol. Das war spätestens am 19. Januar 1963 klar, als der CDU-Politiker Josef-Hermann Dufhues in Hannover eine Pressekonferenz gab. Die *Frankfurter Allgemeine Zeitung* berichtete zuerst darüber. Unter der Überschrift »Dufhues über den Einfluß der ›Gruppe 47‹ besorgt« hieß es: »Der Geschäftsführende Vorsitzende der CDU, Dufhues, hat vor Journalisten seine – wie er sagte – ›geheime Sorge‹ über den Einfluß der Gruppe 47 nicht nur im kulturellen, sondern auch im politischen Bereich geäußert. Er nannte sie eine ›geheime Reichsschrifttumskammer‹.«[7]

Das war zum ersten Mal ein Generalangriff der regierenden politischen Partei gegen die Schriftstellervereinigung. Alfred Andersch las den *FAZ*-Artikel in Rom und schrieb sogleich an Hans Werner Richter: »Soeben lese ich die beigefügte Meldung. Es ist im Grunde ein grosser Erfolg, dass die Gruppe 47 es im Jahre 63 zu zweispaltigen Überschriften im politischen Teil bringt. Ich möchte Dir nur sagen, dass ich Dir zu jeder Aktion gegen Dufhues zur Verfügung stehe. Das Ganze zielt darauf ab, den nicht konformen Schriftstellern die allerletzten Winkel der Einflussnahme, die ihnen noch im Rundfunk zur Verfügung stehen, wegzunehmen. Unverschämt und ganz unerträglich ist dabei die Parallele mit der Reichsschrifttumskammer – ausgerechnet von dem Sekretär der Globke-Partei.«[8] Hans Globke war von 1933 bis

1945 Ministerialbeamter im Reichsinnenministerium und als Jurist bei der Formulierung einer Vielzahl von rassistischen Gesetzen beteiligt gewesen. In der Bonner Republik wurde er dann Staatssekretär und baute das Bundeskanzleramt auf.

Die Wellen schlugen nach Dufhues' Äußerung hoch. Das Jahr 1963 stand im Zeichen vielfältiger juristischer Auseinandersetzungen. Schon Ende 1962 hatten Bürger in Berlin die Gruppe 47 wegen »Aufforderung zum Landesverrat« verklagt. Die Bundesanwaltschaft in Karlsruhe leitete ein Ermittlungsverfahren ein, und nachdem dieses eingestellt worden war, ermittelte die Staatsanwaltschaft in Berlin weiter: wegen des Verdachts der »Aufforderung zum Ungehorsam«. Im März 1963 wurde auch dieses Verfahren mit der Begründung eingestellt, die Aussagen in der *Spiegel*-Resolution gingen nicht über »pathetisch-deklamatorische Meinungsäußerungen« hinaus.

Auf der anderen Seite klagte die Gruppe 47 ihrerseits gegen Dufhues. Zunächst hatte Richter allerdings versucht, Dufhues beim Wort zu nehmen: In seiner Pressekonferenz hatte dieser bekundet, er sinne seit Langem über Mittel und Wege nach, die missliche Situation zwischen Schriftstellern und Politik zu »entgiften«. Richter lud Dufhues daraufhin schriftlich zu einem Gespräch mit einigen der von ihm attackierten Schriftsteller ein. Ernst Schnabel, der Mann für die dritten Fernsehprogramme von WDR und SFB, meldete sich sofort bei Richter. Er wollte bei diesem Gespräch gern dabei sein: »weil ich schliesslich – von Heissenbüttel einmal abgesehen, der ja gewissermassen im Naturschutzpark lebt – der einzige bin, der mit Rundfunk und Gruppe 47 zugleich etwas zu tun hat. (…) Der erste Erfolg des Dufhues-Interviews ist natürlich, dass sich kein Rundfunkmensch mehr ohne weiteres wagt, die Zahl 47 auch nur in den Mund zu nehmen.«[9]

Tatsächlich trennte sich der Westdeutsche Rundfunk in dieser Zeit von Wolfdietrich Schnurre, der dort gelegentlich politische Kommentare sprach. Vor allem die NDR-Fernsehsendung »Panorama« wurde von CDU-Politikern verstärkt unter Beschuss genommen, angeblich wurde auch aus Bonn bei den Funkhäusern telefonisch nachgefragt, wer von den Mitarbeitern der Gruppe 47 angehöre.[10] Ende Februar antwortete Dufhues auf die Einladung Richters. Zunächst erklärte er, ziemlich gewunden und de facto kein Wort zurücknehmend: »Wenn ich im Zusammenhang mit der Gruppe 47 an die Reichsschrifttumskammer erinnert habe, so wollte ich an einem besonders abschreckenden Beispiel darlegen, wie leicht ein kollektives Auftreten von Schriftstellern, Publizisten und Künstlern zu regulierten und regulierenden Meinungsmonopolen – ganz gleich welchen Inhalts – führen kann.« Anschließend kam er auf das konkrete Gesprächsangebot Richters zu sprechen: »Sie werden Verständnis dafür haben, daß ich mit Vertretern der Gruppe 47 erst zusammentreffen kann, wenn sie sich vorher von der in ihrem Namen verbreiteten Stellungnahme distanziert haben, die den Verrat militärischer Geheimnisse für eine sittliche Pflicht erklärte. Ich kann es nicht verantworten, durch eine Diskussion über andere Fragen den Eindruck zu erwecken, als ließe sich diese Stellungnahme bagatellisieren.«[11]

Richter antwortete postwendend: »Die Reichsschrifttumskammer war, wie Sie wissen, eine durch Mißbrauch staatlicher Gewalt zusammengepreßte Zwangsorganisation. Sie sollte ein ›abschreckendes Beispiel‹ für alle sein, die wieder die Staatsraison über die Meinungs- und Pressefreiheit stellen und damit auch die Freiheit des Schriftstellers der Autorität des Staates opfern möchten.« Dann ging Richter in die Offensive: »Warum stellen Sie wiederum Behauptungen auf, die mit der Wahrheit nicht im Einklang stehen? Sie setzen sich dabei dem Anschein aus, daß Sie durch Diffamierungen, falsche Behauptungen und diffuse Unterstellungen die publizistische Bewegungsfreiheit deutscher Schriftsteller und Journalisten behindern und die Verbreitung Ihnen nicht genehmer Meinung einschränken, ja, die Meinung selbst unterdrücken wollen. Damit rücken Sie, und nur Sie, sehr geehrter Herr Dufhues, in die Nähe der politischen und geistigen Konzeption der von Ihnen heraufbeschworenen Reichsschrifttumskammer.«[12]

Gleichzeitig reichten dreizehn Schriftsteller beim Landgericht Berlin Klage gegen Dufhues ein. Die Deutsche Presse-Agentur meldete dies am 3. März: Die Klage richte sich gegen den Vergleich mit der NS-Reichsschrifttumskammer: »Richter und Schnurre hatten Dufhues öffentlich aufgefordert, diese Behauptung zurückzunehmen, worauf Dufhues nicht eingegangen war. Auch auf eine rechtsanwaltliche

Abmahnung hin habe er sich nicht zur Zurücknahme seiner Behauptung bereitgefunden.« Der Prozess zog sich sehr in die Länge. Dufhues meldete im September der Presse schon voreilig einen Vergleich, auf den sich die Parteien geeinigt hätten, während der Rechtsanwalt der Schriftsteller das Vergleichsangebot von Dufhues als unbefriedigend ablehnte. Im Dezember 1963 wurde dann tatsächlich ein Vergleich geschlossen: Dufhues distanzierte sich von seinen Bemerkungen und musste den Großteil der Prozesskosten tragen.

Das gesamte Jahr 1963 stand also im Zeichen der politischen Debatte um die Gruppe 47. Das drückte sich auch in der medialen Aufmerksamkeit aus. Die Berliner Tagung 1962 war die erste, die vom Rundfunk in größerem Umfang mitgeschnitten und ausgestrahlt wurde. Jetzt rührte sich auch das Fernsehen. Als Dieter Ehlers, der seit Anfang 1963 Leiter der Kulturabteilung beim Fernsehen des Südwestfunks in Baden-Baden war, im April bei Richter anfragte, ob er einen Film über die Gruppe 47 machen dürfe, antwortete dieser, gleichzeitig mit Ehlers hätten sich noch zwei weitere Fernsehstationen gemeldet, der Bayerische Rundfunk und das Zweite Deutsche Fernsehen. Konkret wurde aber die Sache mit dem Südwestfunk. Ehlers wollte vor allem das politische Engagement der Gruppe behandeln. Das brachte Richter in jene Zwickmühle, die er nun schon ein bisschen kannte: Immer kunstvoller vollzog er im Folgenden den Spagat zwischen der interessierten Öffentlichkeit und dem postulierten Charakter eines nahezu privaten Freundeskreises.

Durch die politischen Anfeindungen sah er in der Anfrage des SWF-Fernsehens natürlich eine Chance. Seine Antwort zeigt seine gesamten politisch-taktischen Fähigkeiten: »Ich habe zwar nichts gegen solche Sendungen, kann aber andererseits die diesjährige Tagung der Gruppe 47 nicht damit belasten. Nicht nur, daß es sich diesmal um eine reine Klausurtagung handelt und zwar unter striktem Ausschluß der Öffentlichkeit, es ist auch bei allen Beteiligten der Wunsch vorhanden, aus dem ganzen offiziösen Rummel um die Gruppe 47 wieder herauszukommen. (...) Es bleibt natürlich die Frage: kann man ohne Tagung das Thema ›Standpunkte und Richtungen des politischen Engagements der Gruppe 47‹ im Fernsehen bringen? Auf den Tagungen wird ja nie über Politik gesprochen und die Standpunkte und Richtungen sind absolut individueller Natur. Wie also soll man das machen? Ich sehe da noch nicht klar. Trotzdem ... auch ich bin an einer Sendung interessiert und zwar aus Gründen der Klarstellung.«[13]

Die Sehnsucht nach einer »Klausur«, nach der alten intimen Runde war durchaus ernst zu nehmen. Die Wahl des Tagungsortes spricht dafür: ein alter Gasthof in Saulgau in Oberschwaben. Dennoch war allen Beteiligten und auch Richter selbst klar, dass das nur noch eine schöne Illusion sein konnte. An Reinhard Lettau schrieb Richter im Juli: »Im Augenblick habe ich viel Sorgen ... der Prozeß mit Dufhues, aber auch gewisse Rederei, die ich spüre, und die darauf hinauslaufen (sic!), daß man in diesem Herbst nicht zur Gruppe 47 fährt: Enzensberger, Hildesheimer, Johnson. Ich höre zu oft das Wort ›repräsentativ‹, ein Wort, das mir ausserordentlich mißfällt. Es klingt im Mund junger Literaten unserer Zeit wie ein Modewort wilhelminischer Zeiten, also stocksteifer Konservatismus, oder auch dumme Überheblichkeit. Aber ich hoffe, daß das alles nur Gerede ist. Ich möchte die Gruppe aus ›kulturpolitischen‹ Gründen noch eine Weile erhalten.«[14]

Dem »Repräsentativen« kam Richter in gewisser Weise gleich selbst nach: Er war damit einverstanden, dass der Südwestfunk sogar während der Tagung drehte. Er entwarf selbst ein Konzept: Zwischen Tagungsausschnitten, die den Rahmen bildeten, plante er Interviews mit Gruppenmitgliedern und Politikern ein. Ehlers richtete sich danach. Richters Ehefrau Toni, die sich auch als Hausfotografin der Gruppe hervortat, begleitete die Aufnahmen vor Ort, und die verknüpfenden Kommentare sprach Sebastian Haffner. Das in Saulgau entstandene »Haffner-Feature« ist zu einem der wichtigsten Dokumente über die Gruppe 47 geworden.

Die Tagung selbst litt allerdings, ähnlich wie die ebenfalls als so klein wie möglich konzipierte Tagung im Jagdschloss Göhrde 1961, unter einer gewissen Blutleere. Berlin 1962, das war frischer Wind gewesen, mit vielen unbekannten Gesichtern. Zwar lasen auch in Saulgau 15 der 25 Autoren das erste Mal, doch als wirklich aufregend wurde nichts empfunden. Im Vordergrund standen ungeahnte repräsentative Aspekte: Richter hatte auf seiner Reise in die Sowjetunion Kontakte geknüpft und von dort Autoren eingeladen – es waren zwar nicht unbedingt die, die er haben wollte (die Rede war anfangs sogar von Alexander Solschenizyn!), aber trotzdem immerhin vier offizielle Sowjetautoren. Aus der DDR kam neben Bobrowski der proletarisch-realistische Schreiber Max Walter Schulz, der, obwohl er meilenweit von den ästhetischen Auffassungen der meisten Anwesenden entfernt war, auffallend pfleglich behandelt wurde. Außerdem war eine Gruppe schwedischer und finnischer Gäste anwesend – Richter hatte zu Beginn des Jahres in Skandinavien eine Vortragsreise absolviert. Der offizielle Charakter der Saulgauer Tagung trat umso deutlicher hervor, da der Rahmen eigentlich bewusst klein gehalten werden sollte. Die auswärtigen Teilnehmer sowie das Fernsehteam des SWF ließen das Phantasma eines »Freundeskreises« fast lächerlich erscheinen.

Die Funktionsweise der Gruppe hatte sich überdies grundsätzlich verändert, wie Sabine Cofalla in ihrem Kommentar zu den Richter-Briefen schreibt: »Während in früheren Jahren die Lesung bei der Gruppe als Chance gesehen wurde, Aufmerksamkeit bei den Verlegern zu finden, nutzen nun die Verleger die Tagung, um ihren Schützlingen zur Publizität zu verhelfen.«[15] Das sind die Anfänge dessen, was heute als »Klagenfurt-Syndrom« gang und gäbe ist: Die neuen, bisher unbekannten Autoren stehen schon längst unter Vertrag und sollen nun als Paradegäule der Öffentlichkeit vorgeführt werden, eine Art Lotterie zur Steigerung der Auflage. »Es fiel in Saulgau das Wort von der kleinen Buchmesse«, schrieb Hans Schwab-Felisch in einem Kulturkommentar für den WDR.

Als herausragendes Ereignis eher nicht erkannt wurde von den Beteiligten ein Auftritt, der vielleicht zu den bedeutendsten bei der Gruppe 47 überhaupt gehört: Peter Weiss las zum ersten Mal aus seinem gerade im Entstehen begriffenen Theaterstück *Marat/Sade*, mit dem er 1964 schlagartig berühmt werden sollte. Etwas irritiert kündigte Hans Werner Richter Weiss' Lesung damit an, dass man jetzt sogar eine Trommel höre – der Autor begleitete seine Lesung sehr suggestiv mit diesem Rhythmusinstrument und machte eine ungewohnte, durchaus zukunftsweisende Performance daraus.

Den besten Eindruck hinterließ bei den meisten der junge, sich dem sprachlichen Experiment verschreibende Konrad Bayer: Ein »blendender Vortrag« wurde ihm attestiert, irgendwo zwischen Karl Valentin, Helmut Qualtinger und Konkreter Poesie. Er las einen Ausschnitt aus *Der sechste Sinn*. Zum ersten Mal war auch der aus Wien emigrierte jüdische Autor Erich Fried anwesend, der bei den folgenden Tagungen eine herausragende Rolle spielen sollte. Er wurde von Richter auf Empfehlung von Walter Jens und von Ernst Schnabel eingeladen. Besonders interessant ist in diesem Zusammenhang der Hinweis von Martin Walser: »Eine letzte Bitte (für Jahre): ich lernte Erich Fried kennen, Emigrant, London NW 10/20 Chambers Lane, der hat durch seine Emigration kaum Kontakt und würde brennend gern zur Tagung kommen. Ich finde ja, wir sollten helfen, ein so ungutes Literatur-Schicksal zu korrigieren. Er kann ja nichts dafür, daß er so ins Abseits geraten ist. Die Gruppe hätte, glaub ich, ein wirkliches Verdienst, wenn sie solchen Emigranten für zwei Tage eine fast heimatliche Aufnahme verschaffen könnte.«[16]

Richter schrieb zwar mürrisch an Jens, dass jetzt auch »die goldenen Emigranten-Horden der goldenen zwanziger Jahre« nach Saulgau wollten, »von Kurt Wolf (sic!) bis zu dem von Dir vorgeschlagenen Erich Fried. Sind das alte Herren, über die siebzig? Mach ich mit solchen Einladungen nicht alles kaputt?«[17] Jens stellte im Folgenden klar, dass Fried »ein ca. 46jähriger sehr begabter Lyriker + Prosaist« sei. Mit seinen »Warngedichten« kam Fried, der sich auch an den Diskussionen rege beteiligte, in Saulgau ganz gut an und wurde hinfort immer eingeladen. Gisela Elsner, die im Jahr zuvor mit ihrer Erscheinung und ihrem aggressiv-rigorosen Text alle überrumpelt hatte, kam jetzt auf einmal viel schlechter weg. Die *Welt* wähnte »Effekthascherei«. Walter Jens monierte, dass das alles zu langweilig sei und es kein Argument sein könne, es sei eben so langweilig gemeint. Marcel Reich-Ranicki stellte die Gretchenfrage: »Wozu ist das eigentlich geschrieben worden?« Und Carl Amery bekannte in seiner bajuwarisch-volkstümlichen Art, dass er mit dem Mann in der geschilderten Hochzeit eigentlich großes Mitleid gehabt habe, die Autorin aber gar keinen Platz für dieses Mitleid lassen wolle. Eine andere Frau wurde allerdings noch mitleidloser verrissen: Ruth Rehmann, die der »Unterhaltungsliteratur« zugerechnet wurde. Günter Grass fand den Text »ganz daneben«, ausgerechnet Erich Fried fühlte sich angeregt, eine »Erweiterung des Sagbaren« einzufordern. Heinz von Cramers Plädoyer für Rehmann, unter anderem mit dem Argument, dass jegliche Literatur mit dem Populären angefangen habe, wirkte wie ein Rückzugsgefecht: Die Gefolgsleute Hans Werner Richters konnten den Diskurs überhaupt nicht mehr bestimmen.

Hubert Fichte, der in Saulgau zum ersten Mal auftrat, beschrieb in einem seiner Anläufe zu einer »Geschichte der Empfindlichkeit« die Atmosphäre sehr vielsagend:

> Das ist die Hinrichtungstradition der Deutschen: Die Galgenlieder; Die sieben Scharfrichter. Günter Grass sitzt rechts vorne an der Wand. Alle sehen zu ihm hin. Reich-Ranicki möchte es Grass nachmachen und setzt sich vorne links hin. Aber da guckt keiner hin. Bei Premieren im Schauspielhaus löst er das Problem, indem er kurz bevor es dunkel wird und kurz bevor Arne Berensen durch die dritte Reihe grätscht, aufsteht, Reich-Ranicki tut dann so, als suche er angestrengt eine Geliebte in den hinteren Reihen. Alle haben ihn gesehen, und auf den Gongschlag setzt er sich wieder. Die Chefkritiker sitzen in der ersten Reihe. Jens, Höllerer, Mayer, Joachim Kaiser fehlt.
> – Alles Dr.?
> – Ja, außer Reich-Ranicki. Und Professoren. Hans Mayer nicht mehr, seit er aus Leipzig weg ist. Johannes Bobrowski ist da. Mit zwei Bewachern. Enzensberger ist Dr. Er berät den Suhrkamp Verlag. Fritsch[18] sagt, daß er tausend Mark für einen Brief bekommt, den er einmal im Monat an Unseld schreibt. Er hat gerade den Büchner-Preis bekommen, und Unseld hat Enzensbergers Büchner-Preis-Rede als Zeitung gedruckt. Sie lag kostenlos in Saulgau aus. Enzensberger schreibt jetzt einmal im Monat im Spiegel Literaturkritik. Enzensberger sagte: Man verdient zu viel Geld in diesem Land. Er hat ja ein paar Jahre zurückgezogen in einem Holzhaus in Norwegen gelebt.
> (…)

– Grass machte Jens darauf aufmerksam, daß Detlev Scheiße denkt, der Erzähler aber von Kot spricht. Das war Jens in der Eile entgangen. Ja, findest du es denn gut, fragte Richter Grass. Grass antwortete nicht. Reich-Ranicki sagte: Ich will nichts sagen, aber ich bin Jens' Meinung. Mayer rettete mich. Mayer hatte zugehört und scheint, während er zuhört, an den Text zu denken und nicht an die Formulierungen der Kritik. (...) Christian Ferber, das Wunschkind von Ina Seidel[19], sagte: Entzückend. – Ich fürchtete, nun ist alles aus. Dr. Peter E. Fritsch gratulierte: Sie sind durch! Reinhard Lettau fragte, ob ich zum Hanser Verlag wollte. Otto F. Walter bot mir an, den Roman in seiner Villa in der Schweiz zuende zu schreiben. Peter Frank machte mir ein Angebot für Luchterhand. Neben Grass? Enzensberger trank mit mir ein Bier und meinte, ich könne wohl in den Suhrkamp Verlag kommen. Hans Mayer sagte: Ich habe Zimmersoundsoviel.[20]

Neben Fichtes viel später veröffentlichten Literaturbetriebssottisen blieb von Saulgau vor allem das »Haffner-Feature« für das SWF-Fernsehen haften. Es war wohltuend sachlich, dokumentierte die inhaltliche Arbeit der Gruppe und entdämonisierte sie dadurch in der politisch aufgeheizten Öffentlichkeit auf eine sehr pragmatische Weise. Haffner stellte an den Beginn einige polemische Zitate, die der Gruppe 47 im Laufe des Jahres 1963 gegolten hatten, und sein Schlusswort zeigte seine typische, englisch geprägte Liberalität: »Meine Damen und Herren, Sie haben jetzt, glaube ich, genug gesehen, um sich über die sensationellen Dinge, die man der Gruppe 47 angehängt hat, ein eigenes Urteil zu bilden. Die Gruppe 47 ist keine geheime Feme- und keine geheime Reichsschrifttumskammer, und auch keine kommerzielle Clique, und auch keine literarisch getarnte Linkspartei. Aber was ist sie nun eigentlich? Mir scheint das Erfolgsgeheimnis der Gruppe 47 darin zu bestehen, dass sie die Vereinzelung des Schriftstellers durchbrochen hat.« Und in seinem letzten Satz rief er in Erinnerung, »dass solche freien, spontanen, autonomen Zusammenschlüsse der eigentliche Wurzelboden der Demokratie sind«.[21]

In den Aussagen der einzelnen Protagonisten wurden die verschiedenen Positionen sehr deutlich. Hans Werner Richter, Walter Höllerer, Uwe Johnson oder Martin Walser legten dabei alle großen Wert darauf, dass die Politik bei den literarischen Diskussionen keine Rolle spiele – nur abends, in einzelnen Zirkeln abseits der Tagung, werde von Einzelnen heftig über Politik diskutiert. Man sicherte sich nach allen Seiten hin ab, erklärte die politische Haltung und das politische Engagement des Schriftstellers zu einer individuellen Angelegenheit. Hans Werner Richter definierte versiert einen gemeinsamen Nenner: »Der Kern ist die Liberalität!«

Es war dennoch bereits zu spüren, welche Sprengkraft sich innerhalb der Gruppe angesammelt hatte. In Haffners Feature hatte vor allem der immer noch junge, aufmüpfige und gewandte Hans Magnus Enzensberger, der auch bei Hubert Fichte charakteristisch hervorsticht, einen ganz großen Auftritt. In den Zwischeneinblendungen mit politischen Statements ist er derjenige, der als Einziger offensiv auf der neuen Klaviatur der Medien spielt, er zeigt sich als herausragender Virtuose des politliterarischen Diskurses. Gleich zu Beginn stellt er klar, welche besondere Rolle er sich innerhalb der Gruppe zumisst – indem er sich in einer gewieften rhetorischen Pose bescheiden zurücknimmt: »Einer der Feinde der Gruppe 47 – und es spricht ja für die Gruppe immerhin, dass sie Feinde hat – hat mich einmal den ›Chefideologen der Gruppe 47‹ genannt. Und das möchte ich nun auf keinen Fall sein! Denn der Ideologe eines so verschwommenen Gebildes, wie es eine solche Gruppe ist, mit dem möchte ich mich ja doch nicht abgeben.« Wie beiläufig setzt er noch hinzu: »Im übrigen ist die Gruppe, politisch gesehen, finde ich, von einer nahezu erschreckenden Harmlosigkeit – die nur diese zahlreichen Feinde der Gruppe offenbar noch nicht erkannt haben.«[22]

Das scheint die weitere Entwicklung schon vorwegzunehmen. Enzensbergers Chuzpe hatte System. Er hatte nicht nur Rollenspiele gelernt, sondern früh begriffen, dass man die herrschenden Entwicklungstendenzen aufnehmen und sich an ihre Spitze setzen musste. In den fünfziger Jahren war dies die Haltung des »angry young man« gewesen, des gegen den herrschenden Stillstand aufbegehrenden jungen Mannes, der sich nicht auf eine starre Haltung festlegen ließ, sondern immer etwas machte, was man gerade nicht vermutete. Enzensberger hatte die wachsende Bedeutung der Gruppe 47 genau verfolgt und seine Schlüsse daraus gezogen. Er hatte viel früher als Hans Werner Richter, der *elder statesman* der Gruppe, erkannt, welche Geister da gerufen wurden, und sich wirksame Medientechniken angeeignet. Es ging um Distinktionsgewinne, um Aufmerksamkeit, um einen Habitus, der geheimnisvoll wirkte und auffiel. Die Tagungen der Gruppe 47 waren für Enzensberger ein wichtiges Experimentierfeld. Er erprobte hier jene Modalitäten öffentlichen Auftretens, die heute den Maßstab bilden, und war darin ein singulärer Avantgardist.

In diesem Sinne ist Hans Magnus Enzensberger als Repräsentant der Gruppe 47 auch weitaus signifikanter und einflussreicher als etwa Günter Grass. Grass hält noch Jahrzehnte nach dem Ende der Gruppe 47 an den Idealen fest, die Hans Werner Richter verkündete und die Kollegialität und Solidarität in den Mittelpunkt rücken, eine gesellschaftlich-moralische Verantwortung des Schriftstellers. Er steht für eindeutige Statements, für das abrufbereite Wort eines Intellektuellen, auch er hat eine Traditionslinie gezogen zu jüngeren Schriftstellern, die sich – mit einem Seitenblick auf die eigene Profilierung – zuverlässig zu aktuellen politischen Fragen äußern. Für Enzensberger jedoch war das bereits Anfang der 60er Jahre Vergangenheit. Er stand für die Zukunft – die sich je nach Sachlage aber auch immer verändern konnte.

# 16 Hase Igel Enzensberger

*Der Weg des »Chefideologen« der Gruppe 47*

Hans Magnus Enzensberger ist in der Bundesrepublik groß geworden. Bei ihrer Gründung wurde er gerade 20, genau das richtige Alter, um passgerecht in sie hineinzuwachsen: Nach dem schnellen Nachkriegsabitur kam gleich die Doktorarbeit über den literarischen Verwandlungskünstler und romantischen Wechselbalg Clemens Brentano, und ehe man sichs versah, war er schon Redaktionsassistent beim Süddeutschen Rundfunk, im legendären »Nachtstudio« unter Alfred Andersch. Dort verdiente er, als kaum 25-Jähriger, gleich 800 Mark im Monat, Mitte der fünfziger Jahre ein beträchtliches Gehalt, und alle Türen standen offen.

Enzensberger wusste, was es hieß, wenn auf der Leinwand James Dean zu sehen war. Aus dem Radio tönten Bill Haley und Elvis Presley. Es war die Generation der »angry young men«, und wenn man jung genug war und in die neue gesellschaftliche Situation hineinwuchs, war klar, was die Richtung war. Enzensberger sicherte sich gleichzeitig aber immer auch ab. Als er Anfang der fünfziger Jahre in Freiburg studierte und dort auch einmal mit dem Lyriker Rainer Maria Gerhardt zusammensaß, der früh Kontakte zur Szene in den USA knüpfte und eine erkennbar unprofessionelle, aber inhaltlich radikale und kompromisslose Zeitschrift herausgab, da zeigte er sich zwar interessiert, zog sich aber dann doch zurück und nahm den Kontakt nach dem Weggang aus Freiburg auch gar nicht mehr auf.[1] Enzensberger hatte früh den Instinkt für das, was genügend Aufsehen erregte, aber gerade noch ging. 1957 erschien sein Gedichtband *Verteidigung der Wölfe*, und er schien wie ein Wirbelwind hineinzufahren in die kleinbürgerliche

Behaglichkeit der fünfziger Jahre, in die Zeit der Verdrängung der NS-Vergangenheit und in den wirtschaftlichen Aufschwung. Gedichte wie »An einen Mann in der Trambahn« rüttelten lustvoll am Selbstverständnis der Bundesrepublik:

> Ich mag nichts wissen von dir, Mann
> mit dem Wasseraug, mit dem Scheitel
> aus Fett und Stroh, der Aktentasche voll Käse.
> Nein. Du bist mir egal. Du riechst nicht gut.
> Dich gibts zu oft. Im Treppenhaus dein Blick
> hinter Schaltern ist überall vor den Kinos,
> ein Spiegel, mit gieriger Seife verschmiert.
> Und auch du (ach nicht einmal Haß!) drehst dich
> zu den Nußbaumkommoden fort, zu Sophia Loren,
> gehst heim voller Schweiß, voller Alpen-
> veilchen und Windeln.
>                        Was weißt du denn,
> wie die Welt riecht, wie der Lachs steigt
> in Lappland, der Duft der Scala,
> der süße Staub, mein alter Lucrez
> mit Marginalien von der Hand Diderots,
> die Liebe in einem Nachen im Schilf:
> vergebens zubereitet für dich, die Welt:
> Wildnis und Filigran, was rein ist, alles
> umsonst und der Zorn die Lust und die Mühsal!
>
> Und doch sehe ich im Paternoster, im Schau-
> fenster dein Gesicht, noch ist es rosig,
> aber bald kommen die Tränensäcke, kommt
> der Kalk und die Rachsucht, die Leber
> ergraut vom Schnaps und von der Gewissheit
> der verlornen Partie. Und ich sehe Narben,
> die du nicht siehst, Ausschläge, Sperma
> und Blut. Und ich sehe den Mord in deinem
> Aug, in der Trambahn, mir gegenüber.[2]

Die Nazis waren immer noch allgegenwärtig in der Bundesrepublik der fünfziger Jahre, überall stieß man auf den deutschen Sumpf. Doch es war nicht nur Abscheu und Wut, was Enzensbergers Haltung ausmachte. Es war geradezu lustvoll, wie er zustieß. Und dass er sich die Welt eroberte, während der Deutsche in seiner Provinz verstockte, zelebrierte er als einen Triumph für sich selbst – den Lachs in Lappland, den Duft der Scala, die Liebe im Schilf.

Für einen jungen, lebenshungrigen, frei denkenden Mann war der bundesdeutsche Alltag nicht auszuhalten. Er hatte allerdings auch dankbare Feinde. Es war schon ziemlich frech und anmaßend, Gedichte zu schreiben, die Titel hatten wie »Ins Lesebuch für die Oberstufe« – doch Frechheit siegt bekanntlich. Kaum hatte Enzensberger sich umgedreht, schon waren seine Gedichte da, wo er sie hinhaben wollte: im Lesebuch. Und 1963 bekam er auch gleich, als jüngster Preisträger überhaupt, den Büchnerpreis, den höchsten deutschen Literaturpreis. Das Land hatte auf solch einen Ton bloß gewartet. Der Kulturbetrieb saugte ihn auf wie ein Schwamm, auch wenn an federführenden Stellen noch alte Nazis saßen. Enzensbergers Selbstbewusstsein kam daher, dass in dieser Zeit so sicher war wie niemals vorher oder nachher, wem die Zukunft gehörte.

Der Auftritt Enzensbergers als junger Lyriker bestimmt bis heute sein Bild in der Öffentlichkeit und gehört zu den einschlägigen Daten der neueren Literaturgeschichte. Das liegt aber auch daran, dass dieser Auftritt äußerst geschickt inszeniert war. Enzensberger war mindestens genauso vehement ein Journalist, wie er ein Lyriker war. Von Anfang an gab es für ihn keine Trennung zwischen den Gattungen und den Erscheinungsformen des Literaturbetriebs. Enzensberger jonglierte virtuos mit den Bällen von Primär- und Sekundärliteratur. Einerseits rührte seine Geltung als Essayist und Artikelschreiber vom Ruhm, den er als Dichter geerntet hatte, andererseits bereitete er das öffentliche Umfeld für die Rezeption seiner Lyrik durch Essays, Artikel und Wortmeldungen vielfältiger Art so professionell vor wie keiner zu seiner Zeit. Er war eine öffentliche Instanz. Wenn man genauer hinschaut, sind die Grenzen zwischen Gedicht, Flugblatt und Leitartikel bei Enzensbergers frühen Texten oft sehr fließend. Politik und lyrisches Ich, Gesellschaft und Privatheit hängen bei ihm eng zusammen.

Das war nicht mehr der raunende, mythisch beschwörende Ton der deutschen Lyrik, wie man sie in den Restbeständen des Bürgertums pflegte. Das knüpfte entschieden an Brecht an, den man in der Bundesrepublik zu dieser Zeit nicht kennen wollte und auch kaum kannte. Und wie Brecht wusste Enzensberger, dass es als Schriftsteller sehr darauf ankam, wie geschickt man die Medien einzusetzen wusste. Enzensberger war Lyriker und Medientheoretiker in einem, und noch bevor sein erster Gedichtband erschien, war er in der führenden Literaturzeitschrift *Akzente* 1956 mit einem Aufsatz vertreten, der sich ohne Einschränkung als programmatisch für seine gesamte künftige Laufbahn verstehen lässt. Sein Hauptimpuls ist: »Die Kulturindustrie gehört zu unserer Wirklichkeit. Statt an ihr gebildet zu nörgeln, sollte man ihre Gesetzmäßigkeiten erforschen.«[3] Und gleich zu Beginn schreibt Enzensberger: »Schreiber und Leser haben allen Grund, die modernen ›mass media‹ scharf im Auge zu behalten. Und sofern sie mehr als Schreiber und Leser sind, sofern sie wirklich als Verantwortliche für den geistigen Zustand ihrer Gegenwart sich fühlen, müssen sie Einfluß auf diese Medien, den Funk, das Fernsehen und den Film, fordern.«[4]

Enzensberger warf sich mit Lust in die neuen Möglichkeiten, und Gesellschaftskritik war dabei nur Mittel zum Zweck. Enzensberger sendete im Februar 1956 im Süddeutschen Rundfunk Stuttgart einen Essay, der weitreichende Folgen hatte: »Die Sprache des ›Spiegel‹«. Darin unterzog er die Texte des einflussreichen Nachrichtenmagazins einer dezidierten Analyse: »Die Ideologie des ›Spiegel‹ ist nichts weiter als eine skeptische Allwissenheit, die an allem zweifelt außer an sich selbst. Damit ist bereits gesagt, daß ›Der Spiegel‹ Kritik nicht zu leisten vermag, sondern nur deren Surrogat.«

Diese kenntnisreiche Abrechnung führte natürlich nicht dazu, dass der *Spiegel* sich änderte, aber sie erreichte ihr eigentliches Ziel. Als der Essay in einem Buch veröffentlicht wurde – 1962, im Band *Einzelheiten* –, versah Enzensberger ihn mit einer rückblickenden Anmerkung: »Die Veröffentlichung erregte ein gewisses Aufsehen. Die Redaktion des Magazins bat wenige Tage nach der Sendung um die Erlaubnis zum teilweisen Abdruck des Manuskripts in seinen Spalten. Sie wurde erteilt.«[5]

Der lakonische Ton machte den Triumph vollkommen. Der Kritiker wurde flugs zum Hausautor des *Spiegel* befördert, so war beiden Seiten geholfen. Enzensbergers Einstieg in die Medienkarriere ist symptomatisch für das, was im Vorfeld der 68er-Bewegung möglich war. Bereits Brecht hatte erkannt: »Das gegen ihn gespritzte Gift verwandelt der Kapitalismus sogleich in Rauschgift und genießt dieses.« Was Brecht als Kritik gemeint hatte, erkannte Enzensberger als Handlungsanweisung.

Vom *Spiegel*-Erfolg angestachelt, schob Enzensberger sogleich eine Expertise über ein weitaus schwierigeres Sujet nach: die konservative *Frankfurter Allgemeine Zeitung*. Hier dauerte es etwas länger. Die *Frankfurter Allgemeine Zeitung* druckte Enzensbergers Essay nicht. Aber sie antwortete mit einer Broschüre, in der sie sich rechtfertigte. Das war für Enzensberger vielleicht noch besser. Einige bewegte Jahre gingen noch ins Land, und dann war Enzensberger auch *FAZ*-Autor. Enzensberger ließ sich nicht nur auf die Medien ein, sondern er war von vornherein ein Teil von ihnen.

Wie geschickt Enzensberger schon früh die Mechanismen beherrschte, die sich erst im Lauf der Entwicklung klarer herauskristallisierten, zeigen seine publizistischen Einlassungen Anfang der sechziger Jahre ganz deutlich. Er konnte vehement gegen die Repräsentanten der Adenauergesellschaft polemisieren, aber gleichzeitig ein diffuses oppositionelles Selbstgefühl wie das der Gruppe 47 als langweilig brandmarken. Nicht anders als »brillant« (um in der Sprache der Medien zu bleiben) kann man seine Antwort auf Polemiken alteingesessener Multiplikatoren wie Sieburg, Krämer-Badoni, Johannes Gaitanides und vor allem Hans Egon Holthusen bezeichnen – ein Rundumschlag, der am 17. Dezember 1960 in der *Süddeutschen Zeitung* erschien. Die konservativen geistigen Besitzstandswahrer begannen 1960 gegen die Gruppe 47 nicht mehr nur in höhnischen Seitenbemerkungen, sondern ganz ernsthaft zu Felde zu ziehen. Was die Hierarchien in Zeitungen, Rundfunkanstalten, Theatern und kulturpolitischen Machtzentralen anbelangte, war zwar noch alles mehr oder weniger beim Alten – die angestammten und einflussreichen Publizisten hatten jedoch eine atmosphärische Veränderung festgestellt. Die Gruppe 47 war in der öffentlichen Wahrnehmung bedrohlich in die Nähe des Zentrums gerückt und stellte den stillschweigenden Konsens, der im kulturellen Diskurs der frühen Bundesrepublik herrschte, zunehmend infrage.

Einen paradigmatischen Grundsatzartikel lieferte Holthusen. Er polemisierte am 26. November 1960 in der *Süddeutschen Zeitung* gegen die »literarische Opposition« – und das war im Klartext einzig und allein die Gruppe 47. Holthusen, ein alter SS-Mann, der sich nach dem Krieg vehement gegen Thomas Mann ausgesprochen und Gottfried Benn mit zum großen, über allen Parteien stehenden Starautor aufgebaut hatte, hatte sich im Lauf der Jahre gehäutet und redete einem den Status quo nicht tangierenden Pragmatismus das Wort. Sein Zauberwort hieß jetzt »Sachlichkeit«: »Was dem Nonkonformisten als Vakuum erscheint, das wird auf der anderen Seite als ein Raum der Sachlichkeit betrachtet, in dem Kunst und Wissenschaft, politische Kritik und technische Leistung mit mehr oder weniger Glück gedeihen können. Wer in diesem Sinne sachlich denkt, der wird auf dem Boden seiner Arbeit ein Ganzes erleben, nämlich ›Welt‹ – und nicht immer nur statt Welt das gesellschaftskritische Puzzlespiel. Er wird auch vor dem fressenden Elend des Selbstekels geschützt bleiben, das die meisten Nonkonformisten zu plagen scheint: jene bedenklich masochistischen Bekenntnisse der ›Ohnmacht‹ des ›Geistes‹ vor dem gigantischen Monstrum der ›Massengesellschaft‹, die man auf Schritt und Tritt in ihren Veröffentlichungen finden kann, lassen ihn kalt.« Nicht mehr so sachlich sind dann Zuspitzungen wie die folgende: »Nicht wenige Nonkonformisten halten Schlüsselstellungen einer vollbeschäftigten Kulturindustrie besetzt und genießen als glänzend besoldete Außenseiter allen Komfort. Selbstverständlich verzichten auch sie nicht auf den ominösen Kühlschrank und nicht auf den Volkswagen. Kein genialer Hungerleider ist unter ihnen.«[6]

Das war für Enzensberger ein gefundenes Fressen: »Das also ist die bittere Wahrheit. Da gibt es, mitten in Deutschland, Leute, die ungestraft Opposition treiben und zu allem Überfluß auch noch Geld verdienen. Das ist ein Skandal! Schriftsteller, die nicht für Regierung und Vaterland eintreten wollen – und die gleichwohl Kühlschränke ihr eigen nennen! Soweit ist es mit uns Deutschen gekommen, daß einer bei uns Gedichte machen kann, ohne Hunger zu leiden – was doch seit jeher zu den verbrieften Rechten und Aufgaben des Genies gehört.«[7]

Enzensberger stellte schon formal klar, dass er Holthusens Thesen und vor allem dessen abgeklärten Ton gar nicht erst ernst nahm: Er bewegte sich von Anfang an auf einer ganz anderen Ebene. Sein »Plädoyer für eine literarische Regierung« entwickelt sich zu einem satirischen Rollenspiel, das die konservativen Wortführer als »bedachtsame Kunst- und Sittenrichter« zitiert, die »ihre warnenden Stimmen« erheben, und ihre Aussagen bis zur letzten Konsequenz treibt: »All dies, und noch weit mehr, spricht dafür, daß die Vier Gerechten, deren Besorgnisse hier verzeichnet sind, den Nagel auf den Kopf getroffen haben. Pflichten wir aber ihrer Diagnose bei, so können wir nicht umhin, die therapeutischen Konsequenzen aus ihr zu ziehen. Sie liegen nahe, und nur eine Selbstentäußerung, die zu billigen wir außerstande sind, kann unsere brillanten Diagnostiker daran gehindert haben, sie auszusprechen. Denn woran mag es wohl liegen, daß unsere literarische Opposition so außer Rand und Band geraten ist? Es fehlt ihr ein demokratisches Gegengewicht. Es fehlt ihr, mit einem Wort, eine literarische Regierung. (...) Noch ist es nicht zu spät, den lebensbejahenden, den staatserhaltenden Kräften in unserer Literatur den Platz zurückzugeben, der ihnen gebührt, und die Opposition in die Schranken zu weisen. (...) Hat unsere provinziell gewordene Literatur, so wird man fragen, Köpfe aufzuweisen, die einer solchen Aufgabe gewachsen wären? Wir wollen der Antwort auf diese gravierende Frage nicht vorgreifen; aber wie sie auch ausfallen mag, niemand wird Hans Egon Holthusen seinen wohlverdienten Platz in dem Kabinett, das wir ersehen, streitig machen, niemand die Anwartschaft von Johannes Gaitanides und Rudolf Krämer in Zweifel ziehen dürfen. Unstreitig der erste Mann jedoch, wenn es sich darum handelt, ›sich in einem Akt der Selbstkorrektur der konservativen Führung anzuvertrauen‹, ist Friedrich Sieburg.«[8]

Für Hans Werner Richter, den umsichtigen, den Zusammenhalt der Gruppe 47 immer überwachenden Literaturpolitiker, war Enzensberger jedoch von Anfang an ein unsicherer Kantonist. Und er konnte sich bestätigt fühlen, als Enzensberger im *Spiegel* – er hatte mittlerweile dort eine monatliche Kolumne – einen Band verriss, den Richter 1962 herausgegeben und für den Enzensberger selbst einen Beitrag geliefert hatte: *Bestandsaufnahme. Eine deutsche Bilanz 1962. Sechsunddreißig Beiträge deutscher Wissenschaftler, Schriftsteller und Publizisten.* Es ging in diesem fast 600-seitigen Band kaum um Literatur, sondern um alle gesellschaftlichen Bereiche – um die politischen Dimensionen nach dem Ende des Zweiten Weltkriegs, um den Untergang Preußens und die Bedingungen der deutschen Außenpolitik, um Humanismus und Religion, um wirtschaftliche und soziale Wandlungen, um Pädagogik und Meinungsbildung und zum Schluss natürlich auch um die Künste. Die Absicht war, den Zustand der Bundesrepublik 17 Jahre nach der bedingungslosen Kapitulation des Dritten Reiches 1945 analytisch darzustellen.

Richter entfaltete in dieser Zeit eine enorme publizistische Aktivität: Fast zeitgleich mit der *Bestandsaufnahme* erschien auch der *Almanach* der Gruppe 47, zuvor waren die beiden rororo-aktuell-Bändchen über die Berliner Mauer sowie über die SPD als politische Alternative erschienen. Enzensberger jedoch, der die Gruppe 47 furios als Forum genutzt hatte, brüskierte Richter am 25. Juli 1962 aus seiner Enklave in Norwegen: »lieber hans werner, in der übernächsten woche will ich im ›spiegel‹ über die ›bestandsaufnahme‹ schreiben... ich möchte nicht, daß du von dieser rezension überrumpelt wirst. den text kann ich dir nicht schicken, er ist noch nicht fertig, aber um es dir gleich zu sagen, ich werde mich ziemlich kritisch äußern, obgleich ich selber schließlich auch von der partie bin. ich finde einfach, das ist für ein so anspruchsvolles buch nicht genug, was wir aufgeboten haben, das ist zu wenig fundiert in vielen fällen. das sollte ruhig einmal öffentlich ausgesprochen werden, und zwar von einem von uns, nicht bloß immer von der anderen seite.«[9]

Bereits die unter Richters bzw. Walsers Ägide herausgegebenen Sammelbände über die »Alternative« SPD und die Mauer, die im Jahr zuvor erschienen waren, empfand Enzensberger als zu belanglos und eher willkürlich zusammengeschustert. In seinem Brief wünschte er sich von Richter, »daß die mitarbeiter beim nächsten mal etwas sorgsamer zu werk gehen, besser schreiben und weniger phrasen dreschen«.[10] Und in seinem *Spiegel*-Text zeigte er sich tatsächlich als unberechenbarer Freigeist und monierte: »Das Buch, zwar ohne das notwendige Register, aber mit Hilfe eines Anhangs aus überflüssigen Karten, Graphiken und Daten als Standardwerk aufgemacht, erweist sich als eine Sammlung von Prophezeiungen, Bekenntnissen, Plaudereien und Forderungen, als ein Amalgam aus Polemik, Feuilleton, Aufschrei und wehmütiger Erinnerung. Handfeste, sachnahe Beiträge fehlen nicht, aber sie sind in der Minderheit.«[11]

Richter war natürlich erbost. Ein Jahr später, in Vorbereitung der Herbsttagung in Saulgau, schrieb er an Alfred Andersch – und mit seinen allgemeinen Bedenken meinte er niemand anderen als Hans Magnus Enzensberger: »Darüber müssen wir einmal sprechen, ich meine die ›Cliquenbildung‹ um der eigenen Literatur-Karriere willen. Ein abstoßender und auf die Dauer peinlicher Vorgang, zumal, wenn er mit unerträglichem Hochmut gepaart ist.«[12]

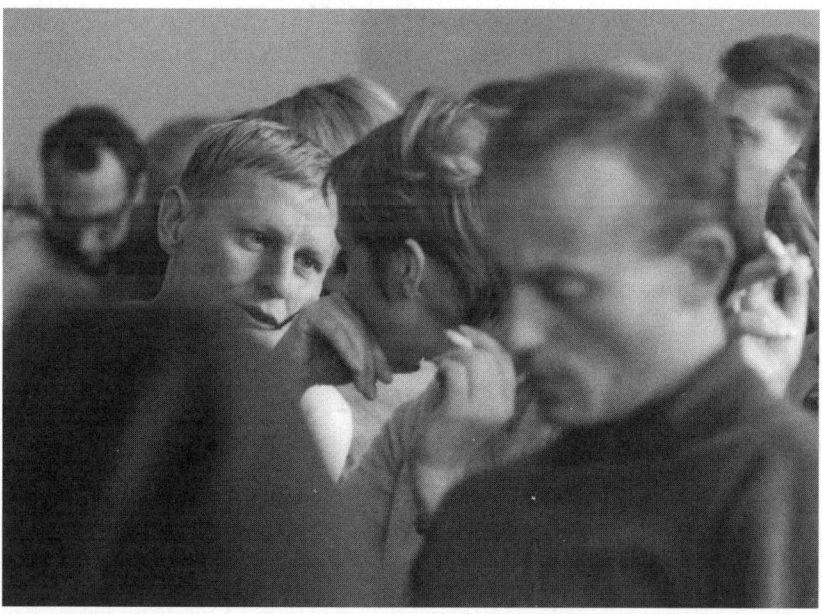

Die Massenmedien scharf im Auge behalten: Hans Magnus Enzensberger in einer Tagungspause

Nicht nur in Bezug auf die Wahrnehmung des gesellschaftlichen Umfelds war Enzensberger (Jahrgang 1929) Richter (Jahrgang 1908) schon ziemlich weit entrückt. Es war vor allem der Habitus, der Richter zutiefst fremd war. »Cliquenbildung« zur Beförderung der eigenen Karriere hatte Richter mit der Gruppe 47 am Anfang tatsächlich nicht im Sinn gehabt, er konnte sich so ein individuelles Ausscheren nicht einmal vorstellen. Enzensberger machte ihm nun vor, was die Zeitläufte aus der Gruppe 47 gemacht hatten – ohne dass Richter, der immer noch unumschränkter Hierarch der Gruppe war, etwas dagegen ausrichten konnte.

Fast symptomatisch wirkte es auf Richter, dass Enzensberger neben ihm als einziger Deutscher auf einer von italienischen Kollegen organisierten, etwas dubiosen Reise europäischer Schriftsteller in die Sowjetunion mit von der Partie war. Richter nutzte zwar die Gelegenheit und lud sowjetische Schriftsteller nach Saulgau zur Tagung der Gruppe 47 ein – es handelte sich letztlich aber nur um austauschbare Funktionäre. An Andersch schreibt Richter im August 1963, im Resümee der Reise in die Sowjetunion: »Hans Magnus hat natürlich wieder Karriere gemacht. Erstaunlich, mit welcher Sicherheit, sozusagen gleichzeitig vier Sprachen perfekt beherrschend, er sich auf dem internationalen Parkett bewegt. Er las in Moskau sein Gedicht ›Landessprache‹ und hatte den größten Beifall und schließlich fuhr er, nicht ich, zu Chrustchow (sic!).«[13] »Er, nicht ich« – da ahnte Richter etwas. Nicht nur, was die Ehre anbelangt, zum Partei- und Regierungschef der Sowjetunion geladen zu werden.

Das Charakteristische an Enzensberger aber ist, dass er sich nicht mit den Medien gemeinmacht, die er so kennerisch bedient. Er sieht sie von außen – so wie er es bereits in seinem *Akzente*-Beitrag von 1956 postuliert hat. Wenn man ihn später auf seine frühe Revoluzzerrolle ansprach, zum Beispiel auf seine Provokationen in den fünfziger Jahren, antwortete er immer so wie in einem Gespräch mit dem Süddeutschen Rundfunk in den siebziger Jahren: »Das ist nicht meine Idee, dass ich ein zorniger junger Mann war, das ist ein Klischee, das aus der englischen Literaturkritik stammt. Dort gab es eine Gruppe von Schriftstellern, mit denen ich eigentlich nie irgend etwas zu tun hatte, das waren meistens Theaterschriftsteller, die nannten sich so. Und weil das gerade in diesem Medienbetrieb eines dieser Worte war, das da herumschwamm, suchte man offensichtlich jemand, auf den man es jetzt anwenden kann. Und ich war nun zufällig das Opfer davon. Sollen sie das ruhig sagen, wenn sie wollen, es ist ihr gutes Recht, das zu schreiben, und es ist aber auch mein gutes Recht, mich da nicht betroffen zu fühlen.«[14]

Der Medienprofi kennt die Medien, und gerade deshalb kann er sie verachten. Er hat seine künstlerischen Aktivitäten von Anfang an immer mit journalistischen und publizistischen begleitet. Und ziemlich schnell war für ihn klar, dass dazu am besten ein Medium taugt, das man selber herausgibt. Theoretisch hatte er das mit seinem Begriff der »Bewusstseinsindustrie« schon postuliert, der an Adornos »Kulturindustrie« anknüpfte, sich aber an dessen Kulturpessimismus störte: Enzensberger wollte durch die Möglichkeiten der Medien das Bewusstsein gerade schärfen.[15] 1965 gründete er die Zeitschrift *Kursbuch*, die in der Studentenbewegung eine immense Bedeutung hatte. 1979, als die Vorzeichen sich gründlich geändert hatten, startete er die Zeitschrift *TransAtlantik*, unter anderem mit der Rubrik »Journal des Luxus und der Moden« – das schien zwar genau das Gegenteil des *Kursbuchs* zu sein, aber es war eben konsequent im Erfassen dessen, was jetzt gerade in der Luft lag. 1985 begann Enzensberger dann, die »Andere Bibliothek« herauszugeben, eine geschmackvolle, wunderbare Buchreihe, die keinen Gesetzen gehorchte außer demjenigen, dass man sich ständig auf neue Überraschungen gefasst machen konnte. Enzensberger ist in der bundesdeutschen Öffentlichkeit von den frühesten Anfängen bis heute der unangefochtene Meister des Hase-und-Igel-Prinzips: Wenn die anderen endlich kapiert haben, wo es langgeht, ist Enzensberger schon längst wieder woanders und gibt eine neue Richtung vor.

Das Experimentierfeld in der Gruppe 47 war für Enzensberger von unschätzbarer Bedeutung. Alles, was er später machte, gerade seine ungeahnten Wendungen und Irritationen, die dem Zeitgeist immer um eine Nasenlänge voraus zu sein schienen – man ahnte im Allgemeinen den Zeitgeist schon, traute sich aber noch nicht so wie Enzensberger, ihm derart hemmungslos zu frönen –, das hat er im geradezu klinisch reinen Stadium in der Gruppe 47 erproben können. Er wuchs in die Phase hinein, als sich in der ersten Reihe der Tagungen eine Kritikerbank herauskristallisierte, als immer mehr Verleger kamen, um nach frischen, unverbrauchten Autoren Ausschau zu halten, als die dreitägige Tagung der Gruppe 47 sich zur allgemeinen Klatsch-, Talent- und Verkaufsbörse des Literaturbetriebs entwickelte. 1961, auf Jagdschloss Göhrde, las Enzensberger aus einem Drama namens »Die Schildkröte«, und sein Text wurde so vernichtend verrissen, dass heute nicht einmal mehr der Ansatz eines Manuskripts davon existiert – »was ich als Glücksfall betrachte«.[16]

Während Hans Werner Richter und seine engsten Mitstreiter noch mit den Vorstellungen kämpften, mit denen sie angefangen hatten, sah Enzensberger ballastfrei schon ganz andere Chancen mit der Gruppe 47. Von daher ist auch ein Exkurs in seine weitere Aktivitäten recht aufschlussreich.

1968, in einem bundesdeutschen Epochenjahr, kurz nach der letzten Tagung der Gruppe 47, ging Enzensberger daran, den »Tod der Literatur« zu verkünden. Zumindest wurde es in weiten Kreisen so verstanden, was er in der legendären Nummer 15 seiner Zeitschrift *Kursbuch* veröffentlicht hatte: »Gemeinplätze, die Neueste Literatur betreffend«. Er übt hier sarkastisch und durchaus hellsichtig Kritik am Kulturbetrieb, wie er sich 1968 darstellt: »Die Literaten feiern das Ende der Literatur. Die Poeten beweisen sich und andern die Unmöglichkeit, Poesie zu machen. Die Kritiker besingen den definiten Hinschied der Kritik. Die Bildhauer stellen Plastiksärge her für die Plastik. Die ganze Veranstaltung schmückt sich mit dem Namen der Kulturrevolution, aber sie sieht einem Jahrmarkt verzweifelt ähnlich. Die Sekunden, in denen es Ernst wird, sind selten und verglimmen rasch. Was bleibt, stiftet das Fernsehen: Podiumsdiskussionen über Die Rolle des Schriftstellers in der Gesellschaft.«[17]

Enzensberger ist scharfzüngiger, intelligenter und wendiger als viele seiner vermeintlichen Parteigänger. Er sichert sich nach allen Seiten hin ab und beschreibt die Crux der Literatur in der bürgerlich-kapitalistischen Gesellschaft, ohne sie wirklich in Frage zu stellen.

Aber was er zum Schluss hin verkündet, gibt dann doch zu denken. Da formuliert er ziemlich deutlich, wie eine relevante Literatur im Jahr 1968 aussehen könnte: »So schwer sollte es in einer Gesellschaft, in der das politische Analphabetentum Triumphe feiert, doch nicht sein, für Leute, die lesen und schreiben können, begrenzte, aber nutzbringende Beschäftigungen zu finden. Das ist schließlich keine neue Aufgabe; Börne hat sie vor hundertfünfzig Jahren in Deutschland in Angriff genommen, und Rosa Luxemburg ist schon fünfzig Jahre tot. Was uns heute zur Hand liegt, wirkt, an solchen Vorbildern gemessen, allerdings bescheiden: beispielsweise Günter Wallraffs Reportagen aus deutschen Fabriken, Bahman Nirumands Persien-Buch, Ulrike Meinhofs Kolumnen, Georg Alsheimers Bericht aus Vietnam. Den Nutzen solcher Arbeiten halte ich für unbestreitbar. Das Mißverhältnis zwischen der Aufgabe, die sie sich stellen, und den Ergebnissen, die sie erbracht haben, läßt sich nicht auf Talentfragen reduzieren. Es ist auf die Produktionsverhältnisse der Bewußtseinsindustrie zurückzuführen, die zu überspielen die Alphabetisierer bisher außerstande waren. Die Verfasser halten an den traditionellen Mitteln fest: am Buch, an der individuellen Urheberschaft, an den Distributionsgesetzen des Marktes, an der Scheidung von theoretischer und praktischer Arbeit.«[18]

So ganz daneben lagen diejenigen also nicht, die aus Enzensbergers Text damals plakativ den »Tod der Literatur« herauslesen wollten. Der Autor wollte da schon ein bisschen etwas Neues anzetteln. Es handelte sich überhaupt um eine Phase, in der er es ziemlich ernst meinte. Zur Hochform lief er auf, als es um sein ureigenes Metier ging: das Verhältnis der außerparlamentarischen Opposition zu den Medien. Im Audimax der TU in Berlin fand Mitte April 1968 eine Tagung statt, und dabei stand die Forderung der APO im Mittelpunkt, im SFB regelmäßige Sendezeiten unter eigener redaktioneller Verantwortung zu erhalten. Enzensberger war Verhandlungsführer bei einem Gespräch mit dem SFB-Intendanten Franz Barsig, und er berichtet dem völlig überfüllten Auditorium maximum in der Universität, dass dieser die Forderung abgelehnt habe: »Kurzfristig und im Besonderen ziehen wir aus der Weigerung des Intendanten die folgenden Schlüsse. Zum Ersten wird eine Arbeitsgruppe gebildet werden, die die Berichterstattung einer ständigen Kontrolle unterwirft. Das ist bisher noch nicht geschehen. Diese Maßnahme ist rein defensiv und genügt nicht. Als nächstes sehen wir uns, wie am Anfang unserer Forderungen ausgedrückt, auf die Aktion zurück verwiesen. Wie die Aktion gegen den Sender Freies Berlin aussehen wird, darüber wird im Augenblick beraten. Aber auch diese Art von Aktionen genügt nicht. Ich schlage schließlich und endlich vor, als einzige angemessene Antwort: Wir brauchen einen eigenen Sender!« (Es folgte langes Klatschen im Rhythmus von »Ho-Ho-HoTschiMinh«.)[19]

Enzensberger, der immer die jeweilige Stimmung wittert, sie antizipiert und sich nie so richtig festlegen und vereinnahmen lässt: Wenn es um 1968 geht, um seine Rolle in dieser Sturm-und-Drang-Periode der Bundesrepublik, ist er im Nachhinein am meisten gefordert. So wenig, wie er sich als erfolgreicher Gruppe-47-Repräsentant auf den zornigen jungen Mann in den fünfziger Jahren festlegen lassen will, will er später für die Sechziger der Revolutionär sein. Darauf ist er als Medienvirtuose angewiesen. Aber für 1968 braucht er dabei einen ziemlich langen Anlauf, so in einem Interview aus dem Jahr 1999: »Luther hat ein Tintenfass nach dem Teufel geworfen. Wenn Sie heute auf die Wartburg gehen, da zeigt man Ihnen wahrscheinlich heute noch einen Tintenklecks an der Wand. Das ist eine Legende, die hat sich da an ihn angesetzt, an die wirkliche Figur lagert sich so eine Schicht an von Erfindungen, die die Gestalt oft richtig verdecken. Wie gesagt, das sind alles Fiktionen. Das hat mit der realen Person nicht so viel zu tun. Es hat keinen Sinn, sich dagegen zu wehren. Das ist einfach – wie soll ich das nennen – eine Art Mehltau, der sich um diese Personen ansetzt, aus vielen Bestandteilen. Das wird man ja nie wieder los! Über mich gibt es schon solche Erzählungen. Ich hab zum Beispiel den Tod der Literatur verkündet. Steht seit Jahrzehnten in den Zeitungen, immer wiederholt, immer dieselben Sachen. Oder: ich war der Barde von Fidel Castro. Oder: ich war, ich weiß nicht was, Chefideologe von 68. Oder ein Renegat, ein Verräter, der der Linken in den Rücken fällt. Und es wiederholt sich, einer schreibt vom andern ab, nun gut – warum nicht? Lass sie doch schreiben ...«[20]

Enzensbergers Geheimnis ist gar nicht so groß, das betont er immer wieder selbst. Man kann zum Beispiel zwei Interviews vergleichen, die er im Abstand von einigen Jahrzehnten gegeben hat – eines 1976, das andere 1999. In diesem Zeitraum ist einiges passiert, die gesellschaftlichen Rahmenbedingungen haben sich in einer Art und Weise geändert, wie sie niemand vorausahnen konnte, und in diesen Jahren hat sich auch einer der großen historischen Paradigmenwechsel überhaupt vollzogen: der Übergang vom Industrie- zum Informationszeitalter, die digitale Revolution.

Über seinen Umgang mit den Medien, vor allem, wenn die Rede auf seine Rolle als junger Provokateur kommt, sagte er 1976 Folgendes: »Ja, man soll sich da ja nie verteidigen, wenn einem so etwas gesagt wird. Man soll sich das gelassen anhören. Und wie gesagt, ich halte das ja auch aus taktischen Gründen für viel besser, wenn man Reaktionen herausfordert statt selbst zu reagieren. Das heißt also: die Verteidigung, die Defensive ist immer schlecht. Auch deswegen, wenn mir jemand das sagt, dann würde ich mir das zunächst mal mit Interesse anhören. Aber eines kann man vielleicht doch dazu sagen, dass diese angeblichen Schocks und Provokationen ja von einer unglaublichen Harmlosigkeit waren. Und dass ich in sehr vielen Fällen das tatsächlich gar nicht gemerkt habe, es war mir gar nicht klar. Und ich habe damals nicht verstanden und verstehe auch heute noch nicht, warum das eigentlich so schlimme Dinge waren. Man muss sich ja wundern dürfen.«[21]

1999, 23 Jahre später, hört sich das so an: »Erstens mal ist es natürlich so, die strategische Regel ist: nie reagieren. Überhaupt nie reagieren, immer reden lassen und nicht darauf zurückkommen und nicht darauf antworten, das hat gar keinen Zweck. Es ist immer günstiger, wenn die anderen auf einen reagieren, als wenn man auf die anderen reagiert, das ist doch ganz einfach. Also: wer spielt aus? Und dann sollen die anderen ihr Teil dazu sagen, ob das freundlich oder unfreundlich ist, das ist ja ihr gutes Recht. Es kommt darauf an, die Initiative zu behalten, das ist ganz einfach. Und was den Ärger betrifft: Wissen Sie, nach vierzig Jahren – seit vierzig Jahren, von Anfang an, hab ich auch was abgekriegt, das macht doch nichts, das ist Pluralismus, das ist Pressefreiheit und so weiter. Lass sie doch!«[22]

Es ist verblüffend, wie umstandslos Enzensberger hier sein Erfolgsrezept mitteilt. Er hat öffentlich immer ignoriert, was über ihn gesagt wurde. Und darin blieb er sich gleich, egal ob 1956, 1976 oder 1999, egal, wie die Medien sich änderten und welche Bedeutung sie angenommen hatten. So radikal sich die Revolution in der Informationstechnologie, im Mediensektor auch ausnimmt: Die Haltung Enzensbergers, die Haltung des Trendsetters und Medienavantgardisten, bleibt statisch. Er zeigt sich resistent. Es ist immer dasselbe, worauf es ankommt, auch wenn es scheint, als sei alles nicht mehr so, wie es einmal war. Für Enzensberger war die Literatur vor allem Mittel zum Zweck. Er hat die Mechanismen der Medien erkannt, lange bevor die »Medienwissenschaften« erfunden wurden und etwas ganz anderes behaupteten. Am besten ist, man suggeriert, Bescheid zu wissen, und macht sich dabei unkenntlich.

Enzensbergers persönliche Leistung ist es, Literatur und Journalismus bis zur Deckungsgleichheit gebracht zu haben. Sein Ruhm gründet bis in die heutigen Tage hinein nicht so sehr auf einem Erfolg bei den Lesern – seine Auflagen sind zwar respektabel, lassen sich aber mit seinen Generationsgenossen Grass oder Walser nicht vergleichen –, sondern rührt von der Bewunderung durch seine Kollegen in den Medien her. Grass wird im Feuilleton gern als alter Sozialdemokrat verunglimpft, als einer, der stehen geblieben sei, und Walser liefert mit seinen Altersüberraschungen immer auch Boulevardeffekte. Enzensberger jedoch schuf ein Rollenmodell. Einhellig ruft das Feuilleton: Dieser Mann hat uns geradezu erfunden.

Wer die Journalistenschulen, so vielfältig und unterschiedlich sie sich im Einzelnen auch darstellen, seit den achtziger Jahren durchlaufen hat, wird bei fast allen Protagonisten der Gruppe 47 eher mit den Schultern zucken. Bei der Nennung des Namens Enzensberger jedoch strahlen alle. Es ist eine ungeheure Leistung, alles mühelos abstreifen zu können, was an Negativem mit der Gruppe 47 verbunden wird, und dennoch als ihr ureigenes Gewächs, von allen bewundert und beschnuppert, blühen und gedeihen zu können.

# 17 »Es riecht nach Markenartikel.«

*Die deutsche Literatur-Nationalmannschaft gastiert im schwedischen Sigtuna*

Im Grunde war die Gruppe 47 Hans Werner Richter schon längst entglitten. Er spürte, dass er literarisch nicht mehr mitkam, dass die jungen Autoren ein völlig anderes Verständnis von Engagement hatten und seinem landläufigen Realismus recht fernstanden. Schon einmal, Mitte der fünfziger Jahre, hatte Richter die Gruppe nur noch recht lustlos betrieben, die Tagungen nur noch ein Mal im Jahr stattfinden lassen und dafür zwei Mal hintereinander fast programmatisch ein nicht sehr heimeliges Gewerkschaftsheim ausgesucht – der »Grünwalder Kreis«, der Kampf gegen die Wiederbewaffnung, füllte ihn damals weit mehr aus als die Gruppe 47. Erst nach erneuten politischen Enttäuschungen hatte er seine Energie wieder der Gruppe 47 zugewandt. Wenn er jetzt, in den sechziger Jahren, wiederholt in Briefen an Freunde bekundete, dass er die Gruppe nur noch aus »kulturpolitischen Gründen« weiterbetreibe, setzte sich das fort: Für Richter war die Gruppe 47 von Anfang an ein Politikersatz gewesen. Er hatte im Laufe der Zeit jedoch erkannt, dass die Literatur sich äußerst effektiv als gesellschaftlich relevante Größe einsetzen ließ, vielleicht sogar nachhaltiger als konkrete politische Aktivitäten. Die Angriffe des hochrangigen CDU-Politikers Dufhues konnten ihn nun darin nur bestärken.

Seit 1960 erkannte Richter allerdings zunehmend den Zwiespalt, in dem er sich befand. Die kulturpolitische Dimension der Gruppe 47 war ein Pfund, mit dem er wuchern konnte. Der »literarisch-politische Salon« etwa, den er seit 1963 in Berlin für das Fernsehen moderierte, wäre ohne seine Rolle bei der Gruppe 47 und sein Prestige als führende literarische Figur nicht denkbar gewesen. Doch die Veränderungen des literarischen Marktes, die völlige Verwandlung des ursprünglichen Werkstattgesprächs hin zu einer Autorenbörse und -messe machten ihm zu schaffen, da wuchs ihm etwas über den Kopf. Die verzweifelten Versuche, die Tagungen wieder intimer zu gestalten, ohne die Öffentlichkeit und die »Schlachtenbummler«, wie er es gern nannte, waren eine durchaus ernst zu nehmende Reaktion: Der Charakter des »Freundeskreises« war zwar ein Phantom, aber ein für Richter äußerst notwendiger Mythos. Das Umsichtige und Altväterlich-Fürsorgliche, das er glaubhaft verkörperte, waren der Hauptgrund dafür, dass die Gruppe 47 sich so erfolgreich entwickeln konnte. Die ständige Rede von »kein Verein, keine Satzung, kein Präsidium, keine Tagesordnung« hatte sich, in der Sprache der Wirtschafts- und kommenden Kulturfunktionäre, als Alleinstellungsmerkmal erwiesen, als Garant für die Aura von Geheimnis und Erfolg. Richter setzte paradoxerweise diese aufgeklärt-absolutistischen Mechanismen zielgerichtet zur Demokratisierung der bundesdeutschen Gesellschaft ein, zur Herstellung einer pluralistischen Debattenkultur. Es mag eine höhere Ironie darin liegen, dass er die patriarchalischen Herrschaftstechniken Konrad Adenauers zwangsläufig wiederholte. Richter hatte denselben Instinkt dafür, dass es besser war, wenn nicht alle mitredeten.

Als Zeichen einer inneren Unruhe ist es zu werten, dass Richter auf der Tagung in Saulgau 1963 etwas tat, was er sonst nie getan hatte: Er ergriff zum Schluss das Wort, um noch einige grundsätzliche Dinge zu sagen. Die ursprünglich als klein und werkstattmäßig avisierte Tagung hatte sich unter der Hand doch wieder als eine regelrechte Staatsaktion erwiesen, mit Delegationen aus verschiedenen Ländern, Verleger- und Lektorenstrategien und einem unübersehbaren Kamerateam. Da trat Richter unwillkürlich die Flucht nach vorn an und hielt, wie es Jost Nolte in der *Welt* nannte, eine »Standpauke«: Nicht jeder sei automatisch Mitglied der Gruppe 47, nur weil er ihre Tagungen besuchen dürfe. Die Gruppe 47 sei nur ein sehr kleiner Kreis, und wer einmal darin aufgenommen sei, das werde er, Hans Werner Richter, nie sagen. Auch im Fernsehfeature von Sebastian Haffner zeigt sich Richter seiner ihm allmählich zugewachsenen Macht äußerst bewusst. Auf sein

»Erfolgsgeheimnis« angesprochen, erwidert er, ein bisschen abgründig lächelnd, nur: »Ich entscheide allein.«

Im Vorfeld von Saulgau hatte er, im Zuge der Verkleinerung der Runde, viel Mühe gehabt, alten Weggefährten zu erklären, warum er sie nicht eingeladen habe – Walter Hilsbecher etwa, Walter Heist, Hartmann Goertz oder Jürgen von Hollander, schon in Aschaffenburg 1960 hatte er dieses Problem mit dem »Gründungsmitglied« Walter Maria Guggenheimer gehabt. Zur Tagung 1964 in Sigtuna lud er dann plötzlich alle wieder ein – wie um das Ruder herumzureißen. Gleichzeitig jedoch plante er die Tagung im schwedischen Sigtuna von Anfang an als Großveranstaltung, als repräsentativ für die deutsche Gegenwartsliteratur, als einen quasi hoheitlichen Akt, und er ahnte wohl, dass er dazu eine verstärkte Hausmacht brauchte. Derlei Widersprüche häuften sich.

Das sozialdemokratisch geprägte Schweden war für Richter ein Glücksfall. Es lag für ihn, der von der Halbinsel Usedom stammte, auch atmosphärisch nahe. Im Frühjahr 1963 reiste er, auf Vermittlung des Kulturreferenten der deutschen Botschaft in Stockholm, zu einer Vortragsreise nach Skandinavien. Er knüpfte dort näheren Kontakt mit dem Germanisten Gustav Korlén und dem Journalisten Thomas Vegesack, die sich beide intensiv mit deutscher Gegenwartsliteratur beschäftigten, und lud sie sofort zur Tagung nach Saulgau ein. Dort entstand die Idee zu einer Tagung in Schweden. Gustav Korlén war für Richter der ideale Mann. Das zeigt sich schon daran, wie Korlén in dem Katalog, der im Herbst extra zu dieser Tagung herausgegeben wurde, programmatisch begründete, »warum wir die Gruppe 47 nach Schweden eingeladen haben«: »Die schwedische Kulturdebatte wird seit einigen Jahren nicht zu unrecht von dem Schlagwort des schwedischen Provinzialismus geprägt. Jede Initiative, die zu einem stärkeren europäischen Kontakt führen könnte, ist uns daher wichtig. Wir hoffen, daß durch die persönlichen Beziehungen zwischen deutschen und schwedischen Verlegern und Schriftstellern während dieser Tage u. a. die Frage der Übersetzungen eine befriedigende Lösung findet. (...) Wir sehen in der Gruppe 47 ein geistiges Vitamin der deutschen Nachkriegsentwicklung, und wir glauben, daß es gut wäre, wenn der

Kontakt zwischen der deutschen und der schwedischen Literatur verstärkt würde.«[1]

Bereits wenige Wochen nach der Tagung in Saulgau war die Tagung in Schweden schon so gut wie organisiert. Und es ist bemerkenswert, welch andere Töne Richter hier anschlug. Bei den letzten Tagungen beklagte er die Öffentlichkeit, die Neugierde von Außenstehenden und Nichteingeladenen, das Fehlen der alten Heimeligkeit – jetzt genoss er sie als regelrechte Staatsaktion. Nach der eigentlichen Tagung in Sigtuna am Mälarsee sollte sich eine »Festwoche« in Stockholm anschließen, und bereits am 18. Januar 1964 entwarf er dafür einen detaillierten Plan:

> Wie wäre es mit
> a) einem Abend junger Autoren – Buch, Fichter (sic!), Born, Bixel (sic!), Elsner usw. öffentlich.
> b) Theateraufführungen außer Weiß (sic!) und Hildesheimer, Grass, Walser usw.
> c) Orgelkonzert mit Johannes Bobrowski, der ein großer Orgler ist.
> d) Ballett von Ingeborg Bachmann und Hans Werner Henze, der vielleicht auch in Sigtuna sein wird.
> e) Vorlesungen prominenter Autoren.
> f) Ausstellung in der Königlichen Bibliothek: Handschriften, Fotos, Originalexemplare des Ruf und des Skorpion, Graphiken von Weiß (sic!), Grass, Hildesheimer usw.[2]

Das waren völlig neue Töne, das war eine völlig neue Definition der Rolle der Gruppe 47. Richter wollte die Chance ergreifen, eine alternative deutsche Außenpolitik anzudeuten und seine Gruppe 47 dafür ins Zentrum zu rücken. In den Briefen, in denen Richter für die Tagung in Schweden wirbt und seine Gefolgsleute einlädt, taucht wiederkehrend das »Krebse-Essen« auf, das feierlich am Ende der Tagung stattfinden sollte. Welch eine Wandlung: von den Krebsen, die 1947 eigenhändig von Ilse Schneider-Lengyel zur Selbstversorgung aus dem Bannwaldsee gefischt wurden, hin zu den festlichen, ornamentalen Krebsen in

Schweden! Hier wird ein Bogen geschlagen, mit dem niemand von der Gründungsversammlung der Gruppe 47 rechnen konnte. Am 21. Mai 1964 fuhr Richter, ein absolutes Novum in der Gruppengeschichte, eigens zu einer in Stockholm anberaumten Pressekonferenz über die für September geplante Tagung. Richter schien auf dem Höhepunkt seines Prestiges als Kulturfunktionär angelangt zu sein. Seine Verbindung nach Schweden wurde allgemein als Parallelaktion zu den offiziellen bundesdeutschen Aktivitäten in Bonn verstanden. Im Vorfeld gab es deshalb schwierige Abstimmungsprozesse mit der deutschen Botschaft in Stockholm und dem dort ansässigen Goethe-Institut. Im Hochgefühl schrieb Richter an den lange mit ihm eng verbundenen Freund Wolfgang Hildesheimer, der schon des Öfteren signalisiert hatte, dass ihm die Gruppe zu kommerziell und offiziell wurde: »Ich möchte dich und Sylvia nun einmal in Sigtuna haben, meinetwegen natürlich. Es ist mein größter Wunsch. Ich möchte mit Euch lachen und Unsinn reden, weil, ja weil, diese Tagung da oben die Krönung einer jahrelangen Arbeit ist. Ich empfinde es so. Und jetzt bin ich sogar ein wenig stolz darauf. Kannst Du mir das nachfühlen. Und verstehen?«[3]

Dann aber wurde Richter kalt erwischt. Zunächst schrieben Hans Habe in der Schweizer *Weltwoche* sowie der bisherige Verbündete aus der *Zeit*, Rudolf Walter Leonhardt, gegen die Vormachtstellung der Gruppe 47 an. Vor allem aber druckte die *Zeit* am 3. Juli einen Artikel Martin Walsers, in dem zum ersten Mal in der Geschichte der Gruppe 47 ein zentrales »Mitglied« öffentlich gegen die von Richter etablierten Grundsätze Einspruch erhob: »Sozialisieren wir die Gruppe 47« lautete die Überschrift. Walser machte das Grummeln, das sich bereits vereinzelt erhoben hatte, nun zu einem lauten Störgeräusch: »Es hat sich zwar alles mehr oder weniger von selber ergeben, kein ehrgeiziger Planer hat gearbeitet, die Gruppe 47 zu dem zu machen, was sie jetzt für ernst zu nehmende Beobachter geworden ist: eine literarische Monopolgesellschaft, etwas Herrschsüchtiges, eine Dauerverschwörung, ein Markenartikel mit Preisbindung bis in die letzte Hand. Wenn ich in eine Universität komme, um dort etwas vorzulesen, und ich sehe auf dem Plakat unter meinem Namen die Zeile ›Mitglied der Gruppe 47‹, wenn ich in der Zeitung lese: ›er zählt zur

Männer im besten Alter: Walter Höllerer, Martin Walser,
Reinhard Baumgart, Joachim Kaiser

Gruppe 47‹, dann erschrecke ich ein bißchen, ich ziehe Luft ein, und siehe: es riecht nach Markenartikel.«[4]

Walser forderte deshalb, die Tagungen der Gruppe 47 allen Interessierten zugänglich zu machen, und bei zu viel Andrang sollte eine Jury entscheiden, wer vor diesem Forum lese:»Und schon wäre jeder Hauch von Klüngelei, Verschwörung, Herrschsucht und so weiter weg. Die Fenster wären offen, ein nun von jedem nachprüfbarer, fast demokratischer Luftzug wehte durch den Tagungsraum.«[5]

Dass hier einer aus dem inneren Zirkel, zudem der Preisträger des Jahres 1955, derart ausscherte, war für Richter völlig ungewohnt. An Alfred Andersch schrieb er gleich am 7. August: »Die ganze Geschichte in der Weltwoche einschließlich Walser in der Zeit ist überhaupt nur entstanden, weil ich ihn [Leonhardt] zu spät (wie er meint) eingeladen habe. Ach, Fred, es ist alles so primitiv. Walser war böse, weil sein Freund Janker in Saulgau durchfiel. Deshalb der Artikel. Leo druckt ihn, weil er die Einladung noch nicht hatte und glaubte, er würde nicht eingeladen. Und so geht es fort.«[6]

Dass es doch nicht so einfach war, erfuhr Richter gegen Ende des Monats, als ihm Wolfgang Hildesheimer schrieb. Dieser hatte das

Programm der »Stockholmer Woche der Gruppe 47«, die nach der eigentlichen Tagung stattfinden sollte, bekommen, und er entschloss sich »nach einer schlaflosen Nacht und einem erwägungsschweren Tag«, nicht nach Schweden zu kommen. Hildesheimers Brief war sicher nicht mit Walser abgesprochen, er hatte auch eine andere Tonlage – dennoch passte da etwas zusammen: »Ich fühle mich nach wie vor Dir und der Gruppe 47 verbunden und betrachte mich als zugehörig. Ich möchte auch gern wieder zu einer Tagung kommen, bei der die Öffentlichkeit ausgeschaltet ist und die keinen demonstrativen Charakter hat. Bitte glaube mir auch, dass ich weit davon entfernt bin, Euer Programm objektiv kritisieren zu wollen. Aber für mich selbst wäre es nicht das richtige, es wäre eine Konzession, die ich nicht gern machen möchte. Ich sehe meine Freiheit darin, dass ich mich nicht von Stadtvätern oder von einer Regierung empfangen zu lassen brauche, wenn ich nicht will.«[7] Er wünscht Richter »eine sehr schöne Tagung« und grüßt mit »Immer Dein Wolfgang«. Dennoch ist der Streit um die Teilnahme in Sigtuna der Anlass, dass die Freundschaft zwischen Richter und Hildesheimer über Jahre hinweg bedenklich abkühlt.

Heinrich Böll, eine wichtige Stütze der Gruppenidentität, teilt mit, er habe eine »ziemlich böse Augengeschichte – aber schlimm, viel schlimmer: ich bin krank«. Dann aber fügt er hinzu: »Ich würde Dich und einige andere wahnsinnig gern einmal wiedersehen. Muß es Schweden sein? Und soviel publicity? (...) Versuche mich zu verstehen – es hat keinerlei ›gruppen-politischen‹ Gründe. Ich muß das Gefühl haben, für ein Jahr Ruhe zu haben. Privat: jederzeit und alles – aber öffentlich: unmöglich.«[8] Auch Uwe Johnson, der als »Dichter des geteilten Deutschlands« mittlerweile hochberühmt ist, führt ähnliche Gründe an: »Ich gebe zu, wie wenig ich den Zeitschriftenfotografen vergessen kann, der in Saulgau uns nach Art einer Fußballmannschaft aufstellen und festhalten wollte. Ich fürchte ähnliche Effekte bei offiziellen Anlässen.«[9]

Von den berühmten Autoren, die mit der Gruppe 47 in Verbindung gebracht wurden, fehlten in Sigtuna, allerdings aus unterschiedlichen Gründen, schließlich Ilse Aichinger, Alfred Andersch, Ingeborg Bachmann, Heinrich Böll, Wolfgang Hildesheimer, Uwe Johnson, Siegfried Lenz, Günter Eich und Martin Walser. Darunter litt die angestrebte

Repräsentation deutscher Gegenwartsliteratur erheblich. Richters Lieblingsdefinition, die Gruppe 47 sei vor allem ein »Freundeskreis«, ließ sich unter diesen Umständen kaum noch aufrechterhalten; denn viele der Freunde wollten sich lieber privat treffen.

Es war unübersehbar geworden, dass die Gruppe 47 einen enormen Funktionswandel erlebt hatte. Die konservativen und zum Teil verstockt-dankbaren Feinde aus den fünfziger Jahren waren größtenteils verstummt, und insofern hatte die Gruppe 47 gesiegt und ihre ursprüngliche Funktion vollauf erfüllt. Sie existierte jedoch weiter, und zwar sowohl als unübersehbarer Machtfaktor im Literaturbetrieb als auch als persönliches Instrument Richters, der seine kulturpolitischen Ambitionen durch sie am effektivsten verfolgen konnte. Wolfgang Hildesheimer traf in einem Brief vom Oktober, einen Monat nach der Tagung in Sigtuna, einen ganz empfindlichen Punkt: »Wenn man auf Wirkung bedacht ist, so mag es vielleicht momentan (…) der eigenen potentiellen Wirksamkeit nützen, aber es schadet der persönlichen Integrität. Ich kann mir nicht helfen, ich sehe in der neuen Gruppe 47 bedenkliche Zeichen der Eingliederung, ich sehe, wie die Opposition sich mässigt, die Formulierungen sich glätten; im Wunsch, mit dem Gegner zu sprechen, steckt verborgen der Wunsch, von ihm anerkannt zu werden, ich sehe einen milden Konformismus, der mir sehr unheimlich ist, angesichts dessen sich mir persönlich der Halt entzieht.«[10]

Noch schärfer wird Heinrich Böll, der Mitte 1965 im *Merkur* einen Essay mit dem Titel »Angst vor der Gruppe 47« veröffentlicht. Hier heißt es: »Die Gruppe gehört zu diesem Staat, sie paßt zu ihm, sie ist politisch so hilflos wie er, sie hat nicht alle, aber einige Eigenschaften mit der bundesrepublikanischen Gesellschaft gemeinsam, und damit ist sie in der wirklichen und einzigen Gefahr, eine Institution zu werden und eine Funktion zu übernehmen, also: zu funktionieren. (…) Was würde sie tun, wenn (ich wage es kaum, es hinzuschreiben, es könnte ja wirklich einer auf die Idee kommen) – wenn die CDU ihren nächsten Bundesparteitag mit einem Empfang für die Gruppe 47 so verschönern wie abschließen möchte? (…) Sie ist als Gruppe weitaus weniger links als einige Abgeordnete der CDU und politisch genauso hilflos wie diese Abgeordneten.«[11]

Im Laufe der sechziger Jahre entstand eine Dynamik, die sich dem Zentrum der Gruppe 47, das sich dem Geist der fünfziger Jahre verdankte, immer mehr entzog. Es war eine Zerreißprobe, und die widerstrebenden Kräfte kamen von zwei verschiedenen Seiten. Zum einen wollten sich die durch die Gruppe 47 berühmt gewordenen Schriftsteller nicht mehr dem Gruppenritual stellen, sie positionierten sich nunmehr als unabhängige Einzelne, losgelöst vom Patriarchen Richter und einer lange als notwendig erachteten Gruppensolidarität. Zum anderen aber erfuhren die Intellektuellen in den sechziger Jahren zunehmend eine politische Radikalisierung. Der Aufsatz von Böll ist ein interessantes Dokument für die Atmosphäre dieser Zeit. Hier wurde ein bisher stillschweigend als selbstverständlich angesehener linksliberaler, im Zweifelsfall sozialdemokratischer Konsens aufgekündigt. Einzelgängertum und gesellschaftspolitische Zuspitzung, zwei eigentümlich sich widersprechende Haltungen, zeigten sich für das bisherige Selbstverständnis der Gruppe 47 gleichermaßen als Gefahr. Die Tagung in Sigtuna 1964 entfaltete dafür eine enorme Symbolkraft.

In Schweden wusste man von den innerdeutschen Diskussionen nichts. Die Tagung der Gruppe 47 war dort das Ereignis der Saison. Die Definition Lars Gustafssons in der Zeitung *Expressen* ist bezeichnend: »Eine Gruppe, die die deutsche Sprache von jahrzehntelanger Vergiftung durch Metaphysik und Lügenworte gesäubert hat, die das kritische und literarische Niveau eines ganzen Sprachgebietes gehoben und dem das Tor geöffnet hat, was in diesen Jahren immer deutlicher zur interessantesten Literatur Europas heranwächst.« Gustafsson zeigt sich vor allem sehr beeindruckt von Hans Werner Richter, »der sich nur zu räuspern braucht, um die Versammlung, sollte sie einmal überkochen oder es in ihr säuseln, zur Ordnung zu rufen«. Ganz verblüfft stellt dieser kommende schwedische Großautor fest, dass er »noch nie einen Menschen mit einer derart selbstverständlichen Autorität« gesehen habe.[12]

Die »Stockholmer Woche« fiel dann zwar ein bisschen bescheidener aus als anfangs von Hans Werner Richter avisiert, aber es gab verschiedene Empfänge, und neben der eigentlichen Gruppentagung fanden täglich Dichterlesungen in Stockholm sowie fünf Universitätsvorträge deutscher Kritiker statt. Etwas von der ungewohnten

Atmosphäre teilt sich in den großen Berichten mit, die Joachim Kaiser für die *Süddeutsche Zeitung* aus Sigtuna kabelte. Im mehr als ganzseitigen Aufmacher des Wochenendteils vom 26./27. September 1964 finden sich Sätze wie die folgenden: »Die Stockholmer Tageszeitungen widmeten sich der Veranstaltung mit einer Begeisterung, einer Genauigkeit und einer Ausführlichkeit, die nicht nur beträchtlich darüber hinausging, was deutsche Tageszeitungen zu solchen Tagungen schreiben, sondern auch jede andere kulturpolitische Aktivität der Bundesregierung in Skandinavien um Längen geschlagen haben soll. Jeder Vortrag, jede Autorenlesung wurde gewürdigt (...). Wer alles das für herzensgute Euphorie hält, wer sich nicht darüber wundert, daß die Studenten alle Vorlesungen deutscher Kritiker und alle Lesungen deutscher Autoren stürmten (immer wieder mußte der Saal gewechselt werden): der dürfte vielleicht einem Argument nachgeben, bei dem Bargeld im Spiele ist. Mir wurden in Sandbergs Buchhandlung die plötzlich bestellten, zusammen Tausende von Kronen kostenden Bücher deutscher Autoren gezeigt. Es waren Berge fertig zum Versand. Böll, Heißenbüttel, Grass, Jens, Lenz und alle anderen. So viele Bestellungen, sagte der Buchhändler, habe es noch nie gegeben. Schweden sähe Deutschland jetzt anders.«[13]

Kaisers Begeisterung hat vermutlich auch damit zu tun, dass die Art und Weise, wie die Kritik in der Gruppe 47 praktiziert wurde, bei den Schweden großes Aufsehen erregte. Thomas von Vegesack schrieb in *Stockholms Tidningen:* »Ein Preis wurde in Sigtuna nicht verliehen. Wäre es möglich gewesen, dann hätte die versammelte Kritik belohnt werden sollen. Noch selten in der Geschichte der Gruppe hat das Zusammenwirken der fünf Großen – Walter Jens, Hans Mayer, Marcel Reich-Ranicki, Walter Höllerer, Joachim Kaiser – so vollendet funktioniert wie hier.«[14] Die Kritik, das war auch in den deutschen Reaktionen vorherrschend, habe die Autoren eigentlich in den Schatten gestellt, sie sei das eigentlich in Erinnerung Bleibende dieser Tagung gewesen. Selbst Hans Werner Richter soll am Ende der Tagung lakonisch bemerkt haben: »Den Preis hätten diesmal eigentlich die Kritiker verdient, aber dann müßten wir ihn in fünf oder sechs Teile teilen, und das geht nicht.«[15] Und Joachim Kaiser schwärmt noch Jahrzehnte später

Repräsentanten: Gruppenbild von der Tagung in Sigtuna.
In der Mitte (mit Kappe) Peter Rühmkorf, daneben Günter Grass,
dahinter Peter Bichsel und Hubert Fichte

davon, zu welch spontanen Höhenflügen sich die Kritiker in Sigtuna gegenseitig aufgestachelt hätten.

Die institutionalisierte Kritik fand aufgrund der ganzen Art und Weise, wie die Tagung in Sigtuna organisiert war, zum ersten Mal den ihr am meisten entsprechenden Rahmen. Die Kritiker galten in der Öffentlichkeit als die eigentlichen Stars der Veranstaltung – hier war etwas vorgegeben, was im Lauf der nächsten Jahrzehnte Stück um Stück eingeholt wurde. Der Klagenfurter Bachmann-Wettbewerb sowie die Fernsehsendung *Das literarische Quartett* von 1988 bis 2000 knüpften hier konsequent an.

Joachim Leser hat in seinem Aufsatz über die Tagung genau nachgezählt und fasst das Ergebnis so zusammen: Von 25 Autoren lasen zehn zum ersten Mal. Insgesamt wurden zehn positiv, neun negativ und sechs verschieden beurteilt. Anhand der Tonbänder errechnet Leser 260 Wortmeldungen der Kritik, und wie diese sich verteilen, wirft ein erhellendes Licht auf die Verhältnisse: 30 Mal sprach Joachim

Kaiser, es folgten Walter Jens mit 23, Walter Höllerer und Erich Fried mit je 18, Hans Mayer und Marcel Reich-Ranicki mit je 13, Günter Grass mit zwölf und Hans Magnus Enzensberger mit zehn Beiträgen.[16] Was die literarische Bewertung anbelangt, wirkt die abschließende Einschätzung des schwedischen Feuilletonisten Thomas von Vegesack besonders interessant – gerade angesichts des sich parallel vollziehenden Auseinanderdriftens innerhalb der Gruppe 47. Er beschreibt, wie sich im Lauf der letzten Jahre in der Gruppe 47 ein Konflikt zwischen Neorealisten und Formalisten entwickelt habe, der jetzt obsolet geworden sei: »Bei der Tagung in Sigtuna begegneten sich die beiden Tendenzen zum ersten Mal im gleichen Text. Dies kam am stärksten in Helmut Heißenbüttels neuen Gedichten zum Ausdruck, die eine Reduktion der Sprache bis zur letzten Konsequenz mit einem klaren politischen Anliegen vereinten. Es läßt sich natürlich darüber streiten, ob diese semantischen Kunststücke eigentlich als Gedichte oder als Essays aufzufassen sind. Die semantische Analyse war aber in gleich hohem Maße der Sprache wie der Politik zugewandt.«[17]

Ausgerechnet Heißenbüttel also, der anfangs ein bisschen belächelte, wegen seiner Originalität aber immer wieder eingeladene formalistische Außenseiter der Gruppe, wurde in Sigtuna als der Autor gefeiert, der am meisten herausragte! Lars Gustafsson schrieb: »Daß unsere konkreten Dichter nicht bei Helmut Heißenbüttels Lesung in Sigtuna dabei sein konnten, ist beinahe tragisch.«[18] Joachim Kaiser fasste die Sache in der *Süddeutschen Zeitung* lakonisch so zusammen: »Heißenbüttel schloß die Sigtuna-Tagung triumphal ab.«[19] Und Hans Schwab-Felisch, der in der *Frankfurter Allgemeinen Zeitung* sehr sachlich und detailliert berichtete, ohne sich zu allzu subjektiven Meinungsäußerungen hinreißen zu lassen, bemerkte in einem privaten Brief an Richter: »Diesmal hätte, wahrscheinlich, Heissenbüttel (sic!) den Preis bekommen.«[20]

Schwab-Felisch vermutete, dass Heißenbüttel »für die bisherige Praxis« der Preisvergabe in der Gruppe 47 wohl schon »zu prominent« gewesen sei. Aber dass sich im Laufe der sechziger Jahre diejenigen durchgesetzt hatten, die lange als »Formalisten« angefeindet worden waren, war unübersehbar. Eine neue Generation von Autoren beherrschte das Feld, und die neuen Namen, die am meisten Aufmerksamkeit erregten, hießen Jürgen Becker, Hubert Fichte, Günter Herburger, Peter Bichsel, Alexander Kluge und Reinhard Lettau. Von den alten Weggefährten Richters spielte kaum noch jemand eine Rolle. Sehr bezeichnend ist die Geschichte, wie es der von Richter in einer geheimen Kommandoaktion nach Sigtuna eingeladenen, noch völlig unbekannten und von ihm in Palermo entdeckten Lyrikerin Griseldis Lindsay Fleming erging. Richter glaubte wohl, er habe eine neue Ingeborg Bachmann gefunden und er könne jetzt jene fulminante Erfolgsgeschichte aus den frühen fünfziger Jahren wiederholen: »Ich werde sie als meinen eigenen ›Geheimtyp‹ (sic!) in Sigtuna vorführen. Das hat es in der Geschichte der Gruppe 47 ein paar mal gegeben. Und jedesmal war es ein Haupttreffer... heute so prominent, daß... ja daß. Ich verlasse mich da nicht auf das was ich lese, sondern, was ich rieche.«[21] Fleming las die Gedichte »Die wilden Gipfel der Berge...« und »Gedulde dich in den zarten Mühlen der Heiterkeit« und wurde total verrissen.

Einen in ganz anderen Sinne fatalen Nachgeschmack hinterließ die Lesung von Konrad Bayer, der in Saulgau noch begeistert begrüßt worden war. Hans Schwab-Felisch charakterisierte Bayers Texte als »kabarettistisch, der raunzenden Aufsässigkeit Qualtingers verwandt« und registrierte, dass Worte wie »Zynismus« oder »Brutalität« fielen: »Sogar Zurufe wie ›unmenschlich‹ und ›faschistisch‹ wurden hörbar.«[22] Dass sich Konrad Bayer einige Wochen danach umbrachte – offenbar war der Hintergrund vor allem privater Natur –, gab dann Anlass zu vielfältigen Spekulationen. Einen vielsagenden Beleg für die nachhaltigen Wirkungen der Gruppe 47 und die daraus entstehenden Mystifikationen bietet in diesem Zusammenhang etwa ein Artikel, den der in Sigtuna vernichtend kritisierte Lyriker Hans-Jürgen Heise noch Jahrzehnte später in der *Frankfurter Allgemeinen Zeitung* veröffentlichte. Es ist eine Erinnerung voller Bitternis. Heise zeichnet sich als einen Außenseiter, der von einem nicht mehr sonderlich einflussreichen Gründungsmitglied empfohlen worden war, dem mittlerweile als Amtsgerichtsrat in Kiel fungierenden Walter Mannzen, und der bei der Tagung kaum einbezogen wurde: »Inzwischen waren an den Nebentischen bereits die entscheidenden Weichen gestellt worden. Man hatte Komplimente ausgetauscht, Verbeugungen gemacht, Komplotte geschmiedet und Widersacher im richtigen, im falschen Licht erscheinen lassen.« Als er endlich zur Lesung aufgerufen wurde – 25 Minuten waren ihm zugestanden worden –, schnitt ihm Richter nach 15 Minuten »brüsk das Wort ab: ›Ich glaube, wir haben genug gehört.‹«

Der dann folgende Schluss von Heises Artikel ist symptomatisch für die Demütigungen des Literaturbetriebs, aber auch für die Mechanismen, wie man sich diese Demütigungen vom Leibe zu halten versucht. Das Bild, das später oft von der Gruppe 47 gezeichnet wurde und die alte Dichotomie von Genie und Literaturbetrieb aufnahm, hat viel damit zu tun. Heise erzählt, dass er zum Schluss noch in den Keller des Hauses ging, weil er dort Billardstöße gehört hatte: »Ich fand einen einzelnen Mann vor: Konrad Bayer, der eine Partie gegen sich selber spielte. Ohne hochzublicken, hatte er mich ins Auge gefaßt; und während er mit seinem Queue verbissen zustieß, fragte er mich: ›Sie kommen von Pound her, stimmt's?‹ Ich bejahte, und ich fügte hinzu: ›Ja. Vom Pound der Lustra-Gedichte. Dem Pound des Imagismus.‹ – ›Ist mir klar. Ich komme auch von Pound. Aber vom Pound der Cantos!‹ Er sagte es wie ein Mensch, der keine Übereinstimmung sucht, wie ein Mensch, dem längst klar ist, daß es keine Übereinstimmung gibt. Ich verstand, was er meinte, und ging los, vors Haus, wo die Frau eines der schwedischen Teilnehmer auf mich wartete, um mich nach Stockholm zum Bahnhof zu bringen. Wenige Wochen später las ich, daß Konrad Bayer sich umgebracht hatte.«[23]

Die Gruppe 47 hat den Literaturbetrieb definiert, und weil sie das so wirkmächtig tat, steht sie noch Jahrzehnte später prototypisch für den Betrieb – als ob er sich inzwischen nicht weiterentwickelt und die Mechanismen aus der Gruppe 47 nicht schon längst intensiviert und ausdifferenziert hätte. Ein weiteres Zeugnis für die Wunden, die die Gruppe 47 spätestens 1964 zu schlagen in der Lage war, ist der Artikel, den Rudolf Walter Leonhardt in der *Zeit* schrieb – jener Journalist, der einstmals stolz darauf gewesen war, sein Organ zum »Hausblatt« der Gruppe 47 gemacht zu haben. Durch die schärfer werdenden Angriffe der Gegner der Gruppe wie Günter Blöcker, Hans Habe oder Hermann

Kesten, durch ihre politische Aufwertung aufgrund der Äußerungen des CDU-Politikers Dufhues verunsichert, hatte Leonhardt begonnen, sich aus der ersten Linie der Unterstützer der Gruppe 47 zurückzuziehen. Aus Saulgau 1963 berichtete nicht er selbst, sondern der Redakteur Dieter E. Zimmer für die *Zeit*, was Hans Werner Richter ohne erkennbare Gemütsäußerung registrierte. Auch die Einladung für Sigtuna ließ anscheinend länger auf sich warten, als Leonhardt für angemessen hielt. Die verwirrenden, sich schnell zuspitzenden gesellschaftlichen Veränderungen in der Bundesrepublik der frühen sechziger Jahre hatten die Verhältnisse undurchsichtiger gemacht. Leonhardt erhielt die Einladung für die Tagung in Sigtuna, und er kam ihr auch nach – allerdings mit einer spezifischen Mischung aus Zurückgestoßensein und narzisstischem Stolz.

Sein Artikel ist ein Musterbeispiel für die Emanzipation des Kulturjournalisten vom Sujet seiner Berichterstattung, er macht sich selbst zum Thema. Leonhardt entwickelt hier die später grassierende literarische Form des Feuilletonartikels als Assoziationsfeld, als durch Sternchen abgetrennte kleine Notate, die scheinbar unverbunden sind. Der Text hieß zwar »Die Gruppe 47 in Schweden«, mit der Unterzeile »Momentaufnahmen von der diesjährigen Tagung«, aber es ging keineswegs um die Autoren, die gelesen hatten, um die besseren oder die schlechteren Versuche, es ging nicht um die Atmosphäre und die literarischen Wasserstandsmeldungen aus dem Betrieb. Leonhardt unterlief solche Erwartungshaltungen von vornherein und schrieb darüber, wie er kurz vor Mitternacht in seinem Hotelzimmer sitzt, wie er ein Klavier spielen hört und »Menschenstimmengemurmel« und dass er nicht mehr viel Zeit hat, seinen Artikel abzuliefern: »Morgen muß das alles am Flugplatz sein.« Er schreibt, wer nicht da war, er schreibt, wie sich die »vielen Stimmen unterschiedlicher Lautstärke« aus der Hotelhalle verändern, er schreibt von der schwedischen Gastfreundschaft und vor allem darüber, dass es bei der Tagung »mit Hilfe der deutschen Botschaft« in einer provisorischen Bar doch möglich gemacht wurde, Alkohol auszuschenken. Um 3 Uhr 36 notiert er: »Alles durchgelesen und als nicht ausreichend befunden. Aber was reichte schon aus.«[24] Dies ist der Schluss des Artikels. Der Autor versucht, sich über die

Tagesaktualität zu erheben, über das Gewese und die Wichtigtuerei um die Gruppe 47 – doch so, wie er es tut, merkt man die Anstrengung und die Kränkung, als Instanz des Betriebs nicht so richtig akzeptiert zu sein. Leonhardts Artikel, der sich in einem distanzierten Ton vom Literaturbetrieb absetzen möchte und nur davon handelt, wie es ist, diesen Artikel zu schreiben, ist in allererster Linie selbst ein Symptom des Literaturbetriebs. Allerdings eines, das journalistisch als zukunftsweisend gelten konnte.

Am längsten und am kontroversesten wurde bei der Tagung über die Lesung von Günter Grass debattiert. Er stellte die beiden ersten Akte seines Stücks *Die Plebejer proben den Aufstand* vor. Es geht darin um die Rolle Bertolt Brechts am 17. Juni 1953, als sich die DDR-Arbeiter gegen die Regierung erhoben. Hans Schwab-Felisch notierte in der *FAZ*, dass die Diskussion darüber »die politischen Divergenzen innerhalb der Gruppe« gezeigt habe. Grass präsentierte Brecht als einen Theatermacher, dem die ästhetische Umsetzung der Ereignisse viel wichtiger ist als die soziale Frage selbst – Brecht kommt es bei ihm vor allem darauf an, aus der Aktualität Nutzen zu ziehen für seine Inszenierung des *Coriolan* am Berliner Ensemble. Lars Gustafsson, der ahnte, in welches Wespennest er da stechen könnte, zwischen sozialdemokratischer Moral und sich links davon entwickelnden radikalen Gesellschaftsentwürfen, schrieb bedächtig: Das Drama von Grass sei »kontrovers, sensationell, aber möglicherweise allzu brillant, um auch künstlerisch diskutabel zu sein. (...) Die Satire auf Brecht ist teuflisch, aber vielleicht etwas oberflächlich.«[25] Joachim Kaiser schließlich teilte listig eine Beobachtung mit: Das Stück spreche von Brecht als vom »Chef«, doch Grass habe sich einmal verlesen und statt »Chef« »Schuft« gesagt.[26]

Das sagte sehr viel aus und traf viel von dem, was zwischen 1964 und 1968 in den literarischen Kreisen der Bundesrepublik geschah. Schon in Sigtuna, auf dem Zenit der, wie man mit Fug und Recht sagen kann, internationalen Anerkennung, war klar, dass der Höhepunkt in der Geschichte der Gruppe 47 eigentlich schon überschritten war. Sie begann bereits, sich über die Zeit zu retten.

# 18 Lebensläufe
*Das Jahr 1965: Zwischen Sozialdemokratie und jungen hungrigen Autoren*

Die Landsergeneration, die die Gruppe 47 gegründet hatte, beherrschte die Diskussionen auf den Tagungen nur einige wenige Jahre lang. Nach 1951, als sich der Kreis eminent zu erweitern begann, betrat eine neue Generation die Bühne – und obwohl sie überhaupt nichts mehr mit den realistischen Theoremen und reportagehaften Versuchen der Älteren zu tun hatte, konnte sie schnell und erfolgreich in die Gruppe integriert werden. Ilse Aichinger, Ingeborg Bachmann, Martin Walser, Günter Grass und über Umwege auch Paul Celan machten sogar den Erfolg der Gruppe aus: Hier wurde der Anschluss an die internationale Moderne gesucht, hier wurden zeitgenössische Formen ausprobiert. Sogar ein ästhetischer Außenseiter wie Helmut Heißenbüttel, der für Formexperimente und konkrete Arbeit mit dem Wortmaterial stand, konnte sich innerhalb der Gruppe etablieren. Erst verblüffend spät ergab sich die Konfrontation zwischen »Realisten« und »Formalisten«, fand man die Begriffe dafür, was sich auseinanderzuentwickeln begann.

Die Situation in der Bundesrepublik, die untergründig politische, vor allem aber atmosphärische Opposition zum Adenauerstaat machten es Hans Werner Richter ziemlich lange relativ leicht, die Gruppe zusammenzuhalten. Die Fronten waren klar und sofort erkennbar. Es gab einen gemeinsamen Feind, der sich politisch in der Vorherrschaft der CDU und der Kontinuität des nationalsozialistischen Verwaltungspersonals ausdrückte – und literarisch in der Garde der tonangebenden Feuilletonisten, des in seiner Weise äußerst brillanten Friedrich Sieburg, des elitären Günter Blöcker, des konservativen *Zeit*-Feuilletonchefs Paul Hühnerfeld oder des opportunistischen jungen Hans Egon Holthusen. Die Autoren der Gruppe 47 konnten dadurch automatisch ein Gemeinschaftsgefühl entwickeln, sich langsam ein Netzwerk aufbauen und in die Medien eindringen.

Auf der Berliner Tagung 1962 trat jedoch zum ersten Mal eine neue, die dritte Generation der Gruppe 47 auf, und obwohl diese Tagung allgemein als die literarisch beste angesehen wurde, zeigten sich hier erstmals Brüche, die nicht mehr zu kitten waren. Junge Autoren wie Jürgen Becker oder Alexander Kluge, die völlig andere ästhetische Konzepte im Kopf hatten, begannen die älteren nachhaltig zu verstören. Man merkt etwas davon im Bericht Wolfdietrich Schnurres in der *Welt:* »Eine eigenartig esoterische und mechanisierte Ersatzwelt ist es, die man im Zeitalter totaler Bedrohung hinter so vielen der dargebotenen Texte erblickt. Man fröstelt in dieser Welt, in der Buchstabenfelder wichtiger als Schicksale sind, in der rasselnde Assoziationsketten gezielte Gedanken ersetzen und in der formale Experimente über dem Versuch stehen, einen Menschen zu schildern. (...) Die Gefahr der Überbetonung des rein Handwerklichen, der bloßen Machart ist evident. Und selten waren die Grenzen dieser Kritik so deutlich zu erkennen wie jetzt, da sie den Inhalt hinter die Form zurücktreten lässt. Allein ihr auf ein paar Dutzend Signalworte wie ›Sprachmaterial‹, ›Klischee‹, ›mathematische Durchstrukturierung‹, ›Textfläche‹ oder ›Realitätsraster‹ zusammengeschrumpftes Vokabular, mit dem sowohl nach der dichterischsten wie nach einer mittelmäßigen Lesung gearbeitet wird, zeigt die Einengung deutlich.«[1]

Jürgen Becker trat 1960 zum ersten Mal bei der Gruppe 47 auf, und es war ein weiter Weg, den die Gruppe in sieben Jahren zurücklegen musste, bis er 1967, auf der letzten Tagung in der Pulvermühle, den Preis der Gruppe zugesprochen bekam. Das erste Buch von Jürgen Becker hieß *Felder*, das zweite *Ränder*, das dritte *Umgebungen*. Die Titel waren Programm: Da wurde etwas genau abgetastet, wahrgenommen, da wurde genau hingeschaut – und es war ein Programm, das in der Bundesrepublik der frühen sechziger Jahre immer noch irritierte. Becker verschmolz in seinen ersten Büchern die Gattungen, die *Felder* und *Ränder* und *Umgebungen* changierten zwischen Langgedicht, Erzählung und Roman. Sie arbeiteten an der Sprache, aber alle Sinne waren daran beteiligt. Sie entsprachen gerade darin der Wirklichkeit.

*Felder*, das bildete auf tatsächlich zeitgenössische Weise die Stadt ab, es war eine Art Bewusstseinstreiben durch Köln, und dass Becker 1965 mit dem Performancekünstler Wolf Vostell den Band *Happenings* veröffentlichte, war kein Zufall. Es ging ihm um Grenzüberschreitungen, wie sie damals eher in der bildenden Kunst thematisiert wurden als in der Literatur. Es war eine Form, die offen war für all das, was gerade passierte, aber auch für den Strom der Erinnerung, die Bewusstseinsschübe.

Heute erst scheint diesen Autor die Zeit eingeholt zu haben. Junge Lyriker zu Beginn des 21. Jahrhunderts wie etwa Nico Bleutge beziehen sich unmittelbar auf Jürgen Becker. Seine Form der visuellen Wahrnehmung scheint aktueller denn je zu sein, angereichert durch all die technisch-digitalen Möglichkeiten, die Becker bereits in den sechziger Jahren im Blickfeld hatte. Seine Texte wissen, dass man sich auf die unmittelbare Wahrnehmung nicht verlassen kann, sie wissen um die riesigen Räume ohne Wörter, ohne Erfahrungen, und nähern sich ihnen mit ihren Mitteln an. Er vertraut dem Prinzip der Collage. Jürgen Becker war bereits in der Spur, als Walter Höllerer 1965 seine berühmten Thesen zum »langen Gedicht« veröffentlichte – das lange Gedicht lag damals in der Luft, und es hatte vielfältige Beziehungen zur Popkultur, war ein fortwährender Assoziationsvorgang, ein poetisches Vergegenwärtigen der Gegenwart.

Jürgen Becker blickt heute auf seine frühen Erfahrungen in der Gruppe 47 so zurück: »In meinem Fall, da wurde sehr kontrovers diskutiert. Unverständnis zum Teil, sehr viel Neugier, zum Teil auch richtiges Interesse. Ich erinnere mich, wie Höllerer sehr interessiert reagierte, oder auch Joachim Kaiser. Am meisten fühlte ich mich verstanden von Marcel Reich-Ranicki. Denn der fragte so mit seiner Emphase: Ist das noch Literatur? Und da wusste ich, er hat mich verstanden. Denn das war natürlich nicht mehr Literatur, wie er sie verstand. Reich-Ranicki war damals noch etwas sehr eingeschränkt in seinen literarischen Interessen. Er galt ja – so in Anführungsstrichen – als Stalinist in seiner Auffassung von Literatur. Und seine Frage: Ist das noch Literatur, die eigentlich eine rhetorische war, die sagte mir: er hat doch die Texte eigentlich genau begriffen!«[2]

Auf die Frage, ob ihn einmal ein Diskussionsbeitrag in der Gruppe 47 zu seinen Texten wirklich nachhaltig beschäftigt habe, antwortet Becker spontan: »Es gab einen Satz, den ich nicht vergessen habe, von Alexander Kluge. Ich hatte in Sigtuna einen Text, eine Art Prosagedicht ›Am Ende unbestimmter Tage‹ gelesen, und im Verlauf der Debatte, die auch etwas kontrovers verlief, sagte Alexander Kluge den Satz: Bewusstsein braucht nicht Handlung! Und es ging natürlich um einen Text, der Bewusstseinsvorgänge schildert, der keine Geschichte erzählt. Genau so etwas aber, eine Geschichte, wurde wohl vermisst: Wo ist die Geschichte, wurde da gefragt, wobei es doch da wimmelt vor lauter Ansätzen ... Und dann dieser Satz, den ein Kollege sagte – die Beschreibung von Bewusstseinsvorgängen, die braucht keine erzählerische Handlung. Dieser so lapidar gesagte Satz, den hab ich nicht vergessen.«[3]

Alexander Kluge ist eine der verblüffendsten Symbolfiguren der Gruppe 47. Jahrzehnte später erzählte Günter Grass, wie es war, als Kluge auftrat: »Es gab regelrechte Sternstunden der Gruppe 47. Ich erinnere mich zum Beispiel, als Alexander Kluge aus seinen ersten ›Lebensläufe‹-Geschichten las – sofort zog auch das Niveau der Kritik an!«[4]

Da haben sich die Gewichte im Lauf der Jahrzehnte und in der Erinnerung wohl doch etwas verschoben. Denn die Tonbandaufnahme gibt wieder, was Grass 1964 im schwedischen Sigtuna in der Spontankritik zur Lesung Alexander Kluges gesagt hat: »Da ist eine Koketterie drin, und ein Besserwissen, und ein Sich-Distanzieren von einer Gesellschaft, zu der wir gehören. Der Autor distanziert sich von dieser Gesellschaft erheblich, und das ist für mich die Überheblichkeit eines Traktate schreibenden Pastors, der zu modernen Stilmitteln gegriffen hat.«

Kluge ist ein ähnlicher Fall wie Jürgen Becker: Er hatte gleichzeitig mehrere Genres im Visier. Dieser Autor, der im Jahr 2001 den Büchnerpreis erhielt, ist in erster Linie als Filmemacher und Produzent hervorgetreten. Seinen sprichwörtlich gewordenen Film *Die Artisten in der Zirkuskuppel: ratlos* (mit einigen Aufnahmen von der Gruppe-47-Diskussion aus dem Jahr 1967!) hat er 1968 gleichzeitig auch in einer Buchfassung vorgelegt, mit der Bezeichnung »Drehbuch und Prosa«. Diese Doppelung ist charakteristisch. Kluges literarische Texte sind stark an der Filmästhetik orientiert, sie folgen dem Montage- und dem Assoziationsprinzip, aber sie sind in ihrer atemlosen, mit dokumentarischen Passagen versetzten Sprache durchaus eigenständig. Kluge begreift Sprache und Bild nicht als Gegensatz, die visuellen Medien sind für ihn keineswegs der Feind der Literatur. Die List des Schriftstellers ist für ihn zweifellos die, alle zeitgemäßen, neuen Formen des künstlerischen Ausdrucks aufnehmen und sich anverwandeln zu können.

Kluge, 1932 im thüringischen Halberstadt geboren, kam 1958 als Assistent von Fritz Lang zum Film und war 1962 Mitinitiator des »Oberhausener Manifests«; dies war der Anlass, 1962 auch als Autor bei der Gruppe 47 aufzutreten. Sein Film *Abschied von gestern* lieferte 1966 dann geradezu das Motto für den Neuen Deutschen Film und das Autorenkino. Der Prosaband *Lebensläufe* machte Kluge 1962 mit einem Schlag auch in literarischen Kreisen bekannt. Es handelt sich um die Biografien von neun Personen, die durch den Nationalsozialismus geprägt wurden und die wie vor einem Gericht verhandelt werden. Das literarische Verfahren des Protokolls wurde im Lauf der sechziger Jahre danach immer häufiger angewandt, Kluge gab mit seiner juristisch geschulten Technik einen Ton vor, der in einem ganz anderen Sinn aufklärerisch war als in den Anfangsjahren der Gruppe 47 und erst jetzt den immer noch äußerst dichten Sprachnebel der Adenauerzeit mit zu lichten half. Seine Grundfrage, als Gegenentwurf zur »Kahlschlag«- und zur »Stunde null«-These, lautete: Wie wirkt das Dritte Reich in die Bundesrepublik hinein, war das Jahr 1945 wirklich eine Zäsur?

Diese »Lebensläufe« sind durch Zwischenfragen des Erzählers gegliedert, die keine verbindenden Überleitungen darstellen, sondern Schnitte. Kluge erläuterte auch des Öfteren, dass die Geschichten zunächst als Filme konzipiert worden seien. Mit der Geschichte der Anita G., die den Abtransport ihrer Großeltern nach Theresienstadt mit anschauen muss, verfilmte er 1966 denn auch eine dieser Erzählungen.

Das radikal nüchterne Prinzip seiner Texte, das ständige Infragestellen, die literarische Analyse des Verhältnisses von Einzelnem und Gesellschaft setzte sich auch in seinen weiteren Bänden fort. Und auch in einem anderen Punkt knüpfte er konsequent an die Entdeckungen und Neuerungen der Gruppe 47 an: Seit Mitte der achtziger Jahre ist Kluge ein einflussreicher Fernsehproduzent, seine Firma DCTP hat das Monopol für die gesetzlich vorgeschriebenen Kulturnischen in den kommerziellen Sendern. RTL-Programmchef Helmut Thoma nannte ihn deswegen einen »Quotenkiller« – dem Image des schlitzohrigen Kluge konnte das nur nützen.

Jürgen Becker und Alexander Kluge sind zwei Autoren, die früh zur Gruppe 47 stießen, sich dort etablierten und heute noch als aktuelle Diagnostiker der unmittelbaren Zeitumstände gelten. Sie entsprechen nicht dem Mainstream der Gruppe 47, also dem, was man heute mit der Ästhetik der Gruppe 47 assoziiert. Eine solche, gemeinsame Ästhetik gab es aber schon in den sechziger Jahren nicht mehr. Marcel Reich-Ranicki war als Kritiker noch nicht tonangebend. Günter Grass lebte zwar von seinem *Blechtrommel*-Ruhm und nahm die handwerklichen Diskussionen bei den Tagungen sehr ernst, befand sich aber literarisch und politisch eher in einer Art Rückzugsgefecht. Und Martin Walser hatte sich spätestens Mitte der sechziger Jahre jenen Ruf als Exzentriker erworben, der ihm bis heute anhaftet – er sprach keineswegs aus dem Zentrum der Gruppe heraus.

Der Generationskonflikt in den sechziger Jahren brach nicht mit einem Mal auf, er entwickelte sich eher langsam. Aber schon bei dem ersten Auftauchen der dritten Generation der Gruppe 47 deutete sich an, dass sie sich nicht mehr in den alten Gruppenkontext einpassen lassen konnte. Dabei schien alles seinen planmäßigen Weg zu gehen: Ein wichtiger Faktor, geradezu ein Nadelöhr für den Literaturbetrieb war das Seminar »Prosaschreiben«, das unter der Ägide Walter Höllerers am Literarischen Colloquium Berlin (LCB) zwischen 1963 und 1964 stattfand. Sechzehn Autoren der Jahrgänge 1932 bis 1944 sollten handwerklich fortgebildet werden, eine Keimzelle der heute üblichen Schreibwerkstätten. Die Lehrer waren Hans Werner Richter, Peter Weiss, Günter Grass, Peter Rühmkorf und Walter Höllerer. Als junge Autoren nahmen teil: Peter Bichsel, Klaus Stiller, Peter Heyer, Hubert Fichte, Wolf Simeret, Elfriede Gerstl, Jan Huber, Hans Christoph Buch, Wolf D. Rogosky, Martin Doehlemann, Corinna Schnabel,

Nicolas Born, Joachim Neugröschel, Hermann Peter Piwitt und, für nur kurze Zeit, auch Ror Wolf. Die Dozenten legten dabei konkrete Themen für die Schreibübungen fest. Bei Richter hieß es: »Jemand entfernt sich in starker Beleuchtung«. Peter Weiss gab das Thema »Sterben« vor, Günter Grass nannte: »Heiratsanzeige«, »Telefonseelsorge«, »Stadtrundfahrt für Alte und Einsame«. Das Buch *Prosaschreiben. Eine Dokumentation* gehörte denn auch zu den ersten Bänden, die im Verlag des LCB erschienen, bald darauf folgte auch der »Gemeinschaftsroman von 15 Autoren« unter dem Titel *Das Gästehaus*. Einen Einblick in die inneren Abläufe dieses Workshops, der für die weitere Geschichte der Gruppe 47 wie auch für die literarische Entwicklung in der Bundesrepublik und Westberlin insgesamt von erstaunlicher Bedeutung war, gibt ein Buch des Teilnehmers Hubert Fichte mit dem Titel *Die zweite Schuld*. Es wurde, wie etliche andere Bände seiner »Geschichte der Empfindlichkeit«, aus dem Nachlass des 1986 gestorbenen Autors herausgegeben und beschreibt atmosphärisch äußerst genau den Generationskonflikt, der zwischen Schülern und

Der umstrittenste Protagonist der dritten Generation: Hubert Fichte

Lehrern damals bereits latent vorhanden war, der sich aber erst in der Revolte der Jahre 1967 und 1968 offen zeigte. Fichte hat fast 20 Jahre nach dem damals bahnbrechenden und innovativen Creative-Writing-Kurs »Prosaschreiben« die Teilnehmer nach ihren Erfahrungen und ihrer weiteren Entwicklung befragt. *Die zweite Schuld* besteht fast ausschließlich aus nicht vollständig ausgeführten Tonbandprotokollen dieser Gespräche.

Fichte war Anfang der achtziger Jahre, als er die Recherchegespräche führte, längst ein berühmter und mit dem Ruch des Underground- und Kultautors versehener Protagonist der Literaturszene. Seine Bedeutung ist im Lauf der Zeit immer größer geworden. Er rückte Themen und Formen ins Blickfeld, deren Aktualität erst viel später sichtbar wurde. Gesellschaftliche Randgruppen, Homosexualität, ethnologische Feldstudien in dem, was man damals »Dritte Welt« nannte und was heute illustre Farbtupfer der »Globalisierung« abgibt – Fichte arbeitete am Rand, da, wo die Abgründe kenntlich wurden. Neben dem Roman *Die Palette*, der abseits politischer Oberflächlichkeiten die Dynamik der sechziger Jahre auf unvergleichliche Weise ins Bild setzte, oder *Detlefs Imitationen. Grünspan* gibt es von ihm kaum abgeschlossene Texte.

Fichte fragte sich bei seiner Recherche zur Schreibwerkstatt im LCB vor allem eines: In welcher Atmosphäre, unter welchen Bedingungen fand die »Erfindung des Literaturbetriebs« damals statt? Seine Interviews, seine Fragestellungen zeigen, dass er keineswegs objektiv und distanziert an das Geschehen herantritt: Er ist Partei, er hat den Blick von unten, und der Titel *Die zweite Schuld* ist Programm. Es geht dabei um die Schlüsselszene der LCB-Exerzitien für Fichte, sie kommt mehrfach vor. Günter Grass beurteilte als Schreibschulenleiter die Texte des Juden und Schwulen Joachim Neugröschel. Diese Texte waren nicht gut, räumt Fichte ein. Und Grass rechnete schonungslos mit ihnen ab. Wie er das allerdings tat, hatte für die Beteiligten einen unangenehmen Beigeschmack. Das erste Interview dieses Buches ist dasjenige mit Neugröschel, geführt 1978 in New York, wo Neugröschel als Übersetzer wohnte, und Fichte fragt ihn direkt: »Als der Grass Sie so verrissen hat, sagte der Buch: Das war ein Judenmord.« Neugröschel erwidert aber bloß: »Hat er das gesagt?«[5]

Dieser zweite »Judenmord« ist ein symbolischer Kern der »zweiten Schuld« jener Deutschen, die die Zeit des Nationalsozialismus erlebt hatten. Sie wird zum Leitmotiv der folgenden Interviews und kennzeichnet in Fichtes Wahrnehmung die Unfähigkeit, auch unmittelbar zeitgenössische Problemfelder zu erkennen – Minderheiten und Randpositionen, ungewohnte Stimmen im Literaturbetrieb. Fichte, als bekennender Schwuler, kommt dabei immer wieder auch auf die Sexualität zu sprechen. Das war Anfang der sechziger Jahre ein fast noch größerer Tabubruch als ein Bekenntnis zum Kommunismus. Es ist bezeichnend, wie forciert Fichte Elfriede Gerstl, eine weitere Teilnehmerin jener Werkstatt »Prosaschreiben«, nach ihren frühen Erlebnissen als Pubertierende befragt – eine Jüdin, die sich während des Zweiten Weltkriegs in Wiener Dachkammern versteckt hielt. Fichte interessiert, das wird zwischen den Zeilen klar, nicht nur die jüdische Problematik – sie ist für ihn vor allem ein Motiv in der Abrechnung mit der Eltern- und Nazigeneration. Ihn interessieren parallel dazu auch die persönlichsten Fragen. Elfriede Gerstl sieht sich hier offenkundig am meisten bedrängt und antwortet im Bereich des Sexuellen am stockendsten.

Fichte zeigt sich seiner selbst ungeheuer sicher, er fragt direkt, er fragt mit dem Hintergrund seiner eigenen Poetik, seiner eigenen Obsessionen. Dabei wird ein Selbstgefühl deutlich, das man bei denen, die Anfang der sechziger Jahre in den Literaturbetrieb hineinwuchsen, keineswegs vermuten würde: Alle Türen standen ihnen offen, einige von ihnen zählten sofort zum Bestand der Gruppe 47. Sie waren durch die Teilnahme an der LCB-Werkstatt bereits Arrivierte, ohne dass sie das merkten. Aber vielleicht gab ihnen gerade das die Kraft, Grass und andere Größen mit dem Impetus von Underdogs abzulehnen. Kein gutes Haar wird an John Steinbeck gelassen, damals so etwas wie Philip Roth und John Updike in einem, oder an Witold Gombrowicz, der ebenfalls einen Gastvortrag für die Teilnehmer der Schreibwerkstatt im LCB hielt. Selbst Uwe Johnson, kaum älter als die Protagonisten, aber schon berühmt, wird abgelehnt. Fichte befragt neben Neugröschel und Gerstl noch Piwitt, und zusätzlich gibt es in diesem Buch einige Textskizzen von ihm, die tagebuchartig jene Ereignisse der frühen sechziger Jahre festhalten und aus heutiger Sicht auch eine gewisse Klatschsucht befriedigen: die Bisexualität von Johannes Bobrowski oder das Auftreten des großen Schwulen Hans Werner Henze, mit den Augen des sich im Vergleich hier als klein empfindenden Schwulen Hubert Fichte gesehen.

Die Hälfte des Buches aber besteht aus einem über mehrere Tage geführten Interview mit Walter Höllerer, dem damaligen Literaturpapst. Fichte arbeitet sich förmlich an ihm ab. Höllerer gilt ihm und seinen Interviewpartnern als der herausragende Vertreter des Establishments, der Altvorderen. Er schien alle Fäden in der Hand zu halten. Fichtes Interview mit Höllerer, trotz der oft enigmatischen Verkürzungen und auf Schlagworte reduzierten Wiedergabe, ist eine enorm wichtige Quelle für die damaligen Konfliktlinien.

Fichte setzt Höllerer mit dem ganzen Furor der 68er-Generation zu: Er fragt nach seinem Aufwachsen im Nationalsozialismus, nach Arrangements und Methoden des Durchkommens im Krieg, nach der sexuellen Entwicklung, nach der akademischen Karriere und den Verbiegungen, die diese mit sich bringt. Und das Erstaunliche ist: Höllerer, obwohl vehement in die Defensive gedrängt, schneidet im Laufe dieses langen Gesprächs zusehends besser ab als Fichte. Höllerer war kein Genießer der Macht, sie floss ihm aufgrund seines kommunikativen Talents eher zu. Und wie er – »redlich« ist ein merkwürdig passendes Wort dafür – auf Fichtes Fragen eingeht, eine kleine autobiografische Porträtstudie entwirft und nebenbei auch ein Profil der Generation, die in die junge Bundesrepublik hineinwuchs und sie prägte: Das ist sehr aussagekräftig. Äußerst instruktiv ist die Auseinandersetzung über Höllerers Gedicht »Der lag besonders mühelos am Rand«, ein Kriegsgedicht über den Fund einer Leiche, das damals in vielen Lesebüchern abgedruckt wurde. Fichte wirft ihm aufgrund der distanzierten Schilderung Zynismus vor, Menschenfeindlichkeit, Verdrängung von Diktatur und Schuld. Höllerer setzt sein ästhetisches Prinzip der formalen Distanz dagegen, der für ihn einzigen Möglichkeit, die konkrete Erfahrung in etwas Allgemeineres zu übersetzen, in Lyrik, also in Sprachkunst.

Allein diese Auseinandersetzung zwischen Fichte und Höllerer, im Jahre 1982 geführt, ersetzt ganze akademische Abhandlungen über

Kunst und Moral. Sie zeigt aber auch, was Mitte der sechziger Jahre in der Gruppe 47 aufbrach: Die nachwachsende Generation war nicht mehr von den Entbehrungen des Krieges, von den Erfahrungen des Schützengrabens und weltanschaulichen Grundsatzdebatten über das Verhältnis zum Nationalsozialismus geprägt, sondern stellte offensive, ungeduldige Fragen. Zu Gesprächen von Fichte mit Werkstattleitern wie Günter Grass oder Hans Werner Richter ist es nicht gekommen, also mit den herausragendsten Protagonisten des moralisch-politischen Diskurses und einer sozialdemokratisch geprägten Kultur. Der Nährboden für die Radikalisierung der Fichte-Generation wäre da wohl noch viel eher erkennbar gewesen. Das merkwürdig Retardierende des Gesprächs zwischen Fichte und Höllerer ist, dass der sich der zeitgenössischen Moderne verschreibende Literaturprofessor reflektierter, analytischer und sympathischer erscheint als der Heißsporn Fichte.

In Fichtes Interviews wird spürbar, welche Kräfte in der Gruppe 47 Mitte der sechziger Jahre aufeinanderprallten. Die dritte Generation, die in die Gruppe hineinwuchs, sprengte diese Gruppe gleichsam von innen. Die Herbsttagung des Jahres 1965, die wieder in Berlin im »Alten Casino«, im Haus des LCB Höllerers, stattfand, zeigte diese Risse deutlich. Zunächst jedoch stand das Jahr 1965 unter völlig anderen Vorzeichen.

Bereits im Oktober 1964, wenige Wochen nach der Tagung in Sigtuna, schrieb Hans Werner Richter an Gustav Korlén, den Mann vor Ort, einen überschwänglichen und begeisterten Brief: »Überraschenderweise hat sich die Gruppe 47 ausgerechnet in Schweden erneut stabilisiert.« Sein Hochgefühl speiste sich vor allem daraus, dass er einen großen kulturpolitischen Erfolg errungen hatte, auf internationalem Parkett, und das spornte ihn zu weiteren Aktivitäten auf diesem Feld an. Richter hatte seinen »literarisch-politischen Salon« in der ehemaligen Villa des Verlages S. Fischer etabliert und begann, seine politischen Aktivitäten zu intensivieren. Der SFB, der NDR und der WDR strahlten seine Gesprächsrunden aus, und es ist typisch, wie Richter die Sache mit Korlén angeht: »Am 24. November haben wir hier ein Gespräch in meinem ›literarisch-politischen Salon‹ mit Dieter Sattler, Leiter der Kulturabteilung des Auswärtigen Amtes über ›Deutsche Kulturpolitik im Ausland‹. Höllerer und Grass werden daran teilnehmen. Ich leite das Gespräch. Willst Du daran teilnehmen?«[6]

Im Jahr 1965 standen Bundestagswahlen an, und Richter verwandte fast seine gesamte Energie darauf, in ihrem Vorfeld auf die politische Stimmung im Land einzuwirken. Ende November 1964 fuhr er nach Karlsruhe zum SPD-Parteitag. Zusammen mit Günter Grass, Siegfried Lenz und Walter Jens engagierte er sich, auf Einladung von Willy Brandt, im kulturpolitischen Arbeitskreis der SPD und plante, wieder als Rowohlt-Taschenbuch, einen Band mit dem Titel »Das Kabinett, das wir uns wünschen« herauszugeben, in dem Schriftsteller die wichtigsten SPD-Politiker vorstellen sollten. An Jens schrieb Richter vor diesem Parteitag: »Die Gruppe 47 werde ich vorläufig ruhen lassen. Es ist besser so. Du hast recht. Ich muß jetzt mal an mich selbst denken. Der Satz ist von Dir. Es geht auch gar nicht mehr so weiter. Andersch und Hildesheimer schreiben mir lange Briefe – beleidigt – und tun so, als sei ich daran schuld, daß sie nicht gekommen sind.«[7]

Interessant ist der Satz, dass Richter »jetzt mal an sich selbst denken« müsse: An sich selbst denken heißt für Richter offenkundig, sich im Wahlkampf für die SPD einzusetzen. Jens hatte ihn eher ermutigen wollen, wieder einmal als Autor hervorzutreten. Die Gruppe 47 verursachte ihm trotz des überraschend großen Renommees in Schweden durchaus Bauchschmerzen. Dass alte Freunde und Mitstreiter ihm plötzlich zu widersprechen begannen, setzte ihm doch mehr zu, als er wahrhaben wollte. Selbst der von ihm jetzt als »Bodenseenarr« titulierte Martin Walser hatte noch 1961 in seinem Auftrag das Rowohlt-Bändchen *Die Alternative* herausgegeben, das vor der Bundestagswahl zum Nachdenken darüber aufforderte, das Kreuzchen vielleicht doch bei der SPD zu machen. In Richter kreuzten sich mehrere Gefühlslagen: etwas Trotziges, Verärgertes wegen des Streits innerhalb der Gruppe 47, aber auch der Stolz, durch sie ein wichtiger kulturpolitischer Faktor geworden zu sein. So schnell wollte er das nicht aufgeben.

Ein Vergleich zwischen den beiden Wahlkampfbänden 1961 und 1965 ist aufschlussreich. In dem Moment, als Willy Brandt zum ersten Mal eine realistische Chance zugebilligt wurde, Bundeskanzler zu werden, war Richter Feuer und Flamme. Er bat Walter Jens auch gleich um ein Porträt – den betreffenden SPD-Politiker konnte er sich selbst aussuchen. Den ersten Beitrag erhielt Richter von Siegfried Lenz, der über Helmut Schmidt schrieb. Richter freute sich: »Schmidt (Schnauze) ist ja auch eine reizvolle Figur und zweifellos eine sichere Garantie als Verteidigungsminister. Ich bin jedenfalls entschlossen, die SPD voll zu unterstützen. Es ist einfach Unsinn jetzt überall herumzumäkeln. Auch mir gefällt nicht alles, aber welche Möglichkeiten haben wir. Ich finde, eine SPD, die sich Schweden zum Vorbild nimmt, sollte jedenfalls bis zur Wahl unsere Partei sein.«[8]

1961 wollte Richter nicht selbst als Herausgeber in Erscheinung treten, weil er befürchtete, seine bisherigen politischen Aktivitäten könnten dem Band eher schaden. Vorsichtig wurden damals mit Egon Bahr, dem Pressechef Willy Brandts, erste Kontakte geknüpft, die Schriftsteller zeigten sich vergleichsweise zurückhaltend. Symptomatisch war etwa die recht defensive Formulierung Erich Kubys: Man könne es sich nicht leisten, die SPD nicht zu wählen.[9]

In dieser Weise defensiv hatte sich 1961 der ganze Band gestaltet. Richter schrieb, als *Die Alternative* bereits im Satz war, an Willy Brandt, sie enthalte »etwa zwanzig Beiträge, die zum Teil scharf kritisch sind, aber doch alle mit dem Bekenntnis enden, daß man die SPD wählen muß«.[10] Anfang August bedankte sich Willy Brandt relativ knapp beim Rowohlt-Verlag für das Bändchen, er betonte aber, dass er natürlich nicht alles akzeptieren könne, was in der *Alternative* zu lesen sei.[11] Bezeichnend für die Situation im Jahr 1961 ist, was Hans Werner Richter bereits am 24. Juli dieses Jahres, nach Erscheinen der *Alternative* und vor der Wahl, an Fritz J. Raddatz schrieb: »Offen gesagt, die SPD kotzt mich schon wieder an. Es sind Leisetreter und die prädestinierten Verlierer. Man muß eben doch bald eine neue linke Partei gründen.«[12]

Damit nahm Richter 1961 fast wörtlich das vorweg, was in den Jahren vor 1968 die jüngere Generation, die »außerparlamentarische Opposition«, skandieren sollte. Nur dass Richter 1965 inzwischen selbst zum fleißigen und linientreuen Wahlkämpfer für die SPD mutiert war. Die Realpolitik, die von ihm jetzt stärker betonte pragmatische Sicht auf die Verhältnisse hat bestimmt etwas mit dem Erfolg in Sigtuna

367

zu tun, aber auch mit seinem moderierenden, öffentlichen Auftreten im Fernseh-»Salon«.

Ein für die meisten Beteiligten überraschendes und folgenreiches Ereignis hatte das Engagement für die SPD allerdings bereits 1961 gezeitigt: die Entpuppung des allgemein als anarchisch und eher bohemehaft angesehenen Günter Grass als SPD-Mann. Richter hatte an ihn gar nicht gedacht, als er nach Bonn fuhr, um mit Egon Bahr erste Kontakte zur SPD zu knüpfen. Daraufhin beschwerte sich Grass, und Richter sah sich genötigt, sich bei Grass zu entschuldigen: »Das tut mir leid. Tatsächlich habe ich gedacht, Günter Gra(ss) interessiert sich nicht für eine solche Aussprache. Dabei habe ich anscheinend vorbei gedacht.«[13] Grass trat zum ersten Mal öffentlich wahrnehmbar als politisch handelnder Schriftsteller in Erscheinung, als er am fünften Treffen des DDR-Schriftstellerverbands in Ostberlin teilnahm. Die *Süddeutsche Zeitung* berichtete über seinen als spektakulär wahrgenommenen Auftritt dort: »nach seiner Ansicht sei die Freiheit des Wortes zwar auch in der westlichen Demokratie gefährdet, aber im Osten sei sie überhaupt nicht vorhanden. Er bekannte sich zur Welt der Demokratie, in der er lebe – ›trotz ihrer Fehler‹. Seine Bücher könne er dort schreiben und drucken, während sie in der DDR verboten seien.«[14]

Als Willy Brandt nach dem Bonner Treffen an Hans Werner Richter schrieb, sandte er ein »P.S.« hinterher: »Könnten Sie ein paar Worte mit Herrn Gra(ss) sprechen? Wir unterhielten uns ja bereits in Bonn darüber, dass wir seine Abwesenheit bedauerten. Schon wegen seines mit Recht als vorbildlich empfundenen Auftretens in Ost-Berlin würde es mich persönlich freuen, wenn Herr Gra(ss) an unserer nächsten Zusammenkunft teilnähme und auch an dem Taschenbuch beteiligt würde.«[15]

Von diesem Zeitpunkt an wurde Grass immer enger mit der SPD verbunden. Die Wahl 1961 ging für Willy Brandt zwar erwartungsgemäß verloren, aber vier Jahre später, 1965, schienen die Zeichen auf Sturm zu stehen. Das Wahlkampfbändchen bei Rowohlt trug letztlich den Titel *Plädoyer für eine neue Regierung oder Keine Alternative* und nahm viel eindeutiger Position für die SPD als der Vorgänger von 1961, es waren zum Teil regelrechte Wahlaufrufe. Das Feuer wurde zusätzlich entfacht durch intellektuellenfeindliche Äußerungen des amtierenden CDU-Kanzlers Ludwig Erhard im Wahlkampf. Am 29. Mai 1965 etwa sagte er beim Landesparteitag der baden-württembergischen CDU in Ravensburg: »Wir wollen darauf verzichten, in unserem Wahlkampf die Blechtrommel zu rühren. Ich kann die unappetitlichen Entartungserscheinungen der modernen Kunst nicht mehr ertragen. Da geht mir der Hut hoch.«[16]

Erhards Wiederaufnahme der NS-Parole »entartete Kunst« erregte etliche Gemüter, doch Erhard legte sogar noch nach. Vor dem Wirtschaftstag der CDU am 9. Juli in Düsseldorf sagte er: »Neuerdings ist es ja Mode, daß die Dichter unter die Sozialpolitiker und die Sozialkritiker gegangen sind. Wenn sie das tun, das ist natürlich ihr gutes demokratisches Recht, müssen sie sich aber auch gefallen lassen, so angesprochen zu werden, wie sie es verdienen, nämlich als Banausen und Nichtskönner, die über Dinge urteilen, von denen sie einfach nichts verstehen. Sie begeben sich auf die Ebene, auf die parterreste Ebene eines kleinen Parteifunktionärs und wollen doch mit dem hohen Grad eines Dichters ernst genommen werden. Nein, so haben wir nicht gewettet. Da hört der Dichter auf, da fängt der ganz kleine Pinscher an.«[17]

Die Zeichen standen also gut, die Regierenden wurden nervös. Im Berliner Büro der von der SPD getragenen Friedrich-Ebert-Stiftung koordinierten Klaus Roehler und Klaus Wagenbach die Wahlkampfaktionen, man nannte es »Wahlkontor deutscher Schriftsteller«. Es sollten Reden geschrieben und Slogans entwickelt werden. Mit von der Partie waren unter anderem Nicolas Born, Hans Christoph Buch, F. C. Delius, Gudrun Ensslin, Hubert Fichte, Rolf Haufs, Günter Herburger, Hermann Peter Piwitt, Peter Schneider und Bernward Vesper – also viele, die zur jüngsten Generation der Gruppe 47 gehörten, sich kurz danach enorm radikalisierten und zu Synonymen für die 68er-Bewegung wurden. Dass die SPD ein Jahr später, unter dem Eindruck einer ersten, kleinen Wirtschaftskrise, eine Große Koalition mit der CDU einging und zudem für die Notstandsgesetze stimmte, trug viel zur Absetzbewegung vor allem der jüngeren Schriftsteller von der Partei bei.

Im Herbst 1965 aber schienen alle noch an einem Strang zu ziehen. Am meisten engagierte sich Günter Grass, er war in ganz Deutschland unterwegs und hielt mehr als 50 Wahlkampfreden. Die Wahl am

19. September endete allerdings ernüchternd. Die CDU erhielt 47,6 %, die SPD 39,3 % und die FDP 9,5 %. Die SPD hatte zwar rund drei Prozent dazugewonnen, aber CDU und FDP konnten ohne viel Federlesens ihre Koalition fortsetzen.

Die übliche Jahrestagung der Gruppe 47 schien im Jahr 1965 von der Bundestagswahl völlig überschattet zu werden. Zunächst hatte Richter, nach den Angriffen vor allem Martin Walsers, an eine Tagung bereits im Frühjahr gedacht – zusätzlich angeheizt durch einen von einigen sachlichen Fehlern geprägten Artikel Rudolf Walter Leonhardts im *New York Times Book Review*, wonach die Tagung in Sigtuna die letzte Tagung der Gruppe gewesen sei. Doch dann erfasste Richter der Wahlkampfsog Willy Brandts. Als Walter Jens im Sommer noch immer keine Einladung zu einer Tagung erhalten hatte, schrieb er an Richter: »Du hattest auch wirklich Wichtigeres zu tun, diesmal gehts mit der Wahl wirklich um die Wurst, und ich weiß auch nicht, ob eine Tagung jetzt opportun wäre... das Klima ist nicht günstig, ich habe kein gutes Gefühl.«[18] Richter zeigte sich tatsächlich »unsicher und lustlos« und ließ die Vorbereitung einer Tagung »ein wenig schleifen«.[19] Schließlich eröffnete sich so etwas wie ein Königsweg: Klaus Roehler, der gerade das »Wahlkontor deutscher Schriftsteller« managte, bot Richter an, auch die Organisation der Tagung der Gruppe 47 zu übernehmen. Richter schickte ihm im September die Einladungslisten, die Briefe wurden im Wahlkontor geschrieben und verschickt.

Die Tagung fand vom 16. bis 21. November im LCB statt. Und es ging erstaunlicherweise, trotz des aufwühlenden Jahrs 1965, bei dem sich viele auch politisch engagiert hatten, viel weniger um Politik als im Jahr 1962 am selben Ort. Im Vordergrund standen ästhetische Auseinandersetzungen, die gleichbedeutend schienen mit einer Auseinandersetzung zwischen den Generationen. Was die Tagespolitik – das Eintreten vieler Künstler und Intellektuellen, über alle Altersgrenzen hinweg, für Willy Brandt – vorübergehend überdeckt hatte, lag plötzlich wieder offen zutage. Der junge Journalist Uwe Nettelbeck schrieb in der *Zeit*: »Daß es gelte, das Traulich-Häßliche abzubilden um jeden Preis, daß es gelte, realistische Positionen zu verteidigen, Inventuren noch immer zu versuchen, daß es gelte, der Gesellschaft immer und immer wieder und noch einmal den Spiegel hinzureichen, daß es Aufgabe der Literatur sei, Soziologie mit anderen Mitteln zu betreiben – diese Übereinkunft sollte einmal drastisch aufgekündigt werden, spaßeshalber zumindest!«[20] Hier ist zu ahnen, dass die kommende 68er-Bewegung gar nicht mehr mit den tradierten politisch-soziologischen Mustern erklärt werden konnte, sondern eher atmosphärisch, ästhetisch, durch ein neues Lebensgefühl.

Nettelbeck ereiferte sich deswegen, weil die jüngeren Autoren in der Diskussion offenkundig immer noch in der Defensive blieben. Das wird in einem Brief des alten Kämpen Burkhard Nadolny an seinen Freund Hans Werner Richter deutlich: »Was mich aber erschüttert, ist die Tatsache, dass diese jungen Leute – um hier einmal von dem ›Was‹ zu sprechen – sich so überhaupt nicht politisch oder soziologisch interessiert zeigen.«[21] Den Unmut der Älteren erregte vor allem Hubert Fichte, der aus seinem Roman *Die Palette* gelesen hatte (der dann im Jahr 1968 erscheinen sollte). Es ging dabei um die Geschichte eines Embryos vor dem Hintergrund des Lebens seiner Mutter in der Hamburger Beat- und Outcast-Szene, Joachim Kaiser nannte es in der Debatte abfällig ein »Embryonal-Feature«. Vor allem Heinz Friedrich, der schon 1947 mit dabei gewesen war, empfand das gesamte Sujet als anstößig und schrieb in der *Neuen Zürcher Zeitung* erbost über die »Literatur am Scheideweg«.

Die bittere Pointe dieses Artikels – und ein Ausweis des literaturbetrieblichen Instinkts seines Verfassers – bestand darin, dass er Hubert Fichte gar nicht namentlich erwähnte. Er schob zunächst andere vor: »Man könnte die Arbeiten von Peter Faecke oder Rolf Schneider, von Reinhard Lenz (sic! Richtig ist Reimar Lenz) oder Wolfgang Held halb angewidert, halb belustigt als Zeugnisse einer spätpubertären Sturm- und Drangperiode abtun und zur literarischen Tagesordnung übergehen, wenn sie nicht eine sehr gefährliche Gesinnung bekundeten.« Dann aber versuchte Heinz Friedrich, Klartext zu sprechen: »Die Figuren, an denen die jungen Sexualzyniker ihre sadistischen Exempel statuieren, heißen Jürgen, Heidi oder Monika. Ihr menschlicher Umriß wird kaum erkennbar, Gefühle sind ihnen fremd. Sie bestehen vornehmlich aus primären und sekundären Geschlechtsmerkmalen, ihre außergeschlechtliche Existenz kann nur gelegentlich aus pedantisch analysierten Mageninhalten erschlossen werden, die sich in Ermangelung anderer Reaktionen reichlich in Klosettschüsseln erbrechen. Auch ihr Verhalten in Bedürfnisanstalten bleibt nicht unerwähnt, und das Öffnen eines Hosenlatzes wird mit mythischer Bedeutungsschwere erzählt. Diese Sexual-Marionetten signalisieren nicht etwa sozialkritisches Aufbegehren oder auch nur pervertierte sinnliche Leidenschaft, sondern eine durch nichts, aber auch durch gar nichts gerechtfertigte Menschenverachtung, ja: Menschenerniedrigung, deren Zynismus kaum mehr überbietbar erscheint.«[22]

Zynismus und Hosenlatz: Heinz Friedrich rekurrierte hier vor allem auf Hubert Fichte und dessen Hauptfigur Jäcki. In einem Brief an Richter formulierte Friedrich es so: »Nach der Berliner Tagung musste ich meinen literarischen Seelenfrieden (...) wiederherstellen – und auch meinen physischen: denn ich hätte kaum mehr ohne Verklemmung das Klosett aufsuchen können...«[23]

Ganz anders Hans Christoph Buch in der *Frankfurter Rundschau*: »Den ersten Höhepunkt der Tagung lieferte Hubert Fichte mit einem Kapitel aus seinem neuen Roman, in dem er, unter geschickter Einarbeitung von wissenschaftlichem und pseudowissenschaftlichem Material und mit einer stilistischen Brillanz, die im folgenden nicht mehr überboten wurde, die Schwangerschaft eines Teenagers im Hamburger ›Gammler‹-Milieu beschreibt.«[24] Oder Uwe Nettelbeck in der *Zeit*: »Da war endlich einer, der über die trübe Idyllik hinauskam, das Mickrige zwar beschrieb, aber hinter sich ließ, die Suppe nicht nur wärmte, einer, dessen Sprache elegant war, dem Beschriebenen überlegen, der entworfenen Topographie gewachsen, einer, dessen Perspektive reichte, die Stadt zu überblicken.«[25] Schon vorher hatte Marcel Reich-Ranicki in der *Zeit* geschrieben: »Nur ein Erzähler zeigte sich seinem gewagten Thema vollkommen gewachsen: Hubert Fichte. Er schreibt mit ironischem Trotz, mit kalter Brillanz. Er schreibt intelligent.«[26]

Von den 26 lesenden Autoren war Fichte am umstrittensten. Jakov Lind bekam viel Beifall und schnitt bei der Abstimmung um den Preis am zweitbesten ab – »mit einem ausgelassenen Prosastück, das in vergnüglicher Weise Heißenbüttel und Genet, Beckett und Robert Walser mischte, ohne dass – daran bestand kein Zweifel – solche Vorbilder hier bewusst angepeilt waren«.²⁷ Viel diskutiert wurde auch über die Gedichte von Günter Herburger, dem eine »Abkehr von leergelaufenen poetischen Praktiken des Surrealismus« attestiert wurde, eine »objektive, gleichsam realistische Lyrik, wie sie im angelsächsischen Sprachraum schon lange vorliegt«.²⁸

Einen pointierten Erlebnisbericht liefert Dieter Wellershoff. Er las 1964 und 1965 zweimal aus demselben Projekt, und das umreißt die Strukturen der Gruppendiskussionen, wie sie sich nach dem Grass-Durchbruch 1958 entwickelten: »Und dann hab ich einen ganz großen Fehler gemacht, dann hab ich nochmal bei der Gruppe 47 gelesen, das war in Berlin bei einer Tagung, und das war ein Tabubruch. Man sollte nicht aus einem Manuskript noch einmal lesen. Und da hab ich nochmal ein Kapitel aus dem Roman gelesen, das im Grunde nicht anders war als das, was in Sigtuna gelobt worden war. Aber ich war an dem Tag erkältet. Ich hab sehr schlecht gelesen. Ich hatte vor mir jemanden, der hatte was Lustiges gelesen. Der vorher war viel zu lang, alle wollten essen. Ich hatte da ein sehr schlechtes Gefühl schon beim Lesen, und – ja. Das Ergebnis war, dass plötzlich alle dagegen waren. Da gab es eine Querbeet-Kritik, das wurde zunichte gemacht, und da wurde es für mich außerordentlich schwierig, an dem Roman weiterzuschreiben. Sowohl vor meinen Autoren, deren Lektor ich war, es war ja ein Angriff auf meine Autorität, aber auch für mich selber. Und im Verlag auch – dass die Leute sagten: jetzt will der auch noch schreiben! Alles andere, die drei Lesungen vorher, die alle erfolgreich waren, waren wie ausgelöscht.«²⁹

Auffällig ist, dass Nicolas Born nur am Rande erwähnt wurde und in der Kritik, wie bereits 1964 in Sigtuna, schlecht wegkam – ein Autor, der wie sonst nur noch Peter Handke in den siebziger Jahren für einen neuen, anderen Ton stand, für eine neue Literatur, und kultisch verehrt wurde. Sein jüngerer Freund Hans Christoph Buch, der in den Jahren zuvor ebenfalls schon von der Gruppenkritik verrissen worden war, versuchte ihm in seinem Zeitungsbericht so gerecht zu werden: »Was als Ausschuß zu gelten hatte, darüber war sich die Kritik, wie gewöhnlich, recht schnell einig. Die Schwierigkeiten begannen bei Texten wie dem von Nicolas Born, einer Erzählung um die psychischen Mechanismen von Treue und Untreue in einer Ehe. Der Verzicht auf formales Blendwerk, die ehrliche Intention des Erzählers fanden zwar Anerkennung, jedoch gab sich der Text auf Grund einer ungenügenden Distanzierung von Stoff und Autor derartige sprachliche Blößen, daß er, gemessen an dem Anspruch seines Themas, nicht zu retten war.«[30]

Born wurde, wenn er überhaupt erwähnt wurde, dem als »langweilig« verschrienen »Kölner Realismus« zugeordnet und ad acta gelegt. Niemand ahnte, was aus diesem Autor einmal werden würde. Sein Gedichtband *Das Auge des Entdeckers*, 1972 in der signalroten Broschur-Reihe »das neue Buch« bei Rowohlt veröffentlicht, brachte es auf eine verkaufte Auflage von 8000 Exemplaren, da schien ein tieferer Nerv getroffen worden zu sein, und sein Roman *Die erdabgewandte Seite der Geschichte* von 1976 wurde zum Schlüsselwerk für die »Neue Subjektivität« jener Zeit, die auf die radikale Politisierung gefolgt war.

»Die Sucht, sein Leben auszuschöpfen«: Nicolas Born, 1965 in Berlin

Borns Entwicklung verlief sehr langsam und untypisch und wirft ein besonderes Licht auf die literarische Situation jener »jungen Generation«, die Mitte der sechziger Jahre in die Gruppe 47 hineinwuchs. Als Arbeiterkind ohne Hochschulbildung wollte er Ende der fünfziger Jahre, mit 22 Jahren, Kontakt mit Ernst Meister aufnehmen – dem zurückgezogen lebenden Lyriker aus Hagen in Westfalen, der als »Hermetiker« galt, als schwer verständlich. Bald versuchte Born, dem windgeschützten Ernst Meister seine Faszination für die amerikanische Beatlyrik zu erklären, noch ein bisschen existenzialistisch verhaucht: Allen Ginsberg etwa sei ein Beleg dafür, dass »in der jetzt erwachenden Generation der Twens und Teenager« die »Sucht« aufkomme, »ihr Leben auszuschöpfen«.[31] Wenige Jahre später, Born ist Lektor an der University of Iowa, schreibt er um einiges lockerer über dasselbe Sujet. Er fährt zu einer Lesung von Ginsberg nach Illinois: »Ich habe gehört, er singt seine Gedichte nur noch.«[32] Die Jahre, die dazwischenliegen, sind wohl diejenigen, in denen die Bundesrepublik sich mauserte und ein emanzipiertes Staatswesen wurde.

Ernst Meister verschaffte Born die Einladung zur ersten Schreibwerkstatt 1963 im LCB. Er freundete sich dort mit Hermann Peter Piwitt und Hans Christoph Buch an, wenig später auch mit F. C. Delius. Vom Colloquium aus gelangte er fast automatisch zur Gruppe 47 nach Sigtuna und im darauffolgenden Jahr nach Berlin. Born war zerrissen zwischen einem existenzialistischen Grundgefühl, das in den fünfziger Jahren genährt wurde, und der Politisierung der sechziger Jahre. Seine Herkunft aus dem Ruhrgebiet, aus dem Arbeitermilieu, sensibilisierte ihn gegen die Radikalität von Generationsgenossen, die aus dem Bürgertum kamen und dazu neigten, ihre Subjektivität absolut zu setzen. »Es ist wichtig, jedem linken Bürgerkind zunächst mal überhaupt nicht zu trauen«, schrieb er einmal an Hermann Peter Piwitt.[33]

Born zeigte eine zuerst nicht offen eingestandene, dann rasch größer werdende Distanz zu den eindimensionalen Politströmungen seiner Zeit. Dass er, der poetisch-bodenständige Chemograf aus Essen, in einer maoistischen K-Gruppe oder auch nur in der DKP ernsthaft eine Option hätte sehen können, stand nie zur Debatte. Sein Briefwechsel mit Piwitt gibt so eindringlich wie kaum sonst ein Zeugnis von damals die Stimmungen wieder, zwischen denen die literarisch Ambitionierten schwankten. Innerhalb weniger Jahre, zwischen 1963 und 1967/68, radikalisierte sich der Ton, wurden die Spannungen immer größer. Die Politik war unausweichlich, man empfand sich bis in die innersten Fasern als gesellschaftlich geprägt und gesellschaftlich verantwortlich; das Verhältnis zwischen Ich und Gesellschaft war eines, das bis in den letzten Nerv gespannt war. In den Briefen Piwitts und Borns teilt sich das Pathos und das Leiden des damaligen Lebensgefühls mit – es war klar, dass es eine »richtige« Seite gab, auf der man stehen musste, aber wie genau dieses Richtige nun aussah, das zog etliche quälende und mäandrierende Selbstbefragungen nach sich. Am 22. Dezember 1969 schreibt Born an Hans Christoph Buch: »Ich fürchte, daß mein Schreiben nicht progressiver wird.«[34]

Wenn man nicht sofort im Sog einer Zeitstimmung aufging, schien man umso schmerzlicher auf sich selbst zurückgeworfen zu sein. Der Umgangston in Borns Freundeskreis konnte resolut, fast männerbündisch, aber auch zärtlich und ironisch sein. Buch, so schreibt Born an Piwitt, habe festgestellt, dass es F. C. Delius an Subjektivität, Born aber an Objektivität fehle. Borns Kommentar: »Buch redet immer klarer, er reift immer schneller.«[35]

Den vier Freunden erging es bei der Gruppe 47 unterschiedlich. Buch, schon als 19-Jähriger in Saulgau dabei, gehörte zum »Kernbestand« der Jungen, kam aber nie so richtig gut weg. Born wurde bei seinen beiden Lesungen verrissen. Piwitt erregte mehrfach längere und kontroverse Debatten, einzig Friedrich Christian Delius, auch er bereits als 19-Jähriger in Sigtuna dabei, wurde jedes Mal, wenn er las, Lob gezollt – es ist kein Zufall, dass er 1990, bei der Jahrzehnte nach ihrem Ende noch einmal symbolisch einberufenen letzten Tagung der Gruppe 47 in der Nähe von Prag, der Letzte war, der dort las.

Eine Besonderheit in Berlin 1965 bildeten neben den Generationsspannungen die sechs anwesenden Autoren aus der DDR, die eine Ausreisebewilligung bekommen hatten – im Gegensatz zu Peter Huchel, Wolf Biermann und Manfred Bieler. Ihre Einladung entsprach den kultur- und vor allem den deutschlandpolitischen Bestrebungen Hans Werner Richters, sie entzogen sich aber weitgehend den ästhetischen

Gruppenbild der Tagung im LCB 1965: vorne rechts Erich Fried, dahinter Siegfried Unseld, Peter Weiss und Ivan Nagel

Diskussionen und Konfliktlinien. In den Tagungsberichten wurden sie eher beiläufig und als literarisch belanglos erwähnt – ob Friedemann Berger, Stephan Hermlin, Bernd Jentzsch, Günter Kunert oder Rolf Schneider. Am besten scheint vor den westlichen Augen der Lyriker Karl Mickel bestanden zu haben.

Den Preis der Gruppe erhielt schließlich der Schweizer Volksschullehrer Peter Bichsel, der schon bei den letzten Tagungen auf sich aufmerksam gemacht hatte. Bichsels Lesung hatte ausnahmslos allen gefallen, sogar Uwe Nettelbeck, der dies allerdings eher widerwillig zugab: »Hier las ein Meister des Genrebildes lustige Prosa.«[36]

Nachdenklich schrieb Joachim Kaiser am Ende seines Berichts in der *Süddeutschen Zeitung:* »Die Ergebnisse dieser drei Tage sind, daß viele Angehörige der mittleren und älteren Generation zu ahnen beginnen, wie die Jungen sich verhalten, und was sie bewegt.«[37] Sehr viel konkreter sollten diese Ahnungen aber erst im Jahr darauf werden, bei der groß angelegten Tagung an der Eliteuniversität Princeton in den USA, in dem Land also, das gerade einen heftigen Krieg gegen den kommunistischen Teil Vietnams führte.

## 19 Beschreibungsimpotenz
*Die Geburt der Popliteratur
aus dem Geist der Gruppe 47:
Princeton, 1966*

Nach dem fulminanten Auswärtsspiel in Schweden fasste Hans Werner Richter den Entschluss, die Gruppe 47 alle zwei Jahre im Ausland tagen zu lassen. Ein Hintergedanke, neben dem repräsentativen Vordergrund, war dabei auch, die Binnenkonflikte in Deutschland nicht eskalieren zu lassen. Dass dabei die USA als Nächstes ins Auge gefasst wurden, lag nahe. Bereits am 30. Januar 1965 fragte das Goethe-Institut in New York bei Richter an, ob er sich für eine Tagung in den USA interessieren würde. Kurz danach übernahm Victor Lange, der Leiter des German Department an der hoch angesehenen Universität in Princeton, die konkreten Planungen und bot an, sich an der Finanzierung zu beteiligen. An Reisekosten wurden für höchstens 80 Teilnehmer pauschal je 400 Dollar erstattet, Unterkunft und Verpflegung waren frei, darüber hinaus ergaben sich durch eine großzügige Finanzierung der Ford-Foundation viele Möglichkeiten vor allem für die jüngeren Autoren, noch zwei Wochen in den USA herumzureisen. Ausdrücklich erwünscht war daneben die Teilnahme an der traditionellen Princeton-Konferenz, die am 25. April 1966 stattfand. Das Thema lautete: »Der Schriftsteller in der Wohlstandsgesellschaft«. Damit war auch der Termin für die Tagung der Gruppe 47 umrissen: 22. bis 24. April.

Einige der deutschen Autoren hatten bereits intensivere Beziehungen in die USA. Reinhard Lettau etwa, der seit 1962 bei den Tagungen gelesen und vor allem 1964 einiges Aufsehen erregt hatte, wurde in Harvard promoviert und war Dozent an verschiedenen amerikanischen Universitäten, bevor er zwischen 1965 und 1967 als freier Schriftsteller in Westberlin lebte. Vor allem aber Walter Höllerer hatte sich schon seit Längerem nachhaltig für die USA begeistert. Bereits von Juli bis Oktober

1957 folgte Höllerer einer Einladung zu Gastvorlesungen an der Harvard University in Massachusetts sowie an der University of Chicago. Ein Jahr später, im Herbst 1958, hielt er Vorlesungen in Chapel Hill und in Princeton. Ein erstes Ergebnis der USA-Erfahrung war sein Essay über »Junge Amerikanische Literatur«, den er im ersten *Akzente*-Heft des Jahres 1959 veröffentlichte. Das war für deutsche Verhältnisse ein völlig ungewohntes Betreten von Neuland: Im Mittelpunkt standen die »City Light Books«, die Lawrence Ferlinghetti seit 1955 in San Francisco herausgab, sowie die *Evergreen Review* im Verlag Grove Press, die seit 1957 das Sprachrohr der »beat generation« war. Zwei Autoren stellte Höllerer als zentral heraus: Allen Ginsberg mit seinem rhapsodischen Gedicht »Howl«, das »den Einzelnen dem Moloch der routinierten, auf Schienen laufenden Gesinnungsmaschinerie konfrontiert«; Höllerer zeigte sich vor allem von einer bestimmten neuen Form von Bewegung fasziniert: »Um die Ecken der Wörter und Satzgipfel pfeift der Wind aus Gefilden, die der akademischen Dichtung unsichtbar blieben.«[1] Der zweite Dichter, den Höllerer herausstellte, war Gregory Corso, dessen Gedicht »Bomb« die Öffentlichkeit provozierte: Er fordert darin, in einer überspitzten grotesken Geste, dazu auf, die Atombombe nicht zu hassen, sondern zu lieben, und setzt in einem nicht ins Deutsche zu transferierenden Wortspiel das »Bumm« der explodierenden Bombe mit dem Wirtschaftsboom gleich.

Höllerer war durch die Begegnung mit den jungen Amerikanern elektrisiert. Mit Gregory Corso trat er sofort in einen engen Briefkontakt. Und schon 1961 brachte der Carl Hanser Verlag einen dicken, großformatigen Band auf den Markt, den Höllerer und Corso gemeinsam herausgaben: *Junge Amerikanische Lyrik*.[2] Das war auf dem deutschen Markt eine einmalige Pionierleistung. All jene Autoren, die in den nächsten Jahren den Ton angeben und Kultcharakter bekommen sollten, waren hier vertreten: neben Ginsberg und Corso unter anderen Jack Kerouac, William S. Burroughs, Robert Creeley, Lawrence Ferlinghetti und Frank O'Hara. Eine besondere Geste war der Beginn: Das erste Gedicht, »The Death of Europe« von Charles Olson, ist Rainer M. Gerhardt gewidmet, der in seiner frühen Zeitschrift *fragmente* zum ersten Mal Übersetzungen von W. C. Williams, Charles Olson und

Robert Creeley veröffentlicht hatte und 1954 Selbstmord beging. Der Band *Junge Amerikanische Lyrik* wurde in einem Schuber verkauft und hatte als Zugabe eine Schallplatte, auf der Corso und Ginsberg im Originalton zu hören waren. Immerhin acht Jahre vor der berühmten Anthologie *ACID. Junge amerikanische Szene*, die Rolf Dieter Brinkmann und Ralf-Rainer Rygulla 1969 herausgaben, kam Höllerers und Corsos Buch fast ein bisschen zu früh. »Beat« und »Pop« waren zu diesem Zeitpunkt für die sich erst langsam entwickelnde deutsche Subkultur noch recht fremde Begriffe.

Wie schwierig sich die Vermittlung dieser zeitgenössischen amerikanischen Texte gestaltete, welche Welten da aufeinanderprallten, zeigte sich im Übrigen bei einer Lesung am 28. Juli 1960 in der Berliner Akademie der Künste. Gregory Corso und der New Yorker Lawrence Fagin waren persönlich anwesend, deutsche Übersetzungen auch von anderen amerikanischen Autoren lasen außerdem Höllerer, Günter Grass und Ulrike von Möllendorf. Sabina Lietzmann schrieb darüber in der *Frankfurter Allgemeinen Zeitung* Folgendes: »Der krausköpfige Gregory Corso, der neben Dämon Alkohol wohl auch anderen in der Lyrik dieser Gruppe viel zitierten Stimulantien zugesprochen hatte, belebte die Veranstaltung mit höchst privaten Sonderdarbietungen und Kommentaren. Höllerer hatte in einem kurzen Einführungswort diese junge Dichtergruppe als die Résistance der amerikanischen Zivilisation gerühmt. Da waren die Vokabeln denn wohl doch eine Nummer zu groß gewählt.« Interessant ist auch ihre Bemerkung: »Die Übersetzungen, die von Höllerer, Günter Grass und einer dekorativen jungen Dame verlesen wurden, waren von Sprachanstrengung kaum belastet und offenbar etwas hastig hergestellt.«[3]

Dem schloss sich Rudolf Hartung im *Tagesspiegel* gleichgestimmt an: »Die Übertragungen der Gedichte lasen eine anmutig aussehende junge Dame, Günter Grass und Walter Höllerer.« Wenn die »jungen Damen« keinen Namen haben und primär als »dekorativ« oder »anmutig« empfunden werden, ist der kulturelle Schritt zum Verständnis der Beat-Lyrik wohl doch noch ziemlich groß. Auch zur Darbietung selbst äußerte sich Hartung: »Die Herren auf der Bühne, starke Raucher offenbar, warfen sich Zigaretten und Streichhölzer zu. Der ohne Frage ziemlich angeschlagene Gregory Corso mußte sich für einige Zeit in den ›Wash-Room‹ zurückziehen und unterbrach dann, aus halbem Schlummer emportauchend, die Lesung seines Kollegen: He was bored, es ist langweilig.«[4]

Die Begegnung mit der amerikanischen Szene führte bei Höllerer auch zu einem Umdenken für die eigene lyrische Produktion. Allen Ginsberg, Lawrence Ferlinghetti und Gregory Corso schienen ihm klarzumachen: Es ging um das »lange Gedicht«, nicht um das kurze, hermetische, sich immer mehr ins Schweigen zurückziehende, wie es in der Bundesrepublik der Nachkriegszeit zwangsläufig zu sein schien. Höllerer kamen der unmittelbare Ausdruck des Wahrnehmens, der Blick auf den Alltag, das Rhapsodische wohl schon vom Temperament her sehr gelegen. Seine Überlegungen flossen in eine *Akzente*-Nummer ein, die zu den am meisten diskutierten überhaupt gehörte: »Thema: Lange Gedichte« (Heft 2/1965). Recht versteckt, mitten in den ausgesuchten »langen Gedichten« verschiedenster Provenienz, fanden sich hier Höllerers »Thesen zum langen Gedicht«. Es handelt sich dabei um 16 kleine Statements, zweieinhalb Druckseiten lang, durch Sternchen voneinander getrennt – dass dieser Text zu denen gehören würde, mit denen man Höllerers Namen bis heute spontan verbindet, wirkt auf den ersten Blick erstaunlich. Eine seiner Thesen bezog sich auf die sich entwickelnde literarisch-politische Diskussion: »Wer ein langes Gedicht schreibt, schafft sich die Perspektive, die Welt freizügiger zu sehen, opponiert gegen vorhandene Festgelegtheit und Kurzatmigkeit. Die Republik wird erkennbar, die sich befreit.«[5]

Höllerer, einer der prononcierten Kritiker aus der ersten Reihe, las in Princeton wieder einmal selbst als Autor – und zwar nicht mehr aus seinem Endlosroman *Die Elephantenuhr*, auf die die Fachwelt seit seiner begeistert aufgenommenen Lesung in Elmau 1959 wartete (der Roman sollte erst 1973 erscheinen, viel zu spät für die in den fünfziger Jahren noch fulminant avantgardistische Thematik, die Lehre von den Zeichen). Seine »Hochzeitserklärung«, die nie im Druck erschienen ist, wurde in Princeton eher ratlos aufgenommen, nicht nur vom jungen österreichischen Autor Peter Handke, der sich sichtlich vorgenommen hatte, zu provozieren: »Entschuldigung, wenn ich etwas unsachlich bin«, sagte er, aber der Text sei doch ziemlich »geistlos«.[6] Das war Höllerers Prosa nun ganz bestimmt nicht, wohl eher im Gegenteil – vermutlich aber war genau dies das Problem.

War die Tagung 1965 in Berlin noch vor allem von ästhetischen Irritationen geprägt gewesen, von einem Konflikt zwischen den Generationen, der sich im Lebensgefühl ausdrückte, so kamen die dringlichsten Probleme in Princeton aus einer ganz anderen Richtung. Durch den von den USA intensivierten Vietnamkrieg stand dieses Thema ganz oben auf der Tagesordnung. Innerhalb der Gruppe 47 zeigten sich unüberbrückbare politische Meinungsverschiedenheiten. Die militärische Intervention der Amerikaner in Südostasien begann fast zeitgleich mit den letzten Abstimmungen zur Princeton-Tagung der Gruppe. Hans Werner Richter sah sich deshalb Druck von zwei völlig unterschiedlichen Seiten ausgesetzt. Den aufkommenden Stimmen, jetzt nicht in ein Land fahren zu können, das im Begriffe sei, einen imperialistischen Krieg zu führen, entgegnete er: Gerade die Universität in Princeton sei ein Zentrum des Widerstands gegen den Vietnamkrieg. Victor Lange, dem Germanisten und Gastgeber vor Ort, gegenüber musste er allerdings betonen, dass die Gruppe 47 keineswegs gedenke, offizielle politische Resolutionen zu verfassen oder die Politik des Gastgeberlands zu diskreditieren. Es gab einige diplomatische Verwicklungen, und dass manche anreisende Autoren für ein enormes kritisches Potenzial bürgten, konnte der amerikanischen Seite nicht verborgen bleiben.

Peter Stadelmayer, der Leiter des New Yorker Goethe-Instituts, versuchte, zwischen Richter und der bundesdeutschen Botschaft zu vermitteln. Man kam davon ab, für die Gruppe 47 einen offiziellen Empfang in einer deutschen Vertretung zu geben, und war sehr zufrieden, als Richter diesen gordischen Knoten auf seine Weise löste: Über seinen Lektor Raddatz gelang es ihm, Rowohlt-Chef Heinrich Maria Ledig-Rowohlt dazu zu bewegen, in New York »ein rauschendes Fest« für die Gruppe 47 zu geben.

Die Reise in die USA war darüber hinaus für viele Autoren noch eine weitaus größere Zumutung als die Reise nach Schweden, und zwar auch aus innenpolitischen Gründen. Martin Walsers Wort von der »Literatur-Nationalmannschaft«, an der er sich nicht beteiligen

Ankunft in Princeton: Der Mann am Ende der Schlange
mit der Eisenbahnermütze ist Peter Handke

wolle, machte die Runde – man repräsentierte bei einem solchen Unternehmen zwangsläufig auch außenpolitisch die Bundesrepublik, und das waren vielen ein Dorn im Auge. Der Begriff der »repressiven Toleranz«, den Herbert Marcuse gerade geprägt hatte, war in aller Munde. Am radikalsten äußerte sich in diesem Punkt mittlerweile Heinrich Böll: »Die Vorstellung, daß die Bundesrepublik – was unvermeidlich ist – aus unserem Besuch dort politisch Kapital schlagen wird, verschafft mir eine Gänsehaut! Denn, wenn wir auch dort unsre ›ach so bewährten kritischen‹ Texte vorlesen, gerade dadurch verschaffen wir diesem Land ja in den USA den Ruf eines freien Landes. Eine fürchterliche Vorstellung!« Die Sätze, die in diesem Brief an Hans Werner Richter kurz danach folgen, mögen diesem nicht bloß eine Gänsehaut verursacht haben – sie trafen mitten ins Mark: »Ich denke, wir sollten, wenn überhaupt weitergetagt werden soll, im nächstbesten elenden Bundeskaff tagen! Noch eins: die Zeit der Opposition ist vorbei, die Zeit des Widerstands gekommen: lasst also endlich und endgültig Eure Finger von dieser miesesten aller Parteien: der SPD.«[7]

Ein besonders schwerer Fall für Richter war auch Peter Weiss. Dessen *Marat/Sade*, das Theaterstück über den französischen Revolutionär Jean Paul Marat, war, kurz nachdem es auf der Gruppe-47-Tagung in Saulgau 1963 vorgestellt und eher beiläufig zur Kenntnis genommen worden war, zum Welterfolg geworden. Zur Zeit der Tagung in Princeton bildeten sich vor dem Martin Beck Theatre am Broadway lange Menschenschlangen, um die dort übernommene Londoner Inszenierung von Peter Brooks zu sehen. Und in einem Interview mit der *New York Times*, kurz vor der Gruppentagung, bekannte Weiss: »I am not for the war in Vietnam, this is the thing that brought me and the other writers here. We want to show our sympathies with those who are fighting for another America, to contact groups fighting for a new America.«[8] Das war natürlich genau das, was Richter im diplomatischen Vorfeld der Tagung unbedingt vermeiden wollte: die Gruppe 47 als trojanisches Pferd der alteuropäischen neuen Kommunisten. Weiss stellte im Folgenden klar, dass er nur seine persönliche Meinung geäußert hatte, aber es war eine Konfrontation aufgebrochen, die innerhalb der Gruppe 47 nicht mehr zu beherrschen war. In Princeton gerieten Peter Weiss und Günter Grass mehrfach heftig aneinander, es ging um die Stellung der deutschen Schriftsteller zum Vietnamkrieg und die politischen Konsequenzen daraus. Nachdem die Tagung offiziell beendet war, beteiligten sich Weiss, Enzensberger und Lettau an einem »Teach-in« der Studenten von Princeton gegen den Vietnamkrieg. In seinen *Notizbüchern* schreibt Weiss darüber: »Am 24. April war von den Studenten der Universität ein Protesttreffen gegen den Vietnamkrieg angesetzt worden. Lettau und ich wollten daran teilnehmen. Im Hotelzimmer eines der Senioren der Gruppe 47 sitzend, wurden wir zur Rechenschaft gezogen. Es hieß, daß wir als ›deutsche Schriftsteller‹ nicht das Recht hätten, uns in amerikanische Angelegenheiten einzumischen. Ich sagte, daß ich nicht als Deutscher, auch nicht als Schwede, sondern als Antiimperialist zu der Veranstaltung gehen würde.«[9]

An der offiziellen Princeton-Konferenz nach der Tagung nahmen insgesamt ungefähr 600 Personen in vier Sitzungen teil. Von deutscher Seite fielen vor allem die Beiträge von Grass und Weiss auf. Grass' Rede »Vom mangelnden Selbstvertrauen der schreibenden Hofnarren unter

Berücksichtigung nichtvorhandener Höfe« setzte sich programmatisch von der bereits stark spürbaren außerparlamentarischen, links von der SPD situierten Bewegung ab, während Weiss seinen persönlichen Weg zum Sozialismus nachzeichnete: »I come out of my hiding place.« Es war unübersehbar, dass die Gruppe 47 nicht mehr wie bisher zusammengehalten werden konnte, dass sich politische Divergenzen nicht mehr ausklammern ließen. Sehr deutlich wird dies im Briefwechsel zwischen Hans Werner Richter und Erich Fried, dem linken, jüdischen Emigranten, mit dem sich Richter gut verstand und dessen eher traditionalistisches, jeglicher Avantgarde fremdes, den einfachen Duktus von Brecht aktualisierendes Literaturverständnis ihm sehr entgegenkam.

Fried setzte Richter in seiner emotionalen Art des Öfteren sehr zu. Bei einer hitzigen Diskussion zog er etwa einmal seinen Pullover aus und merkte zunächst gar nicht, dass er plötzlich mit nacktem Oberkörper da saß. Der Londoner Emigrant, der mittlerweile in den sogleich berühmten »Quartheften« im Wagenbach-Verlag Gedichtband um Gedichtband vorlegte, monierte auch die persönlichen Eigenarten von Grass, »die kaum verhüllte Beweihräucherung des eigenen Tuns«. Und er formulierte als Erster Eindrücke, die Grass von diesem Zeitpunkt an über Jahrzehnte verfolgen sollten: »Ich halte ihn für hochbegabt, wenn auch durch seine eigenen schlechten Eigenschaften nach und nach auch literarisch gefährdet.« Grass sei wohl der machthungrigste Mensch in der Gruppe, »natürlich wie jeder machthungrige Mensch nicht ganz bewußt, sondern weil eben er die klügste Konzeption hat, die wahren Interessen der Sozialdemokratie am besten wahren kann, ist es nur recht und billig, seinen Auffassungen zum Sieg zu verhelfen ... Das Muster ist bekannt. Wenn dem nicht irgendwie Einhalt geboten wird, dann kann ich mir gut denken, dass nicht die Gruppe 47 an Günter Grass kaputtgehen könnte, sondern auch der Schriftsteller Günter Grass am publicity-Mann und Wahlredner, der auch dann Wahlreden hält, wenn es gar keine Wahlen gibt.«[10]

Dies ist ein frühes Verdikt – mit einer geradezu furchterregenden Vorahnung. Denn die Verbindung von Günter Grass zu Willy Brandt Anfang der sechziger Jahre hatte unwillkürlich einen großen Einfluss auf die literarische Produktion des Schriftstellers, dessen Dimension er zunächst vermutlich gar nicht abschätzen konnte. Seine literarischen Texte ließen sich immer weniger von den politischen trennen, Letztere warfen einen großen Schatten auf die Romane und Erzählungen. Schon *Örtlich betäubt*, der erste literarische Text, der nach der fulminanten »Danziger Trilogie« Ende der sechziger Jahre erschien, hatte etwas äußerst Scholastisches und arbeitete sich mühevoll an der 68er-Bewegung ab. Das *Tagebuch einer Schnecke* von 1972 schließlich, das die wohl furioseste Zeit der deutschen Sozialdemokratie nach dem Krieg überhaupt beschrieb, die Euphorie für den Bundeskanzler Willy Brandt, setzte Literatur und Politik in ernst gemeinter Weise gleich – viel ernster, als es der listige Enzensberger mit seinem *Kursbuch*-Aufreger vom »Tod der Literatur« gemeint hatte. Auch in der weiteren Entwicklung von Grass, vom wunderbaren, wie beiläufig aus dem Ärmel geschüttelten *Treffen in Telgte*, seiner Hommage an Hans Werner Richter von 1979 einmal abgesehen, ist die Crux des sozialdemokratischen Bekenntnisses nicht zu verkennen. Ob in der apokalyptischen Vision der *Rättin* von 1986, dem Ausfallschritt nach Kalkutta *Zunge zeigen* von 1988, den schwarzen Auslassungen über das Waldsterben in *Totes Holz* von 1990: Jedes Mal schien ihm die politische Botschaft in die Quere zu geraten, war da etwas Leitartikelhaftes, Moralisierendes, den Zeigefinger Erhebendes. Es war immer eine eindeutige Aussage zu erkennen, die eine Verselbständigung des Literarischen kaum mehr zuließ.

Erich Fried sprach etwas offen aus, was bereits in Princeton 1966 erkennbar war. Dass er nicht nur gegen Grass, sondern gleichzeitig gegen die »Colloquiumsjugend« wetterte, die jungen Schriftsteller um Höllerer, die so furchtbar langweilig seien, und auch gegen den »Kölner Realismus« um Dieter Wellershoff, der in seiner Blutleere unverkennbar sei – das musste Hans Werner Richter umso mehr quälen, als er Frieds Einschätzung über die jungen Autoren und die Nouveau-Roman-Adepten der Kölner Schule unbedingt teilte. Grass jedoch war für Richter ein Fixpunkt. Gerade im Lauf des Jahres 1966, als sich die Große Koalition zwischen CDU und SPD anbahnte und Kurt-Georg Kiesinger, dessen NSDAP-Aktivitäten aktenkundig waren, Bundeskanzler wurde, der verhasste Franz Josef Strauß zudem erneut Verteidigungsminister – gerade jetzt nannte Richter in vertraulichen Briefen

Grass als einen seiner wenigen Gewährsmänner. Für die Zukunft der Gruppe 47 verhieß das nichts Gutes.

Die Tagung in Princeton selbst verlief literarisch eher enttäuschend. Erich Kuby deklarierte im *Spiegel*, es sei »die bravste, anständigste, behutsamste, feinste, bedeutungsloseste Tagung seit langem oder seit immer« gewesen.[11] Die Atmosphäre in der klassizistischen Whig Hall in Princeton mag zu diesem Eindruck beigetragen haben: kein heimeliger Gaststättenraum mit Hirschgeweihen und Fassbier mehr, sondern eine repräsentative Aula, in der man das ständige Glockenschlagen vom Kirchturm der Universitätskirche hörte. Es wurde zum Running Gag, dass Richter immer das Fenster schloss, wenn diese Glockenschläge ertönten, immer wieder wurde es aber der stickigen Luft wegen wieder aufgemacht.

Die Lesung von Reinhard Lettau in Princeton allerdings kann man getrost als eine der Sternstunden der Gruppe 47 bezeichnen. Sein Text drehte sich ums Militär, es ging im Subtext ständig um den Vietnamkrieg und das Gebaren der Führungskräfte in Politik und Armee, aber an keiner Stelle wurde darin ein aktueller Bezug auch nur ansatzweise benannt. Reinhard Lettau galt in den sechziger Jahren durchaus als herausragender Prosaautor, er war einer der Protagonisten der Gruppe 47, die durch ihre glänzende Stilistik von sich reden machten – es ist merkwürdig, dass er heute so gut wie vergessen ist. Das vorgelesene Stück »Der Feind« besteht aus Sequenzen wie: »Der Feldmarschall beugt sich gegen das Glas, sieht dort sein Bild in der Nacht. Im Zimmer herrscht Ruhe. Nach einer Weile sagt der Feldmarschall: ›Draußen ist nichts zu sehen.‹ Der General atmet auf. Noch vom Fenster aus fragt der Feldmarschall: ›Gehört haben Sie den Feind wohl auch nicht?‹ ›Einmal war der Feind im Baum und hat einen Vogel nachgemacht‹, antwortet der General. ›Wir gingen und hörten es von oben zwitschern. Deutliches Zwitschern im Laub. Echte Vögel, bei unserm Näherkommen, wären aufgeflogen.‹«[12]

Walter Höllerer analysierte spontan: »Das ganze Arrangement liegt ausgebreitet, das ist auch die Kunst dieser Prosa. Es scheint dann aus Blech gestanzt, diese ganzen Figuren, das Militär ist eingefangen in diesen Blechfiguren, und nur eine Figur wird nicht so gezeichnet, und das ist der Feind. Der Feind steht dieser Blechfigurenwelt gegenüber, und in den kann man sich hineinbeißen, es ist also so etwas Weiches, und außerdem wird er so geschildert, dass man sofort den Übersprung hat von dieser Formalität zu Lettaus Thema.«[13]

Schließlich meldete sich, nach Joachim Kaiser und anderen, auch Hans Magnus Enzensberger zu Wort. Bei ihm spürte man, dass in dieser Zeit noch ganz andere Diskussionen in der Luft lagen als bloß literarische: »Ich würde dem Kaiser widersprechen. Ich finde den Vergleich mit Ionesco absolut verkehrt und wäre auch vorsichtig mit dem Begriff des Absurden. Natürlich ist hier von absurden Dingen die Rede, Dinge, die absurd gesehen sind, aber man versteht ja unter absurder Literatur gewöhnlich etwas anderes. Ebenso wenig glaube ich, dass es eine antimilitaristische Geschichte ist. Ich würde eher sagen: eine postmilitaristische Geschichte. Und da sehe ich die eigentliche Kühnheit der Geschichte, die sozusagen das Phänomen unterläuft und eigentlich so spricht, als gäbe es gar keine Kriege mehr, als wäre das ein Relikt, auf das man zurückblicken kann. Es ist also ein Nachruf auf den Krieg, das Ganze, und da sehe ich die politische Kraft der Geschichte, das ist eigentlich eine utopische Kraft.«[14]

Dass an dieser Stelle nicht eine Rockgruppe mit »Revolution« einsetzte, wenn auch vielleicht nur in der Version der Beatles, ist eigentlich verwunderlich. Aber es läuteten nur die Glocken der Universitätskirche von Princeton. Sie läuteten auch, als Peter Weiss kleine Bedenken zum Text von Peter Bichsel vortrug (Bichsel hatte schon bei der vorangegangenen Tagung aus diesem Text vorgetragen und dafür den Preis der Gruppe 47 bekommen): »Wahrscheinlich ist das schwer zu kritisieren, weil dieses Stück so ähnlich ist wie die anderen Stücke, die damals in der Gruppe so ausführlich diskutiert worden sind. Da fällt es einem wahrscheinlich schwer, neue Argumente zu finden. Denn die Stilmittel, die Bichsel benützt, sind ja hier genauso angewandt, wenngleich in etwas größerer Form, die, und das ist vielleicht das einzig Neue, dass er eine Form sucht, die sich von der Kleinkunst entfernt und sich etwas mehr fast dem Epischen nähert.«[15] Marcel Reich-Ranicki allerdings war ganz begeistert: »Eine Prosa von ungewöhnlicher Klarheit! Er arbeitet interessanterweise immer mit kurzen Sätzen, meist mit Hauptsätzen!«[16]

Einen langen Artikel über diese Tagung schrieb der damalige Rowohlt-Mann Fritz J. Raddatz in den *Frankfurter Heften*. Er hatte das amerikanische Umfeld im Blick, die Entwicklung der Pop-Art, die die jungen deutschen Autoren begierig aufsogen: »*Pop art*, das ist natürlich nicht *Agitprop art*. Aber die ästhetische Revolte gegen synthetische Überfütterung der Sinne durch Reklame hat auch Blick und Gehör geschärft gegen das Pendant für Reklame, die Propaganda. Man muß dieses Land kennen, es geschmeckt, gerochen haben, um zu begreifen, warum etwa Andy Warhol nicht nur mit seiner augenblicklichen Ausstellung, sondern vor allem mit der happening-ähnlichen Show im gespenstisch verkommenen ›Haus der polnischen Kultur‹, das er gemietet hat, so einen Riesenerfolg hat. Hamburgs *Starclub* oder Berlins *Old Eden Saloon* sind winzige gepflegt-polierte Etablissements gegen diese gigantische Schau aus Schmutz, Dunkelheit, Lärm und farbigem Licht, das Warhols Objekte verzaubert, samt seinem langmähnigen Publikum in durchsichtigen Kunststoffschuhen und phosphoreszierenden Rothemden. Dazwischen natürlich Nerz und Smoking der *After-Theatre*-Besucher, die aber aus denselben zerbrochenen Gläsern von denselben verklebten Tischen Bier trinken müssen.«[17]

Die jüngeren deutschen Autoren waren mit der Pop-Art längst vertraut und versuchten, daran anzuknüpfen. Peter O. Chotjewitz etwa arbeitete gerade an dem Roman *Die Insel. Erzählungen auf dem Bärenauge*, der spater als der erste deutschsprachige Roman der Postmoderne bezeichnet wurde. Er hatte bereits in Berlin 1965 gelesen und fasste danach seine Erfahrungen so zusammen: »Mir ging es nach beiden Tagungen sogar körperlich schlecht und ich weiß, daß es mehreren Autoren meiner Generation so ging. Die Tagungen waren für uns junge, von der Atmosphäre her, ein (wie man später zu sagen pflegte) ziemlicher Frust und die Leute versuchten sich an den Abenden und unmittelbar nach den Tagungen auf die merkwürdigste Weise zu entladen.«[18]

Jürgen Becker kannte Andy Warhol bereits in- und auswendig, war in der zeitgenössischen bildenden Kunst sehr bewandert und hatte in der römischen Villa Massimo versucht, das literarisch umzusetzen: »Die Seiten des Tagebuchs füllen sich rasch. Ein Sonntag. In Rom will ich wieder in Odenthal sein. In Odenthal will ich zurück nach St. Pauli.

St. Pauli: ich will jetzt in Liverpool sein. In Liverpool zieht's mich zurück in den Wald.«[19]

Die Hauptkritiker konnten mit diesen Tönen nicht so viel anfangen. Walter Jens versetzte: »Man erkennt das Strukturprinzip nicht. Es bleibt beim vagen Assoziieren. Es ist in gar keiner Weise hier ein kalkulables Gesetz erkennbar.« Und Hans Mayer analysierte: »Das ist eine Montage aus Zeitungen, Redensarten, das sind aneinandergereihte Zitierfelder bei einer Party, Momentaufnahmen, und das ist so, wie wir es gehört haben, ganz leicht zu machen.«

Friedrich Christian Delius war in Princeton als 23-Jähriger mit dabei. Er hat schöne Erinnerungen an die Gruppe 47, weil er immer recht gut wegkam, aber er stellt im Nachhinein fest: »Spätestens in Princeton war das so, dass bei etlichen Altmitgliedern gesagt wurde: ›Die Colloquiums-Jugend‹, also Höllerers Schüler. Die gerieten also in den Verdacht der Langeweile, der betulichen Prosastrickerei usw. usw. Das bezog sich nur auf eine Handvoll Leute und war mehr so ein allgemeiner Unwille. Irgendwie erwartete man was anderes von der jungen Literatur.«[20] Dass Delius in seiner Dissertation, die nach bewegten Jahren im Jahr 1971 erschien, den um 1968 in den USA auftretenden Theoretiker einer Postmoderne, Leslie A. Fiedler, zur Kenntnis nahm, verstand sich von selbst.

Am Rande der Tagung kam es auch zu einem Treffen zwischen deutschen und amerikanischen Schriftstellern, und nachhaltig im Gedächtnis blieb, wie da der Beatlyriker Allen Ginsberg über den wünschenswerten Einfluss der bewusstseinserweiternden Droge LSD auf die Politik sprach. Günter Grass erwiderte kühn, dass er eher Kaffee bevorzuge. Da prallten Gegensätze aufeinander – nicht nur zwischen US-Schriftstellern und deutschen, sondern auch zwischen Jüngeren und Älteren. Klaus Stiller war in Princeton 25 Jahre alt und als Teilnehmer der Höllerer-Schreibschule eingeladen worden. Er fasst heute die Atmosphäre so zusammen: »Es gab eine Solidarität des ›inneren Freundeskreises‹, wie der Hans Werner Richter das sagte, nicht offiziell sagte, aber ich hab das zufällig einmal gehört, als er mit anderen sprach, vom ›inneren Freundeskreis‹ sprach, zu dem gehörten wir alle nicht! Es war dann eher dieses Abschotten gegenüber diesen jungen Leuten, die vielleicht in Amerika allein von der Haltung her schon besser angekommen wären. Und da hatten die offensichtlich, was wir gar nicht erwartet haben, eine Heidenangst, dass ihnen die Show gestohlen wird.«[21]

Es wurde ihnen tatsächlich die Schau gestohlen. Der 24-jährige Peter Handke sah mit seiner schüchternen Beatles-Haarschnitt-Adaption eher wie ein junges Mädchen aus, und auch als er seinen Text vorlas, ahnte man noch nichts Böses. Er las aus seinem im Entstehen begriffenen Roman *Der Hausierer:* »Der Hausierer ist noch unterwegs. Das Wurstblatt hängt aus der Semmel. Heute wird ein heißer Tag werden. Das Ende eines Besenstiels schaut aus dem Türspalt. Der Koffer ist zu auffällig. Ich kann durch das Schlüsselloch doch nur einen umgekippten Schuh erkennen. Seine Hände übertragen ihre Ungeduld auf ihn, sie fliehen vor ihm her so schnell, daß er nicht mitkommen kann. Es ist wieder dieser Kreiseltraum. Ein Glas klirrt, vielleicht eine Fensterscheibe.«[22]

Reich-Ranicki fand das langweilig. Grass fand vor allem Reich-Ranicki langweilig, Handke aber auch. Walter Jens bekannte: »Das Prinzip als solches, Mutmaßungen mit Hilfe von Hauptsätzen zu erzielen,

»Heute wird ein heißer Tag werden«: Peter Handke 1966 in Princeton

würde ich verteidigen, wohl bemerkend, dass es am Ende nicht mehr als eine interessante Fingerübung ergeben kann, aber diese könnte vielleicht den Autor doch für zukünftige Unternehmungen stärken.« Auch Reinhard Baumgart fühlte sich ziemlich sicher: »Ich habe eigentlich den Eindruck, dass das, was er erzählt, diesen Vorgang gar nicht herstellt in Worten, sondern einen schon hergestellten Vorgang nacherzählt, dass hier eine Art von erzählerischer Sekundärliteratur vorliegt.«

Damit schien die Sache abgehakt. Aber man hatte nicht damit gerechnet, dass Handke die Mechanismen der Gruppe 47 und das Spiel mit den Medien ausgiebig studiert hatte und die Erkenntnisse daraus umsetzte. Er hatte sich schon zweimal in der Diskussion zu einzelnen Autoren zu Wort gemeldet, in regelmäßigen Abständen, und jedes Mal eher allgemeine Thesen über das Elend der gegenwärtigen literarischen Szene vertreten. Die ersten Male verpuffte dies aber noch in allgemeinem Unverständnis. Am Tag nach seiner eigenen Lesung versuchte er es aber noch einmal, nach dem Auftritt von Hermann Peter Piwitt, einem Generationskollegen. Plötzlich stand er auf, und diesmal funktionierte es. Handkes legendär gewordene Worte lauten nach der Tonbandabschrift so: »Ich bemerke, dass in der gegenwärtigen deutschen Prosa eine Art Beschreibungsimpotenz vorherrscht. Man sucht sein Heil in einer bloßen Beschreibung, was von Natur aus schon das billigste ist, womit man überhaupt nur Literatur machen kann. Wenn man nichts mehr weiß, dann kann man immer noch Einzelheiten beschreiben. Es ist eine ganz, ganz unschöpferische Periode in der deutschen Literatur doch hier angebrochen. Dieses komische Schlagwort von einem neuen Realismus wird von allerlei Leuten ausgenützt, um doch da irgendwie ins Gespräch zu kommen, obwohl sie keinerlei Fähigkeiten und keinerlei schöpferische Potenz zu irgendeiner Literatur haben. Das Übel dieser Prosa besteht darin, dass man sie ebensogut aus einem Lexikon abschreiben könnte. Man könnte den Sprachduden, diesen Bilderduden verwenden, und nun diese Bilder aufschlagen und auf die einzelnen Teile hinweisen, und dieses System wird hier angewendet. Und wird vorgegeben, hier Literatur zu machen, was eine völlig läppische und idiotische Literatur ist. Und die Kritik – ist damit einverstanden, weil eben ihr überkommenes Instrumentarium noch für diese Literatur ausreicht, gerade noch hinreicht. Weil die Kritik ebenso läppisch ist wie diese läppische Literatur.«

Auch hier verstand man zunächst nicht, was Handke genau umtrieb. Aber man merkte in diesem Moment, dass etwas los war, und freute sich daran. Friedrich Christian Delius erinnert sich: »So viel ist jedenfalls sicher: Das war überhaupt nicht spontan. Es war gar nicht auf die Literatur bezogen, sondern der hat das von zu Hause mitgebracht. Das war von langer Hand inszeniert. Denn er wollte diesen Auftritt haben. Dann, mit dem schönen Wort ›Beschreibungsimpotenz‹, hat er natürlich alle flach gelegt.«[23]

Handkes Auftritt wurde dadurch geadelt, dass Hans Mayer, der wortmächtigste, professoralste und heimlich von allen am meisten gefürchtete Kritiker, direkt danach das Wort ergriff. Er fühlte sich durch Handkes junge, ungelenke, gebrochen artikulierte Sätze anscheinend in seinen politischen Prämissen herausgefordert: »Was Handke meint, ist folgendes - - - (Gelächter) Ja, warum soll ich Handke nicht gegen Handke verteidigen? Grass hat mit Recht gestern von der Bundesrepublik als einem Problem des neuen Biedermeier gesprochen. Die Literatur, die wir hier in vielen Fällen erlebt haben, ist eine Literatur, die Reflex einer neurestaurativen, biedermeierlichen Gesellschaft ist, deren typische Züge ein Quietismus, ein Establishment ist. Insofern hat Handke vollkommen recht gehabt, dass er seinem Unbehagen Ausdruck gegeben hat, indem er gesagt hat: Was schreiben denn eigentlich die deutschen Schriftsteller hier? Wie sehen sie die Welt? Und Handke hat vollkommen recht, wenn er sagt, die Kritik, auch hier im Saal, macht es sich zu leicht, sie geht zu sehr gefällig auf diesen Zustand ein, statt die Frage dieses Zustands und seiner Berechenbarkeit zu stellen.«

Hans Mayer ahnt hier, dass Handke für ein neues Konzept von Literatur steht, aber er interpretiert ihn nach den ihm vertrauten politischen Mustern. So richtig greifen die aber nicht mehr. Handkes Auftritt in Princeton ist nämlich nichts anderes als die Geburt einer deutschen Popkultur aus dem Geist der Gruppe 47. Innerhalb von zwei, drei Minuten wurde Handke zum Markenzeichen. Einen besonderen Effekt erzielte die Diskrepanz zwischen seiner radikalen Rede und seinem äußeren Erscheinungsbild: Er sah wirklich aus wie ein etwas verklemmter Klosterschüler, der stotternd und nach Luft schnappend auf sich aufmerksam machen will. Und sein von den Beatles abgeschauter Pilzkopf stellte in dieser Zeit für alle offenkundig den Gipfel an Lebensgier dar, ein solcher Pilzkopf war in der damaligen deutschen Literaturszene noch ein Motiv aus völlig anderen Sphären. Es wirkte ungemein. In Gazetten und Magazinen genügte in den folgenden Wochen und Monaten als Illustration schon eine Art Schattenriss, die schwarze Silhouette eines Pilzkopfs mit Sonnenbrille und halblangem Haar, und jeder wusste: Das ist Peter Handke. Er hatte völlig unverblümt die Andy-Warhol-Ästhetik übernommen und galt damit in Deutschland wie dieser in den USA als Trendsetter.

Klaus Stiller erzählt eine schöne Geschichte über Peter Handke, wie er sich am Rande der Tagung, in den Pausen gebärdete: »Ich erinnere mich, dass wir, also diese Gruppe – Piwitt und Chotjewitz war dabei und Buch –, diese Leute, die sich schon kannten, der Handke kannte uns ja alle nicht, war uns nie begegnet und wir auch dem Handke nicht, wir waren da zusammen und ich erinnere mich, dass wir da ne Flasche Whiskey gekauft hatten und da durch den Park liefen und jeder hat immer einen Schluck Whiskey getrunken. Und dann lief vielleicht so 50 Meter hinter uns dieser scheue Beatle, und der tat uns irgendwie leid, sodass wir auf ihn gewartet haben und ihn in die Gruppe mit hineinnahmen. Und er selbst war dann immer noch schüchtern und hat kaum was gesagt. Da saßen wir alle zusammen auf so Bänken, und um zu zeigen, was er für ein Kerl ist, hat er dann ein Mädchen angesprochen, die vorn an uns vorbeiging, eine junge Amerikanerin. Und rief dann – und ich sag das, weil es einfach die Situation schildert, in der der Handke sich damals befand, er wollte auch zeigen, was für ein Kerl er ist, aber er war eigentlich ein ganz schüchterner Typ. Und um das zu beweisen, hat er gerufen. Hello, I want to fuck you! Und da haben wir natürlich gelacht, und das Mädchen hat auch gelächelt und ist weitergegangen. Das war dann sozusagen der Auftritt von Handke im Park außerhalb der Gruppensitzungen.«[24]

In Princeton wurde die Gruppe 47 also von zwei verschiedenen Seiten gesprengt. Sie standen zueinander durchaus in ärgstem Widerspruch: Auf der einen Seite bildete sich die künftige Pop- und Medienperformance-Fraktion, auf der anderen eine neue radikale Linke. Peter Handke und Peter Weiss lassen sich kaum in einem Atemzug nennen, wohl aber in diesem: Beide verdanken der Gruppe 47 ihren Aufstieg, und beide stehen für die Kräfte, die aufzeigten, dass die Gruppe 47 so nicht mehr weiterexistieren konnte.

Zu den Vertretern der künftigen 68er gehörte auch der Verleger Klaus Wagenbach. Er zählt heute die Autoren auf, die sich auf der Seite der Radikalen befanden, und erklärt sogleich die Sprengkraft, die sich daraus ergab. Reinhard Lettau hatte lange in den USA gelebt, Erich Fried in London, Enzensberger in Norwegen, Peter Weiss in Stockholm: »Die hatten den Blick von außen. Die sahen, was kommt – oder was ist. Der Blick auf die Bundesrepublik in den sechziger Jahren: das war ja bis 64, 65, bis zum Auschwitz-Prozess, ein Blick in die Fettlebe und in den Sexualterror. Also, es war nicht lustig in den fünfziger und sechziger Jahren in Deutschland für junge Leute! Die kamen nicht mal an Präservative geschweige denn an irgendwas. Ich sage immer: Das war die große Zeit der Autoliegesitze! Das war furchtbar! Das heißt: Die Verlogenheit war offensichtlich in den sechziger Jahren!«[25]

Stellvertretend für viele verkrachten sich im Vorfeld von 1968 auch die Freunde Grass und Wagenbach. Letzterer skizziert es so: »Dann kam der Gedichtband ›Ausgefragt‹. Und da waren Gedichte gegen die Studenten drin. Und ich hab ihm gesagt: Günter, das kannst du nicht machen! Das sind junge Leute, was heißt das – hier, wer hat euch – wer bezahlt euch – also das war so ein bisschen, also das hat mir nicht gefallen. Und Günter als unverbesserlicher Sozialdemokrat – so gingen wir auseinander. Und zwar sehr lange! Sehr lange!«[26]

Reinhard Lettaus Text »Der Feind« hat auch in dieser Hinsicht vieles vorweggenommen: »Draußen regnet es. Der General kommt zurück. ›Haben Sie gewonnen?‹ wird er gefragt. ›Ich habe den Feind nicht gefunden‹, antwortet der General.«

## 20 Historische Gummiknüppel

*Knallkörper und
Pulvermühle:
Die letzten Tage*

Die Talente Hans Werner Richters lagen weniger auf dem Gebiet der literarischen Analyse, und auch als Prognostiker bewährte er sich nur bedingt. In einem rückblickenden Brief an den Organisator vor Ort in Princeton, den Germanisten Victor Lange, bemerkt er im Juni 1966 begütigend: »Peter Handke wird in ein paar Jahren vergessen sein.«[1]

Und auch ein anderer Punkt bietet sich zu Spekulationen an: Ob Richter wirklich ernsthaft damit rechnete, dass die neun von ihm eingeladenen DDR-Autoren in die USA würden kommen können, ist im Nachhinein schwer zu erschließen. 1965 in Westberlin waren sieben Schriftsteller aus dem Osten anwesend gewesen, und Richter lag sehr viel daran, diese Verbindung zu intensivieren. Obwohl Victor Lange in den USA eine Sondergenehmigung für Bürger aus den sozialistischen Staaten erwirkt hatte, lehnten die DDR-Behörden die Reise rigoros ab; das *Neue Deutschland* begründete dies mit der politischen Haltung der Gruppe 47, die von der »formierten Gesellschaft« geprägt sei, was sich nicht zuletzt am Gastspiel bei den kriegstreibenden USA zeige. Die Initiatoren hätten »wohl kaum im Ernst angenommen, daß auch nur einer der DDR-Schriftsteller, die eingeladen waren, sich auf diese amerikanische Reise begeben würde«.[2] Es ist immerhin eine interessante Vorstellung, dass jemand wie der durch die Vermittlung Uwe Johnsons eingeladene Fritz Rudolf Fries in Princeton aufgetreten wäre. Sein fulminanter Roman *Der Weg nach Oobliadooh* erschien im selben Jahr im Suhrkamp-Verlag. Die Wahrnehmung und wohl auch die weitere Entwicklung dieses herausragenden Schriftstellers wären davon mit Sicherheit beträchtlich beeinflusst worden.

So blieb vor allem der Name Handke im Nachhall von Princeton haften, er stand für die mittlerweile unüberbrückbare Kluft zwischen den Generationen. Der Mitbegründer Heinz Friedrich beklagte im Frühjahr 1967 »lauter Einzelgrüppchen, die auf kleinem Feuer ihren zähen Brei zu kochen wünschen«.[3] Die Kommerzialisierung der Gruppe wurde immer wieder thematisiert. Sie hatte einen Punkt erreicht, der nicht mehr überspielt oder geleugnet werden konnte. Wenn die Älteren sich über die »Colloquiumsjugend« und ihre langweiligen Texte ereiferten, hatte das auch mit deren völlig unterschiedlicher Auffassung vom literarischen Betrieb zu tun.

Kommerzialisierung, Showbussiness, USA: Das wurde im Zusammenhang mit dem Vietnamkrieg zu einer explosiven Mixtur, zu einer ernst zu nehmenden Gefahr für das Fortbestehen der Gruppe. Die Probleme einiger alter literarischer Freunde Richters, die sich gegen die repräsentative Funktion und die Vermarktung wehrten, mischten sich mit den Argumenten der links von der SPD stehenden Schriftsteller. Die USA-Reise wurde, aus verschiedenen Perspektiven, zu einem großen Symbol. Wolfgang Hildesheimer, Heinrich Böll, Martin Walser: Aus völlig unterschiedlichen Gründen war für diese Gruppenprotagonisten Princeton der Sündenfall schlechthin. Böll etwa hatte verzweifelt versucht, Richter zu überreden, besser »im nächstbesten elenden Bundeskaff zu tagen«.[4] Richters gelegentliches Kokettieren damit, die Gruppe 47 zu Ende gehen zu lassen – letztlich doch sehr auf die Reaktion angelegt, so etwas könne er doch nie und nimmer machen –, drohte jetzt ins Ernsthafte zu kippen.

Ausschlaggebend dafür war, dass direkt nach dem Ende der Princeton-Tagung und der Gelegenheit für etliche junge Autoren, zwei Wochen lang subventioniert durch die USA zu fahren, der Gruppe zum ersten Mal von linken Kreisen in der Bundesrepublik heftiger Gegenwind entgegenschlug. Die Zeitschrift *konkret* hatte sich zu einem Forum kritischer Stimmen entwickelt, links vom *Spiegel*, und sie bildete bereits 1966 das ab, was sich in den nächsten Monaten zur 68er-Bewegung auswachsen würde. Zwei Artikel in *konkret* machten Richter und den Seinen erheblich zu schaffen: Im Mai 1966 polemisierte Robert Neumann gegen die Gruppe und warf ihr unter dem

Titel »Spezis in Berlin« mafiöse Strukturen vor, im Juni setzte Hans Erich Nossack nach, unter der einprägsamen Überschrift »Literarische Prostitution«.[5]

Das waren andere journalistische Angriffe als die, die die Gruppe 47 bisher gewohnt war, Neumann und Nossack standen auf einer ganz anderen Seite als Friedrich Sieburg oder Günter Blöcker, sie positionierten sich eindeutig als links und warfen der Gruppe allzu offensichtliches Anbiedern an die Macht vor. Robert Neumann hatte sich 1927 als 30-Jähriger mit seinem Parodienband *Mit fremden Federn* als viel zitierter satirischer Schriftsteller etabliert, war als Jude und Sozialdemokrat nach England emigriert, wurde Vizepräsident des internationalen PEN-Clubs und engagierte sich dort vehement gegen die Propagandisten des Kalten Krieges. Seit den späten fünfziger Jahren lebte er im Tessin, und sein Artikel gegen die Gruppe 47 begann mit der scheinbar selbstironischen Beobachtung, dass er sich als »Provinzler« immer wundere, wie Berlin sich verändere. Auf dem Kurfürstendamm gebe es wieder dieselben Konformisten wie in den zwanziger Jahren, im Moment trügen die Damen jetzt die futuristische Mode von Courrèges – und der Konformismus der Gruppe 47 sei genau derselbe.

Man bemerkte in dem Artikel von Neumann allerdings auch dumpfe Ressentiments. Die von der Gruppe hervorgebrachten literarischen Größen verdammte er in Bausch und Bogen, und wie bei der »zweiten Generation der Expressionisten«, die er aus eigenem Erleben kannte, prophezeite er der Gruppe 47 und ihrer Nachwirkung: »Derlei erledigt sich ja doch früher oder später von selbst.« Besonders listig lancierte er eine Gleichsetzung von Grass' *Blechtrommel* mit dem kleinbürgerlich verklemmt-lustigen Roman *Der tolle Bomberg* von Josef Winckler aus den zwanziger Jahren, einer Zeit, die Neumann sehr gut beurteilen konnte. Allerdings verpuffte dieser Witz allzu schnell, denn dass der Roman von Grass doch in einer anderen Preisklasse angesiedelt war, musste den meisten Lesern klar sein. Ähnlich desaströs mutet heute Neumanns Verachtung Uwe Johnsons an: Die »Spezis« hätten Johnsons »zweitklassige Begabung im Zug der Geschäfte emporgejubelt zu einer Spitze, auf der auch ein prächtig ausgebildeter Rückenmuskel auf die Dauer nicht sitzen kann«.

Die »Spezis«, das sind Hans Werner Richter, Walter Höllerer und vor allem Günter Grass – dass Letzterer »der Chef« sei »und die um ihre frühere Potenz kastrierte Gruppe zu seinem ihm persönlich tributpflichtigen Fähnlein oder Gang deklassiert hat, steht für jeden nüchternen Beobachter außer Frage«. Die Aversion gegenüber dem ihm literarisch weit überlegenen Grass, die Missgunst des zu kurz Gekommenen schmälerten die Wirkung von Neumanns Polemik enorm, aber er traf doch einige wunde Punkte. Ein offenkundiger Wirkungstreffer war seine Beobachtung, dass Walter Höllerer, der stellvertretende Direktor der Abteilung Literatur der Westberliner Akademie der Künste, 1966 den hoch dotierten Fontane-Preis ebenjener Akademie bekommen hatte: »Er wurde vergeben von einer Jury, die (neben einem SPD-Parteifunktionär, der in literarischen Dingen so kompetent ist wie der Bundeskanzler persönlich) besteht aus, erstens, dem beklagenswerterweise auf die Gruppe 47 heruntergekommenen Hans Mayer und, zweitens, aus dem gruppeneigenen Kleinverleger Klaus Wagenbach. Der Preis ist bestimmt für ein des großen Romanschriftstellers Theodor Fontane würdiges, publiziertes Gesamtwerk. Publiziert hat Höllerer zwei Heftchen Gedichte. Ich habe sie angesehen. Hübsch! Sie könnten von Richter sein.«

Dass Hans Werner Richter selbst von seinen Getreuen literarisch nicht akzeptiert werde, macht Neumann zu einem Running Gag (»ein Vater, doch schreiben kann er nicht«). Man merkt seine satirische Verve, und der Mafia-Vorwurf saß in der Tat. Dass in Westberlin ein literarisches Kraftzentrum entstanden war, das vor Ort alle literarischen Aktivitäten lenkte und beherrschte, wurde hier zum ersten Mal offen und aggressiv ausgesprochen. Neumanns Polemik war bestimmt von der Kränkung, vom tonangebenden literarischen Diskurs abgeschnitten zu sein, aber sie traf sich mit den Kritikpunkten einiger der Gruppe 47 weitaus näherstehender Schriftsteller, und das machte sie wirksam. Dabei ging es nicht nur um das Verdikt, die Gruppe 47 sei eine Literatur-Mafia, die sich die Pöstchen und Ehrungen gegenseitig zuschiebe. Es gab zusätzlich die politische Stoßrichtung, und *konkret* war das passende Forum für Neumanns prägnante Fassung der Vor-68er-Stimmung. SPD und Gruppe 47 setzt er gleich: »Statt sozialistischer Opposition eine miese Volkspartei – Alternative zur CDU –, das ist ganz genau die Entwicklung, in die eine ebenso heruntergekommene Gruppe 47 von Brandts Spezi Günter Grass und seinem Haupt-Hintersassen Hans Werner Richter gesteuert wird.«

Die Gruppe 47 war zur herrschenden literarischen Klasse geworden. Das zu erkennen und entsprechende Konsequenzen zu ziehen fiel Hans Werner Richter schwer. Es handelte sich um ein Dilemma, aus dem es kaum einen Ausweg gab. Hans Erich Nossack allerdings haute so vehement in diese Kerbe, dass es hinterrücks wieder gut für die Gruppenrepräsentanten auszugehen schien: Hier sprach der Schmerz eines Außenseiters. Aber mit seiner Prophezeiung, 1967 werde sich die Gruppe 47 ohnehin auflösen, sollte Nossack auf jeden Fall recht behalten. Das Ende der Gruppe lag in der Luft, und Nossack spürte das. Sein Schlagwort von der »literarischen Prostitution«, die die Gruppe betreibe, erfasste den Unmut, der sich inzwischen bei einigen Akteuren des Literaturbetriebs aufgestaut hatte. Und das waren nicht nur solche wie Rudolf Krämer-Badoni, der mit dem Ausspruch zitiert wurde: »Ich bin rechts, weil links schon alles besetzt war.« Links von der Gruppe 47 – genauer: von dem Bild, das von ihr existierte und mit Hans Werner Richter und Günter Grass identifiziert wurde – tat sich immer mehr Raum auf.

Es ist allerdings verblüffend, mit welchen Argumenten Nossack diese Stimmungslage konkretisierte. Er sprach keineswegs von dem, was man später als »sozialdemokratischen Realismus« bezeichnen würde, vom Primat eines gesellschaftlich verantwortungsvollen Schriftstellers. Die Gruppe 47 stand nach Nossacks Ansicht für »sterilen Formalismus« und »perfektionistisches Kunstgewerbe«. Er charakterisierte ihr Profil als »eine synthetische Literatur, die ihre Produkte allein nach technischer Perfektion bewertet und jedes politische, gesellschaftliche oder menschliche Engagement als unkünstlerisch verwirft«. Das heißt: Die Gruppe 47 bestand für Nossack vor allem aus Helmut Heißenbüttel und nicht aus Günter Grass. Das muss etwas mit seiner eigenen schriftstellerischen Verortung zu tun haben. Nossack hatte direkt nach dem Krieg traumatische Erfahrungen wie die Bombardierung Hamburgs thematisiert, sie dabei aber auch in der damals üblichen Weise mythisiert und allegorisiert; sein bekanntester Roman *Spätestens im November* war 1955 erschienen.

Die Zeit war an ihm mittlerweile eher vorbeigegangen, das spürte er, und von der Gruppe 47 hatte er sich ferngehalten – obwohl Einladungen an ihn ausgesprochen wurden. Charakteristisch ist ein Brief von ihm an Hans Werner Richter aus dem Sommer 1956, als Richter seine gesellschaftspolitischen Aktivitäten ausweitete und sich gegen die bundesdeutsche Aufrüstung engagierte: »weshalb ich an Sie schreibe: ich bitte Sie, wenn Ihnen und der Sache damit gedient ist, in Zukunft, ohne mich erst zu fragen, über meinen Namen bei Aktionen des Grünwalder Kreises zu verfügen. Ich will Ihnen auch meinen Grund nicht vorenthalten. Ich habe eine sicher krankhafte Scheu vor der Öffentlichkeit und lebe hier ganz abseits. Schön und gut, ich verfolge jedoch alle Unternehmungen mit grosser Aufmerksamkeit und immer mit Bedauern und schlechtem Gewissen, dass ich in Fragen, die uns alle betreffen, ein Versager bin.«[6]

Auf seine »Menschenscheuheit« verweist Nossack auch noch einmal am Schluss des Briefs von 1956, und etwas davon schwingt auch noch zehn Jahre später mit, in seiner Polemik gegen die »risikolose Verwendbarkeit« der Hervorbringungen der Gruppe 47. Er schreibt agitatorisch in *konkret*, dass die »synthetische Literatur« der Gruppe »der Reaktion« diene, und mit der Brandmarkung der »Reaktion« positioniert er sich dort, wo damals erkennbar der Wind zu wehen begann, irgendwo ganz links. Aber wo das genau liegt, weiß er nicht. Seine Radikalität, die die Tonlage der Zeit traf, scheint weitaus weniger politisch zu sein, als es auf den ersten Blick wirkt. In seinem *konkret*-Text deklariert er: »Die Zeichen der Zeit stehen auf Reaktion. Die Gruppe 47 ist schuld daran, weil sie eine synthetische, unverbindliche Literatur gefördert hat. Man braucht beileibe nicht linksradikal zu sein, wie es meine Generation war. Die Kategorien Links und Rechts stimmen sowieso nicht mehr und sind dialektisch austauschbar. Literatur, die diesen Namen verdient, ist immer Protest, immer revolutionär und immer engagiert.«

Was er mit »Engagement« nicht meint, wird spätestens dann klar, als er auf aktuelle Ereignisse Bezug nimmt. »Romeo und Julia«, sagt Nossack, wäre eine »kitschige Liebesgeschichte, wenn nicht ein gewaltiger Protest gegen eine verkrustete Gesellschaftsordnung darin steckte«. Und dann fährt er fort: »Allerdings: damals gab es noch keine Gruppe 47. Auch keine Gammler. Kein Randalieren vor amerikanischen Konsulaten, und was es sonst noch für staatlich geduldete und gelenkte Protestchen geben mag. Damals mußte man noch mit dem Leben dafür einstehen.«

Nossacks Polemik ist also ein Rundumschlag gegen alles, was damals im Raum stand. Sein Artikel ist auch der erste Beleg dafür, die Gruppe 47 mit der 68er-Bewegung gleichzusetzen, etwas, was einige Zeit später gang und gäbe wurde und die zeitgeschichtlichen Umstände völlig ausklammert. Aber es hat etwas zeitlos Suggestives. Nossack spricht aus der Position des einsamen, sich ästhetisch und moralisch höher stellenden Literaten heraus, der sich nicht mit der Menge gemein machen will. Der wunde Punkt dabei ist, dass genau dies allzu schnell mehrheitsfähig werden kann.

Man merkt Nossacks Artikel die gekränkte Haltung des verkannten Schriftstellers an. Hans Werner Richter nahm seinen Artikel denn auch leichter als den Robert Neumanns. Aber die Ballung von Gruppe-47-feindlichen Texten in *konkret*, lauter schnell explodierende Knallkörper, beschäftigte Richter sehr. Sie schlossen daran an, was auch linke Gruppenrenegaten wie Martin Walser, Peter Weiss oder Heinrich Böll schon moniert hatten. Als Experte in publizistischen Dingen war Richter klar, was dieser Gegenwind zu bedeuten hatte, der der Gruppe 47 nun entgegenschlug. Robert Neumann, den linken Emigranten, der zudem eine sehr flotte Feder schrieb, musste er als Gegner äußerst ernst nehmen. Seinem jungen Verbündeten Fritz J. Raddatz gegenüber, mit dem er bei Rowohlt einige Bücher konzipiert hatte, stellte Richter seine Sicht der Dinge ausführlich dar. Aufgrund der äußeren Anfeindungen versuchte er sich sogar an einer inhaltlichen Definition der Gruppe 47, was er bisher vermieden hatte. Ob Richters Überlegungen in der Gründungsphase der Gruppe wirklich denen entsprachen, die er 20 Jahre später, unter dem Einfluss der aktuellen Diskussionen, anstellte, ist dabei gar nicht so wichtig. Richter scheint sich jetzt selbst Klarheit darüber zu erschreiben, was ihn damals eigentlich umtrieb:

Die Polemik à la Neumann ist die Polemik der zwanziger Jahre. Sie hat – politisch – die intellektuelle Linke zerschlagen bevor Hitler sie zerschlug. (...) Zum Schluß beherrschte das ›Schwarze Korps‹ diese Polemik besser als die gesamte Linke. Mit dieser Polemik unterlag die Linke nicht nur im Kampf gegeneinander, sondern auch in der Auseinandersetzung mit dem Nationalsozialismus. Man versuchte, auch hier Personen zu diffamieren – Hitler, ein Anstreicher, Goebbels, ein Hergelaufener, Strasser, eine verkrachte Existenz, alle zusammen Gesindel, Verbrecher – und das Schlimmste die Verniedlichung – eben Würstchen, Fürzchen, die man nicht ernst nehmen kann – ein Jahrzehnt später beherrschten die Würstchen fast ganz Europa. (...) Dazu kam noch etwas, der polemisch zerrissenen Linken stand der ›Corpsgeist‹ der Rechten gegenüber, er mußte ganz natürlicherweise dabei siegen. Ich war mir nach 1945 dieser Gegebenheiten voll bewußt. Das klingt überheblich, aber Du darfst nicht vergessen, daß ich auch im dritten Reiche einem jungen Kreis von Marxisten angehörte, der sich zwölf Jahre lang fast ausschließlich mit den Ursachen der Niederlage von 1933 beschäftigte. Meine Überlegung war, auf keinen Fall dürfen die Fehler wiederholt werden. Das war die eigentliche Ursache für die Entstehung der Gruppe 47. Deshalb versuchte ich, eine Art Corpsgeist auch unter den linken Literaten zu züchten. Es ist zum Teil gelungen, was zu dem Nimbus der Gruppe 47 führte, den man jetzt leichtsinnigerweise zerstört. Und deswegen die Methoden der Gruppe 47 mit der Förderung einer Polemik, die der angelsächsischen sehr nahe kommt. Deswegen Kritik an den Texten, nur und ausschließlich an den Texten, und jede Vermeidung einer Grundsatzdiskussion, deswegen Kritik der Sachen, der Ideen, der Ansichten, bei Vermeidung der Kritik der Person. Persönliche Auseinandersetzung habe ich immer zu schlichten versucht, oder sie so behandelt, daß sie weder im politischen noch im literarischen Bereich Einfluß gewannen. Glaube mir, das hat oft bis zur Selbstverleugnung geführt. Aber, wenn Du einmal wie 1933 als ganz junger Mann das erlebt hast, wie sie

> uns im Stich ließen, sie alle, oder fast alle, die gestern noch bramabasiert hatten: die Sternbergs, die Neumann, die Lukcs, ja, auch Lukacz (sic!), ich habe es selbst miterlebt, wie sie davon liefen: Todfeinde untereinander, noch hinter der Grenze sich beschimpfend, ja dann gab es nach dem Krieg nur diesen Weg, den wir gegangen sind: Abdrosselung der persönlichen Polemik, lockere Zusammenfassung der Literaten mit der Absicht, eine Art Corpsgeist zu pflegen, Versachlichung der Kritik, und Beschäftigung mit der Literatur so, daß ein indirekter politischer Einfluß entsteht.[7]

Dieser Brief kann fast als eine Art Grundlagentext für Richters Aktivitäten gelten. Er zeigt das Selbstgefühl des »heimatlosen Linken«, das er mit Alfred Andersch nach dem Krieg teilte. Die Auseinandersetzung mit den Emigranten in der Bundesrepublik war für Richter eine Weiterführung der Debatten aus den zwanziger Jahren. Warum »sie« damals »davon liefen«, stellt er charakteristischerweise hintan: nämlich weil viele von ihnen als Juden vom Tod bedroht waren. Richter selbst emigrierte 1934 für ein knappes Jahr nach Paris, wo er in Kontakt mit anderen Emigranten stand, kehrte aber 1935 aus finanziellen Gründen wieder nach Berlin zurück. Die Wut über die Attacken Robert Neumanns aus dem Jahr 1966 vermischt sich mit einer untergründig schwelenden Aversion, die aus der Tatsache entsteht, anders als die Emigranten in Deutschland geblieben zu sein. Die »Niederlage von 1933« allerdings ist der Dreh- und Angelpunkt für Richter, und seine Konsequenzen aus der Selbstzerfleischung der Linken gegen Ende der Weimarer Republik und noch im von ihm selbst erlebten Exil in Frankreich ähneln denen, die auch Günter Grass zog – für diesen war es ein Schlüsselerlebnis, als direkt nach dem Krieg die linken Debatten unter den Arbeitern wieder aufflammten, und das führte zu seiner Grundsatzentscheidung für die Sozialdemokratie.

Richters Briefadressat Fritz J. Raddatz war aus der DDR übergesiedelt und teilte seine Auffassungen. Er erwies sich als idealer Bündnispartner Richters. Im August 1966 entgegnete er in *konkret* den Angriffen, unter dem Titel: »Polemik ist gut – Kenntnisse sind besser«.

Und das Sonderheft der von Walter Höllerer herausgegebenen Zeitschrift *Sprache im technischen Zeitalter* über die Gruppe 47 eröffnete Raddatz mit dem Aufsatz »Die Asketin Naphta oder: Die Polemik des Juste Milieu«, in dem er Richters Auffassungen von Polemik pointiert ausdifferenzierte und auf Kontroversen wie diejenige zwischen Alfred Kerr und Karl Kraus in den zwanziger Jahren einging.

Überhaupt entwickelten sich im Jahr 1966 etliche publizistische Aktivitäten um die Gruppe 47. Höllerers Sonderheft war eine Reaktion auf eine »Dokumentation«, die als kleines, schnell zusammengestelltes Taschenbuchbändchen in den »wolter editionen« in Frankfurt am Main erschienen war. Der Herausgeber Horst Ziermann versammelte verschiedene Texte, die im Umfeld der Tagung von Princeton in deutschen Medien veröffentlicht wurden: Zeitungsberichte, Polemiken, Stellungnahmen und Interviews. Der Schwerpunkt lag eindeutig auf den beiden Attacken Neumanns und Nossacks, Neumann erhielt auch die Gelegenheit zu einem abschließenden Statement. Die Köpfe der Gruppe 47 selbst verweigerten sich einer umfassenderen Mitarbeit und waren nur mit Marginalien vertreten. Von Richter wurde ein Interview für die Münchner *Abendzeitung* nachgedruckt, von Höllerer eine kleine Entgegnung auf Peter Handke. Dass hier auch die Reaktion von Heinz Plavius im Ostberliner *Sonntag* vertreten war, zeigt die Stoßrichtung: Die Gruppe 47 wurde von links angegriffen, und die Sympathien des Herausgebers lagen trotz des pluralistischen Gestus eindeutig auf dieser Seite.

Dass Höllerer im Oktober in seiner Zeitschrift darauf reagierte, kann angesichts des speziell auf ihn gemünzten Mafia-Vorwurfs nicht verwundern. Das Thema des Sonderhefts von *Sprache im technischen Zeitalter* hieß »Kunst und Elend der Schmährede. Zum Streit um die Gruppe 47« und griff die von Richter thematisierte Problematik der »Polemik« auf. Höllerer selbst war sogar mit zwei Artikeln vertreten. Er ließ dabei wieder einmal sein Pseudonym »Friedrich Handt« sprechen, das er immer dann verwendete, wenn die Autorenzeile »Höllerer« zu sehr überhandzunehmen drohte. Darüber hinaus meldeten sich viele Vertreter aus dem engeren Zirkel der Gruppe 47 zu Wort, von Grass über Lettau bis zu Bichsel und Wagenbach, und dass der

Linguist Harald Weinrich mit einer historischen Tiefenbohrung über die Provinzlerbriefe Pascals aus dem 17. Jahrhundert vertreten war, erweiterte das Spektrum des analytischen Zugriffs beträchtlich.

Höllerer, von Richter immer skeptisch als Akademiker und Formalist beäugt, unterstützte den Gruppenchef mit dieser Initiative mit mächtigem Geschütz. Eine besondere Freude bedeutete es für Richter, dass ihm überraschend auch wieder einmal sein alter Weggefährte Alfred Andersch zur Seite sprang. Dessen Gedicht »Zeilen schinden für die Gruppe« ist eine weit ausholende Verteidigung der Gruppenidee, listet die Leistungen der Gruppe auf und besteht zudem aus den Zeilen: »nichteinmal die freundlichkeit des ausgezeichneten Schriftstellers / hans werner richter / scheint uns das phänomen / zu erklären« (dass der »Schriftsteller« dabei großgeschrieben wurde, ist wohl ein Druckfehler).[8] Welcher Druck in diesen Wochen auf Richter lastete, ist in seiner spontanen Reaktion auf Andersch zu spüren: »Diesmal brauchte ich Hilfe, und Du hast sie mir gegeben und ohne meine Bitte und ohne Rückhalt. Das werde ich Dir nie vergessen und wenn ich hundert Jahre alt werden sollte. (...) Ja, Fred, mich haben diese vielen Beschimpfungen getroffen, zum ersten Mal in dieser Nachkriegszeit, ich war sehr weit ›unten‹, ich, dem man wahrlich nicht nachsagen kann, daß er an Depression leidet, wäre in diesem Sommer fast an einer einzigen großen Depression – der politischen – zugrunde gegangen. Jetzt ist das vorbei, ich verdanke es Höllerers Initiative, und ich verdanke es auch Dir. Ich habe soviele Freunde, aber in solchen Augenblicken zeigt sich, wer sind die wirklichen. Es haben, abgesehen von Höllerer und Grass, nur ein paar junge Leute zu mir gehalten: Lettau, Roehler, Herburger, Hey. Von der Generation, die mit uns angefangen hat, niemand: kein Eich, kein Schnurre, kein Böll, kein Hildesheimer, nur Schnabel und Du. Auf dich aber kam es an. Damit ist, in meinen Augen, die ganze ›Generation‹ rehabilitiert.«[9]

Das Verteidigungsheft Höllerers hatte zwar deutlich mehr Substanz als die Frankfurter Dokumentation aus dem Umfeld der beginnenden Studentenrevolte, doch der Nimbus der langsam in die Jahre gekommenen Gruppe 47 begann offensichtlich zu bröckeln. Die führenden Vertreter der Gruppe hatten allzu deutlich ihre Nervosität gezeigt.

Karl-Heinz Bohrer konstatierte in der *FAZ:* »Aufgebot und Pathos der Gegner und Nachredner der Gegner sind mindestens so beunruhigend wie Robert Neumanns mißglückte Suada.« Und er setzte nach: »Das Gericht über Neumanns grobianische Blödeleien hat arg viel Pharisäertum, Beflissenheit und literarische Linientreue an den Tag gebracht, drapiert mit dem Gewande der Unbestechlichkeit.«[10]

Sehr deutlich merkt man die Schwierigkeiten, in die die Gruppe geraten war, in dem besonnenen, rückblickenden Artikel von Hermann Peter Piwitt in der *Zeit*. Der junge Autor Piwitt hatte bereits mehrfach bei der Gruppe gelesen und nie sonderlich gut abgeschnitten, er bot sogar – eher zufällig – den Anlass für Handkes Pop-Art-Auftritt in Princeton. Dennoch zeigte er sich grundsätzlich loyal. Höllerers Heft habe »die Argumentationsweise der Gegenpartei sachlich disqualifiziert«, und der Angriff von Neumann und Nossack sei so »ungeschickt geführt« worden, »daß die Angegriffenen nicht einmal da, wo sie sich getroffen fühlen mußten, Wirkung zu zeigen brauchten«. Was Piwitt indes bewegt, ist etwas ganz anderes. Ihm geht es darum, dass die Gruppe 47 nicht, wie Grass sagte, »bessere Feinde« brauchte, sondern sie brauchte Leute, »die sie gegen ihre allzu selbstsicheren und ingroup-seligen Freunde verteidigen« würden.

Piwitt fordert Konsequenzen aus den Fehlentwicklungen und grundsätzliche Reformen. Die Macht des harten Kerns und die dominante Marktfunktion der Gruppentagungen müssten infrage gestellt werden: »Und wie steht es mit dem Gruppenritual, das eine Diskussion der Grundlagen nicht zuläßt, obschon sich der Status längst geändert hat und das Bonmot vom ›Kreis der Freunde, die sich gegenseitig etwas vorlesen‹, ohnehin niemand mehr glaubt?«

Und Piwitt spricht zweifellos als ein auf die Zukunft bedachter Autor, wenn er einen weiteren wunden Punkt berührt: »Die mittlerweile bejahrten ständigen Kritiker der Gruppe, so groß ihre Verdienste sind, haben manchmal nicht nur ein kurzes Gehör, sie kokettieren auch damit. Wollte man die Gruppe 47 nicht verjüngen? Dann aber genügt es nicht, alle Jahre wieder junge Autoren vorzuladen, man müßte sich auch um junge Kritiker bemühen, die sich, wie etwa Peter Schneider, Urs Jenny oder Wolfgang Werth, auch für die Halbtöne und ironischen Nebengeräusche eines Textes nicht zu gut sind.«[11] Auch Jürgen Becker, der mittlerweile zum Stamm der Gruppe gehörte, schrieb in einem Brief an Richter: »Ich denke immer, vielleicht sollten einmal ein paar neue, junge Kritiker dabei sein: etwa Uwe Nettelbeck, Urs Jenny, Wolfgang Werth oder vor allem Heinrich Vormweg.«[12]

Die Verselbständigung der »Großkritiker«, die Kommerzialisierung und der Marktrummel mit den von ihm sogenannten »Schlachtenbummlern« hatten Richter in zyklischen Abständen immer wieder zugesetzt, und für die Tagung im Jahr 1967 fasste er wie schon mehrfach ein intimeres Zusammentreffen an einem möglichst entlegenen Ort ins Auge. Seinem alten Freund Hildesheimer gegenüber sprach er von einer »Abmagerungskur«. Er wollte die Öffentlichkeit so weit wie möglich ausschließen: »Eingeladen wird nur noch, wer dort schon einmal gelesen hat, oder – wenn nicht – auf dieser Tagung liest. Das gilt auch für die Kritiker. Sie können ›poetische Essays‹ lesen.«[13]

Von den namentlich von verschiedener Seite eingeforderten jüngeren Kritikern war nur Urs Jenny anwesend, aber der Rahmen der Tagung in der fränkischen Pulvermühle im Oktober 1967 blieb tatsächlich bis zum Schluss vergleichsweise klein. Und in den Fernsehfeatures über die Gruppe 47 sieht man immer die liebliche Dorfszenerie von Waischenfeld, mit noch ungeteerten Straßen und schnatternden Gänsen. Wie stark die Debatte um den Gruppenmodus wirkte, zeigt sich in der Reaktion Hans Mayers auf die Einladung zu dieser Tagung: »Bitte glaube mir, daß es überhaupt nichts mit Koketterie zu tun hat, wenn ich mit großem Widerstreben an die Tagung als eine Begegnung mit Menschen denke, von denen ich viele sehr gern mag, wo ich aber auch eine Reihe von jüngeren Autoren hören und womöglich kritisieren muß, die mich leider Gottes nicht mehr so stark interessieren, und die ich eigentlich auch nicht mehr so recht in ihrem literarischen Wollen verstehe. Ich bin seit einiger Zeit, wie künftige Biographen feststellen werden, in meine klassizistisch-konservative Lebensphase eingetreten. Bis zu Jürgen Becker und Rühmkorf reicht es noch mit meinem Verständnis. Die Größe eines Handke zu ermessen, scheint mir aber versagt zu sein, was natürlich einzig gegen mich spricht.«[14]

Mayer kam tatsächlich nicht zur Tagung. Und von den Großkritikern fehlte auch Walter Jens. Seine Begründung lautete (die erwähnten Peter O. Chotjewitz und Wolfgang Maier gehörten zur jungen Generation): »Ich habe einfach keinen Kontakt mit diesen ganzen Chotiewitzen oder wie immer sie heissen, es erscheint mir widerwärtig und grauenerregend, daran denken zu müssen, wieder die Meier-Typen sehen zu müssen, die Grass-Claqueure und wer noch dazu gehört.«[15] Marcel Reich-Ranicki allerdings schlug einen ganz anderen Ton an: »Das Gerücht, ich würde diesmal nicht zur Tagung kommen, hat Gründe. Es gibt nämlich Herrn, die nicht kommen wollen und mich zu überzeugen versuchen, auch ich sollte oder dürfte nicht an der Sache mehr teilnehmen. Ich aber, mein verehrter Führer, mache, was ich für richtig halte. Und ich halte es für richtig, Deiner Einladung zu folgen.«[16]

Peter Handke tat das nicht. Er hatte sich nach der Literatenbeschimpfung von Princeton mit der *Publikumsbeschimpfung* als regulärem Theaterstück weiter profiliert, Richter wollte unter diesen Umständen keineswegs auf den neuen Popstar verzichten, doch für diesen hatte die Gruppe 47 bereits ihre Schuldigkeit getan: »Inzwi-

»Dichter, Dichter«: Christian Ferber und Reinhard Lettau vor der Pulvermühle

schen bin ich in Stockholm gewesen und habe wieder den Reden einiger Kritiker zugehört. Jetzt ist mir klar, daß ich einfach nicht zur Tagung kommen kann. Ich will Sie keinesfalls brüskieren, mir ist nur alle Lust vergangen.«[17]

Die Tagung in der Pulvermühle versuchte noch einmal, das Ruder herumzureißen. Sie inszenierte formal wieder die »Werkstattgespräche« alter, legendärer Prägung. Zugleich, aus Anlass des 20-jährigen Jubiläums, war das umfangreiche *Handbuch* zur Geschichte der Gruppe 47 erschienen, mit den wichtigsten Zeitungsartikeln zu den Gruppentagungen. In Erinnerung blieben von der Pulvermühle dennoch vor allem politische Auseinandersetzungen. Die 68er-Bewegung war längst voll entbrannt, und sie konnte nicht mehr aus dem Tagungsraum verbannt werden. Bereits im Jahr 1966 hatte sich das »Wahlkontor deutscher Schriftsteller« von der SPD verraten gefühlt, es forderte Willy Brandt energisch auf, sich von den Notstandsgesetzen zu distanzieren. Als die Große Koalition mit der CDU Ende des Jahres beschlossen wurde, zeigten sich die Schriftsteller »enttäuscht und erbittert«: Sie müssten jetzt Willy Brandt »in einem Atemzug mit Herrn Strauß nennen«.[18]

Die Fronten verliefen schon lange nicht mehr so übersichtlich und klar wie gewohnt. Im *Kursbuch* etwa kam es zu einer öffentlichen Kontroverse zwischen Peter Weiss und Hans Magnus Enzensberger. Weiss proklamierte die Solidarität mit den Armen und Unterdrückten in der Welt und forderte dazu auf, eindeutig politisch Stellung zu beziehen – gegen die USA, gegen den Vietnamkrieg, gegen den Kapitalismus. Enzensberger hingegen polemisierte gegen derlei Bekenntnisse ohne aktiven Einsatz und wirkte dabei radikaler, ohne genau festzulegen zu sein. Hans Werner Richter, die Richtungskämpfe aus den zwanziger Jahren vor Augen, verbuchte das zunächst für seine Seite: »Mein Eindruck: ein Schriftsteller schreibt aus dem Jahr 1925 an einen anderen, der im Jahr 1966 lebt.«[19] Enzensberger war 1966, so wie immer, zweifellos auf der Höhe der Zeit, ob es aber dieselbe Höhe wie diejenige Richters war, sollte sich bald als zweifelhaft herausstellen. Enzensberger dachte schon länger ganz anders über das Verhältnis von Literatur und Politik nach, und das sollte bis zum berühmten »Tod der

Literatur«-Heft des *Kursbuchs* im November 1968 führen. Zur Tagung in der Pulvermühle kam er erst gar nicht.

Enzensberger spielte aber eine gewisse Rolle in einer slapstickartigen Aufführung, die im Frühling 1967 stattfand und einige zentrale Figuren der Gruppe 47 im Umgang mit zentralen Figuren der 68er-Bewegung zeigt. Uwe Johnson war im Frühjahr 1966 für längere Zeit in die USA gegangen und hatte seine Atelierwohnung in der Westberliner Niedstraße während seiner Abwesenheit Ulrich Enzensberger überlassen, dem Bruder von Hans Magnus. Dieser besetzte im März 1967 dann mit anderen Johnsons Hauptwohnung in der Stierstraße, wo die »Kommune 1« ausgerufen wurde. Mit von der Partie waren Dagrun Enzensberger, Hans Magnus' mittlerweile getrennt von ihm lebende Ehefrau, sowie Kommunarden wie Fritz Teufel, Rainer Langhans und Dieter Kunzelmann. Uwe Johnson musste dann eines Tages in der *New York Times* lesen, dass in seiner Westberliner Wohnung unter der Federführung von Fritz Teufel das sogenannte Puddingattentat auf den US-Vizepräsidenten Humphrey vorbereitet worden war. Die Staatsgewalt reagierte darauf fast schon so wie später auf die Baader-Meinhof-Gruppe, und in der *New York Times* las sich das genauso dramatisch, wie es sich in der bundesdeutschen Innenpolitik wohl auch ausnahm. Johnson bat seinen Nachbarn Grass, nach dem Rechten zu sehen, und dieser überwachte dann die polizeiliche Räumungsaktion. Grass bezeichnete sich in einem gehorsamen Brief an Johnson als den »großen Rausschmeißer der Pudding-Schmeißer«, und in die Anekdoten der 68er-Bewegung ging Grass als der humorlose Zerstörer der Kommune 1 ein. Johnson war überglücklich und bat noch um die Bestellung einer Putzfrau, die das Ganze »mit Seife und Wasser« wieder ordentlich herrichten sollte, bevor er mit seiner Familie wieder einziehen würde.[20]

Grass, wie er die Kommunarden vertreibt: Ein schöneres Bild für seine Rolle in der 68er-Zeit ist kaum denkbar. Allerdings war er einer der Hauptbeteiligten, als nach dem Ende des ersten Lesungstags in der Pulvermühle nachts im Tagungsraum noch heftig über den Einfluss der Springer-Presse diskutiert wurde. Am 2. Juni 1967 war der Student Benno Ohnesorg vom Polizisten (und, wie sich später herausstellte, Stasiagenten) Karl-Heinz Kurras erschossen worden, die *Bild-Zeitung* und auch die anderen Organe des Springer-Konzerns hatten die Stimmung gegen die Studenten heftig angeheizt. Der Kreis um Grass, Walser und Lettau war sich darin einig, dass der Marktanteil des Springer-Konzerns von 32 Prozent eine zuverlässige Information der Öffentlichkeit und die Meinungsfreiheit gefährde, und verfasste eine Resolution, die am nächsten Tag von fast 80 der ca. 120 Tagungsteilnehmer unterschrieben wurde. Die Schriftsteller erklärten, in der Springer-Presse nicht mehr zu veröffentlichen, und forderten ihre Verleger auf, dort auch keine Anzeigen mehr zu schalten. Auf der in der folgenden Woche stattfindenden Frankfurter Buchmesse erklärten die Verlage Hanser, Kiepenheuer & Witsch, Luchterhand, Piper, Rowohlt, Insel, Suhrkamp und Wagenbach tatsächlich den Anzeigenstopp und forderten eine gesetzliche Kontrolle zur Gewährleistung der Meinungsfreiheit.

Die Kommunarden und der SDS setzten der Gruppe 47 dennoch zu. Die Pulvermühle war nicht aus der Welt, die Universität in Erlangen lag in der Nähe, und obwohl Richter nach einem ersten Disput mit aufmüpfigen Studenten den Zugang zur Pulvermühle kontrollieren ließ, verteilten sie Flugblätter und hängten Protestplakate in die Bäume. Die Studenten wussten natürlich noch nichts von der Anti-Springer-Resolution der Gruppe und glaubten, sie mit diesem Thema unter Druck setzen zu können: »Enteignet Springer!«, wurde ständig skandiert, oder: »Politisch werden ist nicht schwer, kauf keine Springer-Zeitung mehr.« Mit höhnischen Rufen (»Dichter, Dichter!«) störten sie die Lesungen, als gerade Lars Gustafsson dran war. In den Filmaufnahmen ist der fränkische Duktus auch in Sprechchören wie »Die Gruppe 47 ist ein Papiertiger« unüberhörbar. Und man vernahm von draußen Kindertrompeten, als ein Student mit einem Plakat hereinkam, auf dem geschrieben stand: »Hier tagt Familie Saubermann«. Die Gruppenmitglieder im Tagungsraum waren unterschiedlicher Meinung, wie man damit umgehen sollte. Günter Grass wollte von Anfang an, dass man die Studenten gänzlich ignorierte. Reinhard Lettau aber ging auf die Studenten zu und verlas ihnen den Text der bereits verfassten Springer-Resolution, was die Protestierenden beträchtlich verblüffte. Hans Werner Richter ging schließlich zur Tagesordnung über und kündigte die Lesung von Günter Eich an – die zu einem Höhepunkt der Tagung wurde.

Zum 20-jährigen Bestehen der Gruppe hatten die früheren Preisträger Eich, Böll (der die Reise nach Franken krankheitsbedingt absagte), Aichinger, Walser (der zur Verblüffung aller kam und wie ein schneidiger, verführerischer Revolutionär aussah, mit einem auf den Fotos sehr hervorstechenden Dreitagebart), Grass und Bichsel eine Preissumme von 6000 DM gestiftet. Wie sehr sich die literarischen Kriterien verschoben hatten, zeigte sich dann am Preisträger: Mit ziemlich deutlicher Mehrheit wurde es der immer noch junge, formal experimentierende Jürgen Becker. Dessen neue *Ränder* wirkten für die Zuhörenden nunmehr weitaus konziser als die früheren *Felder*. Als Hans Werner Richter die soziale Lage des zweitplatzierten Exilgriechen Vagelis Tsakirides geschildert hatte (der sich ohne Pass und Geld in Berlin durchschlug), stifteten die anwesenden Verleger für ihn zusätzlich 6500 DM.

Während der Tagung in der Pulvermühle; stehend Hans Werner Richter, ganz vorne Erich Fried

Das Fehlen der alten Kritikerrecken Jens und Mayer wurde allgemein vermerkt, die Schriftsteller kritisierten sich plötzlich verstärkt untereinander. Erich Fried schrieb in der *Frankfurter Rundschau:* »Dadurch kam die kritische Begabung Walter Höllerers deutlicher zur Geltung, aber auch die selbstzufrieden-unbekümmerte Dampfwalzerei der Schnellkritiken Reich-Ranickis, der, sonst von den Gruppenmitgliedern wohlgelitten oder belächelt, diesmal immer häufiger kopfschüttelnd oder empört abgelehnt wurde.«[21] Von einem Generationskonflikt war in den literarischen Diskussionen kaum etwas zu spüren. Besonders gut schnitten drei junge Frauen ab: Barbara Frischmuth, die eine »giftige, von keiner falschen Sentimentalität getrübte Studie über den (spätbürgerlich getönten) Machtkampf zwischen einer unangenehmen Großmutter und einer nicht weniger unangenehmen Enkelin« (Joachim Kaiser)[22] las, Helga M. Novak mit drei Prosaskizzen sowie Renate Rasp mit erotischen Gedichten, deren Wirkung sie im Stil der gerade angesagten Happenings durch die Entblößung ihrer Brüste noch zu steigern versuchte. »Einer perfekteren Mischung aus minuziöser Knappheit und kräftiger Konstruktion begegnete man schon lange nicht mehr«, urteilte Joachim Kaiser in der *Süddeutschen Zeitung.*[23] Hans Schwab-Felisch konstatierte in der *FAZ* »sehr gewagte Sexuallyrik«[24], Reich-Ranicki in der *Zeit:* »Leiden und Leidenschaft finden hier einen provozierend sachlichen und eben deshalb so einleuchtenden Ausdruck.«[25] Erich Fried charakterisierte in der *FR* Rasps Gedichte damit, dass sie »ausschließlich erotische und psychoneurotische Grenz-Zustände darstellen«, sie seien »ehrlich und fast alle gut«. Allerdings fügte er reichlich diplomatisch hinzu: »Die kritischen Gepflogenheiten der Gruppe sind einer wirklichen Diskussion der Problematik solcher Arbeiten nicht dienlich.«[26]

Interessant ist, dass Siegfried Lenz, der aus seinem kommenden Erfolgsroman *Deutschstunde* las, ziemlich schlecht wegkam. Im Nachhinein wurde ihm ja, wie einleitend schon erwähnt, zugeschrieben, die ästhetischen Vorstellungen der Gruppe 47, eine realistische, gesellschaftliche Umstände reflektierende Schreibweise, ideal zu verkörpern, sozusagen den normativen Mittelwert darzustellen. In der Pulvermühle aber warf man ihm vor, »seine Sprache böte zuwenig Widerstand«, man sprach von »traditionellen« und »konventionellen« Mitteln. Und Günter Grass meinte, diese Prosa sei »zu feierlich und zu pathetisch«, den »getragenen Tonfall« hielt er für »ganz und gar unangemessen«.

Günter Grass selbst las auch, so wie er es bei fast jeder Tagung gemacht hatte – er erwies sich in dieser Konsequenz als engster Bündnispartner Hans Werner Richters. Dass er sich jedes Mal mit eigenen Texten der Kritik stellte, unterschied ihn deutlich von den anderen Arrivierten der Gruppe: Heinrich Böll las zuletzt 1957, Uwe Johnson las ohnehin nur ein einziges Mal, im Jahr 1960, Martin Walser und Ingeborg Bachmann traten 1961 zum letzten Mal auf. Grass hatte dabei immer sehr gut abgeschnitten – nur in der Pulvermühle, wohl auch unter dem Einfluss der starken Kritik an seiner Vormachtstellung von außen, wurde er heftig verrissen. Sein Zyklus »Wehgeschrei« wurde als »dekorativ« und »pathetisch« bezeichnet, Erich Fried nannte ihn »manchmal trivial und unfreiwillig komisch« (und zitierte Zeilen wie »Weh ist der Mehrwert der Lust« oder »mein schlaflos-schläfriges Glied«). Reich-Ranicki hatte den Eindruck, dass Grass »die Schwächen des neuen Produkts fast mit Genugtuung angekreidet wurden«. Besonders stieß man sich auch am »Gestus des Gesetzgebers« und der »ärgerlichen prophetischen Attitüde«.

In der Pulvermühle zeigten sich neue, den politischen und literarischen Veränderungen geschuldete Töne. Allgemein wurde das Treffen als gelungen bezeichnet, selbst der gestrenge Wolfgang Hildesheimer schrieb Richter, dass es eine »schöne Tagung« gewesen sei. Die Textkritik blieb bei rein literarischen Kriterien, die Politik blieb genauso draußen wie die Erlanger Studenten – nur dass sich just hier, im Umfeld und dem gesellschaftlichen Rahmen der Gruppe, starke Konfliktlinien zeigten. Martin Walser sagte: »Es ist interessanter geworden. Es gibt jetzt so etwas wie verschiedene Flügel in der Gruppe. Jetzt komme ich wieder.«[27] Der Umgang mit den Studenten, der Gegensatz etwa zwischen Lettau, Walser und anderen auf der einen Seite und Grass sowie den Richter-Getreuen auf der anderen Seite, setzte die Auseinandersetzung zwischen den Wortführern Grass und Weiss von Princeton fort.

40 Jahre später, bei einer Podiumsdiskussion zu »60 Jahre Gruppe 47« im Berliner Ensemble, saßen Günter Grass und Martin Walser, die

mittlerweile 80-jährigen Antipoden von damals, wieder einmal beisammen. Nur hatten sich die politischen Koordinaten natürlich längst geändert und in gewisser Weise gedreht. Walser wurde nach der Anti-Springer-Resolution gefragt, die in der Pulvermühle verfasst worden war. »Ich glaube, ich habe sie formuliert«, antwortete er. Um gleich zuzugeben, dass er 20 Jahre später dann doch einer Springer-Zeitung ein Interview gegeben und Günter Grass sich unheimlich darüber aufgeregt habe, dass der Boykott nun durchbrochen sei. »Ich habe dir längst verziehen«, versetzte Grass. Dieser Punkt ging vielleicht an ihn.

Es war eine kunstvolle Balance, in der Literatur und Politik in der Pulvermühle voneinander getrennt blieben und die Gruppe 47 doch außerhalb der Literaturgespräche politisch Stellung bezog. Es war eine letzte Moderationsleistung Hans Werner Richters, von der niemand wusste, dass es die letzte sein sollte. Von Abschiedsstimmung war nichts zu spüren, im Gegenteil, man atmete durch und war froh, dass die Krise von Princeton überwunden zu sein schien. Joachim Kaiser schrieb in seinem Tagungsbericht in der *Süddeutschen Zeitung* sehr fein: »Wenn man bedenkt, wie wenig haltbare Institutionen Deutschland hervorzubringen vermag, wie selten hier Traditionen gestiftet werden, die privat und dennoch sinnvoll sind, wie neidisch wir etwa nach England blicken würden, wenn es dort etwas Entsprechendes gäbe (›typisch englisch, diese Mischung aus unbürokratischer, uninstitutionalisierter Improvisation und Dauerhaftigkeit‹, würden wir sagen, ›schade, daß dergleichen unter deutschen Intellektuellen ganz unvorstellbar ist‹), dann ist schwerlich einzusehen, warum man nicht mit der formlosen Existenz dieser Gruppe zu leben versuchen soll, solange die Gruppe sich produktiv verjüngt.«[28]

Vieldeutig, weise und als ein mythischer Moment blieb die Lesung von Günter Eich in Erinnerung, der nicht nur mit seinem grauen Vollbart wie ein *elder statesman* wirkte – ein Urgestein der Gruppe, ihr erster Preisträger von 1950. Er las aus seiner jüngst entstandenen Kurzprosa, der er die Gattungsbezeichnung und den Titel *Maulwürfe* gab. Diese Texte waren ihrer Zeit weitaus mehr voraus, als es die Beteiligten ahnen konnten. Hans Schwab-Felisch in der *FAZ* nannte es den »Höhepunkt der Tagung«: »eine Meisterschaft der Sprachbehandlung. Ein neuer Eich.

Vieldeutig, weise, ein letzter mythischer Moment: Günter Eich
bei seiner Gruppen-Lesung 1967

Einer, der zum Lachen reizt. Aber es ist ein Lachen, hinter dem Verzweiflung sitzt, Resignation.« Erich Fried pries die Stücke als »traurige, höchst kritische und hintergründig politische Kurzprosaglossen.« Grass und Reich-Ranicki waren sich dagegen einig: Das seien nur »private Späße« (Grass), das sei nur »Pointensüchtigkeit« (Reich-Ranicki).

Eich, die Szenen des Jahres 1967 vor Augen – den Tod Benno Ohnesorgs, den Einsatz der berittenen Polizei und der »Jubelperser« beim Schah-Besuch in Westberlin –, beschrieb die unmittelbare Gegenwart, aber er versetzte sie in ein absurdes Theater, das einen immerwährenden Abgrund erahnen lässt. Er las den Text ein bisschen anders, als er später in der Druckfassung erschien, und man hört bei der Radioaufnahme, dass immer wieder schallend gelacht wurde – vielleicht ahnte man dabei schon, dass man den eigenen Untergang mitbelachte. Eich legt nahe, dass nur dieses Gelächter überdauern werde, und man wisse nicht, ob es ein heiteres oder ein schreckliches sein werde: »Ich glaube, meine Sammlung historischer Gummiknüppel aus

Ost und West war die einzige ihrer Art. Jetzt habe ich sie an einen schwedischen Interessenten en bloc abgestoßen, gerade noch rechtzeitig, wie ich glaube, vor den Notstandsgesetzen. Man kann solche Gegenstände nicht immer im legalen Handel erwerben. Allmählich wäre ich in Schwierigkeiten gekommen. Meine Sammlung war nicht vollständig – wie sollte sie auch –, hatte aber Höhepunkte, hatte Stücke voller Poesie. Ihr kennt die Muscheln, in denen man das Rauschen des Meeres hört. Mein Stück 77 München muss man allerdings etwas höher ansetzen als am Ohr, aber die Wirkung einiger auch leichter Schläge ist ganz ähnlich. Man hört noch heute ein Stück Schwabinger Bohème. Wasserwerfer, Einsatz der Berittenen, die Oberstimme aus dem Funkwagen, und die Akklamation nordmünchner Heimatdichter, – ein verspätetes Schwabinger Glück, woran doch sonst die Vergänglichkeit nagt und einen mit Wehmut erfüllt. An einem andern Modell, 67 Berlin, finden sich unter einem guten Fixativ Mädchenhaar und Mädchenhaut, wie sie beide so oft besungen werden. Manchen Abend habe ich sinnend inmitten meiner Sammlung verbracht, träumend und mit schweifenden Gedanken zwischen Marquis de Sade und Paul Lincke. Das freilich ist nun alles vorbei. Jetzt sammle ich Einwegflaschen und bin damit jeder Änderung des Grundgesetzes gewachsen.«[29]

## 21 Ein anachronistisches Monstrum

*Auf Frühling folgt Winter:
Das schier endlose
Weiterleben der Gruppe 47*

Das Ende der Gruppe wurde im Laufe ihres Bestehens immer wieder beschworen. Jeder ahnte, dass es bald vorbei sein würde, aber keiner wusste so genau, wie. Joachim Kaiser hatte in der *Süddeutschen Zeitung* schon nach Princeton geschrieben: »Weil die Gruppe 47 in Untergruppen auseinanderzufallen beginnt, weil die Arrivierten sich nicht mehr aussetzen, weil die Trennung zwischen Kommerzialität und Arbeitstagung nicht mehr gegeben scheint, darum gehört die Gruppe 47 zu den Institutionen, auf deren Ende man sich vorbereiten soll.«[1] Und Marcel Reich-Ranicki, der immer ein Gespür dafür hatte, was gerade anlag, schrieb als letzten Satz seines Berichts über die Pulvermühle: »Noch gibt es die Gruppe 47. Aber ihre Tagungen muten ein wenig anachronistisch an.«[2]

Hermann Peter Piwitt umriss Anfang Oktober 1967, kurz vor der Tagung in der Pulvermühle, die Lage der Gruppe in einem Beitrag für den *Spiegel* noch einmal scharf. Er grenzte sich zum einen gegen falsche Vereinnahmungen ab und legte zum anderen den Finger in die Wunde: Die Debatten um die Gruppe 47 vor und nach Princeton hätten »das lang aufgestaute Ressentiment der Mediokren und des literarischen Unterhaltungsgewerbes von Neuem gegen eine Einrichtung« aufgebracht, »deren literarische Bedeutung hoch, deren gesellschaftspolitische nicht hoch genug einzuschätzen ist, und die doch ihren Tagungspraktiken und inneren Herrschaftsverhältnissen zufolge mittlerweile zu einem Monstrum ausgewuchert und versteinert ist«.[3]

Dann aber kam das Gruppentreffen selbst, in einem relativ bescheidenen Rahmen, mit einem Zurückdrängen der Großkritik, mit einigen interessanten jungen Autoren und mit dem politischen Erfolgserlebnis der Anti-Springer-Resolution – selbst die protestierenden Studenten waren nach der Kenntnisnahme dieser Resolution relativ kleinlaut wieder abgezogen, mit Bemerkungen wie derjenigen, man habe von der Gruppe eigentlich nur »Formulierungshilfen« gewollt.[4]

Hans Werner Richter war durch die nach Princeton erstaunlich positiven Erfahrungen in der Pulvermühle wieder stimuliert. Anfang des Jahres hatte er noch in einem Brief an das alte Gründungsmitglied Walter Maria Guggenheimer überlegt, ob es nicht besser sei, das Ganze »einschlafen zu lassen«[5], er befragte mehrere aus der alten Garde danach, ahnte, dass sich alles überlebt haben könnte – aber dann bereitete er schon wieder die nächste Tagung vor. Es schien tatsächlich verlockend, was sich schon seit dem Jahr 1964 angebahnt hatte: ein Gruppentreffen in Prag abzuhalten, in einer Hauptstadt des Ostblocks, im realen Sozialismus. Die Kontakte intensivierten sich umso stärker, als sich in der tschechoslowakischen Kommunistischen Partei eine umfassende Liberalisierung abzeichnete. Zusammen mit dem Präsidenten des Schriftstellerverbands Eduard Goldstücker wurde der Plan immer konkreter ins Auge gefasst. Richter reiste 1966 nach Prag und plante anschließend in Berlin einen tschechoslowakischen Abend, der sich dann aber zerschlug. Als Richter im April 1968 wieder in Prag war, wurden Nägel mit Köpfen gemacht: Der »Prager Frühling« unter Alexander Dubček hatte alle ergriffen. Eduard Goldstücker und Hans Werner Richter dachten daran, im Herbst 1968 zunächst die Tagung der Gruppe 47 stattfinden zu lassen und anschließend eine Diskussion mit unterschiedlichsten Teilnehmern über die Situation der europäischen Linken zu organisieren.

Plötzlich tauchte eine politische Vision auf, die Richter schon immer beschäftigt hatte und die scheinbar in weite Ferne gerückt war. Am euphorischsten spricht er sie in einem Brief an Reinhard Lettau aus, der 1967 das *Handbuch* zur Gruppe 47 mit einer umfassenden Dokumentation der Gruppengeschichte herausgegeben hatte. Lettau hatte inzwischen in die USA emigrieren müssen – er war als US-Staatsbürger von den Westberliner Behörden ausgewiesen worden, weil er bei einem Teach-in gegen den Vietnamkrieg das Staatsoberhaupt einer

Besatzungsmacht beleidigt habe. Herbert Marcuse holte ihn dann an die Universität im kalifornischen San Diego. Gerade Lettau gegenüber beschreibt Hans Werner Richter seine Stimmungslage ganz unmittelbar: »Was sagst Du zu unseren prager Freunden? (...) Peter Weiss war vorgestern bei mir, lange, mit Gunnilla, und eigentlich haben wir festgestellt, daß wir uns alle – sogar Günther (sic!) Grass – auf eine Formel einigen können: Sozialismus und Demokratie. Es ist endlich, endlich, die solange verschüttete Zauberformel, die nun wieder lebendig wird und die mehr Anziehungskraft besitzt als alles andere, nun die prager Zauberformel. Es ist zur Zeit viel in Bewegung und vielleicht wird auf diese(m) Weg das alte, so verknöcherte und doch so liebenswerte Europa noch einmal jung.«[6] Und an Fritz J. Raddatz schreibt er im Überschwang am 10. Juli: »Die Gruppe 47 wird auch in Prag nicht aufgelöst. Ich bin doch nicht blöd.«[7]

Die Tagung sollte vom 3. bis zum 7. Oktober auf Schloss Dobříš, dem Erholungsheim des tschechoslowakischen Schriftstellerverbands, stattfinden. Alles stand schon fest, von der Gastgeberseite sollten 30 Autoren teilnehmen. Richter fuhr Anfang Juni für letzte Abstimmungen noch einmal nach Prag, und Anfang August reiste der Übersetzer Franz Peter Künzel zu konkreten Vorbereitungen dorthin. Im August verbrachte Richter drei Wochen bei seinem Bruder in seinem Heimatort Bansin auf Usedom, in der DDR. Dort erfuhr er vom Einmarsch der Truppen des Warschauer Paktes in Prag. Mit einem Schlag zerstoben alle Pläne, und die drei Wochen »unter sowjetischer Herrschaft« blieben Richter in traumatischer Erinnerung. Einen Sommer gab es nicht. Aus dem Prager Frühling war schlagartig ein harter Frost geworden.

Die symbolisch stark aufgeladene Tagung bei Prag konnte natürlich nicht sofort ad acta gelegt werden. Aus der Schweiz meldeten sich Max Frisch, Friedrich Dürrenmatt und vor allem der genuine Gruppe-47-Sprössling Peter Bichsel, dass man quasi aus dem Stand in der Schweiz eine Ersatztagung organisieren könne. Richter aber fühlte sich mit dem ČSSR-Schriftstellerverband solidarisch und stimmte mit ihm ab, dass eine Verlegung an einen anderen Ort ausgeschlossen sei. Anfang November trafen sich zwar tatsächlich in Rüschlikon bei Zürich ungefähr 30 tschechoslowakische und ungefähr 30 deutschsprachige Autoren.

Richter legte Bichsel gegenüber jedoch großen Wert darauf, dass diese Zusammenkunft »nichts mit der Gruppe 47 zu tun« haben könne und »ausschließlich von Schweizer Autoren ausgehen« solle.[8]

Bald tauchte die Vorstellung auf, im Frühjahr 1969 trotzdem in Wien oder in Jugoslawien zu tagen – also an Orten, die eine symbolische Verbindung nach Prag herstellen konnten. Vor allem Jugoslawien, mit dem spezifischen Tito-Sozialismus, der eine gewisse Offenheit der Diskussionen zuließ, schien Richter zunächst eine interessante Option zu sein. Mit seinem alten Freund Milo Dor überlegte er das mögliche Vorgehen. Doch schon seine Argumente gegen Wien als Tagungsort zeigten, dass sich die Zeiten in rasanter Weise geändert hatten. Wien sei zu nahe an den zurzeit akuten Protestaktionen. Er fürchtete Vorgänge wie in Hamburg am 9. Dezember 1968, als Studenten die Uraufführung einer Oper von Hans Werner Henze gesprengt hatten. Generell entwickelte Richter »eine Abneigung gegen meine intellektuellen Freunde«, und er bezeichnete sich als »schriftstellermüde«.[9] Als Milo Dor sich skeptisch über die jugoslawischen Zustände und die möglichen Organisatoren äußerte, winkte Richter ab. Er äußerte wiederholt in der Öffentlichkeit, dass er die Gruppe 47 erst dann wieder zusammenrufe, wenn sie in einem freien Prag tagen könne.[10] Damit war die Gruppe 47 praktisch erloschen – der Anlass war zwar ein konkreter politischer Vorgang, der Einmarsch der Sowjettruppen in Prag, doch letztlich war das wohl nur der letzte Tropfen, der das Fass zum Überlaufen gebracht hatte.

Wolfgang Hildesheimer gegenüber, dem nicht immer ganz getreuen Freund, auf den Richter aber doch sehr großen Wert legte, thematisierte er das Ende. Und es ist charakteristisch, wie er dabei die neuen Entwicklungen bei den Schriftstellerkollegen darstellte: »Unsere Zeit läuft langsam aus. Die letzten zwei Jahrzehnte haben uns gehört. Die kommenden gehören uns nicht mehr. So habe ich jetzt auch die ›Gruppe 47‹ beerdigt, in meiner eigenen Brust, ein seltsames Stück schöner Erinnerungen. Die ›Hochzeit‹ der Literatur läuft nicht mehr aus. Sie ist schon zuende. Was bleibt kann man nicht beurteilen. Vorläufig hört man nur noch von zwei Schriftstellern. Sie äußern sich zu allem, zur Wahl, zum Kirchentag (ganz gleich welchem), zur Eroberung des Mondes. Das meiste, was sie sagen, ihre ständigen Randbemerkungen wirken auf mich veraltet, Wort aus dem Gestern. Es sind Böll und Grass. Sie können anscheinend nicht schweigen, vielleicht, weil sie beide unbewußt spüren, daß sie überholt werden, oder schon überholt sind.«[11] Fast sprach Richter da schon aus der Zukunft.

Es blieb natürlich ein Phantomschmerz. In den ersten Jahren wurde das Fehlen des alljährlichen Gruppentreffens allgemein konstatiert, noch gab es nicht so viele Ereignisse, die es als Kulminationspunkt des Literaturbetriebs ersetzen konnten. Und nachdem allmählich klar geworden war, dass Richter wirklich keine neue Tagung der Gruppe 47 einberufen wollte, mehrten sich geradezu beschwörende Stimmen. In seinem Tagebuch schreibt Richter: »So kam Alexander Kluge immer wieder gelaufen, um mich zu beschwören, ja eine Tagung der Gruppe 47 anzusetzen. Sein Argument dafür: es zerfällt alles, die Kommunikation, das Zusammengehörigkeitsgefühl, der Maßstab für Qualität, kurz das ganze literarische Leben. Er sprach zeitweise so eindringlich auf mich ein, daß ich wieder schwankend wurde. Er schlug eine nächste Tagung in Polen vor. Dies alles war erstaunlich bei einem Mann, dessen intellektuelle Glätte und Kälte mich so oft gestört hat.«[12]

Ein Jahr zuvor hatte ihn Gabriele Wohmann besucht, und auch hier ist sein Eintrag in vielerlei Hinsicht beredt: »Ich war allein und sie unter der schwarzen Bluse ›oben ohne‹. Aber sie ist so männlich, oder so wenig weiblich, daß ich es kaum registriert habe. Vielleicht ist alles an ihr ein wenig zu wenig, zu dünn, zu nichtssagend. Dafür trank sie klaren Korn. Zwei Stunden lang sprach sie von der ›Gruppe 47‹. Sie bat mich förmlich, doch wieder damit anzufangen. Ohne die Gruppe 47 sei das Leben kein ›literarisches Leben‹ mehr. Alle dächten so. Alle sehnten sich zurück.«[13]

In einer seiner Fernsehrunden, die Richter regelmäßig zusammenstellte, kam er sogar mit seinem alten Kontrahenten Hermann Kesten auf die Gruppe 47 zu sprechen. Dieser urteilte: »Es ist für Sie persönlich sicherlich besser, wenn Sie aufhören, aber für die Allgemeinheit, oder für die Entwicklung der deutschen Literatur ist es nicht gut. Und nun müssen Sie selbst entscheiden, was für Sie wichtiger ist.«[14]

Es waren letztlich die politischen Verwerfungen, die Richter die Lust verlieren ließen. Die Aktualisierung seiner Erfahrungen am Ende der Weimarer Republik, als sich die Linke untereinander zerfleischte, durch die 68er-Bewegung und ihre dogmatischen Verhärtungen danach – sie stand für ihn nun im Mittelpunkt. Bezeichnend dafür sind Richters Überlegungen zu Martin Walser, der sich für den Eintritt der Schriftsteller in den Deutschen Gewerkschaftsbund starkmachte: »Tatsächlich, sie versuchen denselben Kopfstand, der schon den Intellektuellen der zwanziger Jahre nicht gelungen ist: die Verwandlung in Proletarier. Sie sind wieder einmal dabei, sich selbst aufzugeben, für eine Illusion, für eine Utopie, und der Vorschnellste ist wiederum der stilistisch Beste und politisch Dümmste von ihnen: Martin Walser.«[15]

Äußerst aufschlussreich sind auch Überlegungen zum Literarischen, die dem landläufigen Bild Richters als bloßem Macher und Funktionär durchaus zu widersprechen scheinen. Nach einem seiner Fernsehgespräche beschreibt er einen »Lektor des Luchterhand Verlag[s], ein etwas verquollener Soziologe, Benseler mit Namen, der sich als Literaturproduzent ausgibt und dafür plädiert, daß sich die Schriftsteller von nun an Literaturproduzenten nennen. Wie wenig diese Leute, die sich so radikal links und revolutionär geben, von der Sprache verstehen.«[16] Und einige Monate später schreibt er: »Überhaupt wirkt sich das Verebben des literarischen Lebens mehr und mehr ›tragisch‹ aus. Dazu eine neue Generation, die völlig a-literarisch ist und nur noch soziologisch denkt.«[17]

Richter überkam durchaus die Sehnsucht nach einer größeren Zusammenkunft mit Freunden, allerdings legte er Wert darauf, dass dies ohne jeglichen offiziellen Anstrich geschah. Im Frühjahr 1972, vom 29. April bis zum 1. Mai, lud er ungefähr 40 Literaten in sein Wohnhaus in der Erdener Straße in Berlin ein, um ein halb ironisches, halb wehmütiges Gruppe-47-Revival zu veranstalten. Es waren keine Verleger dabei und fast keine Kritiker. Walter Höllerer, Joachim Kaiser und Fritz J. Raddatz wurden kurzerhand in ihrer Eigenschaft als Autoren wahrgenommen, Reich-Ranicki war nicht eingeladen. Die Autoren durften sich, nachdem sie gelesen hatten, auch an der Diskussion über ihre eigenen Texte beteiligen und auf Kritik reagieren – eine fast revolutionäre Neuerung. Sie betonte den Gesprächs- und Freundschaftscharakter. Unter den Lesungen fielen die von Walter Kempowski *(Uns geht's ja noch gold)*, Peter Weiss *(Hölderlin)* und

Uwe Johnson auf, der eine Passage über die Beerdigung von Giacomo Feltrinelli vorstellte – eine »Kaltnadelradierung«, so Fritz J. Raddatz[18], »glänzende Genauigkeit« in der Beschreibung »leerer Riten und leerer linker Rachegesten«, so Joachim Kaiser.[19]

In den darauffolgenden Jahren lud Richter immer zu seinem Geburtstag Freunde ein, ohne jede Öffentlichkeit und ohne das Ritual von Lesungen und Kritik, aber man traf sich in einer irgendwie gewohnten Weise. Für das Jahr 1977 schließlich, anlässlich des 30-jährigen Jubiläums des ersten Treffens am Bannwaldsee, fasste Richter eine offizielle Abschlussveranstaltung ins Auge. Er wählte den Ort, der bereits 1963 der Treffpunkt gewesen war: das Hotel Kleber-Post im schwäbischen Saulgau. Es war damals wohl das letzte klassische Treffen in der Gruppengeschichte gewesen, abseits in der Provinz. Das Ganze sollte den Charakter eines Rückblicks, eines würdigen Endes tragen, und um keine Missverständnisse aufkommen zu lassen, waren fast keine neuen, unbekannten Autoren eingeladen – außer dem jungen Lyriker Michael Krüger, der immer eine Ausnahme war und ist. Das führte dazu, dass die »Nichtautoren«, die Verleger, Redakteure, Kritiker und Ehefrauen, weitaus stärker vertreten waren als die »bloß Schreibenden«, wie Helmut Heißenbüttel in seinem Bericht für die *Deutsche Zeitung* süffisant bemerkte.[20] Der repräsentative Charakter wurde jetzt, als es um nichts mehr ging, nicht mehr verheimlicht, sondern offen ausgestellt.

Den Reigen der Lesungen eröffnete Jürgen Becker, der letzte Preisträger der Gruppe, und den denkwürdigen Schlussstein in der Gruppengeschichte setzte Wolfdietrich Schnurre mit demselben Text, mit dem er damals am Bannwaldsee das erste Treffen eröffnet hatte: »Das Begräbnis«. »Schnoddrig schmallippig im Ton jener Jahre« werde da der liebe Gott beerdigt, bemerkte Reinhard Baumgart.[21] Joachim Kaiser hob die »gleichgültigen Kommentare der überlebenden Menschen und einen hinkenden Pfarrer« hervor, und dass diese Geschichte nach 30 Jahren »keineswegs wie ein Kuriosität von vorgestern« wirkte.[22] Schnurres Nachkriegsbegräbnis kreuzte sich auf wundersame Weise mit dem Begräbnis der Gruppe 47, es war eine effektvolle Inszenierung und ein nachhaltig wirkender letzter Akkord.

Die Aktualität ließ sich trotz allem aber doch nicht ganz hintanstellen. 1977 war das Jahr des *Butt*, eines neuen, großen Romans von Günter Grass, der in der öffentlichen Resonanz und in der Wahrnehmung der Kritik noch einmal die literarischen Höhen der »Danziger Trilogie« um die *Blechtrommel* erreichte. Das Buch war längst erschienen, Grass trug daraus vor, und als Novum lasen drei Kritiker ihre Kritiken zum *Butt* vor, die ebenfalls schon längst erschienen waren: Joachim Kaiser, Marcel Reich-Ranicki und Fritz J. Raddatz. Hans Mayer wollte da nicht zurücktreten und improvisierte aus dem Stegreif eine vierte *Butt*-Kritik. Grass nutzte die Gelegenheit, da endlich die Kritik selbst zur Diskussion stand, um festzustellen: Fortgeschritten sei die Literatur, zurückgeblieben aber sei die Kritik. Und er bedauerte, dass das neue Ehescheidungsrecht nicht auf das Verhältnis Autor-Kritiker angewandt werde. Das ließ Reich-Ranicki nicht ruhen, denn dass Grass sich »von manchen seiner Kritiker gern trennen und sich andere wählen möchte«, wollte er so nicht stehen lassen. Es war ein weiterer Schritt auf dem Weg dieser wunderbaren Freundschaft.

Einen poetischen, präzisen und weit ausholenden Artikel schrieb Reinhard Baumgart über dieses Abschiedstreffen in der *Zeit*. Baumgart hatte sich, nachdem er 1960 in Aschaffenburg mit einem Romanauszug entsetzlich verrissen worden war, zu einem großen, jederzeit auf der Höhe der Literatur stehenden Kritiker gewandelt. Er blendete von 1977 zurück auf 1963, ließ den Raum in Saulgau im Zwielicht stehen: »Was da verlorenging, wird mir aber klar, wenn ich an ein paar herausgelöste Momente in Saulgau 1963 zurückdenke. Als Augstein damals als Sieger der *Spiegel*-Krise gefeiert wurde. Als ein sowjetischer Kollege nicht unrichtig befand, Tolstoj wäre mit dem Anfang von *Krieg und Frieden* in diesem Kreise sicher durchgefallen. Als erzählt wurde, Enzensberger hätte im letzten Herbst in Chruschtschows ihn umschlotternder Badehose im Schwarzen Meer gebadet. Als Peter Weiss am elften Tag der eben installierten Regierung Erhard aus seinem Marat-Sade-Stück vorlas, dieser szenischen Meditation über Literatur, Phantasie, Utopie, Terror. Wobei dann auffällt: so nah an der Gegenwart unserer Tage wie dieses damals sehr beiläufig aufgenommene Stück von Weiss war in der Gegenwart dieser letzten Tagung nichts.«[23]

Nach Schnurres Lesung musste Hans Werner Richter das Schlusswort sprechen. Aber er brachte wenig zustande. Im Tonbandschnitt hört es sich so an: »Wir sind also am Ende angekommen, na ja. Was soll ich sagen? Ich bedanke mich. Ich kann nichts sagen. Na, Schluss, wir machen Schluss.« Es wurde von allen als sehr bewegend wahrgenommen.

Ganz Schluss war aber doch noch nicht. Die Jahre gingen ins Land, und es ist eine der wunderbaren Pointen der politischen wie auch der Literaturgeschichte, dass sich im Jahr 1990 endlich die Gelegenheit bot, die 1968 ausgefallene Tagung auf Schloss Dobříš bei Prag nachzuholen. Hans Werner Richter hatte immer wieder gesagt, die Gruppe 47 würde erst wieder tagen, wenn sie in einem freien Prag tagen könnte. Nach der politischen Wende 1989, nach dem Ende der Diktaturen des Ostblocks wurde die Möglichkeit plötzlich wieder akut, dieses Gelübde einzulösen – an demselben Ort, dem Schloss Dobříš, an dem noch im August 1968 die konkreten Planungen für ein Treffen fast abgeschlossen waren. Und so tauchte, wie in einem literarischen Vorgang, eine längst verloren geglaubte Zeitschicht wieder an die Oberfläche. Die Gruppe 47 tagte, in einem völlig veränderten gesellschaftlichen und literarischen Umfeld, auf ihre alte Art und Weise.

Hans Werner Richter saß bereits im Rollstuhl, und es gingen Bilder durch die Zeitungen, wie Günter Grass ihn durch den Park schob. Die Utopie, für die eine Tagung im Jahr 1968 in Prag gestanden hatte, schien nun doch eingelöst werden zu können – zwar nicht unter dem Banner »Sozialismus und Demokratie«, das damals die Motivation

Hans Werner Richter, geschoben von Günter Grass, auf dem »nachgeholten« Gruppentreffen 1990 auf Schloss Dobříš bei Prag

beschrieben hatte, aber ein kleiner historischer Triumph war es doch. Václav Havel, nunmehr Staatspräsident und kurz zuvor noch inhaftierter Schriftsteller, fuhr zunächst in einer blümchengeschmückten weißen Limousine vor, bevor er sich, »Tellerchen in der Hand, am Buffet anstellte«[24] und sich wie unter seinesgleichen fühlte.

Walter Höllerer widmete Uwe Johnson ein Gedicht, Jürgen Becker las aus seinem neuen Band *Das englische Fenster*, und die DDR-Schriftsteller Heinz Czechowski und Christoph Hein stießen mit ihren Zeitnotaten auf westlichen Widerspruch: »Das ist perfekt gebaut, aber überhaupt noch nicht geschrieben«, sagte Peter Schneider. Ab und zu nahm, ganz selbstverständlich, Walter Höllerer die Rolle des Moderators ein und löste Hans Werner Richter ab, und natürlich las Günter Grass: Es war ein Stück aus seinem bald danach erscheinenden Band mit Zeichnungen *Totes Holz*. Und die Debatten knüpften nahtlos da an, wo sie scheinbar aufgehört hatten: Hans Christoph Buch monierte, dass »Waldsterben« ein Wort sei, das sich der Literatur entziehe, Jürgen Becker sprach von literarischer Anbiederung, und Hans Joachim Schädlich fragte sich leise, warum ihn dieser pathetische Abgesang auf die Natur und unsere Welt so unberührt lasse.

Friedrich Christian Delius las aus *Die Birnen von Ribbeck*, seiner Reaktion auf die deutsche Einheit. Und Heinz Czechowski fühlte sich gleich zu einer Retourkutsche veranlasst: Das sei »Rhetorik statt Authentizität«. Da tat es gut, dass sich in die innerdeutschen Grabenkämpfe der Tscheche Ludvík Vaculík einschaltete, von dem 1968 das berühmte »Manifest der 2000 Worte« stammte, der lange Jahre als Gärtner überwintert hatte und der jetzt geradezu schwejkhaft fragte: Wisse Delius eigentlich, dass die West-Birne namens »Gräfin von Paris«, die er erwähnt habe, wie eine Rübe schmecke?

Die Lesung von Delius hatte nicht nur deswegen etwas Historisches. Sie war nämlich auch die letzte dieses endgültig letzten Zusammentreffens der Gruppe 47, eines Ereignisses, das wie aus der Zeit heraus- und wieder in sie hineingefallen schien. Delius war 1964 zum ersten Mal bei der Gruppe 47 aufgetreten und sollte im Jahr 2011 den Büchnerpreis erhalten – der Kreis, der sich da auftat, war also noch lange nicht geschlossen.

Dieser Widerschein der Gruppe 47 im Jahr 1990 fiel natürlich auf einen Literaturbetrieb, der sich grundsätzlich gewandelt hatte. Eine Monopolstellung wie die der Gruppe 47 war schon lange nicht mehr gegeben – als sich an drei Tagen im Jahr der gesamte Literaturbetrieb zusammengeballt hatte, drei Tage, auf die alle das ganze Jahr über lauerten. Eine Figur wie Hans Werner Richter, der diesen Literaturbetrieb definierte, lenkte und personalisierte, war mittlerweile völlig unvorstellbar geworden. Landauf, landab häuften sich die literarischen Ereignisse und Festivals, tourten die Schriftsteller zu ihren Auftritten mit wechselnden Moderatoren, und die zentralen Akteure begegneten sich mindestens einmal im Monat auf irgendeiner Bühne oder in irgendeinem Fernseh- oder Rundfunkstudio. Der Betrieb hatte sich ausdifferenziert und entwickelte diverse Tochterunternehmen, die parallel nebeneinander vor sich hin produzierten. Dass das alles in der Gruppe 47 seinen Ausgangspunkt gehabt hatte, dass dieser literarische Markt dort entstanden war – daran dachte mittlerweile kaum noch jemand.

Die Tagungen der Gruppe 47, so hysterisch sie auch von den Literaten betrachtet und wahrgenommen wurden, hatten noch lange nicht den heute üblichen Standard der Professionalisierung erreicht. Das lag vor allem an Hans Werner Richter, an seiner wie in einer Zeitkapsel aufrechterhaltenen Fiktion des »Freundeskreises«. Richter war kein Kulturmanager, kein Kommunikationswissenschaftler, kein Marketingexperte im heutigen Sinn. Er agierte hemdsärmelig, ohne Gremien, ohne Ausschüsse, ohne Sitzungen. Und doch wirkt es merkwürdig, dass sein jeglicher Basisdemokratie abholdes Vorgehen den demokratischen Idealen vielleicht eher entsprach als die üblichen Abstimmungs- und Mehrheitsverfahren. Denn es gab immer Überraschungen. Man stieß fast immer auf etwas Ungewöhnliches. Und es ging immer ums Ganze. Möglich war das wahrscheinlich nur in den fünfziger und sechziger Jahren, es war eine konsequente Reaktion auf die Zeitumstände. Nach 1968 waren solche Formen zwangsläufig nicht mehr aufrechtzuerhalten.

Das Phänomen der Gruppe 47 hatte viel mit einer Art aufgeklärtem Absolutismus zu tun. Alles war auf die Person Richters und seine

Einladungspostkarten konzentriert, auf seine Eingebungen, wo und wann er eine Tagung der Gruppe 47 einberufen wollte. Aber die Lesungen selbst, die Diskussionen, die Abstimmungen über den Preisträger verliefen völlig offen, sie waren vorher nicht von einer Kommission ausgetüftelt und vorbereitet worden. Die Gruppe 47 spiegelt nicht einfach den Demokratisierungsprozess der Bundesrepublik wider, sie war ein erheblicher Teil davon. Nach 1968 waren Literatur und Politik nicht mehr so einfach zu bündeln, es entwickelte sich ein ungeahnter Subjektivierungsprozess, eine Ausweitung des Freizeitsektors, wie sie vorher undenkbar schien. Die Gruppe 47 war ein wichtiger Faktor der Modernisierung, aber modern war sie nicht.

Die Gruppe 47 galt schon zu ihren Lebzeiten als ein Mythos, und es verstand sich von selbst, dass sie in den ersten Jahren nach ihrem nicht deklarierten Ende 1967 in der Pulvermühle zu einem allseits aufgerufenen Referenzpunkt wurde. Noch in den achtziger Jahren erstarrte die Frage, ob man eine neue Gruppe 47 brauche, zur Feuilletonroutine, sie war stets der Anlass, aktuellen Problemstellungen der Gegenwartsliteratur zu begegnen. Konkret bedeutete das wenig. Der Einzige, der die Erfahrungen der Gruppe 47 unverbrüchlich weiterverfocht, war Günter Grass. Sein Ruhm gründete auf dem Auftritt als völlig unbekannter Bildhauer und Lyriker 1958 in Großholzleute, und er fühlte sich Hans Werner Richter immer verpflichtet – mit dem er auch politisch auf einer Linie war. Das Handwerkliche, das Werkstattgespräch unter Schriftstellern, das Sprechen über den konkreten Text nahm Grass auch nach dem Ende der Gruppe 47 ernst; er versuchte an verschiedenen Stellen, diese Formen weiter zu pflegen. Institutionalisiert wurde es durch den von Grass aus den Einnahmen des *Butt* gestifteten Alfred-Döblin-Preis. Seit 1983 knüpft man in Berlin an das alte Ritual der Gruppe 47 an, an der historischen Stätte des Literarischen Colloquiums. Die Autoren der Endauswahl werden an einem Wochenende zusammengerufen, um aus ihren Werken zu lesen und sich der Diskussion auch mit den anwesenden Journalisten und Kritikern zu stellen.

Was sich allerdings bereits in den sechziger Jahren bei der Gruppe 47 gezeigt hatte, trat hier nun entschieden in den Vordergrund. Im Laufe der Jahre wurde es immer selbstverständlicher, dass Einladungen zu den Werkstattlesungen des Döblin-Preises abgesagt wurden: Etwas namhaftere Autoren, die bereits ein oder zwei Bücher in bekannten Verlagen veröffentlicht hatten, wollten sich nicht der Gefahr aussetzen, zu verlieren und mit einer Trostrunde abgespeist zu werden. Das Lesen mit anschließender Diskussion bekam für den, der glaubte, schon etwas vorweisen zu können, etwas Rufschädigendes. Der Charakter des Werkstattgesprächs wurde für die Autoren lästig. Schweigen wirkte dagegen souverän. Seit einigen Jahren sind bei der Preisvergabe nur noch ein paar Zeitungsmitarbeiter aus Berlin und wenige Verlagslektoren vertreten, dazu zwei, drei Agenten, und die Namen der Autoren sind weitgehend unbekannt. Der Döblin-Preis ist zu einer der vielen Debütantensichtungen mutiert, in der diverse Hüte in den Ring geworfen werden mit der Hoffnung, vielleicht zufällig in einen der verstreut herumirrenden Scheinwerferkegel der Öffentlichkeit zu geraten.

Allein durch die Anwesenheit von Günter Grass wurde die Fiktion eines Werkstattgesprächs über die Jahre hinweg am Leben erhalten – aber manchmal, in einigen merkwürdigen Momenten, schien es plötzlich keine Fiktion mehr zu sein. Grass war die ganze Zeit über präsent und hörte sich jede der Lesungen an. Von den Journalisten meldete sich keiner zu Wort. Die Juroren des Preises, die für die Auswahl verantwortlich waren, fühlten sich in der Diskussion verpflichtet, jeden Schriftsteller zu loben. Die Autoren, die gerade nicht auf dem Podium saßen, schwiegen schüchtern und eisern. Ab und zu sagte einer der Lektoren etwas, über handwerkliche Aspekte wie Adjektive oder Personenführung. Aber Grass hatte das Große und Ganze im Blick. Irgendwann äußerte er sich zu jedem, mal früher, mal später, und er ging jedes Mal auf den Charakter des Textes ein. Mit seiner Pfeife wirkte er fast schon wie ein Bild von sich selbst, ein Symbol für Literaturgeschichte. Die Rahmenbedingungen hatten sich grundsätzlich geändert, eine Gruppe 47 war überhaupt nicht mehr vorstellbar – Grass aber zog das durch, was er einmal für richtig erkannt hatte. Man müsse die Autoren manchmal auch vor sich selber schützen, sagte Grass beim Döblin-Preis 2003. Man müsse ihnen auch mal klarmachen, dass es keinen Sinn habe mit der Schriftstellerei. Zu viel Debütantenförderung, zu viel Pädagogik schade.

Weitaus spektakulärer schließt eine andere Veranstaltung an die Entwicklung der Gruppe 47 an, sie versetzt sie in die Wirklichkeit des aktuellen Literaturbetriebs. Es ist der seit 1977 bestehende Bachmann-Wettbewerb in Klagenfurt, der vor allem auf eine Initiative von Marcel Reich-Ranicki zurückgeht. Hier ist das Verhältnis von Autor und Kritiker radikalisiert: In Klagenfurt ist die Schlachtordnung von vornherein fest umrissen, es gibt kein Fußvolk mehr, aus dem sich die Kritiker in der offenen Diskussion rekrutieren, sondern der Autor sieht sich einer Phalanx von Kritikern gegenüber, die fest benannt sind und von vornherein als Stars der Veranstaltung fungieren.

Als Reich-Ranicki im Juni 1977 in der *Frankfurter Allgemeinen Zeitung* einen Vorbericht zum Klagenfurter Ereignis schreibt, erwähnt er mit keinem Wort, dass er selbst hinter der Sache steckt. Er nennt sich nicht einmal als Mitglied der Jury, obwohl er einige Namen aufzählt. Als idealer Kritiker beurteilt er die Sache von außen: »Was soll denn nun das Ganze eigentlich sein? Ein Fest der Literatur? Ein Dichtermarkt? Ein Wettbewerb mit zwei Preisen? Eine Art Börse? Wirklich eine Arbeitstagung? Oder gar eine literarische Modenschau? Es wird wahrscheinlich und hoffentlich alles auf einmal sein.«[25]

Reich-Ranicki hatte ein untrügliches Gespür dafür, wie man die Mechanismen der Gruppe 47 in der sich entwickelnden Mediengesellschaft weiterführen konnte. Und im Gegensatz zu seinen eher akademisch geprägten Kollegen bei der Gruppe 47 entsprach vor allem er einem neuen Kritikertypus, der das Zeug dazu hatte, populär zu werden und Breitenwirkung zu erlangen. In der Gruppe 47 konnte Reich-Ranicki seine Fähigkeiten nur sporadisch ausspielen – seine Kollegen und Widerparte waren rhetorisch differenzierter. Schon bei den Tagungen der Gruppe 47 fielen seine Diskussionsbeiträge vor allem durch den Willen zur Pointe, zum eindeutigen Effekt auf. Damals wirkte das aber noch längst nicht hegemonial. Und da die Zeitung noch das unangefochtene Leitmedium war, agierte er zunächst auch dort, zuletzt als Literaturchef der *Frankfurter Allgemeinen Zeitung*. Sein genuines Talent aber zeigte sich erst unverhüllt, als er in ein neues Rampenlicht trat und den Klagenfurter Wettbewerb prägte.

Reich-Ranicki entsprach auf ideale Weise dem Typus des Literaturjournalisten, der nun gebraucht wurde. Schon seine Zeitungsartikel waren zwar in erster Linie eine direkte Übersetzung mündlicher Rede, mit dem Stilmittel sofortiger Überrumpelung und verblüffender Eindeutigkeit, aber es waren eben Zeitungsartikel. Sie wirkten viel mittelbarer als die direkte Präsenz auf der Bühne oder im Fernsehen. Hier konnte Reich-Ranicki auf den letztlich lästigen schriftlichen Text ganz und gar verzichten und sein Arsenal rhetorischer Mittel voll zur Geltung bringen. Er lobte oder verriss. Allzu fein ziselierte Differenzierungen mied er instinktiv. Bereits 1962, auf der allgemein als literarisch herausragend empfundenen Tagung der Gruppe 47 in Berlin, platzte ihm einmal der Kragen, als Walter Höllerer zu feinsinnig und akribisch über ästhetische Formen reflektiert hatte. Er wurde, wie bereits zitiert, plötzlich grundsätzlich: »Prosa, die nicht unterhaltsam in irgendeinem Sinne ist, ist damit disqualifiziert, glaube ich. Ich bin dagegen, was Höllerer gesagt hat, dieser eine Satz, es seien jene Stellen, die weniger wirkungsvoll waren, vielleicht interessanter. Wirklich, können wir uns nicht darauf einigen: Prosa und Literatur hat zu wirken! Und wenn etwas wirkungsvoll ist, ist das nicht etwas Negatives!«[26]

Beim Ingeborg-Bachmann-Preis in Klagenfurt radikalisierte Marcel Reich-Ranicki jene Aspekte des Literaturbetriebs, die ihm bei der Gruppe 47 zupassgekommen waren. Mit Werkstattgesprächen hatte dieser Wettbewerb nichts mehr zu tun, er war von vornherein ein Schaulaufen für die Kritiker. Gleich zu Beginn, 1977, kam es in Klagenfurt deshalb zu einer Diskussion über die Modalitäten des Wettbewerbs. Der Autor Vintilă Ivănceanu sagte listig, dass er wegen des Geldes gekommen sei, »wegen dem kleinen Ruhm und wegen dem Schauspiel, das Sie mir auch anzubieten haben«. Das wies Reich-Ranicki, im Ethos des Kritikers, sofort entrüstet zurück: »Wir denken nicht daran, für Sie eine Show abzuziehen!« Doch Ivănceanu setzte nach: »Sie können sich nicht so verfälschen in dieser Sekunde und behaupten, dass Sie keine Show angeboten haben! Sie selbst sind ein Showmaster!«[27]

Das bedeutete, nach der Gruppe 47, eine neue Qualität. Aber ansonsten stieß Reich-Ranicki auf jene Form von Widerstand, die er gewohnt war, mit der er umzugehen gelernt hatte und der er sich überlegen glaubte. Am prägnantesten wurde dieser Widerstand gegen Reich-Ranickis Kritikerhaltung in Klagenfurt einmal von einem Mitjuror artikuliert, dem Schweizer Schriftsteller Adolf Muschg. Dieser plädierte, wie in der anfänglichen Praxis der Gruppe 47, für ein verständnisvolles Werkstattgespräch und lehnte die mediale Inszenierung ab. Er sagte, direkt an Reich-Ranicki gerichtet: »Klagenfurt und diese Veranstaltung – über ihre Fragwürdigkeit brauchen wir nicht zu reden. Die ist in den ersten Tagen ja überdeutlich zum Ausdruck und auch explizit zum Thema geworden. Aber eine der wenigen Chancen, die wir hier haben, sollten wir nutzen. Und deshalb: Ich find's richtig, dass Sie auch zu einem apodiktischen Urteil stehen, aber das ist hier eine Meinung unter anderen. Auch die Presse, die über unsere Tagung berichtet, redet ja gern von Führungsansprüchen, von Hierarchie der Urteile. Die Kürze verpflichtet dann dazu, irgendeines der hier gefallenen Bonmots für das verbindliche Urteil über ein Buch hinzunehmen, was von diesen Tagungen bleibt in den Zeitungen ist für den Autor immer kränkend, beschämend usw. Die Jungen, die dabei gewesen sind, die sollen wenigstens erlebt haben – und ganz besonders der Autor, der hier sitzt –, dass es hier durchaus human zugeht.«[28]

Über solche Einwände hatte sich Reich-Ranicki aber längst hinweggesetzt, und die Mediengeschichte sollte auf seiner Seite sein. Er versetzte kurz und publikumswirksam: »Sie wollen Autoren belehren, erziehen, ihnen helfen. Ich will nicht Autoren belehren, ich glaube, dass ich das gar nicht kann. Sie schreiben für Autoren, ich schreibe für Leser. Ich bin nicht hierhergekommen, um Autoren Unterricht zu erteilen und ihnen zu sagen, wie sie das, was sie gemacht haben, hätten besser machen können. Sie haben über die Art dieser Literatur etwas zu sagen und was wir davon halten und warum. Und haben das zu belegen. Ob der Autor von unserer Äußerung Nutzen hat oder nicht, ist eine sekundäre Frage.«[29]

Schriftliche Kritik und Medienkritik traten immer deutlicher auseinander. Marcel Reich-Ranicki polarisierte dabei am effektivsten. Das Fernsehen war in Klagenfurt von Anfang an dabei, nach einiger Zeit übertrug es die Lesungen und Diskussionen sogar ungekürzt und live. Als Reich-Ranicki nach zehn Jahren Klagenfurt verließ und 1988 das *Literarische Quartett* im Zweiten Deutschen Fernsehen initiierte, erklomm er die höchste Stufe seiner Medienkarriere. Die Literatur, die im Fernsehen immer ein Fremdkörper war, konnte in der Figur Marcel Reich-Ranickis zum ersten Mal restlos inkorporiert werden, Reich-Ranicki war das Medium schlechthin.

Im *Literarischen Quartett* waren die Rollen klar verteilt, es war wie in einer Sitcom. Reich-Ranicki spielte den Chef und Familienvater, Sigrid Löffler den weiblichen Gegenpart, der ab und zu aufmuckte, und Hellmuth Karasek mimte den Sekundanten und den Clown. Es war ein eingespieltes Team. Der vierte Teilnehmer, der Gast, hatte es da schwer. Das *Literarische Quartett* erschloss keineswegs neue Rezipientenschichten für die Literatur. Aber es gelang ihm, in den Kreisen, die sich eh für Literatur interessieren, diskursbestimmend zu werden.

Es ist eine merkwürdige Dialektik um den Kritiker Marcel Reich-Ranicki. Auf der einen Seite rüstete er den Kritiker auf zur medienkompatiblen Showgröße. Auf der anderen Seite entwertete er immer offensiver diejenigen Formen der schriftlichen Kritik, denen ein bloßes

Hans Werner Richter kurz vor dem Ende der Tagung auf Schloss Dobříš

Plus-Minus-Schema, ein einfaches Daumenhoch-Daumenrunter nicht genügen. Indem Reich-Ranicki den Kritiker zu einem großen Popanz aufblies, schaffte er ihn ab. Die Blase platzte. Es ist kein Zufall, dass seine legitime Nachfolgerin als Chef-Literaturkritikerin des ZDF Elke Heidenreich wurde. Sie nannte ihre Sendung *Lesen!* und baute konsequent auf dem Fundament auf, das Reich-Ranicki gelegt hatte. Sie huldigte enthusiastisch dem »Leser«. Aber sie legte auch keinen Wert mehr darauf, die Rolle des »Kritikers« fortzuführen. Sie war schon weiter: »Ich mach ja auch keine Literaturkritiken! Mir wird witzigerweise aus dem Feuilleton immer vorgeworfen, Literaturkritik wär das ja nun nicht – ja, richtig, ist es nicht! Soll es auch gar nicht sein! Es sollen Buchempfehlungen sein bei diesen 80 000 Neuerscheinungen im Jahr, bei denen sich kein Mensch mehr auskennt! Ich kenn mich halt aus, weil ich sehr viel lese, weil ich von allen Verlagen bemustert werde, weil ich aus den Katalogen auswähle: was könnte vielen Leuten gefallen und ist dennoch nicht Mainstream oder seichter Quatsch oder Rosamunde Pilcher, sondern eine gut erzählte Geschichte, mit der man die Leute wieder ohne Furcht ans Lesen kriegt! Denn unsere Feuilletons, die sich mit Literatur ernsthaft auseinandersetzen, die sind manchmal so kompliziert, dass die Leute denken: wenn ich schon die Kritik nicht verstehe, versteh ich auch das Buch nicht! Und da kommt dann Elke und macht das wieder verstehen!«[30]

Damit definierte Elke Heidenreich offensiv die mediale Avantgarde – und machte den Weg frei für ein neues, selbstbewusstes Sprechen über Literatur, abseits von Kritik und Minderheitenprogrammen. Es geht um einen unterhaltsamen Service für den mündigen und konsumbewussten Bürger. Für diese Form ist das Fernsehen das Primärmedium.

Was von der Gruppe 47 geblieben ist, ist nicht ihre gesellschaftspolitische Stoßrichtung oder ihr Selbstverständnis von der Verantwortung des Schriftstellers. Es ist vielmehr die mit ihr einhergehende »Eventisierung« des literarischen Geschehens, es sind die unumgänglichen Marketingkonzepte für die Verbreitung von Literatur, für ihre Vermittlung und Rezeption. Außerliterarische Kriterien spielen bei den immer neu zu entwickelnden Formaten keine geringe Rolle. Die

Autoren kommen und gehen, die Funktionäre und Dienstleister aber bleiben. Öffentliche Lesungen, Gespräche mit Moderatoren, Podiumsdiskussionen haben in Deutschland eine ungewöhnliche Konjunktur, das unterscheidet die hiesigen kulturellen Strukturen deutlich von denen vergleichbarer Länder selbst in Europa. Was bis 1967 einmal im Jahr auf drei Tage konzentriert war, gibt es heute flächendeckend das ganze Jahr über: Marktgetümmel wie auf der LitCologne, eine Fülle von unterschiedlichen Veranstaltungsprofilen, die mal auf die aktuellen Saisontitel und auf das Bierzelt ausgerichtet sind wie beim Erlanger Poetenfest oder kleiner und konzentrierter wie beim Freiburger Literaturgespräch. Dass durch die Praxis der schwer zu definierenden Autorenvereinigung Gruppe 47 all das eingeübt wurde, was man heute von Festivals, von Stadion- und Mehrzweckhallen- und Clublesungen und natürlich auch vom Literaturvorkommen im Fernsehen kennt – dieser Zusammenhang ist zwar aus dem Blickfeld geraten, aber er erhellt schlagartig die Bedeutung dieser Selbstverständigungsgruppe, die sich da wenig ahnend 1947 am Bannwaldsee bei einer exzentrischen surrealistischen Lyrikerin zusammengefunden hatte. Damals wie heute jedoch ist man nicht gefeit davor, an jenen prekären Punkt zu gelangen, wo an der Literatur plötzlich erkennbar wird, was sie immer ausgemacht hat.

**Dank**

Viele Hinweise, in zum Teil zahlreichen und ausführlichen Gesprächen, erhielt ich von Maike Albath, Heinz Ludwig Arnold, Reinhard Baumgart, Jürgen Becker, Peter Braun, Hans Christoph Buch, Sabine Cofalla, Friedrich Christian Delius, Lutz Dittrich, Milo Dor, Mirjam Eich, Günter Grass, Peter Hamm, Ida Heißenbüttel, Thomas Jancke, Joachim Kaiser, Joachim Leser, Renate von Mangoldt, Thomas Rathnow, Klaus Stiller, Klaus Völker, Klaus Wagenbach, Dieter Wellershoff, Ernest Wichner, Roland H. Wiegenstein, Andreas Wirthensohn, Hans Dieter Zimmermann.

Für große Unterstützung bedanke ich mich ebenfalls bei öffentlichen Einrichtungen: Archiv der Akademie der Künste Berlin, Archiv der Deutschen Akademie für Sprache und Dichtung Darmstadt, Deutsches Literaturarchiv Marbach, Literaturarchiv Sulzbach-Rosenberg, Universitäts- und Landesbibliothek Darmstadt sowie die O-Ton-Archive des Deutschlandradios, des Hessischen Rundfunks, des Südwestrundfunks und des Deutschen Rundfunkarchivs Frankfurt/Main.

# Anmerkungen

**Einleitung: Literatur zwischen Markt, Macht und Medien**
1 Heinz Ludwig Arnold: Gespräch mit Helmut Heißenbüttel am 13.6.1976 in Göttingen. Tonbandmitschnitt
2 Joachim Kaiser: Von der Gruppe 47 zu 491. In: Süddeutsche Zeitung, 26.9.1964
3 Martin Mosebach: Fräulein Laura wollte niemand hören. Rede über den deutschen Roman. In: Frankfurter Allgemeine Zeitung, 21.9.2011
4 Günter Blöcker: Gedichte als graphische Gebilde. In: Der Tagesspiegel, 11.10.1959
5 Hans Egon Holthusen: Das verzweifelte Gedicht. »Die Niemandsrose« – nach vier Jahren ein neuer Lyrikband von Paul Celan. In: Frankfurter Allgemeine Zeitung, 2.5.1964
6 Hans Magnus Enzensberger: Bewusstseinsindustrie. In: ders.: Einzelheiten. Frankfurt am Main 1962, S. 15
7 Joachim Leser/Georg Guntermann (Hg.): Brauchen wir eine neue Gruppe 47? 55 Fragebögen zur deutschen Literatur. Bonn 1995
8 Hermann Kinder: Der Mythos von der Gruppe 47. Eggingen 1991
9 Literatur im Foyer. 3sat, 5.7.2011

**Vorspiel: Die Hex vom Bannwaldsee**
1 Biografische Angaben nach Auskunft von Peter Braun, Universität Jena
2 Zit. nach: Der Skorpion. Reprint. Göttingen 1991
3 Nicolaus Sombart: Pariser Lehrjahre 1951–1954. Hamburg 1995, S. 254
4 Zit. nach: Reinhard Lettau (Hg.): Die Gruppe 47. Ein Handbuch. Bericht, Kritik, Polemik. Neuwied 1967, S. 126
5 Gerhard Köpf: Innerfern. Roman. Frankfurt am Main 1983, S. 59
6 Zit. nach: Der Skorpion. Reprint 1991
7 Zit. nach: Jürgen Schutte (Hg.): Dichter und Richter. Die Gruppe 47 und die deutsche Nachkriegsliteratur. Katalog zur Ausstellung in der Akademie der Künste. Berlin 1988
8 Heinz Ludwig Arnold: Die Gruppe 47. Reinbek 2004, S. 34f.
9 Hans Werner Richter: Bruchstücke der Erinnerung. In: Literaturmagazin 7: Nachkriegsliteratur, hg. von Nicolas Born und Jürgen Manthey. Reinbek 1977, S. 135f.
10 Lettau (Hg.): Die Gruppe 47, S. 23
11 Zit. nach einem Typoskript aus den siebziger Jahren. HWR-Archiv, Berlin
12 Ruth Rehmann: Ferne Schwester. Roman. München 2009, S. 55
13 Köpf: Innerfern, S. 54
14 Lettau (Hg.): Die Gruppe 47, S. 53

**1 »Wir harren, Christ, in dunkler Zeit.«**

1 Robert Minder: Soziologie der deutschen und der französischen Lesebücher. In: Minotaurus, hg. von A. Döblin. Wiesbaden 1953, S. 17
2 Gertrud von le Fort: Den Heimatlosen. Drei Gedichte. München 1946 (n. p.)
3 Rudolf Alexander Schröder: Die geistlichen Gedichte. Frankfurt am Main 1949, S. 9
4 Irmgard Keun 1905/2005. Deutungen und Dokumente, hg. von Stefanie Arend und Ariane Martin. Bielefeld 2005, S. 296
5 Otto Flake in: Badener Tagblatt, 8.12.1945. Zit. nach: Archiv der Deutschen Akademie für Sprache und Dichtung, Darmstadt
6 Zit. nach: Franz Schonauer: Deutsche Literatur im 3. Reich. Versuch einer Darstellung in polemisch-didaktischer Absicht. Olten 1961, S. 168–175
7 Thomas Mann: Brief an Otto Basler vom 25. August 1949. In: Thomas Mann: Briefe III, 1948–1955, hg. von Erika Mann. Frankfurt am Main 1979
8 Zit. nach: Ernst Klee: Das Kulturlexikon zum Dritten Reich. Wer war was vor und nach 1945. Frankfurt am Main 2007, S. 265
9 Hans Egon Holthusen: Tradition und Ausdruckskrise. Der Lyriker Rudolf Alexander Schröder. In: Merkur 51/1952
10 Mann: Brief an Otto Veit vom 24. März 1950. In: Thomas Mann: Briefe III, 1948–1955
11 Zit. nach: Wolfgang Beyer/Monica Ladurner: Im Swing gegen den Gleichschritt. Die Jugend, der Jazz und die Nazis. Salzburg 2011, S. 48
12 Frank Thiess: Erziehung zur Freiheit. Abhandlungen und Auseinandersetzungen. Wien 1929, S. 15
13 Deutsches Literaturarchiv Marbach
14 Deutsches Literaturarchiv Marbach
15 Österreichisches Staatsarchiv, Wien
16 Nach einem Manuskript im Deutschen Literaturarchiv Marbach
17 Archiv Thomas Jancke, München
18 Archiv der Deutschen Akademie für Sprache und Dichtung, Darmstadt
19 Deutsches Literaturarchiv Marbach
20 Archiv der Deutschen Akademie für Sprache und Dichtung, Darmstadt
21 Klaus Briegleb: Missachtung und Tabu. Eine Streitschrift zur Frage: »Wie antisemitisch war die Gruppe 47?«. Berlin/Wien 2003, S. 12
22 Gottfried Benn: Briefe an F. W. Oelze, Band 1: 1932–1945. Frankfurt am Main 1982, S. 39
23 Ebd., Band 2: 1945–1949, S. 13
24 Ebd., S. 88
25 Ebd., S. 34

**2 »Ausgespuckt von der Weltgeschichte.«**

1 Zit. nach: Erich Embacher: Hans Werner Richter. Zum literarischen Werk und zum politisch-publizistischen Wirken eines engagierten deutschen Schriftstellers. Frankfurt am Main. 1985, Anhang
2 Rhys W. Williams: Deutsche Literatur in der Entscheidung. Alfred Andersch und die Anfänge der Gruppe 47. In: Justus Fetscher/Eberhard Lämmert/Jürgen Schutte (Hg.): Die Gruppe 47 in der Geschichte der Bundesrepublik. Würzburg 1991, S. 30
3 Stephan Reinhardt: Alfred Andersch. Eine Biographie. Zürich 1990, S. 118
4 Zit. nach: Volker Wehdeking: Der Nullpunkt. Über die Konstituierung der deutschen Nachkriegsliteratur (1945–1948) in den amerikanischen Kriegsgefangenenlagern. Stuttgart 1971, S. 90
5 Hans Werner Richter: Wie entstand und was war die Gruppe 47? In: Hans Werner Richter und die Gruppe 47. Mit Beiträgen von Walter Jens u. a., hg. von Hans A. Neunzig. München 1979, S. 44
6 Reinhardt: Alfred Andersch, S. 122
7 Ebd., S. 124
8 Ebd.
9 Richter: Wie entstand und was war die Gruppe 47?, S. 53
10 Hans Werner Richter: Im Etablissement der Schmetterlinge. 21 Portraits aus der Gruppe 47. München/Wien 1986, S. 29f.
11 Hans Werner Richter (Hg.): Almanach der Gruppe 47. 1947–1962. Reinbek 1962, S. 8
12 Der Ruf, 15.3.1947
13 Ebd.
14 Ebd.
15 Gustav René Hocke: Deutsche Kalligraphie oder Glanz und Elend der modernen Literatur. In: Der Ruf, 15.11.1946
16 Ruf der Jugend. Treffen 25. bis 29. Juli 1947 in Altenbeuern/Hinterhör. Stahlberg Verlag, Karlsruhe 1947
17 Richter: Bruchstücke der Erinnerung, S. 137
18 Richter (Hg.): Almanach der Gruppe 47, S. 19
19 50 Jahre Gruppe 47. Deutschlandradio, 26.5.1997
20 Richter: Wie entstand und was war die Gruppe 47?, S. 81 ff.
21 Lettau (Hg.): Die Gruppe 47, S. 21
22 Sombart: Pariser Lehrjahre 1951–1954, S. 253
23 Richter: Wie entstand und was war die Gruppe 47?, S. 84

**3 Die Krieger-Kaste und der Kupfergeschmack des Champagners**

1 Reinhardt: Alfred Andersch, S. 152
2 Walter Kolbenhoff: Schellingstraße 48. Erfahrungen mit Deutschland. Frankfurt am Main 1984, S. 180
3 Alfred Andersch: Amriswiler Rede auf Ernst Jünger. In: Frankfurter Rundschau, 16.6.1973
4 Frank Thiess, unveröffentlichtes Tagebuch aus dem Jahr 1945. Deutsches Literaturarchiv Marbach

5 Deutsches Literaturarchiv Marbach
6 Ernst Jünger: Annäherungen. Drogen und Rausch. Stuttgart 1970, zit. nach Taschenbuchausgabe München 1990, S. 368f.
7 Alfred Andersch, Rundfunkmanuskript SWF, 1949
8 Sabine Pamperrien: Die böse Mutter der Gruppe 47. In: taz, 28.2.2007
9 Zit. nach Arnold: Die Gruppe 47, S. 137
10 Klaus Harpprecht: Arletty und ihr deutscher Offizier. Eine Liebe in Zeiten des Krieges. Frankfurt am Main 2011, S. 139
11 Hans Jürgen Soehring: Cordelia. Erzählungen. München 1947, S. 180f.
12 Ebd., S. 188
13 Ebd., S. 194f.
14 Ebd., S. 237
15 Hans Jürgen Soehring: Schnitt in die Natur. In: Richter (Hg.): Almanach der Gruppe 47, S. 140
16 Heinz Friedrich, Deutschlandradio, 26.5.1997

**4 »Wacht auf, eure Träume sind schlecht!«**
1 Richter: Wie entstand und was war die Gruppe 47?, S. 95
2 Lettau (Hg.): Die Gruppe 47, S. 55
3 Barbara König, in: Sprache im technischen Zeitalter 106 (1988), S. 73
4 Hörerreaktionen auf *Träume*. In: Peter Walther (Hg): Günter Eich 1907–1972. Nach dem Ende der Biographie. Berlin 2000, S. 65
5 Ebd., S. 63
6 Günter Eich: Träume. In: ders.: Gesammelte Werke, Band 2. Frankfurt am Main 1991, S. 360f.
7 Walther (Hg.): Günter Eich 1907–1972, S. 66
8 Ebd., S. 68
9 Eich, Träume, S. 383f.
10 Walther (Hg.): Günter Eich 1907–1972, S. 11
11 Günter Eich: Bemerkungen über Lyrik. Eine Antwort an Bernhard Diebold (1932). In: ders.: Gesammelte Werke, Band 4. Frankfurt am Main 1991, S. 459
12 Ebd., S. 275
13 Günter Eich: Rebellion in der Goldstadt. Tonkassette, Text und Materialien, hg. von Karl Karst. Frankfurt am Main 1997, S. 56
14 Ebd., S. 60
15 Günter Eich: Gesammelte Werke, Band 1. Frankfurt am Main 1973, S. 35
16 Ebd., S. 37
17 Günter Eich: Schlafpulver oder Explosivstoff? In: ders.: Gesammelte Werke, Band 4, S. 481
18 Ebd., S. 482
19 Zit. nach: Axel Vieregg: Der eigenen Fehlbarkeit begegnet. Günter Eichs Realitäten 1933–1945. Eggingen 1993, S. 6
20 Rundfunkinterview mit Gerd Krogmann und Klaus Schöning 1964. In: Eich: Gesammelte Werke, Band 4, S. 498

21 Rede vor den Kriegsblinden 1953. In: Eich: Gesammelte Werke, Band 4, S. 612
22 Die Mädchen aus Viterbo. In: Eich: Gesammelte Werke, Band 4, S. 739
23 Vorbemerkung zu dem Hörspiel »Ein Traum am Edsin-gol« (1950). In: Eich: Gesammelte Werke, Band 4, S. 487
24 Rede zur Verleihung des Georg-Büchner-Preises 1959. In: Eich: Gesammelte Werke, Band 4, S. 627
25 Frankfurter Allgemeine Zeitung, 20.2.1957
26 Rede zur Verleihung des Georg-Büchner-Preises 1959, S. 626f.

**5 Unverwüstliche Abc-Schützen**

1 Lettau (Hg.): Die Gruppe 47, S. 35
2 Hans Werner Richter (Hg.): Deine Söhne, Europa. München 1947, Vorwort, S. 7
3 Lettau (Hg.): Die Gruppe 47, S. 47
4 Ebd., S. 49
5 Reinhardt: Alfred Andersch, S. 159
6 Lettau (Hg.): Die Gruppe 47, S. 40
7 RIAS, 1955
8 Fernsehgespräch mit dem SFB, 1962
9 Richter: Wie entstand und was war die Gruppe 47?, S. 85f.
10 Hans Werner Richter: Die Geschlagenen. München 1949, S. 459
11 Friedrich Sieburg: Das Kriegsbuch. In: Die Gegenwart, 1.8.1949
12 Richter: Wie entstand und was war die Gruppe 47?, S. 90
13 Interview mit Hans Werner Richter. In: Volker Wehdeking: Anfänge westdeutscher Nachkriegsliteratur, Aachen 1989, S. 185
14 Brief an Rolf Schroers, 31.3.1952. In: Hans Werner Richter: Briefe, hg. von Sabine Cofalla. München 1997, S. 140
15 Zit. nach: Dichter und Richter, S. 205
16 Oskar Jancke: Was würde René Schickele dazu sagen? In: Neue Literarische Welt, 25.3.1952
17 Brief an Hermann Kesten, 13.12.1951. In: Mann: Briefe III, 1948–1955, S. 235
18 Richter: Briefe, S. 169
19 Gespräch mit Joachim Kaiser am 18.4.2007
20 Richter: Wie entstand und was war die Gruppe 47?, S. 90
21 Ebd., S. 92
22 Lettau (Hg.): Die Gruppe 47, S. 36
23 Ebd., S. 43
24 Alle biografischen Details zu Andersch siehe: Reinhardt: Alfred Andersch
25 Ebd., S. 188
26 Ebd., S. 208
27 Willi Winkler: IM Deutschland. In: Süddeutsche Zeitung, 12.4.2008
28 Reinhardt: Alfred Andersch, S. 201
29 Brief an Alfred Andersch, 4.4.1953. Deutsches Literaturarchiv Marbach

30 Alfred Andersch: Die Kirschen der Freiheit, Frankfurt am Main 1952, S. 76
31 Williams: Deutsche Literatur in der Entscheidung, S. 38
32 Deutsches Literaturarchiv Marbach
33 Deutsches Literaturarchiv Marbach
34 Brief an Alfred Andersch, 22.11.1952. Deutsches Literaturarchiv Marbach
35 Brief an Ernst Jünger, 20.3.1953. Deutsches Literaturarchiv Marbach
36 W. G. Sebald: Der Schriftsteller Alfred Andersch. In: ders.: Luftkrieg und Literatur. Mit einem Essay zu Alfred Andersch. München/Wien 1999, S. 121–160
37 Jörg Döring/Rolf Seubert: Behält der Literaturpfaffe doch das letzte Wort? In: Frankfurter Allgemeine Zeitung, 19.8.2008
38 Johannes Tuchel: Alfred Andersch im Nationalsozialismus. In: Marcel Korolnik/Annette Korolnik-Andersch (Hg.): Sansibar ist überall. Alfred Andersch. Seine Welt – in Texten, Bildern, Dokumenten. München 2008, S. 30–41
39 Rolf Seubert: »Mein lumpiges Vierteljahr Haft...« Alfred Anderschs KZ-Haft und die ersten Morde von Dachau. Versuch einer historiographischen Rekonstruktion. In: Döring, Jörg/Joch, Markus (Hg.): Alfred Andersch »revisited«: Werkbiographische Studien im Zeichen der Sebald-Debatte. Berlin 2011, S. 47–146

### 6 Fräulein Kafka

1 Gespräch mit Joachim Kaiser, 18.4.2007
2 Heinrich Vormweg: Der andere Deutsche. Heinrich Böll – eine Biographie. Köln 2000, S. 150
3 Ebd., S. 134
4 Heinrich Böll. Der Zug war pünktlich. Erzählung. Opladen 1949, zit. nach der Taschenbuchausgabe Frankfurt am Main/Berlin 1964, S. 41
5 Hermann Lenz: Ein Fremdling. Roman. Frankfurt am Main 1983, S. 81 f.
6 Lettau (Hg.): Die Gruppe 47, S. 58
7 Zit. nach: ebd., S. 68
8 Ebd., S. 64
9 Hans Werner Richter: Im Etablissement der Schmetterlinge. 21 Porträts aus der Gruppe 47 (1986). Berlin 2004, S. 15
10 Ebd., S. 11
11 Lettau (Hg.): Die Gruppe 47, S. 69
12 Ebd., S. 76
13 Ebd., S. 77
14 Richter: Im Etablissement der Schmetterlinge, S. 19
15 Ebd., S. 16
16 Ingeborg Bachmann/Paul Celan: Herzzeit. Der Briefwechsel. Frankfurt am Main 2008, S. 49
17 Paul Celan: Mohn und Gedächtnis. Gedichte. Stuttgart 1952, S. 44. Auch in: Richter (Hg.): Almanach der Gruppe 47, S. 155

18 Paul Celan/Gisèle Celan-Lestrange: Briefwechsel. Frankfurt am Main 2001, S. 22
19 Walter Jens, Gespräch mit Heinz Ludwig Arnold am 15.10.1976, Tonbandmitschnitt
20 Clappier, gestorben 1956, war in der Nachkriegszeit Kulturoffizier der französischen Militärregierung und engagierte sich sehr für einen deutsch-französischen Kulturaustausch. Er gab die Zeitschrift *documents* heraus, die sich in starkem Maß der deutschen Gegenwartsliteratur widmete, und nahm an mehreren Tagungen der Gruppe 47 teil.
21 Hans Werner Richter: Mittendrin. Die Tagebücher 1966–1972. München 2012, 7.5.1970
22 Anonym: Allenfalls belächelnswert. In: Der Spiegel, Nr. 36/1952
23 Richter-Archiv, Aka Berlin
24 Deutsches Literaturarchiv Marbach
25 Richter-Archiv, Aka Berlin
26 Alexander Block: Die Zwölf. Deutsch von Paul Celan. Frankfurt am Main 1958, n. p.
27 Paul Celan/Klaus und Nani Demus: Briefwechsel. Frankfurt am Main 2009, S. 100
28 Ebd., S. 101 f.
29 Heinrich Böll: Auferstehung des Gewissens. In: Kölner Rundschau, 15.4.1954
30 Celan/Celan-Lestrange: Briefwechsel, S. 15
31 Paul Celan: Briefwechsel mit den rheinischen Freunden. Heinrich Böll, Paul Schallück und Rolf Schroers, hg. von B. Wiedemann. Berlin 2011, S. 29
32 Ebd., S. 143
33 Ebd., S. 41
34 Ebd., S. 125
35 Ebd., S. 183
36 Ebd., S. 227 ff.
37 Ebd., S. 453
38 Ebd., S. 451
39 Günter Blöcker: Gedichte als graphische Gebilde. In: Der Tagesspiegel, 11.10.1959
40 Gespräch mit Günter Grass am 17.5.1996, Tonbandmitschnitt
41 Ebd.
42 Richter: RIAS, 1955
43 Gespräch mit Joachim Kaiser, 18.4.2007
44 Milo Dor/Reinhard Federmann: Internationale Zone. Roman. Gütersloh o. J., S. 87
45 Gespräch mit Milo Dor, Mai 1999
46 Richter: Im Etablissement der Schmetterlinge, S. 49
47 Gespräch mit Peter Hamm, Oktober 2010
48 Richter: Im Etablissement der Schmetterlinge, S. 53
49 Ingeborg Bachmann: Die Radiofamilie. Berlin 2011, S. 59

50   Ebd., S. 276
51   Ingeborg Bachmann: Gruppe 47 (Titel von den Herausgebern). In: dies.: Werke, hg. von Christine Koschel, Inge von Weidenbaum und Clemens Münster. München/Zürich 1982, Band 4, S. 325
52   Mitschnitt ZDF, Juni 2007
53   Albert Vigoleis Thelen: Meine Heimat bin ich selbst. Briefe 1929–1953. Köln 2010, S. 463 f.
54   Richter: Briefe, S. 197

### 7  Mit Bausch und Bogen

1   Chunhun Hu: Vom absoluten Gedicht zur Aporie der Moderne. Studien zum Literaturbegriff in der Bundesrepublik Deutschland der 50er Jahre. Würzburg 2004, S. 122–192
2   Die Literatur. Blätter für Literatur, Film, Funk und Bühne, hg. von H. W. Richter. Stuttgart, 15.3.1952
3   Goethepreis-Reaktionen auf Thomas Mann. Institut für Stadtgeschichte Frankfurt am Main
4   Schillerpreis-Reaktionen auf Thomas Mann. Deutsches Literaturarchiv Marbach
5   Wolfgang Hildesheimer: Mit dem Bausch den Bogen. Zehn Glossen und eine Grafik, hg. von Volker Jehle. Warmbronn 1990
6   Lettau (Hg.): Die Gruppe 47, S. 56
7   Richter: Briefe, S. 140
8   Ebd., S. 142
9   Zit. nach: Stephan Braese: »... nicht uns zugehörig« – Hermann Kesten und die Gruppe 47. In: ders. (Hg.): Bestandsaufnahme. Studien zur Gruppe 47. Berlin 1999, S. 192
10  Gespräch mit Günter Grass, 17.5.1996
11  Dichter und Richter, S. 8 f.
12  Zit. nach: Braese: »... nicht uns zugehörig«, S. 193
13  Zit. nach: ebd.
14  Zit. nach: ebd.
15  Uwe Johnson: Begleitumstände. Frankfurter Vorlesungen. Frankfurt am Main 1980, S. 210 ff.
16  Bernd Neumann: Uwe Johnson. Hamburg 1994, S. 443
17  Richter: Briefe, S. 336
18  Brief vom 7.7.1952, Archiv der Deutschen Akademie für Sprache und Dichtung, Darmstadt
19  Klaus Briegleb: Missachtung und Tabu. Eine Streitschrift zur Frage: »Wie antisemitisch war die Gruppe 47?«. Berlin/Wien 2003, S. 249
20  Friedrich Sieburg: Literarischer Unfug. In: Die Gegenwart, 13.9.1952

### 8  »Das Volk hat sich gefälligst zur Kunst hinzubemühen!«

1   Walter Höllerer an Günter Eich. Literaturarchiv Sulzbach-Rosenberg
2   Brief an Britting, 13.6.1953. Literaturarchiv Sulzbach-Rosenberg
3   Ebd.

4   Archiv Mirjam Eich
5   Ebd.
6   Ebd.
7   Literaturarchiv Sulzbach-Rosenberg
8   Reinhardt: Alfred Andersch, S. 278
9   Wehdeking: Anfänge westdeutscher Nachkriegsliteratur, S. 174
10  Korolnik/Korolnik-Andersch (Hg.): Sansibar ist überall, S. 249 f.
11  Alice Schmidt: Tagebuch aus dem Jahr 1955. Frankfurt am Main 2008, S. 133
12  Arno Schmidt: Lesungen, Interviews, Umfragen. Bargfeld/Frankfurt am Main 2006, S. 10
13  Arno Schmidt: Brand'sHaide. In: ders.: Das erzählerische Werk in 8 Bänden, Band 3. Bargfeld/Zürich 1985, S. 121
14  Arno Schmidt: Briefwechsel mit Kollegen. Bargfeld/Frankfurt am Main 2007, S. 372
15  Ebd., S. 249
16  Ebd., S. 234 f.
17  Ebd., S. 236
18  Ebd.
19  Wehdeking: Anfänge westdeutscher Nachkriegsliteratur, S. 184
20  Schmidt: Briefwechsel mit Kollegen, S. 223

### 9 Einmal muss das Fest ja kommen

1   Ingeborg Bachmann: Die gestundete Zeit. Gedichte. Frankfurt am Main 1953, S. 15
2   Ingeborg Bachmann/Hans Werner Henze: Briefe einer Freundschaft, hg. von Hans Höller. München/Zürich 2004, S. 11
3   Ingeborg Bachmann: Lieder von einer Insel. In: dies.: Anrufung des Großen Bären. München 1956, S. 54 f.
4   Peter Hamm: Der ich unter Menschen nicht leben kann. Auf der Suche nach Ingeborg Bachmann. Fernsehfeature, 1980
5   Bachmann/Henze: Briefe einer Freundschaft, S. 19 f.
6   Ebd., S. 84
7   Ebd., S. 14
8   Reinhardt: Alfred Andersch, S. 222
9   Ebd., S. 220
10  Ebd., S. 248
11  Zit nach: ebd., S. 310
12  Ebd., S. 317
13  Lettau (Hg.): Die Gruppe 47, S. 98
14  Ebd., S. 99
15  Richter: Wie entstand und was war die Gruppe 47?, S. 120
16  Toni Richter: Die Gruppe 47 in Bildern und Texten. Köln 1997, S. 60
17  Zit. nach: Wolfgang Hildesheimer: Briefe, hg. von S. Hildesheimer und D. Pleyer. Frankfurt am Main 1999, S. 56
18  Literaturarchiv Sulzbach-Rosenberg

19 Ebd.
20 Ebd.
21 Ebd.
22 Richter: Im Etablissement der Schmetterlinge, S. 141
23 Archiv Mirjam Eich
24 Literaturarchiv Sulzbach-Rosenberg
25 Ebd.
26 Walter Höllerer: Jetzt geht's nach Süden zu. In: ders.: Der andere Gast. Gedichte. München o.J. (1952), S. 42 f.
27 Literaturarchiv Sulzbach-Rosenberg
28 Ebd.
29 Walter Höllerer (Hg): Welt aus Sprache. Ausstellungskatalog. Berlin 1972, S. 121
30 Alfred Andersch: Aus einem römischen Winter. Reisebilder. Olten/Freiburg im Breisgau 1966, S. 37 ff.

### 10 »Um deine Hüften kringeln sich Lianen.«

1 Literaturarchiv Sulzbach-Rosenberg
2 Zit. nach: 50 Jahre Gruppe 47. Sendung in Deutschlandradio Berlin vom 26.5.1997
3 Richter: Wie entstand und was war die Gruppe 47?, S. 125
4 Literaturarchiv Sulzbach-Rosenberg
5 Klaus Wagner: Das Gedichtemachen aus dem Unbehaustsein und der Distanz. In: Der Spiegel, Nr. 34/1954
6 Lettau (Hg.): Die Gruppe 47, S. 70
7 Ebd., S. 81
8 Ebd., S. 82
9 Ebd., S. 90
10 Ebd., S. 86
11 Richter: Briefe, S. 175 f.
12 Ebd.
14 Ebd.
15 Richter: RIAS, 1955
15 Heinz Friedrich in den *Hessischen Nachrichten* aus Kassel, zit. nach: Lettau (Hg.): Die Gruppe 47, S. 105
16 *Tages-Anzeiger* aus Regensburg, zit. nach: ebd., S. 110
17 Richter: Im Etablissement der Schmetterlinge, S. 234
18 Dichter und Richter, S. 239 f.
19 Brief an Ernst Kreuder, 19.1.1956. In: Richter: Briefe, S. 207
20 Ebd., S. 229
21 Die wichtigsten Punkte, die zermürbenden Umstände und Richters weitere politische Aktivitäten, vor allem die Kampagne »Kampf gegen den Atomtod«, benennt Sabine Cofalla detailliert in ihrem Kommentar zu den Briefen Richters.
22 Richter: Briefe, S. 247
23 Richter: Wie entstand und was war die Gruppe 47?, S. 123

24 Ebd., S. 128
25 Lettau (Hg.): Die Gruppe 47, S. 126
26 Ebd.
27 Ebd., S. 127
28 Ingeborg Bachmann: Liebe: Dunkler Erdteil. Erstdruck in: Akzente 5/1957
29 Arnold: Die Gruppe 47, S. 88ff.
30 Lettau (Hg.): Die Gruppe 47, S. 124

**11 Mit Kuhglocke und Hirschgeweih geht die Nachkriegszeit zu Ende**
1 Richter: Im Etablissement der Schmetterlinge, S. 118
2 Richter: Wie entstand und was war die Gruppe 47?, S. 140
3 Günter Blöcker: Rückkehr zur Nabelschnur. In: Frankfurter Allgemeine Zeitung, 28.11.1959, auch in: Gerd Loschütz (Hg.): Von Buch zu Buch. Günter Grass in der Kritik. Eine Dokumentation. Neuwied/Berlin 1968, S. 21f.
4 Loschütz (Hg.): Von Buch zu Buch, S. 8
5 Ebd.
6 Zit. nach: Harro Zimmermann: Günter Grass unter den Deutschen. Chronik eines Verhältnisses. Göttingen 2006, S. 80
7 Die Zeit, 1.1.1960
8 Die Kultur, München, 15.11.1958, zit. nach: Lettau (Hg.): Die Gruppe 47, S. 141
9 Hellmuth Karasek: Der Knorpel im Hals. In: Stuttgarter Zeitung, 11.11.1961, auch in: Loschütz (Hg.): Von Buch zu Buch, S. 27f.
10 Zit. nach: Loschütz (Hg.): Von Buch zu Buch, S. 51f.
11 Zit. nach: ebd., S. 64
12 Richter: Briefe, S. 282
13 Lettau (Hg.): Die Gruppe 47, S. 143
14 Richter: Briefe, S. 295
15 Reinhard Baumgart, zit. nach: NDR-Fernsehfeature »Die unbequemen Dichter«, 1997
16 Toni Richter (Hg.): Die Gruppe 47 in Bildern und Texten, S. 78
17 Lettau (Hg.): Die Gruppe 47, S. 154
18 Ebd.
19 Ebd.
20 Ebd., S. 248f.
21 Zit. nach: Richter: Briefe, S. 341
22 Ebd.
23 Lettau (Hg.): Die Gruppe 47, S. 255
24 Richter: Briefe, S. 340
25 Ebd., S. 312
26 Ebd., S. 327

27 Peter Rühmkorf: Die Jahre, die ihr kennt. Anfälle und Erinnerungen. Werke 2, hg. von W. Rasch. Reinbek 1999, S. 197f.
28 Lettau (Hg.): Die Gruppe 47, S. 158
29 Ebd.

## 12 Riesensärge, Riesenzwerge
1 Gespräch mit Peter Hamm, Oktober 2010
2 Wolfgang Schwerbrock: Aus dem Familienalbum 1958. In: Frankfurter Allgemeine Zeitung, 18.10.1958
3 Manfred Delling: Ein Stück Wirklichkeit dieser Tage. In: Die Welt, 29.11.1958
4 Joachim Kaiser, in: Lettau (Hg.): Die Gruppe 47, S. 178
5 Dokumentation über das Gruppentreffen im Sender Freies Berlin, 1962
6 Gisela Elsner/Klaus Roehler: Wespen im Schnee. 99 Briefe und ein Tagebuch, hg. von Franziska Günther-Herold und Angela Drescher. Berlin 2001, S. 19
7 Klaus Roehler: Die Würde der Nacht. Sieben Erzählungen. München 1958, S. 61
8 Elsner/Roehler: Wespen im Schnee, S. 48
9 Ebd., S. 61
10 Ebd., S. 29
11 Ebd.
12 Roehler: Die Würde der Nacht, S. 51
13 Elsner/Roehler: Wespen im Schnee, S. 70
14 Ebd., S. 96
15 Gisela Elsner: Die Riesenzwerge. Ein Beitrag. Reinbek 1964, S. 270f.
16 Elsner/Roehler: Wespen im Schnee, S. 115
17 Ebd., S. 167
18 Ebd., S. 155
19 Ebd., S. 132
20 Ebd., S. 253
21 Ebd., S. 250
22 Gespräch mit Joachim Kaiser, 18.4.2007
23 Elsner/Roehler: Wespen im Schnee, S. 258
24 Lettau (Hg.): Die Gruppe 47, S. 153
25 Gisela Elsner: Parteilichkeit. In: Konkret, Nr. 20, 1970. Zit nach: dies.: Flüche einer Verfluchten. Kritische Schriften 1, hg. von Christine Künzel. Berlin 2011, S. 10f.
26 Gisela Elsner: Von Flausch und Fluch der neuen Frau. In: Stern, 11.8.1984. Zit nach: dies.: Im literarischen Ghetto. Kritische Schriften 2, hg. von Christine Künzel. Berlin 2011, S. 307
27 Elsner/Roehler: Wespen im Schnee, S. 89

## 13 »Er spricht über dich wie über eine neue Krankheit.«
1 Zit. nach: Die unbequemen Dichter: Anfang und Ende der »Gruppe 47«, Fernsehfeature NDR, 1997

2 Martin Walser: Brief an einen ganz jungen Autor. In: Die Zeit, 13.4.1962
3 Friedrich Schlegel: J.W. Goethe, Wilhelm Meisters Lehrjahre. In: Athenäum I, 1798. Zit. nach: Athenäum. Auswahl, hg. von G. Heinrich. Leipzig 1978, S.123
4 Walter Benjamin: Zum Bilde Prousts. In: ders.: Gesammelte Schriften, hg. von R. Tiedemann und H. Schweppenhäuser. Frankfurt am Main 1980, Band 4, S.319f.
5 Richter: Briefe, S.286
6 Ebd., S.326
7 Ebd., S.350
8 Ebd., S.361
9 Ebd., S.362
10 Ebd., S.367
11 Ebd., S.371
12 Ebd., S.369
13 Ebd., S.370

**14 Bei einem wirklichen Ärmel wieder herauskommen**

1 Frankfurter Allgemeine Zeitung, 11.2.1960
2 Deutsche Zeitung, 30.12.1960
3 Literaturarchiv Sulzbach-Rosenberg
4 Ebd., Aufgabenbeschreibung LCB
5 Helmut Böttiger: Elefantenrunden. Walter Höllerer und die Erfindung des Literaturbetriebs. Ausstellungsbuch (unter Mitarbeit von Lutz Dittrich). Berlin 2005, S.136
6 Ebd.
7 Die Welt, 6.12.1961
8 Böttiger: Elefantenrunden, S.128
9 Richter: Briefe, S.346 und 350
10 Böttiger: Elefantenrunden, S.191
11 Richter: Briefe, S.406
12 Marcel Reich-Ranicki: Die Gruppe 47 und Er. In: Die Zeit, 26.10.1962
13 Friedrich Sieburg: Freiheit in der Literaturkritik. In: Frankfurter Allgemeine Zeitung, 1.12.1962
14 Zit. nach: Anonym: Richters Richtfest. In: Der Spiegel, Nr. 43/1962
15 Walter Boehlich: Friedrich Sieburgs Unmut. In: Die Zeit, 7.12.1962
16 Friedrich Sieburg: Unternehmen Gartenzwerg. In: Frankfurter Allgemeine Zeitung, 11.1.1961
17 Brief an Burkhard Nadolny. In: Richter: Briefe, S.417
18 Ebd., S.421
19 Ebd., S.428f.
20 Zit. nach: Lettau (Hg.): Die Gruppe 47, S.178
21 Zit. nach: ebd., S.173
22 Ebd., S.168
23 Richter: Briefe, S.434

24 Lettau (Hg.): Die Gruppe 47, S. 178 f.
25 Peter Weiss: Das Kopenhagener Journal. Kritische Ausgabe, hg. von R. Gerlach und J. Schutte. Göttingen 2006
26 Rundfunkmitschnitt SFB
27 Gespräch mit Klaus Wagenbach, 6.5.2005
28 Ebd.
29 Ebd.
30 Ebd.

### 15 »Geheime Reichsschrifttumskammer«

1 Zit. nach: Vaterland, Muttersprache. Deutsche Schriftsteller und ihr Staat von 1945 bis heute. Berlin 1979, S. 199
2 Lettau (Hg.): Die Gruppe 47, S. 482
3 Richter: Briefe, S. 426 f.
4 Vaterland, Muttersprache, S. 200
5 Richter: Briefe, S. 427
6 Lettau (Hg.): Die Gruppe 47, S. 459
7 Frankfurter Allgemeine Zeitung, 21.1.1963
8 Richter: Briefe, S. 446
9 Ebd., S. 448
10 Reinhard Lettau. In: Lettau (Hg.): Die Gruppe 47, S. 507
11 Richter: Briefe, S. 451
12 Ebd., S. 452 f.
13 Ebd., S. 454
14 Ebd., S. 459
15 Ebd., S. 492
16 Ebd., S. 474
17 Ebd., S. 473
18 »Peter E. Fritsch« steht bei Hubert Fichte für Fritz J. Raddatz.
19 Christian Ferber war der Sohn Ina Seidels, deren größter Erfolg der Roman *Das Wunschkind* war und deren Verhalten während der NS-Zeit später wiederholt diskutiert wurde.
20 Hubert Fichte: Der Kleine Hauptbahnhof oder Lob des Strichs. Frankfurt am Main 1988, S. 202 ff.
21 Zit. nach dem Fernsehfeature: Gruppe 47: Ein Dokumentarbericht. SWF, 1964
22 Ebd.

### 16 Hase Igel Enzensberger

1 Uwe Pörksen: Nachwort. In: Rainer Maria Gerhardt: Umkreisung. Das Gesamtwerk. Göttingen 2007, S. 516
2 Hans Magnus Enzensberger: An einen Mann in der Trambahn. Zuerst in: ders.: Verteidigung der Wölfe. Frankfurt am Main 1957, S. 80
3 Hans Magnus Enzensberger: Literatur und Linse – und Beweis dessen, dass ihre glückhafte Kopulation derzeit unmöglich. In: Akzente 3/1956, S. 213

4 Ebd., S. 207
5 Hans Magnus Enzensberger: Einzelheiten. Frankfurt am Main 1962, S. 85
6 Zit. nach: Lettau (Hg.): Die Gruppe 47, S. 493
7 Zit. nach: Enzensberger: Einzelheiten, S. 173
8 Ebd., S. 175
9 Richter: Briefe, S. 404
10 Ebd.
11 Enzensbergers August-Lektüre. In: Der Spiegel, Nr. 32/1962
12 Richter: Briefe, S. 462
13 Ebd., S. 468 f.
14 SDR-Interview, 1976
15 Hans Magnus Enzensberger: Bewusstseinsindustrie. In: ders.: Einzelheiten, S. 7–15
16 Hans Magnus Enzensberger: Meine Lieblings-Flops, gefolgt von einem Ideen-Magazin. Berlin 2011, S. 96
17 Hans Magnus Enzensberger: Gemeinplätze, die Neueste Literatur betreffend. In: Kursbuch 15/1968, S. 187
18 Ebd., S. 196
19 Mitschnitt SFB
20 SDR-Interview, 1999
21 SDR-Interview, 1976
22 SDR-Interview, 1999

**17 »Es riecht nach Markenartikel.«**

1 Stockholmer Katalog zur Tagung der Gruppe 47 im Herbst 1964. Stockholm 1964
2 HWR-Archiv
3 Richter: Briefe, S. 521
4 Martin Walser: Sozialisieren wir die Gruppe 47. In: Die Zeit, 3.7.1964
5 Ebd.
6 Richter: Briefe, S. 508
7 Ebd., S. 520
8 Ebd., S. 515
9 HWR-Archiv
10 Richter: Briefe, S. 535
11 Heinrich Böll: Angst vor der Gruppe 47? In: Merkur, August 1965, zit. nach: Lettau (Hg.): Die Gruppe 47, S. 398
12 Zit. nach: Lettau (Hg.): Die Gruppe 47, S. 194
13 Joachim Kaiser: Von der Gruppe 47 zu 491. In: Süddeutsche Zeitung, 26.9.1964
14 Lettau (Hg.): Die Gruppe 47, S. 193
15 Zit. nach: Richter: Briefe, S. 530
16 Joachim Leser: Öffentliche Intimität? Schwierigkeiten mit dem Mythos – Probleme und Kontroversen im Vorfeld der Tagung 1964. In: Braese (Hg.): Bestandsaufnahme, S. 234

17 Lettau (Hg.): Die Gruppe 47, S. 190
18 Ebd.
19 Kaiser, Von der Gruppe 47 zu 491
20 Richter: Briefe, S. 530
21 Brief an Klaus Wagenbach, 15.6.1964. In: Richter: Briefe, S. 504
22 Lettau (Hg.): Die Gruppe 47, S. 201
23 Hans-Jürgen Heise: Billard in Sigtuna. Vor dem Dichtertribunal: Erinnerung an eine Tagung der Gruppe 47 vor dreißig Jahren. In: Frankfurter Allgemeine Zeitung, 5.3.1994
24 Rudolf Walter Leonhardt: Die Gruppe 47 in Schweden. Momentaufnahmen von der diesjährigen Tagung. In: Die Zeit, 18.9.1964
25 Lettau (Hg.): Die Gruppe 47, S. 196
26 Kaiser, Von der Gruppe 47 zu 491

**18 Lebensläufe**
1 Lettau (Hg.): Die Gruppe 47, S. 171
2 Gespräch mit Jürgen Becker, 22.5.2007
3 Ebd.
4 Zit. nach Podiumsdiskussion im Berliner Ensemble, 2007
5 Hubert Fichte: Die zweite Schuld. Glossen. Frankfurt am Main 2006, S. 36
6 Richter: Briefe, S. 533
7 Ebd., S. 543
8 Ebd., S. 559
9 Ebd., S. 342
10 Ebd., S. 347
11 Ebd.
12 Ebd., S. 348
13 Ebd., S. 343
14 Süddeutsche Zeitung, 29.5.1961
15 Richter: Briefe, S. 345
16 Die Zeit, 30.7.1965
17 Ebd.
18 Richter: Briefe, S. 568
19 Ebd.
20 Uwe Nettelbeck: Es war in jeder Weise ein gemischtes Vergnügen. Die Tagung der Gruppe 47 im Rundfunk. In: Die Zeit, 3.12.1965
21 Richter: Briefe, S. 582
22 Heinz Friedrich: NZZ, 1965. Zit. nach: ders.: Aufräumarbeiten. Berichte, Kommentare, Reden, Gedichte und Glossen aus vierzig Jahren. München 1987, S. 234
23 Richter: Briefe, S. 585
24 Hans Christoph Buch: Viel Schnee und rauchende Köpfe. Zur Tagung der Gruppe 47 in Berlin. In: Frankfurter Rundschau, 27.11.1965
25 Nettelbeck: Es war in jeder Weise ein gemischtes Vergnügen
26 Lettau (Hg.): Die Gruppe 47, S. 215
27 Buch: Viel Schnee und rauchende Köpfe

28 Ebd.
29 Gespräch mit Dieter Wellershoff, 3.3.1997
30 Ebd.
31 Nicolas Born: Briefe 1959–1979, hg. von Katharina Born. Göttingen 2007, S. 9
32 Ebd., S. 271
33 Ebd., S. 284
34 Ebd., S. 73
35 Ebd., S. 274
36 Nettelbeck: Es war in jeder Weise ein gemischtes Vergnügen
37 Joachim Kaiser: Spaß an Tabus. Die Gruppe 47 tagte in Berlin. In: Süddeutsche Zeitung, 24.11.1965

**19 Beschreibungsimpotenz**
1 Walter Höllerer: Junge Amerikanische Literatur. In: Akzente 1/1959, S. 34
2 Gregory Corso/Walter Höllerer: Junge Amerikanische Lyrik. München 1961
3 Zit. nach: Böttiger: Elefantenrunden, S. 115f.
4 Ebd.
5 Walter Höllerer: Thesen zum langen Gedicht. In: Akzente 2/1965, S. 128
6 Universität Princeton: Tonbandaufzeichnungen auf der Internet-Website
7 Richter: Briefe, S. 595
8 Zit. nach: Erich Kuby: Ach ja, da liest ja einer. In: Der Spiegel Nr. 19/1966
9 Peter Weiss: Notizbücher 1971–1980. Frankfurt am Main 1981, S. 733
10 Richter: Briefe, S. 608f.
11 Kuby: Ach ja, da liest ja einer
12 Reinhard Lettau: Der Feind. In: ders.: Feinde. München 1968, S. 8
13 Universität Princeton: Tonbandaufzeichnungen
14 Ebd.
15 Ebd.
16 Ebd.
17 Lettau (Hg.): Die Gruppe 47, S. 242
18 Brief an Karin Kiwus, 19.12.1987, zit. nach: Richter: Briefe, S. 598
19 Universität Princeton, Tonbandaufzeichnungen
20 Gespräch mit Friedrich Christian Delius, Januar 2011
21 Gespräch mit Klaus Stiller, Januar 2011
22 Universität Princeton, Tonbandaufzeichnungen
23 Gespräch mit F. C. Delius. Der Autor hat die Szene in seinen »Biografischen Skizzen« detailliert beschrieben: Als die Bücher noch geholfen haben. Berlin 2012
24 Gespräch mit Klaus Stiller, Januar 2011
25 Gespräch mit Klaus Wagenbach, Mai 2010
26 Ebd.

## 20 Historische Gummiknüppel

1 Richter: Briefe, S. 603
2 Neues Deutschland, 16.4.1966, zit. nach: Richter: Briefe, S. 595
3 Richter: Briefe, S. 641
4 Ebd., S. 595
5 Im Folgenden zitiert nach den Abdrucken in: Gruppe 47. Die Polemik um die deutsche Gegenwartsliteratur. Eine Dokumentation, hg. von Horst Ziermann. Frankfurt am Main 1966
6 Richter: Briefe, S. 233
7 Ebd., S. 623
8 Alfred Andersch: Zeilen schinden für die Gruppe. In: Sprache im technischen Zeitalter, 20/1966, S. 296
9 Richter: Briefe, S. 631f.
10 Karl-Heinz Bohrer: Zwei Wörter und ein Schauprozess. Zum Ausgang des Streites zwischen der »Gruppe 47« und Robert Neumann. In: Frankfurter Allgemeine Zeitung, 21.11.1966
11 Hermann Peter Piwitt: Siebenundvierzig, siebenundvierzig, siebenundv... Nachlese zu einem Streit um eine Gruppe. In: Die Zeit, 21.10.1966
12 Richter: Briefe, S. 653
13 Ebd., S. 643
14 Ebd., S. 650
15 Ebd., S. 655
16 Ebd., S. 649
17 Ebd., S. 651
18 Vaterland, Muttersprache, S. 231
19 Richter: Briefe, S. 629
20 Uwe Johnson/Anna Grass/Günter Grass: Der Briefwechsel, hg. von Arno Barnert. Frankfurt am Main 2007, S. 86ff.
21 Erich Fried: Stärken und Schwächen. Die 20. Tagung der Schriftstellervereinigung Gruppe 47. In: Frankfurter Rundschau, 10.10.1967
22 Joachim Kaiser: Allerlei Neues aus der Pulvermühle. In: Süddeutsche Zeitung, 10.10.1967
23 Ebd.
24 Hans Schwab-Felisch: Gedächtnistagung ohne Pathos. Die Gruppe 47 hat sich seit Princeton erholt. In: Frankfurter Allgemeine Zeitung, 10.10.1967
25 Marcel Reich-Ranicki: Politik in den Pausen. Rückblick auf die diesjährige Tagung der Gruppe 47. In: Die Zeit, 20.10.1967
26 Fried: Stärken und Schwächen
27 Zit. nach: Anonym: Dichter, Dichter. In: Der Spiegel, Nr. 43/1967
28 Kaiser: Allerlei Neues aus der Pulvermühle
29 Rundfunkmitschnitt. Etwas geänderte Druckfassung in: Günter Eich: Maulwürfe. Prosa. Frankfurt am Main, 1968, S. 26

### 21  Ein anachronistisches Monstrum

1. Joachim Kaiser, Süddeutsche Zeitung, 30.4.1966, zit. nach: Lettau (Hg.): Die Gruppe 47, S. 225
2. Die Zeit, 20.10.1967
3. Hermann Peter Piwitt: Monstrum mit Monopol? In: Der Spiegel, Nr. 41/1967
4. Zit. nach: Schwab-Felisch: Gedächtnistagung ohne Pathos.
5. Richter: Briefe, S. 640
6. Ebd., S. 663
7. Ebd., S. 671
8. Ebd., S. 685
9. Ebd., S. 694
10. Ebd., S. 695
11. Ebd., S. 695 f.
12. Richter: Mittendrin, 6.12.1970
13. Ebd., 11.10.1969
14. Ebd., 22.1.1970
15. Ebd., 3.12.1970
16. Ebd., 1.5.1970
17. Ebd., 2.1.1971
18. Fritz J. Raddatz: Sehnsucht nach Intrige wie Dialog. Über die wiederbelebte Gruppe 47. In: Der Spiegel, Nr. 20/1972
19. Joachim Kaiser: Lebt die Gruppe 47 noch? H.W. Richter lud Autoren zu Lesungen und Diskussionen nach Berlin. In: Süddeutsche Zeitung, 2.5.1972
20. Helmut Heißenbüttel: Ein Begräbnis erster Klasse. Schlußstrich unter ein Kapitel Literaturgeschichte. In: Deutsche Zeitung, 30.9.1977
21. Reinhard Baumgart: Ein fast zu leichtes Begräbnis. Die (vorläufig) letzte Tagung. In: Die Zeit, 23.9.1977
22. Joachim Kaiser: Ende nach 30 Jahren. Die letzte Tagung der »Gruppe 47« in Saulgau. In: Süddeutsche Zeitung, 20.9.1977
23. Baumgart: Ein fast zu leichtes Begräbnis
24. Fritz J. Raddatz: Literatur ist Gedächtnis. Die Gruppe 47 tagte auf Schloss Dobříš bei Prag. In: Die Zeit, 8.6.1990
25. Frankfurter Allgemeine Zeitung, 21.6.1977
26. Rundfunkmitschnitt ORF
27. Ebd.
28. Ebd.
29. Ebd.
30. Interview in Deutschlandradio Kultur, 10.7.2009

# Literaturverzeichnis

Andersch, Alfred: Deutsche Literatur in der Entscheidung. Karlsruhe 1948
Andersch, Alfred: Gruppe 47. Fazit eines Experiments neuer Schriftsteller. Radio Frankfurt, 26.7.1949. In: Sprache im technischen Zeitalter 106 (1988)
Andersch, Alfred: Die Kirschen der Freiheit. Ein Bericht. Frankfurt am Main 1952
Andersch, Alfred (Hg.): Texte und Zeichen. Eine literarische Zeitschrift. 1955–1957. Reprint-Ausgabe in drei Bänden, Frankfurt am Main o. J.
Andersch, Alfred: Aus einem römischen Winter. Reisebilder. Olten/Freiburg im Breisgau 1966
Andersch, Alfred: Amriswiler Rede auf Ernst Jünger. In: Frankfurter Rundschau, 16.6.1973
Arend, Stefanie/Martin, Ariane (Hg.): Irmgard Keun 1905/2005. Deutungen und Dokumente. Bielefeld 2005
Arnold, Heinz Ludwig (Hg.): Der Skorpion. Reprint. Göttingen 1991
Arnold, Heinz Ludwig: Die Gruppe 47 (= rororo Monographie). Reinbek 2004
Arnold, Heinz Ludwig (Hg.): Die Gruppe 47. Ein kritischer Grundriss. (= Sonderband Text + Kritik). Dritte, gründlich überarbeitete Auflage, München 2004
Bachmann, Ingeborg: Werke in vier Bänden, hg. von Christine Koschel, Inge von Weidenbaum und Clemens Münster. München/Zürich 1978
Bachmann, Ingeborg/Celan, Paul: Herzzeit. Der Briefwechsel, hg. von B. Badiou, H. Höller, A. Stoll und B. Wiedemann. Frankfurt am Main 2008
Bachmann, Ingeborg: Die Radiofamilie. Berlin 2011
Bachmann, Ingeborg/Henze, Hans Werner: Briefe einer Freundschaft, hg. von Hans Höller. München/Zürich 2004
Baumgart, Reinhard: Ein fast zu leichtes Begräbnis. Die (vorläufig) letzte Tagung. In: Die Zeit, 23.9.1977
Benjamin, Walter: Zum Bilde Prousts. In: ders.: Gesammelte Schriften, hg. von R. Tiedemann und H. Schweppenhäuser. Frankfurt am Main 1980, Band 4, S. 310–324
Benn, Gottfried: Gesammelte Werke in acht Bänden, hg. von Dieter Wellershoff. Wiesbaden 1960
Benn, Gottfried: Briefe an F. W. Oelze 1932–1956. 3 Bände, Frankfurt am Main 1982
Berbig, Roland: 1959 – Ein Jahr auf der literaturhistorischen Waage. In: Berliner Hefte zur Geschichte des literarischen Lebens 8/2008, S. 10–33
Berbig, Roland: Am Rande der Welt. Ort des Lebens und Lebensort: Günter Eichs Geisenhausen. Sprache im technischen Zeitalter 189 (2009), S. 91–109
Beyer, Wolfgang/Ladurner, Monica: Im Swing gegen den Gleichschritt. Die Jugend, der Jazz und die Nazis. Salzburg 2011

Blöcker, Günter: Gedichte als graphische Gebilde. In: Der Tagesspiegel, 11.10.1959
Blöcker, Günter: Rückkehr zur Nabelschnur. In: Frankfurter Allgemeine Zeitung, 28.11.1959
Blöcker, Günter: Die Gruppe 47 und ich. In: Die Zeit, 26.10.1962
Boehlich, Walter: Friedrich Sieburgs Unmut. In: Die Zeit, 7.12.1962
Böll, Heinrich: Der Zug war pünktlich. Erzählung. Opladen 1949
Böll, Heinrich: Auferstehung des Gewissens. In: Kölner Rundschau, 15.4.1954
Böttiger, Helmut: Elefantenrunden. Walter Höllerer und die Erfindung des Literaturbetriebs. Ausstellungsbuch (unter Mitarbeit von Lutz Dittrich). Berlin 2005
Böttiger, Helmut: »Einmal muss das Fest ja kommen!« Ingeborg Bachmann und Hans Werner Henze. Deutschlandradio Kultur (= Feature »Werkstatt«), 25.6.2006.
Böttiger, Helmut: Doppelleben. Literarische Szenen aus Nachkriegsdeutschland. Begleitbuch zur Ausstellung (unter Mitarbeit von Lutz Dittrich). Göttingen/Darmstadt 2009
Bohrer, Karl-Heinz: Zwei Wörter und ein Schauprozess. Zum Ausgang des Streites zwischen der »Gruppe 47«. und Robert Neumann. In: Frankfurter Allgemeine Zeitung, 21.11.1966
Born, Nicolas: Briefe 1959–1979, hg. von Katharina Born. Göttingen 2007
Born, Nicolas/Manthey, Jürgen (Hg.): Literaturmagazin 7: Nachkriegsliteratur. Reinbek 1977
Braese, Stephan (Hg.): Bestandsaufnahme. Studien zur Gruppe 47. Berlin 1999
Briegleb, Klaus: Missachtung und Tabu. Eine Streitschrift zur Frage: »Wie antisemitisch war die Gruppe 47?« Berlin/Wien 2003
Buch, Hans Christoph: Viel Schnee und rauchende Köpfe. Zur Tagung der Gruppe 47 in Berlin. In: Frankfurter Rundschau, 27.11.1965
Celan, Paul: Gesammelte Werke in fünf Bänden. Frankfurt am Main 1983
Celan, Paul: Briefwechsel mit den rheinischen Freunden. Heinrich Böll, Paul Schallück und Rolf Schroers, hg. von B. Wiedemann. Berlin 2011
Celan, Paul/Celan-Lestrange, Gisèle: Briefwechsel. Aus dem Französischen von Eugen Helmlé, hg. von B. Badiou. Frankfurt am Main 2001
Celan, Paul/Demus, Klaus und Nani: Briefwechsel, hg. von J. Seng. Frankfurt am Main 2009
Cofalla, Sabine: Der »Soziale Sinn« Hans Werner Richters. Zur Korrespondenz des Leiters der Gruppe 47. Berlin 1997
Delius, Friedrich Christian: Als die Bücher noch geholfen haben. Biografische Skizzen. Berlin 2012
Delling, Manfred: Ein Stück Wirklichkeit dieser Tage. In: Die Welt, 29.11.1958
Dichter und Richter. Die Gruppe 47 und die deutsche Nachkriegsliteratur. Katalog zur Ausstellung in der Akademie der Künste, hg. von J. Schutte. Berlin 1988
Döring, Jörg/Joch, Markus (Hg.): Alfred Andersch »revisited«: Werkbiographische Studien im Zeichen der Sebald-Debatte. Berlin 2011

Döring, Jörg/Seubert, Rolf: Behält der Literaturpfaffe doch das letzte Wort? In: Frankfurter Allgemeine Zeitung, 19.8.2008
Dor, Milo/Federmann, Reinhard: Internationale Zone. Gütersloh, o. J.
Eich, Günter: Gesammelte Werke in vier Bänden. Frankfurt am Main 1973ff.
Eich, Günter: Rebellion in der Goldstadt. Tonkassette, Text und Materialien, hg. von Karl Karst. Frankfurt am Main 1997
Elsner, Gisela: Die Riesenzwerge. Ein Beitrag. Reinbek 1964
Elsner, Gisela: Kritische Schriften. 2 Bände, hg. von Christine Künzel. Berlin 2011
Elsner, Gisela/Roehler, Klaus: Wespen im Schnee. 99 Briefe und ein Tagebuch, hg. von Franziska Günther-Herold und Angela Drescher. Berlin 2001
Embacher, Erich: Hans Werner Richter. Zum literarischen Werk und zum politisch-publizistischen Wirken eines engagierten deutschen Schriftstellers. Frankfurt am Main 1985
Enzensberger, Hans Magnus: Literatur und Linse – und Beweis dessen, dass ihre glückhafte Kopulation derzeit unmöglich. In: Akzente 3/1956
Enzensberger, Hans Magnus: Verteidigung der Wölfe. Frankfurt am Main 1957
Enzensberger, Hans Magnus: Einzelheiten. Frankfurt am Main 1962
Enzensberger, Hans Magnus: Deutschland, Deutschland unter anderm. Äußerungen zur Politik. Frankfurt am Main 1967
Enzensberger, Hans Magnus (Hg.): Kursbuch 15. Frankfurt am Main 1968
Enzensberger, Hans Magnus: Meine Lieblings-Flops, gefolgt von einem Ideen-Magazin. Berlin 2011
Enzensberger, Hans Magnus/Johnson, Uwe: »fuer Zwecke der brutalen Verstaendigung«. Der Briefwechsel, hg. von H. Marmulla und C. Kröger. Frankfurt am Main 2009
Faulstich, Werner (Hg.): Die Kultur der 50er Jahre. München 2002
Fetscher, Justus/Lämmert, Eberhard/Schutte, Jürgen (Hg.): Die Gruppe 47 in der Geschichte der Bundesrepublik. Würzburg 1991
Fichte, Hubert: Die Palette. Roman. Reinbek 1968
Fichte, Hubert: Der Kleine Hauptbahnhof oder Lob des Strichs. Frankfurt am Main 1988
Fichte, Hubert: Die zweite Schuld. Glossen. Frankfurt am Main 2006
Fischer, Ludwig (Hg.): Literatur in der Bundesrepublik Deutschland bis 1967 (= Hansers Sozialgeschichte der deutschen Literatur vom 16. Jahrhundert bis zur Gegenwart, Bd. 10). München 1986
Fried, Erich: Stärken und Schwächen. Die 20. Tagung der Schriftstellervereinigung Gruppe 47. In: Frankfurter Rundschau, 10.10.1967
Friedrich, Heinz: Aufräumarbeiten. Berichte, Kommentare, Reden, Gedichte und Glossen aus vierzig Jahren. München 1987
Frisch, Max/Johnson, Uwe: Der Briefwechsel. 1964–1983, hg. von Eberhard Fahlke. Frankfurt am Main 1999
Gansel, Carsten/Nell, Werner (Hg.): »Es sind alles Geschichten aus meinem Leben«. Hans Werner Richter als Erzähler und Zeitzeuge, Netzwerker und Autor. Berlin 2011
Gendolla, Peter (Hg.): Die Gruppe 47 und die Medien. Siegen 1997

Geppert, Dominik/Hacke, Jens (Hg.): Streit um den Staat. Intellektuelle Debatten in der Bundesrepublik 1960–1980. Göttingen 2008
Gerhardt, Rainer Maria: Umkreisung. Das Gesamtwerk, hg. von Uwe Pörksen. Göttingen 2007
Grass, Günter: Essays, Reden, Briefe, Kommentare, hg. von D. Hermes. Darmstadt 1987
Handke, Peter: Meine Ortstafeln – Meine Zeittafeln. 1967–2007. Frankfurt am Main 2007
Hanuschek, Sven/Hörnigk, Therese/Malende, Christine (Hg.): Schriftsteller als Intellektuelle. Politik und Literatur im Kalten Krieg. Tübingen 2000
Harpprecht, Klaus: Arletty und ihr deutscher Offizier. Eine Liebe in Zeiten des Krieges. Frankfurt am Main 2011
Heise, Hans-Jürgen: Billard in Sigtuna. Vor dem Dichtertribunal: Erinnerung an eine Tagung der Gruppe 47 vor dreißig Jahren. In: Frankfurter Allgemeine Zeitung, 5.3.1994
Hildesheimer, Wolfgang: Mit dem Bausch den Bogen. Zehn Glossen und eine Grafik, hg. von Volker Jehle. Warmbronn 1990
Hildesheimer, Wolfgang: Briefe, hg. von S. Hildesheimer und D. Pleyer. Frankfurt am Main 1999
Höllerer, Walter: Der andere Gast. Gedichte. München 1952
Höllerer, Walter (Hg.): Transit. Lyrikbuch der Jahrhundertmitte. Frankfurt am Main 1956
Höllerer, Walter: Zwischen Klassik und Moderne. Lachen und Weinen in der Dichtung einer Übergangszeit. Stuttgart 1958
Höllerer, Walter (Hg.): Sprache im technischen Zeitalter. Kunst und Elend der Schmährede, Nr. 20/1966
Höllerer, Walter (Hg.): Sprache im technischen Zeitalter. Neue Ansichten der Gruppe 47, Nr. 106/1988
Höllerer, Walter/Bender, Hans (Hg.): Akzente. 1954–1973. Reprint-Ausgabe in 7 Bänden. Frankfurt am Main o. J.
Höllerer, Walter/Corso, Gregory (Hg.): Junge Amerikanische Lyrik. München 1961
Holthusen, Hans Egon: Die Welt ohne Transzendenz. Eine Studie zu Thomas Manns »Dr. Faustus« und seinen Nebenschriften. Hamburg 1949
Holthusen, Hans Egon: Der unbehauste Mensch. Motive und Probleme der modernen Literatur. Essays. München 1951
Holthusen, Hans Egon: Tradition und Ausdruckskrise. Der Lyriker Rudolf Alexander Schröder. In: Merkur 51/1952
Holthusen, Hans Egon: Das verzweifelte Gedicht. »Die Niemandsrose« – nach vier Jahren ein neuer Lyrikband von Paul Celan. In: Frankfurter Allgemeine Zeitung, 2.5.1964
Hotz, Constance: »Die Bachmann«. Das Image der Dichterin: Ingeborg Bachmann im journalistischen Diskurs. Konstanz 1990
Hu, Chunhun: Vom absoluten Gedicht zur Aporie der Moderne. Studien zum Literaturbegriff in der Bundesrepublik Deutschland der 50er Jahre. Würzburg 2004

Jancke, Oskar: Was würde René Schickele dazu sagen? In: Neue Literarische Welt, 25.3.1952
Johnson, Uwe: Gast war ich gerne. Keine Mafia, sondern Tagungen meiner Innung. In: Die Zeit, 15.7.1977
Johnson, Uwe: Begleitumstände. Frankfurter Vorlesungen. Frankfurt am Main 1980
Johnson, Uwe/Grass, Anna/Grass, Günter: Der Briefwechsel, hg. von A. Barnert. Frankfurt am Main 2007
Johnson, Uwe/Unseld, Siegfried: Der Briefwechsel, hg. von E. Fahlke und R. Fellinger. Frankfurt am Main 1999
Jünger, Ernst: Annäherungen. Drogen und Rausch. Stuttgart 1970
Kaiser, Joachim: Von der Gruppe 47 zu 49%. In: Süddeutsche Zeitung, 26.9.1964
Kaiser, Joachim: Spaß an Tabus. Die Gruppe 47 tagte in Berlin. In: Süddeutsche Zeitung, 24.11.1965
Kaiser, Joachim: Allerlei Neues aus der Pulvermühle. In: Süddeutsche Zeitung, 10.10.1967
Kaiser, Joachim: Lebt die Gruppe 47 noch? H.W. Richter lud Autoren zu Lesungen und Diskussionen nach Berlin. In: Süddeutsche Zeitung, 2.5.1972
Kaiser, Joachim: Ende nach 30 Jahren. Die letzte Tagung der »Gruppe 47« in Saulgau. In: Süddeutsche Zeitung, 20.9.1977
Kesten, Hermann (Hg.): Deutsche Literatur im Exil. Briefe europäischer Autoren 1933–1949. München 1964
Kinder, Hermann: Der Mythos von der Gruppe 47. Eggingen 1991
Klee, Ernst: Das Kulturlexikon zum Dritten Reich. Wer war was vor und nach 1945. Frankfurt am Main 2007
König, Barbara: Hans Werner Richter. Notizen einer Freundschaft. München/Wien 1997
Kopf, Gerhard: Innerfern. Roman. Frankfurt am Main 1983
Köpf, Gerhard: Eine Asphodele. In: ders.: Die Vorzüge der Windhunde. Essays gegen das Vergessen. Tübingen 2004, S. 115–142
Kolbenhoff, Walter: Schellingstraße 48. Erfahrungen mit Deutschland. Frankfurt am Main 1984
Korolnik, Marcel/Korolnik-Andersch, Annette (Hg.): Sansibar ist überall. Alfred Andersch. Seine Welt – in Texten, Bildern, Dokumenten. München 2008
Kröll, Friedhelm: Die Gruppe 47. Soziale Lage und gesellschaftliches Bewußtsein literarischer Intelligenz in der Bundesrepublik. Stuttgart 1977
Kuby, Erich: Ach ja, da liest ja einer. In: Der Spiegel, Nr. 19/1966
Kursbuch, hg. von Hans Magnus Enzensberger. 1965–1970. Reprint-Ausgabe in zwei Bänden. Frankfurt am Main o.J.
Le Fort, Gertrud von: Den Heimatlosen. Drei Gedichte. München 1946
Lenz, Hermann: Ein Fremdling. Roman. Frankfurt am Main 1983
Leser Joachim/Guntermann, Georg (Hg.): Brauchen wir eine neue Gruppe 47? 55 Fragebögen zur deutschen Literatur. Bonn 1995

Leonhardt, Rudolf Walter: Was gilt die deutsche Literatur im Inland? In: Die Zeit, 26.10.1962
Leonhardt, Rudolf Walter: Die Gruppe 47 in Schweden. Momentaufnahmen von der diesjährigen Tagung. In: Die Zeit, 18.9.1964
Lettau, Reinhard (Hg.): Die Gruppe 47. Ein Handbuch. Bericht, Kritik, Polemik. Neuwied 1967
Lettau, Reinhard: Feinde. München 1968
Die Literatur. Blätter für Literatur, Film, Funk und Bühne, hg. von H.W. Richter. Stuttgart, 15.3.1952–1.11.1952
Loschütz, Gerd (Hg.): Von Buch zu Buch. Günter Grass in der Kritik. Eine Dokumentation. Neuwied/Berlin 1968
Mann, Thomas: Essays VI, 1945–1950. Frankfurt am Main 2009
Mann, Thomas: Briefe III, 1948–1955, hg. von Erika Mann. Frankfurt am Main 1979
Marmulla, Henning: Enzensbergers Kursbuch. Eine Zeitschrift um 68. Berlin 2011
Mayer, Hans: Woran starb die Gruppe 47? Anmerkungen zur Lage der literarischen Kritik. In: Süddeutsche Zeitung, 21.8.1971
Minder, Robert: Remarques sur quelques nouveaux ›Lesebücher‹. In: Minotaurus. Dichtung unter den Hufen von Staat und Industrie, hg. von A. Döblin. Wiesbaden 1953, S. 74–87
Mosebach, Martin: Fräulein Laura wollte niemand hören. Rede über den deutschen Roman. In: Frankfurter Allgemeine Zeitung, 21.9.2011
Nebel, Gerhard: Thomas Mann zum 75. Geburtstag. In: Frankfurter Allgemeine Zeitung, 6.6.1950
Nettelbeck, Uwe: Es war in jeder Weise ein gemischtes Vergnügen. Die Tagung der Gruppe 47 im Rundfunk. In: Die Zeit, 3.12.1965
Neumann, Bernd: Uwe Johnson. Hamburg 1994
Nickel, Artur: Hans Werner Richter – Ziehvater der Gruppe 47. Eine Analyse im Spiegel ausgewählter Zeitungs- und Zeitschriftenartikel. Stuttgart 1994
Palmstierna-Weiss, Gunilla/Schutte, Jürgen (Hg.): Peter Weiss. Leben und Werk. Frankfurt am Main 1991
Pamperrien, Sabine: Die böse Mutter der Gruppe 47. In: taz, 28.2.2007
Parkes, Stuart/White, John J. (Hg.): The Gruppe 47. Fifty years on. A re-appraisal of its literary and political significance. Amsterdam 1999
Piwitt, Hermann Peter: Siebenundvierzig, siebenundvierzig, siebenundv... Nachlese zu einem Streit um eine Gruppe. In: Die Zeit, 21.10.1966
Piwitt, Hermann Peter: Monstrum mit Monopol? In: Der Spiegel, Nr. 41/1967
Prosaschreiben. Eine Dokumentation, hg. von Walter Hasenclever. Literarisches Colloquium Berlin, 1964
Raddatz, Fritz J.: Sehnsucht nach Intrige wie Dialog. Über die wiederbelebte Gruppe 47. In: Der Spiegel, Nr. 20/1972
Raddatz, Fritz J.: Literatur ist Gedächtnis. Die Gruppe 47 tagte auf Schloss Dobříš bei Prag. In: Die Zeit, 8.6.1990
Raddatz, Fritz J.: Unruhestifter. Erinnerungen. München 2003

Raddatz, Fritz /Johnson, Uwe: »Liebes Fritzchen« – »Lieber Groß-Uwe«. Der Briefwechsel, hg. von E. Wizisla. Frankfurt am Main 2006
Rehmann, Ruth: Ferne Schwester. Roman. München 2009
Reich-Ranicki, Marcel: Die Gruppe 47 und Er. In: Die Zeit, 26.10.1962
Reich-Ranicki, Marcel: Gelungen und fragwürdig zugleich. Erste Bemerkung zur diesjährigen Tagung der Gruppe 47. In: Die Zeit, 13.10.1967
Reich-Ranicki, Marcel: Politik in den Pausen. Rückblick auf die diesjährige Tagung der Gruppe 47. In: Die Zeit, 20.10.1967
Reich-Ranicki, Marcel: Das Ende der Gruppe 47. In: Frankfurter Allgemeine Zeitung, 21.9.1977
Reinhardt, Stephan: Alfred Andersch. Eine Biographie. Zürich 1990
Richter, Hans Werner (Hg.): Deine Söhne, Europa. Gedichte deutscher Kriegsgefangener. München 1947
Richter, Hans Werner: Die Geschlagenen. Roman. München 1949
Richter, Hans Werner (Hg.): Die Mauer oder Der 13. August. Reinbek 1961
Richter, Hans Werner (Hg.): Almanach der Gruppe 47. 1947–1962. Reinbek 1962
Richter, Hans Werner (Hg.): Bestandsaufnahme. Eine deutsche Bilanz 1962. Sechsunddreißig Beiträge deutscher Wissenschaftler, Schriftsteller und Publizisten. München 1962
Richter, Hans Werner (Hg.): Plädoyer für eine neue Regierung oder Keine Alternative. Reinbek 1965
Richter, Hans Werner: Wie entstand und was war die Gruppe 47? In: Hans Werner Richter und die Gruppe 47. Mit Beiträgen von Walter Jens u. a., hg. von Hans A. Neunzig. München 1979, S. 41–176
Richter, Hans Werner: Im Etablissement der Schmetterlinge. 21 Portraits aus der Gruppe 47. München/Wien 1986, Neuausgabe Berlin 2004
Richter, Hans Werner: Briefe, hg. von Sabine Cofalla. München 1997
Richter, Hans Werner: Mittendrin. Die Tagebücher 1966–1972, hg. von Dominik Geppert in Zusammenarbeit mit Nina Schnutz. München 2012
Richter, Toni (Hg.): Die Gruppe 47 in Bildern und Texten. Köln 1997
Roehler, Klaus /Nitsche, Rainer (Hg.): Das Wahlkontor deutscher Schriftsteller in Berlin 1965. Versuch einer Parteinahme. Berlin 1990
Rühmkorf, Peter: Die Jahre, die ihr kennt. Anfälle und Erinnerungen. Werke 2, hg. von W. Rasch. Reinbek 1999
Der Ruf. Eine deutsche Nachkriegszeitschrift, hg. von Hans Schwab-Felisch. München 1962
Ruf der Jugend. Treffen 25. bis 29. Juli 1947 in Altenbeuern/Hinterhör. Karlsruhe 1947
Schäfer, Hans-Dieter: Das gespaltene Bewusstsein. Vom Dritten Reich bis zu den langen fünfziger Jahren. Erweiterte Neuausgabe. Göttingen 2009
Schickel, Joachim (Hg.): Über Hans Magnus Enzensberger. Frankfurt am Main 1970
Schlegel, Friedrich: Über Goethes Meister. In: Athenäum. Auswahl, hg. von G. Heinrich. Leipzig 1978
Schmidt, Alice: Tagebuch aus dem Jahr 1954. Frankfurt am Main 2004

Schmidt, Alice: Tagebuch aus dem Jahr 1955. Frankfurt am Main 2008
Schmidt, Arno: Das erzählerische Werk in 8 Bänden. Bargfeld/Zürich 1985
Schmidt, Arno: Lesungen, Interviews, Umfragen. Bargfeld/Frankfurt am Main 2006
Schmidt, Arno: Briefwechsel mit Kollegen. Bargfeld/Frankfurt am Main 2007
Schonauer, Franz: Deutsche Literatur im 3. Reich. Versuch einer Darstellung in polemisch-didaktischer Absicht. Olten 1961
Schröder, Rudolf Alexander: Die geistlichen Gedichte. Frankfurt am Main 1949
Schwab-Felisch, Hans: Gedächtnistagung ohne Pathos. Die Gruppe 47 hat sich seit Princeton erholt. In: Frankfurter Allgemeine Zeitung, 10.10.1967
Schwerbrock, Wolfgang: Aus dem Familienalbum 1958. In: Frankfurter Allgemeine Zeitung, 18.10.1958
Sebald, W.G.: Der Schriftsteller Alfred Andersch. In: ders.: Luftkrieg und Literatur. München 1999, S. 121–159
Sieburg, Friedrich: Frieden mit Thomas Mann. In: Die Gegenwart, 15.7.1949
Sieburg, Friedrich: Kriechende Literatur. In: Die Zeit, 14.8.1952
Sieburg, Friedrich: Literarischer Unfug. In: Die Gegenwart, 13.9.1952
Sieburg, Friedrich: Unternehmen Gartenzwerg. In: Frankfurter Allgemeine Zeitung, 11.1.1961
Sieburg, Friedrich: Freiheit in der Literaturkritik. In: Frankfurter Allgemeine Zeitung, 1.12.1962
Soehring, Hans Jürgen: Cordelia. Erzählungen. München 1947
Sombart, Nicolaus: Pariser Lehrjahre 1951–1954. Hamburg 1995
Thelen, Albert Vigoleis: Meine Heimat bin ich selbst. Briefe 1929–1953, hg. von U. Faure und J. Pütz. Köln 2010
Unseld, Siegfried/Weiss, Peter: Der Briefwechsel, hg. von R. Gerlach. Frankfurt am Main 2007
Vieregg, Axel: Der eigenen Fehlbarkeit begegnet. Günter Eichs Realitäten 1933–1945. Eggingen 1993
Vormweg, Heinrich: Der andere Deutsche. Heinrich Böll – eine Biographie. Köln 2000
Wagenbach, Klaus/Stephan, Winfried/Krüger, Michael (Hg.): Vaterland, Muttersprache. Deutsche Schriftsteller und ihr Staat von 1945 bis heute. Berlin 1979
Wagner, Klaus: Das Gedichtemachen aus dem Unbehaustsein und der Distanz. In: Der Spiegel, Nr. 34/1954
Walser, Martin (Hg.): Die Alternative oder Brauchen wir eine neue Regierung? Reinbek 1961
Walser, Martin: Brief an einen ganz jungen Autor. In: Die Zeit, 13.4.1962
Walser, Martin: Sozialisieren wir die Gruppe 47. In: Die Zeit, 3.7.1964
Walser, Martin: Tagebücher 1963–1973. Reinbek 2007
Walther, Peter (Hg.): Günter Eich 1907–1972. Nach dem Ende der Biographie. Berlin 2000
Wehdeking, Volker: Der Nullpunkt. Über die Konstituierung der deutschen Nachkriegsliteratur (1945–1948) in den amerikanischen Kriegsgefangenenlagern. Stuttgart 1971

Wehdeking, Volker: Anfänge westdeutscher Nachkriegsliteratur. Aufsätze, Interviews, Materialien. Aachen 1989
Weigel, Sigrid: Ingeborg Bachmann. Hinterlassenschaften unter Wahrung des Briefgeheimnisses. Wien 1999
Weiss, Peter: Notizbücher 1960–1971. Frankfurt am Main 1982
Weiss, Peter: Das Kopenhagener Journal. Kritische Ausgabe, hg. von R. Gerlach und J. Schutte. Göttingen 2006
Weyrauch, Wolfgang (Hg.): Tausend Gramm. Sammlung neuer deutscher Geschichten. Hamburg 1949
Widmer, Urs: 1945 oder die »Neue Sprache«. Studien zur Prosa der »Jüngeren Generation«. Düsseldorf 1966
Wieland, Rainer (Hg.): Der Zorn altert, die Ironie ist unsterblich. Über Hans Magnus Enzensberger. Frankfurt am Main 1999
Wilson, A. Leslie: Perspective. An Encounter with the Group 47. In: Dimension 3/1987, S. 321–324
Winkler, Willi: IM Deutschland. In: Süddeutsche Zeitung, 12.4.2008
Wirthensohn, Andreas: Hans Werner Richter und die Gruppe 47. In: Deutsche Bücher 1/1998, S. 57–64
Zeller, Bernhard (Hg.): »Als der Krieg zu Ende war«. Literarisch-politische Publizistik 1945–1950. Marbach 1973
Ziermann, Horst (Hg.): Gruppe 47. Die Polemik um die deutsche Gegenwartsliteratur. Eine Dokumentation. Frankfurt am Main 1966


*Filme über die Gruppe 47:*

Haffner, Sebastian: Gruppe 47: Ein Dokumentarbericht. SWF, 1964
Wuermeling, Henric L.: Poeten in der Pulvermühle. Die Gruppe 47 zwischen Literatur und Politik. ARD, 1967
Schauer, Bernd: Die Gruppe 47. 1947–1972. NDR, 1972
Reich, Gisela/Bronnen, Barbara: Dichter und Richter. Hans Werner Richter. Die Gruppe 47: Vorläufiges Schlussbild nach 30 Jahren. ARD, 1978
Müller-Hanpft, Susanne: Wie sie wurden, was sie sind: Die Gruppe 47. ZDF, 1987
Bornkessel, Alexander: Die unbequemen Dichter: Anfang und Ende der »Gruppe 47«. NDR, 1997
Ammer, Andreas: Vom Glanz und Vergehen der Gruppe 47: Der Geheimbund deutschen Geistes. ARD, 2007


*Tondokumente zur Gruppe 47:*

Arnold, Heinz Ludwig: Die Gruppe 47. Zwei Jahrzehnte deutscher Literatur. 2 CDs. München 2002
Arnold, Heinz Ludwig: Meine Gespräche mit Schriftstellern. 3 mp3-CDs. München 2011

# Abbildungsverzeichnis

Bayerische Staatsbibliothek München (Ana 372): S. 19, 25
Archiv der Akademie der Künste, Berlin; Rechte: Hans Werner Richter-Stiftung, Berlin: S. 44 (Sign. 663), 78 (Sign. 700), 106 (Sign. 695), 191 (Sign. 798/1), 231 (Sign. 924), 271 (Sign. 10129), 435 (Sign. 1346/3)
Deutsches Literatur Archiv, Marbach: S. 54, 84, 130, 139
Deutsches Literatur Archiv, Marbach, mit freundlicher Genehmigung von Annette Korolnik-Andersch: S. 65
Archiv der Akademie der Künste, Berlin, mit freundlicher Genehmigung von Anneliese Rosenberg: S. 74 (Sign. 538/9)
Mit freundlicher Genehmigung von Annette Korolnik-Andersch: S. 113
Spiegel Verlag: S. 152
Renate von Mangoldt: S. 174, 210, 247, 268, 270, 275, 285, 301, 331, 344, 349, 361, 374, 377, 383, 391, 409, 413, 417, 427
Arno Schmidt Stiftung, Bargfeld (Eldingen): S. 186
ullstein bild, Berlin: S. 216
Hans Werner Richter-Stiftung, Berlin: S. 249

Umschlagvorderseite:
o. li.: ullstein bild, Berlin/D. M. Marcovicz
o. Mi.: Renate von Mangoldt
o. re.: picture alliance, Frankfurt/dpa
u. li.: Bayerische Staatsbibliothek, München (Ana 372)
u. Mi.: ullstein bild, Berlin/D. M. Marcovicz
u. re.: Archiv der Akademie der Künste, Berlin, Sign. 738; Rechte: Hans Müller, Hamburg

Umschlagrückseite:
Renate von Mangoldt

# Verzeichnis der Tagungen

1947, 6./7. September; Bannwaldsee bei Füssen
1947, 8./9. November; Herrlingen bei Ulm
1948, 3./4. April; Jugenheim an der Bergstraße
1948, September; Altenbeuern bei Rosenheim, Oberbayern
1949, 28. April–1. Mai; Marktbreit bei Würzburg
1949, 14.–16. Oktober; Utting am Ammersee
1950, 12.–14. Mai; Inzigkofen
1951, 4.–7. Mai; Bad Dürkheim
1951, 18.–20. Oktober; Laufenmühle im Welzheimer Wald
1952, 23.–25. Mai; Niendorf an der Ostsee, NWDR-Erholungsheim
1952, 31. Oktober–2. November; Burg Berlepsch bei Göttingen
1953, 22.–24. Mai; Mainz, Kurfürstliches Schloss
1953, 16.–18. Oktober; Schloss Bebenhausen bei Tübingen
1954, 29. April–2. Mai; Cap Circeo in San Felice (Italien)
1954, 15.–17. Oktober; Burg Rothenfels am Main
1955, 13.–15. Mai; Haus am Rupenhorn, Berlin
1955, 14.–16. Oktober; Schloss Bebenhausen bei Tübingen
1956, 25.–27. Oktober; Niederpöcking am Starnberger See
1957, 27.–29. September; Niederpöcking am Starnberger See
1958, 31. Oktober–2. November; Großholzleute im Allgäu
1959, 23.–25. Oktober; Schloss Elmau bei Mittenwald
1960, 26.–29. Mai; Ulm, Hochschule für Gestaltung (Hörspieltagung)
1960, 4.–6. November; Aschaffenburg, Rathaus
1961, 14.–16. April; Sasbachwalden bei Baden-Baden (Fernsehspieltagung)
1961, 27.–29. Oktober; Jagdschloss Göhrde bei Lüneburg
1962, 26.–28. Oktober; »Altes Casino« am Wannsee (später LCB), Berlin
1963, 24.–28. Oktober; Hotel Kleber-Post in Saulgau, Baden-Württemberg
1964, 9.–13. September; Sigtuna (Schweden)
1965, 16.–21. November; Literarisches Colloquium Berlin
1966, 22.–24. April; Princeton (USA)
1967, 5.–8. Oktober; Gasthof Pulvermühle bei Waischenfeld, Fränkische Schweiz
1972, 29. April–1. Mai; ehemalige Villa von Samuel Fischer, Berlin
1977, 16.–19. September; Hotel Kleber-Post in Saulgau, Baden-Württemberg
1990, 25.–27. Mai; Schloss Dobříš bei Prag

# Personenregister

*Kursive Ziffern verweisen auf Abbildungen.*

## A

Adenauer, Konrad 32, 89, 112, 139, 168, 170, 186, 197f., 242, 295, 312, 340
Adorno, Theodor W. 14, 16, 67, 163f., 304, 333
Ahlers, Conrad 309
Aicher, Otl 74
Aichinger, Ilse 102, 108, 126ff., *130*, *136*, *139*, 139, 148f., 154, 161, 164, 187, 203, 219ff., 277, 279, 292, 294, 345, 355, 413
Alsheimer, Georg 335
Andersch, Alfred 13f., 20, 43ff., 61ff., 65, 68ff., 75, 77, 95, 98, 109ff., *113*, 156, 157, 180ff., 186f., 195ff., 205f., 212, 215, 249, 253, 310, 312, 323, 331f., 344f., 366, 404, 406
Andersch, Gisela 111, 119, 182, 196f.
Amery, Carl 223, 225, 318
Andersen, Lale 149
Andres, Stefan 13, 64, 103
Antonioni, Michelangelo 205
Apelt, Hermann 160
Arens, Hanns 61, 70f.
Arens, Odette 61, 70
Arletty [i. e. Léonie Bathiat] 71ff.
Arnold, Heinz Ludwig 10, 223
Arp, Hans 179
Augstein, Rudolf 309f., 426

## B

Bachmann, Ingeborg 20, 111f., 131ff., 136f., 139, 140f., 146, 148ff., *152*, 164, 173, 177ff., 182, 189ff., 199ff., 213, 215, *216*, 219ff., 228, 235, 239f., 281, 285f., 292, 294, 296, 342, 345, 351, 355, 415
Bächler, Wolfgang 53, 279
Bahr, Egon 367f.

Bahr, Hermann 295
Barsig, Franz 335
Bartók, Béla 32
Basler, Otto 31
Bauer, Arnold 107, 211, 221
Baumgart, Reinhard 238, 259f., *344*, 392, 425f.
Bausch, Hans 198
Bayer, Konrad 317, 351f.
Beauvoir, Simone de 118, 161
Becher, Johannes R. 38
Becker, Jürgen 11, 245, 299, 304, 351, 356ff., 360, 389, 408, 413, 425, 428
Beckett, Samuel 259, 372
Bender, Hans 176
Benjamin, Walter 178, 274
Benn, Gottfried 39ff., 68f., 87, 92, 179, 292, 328
Benseler, Frank 424
Berensen, Arne 319
Bergengruen, Werner 13, 38, 50, 161
Berger, Friedemann 377
Bermann Fischer, Brigitte 107
Bichsel, Peter 299, 342, *349*, 351, 360, 377, 388, 405, 413, 421f.
Bieler, Manfred 376
Biermann, Wolf 376
Birkenfeld, Günther 217
Blank, Theodor 112
Bleutge, Nico 357
Block, Alexander 137f.
Blöcker, Günter 13, 102, 147, 233f., 292ff., 352, 355, 398
Bobrowski, Johanna 306
Bobrowski, Johannes 292, 300, 304ff., 317, 319, 342, 364
Boehlich, Walter 176f., 296
Böll, Heinrich 50, 92, 94, 102, 108, 111f., 122ff., 129, 142f., 161, 187, 198, 215f., *216*, 220, 240, 243, 292,

294f., 345ff., 383, 397, 402, 406, 413, 415, 422
Börne, Ludwig 335
Bohrer, Karl-Heinz 407
Borchert, Wolfgang 65, 95ff., 295
Born, Nicolas 342, 361, 369, 373ff., 374
Borroughs, William S. 379
Bowles, Paul 181
Brambach, Rainer 177
Brandt, Willy 65, 103, 138, 278, 366ff., 370, 385f., 400, 410
Braun, Alfred 217
Brecht, Bertolt 64f., 167, 178, 229, 234, 240, 295, 327, 354, 385
Bredel, Willi 64
Brenner, Hans Georg 53, 99, 107, 122, 130, 157, 211
Brentano, Clemens 323
Brentano, Heinrich von 168
Briegleb, Klaus 38f., 170
Brinkmann, Rolf Dieter 380
Britting, Georg 172
Brod, Max 127
Brooks, Peter 384
Buch, Hans Christoph 300, 342, 360, 362, 369, 372f., 375f., 394, 428
Buchman, Frank Nathan Daniel 169
Büchner, Georg 177
Busta, Christine 207
Butor, Michel 285

**C**

Calé, Walter 176
Camus, Albert 113, 118
Carné, Marcel 71
Carossa, Hans 13, 29, 64
Caruso, Enrico 33
Castro, Fidel 336
Celan, Paul 12f., 124, 128, 132ff., 139, 154ff., 164, 173, 178, 181, 233, 235, 292f., 355
Chagall, Marc 240
Char, René 181
Cheval, Ferdinand 302

Chotjewitz, Peter O. 11, 389, 394, 409
Chruschtschow, Nikita Sergejewitsch 332, 426
Clappier, Louis 135, 189
Cofalla, Sabine 10, 242, 279, 299, 317
Corso, Gregory 379ff.
Cramer, Heinz von 319
Creeley, Robert 379f.
Curtius, Robert 32, 50
Czechowski, Heinz 428

**D**

Dam, Hermann van 177
Dean, James 323
Degenfeld-Schonburg, Ottonie 51f.
Delius, Friedrich Christian 369, 375f., 390, 393, 428
Delling, Manfred 255
Demus, Klaus 138, 140f., 149
Desch, Kurt 107
Diderot, Denis 324
Doderer, Heimito von 12, 285ff.
Döblin, Alfred 33, 37f., 64, 183, 234
Doehlemann, Martin 360
Donatello 20
Dor, Milo 108, 123, 139, 150, 161, 422
Dos Passos, John 285
Drommert, René 243
Dubček, Alexander 420
Dürrenmatt, Friedrich 187, 421
Dufhues, Josef-Hermann 312ff., 339, 353

**E**

Eberhard, Fritz 198
Edschmid, Kasimir 34ff.
Eggebrecht, Axel 110
Eggebrecht, Jürgen 83
Ehlers, Dieter 315f.
Eibach, Maria siehe Friedrich, Maria
Eich, Günter 14, 65, 77ff., 78, 84, 94f., 97, 108, 122, 126, 130, 131, 162f., 172, 174, 176ff., 203, 212, 215, 217, 240, 243, 277, 279, 292, 294, 345, 406, 413, 416f., 417

Eichendorff, Joseph von 82
Eichholz, Armin 129, 199f., 211
Ellington, Edward Kennedy »Duke« 45
Elsner, Gertrud 254ff.
Elsner, Gisela 249, 249ff., 261ff., 299, 318, 342
Elsner, Richard 252
Ensslin, Gudrun 369
Enzensberger, Dagrun 411
Enzensberger, Hans Magnus 15f., 98, 164, 180, 220f., 225f., 233f., 236, 239f., 245, 253, 261, 278, 281, 292, 294, 310f., 316, 319ff., 325ff., 331, 350, 384, 386, 388, 395, 410f., 426
Enzensberger, Ulrich 411
Erhard, Ludwig 369, 426
Ernst, Max 26

**F**

Faecke, Peter 371
Fagin, Lawrence 380
Faulkner, William 14, 88
Federmann, Reinhard 139, 150
Fehse, Willi 88
Feltrinelli, Giacomo 425
Ferber, Christian 164, 229, 249, 279, 320, 409
Ferlinghetti, Lawrence 379, 381
Fichte, Hubert 11, 299, 308, 319ff., 342, 349, 351, 360ff., 361, 369, 371f.
Fiedler, Leslie A. 390
Fischer, Samuel 284
Flake, Otto 29
Fleming, Griseldis Lindsay 351
Fonda, Jane 263
Fontane, Theodor 399
Forestier, George [i. e. Karl Emerich Krämer] 177
Frank, Peter 320
Freiligrath, Ferdinand 224
Fried, Erich 318f., 349, 377, 385f., 395, 413, 414f., 417
Friedrich, Caspar David 50

Friedrich, Heinz 23, 52f., 56, 75, 292, 371f., 397
Friedrich, Maria, geb. Eibach 23f., 53, 56
Fries, Fritz Rudolf 396
Frisch, Max 196, 205, 281, 421
Frischmuth, Barbara 414
Frisé, Adolf 298

**G**

Gadda, Carlo Emilio 206
Gaitanides, Johannes 327, 329
Gaulle, Charles de 56
Genet, Jean 372
George, Stefan 137, 148, 228
Gerhardt, Rainer Maria 21, 323, 379
Gerlitz, Herbert 176
Gerstl, Elfriede 360, 363
Giehse, Therese 229
Ginsberg, Allen 375, 379ff., 390
Globke, Hans 312
Goebbels, Joseph 135ff., 155, 403
Göpfert, Herbert G. 178
Goertz, Hartmann 341
Goethe, Johann Wolfgang von 159, 204, 247, 273
Goldstücker, Eduard 420
Goll, Yvan 35, 137
Gombrowicz, Witold 363
Graf, Oskar Maria 64
Grass, Günter 9ff., 15, 17, 34, 101, 148, 164, 207ff., 210, 220, 228ff., 232ff., 240, 243f., 246, 253, 258, 260f., 266, 272, 278, 281f., 284, 285, 292, 294ff., 299f., 318ff., 322, 338, 342, 348, 349, 350, 354f., 360ff., 365f., 368f., 373, 380, 384ff., 390f., 393, 395, 398ff., 404ff., 409, 411 ff., 421, 423, 426ff., 427, 430f.
Gregor, Ulrich 298
Grimm, Hans 35, 64
Groll, Gunter 97, 99, 107
Guevara, Ernesto »Che« 264
Guggenheimer, Walter Maria 53, 56ff., 70, 164, 265, 279, 341, 420
Gustafsson, Lars 347, 350, 354, 412

## H

Haas, Wilhelm 160, 293
Habe, Hans 46, 310, 343, 352
Habermas, Jürgen 169
Haffner, Sebastian 316, 320f., 340
Hagelstange, Rudolf 76, 217
Haley, Bill 323
Hamann, Johann Georg 306
Hamburger, Michael 301
Hamm, Peter 152, 194, 228ff., 248
Handke, Peter 11, 125, 373, 381, *383*, *391*, 391ff., 396f., 405, 407ff.
Hardt, Claus 103
Harig, Ludwig 245
Harpprecht, Klaus 72f.
Hartlaub, Felix 180
Hartlaub, Geno 176
Hartung, Rudolf 380
Hasenclever, Walter 238
Haubach, Theodor 36
Haufs, Rolf 369
Havel, Václav 428
Heidegger, Martin 21, 30, 177f.
Heidenreich, Elke 436
Hein, Christoph 428
Heise, Hans-Jürgen 351f.
Heißenbüttel, Helmut 11, 180, 208, 220, 245ff., 253, 292, 299, 318, 350, 355, 372, 400, 425
Heist, Walter 57ff., 61, 107, 265, 341
Held, Wolfgang 371
Hemingway, Ernest 92, 94, 126
Hensel, Georg 107
Henze, Hans Werner 111, 192ff., 199f., 204, 212f., 342, 364, 422
Herburger, Günter 351, 369, 373, 406
Herder, Johann Gottfried 306
Hermlin, Stephan 217f., 377
Herrmann-Neisse, Max 176
Hesse, Hermann 60
Heuss, Theodor 28
Hey, Richard 406
Heyer, Peter 360
Heym, Georg 176
Hildesheimer, Sylvia 343
Hildesheimer, Wolfgang 111, 160, 165f., 192, 195, 199f., 210, 212, 238, 243, 277, 279f., 282, 299, 316, 342ff., 366, 397, 406, 408, 415, 422
Hilsbecher, Walter 135, 341
Hinkel, Hans 71
Hirsch, Rudolf 235
Hitler, Adolf 33, 35, 37, 43, 57, 62, 88, 115, 132, 403
Hocke, Gustav René 44, 50, 64
Hölderlin, Friedrich 83, 177, 304
Höllerer, Walter 16, 172ff., 174, 201ff., 207, 209ff., 224, 228f., 239f., 249, 265ff., 281f., 285, 299, 305, 319, 321, 344, 348f., 357, 360, 364f., 378f., 380ff., 386f., 390, 399, 405ff., 414, 424, 428, 433
Hofmannsthal, Hugo von 51, 179, 295
Hollander, Jürgen von 107, 341
Holthusen, Hans Egon 13, 30ff., 76, 113, 201, 292, 327ff., 355
Holtmann [Verleger Pallas-Verlag] 53
Homer 190
Hu, Chunhun 157
Huber, Jan 360
Huchel, Peter 83, 163, 178, 217, 305, 376
Hühnerfeld, Paul 355
Humphrey, Hubert H. 411
Hupka, Herbert 97

## I

Ionesco, Eugène 262, 388
Ivănceanu, Vintilă 433

## J

Jaggberg, Kurt 287
Jancke, Oskar 37, 103, 169
Janker, Josef W. 344
Jean Paul 262
Jelinek, Elfriede 262
Jenny, Urs 407f.
Jens, Walter 127, 135, 157, 170, 211, 229, 237, 243, 260, 265, 268, 268ff.,

290, 299, 304f., 318ff., 348f., 366, 370, 390f., 409, 414
Jentzsch, Bernd 377
Jess, Wolfgang 82
Jodl, Alfred 34
Jodl, Luise 34
Johnson, Uwe 167f., 235, 239f., 246f., 247, 281, 310, 316, 321, 345, 363, 396, 398, 410, 415, 425, 428
Johst, Hanns 35
Jünger, Ernst 14, 64, 66ff., 73, 116ff., 145

**K**

Kästner, Erhart 235
Kästner, Erich 46, 217
Kafka, Franz 126f., 218, 259, 261, 274
Kaiser, Joachim 11, 14, 105, 122, 149, 156, 163ff., 225ff., 230, 249, 260, 266, 269ff., 270, 278, 292, 298f., 319, 344, 348ff., 354, 357, 371, 377, 388, 414, 416, 419, 424ff.
Kant, Immanuel 306
Karasek, Hellmuth 236, 435
Kasack, Hermann 49, 83, 127, 183
Keicher, Ulrich 160
Kellner, Ernst C. 159
Kempowski, Walter 424
Kerouac, Jack 379
Kerr, Alfred 274, 405
Kesten, Hermann 14, 102, 104, 161ff., 165ff., 353, 423
Keun, Irmgard 28, 167
Kiesinger, Kurt-Georg 386
Kinder, Hermann 17
Kiwus, Karin 205
Kleist, Heinrich von 183
Klopstock, Friedrich Gottlieb 305
Kluge, Alexander 11, 244, 299, 351, 356, 358ff., 423
Knaus, Albrecht 26, 77, 162
König, Barbara 77
Koeppen, Wolfgang 160, 181f., 187f., 198, 213
Köpf, Gerhard 22, 25

Kogon, Eugen 114, 118, 180, 183, 197
Kolb, Annette 102
Kolb, Walter 159
Kolbenheyer, Erwin Guido 64
Kolbenhoff, Isolde 23, 53
Kolbenhoff, Walter 23, 44, 47, 53, 58ff., 62, 65, 94f., 107, 122, 126, 199, 245
Kolmar, Gertrud 176f.
Korlén, Gustav 341, 365
Krämer-Badoni, Rudolf 103, 162, 310, 327, 329, 400
Kraus, Karl 295, 405
Kreuder, Ernst 103
Krüger, Hans Jürgen 70
Krüger, Michael 425
Kuby, Erich 47f., 367, 387
Künzel, Franz Peter 421
Kuhnert, Adolf Artur 84
Kunert, Günter 377
Kunz, Ernst-Adolf 123
Kunzelmann, Dieter 411
Kurras, Karl-Heinz 412

**L**

Landshoff-Yorck, Ruth 111
Lang, Fritz 359
Lange, Horst 83
Lange, Victor 378, 382, 396
Langhans, Rainer 411
Lasky, Melvin J. 217f.
Lawrence, D. H. 223, 225
Leander, Zarah 40, 149
Ledig-Rowohlt, Heinrich Maria 187, 382
le Fort, Gertrud von 28, 64
Lehmann, Wilhelm 176
Leip, Hans 64
Leist, Otto 160
Lengyel, László 20
Lenin, Wladimir Iljitsch 264
Lenz, Hermann 125f.
Lenz, Reimar 371
Lenz, Siegfried 11, 102, 221, 243, 247, 277, 279, 345, 348, 366f., 414

Leonhardt, Rudolf Walter 277, 293, 343f., 352ff., 370
Leser, Joachim 349
Lestrange, Gisèle de 132, 134, 140, 148
Lettau, Reinhard 11, 267, 269, 272, 299, 316, 320, 351, 378, 384, 387f., 395, 405f., *409*, 412, 415, 420f.
Lewitscharoff, Sibylle 17
Lietzmann, Sabina 380
Lincke, Paul 418
Lind, Jakov 372
Löffler, Sigrid 435
Loerke, Oskar 176
Löwenthal, Gerhard 218
Lucrez 324
Ludwig, Emil 35
Lukács, Georg 404
Luxemburg, Rosa 335

**M**

Machado, Antonio 53
Mahler, Gustav 193
Maier, Wolfgang 409
Malaparte, Curzio 92
Mangoldt, Renate von 284
Mann, Heinrich 64
Mann, Klaus 57ff.
Mann, Thomas 28ff., 37, 57f., 64, 67, 102, 104f., 158f., 328
Mannzen, Walter 44, 57, 61, 219, 265, 351
Marat, Jean Paul 384
Marcuse, Herbert 383, 421
Marek, Kurt 114
Marx, Karl 303
Mauz, Gerhard 241
Mayer, Hans 266, 271f., 275, 278, 292, 305, 319f., 348, 350, 390, 393, 399, 408f., 414, 426
McCarthy, Joseph 45
Meckel, Christoph 306
Mehring, Walter 14, 163ff.
Meinhof, Ulrike 335
Meister, Ernst 375
Mevissen, Annemarie 234

Michel, Karl Markus 176f.
Michelangelo 20
Michelmann, Gottfried 114
Mickel, Karl 377
Mierendorff, Carlo 36
Miller, Henry 169
Minder, Robert 27
Minssen, Friedrich 53, 57, 61, 98, 265
Möllendorf, Ulrike von 380
Mönnich, Horst 213
Mörike, Eduard 82
Mohler, Armin 116
Moravia, Alberto 206
Morriën, Adriaan 162, 200, 245, 292
Mosebach, Martin 12
Mounier, Emmanuel 118
Müller, Johannes 237
Münnich, Horst Richard 107
Mulligan, Gerry 304
Muschg, Adolf 434
Musil, Robert 176f.

**N**

Nadolny, Burkhard 371
Nagel, Ivan 377
Nebel, Gerhard 28f., 37
Nerval, Gérard de 263
Nettelbeck, Uwe 370ff., 377, 408
Neugröschel, Joachim 361ff.
Neumann, Alfred 102, 104, 162
Neumann, Robert 397ff., 402ff., 407
Neuß, Wolfgang 310
Nirumand, Bahman 335
Nizon, Paul 299
Nolte, Jost 340
Nono, Luigi 205
Nossack, Hans Erich 76, 282, 398, 400ff., 405, 407
Novak, Helga M. 414
Nowakowski, Tadeusz 239

**O**

Obst, Erich 160
Oelze, Friedrich Wilhelm 40
O'Hara, Frank 379
Ohnesorg, Benno 289, 411, 417

Olson, Charles 379
Ortega y Gasset, José 99
Ott, Richard 111

**P**
Paetel, Karl O. 169
Palmstierna-Weiss, Gunilla 301, 304, 421
Pascal, Blaise 406
Pasolini, Pier Paolo 206, 289
Pechel, Rudolf 37f., 169
Peetz, Martin 159
Penzoldt, Ernst 102
Pétain, Philippe 30
Piontek, Heinz 201
Piper, Klaus 253, 260
Pirker, Theo 220
Piwitt, Hermann Peter 361, 363, 369, 375f., 392, 394, 407, 419
Plavius, Heinz 405
Pound, Ezra 352
Presley, Elvis 323
Pribil, Hans 57
Proust, Marcel 274

**Q**
Qualtinger, Helmut 318, 351
Quasimodo, Salvatore 285

**R**
Raddatz, Fritz J. 277, 290ff., 310, 319f., 367, 382, 388, 402, 404f., 421, 424ff.
Raschke, Martin 64, 82f.
Rasp, Renate 414
Rehmann, Ruth 24, 318f.
Reich-Ranicki, Marcel 9, 16, 155, 230, 235f., 239, 266, 270ff., 271, 275ff., 292f., 295, 318ff., 348, 350, 357, 360, 372, 388, 391, 409, 414f., 417, 419, 424, 426, 432ff.
Reifferscheid, Eduard 180f.
Reinhardt, Stephan 62, 119, 198
Reitz, Edgar 244
Richter, Hans Werner 10ff., 18, 20ff., 42ff., 44, 58ff., 61ff., 65, 70f., 74, 75f., 77, 94ff., 122, 125, 128f., 130, 131ff., 139, 146, 148, 150ff., 154ff., 157f., 161ff., 168ff., 182, 187f., 189f., 198ff., 202, 209f., 213, 216ff., 223, 225ff., 229ff., 235, 238f., 241ff., 265f., 269, 271f., 276, 278 ff., 283f., 287ff., 297ff., 305, 310ff., 329ff., 334, 339ff., 350ff., 355, 360f., 365ff., 370ff., 376, 378, 382ff., 390, 396f., 399ff., 404ff., 408ff., 412f., *413*, 415f., 420ff., 427, 427ff., 435
Richter, Toni 53, 200, 229, 239, 241, 316
Rilke, Rainer Maria 134f.
Ringleb, Heinrich 52
Rinser, Luise 102
Risse, Heinz 103
Ritscher, Gudrun 71
Robbe-Grillet, Alain 285
Robichon, Jacques 161
Rodin, Auguste 20
Roehler, Klaus 249, 249ff., 264, 296, 310, 369f., 406
Roehler, Oskar 258f.
Rogosky, Wolf D. 360
Rohnert, Ernst Theodor 126
Roosevelt, Franklin D. 45, 110
Roth, Philip 363
Rovan, Joseph 189
Rowohlt, Ernst 108
Rubiner, Ludwig 35
Rühmkorf, Peter 245, 292, *349*, 360, 408
Rygulla, Ralf-Rainer 380

**S**
Sachs, Hans 162
Sade, Donatien-Alphonse-François, Marquis de 418
Sahl, Hans 199
Sarraute, Nathalie 285
Sartre, Jean-Paul 14, 21, 64f., 115, 118, 161, 169, 263
Sattler, Dieter 365
Schädlich, Hans Joachim 428

Schäfer, Emil Georg 282
Schaefer, Oda 83
Schallück, Paul 142f., 219
Scherfeld, Walter 177
Schickele, René 103
Schirach, Baldur von 36
Schirach, Henriette von 36
Schlegel, Friedrich 273f.
Schmidt, Alice 183, 185f., *186*
Schmidt, Arno 92, 111, 180ff., *186*, 197f., 213
Schmidt, Helmut 367
Schmied, Wieland 207
Schmitt, Carl 118, 145
Schnabel, Corinna 360
Schnabel, Ernst 108ff., 129, 180, 196, 213ff., 284, 313, 318, 406
Schneider, Franz Joseph 108, 122, 211, 229, 244
Schneider, Peter 369, 407, 428
Schneider, Rolf 371, 377
Schneider, Romy 198, 251
Schneider-Lengyel, Ilse 18ff., *19, 25*, 53, 58, 111, 129, 292, 342
Schnitzler, Arthur 295
Schnurre, Wolfdietrich 53, 55, 59f., 65, 95, 98, 225f., 299, 313f., 356, 406, 425, 427
Scholl, Hans 61, 70, 177
Scholl, Inge 61, 70, 74, 129, 161
Scholl, Robert 61, 75
Scholl, Sophie 61, 70, 177
Schröder, Rudolf Alexander 13, 28, 32, 38, 51, 64, 161
Schroers, Rolf 142ff., 212
Schulenburg, Werner von der 38
Schulz, Max Walter 307, 317
Schuman, Robert 110
Schur, Gustav-Adolf »Täve« 246
Schuricke, Rudi 33
Schutte, Jürgen 164
Schwab-Felisch, Hans 299, 317, 350f., 354, 414, 416
Schwarze, Hans Dieter 130
Schwerbrock, Wolfgang 248
Schwitters, Kurt 228

Sebald, W. G. 118f., 121
Seghers, Anna 64
Seidel, Ina 320
Seubert, Rolf 121
Sieburg, Friedrich 30f., 76, 100, 147, 170f., 292f., 295ff., 310, 327, 329, 355, 398
Siedler, Wolf Jobst 310
Silone, Ignazio 118
Simenon, Georges 169
Simeret, Wolf 360
Smith, Thomas Vernon 46
Soehring, Hans Jürgen 71ff., 189, 292
Solschenizyn, Alexander 317
Sombart, Nicolaus 21, 53, 56, 106
Speidel, Hans 113
Spender, Stephen 118
Spillane, Mickey 169
Stadelmayer, Peter 382
Stadler, Ernst 176
Staiger, Emil 177
Stein, Erwin 159
Stein, Gertrude 220
Steinbeck, John 45, 363
Sternberg, Fritz 404
Stiller, Klaus 360, 390, 394
Stockhausen, Karlheiz 304
Storz, Oliver 242
Strasser, Gregor 403
Strauß, Emil 64
Strauß, Franz Josef 284, 309f., 386, 410
Swift, Jonathan 262
Szczesny, Gerhard 158, 219

**T**

Talleyrand, Charles Maurice de 30
Teufel, Fritz 411
Thelen, Albert Vigoleis 12, 154ff., 163, 165f.
Thiess, Frank 14, 28, 33f., 37f., 58, 67, 104f.
Thoma, Helmut 360
Toller, Ernst 35
Tolstoj, Lew Nikolajewitsch 426

Trakl, Georg 82f., 176
Tsakirides, Vagelis 413
Tuchel, Johannes 119
Tucholsky, Kurt 295

**U**
Uhse, Bodo 217
Ulbricht, Walter 167
Ulrich, Heinz 53, 128
Unamuno, Miguel de 53, 99
Unseld, Siegfried 231, 319, 377
Updike, John 363

**V**
Vaculík, Ludvík 428
Valenti, Italo 205
Valentin, Karl 318
Valéry, Paul 135
Vegesack, Thomas 341, 348, 350
Vergil 32
Vesper, Bernward 369
Vinz, Curt 47
Vitti, Monica 206
Völker, Klaus 229f., 307
Vogel, Hans-Jochen 219
Vormweg, Heinrich 408
Vostell, Wolf 357

**W**
Wagenbach, Klaus 138, 240, 244f., 261, 297f., 304, 306ff., 369, 395, 399, 405
Wagner, Klaus 201
Wallraff, Günter 335
Walser, Martin 9, 111, 155, 164, 166, 180, 183ff., 212, 216, 218, 220, 224, 238, 243, 267ff., 272, 291f., 294, 296, 299, 318, 321, 330, 338, 342ff., 344, 345, 355, 360, 366, 370, 372, 382, 397, 402, 412f., 415f., 424
Walter, Otto F. 320
Warhol, Andy 389, 394
Weigel, Hans 131, 139
Weinrich, Harald 406
Weiss, Peter 11, 299ff., 301, 317, 342, 360f., 377, 384f., 388, 395, 402, 410, 415, 421, 424, 426
Wellershoff, Dieter 40, 245, 310, 373, 386
Wenders, Wim 289
Werth, Wolfgang 407f.
Weyrauch, Wolfgang 94f., 165, 212
Wickert, Erwin 80
Wiechert, Ernst 13, 29
Wiese, Benno von 235
Williams, Rhys W. 116
Williams, William Carlos 379
Winckler, Josef 398
Winkler, Eugen Gottlob 64
Wintzen, René 189
Wirth, Andrzej 239
Wischnewski, Franz 53
Wiss-Verdier, Antoine 189
Wohmann, Gabriele 423
Wolf, Ror 298f., 361
Wolfe, Thomas 14, 88
Wolff, Kurt 318
Wuehlisch, Freia von 23, 53, 70

**Z**
Zahn, Peter von 110
Ziermann, Horst 405
Zimmer, Dieter E. 353
Zweig, Arnold 38, 64
Zweig, Stefan 56
Zwetajewa, Marina 146

Verlagsgruppe Random House FSC® N001967
Das für dieses Buch verwendete FSC®-zertifizierte Papier *EOS*
liefert Salzer, St. Pölten.

3. Auflage 2013
Copyright © 2012 by Deutsche Verlags-Anstalt, München,
in der Verlagsgruppe Random House GmbH
Alle Rechte vorbehalten
Gestaltung und Satz: DVA/Brigitte Müller
Gesetzt aus der Aldus
Druck und Bindung: GGP Media GmbH, Pößneck
Printed in Germany
ISBN 978-3-421-04315-3

www.dva.de